LE TRANSPORT DES MARCHANDISES DANGEREUSES PAR CAMION

PUBLIÉ PAR

L'ALLIANCE CANADIENNE DU CAMIONNAGE

avec le concours des organismes suivants :

British Columbia Trucking Association
Alberta Motor Transport Association
Saskatchewan Trucking Association
Manitoba Trucking Association
Ontario Trucking Association
Association du camionnage du Quebec
Atlantic Provinces Trucking Association

Août 2002

GUIDE MESURE D'URGENCE
P 193

VOIR ANEXE 4

PAGE 224

PRÉFACE

Il existe au Canada un ensemble complet de lois régissant la manutention, la demande de transport et le transport de marchandises dangereuses. Le présent guide a pour objectif d'aider les employés du secteur du camionnage et toute personne intéressée à comprendre les exigences de la Loi sur le transport des marchandises dangereuses et du Règlement et à s'y conformer. Ce guide peut faciliter la formation dispensée par les employeurs et servir d'outil de référence.

Le présent guide se veut un document de vulgarisation des textes légaux. Il faut donc se reporter en tout temps au texte officiel de la Loi et du Règlement.

Importante note aux lecteurs:

La version revue du Règlement sur le transport des marchandises dangereuses, qui a fait l'objet d'une révision en profondeur, entrera en vigueur le 15 août 2002. Le présent guide tient compte des modifications proposées.

Le Québec se propose aussi d'apporter des modifications à son Règlement sur le transport des matières dangereuses. Le présent guide ne tient compte que des modifications concernant les passages à niveau et les restrictions de circulation dans les tunnels connues au moment d'aller sous presse ; il peut par contre y avoir d'autres modifications qui seront apportées d'ici le 15 août 2002.

Quoique d'importants efforts aient été déployés pour que l'information que renferme ce guide soit exacte, ce dernier contient des interprétations et explications susceptibles d'être incomplètes, imprécises ou inapplicables dans certaines situations. L'Alliance canadienne du camionnage décline donc toute responsabilité quant à l'interprétation ou à l'usage du présent guide et à toute incidence négative qui pourrait en découler.

L'Alliance canadienne du camionnage rejette toute représentation, expresse ou tacite, relativement à l'information publiée dans le présent document. **Toute personne travaillant dans le domaine des marchandises dangereuses devrait en tout temps se reporter au texte original de la Loi sur le transport des marchandises dangereuses et du Règlement.**

Ce guide remplace toutes les éditions antérieures.

ISBN 0-920969-90-9

TABLE DES MATIÈRES

Introduction

Une marchandise dangereuse est, par définition, tout produit, substance ou organisme, d'origine naturelle ou fabriqué par l'homme, pouvant présenter un danger pour la vie, la santé, la propriété ou l'environnement. S'ils ne sont pas correctement manipulés ou transportés, ces produits peuvent poser un danger à court terme, en occasionnant un incendie, une explosion, l'asphyxie ou de graves brûlures au contact. Ils peuvent également constituer un danger à long terme en polluant l'environnement. Ces produits étant classés comme des **marchandises dangereuses** en vertu de la loi, ils doivent être manipulés et transportés avec soin.

La Loi et le Règlement sur le transport des marchandises dangereuses ont été adoptés pour assurer la sécurité des conducteurs, de la population et de l'environnement :

- lors de la manutention de marchandises dangereuses
- lors d'une demande de transport de marchandises dangereuses
- lors du transport de marchandises dangereuses

Survol du Règlement sur les marchandises dangereuses

Le Règlement sur le transport des marchandises dangereuses vise à réduire les dangers que posent les marchandises dangereuses lors de leur transport et manutention. Le Règlement sur le transport des marchandises dangereuses canadien s'apparente au Règlement sur les matières dangereuses aux États-Unis et reprend certains éléments, tels que les numéros que les Nations Unies utilisent pour identifier les substances.

Le Règlement sur le transport des marchandises dangereuses (TMD) comprend les éléments de base suivants :

- La classification de toutes les substances qui sont des marchandises dangereuses de par la nature de leur danger.
- Les exigences relatives à l'emballage des marchandises dangereuses.
- Les spécifications sur la façon dont les marchandises dangereuses doivent être emballées et les spécifications relatives aux divers contenants.
- Les exigences relatives à l'identification des marchandises dangereuses à l'aide de documents, marques, étiquettes et plaques.
- Les exigences concernant les mesures à prendre lors d'un rejet accidentel ou d'un rejet accidentel imminent de toute marchandise dangereuse.
- Les exigences pour s'assurer que toutes les personnes possèdent de solides connaissances des règlements par le biais de la formation.
- Les annexes permettant d'identifier les marchandises dangereuses et les exigences propres à chacune.

Le contenu du présent guide

Le présent guide se compose de cinq parties :

La Partie I - Règlement sur le transport des marchandises dangereuses (sections 1 à 4)

Cette partie porte sur les connaissances de base que doit posséder un conducteur du Règlement sur le transport des marchandises dangereuses, y compris la classification et les exigences relatives à l'identification lors de la manutention et du transport.

La Partie II - Exigences générales (sections 5 à 8)

La deuxième partie décrit les responsabilités de toute personne impliquée dans la manutention et le transport de marchandises dangereuses, y compris l'expéditeur, le destinataire, le transporteur et le conducteur. Les tâches et responsabilités du conducteur y sont décrites à partir du moment où il quitte pour ramasser des marchandises dangereuses jusqu'au moment de leur livraison. Cette partie renferme également d'autres exigences sur la façon de composer avec un incident.

La Partie III - Exigences précises (sections 9 à 12)

Cette partie aborde les autres connaissances qu'un conducteur doit posséder lorsqu'il manipule plus d'une marchandise dangereuse, lorsqu'il manipule des marchandises dangereuses en vrac, lorsqu'il remet des marchandises dangereuses à un autre transporteur, ou lorsqu'il transporte des marchandises dangereuses entre le Canada et les États-Unis.

La Partie IV - Exigences spéciales et exemptions (sections 13 et 14)

Cette partie a pour but de renseigner les conducteurs sur les marchandises dangereuses ayant des exigences supplémentaires ou une exemption ou une exemption partielle du Règlement.

La Partie V - Appendices et Annexes

Cette partie renferme les annexes qui permettent d'identifier toutes les marchandises dangereuses et qui exposent en détail les exigences qui s'appliquent à chacune. Elle renferme de plus des appendices et le Guide de référence du conducteur (encart dépliant).

Chaque exemple dans le présent guide est en italique, alors que **les mots et locutions clés sont en caractères gras.**

Mots importants utilisés dans le présent Guide

Le présent Guide renferme plusieurs mots et acronymes qu'on se doit de connaître.

Contenant

Toutes les marchandises sont transportées dans un contenant quelconque. Il existe deux types de contenants, à savoir les petits et les grands.

Petit contenant

Un petit contenant a une capacité de cargaison inférieure ou égale à 450 litres. On compte au nombre de ceux-ci, les cartons, colis, aérosols, bouteilles à gaz, boîtes, etc.

Grand contenant

Un grand contenant a une capacité de cargaison supérieure à 450 litres. On compte au nombre de ceux-ci, les semi-remorques, camions porteurs, remorques-citernes, réservoirs portatifs pour le transport, etc.

Moyen de transport

Un moyen de transport est tout engin utilisé pour le transport de marchandises dangereuses qui se déplace sur terre, dans les airs, sur ou dans l'eau.

Règlement sur le transport des marchandises dangereuses — Section 1

1.1 La Loi sur le transport des marchandises dangereuses entra en vigueur en 1980 et le Règlement en 1985. Cette Loi, qui fit l'objet d'importantes modifications en 1992, est toujours en vigueur. Le Règlement fut récemment remanié dans une version nommée « langage clair ». **Ce Règlement refondu entrera en vigueur le 15 août 2002.** Entre-temps, le Règlement existant continue de s'appliquer, à moins qu'un expéditeur ou un transporteur ait été autorisé à utiliser le nouveau Règlement.

1.2 Cette dernière révision avait pour but de rendre le Règlement plus facile à lire, à comprendre et à appliquer. Il va de soi qu'une compréhension et une conformité accrues réduisent les risques associés au transport de marchandises dangereuses.

1.3 Le Règlement sur le transport des marchandises dangereuses s'applique :

· à tous les moyens de transport : véhicule routier, véhicule ferroviaire, navire ou aéronef ;

· à toute personne impliquée dans le transport : expéditeurs, transporteurs et destinataires ; et

· à tous les ordres de gouvernement : fédéral, provincial et municipal.

Les gouvernements provinciaux ont, en grande partie, adopté la loi fédérale pour fins de cohérence. Les différences sont toutefois abordées dans la section 14.

Plusieurs municipalités ont instauré des règlements précisant les routes que doivent emprunter ou éviter les véhicules transportant des marchandises dangereuses. Les panneaux routiers désignant ces routes se trouvent dans le Guide de référence du conducteur.

1.4 Plusieurs personnes sont impliquées dans le transport de marchandises dangereuses. Il y a, par exemple, ceux qui fabriquent, emballent ou chargent les marchandises dangereuses ; ceux qui préparent les documents d'expédition ; les destinataires et les conducteurs qui en assurent le transport.

Chaque personne a des responsabilités précises qu'elle doit comprendre à fond. Chaque conducteur devrait posséder des connaissances de base des responsabilités des autres intervenants. (Une accusation peut être portée contre un conducteur même si c'est l'expéditeur qui a commis l'infraction.) L'employeur est tenu de dispenser toute la formation nécessaire afin de s'assurer que chaque personne possède les connaissances appropriées (voir la section 8 du présent guide).

1.5 Quiconque ne se conforme pas à la loi peut encourir des peines graves. Dans les pires scénarios, une personne peut être passible d'une amende pouvant aller jusqu'à 100 000 $, ou d'une peine d'emprisonnement. Dans le but d'éviter de telles peines, une personne doit être en mesure de prouver qu'elle a pris toutes les dispositions raisonnables pour se conformer à la loi.

1.6 Certaines exigences particulières s'appliquent aux expéditions de marchandises dangereuses entre le Canada et les États-Unis (vous les trouverez dans la section 12 du présent guide).

1.7 Il se peut que certains aspects du transport d'explosifs, de matières infectieuses et de matières radioactives soient abordés dans d'autres lois, telle que la Loi sur les explosifs et la Loi sur la sûreté et la réglementation nucléaires. Il se peut aussi que les transporteurs et les conducteurs soient tenus de s'inscrire auprès du gouvernement fédéral ou d'un gouvernement provincial avant de pouvoir manipuler ces marchandises dangereuses. Quant aux conducteurs, ils auront peut-être à obtenir davantage de formation.

1.8 Quoique aucune partie du Règlement ne précise les précautions à prendre sur la route en vue de minimiser les risques associés au transport et à la manutention de marchandises dangereuses, notamment pour le stationnement, les tunnels etc., certaines provinces ont légiféré en ce sens. Vous trouverez quelques-unes de ces précautions dans la section 6 du présent guide.

Classification des marchandises dangereuses — Section 2

2.1 Pour qu'une matière soit classée marchandise dangereuse, elle doit satisfaire aux critères énoncés au Règlement (par exemple, les critères sur la toxicité ou la corrosivité). On compte des milliers de substances qui satisfont aux critères et bien d'autres qui sont créées chaque jour.

2.2 **C'est à l'expéditeur qu'il incombe de classifier les marchandises dangereuses.** La classification d'une marchandise dangereuse doit comprendre l'appellation réglementaire, la ou les classes, le numéro UN, ainsi que le groupe d'emballage. Il existe également des groupes de compatibilité pour explosifs, des groupes de risque pour matières infectieuses et des catégories pour matières radioactives

2.3 L'Annexe 1 du Règlement comprend la liste des substances classées marchandises dangereuses, ainsi que **leur appellation réglementaire. Seules les appellations réglementaires figurant sur cette liste peuvent être utilisées.** Les appellations sont classées par ordre numérique, selon leur numéro UN. Les mots composant une appellation réglementaire anglaise peuvent être dans un ordre différent, pourvu que le nom au complet apparaisse et qu'il s'agisse du nom commun. L'Annexe 3 du Règlement, qui dresse la liste des appellations réglementaires par ordre alphabétique, constitue un outil de référence fort pratique. Les Annexes 1 et 3 se trouvent à la section de référence du présent guide.

2.4 Pour chaque appellation réglementaire il existe un **numéro UN** unique, soit un numéro à quatre chiffres précédé des lettres UN, *par exemple, UN1203.* (Il sera désormais interdit d'utiliser les numéros NA au Canada.)

2.5 Quoique toutes les marchandises dangereuses posent un risque durant le transport, les risques varient d'une marchandise dangereuse à l'autre. Les marchandises dangereuses sont réparties en **9 classes**, soit **selon le type de danger** qu'elles posent (explosibilité, inflammabilité, toxicité, corrosivité, etc.). Voici les classes:

- **classe 1,** Explosifs ;
- **classe 2,** Gaz ;
- **classe 3,** Liquides inflammables ;
- **classe 4,** Solides inflammables ; matières sujettes à l'inflammation spontanée ; matières qui, au contact de l'eau, dégagent des gaz inflammables ;
- **classe 5,** Matières comburantes et peroxydes organiques ;
- **classe 6,** Matières toxiques et matières infectieuses ;
- **classe 7,** Matières radioactives ;
- **classe 8,** Matières corrosives ; et
- **classe 9,** Produits, matières ou organismes divers.

2.6 Certaines classes comprennent des **divisions** qui correspondent à des risques plus précis. Une classe sans division ne comporte qu'un seul numéro, *par exemple, la classe 3.* Deux chiffres séparés par un point indiquent que la classe comporte des divisions. *À titre d'exemple, la classe 2.1 désigne un produit de la classe 2, division 1.*

Des exemples de classes et divisions, de concert avec les étiquettes et plaques correspondantes, se trouvent dans le Guide de référence du conducteur.

2.7 Plusieurs marchandises dangereuses se voient également attribuer un **groupe d'emballage** (GE) qui indique le niveau de danger qu'elles posent. Les groupes d'emballage sont toujours inscrits en chiffres romains :

Groupe d'emballage I : niveau de danger élevé

Groupe d'emballage II : niveau de danger moyen

Groupe d'emballage III : niveau de danger faible

Aucun groupe d'emballage n'est attribué à la classe 2, Gaz ; à la classe 6.2, Matières Infectieuses ; et à la classe 7, Matières radioactives. La classe 1, Explosifs, est incluse dans le groupe d'emballage II, tandis que la classe 9, Produits, matières et organismes divers, est toujours incluse dans le groupe d'emballage III.

2.8 La classe 1, Explosifs, est divisée en **13 groupes de compatibilité** identifiés par les lettres A, B, C, D, E, F, G, H, J, K, L, N et S. Ces lettres indiquent les produits qui peuvent être transportés ensemble en toute sécurité.

2.9 La classe 6.2, Matières infectieuses, est répartie en **4 groupes de risque** soit de I (risque le plus faible) à IV (risque le plus élevé). *Par exemple, les Matières infectieuses pour l'homme, UN2814, se trouvent dans la classe 6.2 GR 4 (classe 6, division 2, groupe de risque 4).* Les marchandises dangereuses du groupe de risque 1 ne sont pas réglementés.

2.10 La classe 7, Matières radioactives, est séparée en **3 catégories**, soit de I (radiation faible) à III (radiation élevée).

2.11 Certaines marchandises dangereuses peuvent poser plus d'un type de danger. Dans un tel cas, **la classe primaire** indique le danger principal, alors que la ou les **classes subsidiaires** indiquent les autres dangers. Les classes subsidiaires figurent entre parenthèses à l'Annexe 1. *Par exemple, l'ammoniac anhydre, UN1005, est représenté par 2.2(8), ce qui signifie que ce produit fait partie de la classe primaire 2.2, Gaz ininflammable et non toxique, et de la classe subsidiaire 8, Matières corrosives.*

2.12 Certaines matières dangereuses **font partie de plus d'un groupe d'emballage.** Dans un tel cas, l'expéditeur doit déterminer le groupe d'emballage en fonction des propriétés du produit en question. *Par exemple, les butanols, UN1120, peuvent être classés dans le groupe d'emballage II ou dans le groupe d'emballage III, selon les propriétés du produit en particulier.*

2.13 Certaines marchandises dangereuses sont assujetties à **des dispositions particulières** régissant un aspect spécial de leur manutention ou de leur transport. *La disposition 61 renferme, par exemple, des exigences particulières relatives au produit UN1357.* Il existe actuellement quelque 70 dispositions particulières, qui sont reproduites à l'Annexe 2 du présent guide. Quant aux dispositions particulières s'appliquant aux marchandises dangereuses, elles figurent à la colonne 5 de l'Annexe 1.

2.14 Certaines marchandises dangereuses sont décrites selon leur **dénomination générique, plutôt que par un nom précis**. Dans ce cas-ci, la dénomination générique est d'habitude suivie des lettres N.S.A., symbolisant Non spécifié autrement (« N.O.S. » Not Otherwise Specified). Ces produits sont d'ordinaire assujettis à la disposition particulière 16, qui exige que l'appellation technique de la matière la plus dangereuse soit notée entre parenthèses immédiatement après l'appellation réglementaire. *Par exemple, liquide inflammable, N.S.A. (Naphta) UN1993. Il faut toujours utiliser le nom le plus précis qui soit d'un produit.*

2.15 Certaines marchandises dangereuses étant plus dangereuses que d'autres en certaines quantités, l'expéditeur doit remettre un Plan d'intervention d'urgence (PIU) à Transports Canada. (Vous trouverez plus de détails sur les PIU à la section 3 du présent guide.)

2.16 Plusieurs produits ayant des propriétés dangereuses **ne figurent pas nommément à l'Annexe 1.** Le fabricant ou l'expéditeur d'un tel produit doit en déterminer les propriétés et le niveau de danger pour le classer.

2.17 Il est **interdit** de transporter certains produits, même s'ils figurent à l'Annexe 1 *(p. ex. : solide comburant, hydroréactif, N.S.A., UN3121).*

2.18 Il incombe à l'expéditeur de classer les marchandises dangereuses, et non au transporteur. Toutefois, **si un conducteur constate une erreur ou a des motifs valables de soupçonner qu'il y a une erreur de classification** lors du chargement ou du transport des marchandises dangereuses, il doit en aviser l'expéditeur et stopper le transport des marchandises dangereuses tant que la classification n'aura pas été vérifiée.

Plan d'intervention d'urgence — Section 3

3.1 Certaines marchandises dangereuses pouvant poser plus de dangers que d'autres en certaines quantités, nécessitent l'adoption de moyens d'intervention appropriés pour qu'on puisse intervenir sur-le-champ lors de situations d'urgence. C'est ce qu'on appelle le **Plan d'intervention d'urgence ou PIU** (Emergency Response Assistance Plan - ERAP).

3.2 La personne qui fait la demande de transport de marchandises ou la personne qui les importe au Canada doit voir à l'élaboration du PIU. Si un envoi en provenance des États-Unis vers une destination aux États-Unis, passe par le Canada, et qu'aucun PIU n'a été fourni, le transporteur est considéré comme l'importateur et doit fournir un PIU.

3.3 Le PIU doit décrire les marchandises, le contenant utilisé pour l'envoi, la région géographique visée, et la capacité d'intervenir en cas d'urgence. Le PIU doit être approuvé et se voir attribuer un numéro de référence par Transports Canada.

3.4 Un PIU est obligatoire lorsque la quantité de marchandises transportées dépasse **l'Indice PIU**. Cet indice figure à la colonne 7 de l'Annexe 1. Si l'indice est de 0, le PIU est obligatoire pour toute quantité transportée. Si aucun nombre ne figure à la colonne 7, le PIU n'est pas obligatoire.

Exemple 1 : il faut un PIU pour un envoi de plus 3 000 kg d'acide sulfurique contenant plus de 51 % d'acide, classe 8, GE II, UN1830.

Exemple 2 : il faut également un PIU pour une expédition de plus 500 kg de dioxyde de soufre, classe 2.3(8), UN1079.

Exemple 3 : il faut un PIU pour toute quantité de dioxyde d'azote, classe 2.3 (5.1) (8), UN1067.

S'il s'agit d'un solide, l'Indice PIU est exprimé en kilogrammes (kg). S'il s'agit d'un liquide, l'indice PIU est exprimé en litres (L). Finalement, s'il s'agit d'un gaz, l'indice est exprimé en capacité en eau du contenant en litres.

3.5 Le numéro de référence attribué par Transports Canada au PIU et le numéro de téléphone pour mettre en œuvre le PIU doivent apparaître sur le document d'expédition. Tout véhicule ayant à son bord une quantité de marchandises dangereuses nécessitant un PIU doit avoir des plaques et des numéros UN apposés à l'extérieur du grand contenant (voir les sections 4.22 et 9.7 du présent guide).

Identification des marchandises dangereuses Section 

4.1 Toutes **les marchandises dangereuses doivent avoir été clairement identifiées** avant de faire l'objet d'une demande de transport, d'être manutentionnées ou d'être transportées, de sorte que chacun soit conscient de leurs dangers potentiels et pour aider les spécialistes en intervention d'urgence à prendre les mesures qui s'imposent en cas de rejet accidentel. Pour atteindre ces objectifs, il faut :

- s'assurer qu'un document d'expédition dûment rempli accompagne l'envoi en tout temps;
- sélectionner le contenant approprié pour les marchandises dangereuses ;
- apposer correctement les indications danger et étiquettes sur le petit contenant ; et
- apposer les plaques appropriées sur le grand contenant ou sur le moyen de transport (le véhicule), lorsque requis.

Les règles générales qui s'appliquent à la plupart des marchandises dangereuses sont exposées dans cette section. Les exigences propres à certaines classes de marchandises dangereuses sont précisées à la section 14 du président guide.

DOCUMENTS D'EXPÉDITION

4.2 Tout envoi de marchandises dangereuses doit être accompagné d'un **document d'expédition** renfermant tous les renseignements requis, inscrits de manière à être facilement reconnaissables, lisibles et indélébiles, et rédigés en français ou en anglais.

4.3 L'expéditeur peut, avec l'autorisation du transporteur, fournir une **copie électronique** du document d'expédition. Dans ce cas, le transporteur doit produire **une copie sur papier du document** qui accompagnera l'expédition.

4.4 Le document d'expédition doit être préparé par l'expéditeur, et doit comprendre :

- **les nom et adresse de l'établissement de l'expéditeur au Canada** (s'il s'agit de marchandises importées, l'importateur est considéré comme l'expéditeur) ;
- la **date** à laquelle le document d'expédition a été préparé ou remis au transporteur ;
- une description de chaque marchandise dangereuse **dans l'ordre suivant** :
  - **l'appellation réglementaire** du produit prévue à l'Annexe 1 et, si la disposition particulière 16 l'exige, l'appellation technique du produit entre parenthèses, *par exemple, isocyanates inflammables, toxiques, N.S.A. (appellation technique du produit), 3 (6.1), UN2478.* L'appellation réglementaire peut être en majuscules ou en minuscules, mais doit être en majuscules lorsque suivie d'un texte descriptif, *par exemple, ADHÉSIFS contenant un liquide inflammable, UN1133.* Les mots anglais composant l'appellation réglementaire peuvent figurer dans un ordre différent.
  - **la classe primaire** est représentée par un chiffre seulement, le mot « classe » suivi du chiffre ou sous la rubrique « classe ». *Par exemple, acide chlorhydrique, classe 8, UN1789 ou acide chlorhydrique, 8, UN1789.* Il faut également préciser le groupe de compatibilité des explosifs de la classe 1, *par exemple, Cartouches de signalisation, 1.3G, UN0054.*
  - la ou les **classes subsidiaires**, s'il y a lieu, entre parenthèses, *par exemple, oxygène comprimé, 2.2(5.1), UN1072.*
  - le numéro UN, comprenant les lettres « UN » ; par exemple, UN1072.
  - Le **groupe d'emballage** (à l'exception de la classe 2, Gaz, pour laquelle il n'existe pas de groupe d'emballage), *p. ex. : acide chlorhydrique, 8, UN1789, GE II ;* ou le groupe de risque pour la classe 6.2, Matières infectieuses, ou encore la catégorie de la classe 7,

Matières radioactives.

- La **masse brute totale ou le volume total** de chaque marchandise dangereuse, exprimé en unités métriques à l'exception de la classe 1, Explosifs, qui est exprimé en quantité nette d'explosifs (QNE).
- le **nombre** de petits contenants étiquetés, sauf pour les explosifs.
- la mention **«numéro 24 heures», suivie d'un numéro de téléphone où il est possible de joindre immédiatement l'expéditeur** ou une autorité compétente qui peut donner des renseignements techniques sur le produit. Le numéro de téléphone de CANUTEC peut être utilisé, à condition d'avoir obtenu l'autorisation écrite de CANUTEC, et
- si un PIU est requis, **le numéro de référence du PIU** attribué par Transports Canada, et **le numéro de téléphone pour mettre en œuvre le PIU.** (Ce numéro peut être le même que le numéro 24 heures).

4.5 Si des marchandises dangereuses et d'autres marchandises figurent sur le même document d'expédition, les marchandises dangereuses doivent être identifiées en :

- les faisant figurer avant les renseignements sur les marchandises non dangereuses ; ou
- les surlignant ou en les imprimant d'une couleur différente ; ou
- inscrivant la lettre « X » sous la colonne ayant pour titre « Marchandises dangereuses », ou « MD », tel qu'illustré sur le document d'expédition type.

4.6 Il n'existe aucun format prescrit pour le document d'expédition ; le formulaire ci-dessous peut être utilisé comme modèle.

Voici quelques exemples de descriptions de marchandises dangereuses telles qu'elles devraient apparaître sur le document d'expédition :

Essence pour moteurs d'automobiles, 3, UN1203, II ; ou Carburant pour moteurs d'automobiles, classe 3, UN1203, GE II; ou Pétrole, 3, UN1203, groupe d'emballage II;

DOCUMENT D'EXPÉDITION

Transporteur : Transport Impeccable Inc. — DATE : 15/08/2002

À : Produits ABC — **De :** Produits Chimiques XYZ Inc.

Adresse : 31, boul. Sauvé — Adresse : 3620, avenue St-Paul

Ville : Buckingham, QC — Code postal J8L 2E7 — Ville : Moncton, NB — Code postal E2C 1B9

No. produit	Qté.	MD	Appellation réglementaire, classe primaire, classe subsidiaire, numero UN, groupe d'emballage	Masse brute
	7 Fûts	X	HYDROXYDE DE SODIUM EN SOLUTION, Classe 8, UN1824, GEII	2000 kg
	20 Cyl.	X	PROPANE, Classe 2.1, UN1978	900 L
	2 Cyl.	X	DIOXYDE DE SOUFRE, Classe 2.3 (8), UN1079	80 L
	10 Fûts	X	ACIDE SULFURIQUE, Classe 8, UN1830, GE II	3600 kg
	5 Rouleaux		Papier	9200 kg

Transporteur : Transport Impeccable Inc. — SIGNATURE DE L'EXPEDITEUR: *Matt Dougas*

SIGNATURE DE TRANSPORTEUR: *Jos Bonté*

DATE: 21/08/2002 — PLAN D'INTERVENTION D'URGENCE (PIU) : 123456789

NUMERO 24 HEURES : (514) 987-6543 — # DE TÉLÉPHONE POUR PIU: (514) 321-0123

Isobutylamine, classe 3, classe subsidiaire (8), UN1214, groupe d'emballage II ; ou Isobutylamine, 3(8), UN1214, GE II ;

Matières infectieuses pour l'homme, classe 6.2, UN2814, GE 4.

4.7 **Si la quantité de marchandises dangereuses ou le nombre de petits contenants change** durant le transport (lors de livraisons à plusieurs destinataires, par exemple), on peut utiliser un seul document d'expédition. Le conducteur doit indiquer, sur le document d'expédition ou sur le document annexé à celui-ci, chaque changement relatif à la quantité de marchandises dangereuses ou au nombre de petits contenants

4.8 **Si tout contenant contient moins de 10 % de la quantité maximale de remplissage du contenant,** on peut noter sur le document d'expédition « **Résidu - dernier contenu** » au lieu d'inscrire la quantité, suivi de l'appellation réglementaire des dernières marchandises dangereuses placées dans le contenant. Cette mention ne peut jamais être utilisée pour un petit contenant de la classe 2, Gaz, ou pour la classe 7, Matières radioactives.

4.9 **Durant le transport**, un exemplaire du document d'expédition doit se trouver :

- à portée de la main du conducteur ou dans une pochette fixée à la portière du conducteur, lorsque le conducteur est dans l'unité motrice ;
- sur le siège du conducteur, dans une pochette fixée à la portière du conducteur, ou dans un endroit bien à la vue de toute personne qui monte à bord par la portière du conducteur, lorsque le conducteur n'est pas dans l'unité motrice ;

  Si la remorque (un grand contenant) n'est plus attelée à l'unité motrice, le document d'expédition doit accompagner la cargaison. Autrement dit :

  - si les marchandises dangereuses sont laissées dans un endroit surveillé, on doit remettre le document d'expédition à la personne responsable de l'endroit surveillé ou à une personne désignée ;
  - si la personne responsable de la zone surveillée est absente, le document d'expédition doit être placé dans un récipient étanche fixé à l'extérieur du véhicule dans un endroit d'accès facile et reconnaissable.
  - s'il n'y a personne pour prendre possession des marchandises dangereuses, le document d'expédition doit être placé dans un récipient étanche fixé à l'extérieur du véhicule dans un endroit d'accès facile et reconnaissable. *Par exemple, lorsque les remorques sont laissées à un terminal sans surveillance durant les fins de semaine.*

4.10 Les expéditeurs et les transporteurs doivent conserver des exemplaires des documents d'expédition pendant 24 mois. Certaines autorités provinciales peuvent exiger une période de conservation plus longue.

EXIGENCES RELATIVES À L'EMBALLAGE

4.11 Il incombe à l'expéditeur de s'assurer que les marchandises dangereuses se trouvent dans un contenant qui satisfait aux normes établies. À compter du 1er janvier 2003, des marques devront être apposées sur un petit contenant pour indiquer qu'il est conforme aux normes appropriées. Pour les grands contenants, tels que les véhicules-citernes, le transporteur doit également s'assurer que la citerne est conforme à la norme.

LES PETITS CONTENANTS - INDICATIONS DE DANGER ET ÉTIQUETTES

4.12 Avant de permettre à un **expéditeur** de charger ou de placer des marchandises dangereuses dans un petit contenant, **il doit y apposer les indications de danger** lisibles et visibles suivantes :

- une **étiquette** indiquant la classe primaire et une étiquette pour chaque classe subsidiaire de marchandises dangereuses. Si le contentant renferme plus d'un envoi de marchandises dangereuses, il doit y avoir des étiquettes pour chacun. Les étiquettes sont illustrées dans le Guide de référence du conducteur. Un petit contenant sur lequel on a apposé des étiquettes de la classe subsidiaire sans le numéro de classe au coin inférieur bas peut continuer d'afficher ces étiquettes jusqu'au **15 août 2005.**

· **l'appellation réglementaire** des marchandises telle qu'elle apparaît à l'Annexe 1. Quant aux marchandises dangereuses assujetties à la disposition particulière 16, l'appellation technique de la marchandise la plus dangereuse doit également être inscrite entre parenthèses.;

· le numéro UN à quatre chiffres, comprenant les lettres UN. Ce numéro doit figurer à côté de l'étiquette de la classe primaire, ou peut figurer, sans les lettres UN, à l'intérieur du rectangle blanc de l'étiquette de la classe primaire. *Par exemple,un petit contenant renfermant de l'acide chloroacétique en solution, 6.1 (8), UN1750, GE II porterait les étiquettes illustrées à la page 14.*

4.13 Les étiquettes et les indications de danger peuvent être apposées sur n'importe quel côté d'un petit contenant, autre que le côté sur lequel il est censé reposer ou être gerbé pendant le transport. Les étiquettes devraient être apposées sur l'épaule d'une bouteille à gaz ou à proximité de celle-ci.

4.14 Si les étiquettes et indications de danger obligatoires ne peuvent être apposées en raison de la dimension irrégulière du petit contenant, on peut en réduire les dimensions et les apposer sur une étiquette volante solidement fixée au petit contenant.

4.15 Les étiquettes ne sont pas obligatoires pour **un contenant qui se trouve à l'intérieur d'un autre contenant,** pourvu que le contenant extérieur soit correctement étiqueté et qu'il ne soit pas ouvert durant le transport. *Par exemple, pour de petites bouteilles à l'intérieur d'un carton, le carton doit être étiqueté, mais pas les bouteilles.*

4.16 Les **étiquettes doivent demeurer sur le contenant** jusqu'à ce qu'il soit déchargé ou vidé. Toute personne qui effectue ces tâches doit enlever ou recouvrir les indications de danger marchandises dangereuses lorsque le contenant ne pose plus de danger.

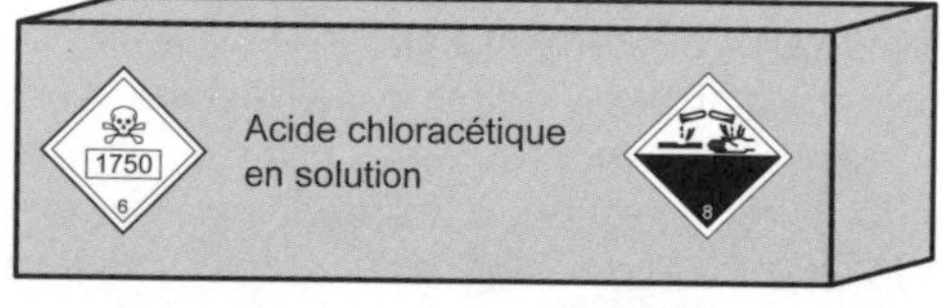

ou

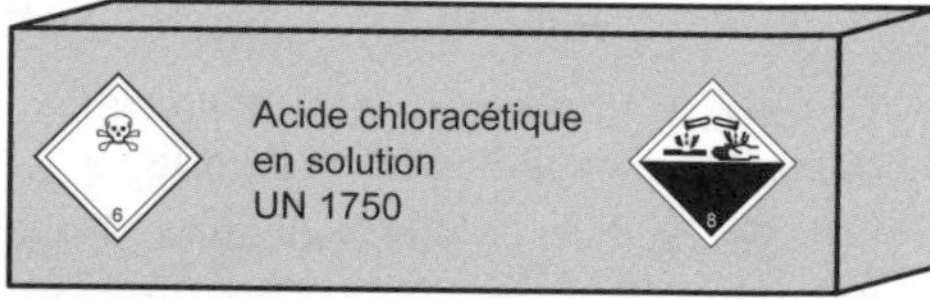

PLAQUES POUR GRANDS CONTENANTS ET MOYENS DE TRANSPORT

4.17 Les plaques s'avèrent particulièrement pratiques pour le personnel d'urgence qui doit identifier la nature du danger. Elles peuvent renfermer des renseignements d'ordre général (une plaque DANGER) ou très précis (une plaque indiquant la classe et le numéro UN). Les renseignements figurant sur les plaques doivent être les plus précis possible.

4.18 **Avant de procéder au chargement de marchandises dangereuses dans un grand contenant ou dans un moyen de transport ou à l'empotage de celui-ci,** il faut apposer sur le grand contenant ou le moyen de transport toutes les plaques et tous les numéros UN requis. (Vous trouverez des exemples de plaques dans le Guide de référence du conducteur.) Lorsqu'il faut un numéro UN, il doit figurer sans les lettres UN. Il peut figurer dans un rectangle blanc sur la plaque ou sur un panneau orange à côté de la plaque de la classe primaire, tel qu'illustré.

4.19 Les exigences relatives aux plaques varient en fonction :

· du **type et de la quantité des marchandises dangereuses** expédiées. Si la quantité est exprimée en volume sur le document d'expédition, **le poids doit toujours être utilisé** pour établir les exigences relatives à l'apposition des plaques ;

· des **différentes marchandises dangereuses dans le chargement** ; et

· de l'exigence d'un PIU ou non pour les marchandises.

4.20 Si le poids total des marchandises dangereuses **ne dépasse pas 500 kg**, il n'est pas nécessaire d'apposer de plaques sur le grand contenant. Des plaques et le numéro UN sont toutefois nécessaires dans les circonstances suivantes :

· Les marchandises dangereuses exigeant un PIU;

· S'il s'agit d'un liquide ou d'un gaz directement en contact avec un grand contenant.

4.21 S'il y a seulement un envoi de marchandises dangereuses et que le poids de ces marchandises **est supérieur à 500 kg seule une plaque indiquant la classe primaire, sans le numéro UN, doit être apposé sur le grand contenant si aucun PIU n'est requis,** qu'il ne s'agit pas d'un liquide ou d'un gaz directement en contact avec le grand contenant.

4.22 S'il y a seulement un envoi de marchandises dangereuses et **qu'un PIU est requis,** il faut apposer sur le grand contenant une plaque indiquant la classe primaire et le numéro UN.

4.23 Les exigences en matière d'apposition de plaques, ainsi que quelques exemples, sont exposés à la section 9.

4.24 Les plaques et/ou numéros UN doivent être **apposés sur les quatre côtés d'un grand contenant ou du moyen de transport**.

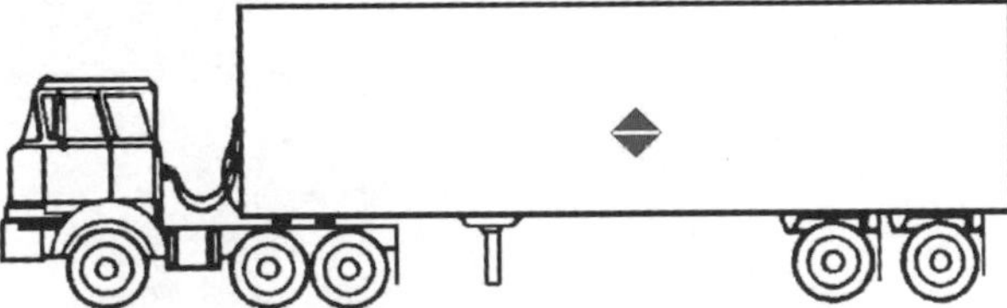

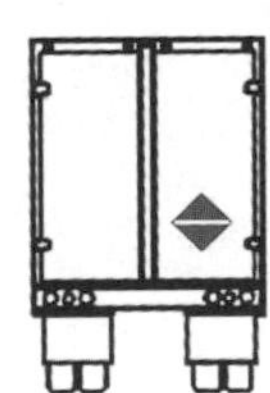

EMPLACEMENT, ENTRETIEN ET ENLÈVEMENT DES PLAQUES

4.25 La plaque peut être apposée à l'avant du camion au lieu de l'extrémité avant de l'unité de cargaison.

4.26 Il est possible d'apposer les plaques et, le cas échéant, les numéros UN pertinents sur le châssis du véhicule si la position des plaques et numéros UN permet le même résultat que s'ils avaient été apposés sur chaque côté et à chaque extrémité du grand contenant. Ceci peut se produire avec des remorques à plate-forme.

4.27 Si un véhicule a un envoi sur lequel on doit apposer une plaque, **et que la plaque n'est pas visible** de l'extérieur, *par exemple, un véhicule contenant un réservoir portatif pour le transport dont la capacité est supérieure à 450 litres*, les plaques doivent également être apposées sur l'extérieur du véhicule.

4.28 Le conducteur doit remplacer toute plaque perdue ou endommagée durant le transport.

4.29 Les plaques et le ou les numéros UN **doivent demeurer sur le véhicule** jusqu'à ce qu'il ait été déchargé ou vidé, après quoi ils doivent être enlevés. Tout véhicule-citerne pouvant contenir une petite quantité de marchandises dangereuses doit être purgé ou nettoyé avant qu'on enlève les plaques et le ou les numéros UN.

4.30 Il existe **des exigences particulières pour les véhicules-citernes à plusieurs compartiments** - voir la section 10 du présent guide.

4.31 Il existe également d'autres panneaux qui doivent être apposés dans des circonstances spéciales. **Le signe du transport à température élevée, le signe de fumigation, et la marque du polluant marin** sont décrits à la section 14 du présent guide et illustrés dans le Guide de référence du conducteur.

Partie 1

Sommaire des exigences de plaques

Nombre de MD avec des numéros UN différents	Masse brute de l'expédition	PIU requis	Plaque et numéro UN requis	Exemples	
				Marchandises dangereuses	Plaques et numéro UN requis
1	Inférieur ou égale à 500 kg	Non	Aucun		
1	Supérieur à 500 kg	Non	Plaque de classe primaire	*1000 kg Acétone, classe 3, GE II, UN1090*	*Classe 3 sans numéro UN*
1	Quantité exigeant un PIU	Oui	Plaque classe primaire et numéro UN	*3500 kg Calcium, classe 4.3, GE II, UN1401*	*Classe 4.3 avec numéro UN 1401*
	Tout liquide ou gaz en vrac	Oui /Non	Plaque de classe primaire et numéro UN	*3500 kg Acétone, classe 3, GE II, UN1090 (en grand contenant)*	*Classe 3 avec numéro UN 1090*
Plusieurs MD dans grand contenant	Expédition contenant plusieurs MD dont un envoi de plus de 4000 kg du même produit du même expéditeur	Oui /Non	Plaque de classe primaire et numéro UN **ET** Plaques requises pour les autres MD présentes dans grand contenant	*5000 kg Hydroxyde de sodium en solution, classe 8, GE II, UN1824*	*Classe 8 avec numéro UN 1824*
				5000 kg Hydroxyde de sodium en solution, classe 8, GE II UN1824 et 1000 kg Acide chlorhydrique, classe 8, GE II, UN 1789	*Classe 8 avec numéro UN 1824 et classe 8 sans numéro UN*
Plusieurs MD dans grand contenant	Expédition contenant plusieurs MD dont toute quantité d'Explosifs, classe 1, à l'exception de la classe 1.4 (section 14.6 du guide)	Oui /Non **ET** Oui /Non pour autres MD	Plaque de classe primaire pour Explosifs, classe 1 **ET** Plaques requises pour les autres MD présentes dans grand contenant	*400 kg Bombes photo-éclair, classe 1.1F, GE II, UN0037 et 1000 kg Acétone, classe 3, GE II, UN1090 et 1000 kg Hydroxyde de sodium en solution, classe 8, GE II UN1824*	*Classe 1.1 sans numéro UN et DANGER*
				400 kg Bombes photo-éclair, classe 1.1F, GE II, UN0037 et 2000 kg Acide sulfurique fumant, classe 8 (6.1), GE I, UN1831	*Classe 1.1 sans numéro UN et classe 8 avec numéro UN 1861 et plaque de classe subsidiaire 6.1 (sans numéro de classe)*
Plus de 1	Chaque contenant de MD est moins de 500kg mais masse totale des contenants est de plus de 500kg	Non	Plaque DANGER	*200 kg Hydroxyde de sodium en solution, classe 8, GE II UN1824 et 400 kg Acétone, classe 3, GE II, UN1090*	*DANGER*
Plus de 1	Au moins un contenant de plus de 500kg	Non	Plaque de classe primaire pour chaque classe **OU** Plaque DANGER	*1000 kg Acétone, classe 3, GE II, UN1090 et 300 kg Hydroxyde de sodium en solution, classe 8, GE II UN1824*	*Classe 3 sans numéro UN et classe 8 sans numéro UN ou DANGER*
Plus de 1	Peu importe la masse	Tous les MD dans grand contenant	Plaque de classe primaire avec numéro UN pour chaque MD	*2000 kg Acide sulfurique fumant, classe 8 (6.1), GE I, UN1831 et 3500 kg Calcium, classe 4.3, GE II, UN1401*	*Classe 8 avec numéro UN 1831 et plaque de classe subsidiaire 6.1 (sans numéro de classe) et classe 4.3 avec numéro UN 1401*
Plus de 1	Masse exigeant un PIU et autres produits de plus de 500kg	Au moins une MD exige PIU	Plaque de classe primaire avec numéro UN par chaque MD avec PIU **ET** Plaques requises pour autres MD	*2000 kg Acide sulfurique fumant, classe 8 (6.1), GE I, UN1831 et 1000 kg Acide chlorhydrique, classe 8, GE II, UN 1789*	*Classe 8 avec numéro UN 1831 et plaque de classe subsidiaire 6.1 (sans numéro de classe) et classe 8 sans numéro UN ou DANGER*
				4000 kg Calcium, classe 4.3, GE II, UN1401 et 1000 kg Hydroxyde de sodium en solution, classe 8, GE II UN1824 et 1000 kg Acétone, classe 3, GE II, UN1090	*Classe 4.3 avec numéro UN 1401 et classe 8 sans numéro UN et classe 3 sans numéro UN ou classe 4.3 avec numéro UN 1401 et DANGER*

Responsabilités des expéditeurs, transporteurs et destinataires

5.1 Toute personne chargée du transport de marchandises dangereuses (expéditeurs, transporteurs et leurs conducteurs, ainsi que les destinataires) a des responsabilités précises.

5.2 Quoique ce ne soit pas du ressort du transporteur ou de ses conducteurs d'identifier les marchandises dangereuses, de préparer les documents ou d'apposer des étiquettes sur les colis, il est important qu'ils saisissent bien ces tâches, ainsi que les responsabilités des expéditeurs et des destinataires. Toute erreur que commet une personne impliquée dans le transport de marchandises dangereuses peut occasionner des problèmes pouvant mettre en danger la vie d'autrui.

EXPÉDITEURS

5.3 Les employés de l'expéditeur doivent recevoir la formation appropriée qui leur permettra de posséder de **solides connaissances** des aspects du transport des marchandises dangereuses ayant trait à leurs tâches. Au nombre de ces aspects, il convient de mentionner la classification et l'appellation réglementaire des marchandises dangereuses ; la documentation ; les plaques, étiquettes et autres indications de danger; la spécification, la sélection et l'usage du contenant ; le Plan d'intervention d'urgence (PIU) ; des méthodes de manutention sécuritaire ; la déclaration de déversements accidentels ; et des procédures d'urgence raisonnables à prendre en vue de réduire ou d'éliminer tout danger à la sécurité publique à la suite d'un rejet accidentel.

5.4 L'expéditeur doit s'assurer :

- que les marchandises dangereuses ont été dûment classées, emballées et étiquetées;
- que le contenant a les bonnes caractéristiques ou qu'il convient au transport des marchandises dangereuses en question et qu'il affiche tous les renseignements requis sur la certification, les tests et l'inspection ;
- que le document d'expédition a été dûment rempli et daté ;
- qu'un ensemble complet de plaques et numéros UN (s'il y a lieu) a été fourni et apposé sur le moyen de transport avant de procéder au chargement des marchandises dangereuses. (L'expéditeur n'est pas tenu de fournir des plaques s'il y a déjà d'autres marchandises dangereuses dans le véhicule, parce que ces plaques seraient erronées ;
- que les marchandises dangereuses ont été correctement arrimées dans le véhicule et qu'il n'y a aucune fuite dans le contenant.

5.5 L'expéditeur peut, avec la permission du transporteur, remettre un registre d'expédition électronique plutôt qu'une version du document d'expédition sur support papier.

5.6 L'expéditeur doit conserver le document d'expédition pendant 24 mois. Il peut le conserver sous format électronique ou sur papier.

TRANSPORTEURS

5.7 Les employés du transporteur doivent recevoir la formation appropriée qui leur permettra de posséder de **solides connaissances** des aspects du transport des marchandises dangereuses ayant trait à leurs tâches. Au nombre de ces aspects, il convient de mentionner la classification et l'appellation réglementaire des marchandises dangereuses ; la documentation ; les plaques, étiquettes et autres marques ; la spécification, la sélection et l'usage du contenant ; le Plan d'intervention d'urgence (PIU) ; la déclaration de rejets accidentels ; des méthodes de manutention sécuritaire ; et des procédures d'urgence raisonnables à prendre en vue de diminuer ou d'éliminer tout danger à la sécurité publique à la suite d'un rejet accidentel.

5.8 **Avant que le véhicule quitte**, le transporteur devrait établir s'il s'agit ou non d'un envoi de marchandises dangereuses et obtenir les renseignements sur l'envoi. Le transporteur devrait s'assurer que le véhicule convient au transport des marchandises dangereuses en question, et qu'il affiche tous les renseignements requis sur la certification, les tests et l'inspection.

5.9 Si l'expéditeur a remis une copie en format électronique du document d'expédition, le transporteur doit fournir une version sur papier de celui-ci qui doit accompagner l'envoi.

5.10 Le transporteur doit conserver le document d'expédition pendant 24 mois. Il peut le conserver sous forme électronique.

5.11 Si les marchandises dangereuses ont été transportées entre deux endroits aux États-Unis en passant par le Canada, le transporteur n'est pas tenu de conserver le document.

5.12 Si le transporteur ne faisait que manutentionner les marchandises dangereuses, y compris lors de leur entreposage durant le transport, et qu'il n'en a pas assuré le transport, il n'est pas tenu de conserver le document.

DESTINATAIRES

5.13 Les employés du destinataire doivent être bien formés afin de posséder de solides connaissances des aspects du transport de marchandises dangereuses ayant trait à leurs tâches, y compris l'apposition et l'enlèvement d'étiquettes et de plaques ; des méthodes de manutention sécuritaire ; la déclaration de rejets accidentels ; et des procédures d'urgence raisonnables à prendre en vue de diminuer ou d'éliminer tout danger à la sécurité publique à la suite d'un rejet accidentel.

5.14 Le destinataire doit voir à ce que :

- l'envoi soit rapidement et entièrement déchargé ;
- les plaques appropriées soient enlevées du véhicule ;
- les bons signes de mise en garde soient apposés à chaque ouverture, si le moyen de transport a été fumigé ou rempli d'un gaz inerte.

5.15 Les étiquettes doivent demeurer sur un petit contenant jusqu'à ce qu'il ait été déchargé, vidé ou purgé. Toute personne qui effectue ces tâches doit enlever ou recouvrir les indications de danger - marchandises dangereuses lorsque le contenant ne pose plus de danger.

Tâches et responsabilités du conducteur Section 

6.1 Un conducteur doit être bien formé afin de posséder de **solides connaissances** des aspects du transport des marchandises dangereuses ayant trait à ses tâches. Au nombre de ces tâches, il convient de mentionner la classification et l'appellation réglementaire des marchandises dangereuses ; la documentation ; les plaques, étiquettes et autres marques ; la spécification, la sélection et l'usage du contenant ; le Plan d'intervention d'urgence (PIU) ; la déclaration de rejets accidentels ; des méthodes de manutention sécuritaire ; et des procédures d'urgence raisonnables à prendre en vue de diminuer ou d'éliminer tout danger à la sécurité publique à la suite d'un rejet accidentel.

Les conducteurs devraient connaître les tâches des expéditeurs.

6.2 Nul ne pouvant se rappeler toutes les exigences du Règlement TMD, les conducteurs devraient toujours se poser les questions suivantes afin de s'assurer qu'ils se conforment au Règlement :

Est-ce que l'envoi contient des marchandises dangereuses ?

Est-ce que l'envoi correspond aux instructions que le répartiteur m'a communiquées ?

Est-ce que j'ai à ma disposition les documents nécessaires ?

Est-ce que le contenant est correctement étiqueté ?

Est-ce qu'on a apposé les bonnes plaques sur le véhicule ?

Que faire lors d'un déversement ?

Est-ce que je manipule prudemment les produits ?

Listes de vérification des responsabilités du conducteur

Les listes de vérification suivantes soulignent les responsabilités du conducteur à chaque étape du transport.

6.3 <u>Avant de partir</u>, le conducteur devrait s'assurer :

· qu'il est conscient du fait qu'il transportera des marchandises dangereuses ;

· qu'il a en main son certificat de formation ;

· que son véhicule est doté des équipements de secours nécessaires - extincteur, triangles réfléchissants ou dispositifs équivalents, et qu'il a l'équipement de protection individuelle nécessaire, même si cela n'est pas précisé dans le Règlement TMD.

. qu'il dispose d'une copie sur papier du document d'expédition, si le transporteur a permis à l'expéditeur d'en remettre une version électronique.

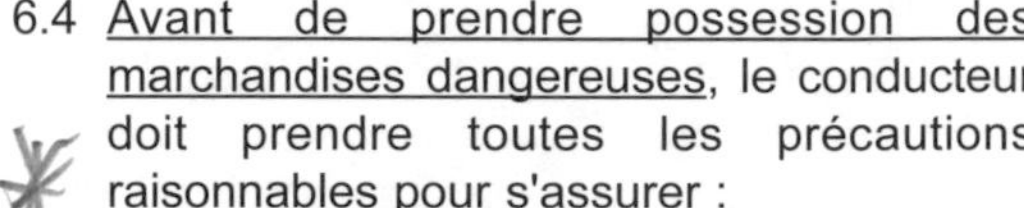

6.4 <u>Avant de prendre possession des marchandises dangereuses</u>, le conducteur doit prendre toutes les précautions raisonnables pour s'assurer :

· que le ramassage a été approuvé et planifié par le transporteur ;

· que le document d'expédition a été préparé par l'expéditeur et dûment rempli et daté par l'expéditeur ;

· que le document d'expédition (exposé en détail à la section 4.4) contient :

- les nom et adresse de l'expéditeur ;
- la date à laquelle le document d'expédition fut remis au transporteur ;
- une description de chacune des marchandises dangereuses dans l'ordre suivant - l'appellation réglementaire du produit ; l'appellation technique du produit, s'il y a lieu ; la classe primaire des marchandises dangereuses ; la ou les classes subsidiaires, s'il y a lieu, entre parenthèses ; le numéro UN ; et le groupe d'emballage ;
- le poids brut total ou le volume total de chaque marchandise dangereuse, exprimé en unités métriques, à

l'exception de la classe 1, Explosifs ;

- le nombre de petits contenants étiquetés, à l'exception de la classe 1, Explosifs ;
- la mention « numéro 24 heures» où il est possible de rejoindre immédiatement l'expéditeur qui peut donner les renseignements techniques sur le produit ;
- si un PIU s'impose, le numéro du Plan d'intervention d'urgence, et un numéro de téléphone pour mettre en œuvre le PIU ;

· qu'il n'y a aucune différence entre les directives reçues du transporteur, l'information figurant sur le document d'expédition, et l'envoi lui-même ;

· que les bonnes plaques et numéros UN, s'il y a lieu, sont apposés avant que les marchandises dangereuses ne soient chargées ; et

· qu'on a apposé les bonnes plaques sur les contenants renfermant déjà des marchandises dangereuses.

6.5 Durant le chargement (si le chargement se fait en présence du conducteur), le conducteur devrait s'assurer :

· qu'on a apposé des étiquettes et des indications de danger sur l'envoi ;

· qu'il n'y a aucune fuite : les emballages, fûts, ou seaux ne devraient pas être acceptés s'ils coulent ; s'ils sont bosselés, rouillés, percés ou écrasés ; ou s'ils présentent des traces d'humidité ;

· que les marchandises dangereuses ont été solidement immobilisées ou arrimées pour prévenir tout déplacement durant le transport.

6.6 Durant le transport, le conducteur doit s'assurer :

· que les bonnes plaques sont maintenues - toute plaque perdue ou endommagée doit être remplacée immédiatement ;

· que les plaques sont modifiées ou enlevées si les exigences changent en cours de route ;

· qu'un exemplaire du document d'expédition

- se trouve à portée de la main ou dans une pochette fixée à la portière du conducteur s'il est dans l'unité motrice ;
- se trouve sur le siège du conducteur, dans une pochette fixée à la portière du conducteur, ou dans un endroit bien à la vue de toute personne qui monte à bord par la portière du conducteur, s'il n'est pas dans l'unité motrice. Il est conseillé de placer les documents d'expédition de marchandises dangereuses par-dessus les autres documents d'expédition ; et
- est remis à la personne chargée de la zone surveillée ou placé dans un récipient étanche fixé à l'extérieur du contenant ou du moyen de transport, si la remorque n'est plus attelée à l'unité motrice ;

· que tout changement apporté à l'envoi en cours de route est noté sur le document d'expédition ;

· qu'il a son certificat de formation.

6.7 Au point de livraison, le conducteur doit remettre les documents au destinataire et doit s'assurer que toutes les plaques sont enlevées, à moins que le contenant contienne toujours d'autres marchandises dangereuses, auquel cas le conducteur devra s'assurer que les bonnes plaques demeurent sur le contenant ou sur le moyen de transport.

6.8 Si un conducteur constate ou soupçonne qu'il y a eu une erreur de classification, il doit arrêter de charger ou de transporter les marchandises dangereuses immédiatement, et ne pas reprendre ces activités avant que l'expéditeur ait vérifié ou corrigé la classification. L'expéditeur doit le faire immédiatement, sur demande du conducteur, et s'assurer que le conducteur dispose des informations vérifiées ou corrigées.

Tâches générales du conducteur

6.9 Quoiqu'elles ne fassent pas partie des règlements en vigueur, les précautions suivantes devraient être prises pour s'assurer que les dangers associés au déplacement soient minimisés. On recommande d'adopter les pratiques d'exploitation sécuritaires et les règles d'ordre général pour la manutention sécuritaire de marchandises :

- manipuler les contenants avec soin afin d'éviter tout dommage pouvant provoquer le rejet de marchandises dangereuses ou d'émanations ;
- protéger les contenants contre l'humidité, parce que les colis ayant pris l'eau se défont plus facilement et parce qu'il pourrait y avoir une réaction chimique entre l'eau et certaines marchandises dangereuses ;
- ne pas parler avec un étranger de ses expéditions ;
- effectuer le transport dans les meilleurs délais ;
- comprendre toutes les instructions d'acheminement spéciales ; utiliser les itinéraires de marchandises dangereuses établis par les municipalités. Si aucun itinéraire n'a été établi, l'itinéraire devrait éviter les tunnels, les zones densément peuplées, les écoles et les hôpitaux dans la mesure du possible, et ce avec l'approbation de l'expéditeur ;
- ne jamais laisser son véhicule sans surveillance et ne jamais le garer à un endroit présentant un danger ;
- verrouiller son véhicule chaque fois qu'il est sans surveillance ;
- ne pas garer son véhicule sur la partie carrossable d'une autoroute, à moins que cela soit absolument nécessaire. Garder le véhicule à portée de vue ;
- prendre des mesures spéciales aux passages à niveau. Aux Etats-Unis, les véhicules sur lesquels on a posé des plaques doivent s'arrêter à tous les passages à niveau. Dans la plupart des provinces canadiennes, tout véhicule transportant des explosifs de la classe 1 doit s'arrêter à tous les passages à niveau. Au Québec, les véhicules transportant des marchandises dangereuses nécessitant l'apposition de plaques sur le véhicule doivent s'arrêter à tous les passages à niveau et le transport de marchandises dangereuses est interdit dans les tunnels précisés à la section 14.56 ;
- vérifier régulièrement le véhicule et la cargaison afin de s'assurer que les plaques sont en place, qu'il n'y a aucune fuite, et que le véhicule n'a aucun problème manifeste ; vérifier notamment si les pneus ont été correctement gonflés et qu'ils ne surchauffent pas ;
- avoir à portée de la main le Guide des mesures d'urgence (l'Annexe 4 du présent guide) ;
- ne pas fumer à proximité d'un véhicule transportant des marchandises dangereuses, notamment celles des classes 1, 2.1, 3, 4 et 5. Le tabagisme peut constituer une infraction en vertu de certaines lois, telles que la Loi sur les explosifs ;
- entreposer ou garer le véhicule dans une zone contrôlée ; et avoir à portée de la main le bon équipement de protection.

6.10 En cas d'un rejet accidentel ou d'un rejet accidentel imminent de marchandises dangereuses, le conducteur :

- doit immédiatement signaler l'incident - voir la section 7 du présent guide ;
- ne devrait pas entrer dans la zone dangereuse immédiate, et devrait garder les gens loin des lieux.

Nul ne devrait tenter de faire quoi que ce soit, à moins qu'il ait été formé par l'employeur et qu'il ait l'équipement de protection individuelle approprié.

Rapports en cas d'accident, d'incident ou de rejet accidentel

Section 

RAPPORT IMMÉDIAT

7.1 Un **rejet accidentel** est, par définition, tout rejet imprévu ou fortuit -- notamment par émission, fuite, perte, émanation ou explosion provenant de marchandises dangereuses ou de leurs éléments constitutifs, en quantité supérieure à celle établie pour chaque classe de marchandises dangereuses.

7.2 Un **rejet accidentel imminent** est un incident impliquant uniquement un grand contenant et dans le cadre duquel :

- il sera vraisemblablement nécessaire d'enlever les marchandises dangereuses ou une partie de celles-ci ou de les transférer dans un autre grand contenant ; ou
- le grand contenant a subi des dommages qui pourraient entraîner un rejet accidentel des marchandises dangereuses dont la quantité est supérieure à celles indiquées dans le Guide de référence du conducteur.

7.3 Un **rejet accidentel doit être signalé** immédiatement si les quantités rejetées dépassent les quantités indiquées dans le Guide de référence du conducteur.

7.4 En cas d'accident, d'incident, de rejet accidentel ou de rejet accidentel imminent impliquant des marchandises dangereuses, **la personne responsable des marchandises dangereuses** lors de l'incident doit immédiatement signaler ou faire signaler l'incident aux responsables :

- à la police locale et/ou toute autre autorité locale (voir la liste des personnes-ressources dans le Guide de référence du conducteur) ;
- à son employeur ;
- à l'expéditeur des marchandises dangereuses ; et
- au propriétaire ou au locataire du véhicule.

Lorsqu'il s'agit de la classe 6.2, Matières infectieuses, il faut également communiquer avec CANUTEC au (613) 996-6666.

7.5 Le rapport immédiat doit contenir les renseignements suivants :

- l'appellation réglementaire ou le numéro UN des marchandises dangereuses ;
- la quantité de marchandises qui était dans le contenant avant le rejet accidentel, l'accident ou l'incident, et la quantité qui a été rejetée ou est susceptible d'avoir été rejetée ;
  - une description de l'état du contenant (dommage, etc.) ;
  - des conditions de transport lorsque l'événement est survenu (météo, circulation, etc.) ;
  - l'endroit où s'est produit l'événement ;
  - le nombre de blessés et/ou de morts ;
  - le nombre approximatif de personnes évacuées.

RAPPORT DE SUIVI DANS UN DÉLAI DE 30 JOURS

7.6 Si un rapport immédiat était exigé, l'employeur du conducteur ou le conducteur (s'il est travailleur autonome) dispose de 30 jours pour remettre un **rapport de suivi** par écrit au directeur de la direction générale du Transport des marchandises dangereuses. Ce rapport doit renfermer tous les détails que renfermait le rapport immédiat.

LIGNES DIRECTRICES EN MATIÈRE D'INTERVENTION D'URGENCE

7.7 La principale responsabilité du conducteur est de signaler l'incident aux autorités. Il ne devrait pas s'approcher de la zone dangereuse immédiate et éloigner les curieux.

Nul ne devrait tenter de faire quoi que ce soit, à moins qu'il ait été formé par l'employeur et qu'il porte l'équipement de protection individuelle approprié.

Partie 2

7.8 Pour aider le personnel d'intervention d'urgence et les autres personnes à identifier rapidement les dangers précis que présentent les produits en cause lors d'un incident, le « Guide des mesures d'urgence » a été élaboré conjointement par Transports Canada et le département américain des Transports (Office of Hazardous Materials Initiatives and Training, Research and Special Programs Administration).

7.9 **Soixante-deux** dangers différents ont été identifiés et chacun fait l'objet d'un guide portant un numéro individuel. Les mesures de sécurité proposées dans chaque guide sont présentées en trois sections - le(s) danger(s) potentiel(s) classé(s) par ordre de risque, les mesures de sécurité publique proposées et les mesures d'intervention d'urgence. Ces guides sont reproduits à l'Annexe 4 - Guides des mesures d'urgence.

7.10 L'Annexe 3 indique le **guide des mesures d'urgence** correspondant à chaque appellation réglementaire. *À titre d'exemple, les propriétés dangereuses et les interventions d'urgence appropriées pour le Propane, gaz inflammable 2.1, UN1978, sont exposées dans le Guide n° 115.*

Formation

Section 

8.1 L'employeur doit voir à ce que tous ses employés possèdent de solides connaissances des aspects de la manutention, de la demande de transport et du transport des marchandises dangereuses ayant trait directement à leurs tâches. **L'employeur doit également voir à ce que la formation appropriée soit** à chaque employé qui doit posséder les connaissances requises.

Toute personne qui manutentionne, demande le transport ou transporte des marchandises dangereuses doit :

- posséder la bonne formation et être titulaire d'un certificat de formation ; ou
- travailler en présence et sous la surveillance directe d'une personne formée.

Étant donné que les conducteurs ne sont pas surveillés lorsqu'ils sont à bord de leur véhicule, tout conducteur qui transporte des marchandises dangereuses doit être formé.

8.2 Toute personne doit être en mesure d'identifier un envoi de marchandises dangereuses, comprendre les méthodes à suivre pour la manutention sécuritaire et savoir quoi faire en cas d'urgence. **La formation peut inclure**, mais non de façon limitative :

- les critères de classification, la nature et les caractéristiques des marchandises dangereuses, les appellations réglementaires et l'utilisation des annexes 1, 2 et 3 du Règlement (qui font tous partie du présent guide) ;
- la documentation ;
- les plaques, les étiquettes et les autres indications de danger;
- la spécification, la sélection et l'usage de contenants de marchandises dangereuses (p. ex. fûts, aérosols, conteneurs, boîtes, ou véhicules citernes) ;
- les exigences relatives au Plan d'intervention d'urgence (PIU) ;
- la déclaration de rejets accidentels ;
- les méthodes à suivre pour la manutention et le transport sécuritaires de marchandises dangereuses ;
- le bon usage de l'équipement de manutention ou de transport des marchandises dangereuses ;
- les mesures d'urgence raisonnables à prendre en vue de diminuer ou d'éliminer tout danger à la sécurité publique qui survient ou pourrait raisonnablement survenir à la suite d'un rejet accidentel de marchandises dangereuses.

8.3 À la fin d'une formation adéquate, l'employeur doit remettre à l'employé un **certificat de formation** sur lequel figurent :

- les nom et adresse de l'établissement de l'employeur ;
- le nom de l'employé ;
- la date d'expiration du certificat de formation (36 mois après la date de formation) ;
- les aspects de la manutention, de la demande de transport ou du transport de marchandises dangereuses pour lesquels l'employé a reçu la formation.

Exemple 1, le certificat pourrait indiquer qu'un employé a été formé pour manipuler ou transporter toutes les marchandises dangereuses ;

Exemple 2, le certificat pourrait démontrer qu'un employé a été formé seulement pour manutentionner et transporter les liquides inflammables de la classe 3 ;

Exemple 3, le certificat pourrait montrer qu'un employé a été formé seulement pour manutentionner et transporter un seul produit tel que le chlore, par exemple ;

- les signatures de l'employé et de l'employeur.

8.4 **Tout travailleur autonome**, notamment un entrepreneur indépendant, doit se délivrer un certificat de formation tel qu'indiqué ci-dessus et le signer. Une compagnie ayant recours aux services d'un entrepreneur indépendant peut lui dispenser la formation mais le certificat doit être émis par le travailleur autonome lui-même.

8.5 Un conducteur doit immédiatement présenter son certificat de formation à un inspecteur ou à un agent de la paix qui en fait la demande. Si une personne formée surveille directement une personne non formée, la personne formée doit immédiatement présenter son certificat à la personne qui en fait la demande.

8.6 Un employeur (ou un travailleur autonome) **doit conserver le dossier de formation qui lui a été fourni, une description du matériel de formation et une copie du certificat de formation.** Ces trois documents doivent être conservés 24 mois après leur date d'expiration. L'employeur (ou le travailleur autonome) doit présenter à l'inspecteur une copie du certificat d'attestation de formation dans les 15 jours suivant une demande écrite de celui-ci.

8.7 **Un certificat reste valide pendant 36 mois après sa date de délivrance**. Passée cette période, l'employeur doit s'assurer que l'employé est encore en mesure de satisfaire à toutes les exigences avant de lui remettre un nouveau certificat. Un employé peut, à la discrétion de l'employeur, avoir besoin d'être recyclé avant que le nouveau certificat lui soit délivré.

8.8 Le conducteur et l'employeur doivent s'assurer que la formation est à jour. Les employés doivent être avisés de tout changement apporté au Règlement TMD. **D'autre formation peut s'imposer pendant la durée du certificat** si les tâches des employés changent ou si les règlements changent et les tâches des employés sont touchées.

8.9 **Un certificat ne peut être transféré à un nouvel employeur**. Si une personne change d'emploi, le nouvel employeur doit délivrer un nouveau certificat de formation, après s'être assuré que le nouvel employé connaît parfaitement bien les tâches à exécuter dans le cadre de son nouveau poste.

Charges partielles (LTL) et transport général Section 

9.1 La présente section résume les exigences relatives aux charges partielles qui contiennent soit des marchandises dangereuses et des marchandises non dangereuses, soit des cargos mixtes de marchandises dangereuses, soit une quantité de marchandises dangereuses inférieure à 500 kg, ou qui contiennent des marchandises dangereuses exemptées.

DOCUMENTATION

9.2 Si un envoi contient des marchandises dangereuses, ainsi que des marchandises non dangereuses, les marchandises dangereuses do**ivent être mises en évidence sur le document d'expédition** :

- en les faisant figurer avant les renseignements concernant les marchandises non dangereuses ; ou
- en les surlignant d'une couleur qui contraste avec l'impression utilisée pour les renseignements concernant les marchandises non dangereuses ; ou
- en inscrivant la lettre « X » devant la colonne d'appellations réglementaires portant le titre « MD » ou « DG ».

ÉTIQUETTES

9.3 Les colis contenant des marchandises dangereuses doivent être clairement identifiés:

- d'une étiquette indiquant la classe primaire;
- de la bonne appellation réglementaire ;
- du numéro UN ; et
- d'étiquettes indiquant toute classe subsidiaire, s'il y a lieu.

9.4 Les colis ne contenant pas de marchandises dangereuses ne doivent comporter aucune identification de danger qui pourrait confondre ces marchandises à des marchandises dangereuses. On peut par contre apposer des étiquettes SIMDUT sur les colis - voir l'appendice 4 du présent guide.

APPOSITION DE PLAQUES SUR LE VÉHICULE

9.5 S'il y a un seul ou plusieurs types de marchandises dangereuses dont le poids **ne dépasse pas 500 kg**, il ne faut pas apposer une plaque sur le grand contenant, à moins que les marchandises dangereuses en question exigent un PIU ou qu'il s'agisse de classe 7, catégorie III .

9.6 Si le véhicule contient deux ou plusieurs types de marchandises dangereuses ayant différents numéros UN et dont le poids total **dépasse 500 kg**, et qu'aucune marchandise dangereuse ne soit de classe 7, catégorie III ou n'exige un PIU, on peut apposer une plaque DANGER au lieu d'une plaque pour chaque classe de marchandises dangereuses qu'on transporte a l'exception de la classe 1 qui ne peut être remplacer par une plaque DANGER.

9.7 Si le chargement mixte contient des marchandises dangereuses pour lesquelles **un PIU est requis**, la ou les plaques de la classe primaire et le ou les numéros UN de chaque marchandise dangereuse doivent être affichés, de même que toute plaque requise par les autres produits composant le chargement mixte.

9.8 Si des marchandises dangereuses ne nécessitant pas de PIU se retrouvent dans **la même classe primaire**, la plaque de la classe primaire en question doit être utilisée. Si des marchandises dangereuses ne nécessitant pas de PIU se retrouvent dans des **classes primaires différentes**, on peut utiliser la plaque de la classe primaire de chaque classe ou la plaque DANGER, sauf s'il s'agit de marchandises dangereuses de classe 1 dans quel cas une plaque indiquant la classe primaire doit toujours être présente.

9.9 Si le contenant contient des marchandises dangereuses qui ne nécessitent pas de PIU et qui sont expédiées par un seul

Partie 3

expéditeur en quantité **supérieure à 4 000 kg,** soit avec d'autres marchandises dangereuses ou pas, on doit apposer la plaque de la classe primaire et le numéro UN pour ces marchandises dangereuses, de même que toute plaque requise pour les autres produits composant le chargement mixte.

9.10 On retrouve des exemples de plaques pour chargement mixtes à la page 16 du présent guide.

9.11 Lorsqu'une plaque DANGER est apposée sur un grand contenant, on peut la laisser en place jusqu'à ce que le grand contenant ne contienne plus de marchandises dangereuses nécessitant l'usage de cette plaque.

QUANTITÉS LIMITÉES

9.12 Les **quantités limitées** désignent les marchandises dangereuses qui sont expédiées dans de petits contenants de moins de 30 kg et qui sont donc considérées comme moins dangereuses. Les quantités limitées sont exposées en détail dans la section 13 du présent guide.

SÉPARATION

9.13 Quoiqu'il n'existe aucune exigence précise relative à la séparation de marchandises dangereuses différentes dans de grands contenants, dans bien des cas les différents types de marchandises dangereuses transportées ensemble devraient « effectivement être séparées ». Elles devraient être séparées, pour que lors d'une fuite dans des conditions normales, les produits ne se mélangent pas et ne contaminent pas les marchandises non dangereuses.

9.14 Il existe des règlements aux États-Unis qui précisent les produits qui peuvent être expédiés ensemble et les conditions pour le faire. On peut les trouver à l'appendice 2 et les consulter à titre de complément d'information.

Transport en vrac

Section 10

10.1 Il existe des exigences particulières relatives à l'expédition de marchandises dangereuses en vrac (c'est-à-dire, dans un grand contenant, sans emballage intermédiaire), par exemple, les camions-citernes ou les réservoirs portatifs pour le transport. (Le terme « en vrac » est utilisé ici par souci de commodité ; il n'est pas utilisé dans le Règlement.)

10.2 Les chauffeurs qui transportent des marchandises dangereuses en vrac devraient **recevoir une formation spécifique concernant les règles de sécurité particulières** s'appliquant à ce type de transport.

DOCUMENTATION

10.3 Si le grand contenant a déjà été vidé de sorte qu'il **contienne moins de 10 % de la quantité maximale de remplissage** du contenant, on peut noter sur une copie du document d'expédition d'origine « Résidu - dernier contenu » au lieu d'inscrire la quantité, suivi de l'appellation réglementaire des dernières marchandises dangereuses qui se trouvaient dans le contenant.

10.4 Le document d'expédition doit rester dans le véhicule jusqu'à ce qu'il soit nettoyé et que tous les résidus aient été purgés pour qu'il n'y ait plus de danger.

POSE DE PLAQUES

10.5 Le **numéro UN doit** toujours apparaître :

- sur la plaque de la classe primaire, ou
- sur un panneau rectangulaire orange situé directement à côté de la plaque de la classe primaire.

10.6 Lorsque des **marchandises dangereuses de classe primaire différente sont transportées dans un réservoir à plusieurs compartiments**, la plaque de la classe primaire et le numéro UN doivent figurer sur les deux côtés de chaque compartiment dans lequel se trouvent les marchandises dangereuses, de même qu'à l'avant et à l'arrière du grand contenant.

10.7 Lorsque **différents produits de la classe 3** sont transportés dans un réservoir à plusieurs compartiments, seul le numéro UN des marchandises dangereuses ayant le point d'éclair le plus bas est nécessaire. *Par exemple, lors du transport de diesel, UN1202, 3, GE III et d'essence pour moteurs d'automobiles, UN1203, 3, GE II, il suffit d'utiliser une plaque sur laquelle figure UN1203.*

10.8 **Les plaques doivent demeurer sur le contenant déchargé jusqu'à ce qu'on l'ait nettoyé et purgé de tous les résidus**, de sorte qu'il ne présente plus aucun danger. La personne chargée du nettoyage et de la purge du réservoir doit enlever les plaques et les numéros UN lorsque le contenant ne pose plus aucun danger.

Note : Les normes de fabrication pour les citernes se retrouvent dans une publication de l'ACNOR ou le Canadian Standard Association (CSA B-620)

Transport interréseaux et intermodal  

Section 11

11.1 Les marchandises interréseaux (« interline ») sont des marchandises acheminées du point d'origine jusqu'à leur destination finale sur deux ou plusieurs réseaux de transport. Le transport interréseaux peut parfois nécessiter le transfert de remorques non ouvertes, ou le transfert de colis ou de contenants d'un véhicule à un autre.

11.2 Avant d'accepter un transfert de marchandises ou de véhicule, le transporteur recevant les marchandises devrait prendre des mesures raisonnables pour s'assurer que :

- les colis ont été correctement étiquetés et portent les bonnes identifications de danger;
- les bonnes plaques ont été posées sur le contenant ou le véhicule ; et
- le ou les documents d'expédition contiennent l'information requise.

Tous les conducteurs impliqués dans le transport interréseaux doivent avoir des exemplaires du/des document(s) d'expédition. Le transporteur initial devrait être traité comme l'expéditeur.

11.3 Si l'envoi doit être réexpédié vers une port ou un aérogare pour ensuite être transporté par navire ou avion, on doit, le cas échéant, se conformer aux dispositions du Code maritime international des marchandises dangereuses (IMDG) ou aux Instructions techniques de l'Organisation de l'aviation civile internationale (OACI). Si on respecte ces dispositions pour le transport routier, il faut le noter sur le document d'expédition.

Transport entre le Canada et les États-Unis Section 12

12.1 Tout conducteur qui assure le transport transfrontalier de marchandises dangereuses doit **comprendre les règlements américains qui diffèrent de ceux du Canada.** (Par exemple, le document d'expédition est appelé Shipping Papers, alors qu'un petit contenant est appelé un package (colis). Bien que la présente section ait pour but de souligner les principales différences, les expéditeurs se doivent de connaître les différences qui s'appliquent au transport de leurs produits.

12.2 Aux États-Unis, les marchandises dangereuses sont appelées des **hazardous materials** (HAZMAT) Les règlements canadiens et américains régissant le transport de marchandises dangereuses et le transport de hazardous materials se ressemblent. **Il existe une réciprocité importante entre les deux pays**, de sorte que la plupart des envois puissent être transportés conformément aux règles du pays d'origine. Bien que la réciprocité règne entre les deux pays, elle ne s'applique pas à tous les envois. Étant donné qu'il faut respecter certaines différences lorsqu'on effectue certains envois transfrontaliers, une formation supplémentaire peut s'imposer.

12.3 Aux États-Unis, les règlements font partie du **Code of Federal Regulations, Title 49 (49 CFR),** parties 100 à 185. Les marchandises dangereuses se retrouvent notamment dans la partie 172.101, qui renferme un tableau semblable à l'Annexe 1 du Règlement canadien mais qui classe les matières dangereuses par ordre alphabétique selon leur appellation réglementaire.

12.4 Si un produit est réglementé au Canada et non aux États-Unis, il doit être expédié conformément au Règlement canadien. Si un produit est réglementé aux États-Unis et non au Canada, il doit être expédié conformément au 49 CFR.

MARCHANDISES ENTRANT AU CANADA DEPUIS LES ÉTATS-UNIS

12.5 Pour les marchandises entrant au Canada depuis les États-Unis :

- le **nom du destinataire ou de l'importateur** doit figurer sur le document d'expédition, étant donné que cette personne-là est considérée, au sens de la loi, comme l'expéditeur des marchandises importées. En l'absence de cette information, le transporteur sera considéré comme l'importateur, et devra assumer les responsabilités de l'expéditeur ;
- le document d'expédition **doit comprendre une déclaration** indiquant que les matières dangereuses ont été correctement classées, emballées, marquées et étiquetées pour le transport ;
- aux États-Unis, certains produits ont un numéro NA plutôt qu'un numéro UN. Pour ces produits, on doit utiliser l'appellation réglementaire et le numéro UN du Règlement TMD. *Par exemple, composés, liquide de nettoyage, NA1760, classe 8, GE I, seraient expédiés au Canada comme un liquide corrosif, N.S.A., UN1760, classe 8, GE I)* ;
- le numéro de référence PIU et le numéro de téléphone pour mettre en œuvre le Plan doivent figurer sur le document d'expédition, si un PIU est obligatoire ;
- pour les marchandises **partant d'un point aux État-Unis et passant par le Canada à destination des États-Unis,** le transporteur est considéré comme l'importateur et peut être tenu d'avoir un PIU si le fabricant ou l'expéditeur n'en a pas déjà un ;
- les **plaques utilisées aux États-Unis diffèrent légèrement** de celles utilisées au Canada - aux États-Unis la mention décrivant le danger apparaît sur la plaque, alors qu'au Canada on ne fait pas l'usage de mots (à l'exception de la classe 7, Matières radioactives).

Voici le tableau des mentions qui figurent sur les plaques américaines :

Classe	Les plaques américaines
Explosifs, 1.1, 1.2 & 1.3	EXPLOSIVES
Explosifs, 1.4	1.4 EXPLOSIVES
Explosifs, 1.5	1.5 BLASTING AGENTS
Explosifs, 1.6	1.6 EXPLOSIVES
Gaz inflammables, 2.1	FLAMMABLE GAS
Gaz ininflammables et non toxiques, 2.2	NON-FLAMMABLE GAS
Oxygène, 2.2	OXYGEN
Gaz toxiques, 2.3	INHALATION HAZARD
Liquides inflammables, 3	FLAMMABLE or COMBUSTIBLE
Solides inflammables, 4.1	FLAMMABLE SOLID
Matières sujettes à l'inflammation spontanée, 4.2	SPONTANEOUSLY COMBUSTIBLE
Matières hydroréactives , 4.3	DANGEROUS WHEN WET
Matières comburantes, 5.1	OXIDIZER
Peroxydes organiques, 5.2	ORGANIC PEROXIDE
Matières toxiques, 6.1	POISON, INHALATION HAZARD
Matières corrosives, 8	CORROSIVE

Partie 3

MARCHANDISES ENTRANT AUX ÉTATS-UNIS DEPUIS LE CANADA

12.6 Le transporteur devrait tout mettre en œuvre pour voir à ce que les expéditeurs canadiens soient conscients des exigences particulières et qu'ils s'y conforment, avant d'accepter des marchandises à destination des États-Unis.

12.7 La plupart des **transporteurs qui assurent le transport de marchandises dangereuses sont tenus de s'inscrire** auprès du département américain des transports (DOT) et de régler ces frais. Un exemplaire du certificat d'enregistrement du transporteur doit être à bord du véhicule.

12.8 Toute la documentation portant sur les marchandises en provenance du Canada à destination États-Unis doit être en anglais. Il n'est pas nécessaire de déclarer sur le document d'expédition que les matières dangereuses ont été correctement classées, emballées, marquées et étiquetées pour le transport

12.9 Les **liquides combustibles** ont un point d'éclair se situant entre 61 °C (141 °F) et 93,3 °C (200 °F). Quoique ces liquides ne soient pas réglementés au Canada, ils le sont aux États-Unis lorsqu'ils sont transportés en vrac. Ils doivent être préparés et transportés conformément au 49 CFR. La documentation est obligatoire. On peut utiliser une plaque pour liquides combustibles ou une plaque pour liquides inflammables.

12.10 L'Agence américaine de la protection de l'environnement (EPA) a classifié certains produits comme **représentant un risque pour l'environnement**. On a attribué à chacun de ces produits une **quantité à déclarer.** *Par exemple, la quantité à déclarer est de 1 000 lb (454 kg) pour l'hydroxyde de sodium en solution, classe 8, UN1824, GE II, et de 10 lb (4,54 kg) pour le benzène, classe 3, UN1114, GE II.*

Certains produits sont classés « matières dangereuses du point de vue de l'environnement, Liquide, N.S.A. UN3082 » ou « matières dangereuses du point de vue de l'environnement, Solide, N.S.A. UN3077 » ; dans ces cas-ci, **l'appellation technique** doit apparaître entre parenthèses après l'appellation réglementaire. *Par exemple, matières dangereuses du point de vue l'environnement, solide, N.S.A. (acide adipique), classe 9, UN3077, GE III.*

Si l'envoi se compose d'une quantité de marchandises dangereuses qui exigent un rapport, **les lettre RQ** (« Reportable Quantity ») **doit être inscrit** sur le document d'expédition et sur le petit contenant, soit avant ou après la description du produit. *Par exemple, marchandises dangereuses représentant un risque pour l'environnement, solide, N.S.A., classe 9, UN3077, GE III, RQ.*

12.11 Certains produits ont été désignés «**poisonous by inhalation**» **(toxiques par inhalation).** Au Canada, ces produits font partie de la classe primaire ou subsidiaire 6.1, Matières toxiques, et sont assujetties à la disposition particulière 23. La mention « toxic by inhalation » doit apparaître sur le document d'expédition, mais aucune autre exigence ne s'impose.

Aux États-Unis, les produits désignés toxiques par inhalation font partie de la classe 2.3 et de la classe 6.1. Ils sont assujettis aux dispositions particulières 1 à 6 énumérées dans la partie 172.102 du 49 CFR. Pour les envois à destination des États-Unis, l'appellation réglementaire doit inclure les mentions « Toxic - Inhalation Hazard » ou « Poison -Inhalation Hazard » On peut apposer sur le petit contenant une étiquette 6.1 ou 2.3 qui se conforme au Règlement TMD, ainsi que la mention « Inhalation Hazard ». On peut apposer sur un grand contenant la plaque 6.1 ou 2.3 qui se conforme au Règlement TMD. (L'ammoniac anhydre, classe 2.2, UN1005, est exempté de cette exigence lors des mouvements transfrontaliers, pourvu que le document d'expédition indique que les indications de danger et les plaques se conforment au Règlement.)

(Pour les envois en provenance des États-Unis, le document d'expédition doit inclure les mentions « Toxic - Inhalation Hazard » ou Poisonous - Inhalation Hazard », ainsi que les mentions « Zone A », « Zone B », « Zone C », ou « Zone D », selon le niveau de toxicité. Un grand contenant renfermant des colis de substances qui ont la même appellation réglementaire et le même numéro UN, qui sont poisonous by inhalation (toxiques pour les poumons) (Zone A ou Zone B), et qui sont expédiés depuis une installation en une quantité supérieure à 1 000 kg, doivent porter un numéro UN).

12.12 Les **polluants marins** (marine pollutants) se trouvent dans le 49 CFR. La mention « Marine Pollutant » doit figurer sur le document d'expédition. Quant aux envois en vrac de polluants marins transportés par voie terrestre, la mention «Marine Pollutant» doit figurer sur le grand contenant.

12.13 Il existe **d'autres exigences particulières qui doivent être observées** lors du transport de matières dangereuses :

- Le **conducteur doit avoir en sa possession** un document sur lequel figurent l'appellation réglementaire, le danger immédiat pour la santé, les précautions à prendre en cas d'accident ou d'incident, l'information sur la lutte contre l'incendie, la méthode initiale pour traiter un déversement ou une fuite, ainsi que les premiers soins. Cette information doit être à la portée de la main du conducteur. **On peut trouver toute cette information dans le Guide des mesures d'urgence** - Annexe 4 du présent guide. L'information peut également figurer sur le document d'expédition ou sur un document à part, tel qu'une fiche signalétique (SF) fournie par l'expéditeur.
- Les véhicules plaqués **doivent s'arrêter à tous les passages à niveau**.

· Les conducteurs de véhicules plaqués doivent effectuer **des inspections régulières,** y compris la vérification des pneus, afin de s'assurer que les plaques sont encore en place, qu'il n'y a aucune fuite et que le véhicule n'a aucun problème manifeste. Les pneus doivent être vérifiés toutes les deux heures ou tous les 100 milles ou à chaque changement de fonction, le premier des deux prévalant et les vérifications doivent être inscrites dans le registre du conducteur.

. Il ne doit pas y avoir de plaques trompeuses, telles que « Prudence au volant ».

· Il existe aux États-Unis des **exigences en matière de séparation** de produits qui limitent le transport de certaines combinaisons de marchandises dangereuses. Ces restrictions se trouvent à l'appendice 2.

· Pour les envois des classes 1.1, 1.2 ou 1.3, Explosifs, un itinéraire écrit doit être soumis aux autorités.

12.14 **Tout rejet accidentel survenant aux États-Unis** doit être signalé sur-le-champ par téléphone s'il occasionne :

· le décès d'une personne ;

· des blessures nécessitant l'hospitalisation ;

· des dommages dont la valeur estimative dépasse les 50 000 $;

· une évacuation ou la fermeture d'une artère principale ou d'installations pendant plus d'une heure ;

· un incident mettant en cause des matières radioactives de la classe 7 ;

· un incident mettant en cause des matières infectieuses (déclaré au Centre for Disease Control (centre de lutte contre la maladie), (800-232-0124).

12.15 **Tout signalement** devrait être fait au Centre national d'information du département américain des transports (800) 424-8802), et devrait fournir les renseignements suivants:

· le nom du transporteur ;

· la date, l'heure et l'endroit de l'incident ;

· la gravité des blessures, s'il y en a ;

· l'appellation réglementaire des marchandises dangereuses ;

· la quantité des marchandises dangereuses en cause ;

· le type d'incident ;

· l'estimation de tout danger permanent.

12.16 Il est obligatoire de préparer un rapport de suivi à l'aide du formulaire F-8500.1. De plus, tout rejet accidentel, signalé ou non par téléphone, doit faire l'objet d'un rapport écrit préparé à l'aide du formulaire F-5800.1 et soumis dans les 30 jours suivant le rejet.

12.17 S'il y a un rejet accidentel de marchandises dangereuses dépassant la **quantité à déclarer** (RQ), il faut le déclarer au Centre national d'information de la Garde côtière américaine (800-424-8802) et à la police locale.

12.18 D'autres renseignements sur les autorités et organismes avec qui on doit communiquer en cas d'un rejet accidentel se trouvent dans le Guide de référence du conducteur.

Exemptions générales du règlement Section 13

13.1 Les exemptions qui suivent s'appliquent aux quantités de marchandises dangereuses fréquemment utilisées et transportées et qui posent un risque minimal. Elles visent aussi d'autres marchandises dangereuses transportées dans des circonstances qui posent également un risque minimal.

EXEMPTION POUR QUANTITÉS LIMITÉES

13.2 Une **quantité limitée** désigne les marchandises dangereuses qui sont expédiées dans de petits colis et qui sont donc considérées comme moins dangereuses. Un envoi de marchandises dangereuses est un envoi en quantité limitée si :

- les **contenants intérieurs** ne dépassent pas l'indice de quantité limitée figurant à la colonne 6 de l'Annexe 1. (Si un zéro apparaît dans la colonne 6, le produit ne peut pas être expédié en quantité limitée *(p. ex. : acide sulfurique fumant, classe 8 (6.1), UN1831, GE I)* ; et
- le poids de chaque petit contenant et son contenu ne dépasse pas 30 kg.

Par exemple, l'hydroxyde de sodium en solution, classe 8, UN1824, GE II, peut être expédié en quantité limitée si le poids des contenants intérieurs est inférieur à 1 kg et si le poids du petit contenant dans lequel se trouve le produit est inférieur à 30 kg.

13.3 Les **quantités limitées sont exemptées** du Règlement.

13.4 La mention « quantité limitée » ou l'abréviation « quant. ltée » doit figurer sur le petit contenant. Lorsque **le poids d'un groupage de quantités limitées** transporté d'un seul expéditeur vers une seule destination dépasse 500 kg, l'expéditeur doit remettre au transporteur un document d'expédition qui comporte la mention « quantité limitée » ou « quant. ltée », et une liste des classes primaires des marchandises dangereuses dans le groupage. La mention « Bien de consommation » peut figurer sur le document et le contenant, en plus ou au lieu de la mention « Quantité limitée ».

EXEMPTION POUR ENVOIS DE MOINS DE 500 kg

13.5 Le Règlement prévoit une exemption partielle pour marchandises dangereuses dont le poids total ne dépasse pas 500 kg se trouvant dans des contenants dont le poids de chacun est inférieur à 30 kg. Chaque contenant doit être correctement étiqueté et avoir la bonne identification de danger.

Les marchandises dangereuses doivent être accompagnées d'un document d'expédition sur lequel doivent figurer la classe primaire de chaque marchandise dangereuse et le nombre total de contenants. *Par exemple, classe 3, classe 8, nombre de contenants 10 (c.-à-d., il y a au total 10 contenants, dont certains renferment des produits de la classe 3 et d'autres des produits de la classe 8).*

La personne qui manutentionne ou transporte ces envois doivent avoir reçu une formation.

13.6 **L'exemption pour envois de moins de 500 kg ne s'applique pas :**

- à la classe 1, Explosifs (à l'exception de la classe 1.4S) ;
- à la classe 2.1, Gaz inflammables, dans des bouteilles à gaz d'une capacité en eau supérieure à 46 litres ;
- à la classe 2.3, Gaz toxiques ;
- à la classe 4, Solides inflammables, matière sujette à l'inflammation spontanée; matière qui, au contact de l'eau, dégagent des gaz inflammables, groupe d'emballage I ;

Partie 3

- à la classe 5.2, Peroxydes organiques en quantité supérieure à l'indice de quantité limitée ;
- aux liquides de la Classe 6.1, Matières toxiques, groupe d'emballage I ;
- à la classe 6.2, Matières infectieuses ;
- à la classe 7, Matières radioactives ;
- aux marchandises dangereuses nécessitant un PIU ;
- aux marchandises dangereuses nécessitant une température de régulation ou critique;
- aux marchandises dont le transport est interdit.

EXEMPTIONS GÉNÉRALES

13.7 Le Règlement ne s'applique pas aux marchandises dangereuses qui sont :

- **disponibles au grand public** et transportées depuis un établissement de vente au détail vers la résidence de l'acheteur ou le lieu où il l'utilisera, entre la résidence de l'acheteur et le lieu de leur utilisation, ou entre deux résidences. Pour être exemptées, les marchandises dangereuses doivent être en quantité et en concentration offertes au grand public dans les magasins de vente au détail et ne pas être destinées à la revente ni à une utilisation commerciale ou industrielle. La quantité totale ne peut dépasser 150 kg, et la masse brute de chaque contenant ne peut être supérieur à 30 kg. Plusieurs produits domestiques répandus, tels que nettoyants, peintures ou produits chimiques pour piscines, peuvent ainsi être exemptés ;
- **transportées exclusivement à l'intérieur d'un établissement** où l'accès du public est contrôlé ;
- transportées sur une voie publique, **entre deux installations** appartenant ou louées à l'utilisateur ou au fabricant, sur une distance inférieure à 3 km. La plaque indiquant la classe primaire ou la plaque DANGER doit être apposée sur le véhicule, et les autorités locales doivent en être avisées ;
- en quantité ne dépassant pas 3 000 kg , transportées sur une distance inférieure à 100 km entre un point de vente au détail et le lieu d'utilisation et **utilisées à des fins agricoles** ;
- en quantité ne dépassant pas 1 500 kg, transportées sur une distance inférieure à 100 km, à bord d'un véhicule qui a été **immatriculé véhicule agricole**, et utilisées à des fins agricoles ;
- *nécessaires au fonctionnement d'un véhicule ou à la sécurité des passagers (p. ex. : essence dans le réservoir du véhicule, batteries ou unités de réfrigération installées dans un véhicule, extincteurs exigés par un règlement)* ;
- de la classe 3, Liquides inflammables, groupe d'emballage III, sans classe subsidiaire, ayant un point d'éclair supérieur à 37,8 °C et placées dans un petit contenant (ne dépassant pas 450 L).

AUTRES EXEMPTIONS

13.8 Il existe de nombreuses autres exemptions précises pour certaines marchandises dangereuses, telles que les instruments médicaux, les boissons alcoolisées, les échantillons en petites quantités, etc. Ces exemptions sont précisées aux parties 1.15 à 1.46 du Règlement.

Exigences particulières

14.1 Quoique le Règlement soit rédigé dans un langage clair et simple, quelques règles ne peuvent tout simplement pas traiter des nombreuses situations et circonstances différentes qui peuvent se présenter. Plusieurs produits et classes de marchandises dangereuses ont des exigences particulières, en plus des règles générales. Ces exigences particulières sont exposées ci-dessous.

CLASSE 1, EXPLOSIFS

14.2 Le poids d'explosifs doit toujours être exprimé en Quantité nette d'explosifs (QNE) :

14.3 Le Règlement ne s'applique pas si **la QNE totale de tous les explosifs de la classe 1** est inférieure à la limite d'explosifs figurant à la colonne 6 de l'Annexe 1 pour un des explosifs. *À titre d'exemple : la limite est de 25 kg pour EXPLOSIF DE MINE (DE SAUTAGE) DE TYPE E, classe 1.1.D, UN0241, GE II, et de 10 kg de PROPULSEURS, classe 1.3C, UN0186, GEII. Si la quantité nette d'explosifs d'un envoi de ces deux explosifs est inférieur à 10 kg, la réglementation ne s'applique pas.)*

14.4 Les exemptions suivantes **ne s'appliquent pas à** :

- l'exemption pour quantité limitée ;
- l'exemption pour envois de 500kg et moins, à l'exception de la classe 1.4S ;
- l'exemption pour le transport entre deux établissements appartenant au même fabricant ;
- l'exemption pour véhicule agricole et usage agricole, sauf pour la classe 1.4S ;
- l'exemption pour usage personnel pour la plupart des explosifs ;
- l'exemption pour fûts vides (voir 14.49).

14.5 Pour le document d'expédition :

- la lettre indiquant **le groupe de compatibilité** doit suivre immédiatement la classe primaire. *Par exemple, mèche à combustion rapide, classe 1.4G,UN0066, GE II* ;
- le nombre de petits contenants n'apparaît pas.

14.6 Les **exigences particulières suivantes relatives à l'apposition de plaques s'appliquent** :

- aucune plaque n'est requise pour la classe 1.4 en quantité inférieure à 1 000 kg ;
- aucune plaque n'est requise pour toute quantité de la classe 1.4S ;
- lorsque **des explosifs de différentes divisions de la classe 1** sont transportés ensemble dans un grand contenant, seule la plaque pour les explosifs avec le plus petit chiffre doit figurer. Par exemple, si des explosifs des classes 1.1 et 1.2 sont transportés ensemble, la plaque pour la classe 1.1 s'applique.

  Les exceptions à cette disposition sont les suivantes :

  - lorsque des explosifs des classes 1.2 et 1.5 sont transportés ensemble, la plaque pour la classe 1.1. s'applique ; ou
  - lorsque des explosifs des classes 1.4 et 1.5 sont transportés ensemble, la plaque pour la classe 1.5 s'applique.
- le **numéro UN** ne doit pas apparaître sur le véhicule.
- si la classe 1, Explosifs, fait partie d'un **envoi mixte**, la plaque de la classe primaire doit toujours être utilisée - une **plaque DANGER ne peut jamais remplacer une plaque de la classe primaire**.
- lorsque des **marchandises dangereuses ont une classe subsidiaire 1 et qu'un PIU est requis,** la plaque de la classe subsidiaire s'impose. La plaque pour la classe 1.1 sera alors utilisée sans le numéro de la classe. *Par exemple, un liquide autoréactif de type B, UN3221, classe 4.1 (1), GE II en quantité supérieure à 75 kg, aura besoin d'une*

plaque de la classe 4.1 avec le numéro UN, et d'une plaque de la classe 1.1 sans le numéro de classe.

14.7 Les explosifs de la classe 1 **ne peuvent être transportés en vrac**, à moins que l'Annexe 1 le permette.

14.8 Les envois d'explosifs de la classe 1 **à destination des États-Unis** doivent satisfaire aux exigences du 49 CFR.

14.9 Les envois d'explosifs de la classe 1 ayant des groupes de compatibilité différents ne peuvent être transportés ensemble, à moins que l'autorise le tableau à l'appendice 3.

14.10 Les explosifs de la classe 1 ne devraient jamais être laissés sans surveillance lors de leur transport.

CLASSE 2, GAZ

14.11 La réglementation **ne s'applique pas** aux gaz ininflammables et non toxiques de la classe 2.2 si ces derniers sont utilisés comme **agent réfrigérant en quantité inférieure à 12 kg.**

14.12 Les exigences relatives à la documentation, à l'apposition de plaques et à la formation **ne s'appliquent pas** à UN1001, UN1002, UN1006, UN1060, UN1072 et UN1978, si les :

. marchandises dangereuses se trouvent dans pas plus de 5 petits contenants ;

. la masse brute est inférieure à 500 kg ; et

. les étiquettes sont visibles depuis l'extérieur du véhicule.

14.13 *L'exemption pour envois de moins de 500 kg* ne s'applique pas aux marchandises dangereuses de la classe 2.3, Gaz toxiques, et de la classe 2.1, Gaz inflammables, dans une bouteille à gaz ayant une capacité en eau de plus de 46 litres.

14.14 **L'exemption ou les exemptions pour les véhicules agricoles et usage agricole ne s'appliquent** pas aux gaz inflammables de la classe 2.1 dans une bouteille à gaz ayant une capacité en eau de plus de 46 litres ou aux gaz toxiques de la classe 2.3.

14.15 Les exigences relatives à la documentation **ne s'appliquent pas à l'ammoniac anhydre, classe 2.2(8), UN1005,** lorsqu'il est transporté sur terre à bord d'un véhicule routier et que le contenant a une capacité inférieure à 10 000 L et qu'il sera épandu dans les champs.

14.16 Il existe des **exigences particulières pour le document d'expédition** :

· pour un gaz de pétrole liquéfié sans odorisant, la mention **« Sans odorisant » « Not Odorized »** doit apparaître après l'appellation réglementaire sur le document d'expédition ;

· la mention **« Résidu - dernier contenu » ou « Residue - Last Contained »** ne peut être utilisée pour décrire la quantité de la classe 2, Gaz, se trouvant dans un petit contenant ;

14.17 Lorsqu'il y a **plus de deux types de gaz différents** de la classe 2 à bord d'un véhicule, il y a quelques options relatives à la pose de plaques. Au lieu d'apposer une plaque indiquant la classe primaire et un numéro UN pour chaque gaz, on peut apposer la plaque DANGER et la plaque de la classe primaire et le numéro UN du gaz le plus dangereux. On peut classer les niveaux de danger selon l'ordre suivant : classe 2.3, Gaz toxique ; classe 2.1, Gaz inflammable ; classe 2.2 (5.1), Gaz comburant ; et tout autre gaz. Par contre, si un PIU est obligatoire pour tout gaz, un numéro UN pour le gaz en question doit être affiché.

14.18 Lorsque des **gaz comburants de la classe 2.2(5.1)** (UN1072, UN1073, UN3156 et UN3157) sont transportés, l'étiquette et la plaque pour gaz comburant doivent être apposés. Si un PIU est obligatoire pour un de ces produits, le numéro UN doit également être apposé.

14.19 Lorsqu'un **gaz de la classe 2.1, Gaz inflammable,** fait partie d'un envoi mixte de gaz à bord d'un véhicule routier qui sera transporté par navire, la plaque de la classe 2.1 doit être apposé. Si un PIU est requis, le numéro UN doit également être apposé.

CLASSE 3, LIQUIDES INFLAMMABLES

14.20 Les liquides inflammables de la classe 3, sont exemptés de la réglementation :

- s'ils n'ont pas de classe subsidiaire, et s'ils font partie du groupe d'emballage III,
- si leur point d'éclair est supérieur à 37,8 °C ; et
- s'ils sont placés dans un petit contenant prévu à cette fin.

14.21 Les exigences relatives au document d'expédition, au numéro UN et à la formation ne s'appliquent pas à UN1202, diesel ; à UN1203, essence pour moteurs d'automobiles ; et à carburéacteur, UN1863, si la capacité totale de tous les contenants composant l'envoi est inférieure à 2 000 litres. Les contenants - connus sous le nom de réservoirs largables ou réservoirs portatifs pour le transport - doivent être dotés des étiquettes ou plaques obligatoires, être dans un véhicule ouvert pour que les étiquettes ou plaques soient visibles de l'extérieur du véhicule, et être solidement arrimés au véhicule. Il n'est pas nécessaire d'apposer des plaques et numéros UN sur le véhicule.

14.22 Si **deux marchandises dangereuses ou plus de la classe 3** sont transportées dans des compartiments différents d'un grand contenant, seul le numéro UN des marchandises dangereuses ayant le point d'éclair le plus bas doit être apposé.

14.23 Le point d'éclair des liquides inflammables de la classe 3 qui seront transportés par navire doit figurer sur le document d'expédition et sur le petit contenant, à côté de l'appellation réglementaire.

CLASSE 4, SOLIDES INFLAMMABLES ; MATIÈRES SUJETTES À L'INFLAMMATION SPONTANÉE ; MATIÈRES QUI, AU CONTACT DE L'EAU, DÉGAGENT DES GAZ INFLAMMABLES

14.24 **L'exemption pour envois de 500kg et moins ne s'applique pas** aux marchandises dangereuses de la classe 4, GE I.

14.25 Lorsque des marchandises dangereuses **ont une classe subsidiaire 4.3 nécessitent et qu'un PIU est requis**, il faut apposer des plaques de classe 4.3 sans le numéro de classe. *Par exemple, un envoi de 4 000 kg d'un liquide corrosif hydroréactif, N.S.A., classe 8 (4.3), UN3094, GE I, nécessite une plaque de la classe 8 avec le numéro UN, et une plaque de la classe 4.3 sans numéro de classe.*

14.26 **L'exemption pour les fûts vides** ne s'applique pas aux marchandises dangereuses de la classe 4.3 (voir la section 14.49).

CLASSE 5, MATIÈRES COMBURANTES ET PEROXYDES ORGANIQUES

14.27 **L'exemption relative aux envois de 500kg et moins ne s'applique pas** aux marchandises dangereuses de la classe 5.2, peroxydes organiques sauf s'il s'agit de quantités limitées.

14.28 Les produits au **nitrate d'ammonium** UN1942, UN2067, UN2068, UN2069, UN2070 et UN2072, de la classe 5.1, GE III, sont exemptés des exigences relatives à la documentation, à l'étiquetage, à la pose de plaques et à la formation s'ils sont :

- transportés en quantités inférieures à 13,6 tonnes (30 000 lb) ;
- transportés d'un point de vente au détail et utilisés à des fins de consommation ; et
- accompagnés d'un document d'expédition indiquant l'appellation réglementaire, le numéro UN et la quantité des marchandises dangereuses.

CLASSE 6.1, MATIÈRES TOXIQUES

14.29 **L'exemption pour envois de moins de 500 kg ne s'applique pas** aux matières toxiques de la classe 6.1, GE I.

14.30 Si les marchandises dangereuses **font partie de la classe subsidiaire 6.1 et qu'elles sont incluses dans le groupe d'emballage I en raison de leur toxicité par inhalation (disposition particulière 23) et qu'elles nécessitent un PIU**, les plaques de la classe subsidiaire 6.1 devront être apposées sans le numéro de classe. *Par exemple, un envoi de 2 000 kg de PESTICIDE ORGANOPHOSPHORÉ LIQUIDE INFLAMMABLE, TOXIQUE, d'un point d'éclair inférieur à 23 C, classe 3 (6.1), UN2784, GE I nécessite une plaque de la classe 3 avec le numéro UN et une plaque de la classe 6.1 sans numéro de classe.*

CLASSE 6.2, MATIÈRES INFECTIEUSES

14.31 Pour les produits de la classe 6.2, le **groupe de risque** doit apparaître immédiatement après le numéro UN sur le document d'expédition. Les substances du groupe de risque 1 ne sont pas réglementées parce qu'elles ne posent pas suffisamment de danger.

14.32 **Les exemptions pour véhicules agricoles et usage agricole, pour envois de 500kg et moins et pour fûts vides ne s'applique pas** aux marchandises dangereuses de la classe 6.2, Matières infectieuses.

CLASSE 7, MATIÈRES RADIOACTIVES

14.33 Le Règlement **ne s'applique pas** aux matières radioactives de la classe 7 si ces dernières satisfont aux conditions pour les colis exceptés prévues au « Règlement sur l'emballage et le transport des substances nucléaires » et si elles sont accompagnées d'un document d'expédition sur lequel on retrouve l'appellation réglementaire et le numéro UN.

14.34 Les exemptions suivantes **ne s'appliquent pas** à la classe 7, Matières radioactives:

. l'exemption pour envois de 500kg et moins ;

. l'exemption pour usage personnel ;

. l'exemption pour véhicules agricoles et usage agricole.

14.35 La mention **« Résidu - dernier contenu »** ne peut s'appliquer aux produits de la classe 7, Matières radioactives.

14.36 **Deux étiquettes** doivent être apposées sur les deux côtés opposés d'un petit contenant.

14.37 Il faut apposer la plaque de la classe primaire **pour toute quantité** de marchandises dangereuses dans la catégorie III.

14.38 L'exemption pour fûts vides ne s'applique pas aux marchandises dangereuses de la classe 7 - voir la section 14.49.

CLASSE 8, MATIÈRES CORROSIVES

14.39 Si des **marchandises dangereuses font partie de la classe 7, UN2977 ou UN2978, ont une classe subsidiaire 8, et qu'il leur faut un PIU,** la plaque de la classe subsidiaire 8 sans numéro de la classe doit être apposée, de même que la plaque de la classe primaire ainsi que son numéro UN.

CLASSE 9, DIVERS

14.40 Les **engrais au nitrate d'ammonium**, UN2071, classe 9, GE III, sont exemptés des exigences relatives à la documentation, à l'étiquetage et à la pose de plaques et à la formation s'ils sont :

. transportés en quantité inférieure à 13,6 tonnes (30 000 lb) ;

.transportés d'un magasin de vente au détail pour fins de consommation ; et

. accompagnés d'un document d'expédition indiquant l'appellation réglementaire, le numéro UN et la quantité.

AUTRES CONDITIONS PARTICULIÈRES

FUMIGATION

14.41 Si un grand contenant a été **fumigé** de marchandises dangereuses, et que le fumigant est la seule marchandise dangereuse se trouvant dans le grand

Partie 4

contenant, le Règlement ne s'applique pas si le contenant est accompagné d'un document d'expédition sur lequel apparaît l'information suivante :

· l'appellation réglementaire : ENGIN SOUS FUMIGATION

- la classe :Classe 9
- le numéro UN :UN3359
- la quantité de fumigant
- la date de fumigation
- toute instruction sur l'élimination de résidus d'un fumigant ou l'appareil de fumigation utilisé.

14.42 **Le signe de fumigation** doit être apposé à côté de chaque entrée ou juste à côté de celle-ci. La personne chargée de la fumigation doit veiller à ce que le signe de fumigation soit apposé et que le nom du fumigant, ainsi que la date et l'heure de son application, y figurent. Le signe se trouve dans le Guide de référence du conducteur.

14.43 Si un grand contenant renferme des **marchandises dangereuses qui sont fumigées avec d'autres marchandises dangereuses**, le document d'expédition qui accompagnait les autres marchandises dangereuses doit également renfermer les informations suivantes :

. le nom du fumigant

. la quantité du fumigant

. la date de fumigation, et

. les instructions relative à l'élimination des résidus du fumigant ou du dispositif de fumigation.

POLLUANTS MARINS

14.44 Certaines marchandises dangereuses sont classées parmi les polluants marins. Elles sont représentées à la colonne 10 de **l'Annexe 1 :**

· un **polluant marin** est représenté par la lettre **P** ;

· un **polluant marin grave** est représenté par les lettres **PP** ; et

· un **polluant marin potentiel** est représenté par le symbole « • ».

14.45 Pour ces marchandises, la mention « **Polluant marin** » doit figurer sur le document d'expédition. S'il s'agit d'un pesticide, le nom et la concentration de la matière la plus active dans le pesticide doit y figurer.

14.46 La marque « Polluant marin » doit être apposé pour les marchandises dangereuses qui seront transportées par navire (ce panneau est illustré dans le Guide de référence du conducteur). Il doit être apposé près de l'étiquette indiquant la classe primaire ou la classe subsidiaire, s'il y en a une.

14.47 La marque « Polluant marin » doit être apposé sur les envois de polluants marins se trouvant dans un contenant et qui seront transportés par navire aux États-Unis.

RÉSIDUS ET FÛTS (« DRUMS »)

14.48 Si la quantité de marchandises dangereuses dans **un contenant est moins de 10 % de la quantité maximale de remplissage du contenant, on peut utiliser** la mention « Résidu - dernier contenu » au lieu d'inscrire la quantité suivie de l'appellation réglementaire pour décrire la marchandise. Cette mention ne peut être utilisée pour les marchandises dangereuses de la classe 2 dans un petit contenant ou de la classe 7.

EXEMPTION POUR FÛTS VIDES

14.49 **Un fût contenant des résidus** et transporté à bord d'un véhicule routier est exempté des exigences relatives à la classification, à la documentation, à l'étiquetage, à la pose de plaques et au PIU si le fût :

· a été vidé au maximum et est **rempli à moins de 10 % de sa capacité** ;

· est transporté afin d'être **remis en état ou rempli** ; et

· est accompagné d'un document indiquant la classe primaire, la classe subsidiaire s'il y a lieu, et le nombre total de fûts .

Cette exemption ne s'applique pas aux fûts dans lesquels se trouvaient des marchandises dangereuses du Groupe d'emballage I, ou de la classe 1, de la classe 4.3, de la classe 6.2 ou de la classe 7.

14.50 S'il y a plus de dix (10) fûts vides à bord du véhicule routier, il faut apposer la plaque DANGER.

14.51 Si on ne connaît pas les classes primaires et subsidiaires, le document d'expédition doit porter la mention « Fût de résidu - contenu inconnu », suivie du nombre de contenants. Le règlement portant sur les normes régissant les contenants, la formation, et les rejets accidentels continue de s'appliquer.

TRANSPORT À TEMPÉRATURE ÉLEVÉE

14.52 Pour les liquides transportés à chaud inflammables, N.S.A. classe 3, UN3256 ; liquides transportés à température élevée, inflammables N.S.A., classe 9, UN3257 et solides transportés à température élevée, N.S.A., classe 9, UN 3258, **le signe du transport à température élevée** doit être apposé.

14.53 Pour le **soufre fondu**, classe 4.1, UN2448, GE III, la mention SOUFRE FONDU, UN2448 (disposition particulière 32), doit figurer sur le contenant.

EXIGENCES PARTICULIÈRES AU QUÉBEC

Passages à niveau

14.54 Les véhicules sur lesquels on a apposé des plaques doivent s'arrêter à tout passage à niveau, à l'exception de ceux situés sur :

. l'autoroute 20 à Saint-Hyacinthe ;

. l'autoroute 132 à Rimouski-Est ; et

. la route 170, à la jonction de l'embranchement ferroviaire desservant la base militaire de Bagotville.

Procédure d'arrêt aux passages à niveau :

. Dans le cas de routes à plusieurs voies, le conducteur doit se ranger dans la voie de droite ;

. à une distance suffisante du passage à niveau, il doit actionner ses feux clignotants d'urgence pour indiquer son intention de s'arrêter ;

. le véhicule doit être immobilisé à 5 mètres du passage à niveau ;

. le conducteur doit vérifier si la voie est libre ; si la visibilité est réduite, il doit abaisser la vitre de la portière pour faire une inspection visuelle ;

. lorsque la voie est libre, le conducteur fait avancer son véhicule avec l'embrayage au plus bas rapport et traverse le passage à niveau sans changement de vitesse ;

. après avoir traversé le passage à niveau, le conducteur retire ses feux clignotants d'urgence.

Tunnels

14.55 Il est interdit de circuler :

. dans le tunnel Louis-Hippolyte-Lafontaine ;

. dans les sections en tunnel de l'autoroute Ville-Marie ;

. dans le pont-tunnel Joseph-Samson ; et

. dans la partie de la voie d'accès au Tunnel Melocheville qui est parallèle à la voie réservée aux véhicules transportant des matières dangereuses ;

1) avec un véhicule routier sur lequel des plaques sont requises à moins qu'il ne transporte que des matières dangereuses de la classe 9 ;

2) avec un véhicule routier transportant une matière dangereuse de la classe 3, à moins que la quantité de matière dangereuse transportée n'excède pas 25 litres et qu'elle soit transportée dans des contenants qui satisfont aux normes de sécurité et dont la capacité d'ensemble n'excède pas 25 litres :

3) avec un véhicule routier transportant une matière de classe 2 ayant une classification primaire 2.1 ou une classification subsidiaire 5.1 sauf :

- Si la matière dangereuse est contenue dans une bouteille à gaz d'une capacité en eau maximale de 46 litres, et
- Qu'un maximum de deux bouteilles à

gaz est transporté par le véhicule ;

4) avec un véhicule routier muni d'un équipement en fonction qui génère une flamme nue.

Cette interdiction ne s'applique pas aux matières dangereuses qui servent au fonctionnement du véhicule. Elle ne s'applique pas non plus aux véhicules d'urgence.

EXIGENCES RELATIVES À LA DÉCLARATION AU MANITOBA

14.56 Le Manitoba a établi différents seuils pour la déclaration de rejet en cas de rejet accidentel. Ces seuils figurent dans le Guide de référence du conducteur.

Définitions

Appendice 1

Les définitions ci-dessous s'inspirent de celles qui se trouvent dans le Règlement sur le transport des marchandises dangereuses.

Appellation réglementaire Toute inscription en majuscules qui figure à la colonne 2 de l'Annexe 1, excluant les textes descriptifs en minuscules. Seules les appellations qui figurent à l'Annexe 1 peuvent être utilisées pour décrire les marchandises dangereuses.

Classe La classe de marchandises dangereuses qui figure à l'Annexe 1, ou la classe de marchandises dangereuses, y compris sa division, s'il y a lieu.

Classification Il s'agit de l'appellation réglementaire, de la classe primaire, du groupe de compatibilité, de la ou des classes subsidiaires, du numéro UN. La classification peut également inclure le groupe d'emballage ou le groupe de risque, s'il y a lieu. (Les marchandises dangereuses peuvent avoir plus d'une classe, soit une classe primaire et une ou des classes subsidiaires).

Contenant Tout contenant ou emballage, ou toute partie d'un moyen de transport pouvant servir à contenir des marchandises (ex. : boîtes, cartons, colis, fourgons, remorques-citernes, réservoirs portatifs pour le transport, etc).

Demande de transport Le fait de choisir un transporteur ou d'en permettre le choix dans le but de transporter des marchandises dangereuses, le fait de les préparer ou d'en permettre la préparation pour qu'un transporteur en prenne possession aux fins du transport ou le fait de permettre à un transporteur d'en prendre possession aux fins du transport.

Document d'expédition Document qui porte sur des marchandises dangereuses qui sont manutentionnées ou transportées, ou à l'égard desquelles une demande de transport est présentée, et qui contient les renseignements nécessaires ayant trait aux marchandises dangereuses. Est exclu de la présente définition le registre électronique.

Employeur S'entend d'une personne (physique ou morale) qui , selon le cas emploi un ou plusieurs particuliers ou fournit les services d'un ou de plusieurs particuliers et qui les rémunère.

En transport Toute marchandise dangereuse dont une personne a la possession en vue de son transport ou de son entreposage pendant son transport.

Envoi Quantité de marchandises dangereuses en transport et le contenant requis pour leur transport. (Ce mot est utilisé dans le présent guide, au lieu de mots comme « expédition ».)

Étiquette Toute indication de danger qui est visible et lisible, faite d'un matériel durable et résistant aux intempéries, et de la couleur précisée. Elle est en forme de losange, chaque côté faisant au moins 100 mm (4 pouces) de long, avec une bordure intérieure située à 5 mm à l'intérieur du bord. S'applique d'habitude aux petits contenants.

Expéditeur La personne au Canada, dont le nom figure sur le document d'expédition à titre d'expéditeur, qui importe ou importera des marchandises au Canada, ou qui a en sa possession des marchandises dangereuses immédiatement avant qu'elles ne soient en transport.

Grand contenant : contenant dont la capacité en eau dépasse 450 L (p. ex. : réservoirs, conteneurs, etc.)

(450 litres équivalent à 0,45 mètre cube, ou à 15,9 pieds cubes)

Indication de danger Toute étiquette, toute plaque, tout panneau orange, toute indication, tout numéro ou toute mention utilisé pour identifier les marchandises dangereuses et indiquer la nature du danger qu'elles présentent.

Manutention Toute opération de chargement, de déchargement, d'emballage ou de déballage de marchandises dangereuses effectuée en vue de leur transport, au cours de celui-ci ou par après, et comprenant l'entreposage lors du transport.

Marchandises dangereuses Tout produit, substance ou organisme appartenant, en raison de sa nature ou en vertu des règlements, aux classes figurant à l'Annexe 1 du Règlement.

Masse brute : S'entend de la masse des marchandises dangereuses et de la masse du contenant exigé pour le transport.

Moyen de transport Tout véhicule routier ou ferroviaire, aéronef, navire, canalisation ou tout autre engin utilisé ou utilisable pour le transport de personnes ou de marchandises (p. ex. : remorques, fourgons, camions, etc.). Dans le présent guide, le terme moyen de transport désigne les différents véhicules utilisés pour le transport de marchandises dangereuses.

Petit contenant : contenant dont la capacité en eau est inférieure ou égale à 450 L (p. ex. : cartons, bouteilles à gaz, boîtes, colis, aérosols, etc.).

(450 litres équivalent à 0,45 mètre cube, ou à 15,9 pieds cubes)

Plaque Toute indication de danger qui est visible et lisible, fait de matériel durable et résistant aux intempéries et d'une couleur précisée. Elle est en forme de losange, chaque côté faisant au moins 250 mm (10 pouces) de long, avec une bordure intérieure située à 12,5 mm du bord. S'applique d'habitude aux moyens de transport ou aux grands contenants.

Registre d'expédition Tout registre, y compris le registre électronique, relatif à la manutention, à la demande de transport ou au transport de marchandises dangereuses, qui en donne la désignation ou fournit des précisions à leur sujet.

Transporteur Toute personne (p. ex., un particulier, une société ou toute autre entité exerçant des activités) qui, à titre onéreux ou gratuit, a la possession de marchandises dangereuses pendant qu'elles sont en transport.

Tableau américain de séparation de marchandises dangereuses — Appendice 2

Le Règlement américain en matière de marchandises dangereuses renferme des exigences relatives à la séparation qui indiquent les marchandises dangereuses qui ne peuvent pas être chargées, transportées ou entreposées ensemble. Les marchandises qui sont dans les colis (petit contenant) nécessitant des étiquettes, dans un compartiment d'un camion-citerne à plusieurs compartiments, ou dans une citerne amovible chargée sur un véhicule (moyen de transport) sont assujetties aux exigences en matière de séparation exposées dans le tableau suivant :

Class		1.1 1.2	1.3	1.4	1.5	1.6	2.1	2.2	2.3 Zone A	2.3 Zone B	3	4.1	4.2	4.3	5.1	5.2	6.1 liquids PG I Zone A	7	8 liquids
Explosives	1.1	*	*	*	*	*	X	X	X	X	X	X	X	X	X	X	X	X	X
Explosives	1.2	*	*	*	*	*	X	X	X	X	X	X	X	X	X	X	X	X	X
Explosives	1.3	*	*	*	*	*	X		X	X	X		X	X	X	X	X		X
Explosives	1.4	*	*	*	*	*	O		O	O	O		O				O		O
Explosives	1.5	*	*	*	*	*	X	X	X	X	X	X	X	X	X	X	X	X	X
Explosives	1.6	*	*	*	*	*													
Flammable Gas	2.1	X	X	O	X				X	O							O	O	
Non-toxic gas	2.2	X			X														
Toxic Gas (Zone A)	2.3	X	X	O	X		X				X	X	X	X	X	X			X
Toxic Gas (Zone B)	2.3	X	X	O	X		O				O	O	O	O	O	O			O
Flammable liquids	3	X	X	O	X				X	O					O		X		
Flammable solids	4.1	X			X				X	O							X		O
Spontaneously combustibles	4.2	X	X	O	X				X	O							X		X
Water reactive materials	4.3	X	X		X				X	O							X		O
Oxidizers	5.1	X	X		X				X	O	O						X		O
Organic peroxides	5.2	X	X		X				X	O							X		O
Toxic substances	6.1	X	X	O	X		O				X	X	X	X	X	X			X
Radioactive materials	7	X			X		O												
Corrosives (liquids only)	8	X	X	O	X				X	O		O	X	O	O	O	X		

1. Un espace en blanc indique qu'il n'y a aucune restriction relativement à la séparation.
2. La lettre « X » indique que les marchandises dangereuses ne peuvent être chargées, transportées ou entreposées ensemble.
3. La lettre « O » indique que ces marchandises ne peuvent être chargées, transportées ou entreposées ensemble, à moins qu'elles aient été séparées de sorte qu'aucun produit ne puisse se mélanger.
4. Le symbole * indique que les explosifs sont séparés en fonction des groupes de comptabilité
5. Lorsqu'une marchandise dangereuse fait partie d'une classe subsidiaire, il faut la séparer des autres marchandises dangereuses en fonction de sa classe primaire lorsque la séparation est plus restrictive que l'exige la classe primaire.

Groupes de compatibilité

Les explosifs ayant une lettre de groupe de compatibilité qui apparaît dans la colonne 1 ci-dessous peuvent seulement être chargés dans le même contenant que les explosifs ayant une lettre du groupe de compatibilité qui figure dans la colonne 2. *Exemple 1 : des détonateurs pour munitions, classe 1.1B, UN0073, peuvent être chargés avec des fusées-détonateurs, classe 1.1B, UN0106, mais pas avec des allumeurs, classe 1.1G, UN0121. Exemple 2 : des ENGINS AUTOPROPULSÉS, avec charge d'expulsion, classe 1.3C, UN0437 peuvent être chargés avec des ENGINS AUTOTPROPULSÉS, avec charge d'éclatement, classe 1.1E, UN0181.*

Colonne 1	Colonne 2
A	A
B	B
C	C, D, E, N, S
D	C, D, E, N, S
E	C, D, E, N, S
F	F, S
G	G, S
H	H, S
J	J, S
K	K, S
L	L
N	C, D, E, N, S
S	C, D, E, F, G, H, J, K, N, S

Système d'information sur les matières dangereuses utilisées au travail (SIMDUT)

Appendice 4

Bien qu'un conducteur ne transporte pas de marchandises dangereuses, il peut être exposé à des produits dangereux. On n'a qu'à penser à l'essence, à l'antigel, à la peinture, aux gaz comprimés et aux solvants se trouvant à l'atelier d'entretien mécanique. Largement répandus, ces produits présentent des risques pour la sécurité et la santé lorsqu'ils sont utilisés. Le SIMDUT vise précisément à protéger les employés contre de tels dangers.

SIMDUT, un système pancanadien, vise à protéger la santé et la sécurité des travailleurs en favorisant l'accès à l'information sur les matières dangereuses utilisées au travail. Les compagnies sous réglementation fédérale sont régies par le Règlement SIMDUT en vertu de la Partie II du Code canadien du travail. Les compagnies sous réglementation provinciale sont régies par la législation sur le SIMDUT en vertu des lois sur la santé et sécurité au travail. Les lois provinciales se ressemblent plus ou moins à travers le Canada.

SIMDUT et le Règlement TMD sont des systèmes d'information complémentaires. Le Règlement TMD renferme les informations requises pour les produits expédiés vers les lieux de travail, tandis que le SIMDUT s'applique aux produits utilisés au travail. Un système reprend où l'autre a laissé - il n'y a donc aucun chevauchement. C'est lors d'un déversement ou d'un accident qu'un travailleur est le plus susceptible d'être exposé à des marchandises dangereuses en transport.

SIMDUT prévoit l'usage d'étiquettes qui diffèrent des étiquettes réglementaires TMD. **Il existe deux types d'étiquettes SIMDUT**, à savoir l'étiquette du fournisseur et l'étiquette du lieu de travail. L'étiquette du fournisseur doit être apposée sur les produits contrôlés provenant d'un fournisseur et renferme 7 renseignements différents : identificateur du produit ; identificateur du fournisseur ; déclaration de FS (fiche signalétique) ; symbole de danger ; mentions de risque, mesures de protection ; premiers soins. (L'étiquette de fournisseurs a une bordure hachurée.) **L 'étiquette du lieu de travail** doit être apposée sur les produits contrôlés fabriqués en milieu de travail ou transvidés de leur contenant d'origine en milieu de travail. L'étiquette du lieu de travail ne comporte que trois renseignements, à savoir l'identificateur du produit, les précautions à prendre, et un énoncé indiquant qu'une fiche signalétique est disponible. L'expéditeur joint la fiche signalétique au document d'expédition. Il est possible qu'un produit soit régi par le SIMDUT, mais pas par le Règlement TMD. SIMDUT répartit les matières dangereuses en six catégories. Si un produit correspond à une ou plusieurs de ces catégories, il devient alors ce qu'on appelle un « produit contrôlé ».

Catégories de risques et symboles

Catégorie A - Gaz comprimés

Catégorie B - Matières inflammables et combustibles

Catégorie C - Matières comburantes

Catégorie D - Matières toxiques et infectieuses

Division 1 Matières toxiques ayant des effets immédiats

Catégorie D (Cont.)

Division 2 Matières toxiques ayant d'autres effets

Division 3 Matières infectieuses

Catégorie E - Matières corrosives

Catégorie F - Matières dangereusement réactives

ANNEXE 1

LES MARCHANDISES DANGEREUSES PAR NUMÉRO UN

L'annexe 1 renferme toutes les informations nécessaires à l'identification, à l'étiquetage et à l'apposition de plaques de toute marchandise dangereuse.

Colonne	Description
1	**Numéro UN.** Dans la première colonne, on retrouve les numéros UN des appellations réglementaires. Le répertoire alphabétique des appellations réglementaires se trouve à l'annexe 3.
2	**Appellation réglementaire et description.** La deuxième colonne renferme les appellations réglementaires des marchandises dangereuses. Chaque appellation réglementaire est en majuscules et tout texte descriptif en minuscules. Le mot « ou » entre des appellations réglementaires indique qu'il y a plus d'une appellation réglementaire des marchandises dangereuses, et que chacune est correcte. On peut utiliser n'importe quelle des appellations réglementaires pour remplir le document d'expédition.
3	**Classe.** La troisième colonne précise la classe primaire des marchandises dangereuses. Toute classe subsidiaire apparaît entre parenthèses en dessous de la classe primaire. Toutes les classes subsidiaires ont la même priorité. La lettre « F » signifie que les marchandises dangereuses ne doivent pas être transportées. L'annexe 3 renferme certaines marchandises dangereuses dont le transport est interdit et qui n'ont pas de numéro UN. Une personne peut faire une demande de permis de niveau équivalent de sécurité en vue du transport de ces marchandises dangereuses.
4	**Groupe d'emballage/Groupe de risque.** Cette colonne dresse la liste des Groupes d'emballage ou Groupes de risque des marchandises dangereuses.
5	**Dispositions particulières.** Cette colonne dresse la liste des dispositions particulières s'appliquant aux marchandises dangereuses. Quant aux dispositions particulières, elles figurent à l'annexe 2.
6	**Quantité limite d'explosifs et indice de quantité limitée.** On retrouve dans cette colonne la quantité de marchandises dangereuses pouvant être manutentionnées, faire l'objet d'une une demande de transport ou être transportées en quantité limitée.
7	**Indice PIU.** Cette colonne indique la quantité limite précisée dans le Plan d'intervention d'urgence (PIU). Au-delà de cette limite, il faut un PIU. La quantité limite figurant dans le PIU s'applique à toutes les marchandises dangereuses se trouvant dans la même rangée. Par exemple, UN1986, GE I, peut nécessiter un PIU, tandis que UN1986, GFE I ou GE II, n'en ont pas besoin. S'il n'y a aucun numéro d'Indice PIU, un PIU n'est pas obligatoire.
8	Omis
9	Omis
10	**Polluant marin.** On retrouve dans cette colonne les marchandises dangereuses qui sont des polluants marins. Un polluant marin est représenté par la lettre « P ». Un polluant marin grave est représenté par les lettres « PP ». Un polluant marin potentiel est représenté par le symbole « • ».

UTILISATION DE L'ANNEXE 1

L'exemple du UN 1660 permet de démontrer comment les informations décrites à l'annexe 1 doivent être utilisées.

UN 1660

Col. 1/Col. 2	Le numéro UN1660 est le numéro UN (voir colonne 1) de l'appellation réglementaire du MONOXIDE D'AZOTE, COMPRIMÉ (voir colonne 2). À noter que le sous-alinéa 1.3(2)d)(iii) de la partie 1 permet, en anglais, de changer l'ordre des mots par rapport à celui qui est présenté à l'annexe 1, à condition que l'appellation réglementaire soit au complet et que l'ordre des mots choisi soit communément utilisé.
Col. 3	La classe primaire est la classe 2.3 et les deux classes subsidiaires sont la classe 5.1 et la classe 8 (voir colonne 3). À noter qu'aucune priorité ne doit être présumée entre deux classes subsidiaires ou parmi les classes subsidiaires.
Col. 4	Il n'y a pas de groupe d'emballage, ce qui est vrai pour tous les gaz (voir colonne 4).
Col. 5	Il y a une disposition particulière applicable (voir colonne 5). Il s'agit de la disposition particulière 38 dont le texte se trouve à l'annexe 2.
Col. 6	Le MONOXIDE D'AZOTE, COMPRIMÉ ne peut pas être transporté en tant que quantité limitée parce qu'un « 0 » figure à la colonne 6.
Col. 7	Un plan d'intervention d'urgence est exigé pour toute quantité de MONOXIDE D'AZOTE, COMPRIMÉ dans un envoi parce qu'un « 0 » figure à la colonne 7.
Col. 8/Col. 9	Le MONOXIDE D'AZOTE, COMPRIMÉ ne peut être transporté à bord d'un navire de passagers, d'un véhicule routier de passagers ou d'un véhicule ferroviaire de passagers, car le mot « Interdit » figure aux colonnes 8 et 9.
Col. 10	Aucun des symboles des polluants marins ne figure à la colonne 10, soit : « P » (polluant marin), « PP » (polluant marin grave) ou « • » (polluant marin potentiel), ce qui indique que le MONOXIDE D'AZOTE, COMPRIMÉ, n'est ni un polluant marin, ni un polluant marin grave, ni un polluant marin potentiel.

Les données dans chaque rangées doivent être utilisées exactement comme elles sont présentées pour observer, par exemple, les exigences pour remplir un document d'expédition.

Lorsque qu'un même numéro UN a deux rangées de données (p.ex., une pour la forme liquide et une la forme solide d'une matière) ou lorsqu'une rangée a plus d'une sous-rangée dans le cas des colonne 4 à 10 (p.ex., il y a plusieurs groupes d'emballage), les données utilisées dans chaque cas doivent être celles qui figurent dans une même rangée ou dans la même sous-rangée, le cas échéant.

1 Numéro UN	2 Appellation réglementaire et description	3 Classe	4 Groupe d'emballage /Groupe de risque	5 Dispositions particulières	6 Quantité limite d'explosifs et indice de quantité limitée	7 Indice PIU	10 Polluant marin
UN0004	PICRATE D'AMMONIUM sec ou humidifié avec moins de 10 pour cent (masse) d'eau	1.1D	II	4	5	75	
UN0005	CARTOUCHES POUR ARMES avec charge d'éclatement	1.1F	II	5	0	75	
UN0006	CARTOUCHES POUR ARMES avec charge d'éclatement	1.1E	II	4	0	75	
UN0007	CARTOUCHES POUR ARMES avec charge d'éclatement	1.2F	II	5	0	75	
UN0009	MUNITIONS INCENDIAIRES avec ou sans charge de dispersion, charge d'expulsion ou charge propulsive	1.2G	II	4	0	75	
UN0010	MUNITIONS INCENDIAIRES avec ou sans charge de dispersion, charge d'expulsion ou charge propulsive	1.3G	II	4	0		
UN0012	CARTOUCHES À PROJECTILE INERTE POUR ARMES; ou CARTOUCHES POUR ARMES DE PETIT CALIBRE	1.4S	II		25		
UN0014	CARTOUCHES À BLANC POUR ARMES; ou CARTOUCHES À BLANC POUR ARMES DE PETIT CALIBRE	1.4S	II		25		
UN0015	MUNITIONS FUMIGÈNES avec ou sans charge de dispersion, charge d'expulsion ou charge propulsive	1.2G (8)	II	4	0	75	
UN0016	MUNITIONS FUMIGÈNES avec ou sans charge de dispersion, charge d'expulsion ou charge propulsive	1.3G (8)	II	4	0		
UN0018	MUNITIONS LACRYMOGÈNES avec charge de dispersion, charge d'expulsion ou charge propulsive	1.2G (6.1) (8)	II	4	0	75	
UN0019	MUNITIONS LACRYMOGÈNES avec charge de dispersion, charge d'expulsion ou charge propulsive	1.3G (6.1) (8)	II		10	75	
UN0020	MUNITIONS TOXIQUES avec charge de dispersion, charge d'expulsion ou charge propulsive	1.2K (6.1)	II	5, 16	0	75	
UN0021	MUNITIONS TOXIQUES avec charge de dispersion, charge d'expulsion ou charge propulsive	1.3K (6.1)	II	5, 16	0	75	
UN0027	POUDRE NOIRE sous forme de grains ou de pulvérin	1.1D	II	4	25	75	
UN0028	POUDRE NOIRE COMPRIMÉE; ou POUDRE NOIRE EN COMPRIMÉS	1.1D	II	4	25	75	
UN0029	DÉTONATEURS de mine (de sautage) NON ÉLECTRIQUES	1.1B	II	6, 75	0	75	
UN0030	DÉTONATEURS de mine (de sautage) ÉLECTRIQUES	1.1B	II	6, 75	0	75	
UN0033	BOMBES avec charge d'éclatement	1.1F	II	5	0	75	
UN0034	BOMBES avec charge d'éclatement	1.1D	II		0	75	
UN0035	BOMBES avec charge d'éclatement	1.2D	II	4	0	75	
UN0037	BOMBES PHOTO-ÉCLAIR	1.1F	II	5	0	75	
UN0038	BOMBES PHOTO-ÉCLAIR	1.1D	II	4	0	75	
UN0039	BOMBES PHOTO-ÉCLAIR	1.2G	II	4	0	75	
UN0042	RENFORÇATEURS sans détonateur	1.1D	II	4	0	75	
UN0043	CHARGES DE DISPERSION	1.1D	II	4	0	75	
UN0044	AMORCES À PERCUSSION	1.4S	II	76	0		
UN0048	CHARGES DE DÉMOLITION	1.1D	II	4	0	75	
UN0049	CARTOUCHES-ÉCLAIR	1.1G	II	4	0	75	
UN0050	CARTOUCHES-ÉCLAIR	1.3G	II		0		
UN0054	CARTOUCHES DE SIGNALISATION	1.3G	II		25		
UN0055	DOUILLES DE CARTOUCHES VIDES AMORCÉES	1.4S	II		25		

1 Numéro UN	2 Appellation réglementaire et description	3 Classe	4 Groupe d'emballage /Groupe de risque	5 Dispositions particulières	6 Quantité limite d'explosifs et indice de quantité limitée	7 Indice PIU	10 Polluant marin
UN0056	CHARGES SOUS-MARINES	1.1D	II	4	0	75	
UN0059	CHARGES CREUSES sans détonateur	1.1D	II	4	25	75	
UN0060	CHARGES DE RELAIS EXPLOSIFS	1.1D	II		0	75	
UN0065	CORDEAU DÉTONANT souple	1.1D	II	4	25	75	
UN0066	MÈCHE À COMBUSTION RAPIDE	1.4G	II		25		
UN0070	CISAILLES PYROTECHNIQUES EXPLOSIVES	1.4S	II		25		
UN0072	CYCLONITE HUMIDIFIÉE avec au moins 15 pour cent (masse) d'eau; CYCLOTRIMÉTHYLÈNETRINITRAMINE HUMIDIFIÉE avec au moins 15 pour cent (masse) d'eau; HEXOGÈNE HUMIDIFIÉE avec au moins 15 pour cent (masse) d'eau; ou RDX HUMIDIFIÉE avec au moins 15 pour cent (masse) d'eau	1.1D	II	4, 79	0	75	
UN0073	DÉTONATEURS POUR MUNITIONS	1.1B	II	6	0	75	
UN0074	DIAZODINITROPHÉNOL HUMIDIFIÉ avec au moins 40 pour cent (masse) d'eau ou d'un mélange d'alcool et d'eau	1.1A	II	7, 79	0	75	
UN0075	DINITRATE DE DIÉTHYLÈNEGLYCOL DÉSENSIBILISÉ avec au moins 25 pour cent (masse) de flegmatisant non volatil insoluble dans l'eau	1.1D	II	79	0	75	
UN0076	DINITROPHÉNOL sec ou humidifié avec moins de 15 pour cent (masse) d'eau	1.1D (6.1)	II	4	5	75	P
UN0077	DINITROPHÉNATES (d'alcalins) secs ou humidifiés avec moins de 15 pour cent (masse) d'eau	1.3C (6.1)	II		10	75	P
UN0078	DINITRORÉSORCINOL sec ou humidifié avec moins de 15 pour cent (masse) d'eau	1.1D	II	4	5	75	
UN0079	HEXANITRODIPHÉNYLAMINE DIPICRYLAMINE; ou HEXYL	1.1D	II	4	0	75	
UN0081	EXPLOSIF DE MINE (DE SAUTAGE) DU TYPE A	1.1D	II	2, 4	25	75	
UN0082	EXPLOSIF DE MINE (DE SAUTAGE) DU TYPE B	1.1D	II	4	25	75	
UN0083	EXPLOSIF DE MINE (DE SAUTAGE) DU TYPE C	1.1D	II	1, 4	25	75	
UN0084	EXPLOSIF DE MINE (DE SAUTAGE) DU TYPE D	1.1D	II	4	25	75	
UN0092	DISPOSITIFS ÉCLAIRANTS DE SURFACE	1.3G	II		25		
UN0093	DISPOSITIFS ÉCLAIRANTS AÉRIENS	1.3G	II		10		
UN0094	POUDRE ÉCLAIR	1.1G	II	4	0	75	
UN0099	TORPILLES DE FORAGE EXPLOSIVES sans détonateur, pour puits de pétrole	1.1D	II	4	25	75	
UN0101	MÈCHE NON DÉTONANTE	1.3G	II		25		
UN0102	CORDEAU DÉTONANT à enveloppe métallique	1.2D	II	4	5	75	
UN0103	CORDEAU D'ALLUMAGE à enveloppe métallique	1.4G	II		0		
UN0104	CORDEAU DÉTONANT À CHARGE RÉDUITE à enveloppe métallique	1.4D	II		5		
UN0105	MÈCHE DE MINEUR; MÈCHE LENTE; ou CORDEAU BICKFORD	1.4S	II		25		
UN0106	FUSÉES-DÉTONATEURS	1.1B	II	6	0	75	
UN0107	FUSÉES-DÉTONATEURS	1.2B	II	6	0	75	
UN0110	GRENADES D'EXERCICE à main ou à fusil	1.4S	II		0		
UN0113	GUANYL NITROSAMINOGUANYLIDÈNE HYDRAZINE HUMIDIFIÉ avec au moins 30 pour cent (masse) d'eau	1.1A	II	7, 79	0	75	

1 Numéro UN	2 Appellation réglementaire et description	3 Classe	4 Groupe d'emballage /Groupe de risque	5 Dispositions particulières	6 Quantité limite d'explosifs et indice de quantité limitée	7 Indice PIU	10 Polluant marin
UN0114	GUANYL NITROSAMINOGUANYLTÉTRAZÈNE HUMIDIFIÉ avec au moins 30 pour cent (masse) d'eau ou d'un mélange d'alcool et d'eau; ou TÉTRAZÈNE HUMIDIFIÉ avec au moins 30 pour cent (masse) d'eau ou d'un mélange d'alcool et d'eau	1.1A	II	7, 79	0	75	
UN0118	HEXOLITE sèche ou humidifiée avec moins de 15 pour cent (masse) d'eau; ou HEXOTOL sèche ou humidifiée avec moins de 15 pour cent (masse) d'eau	1.1D	II	4	0	75	
UN0121	ALLUMEURS; ou INFLAMMATEURS	1.1G	II	4, 75	0	75	
UN0124	PERFORATEURS À CHARGE CREUSE pour puits de pétrole, sans détonateur	1.1D	II	4	0	75	
UN0129	AZOTURE DE PLOMB HUMIDIFIÉ avec au moins 20 pour cent (masse) d'eau ou d'un mélange d'alcool et d'eau	1.1A	II	7, 79	0	75	
UN0130	STYPHNATE DE PLOMB HUMIDIFIÉ avec au moins 20 pour cent (masse) d'eau ou d'un mélange d'alcool et d'eau; ou TRINITRORÉSORCINATE DE PLOMB HUMIDIFIÉ avec au moins 20 pour cent (masse) d'eau ou d'un mélange d'alcool et d'eau	1.1A	II	7, 79	0	75	
UN0131	ALLUMEURS POUR MÈCHE DE MINEUR	1.4S	II	75	0		
UN0132	SELS MÉTALLIQUES DÉFLAGRANTS DE DÉRIVÉS NITRÉS AROMATIQUES, N.S.A.	1.3C	II	4	0		
UN0133	HEXANITRATE DE MANNITOL HUMIDIFIÉ avec au moins 40 pour cent (masse) d'eau ou d'un mélange d'alcool et d'eau; ou NITROMANNITE HUMIDIFIÉ avec au moins 40 pour cent (masse) d'eau ou d'un mélange d'alcool et d'eau	1.1D	II	79	0	75	
UN0135	FULMINATE DE MERCURE HUMIDIFIÉ avec au moins 20 pour cent (masse) d'eau ou d'un mélange d'alcool et d'eau	1.1A	II	7, 79	0	75	
UN0136	MINES avec charge d'éclatement	1.1F	II	5	0	75	
UN0137	MINES avec charge d'éclatement	1.1D	II	4	0	75	
UN0138	MINES avec charge d'éclatement	1.2D	II		0	75	
UN0143	NITROGLYCÉRINE DÉSENSIBILISÉE avec au moins 40 pour cent (masse) de flegmatisant non volatil insoluble dans l'eau	1.1D (6.1)	II	5, 79	0	75	
UN0144	NITROGLYCÉRINE EN SOLUTION ALCOOLIQUE avec plus de 1 pour cent mais au maximum 10 pour cent de nitroglycérine	1.1D	II	8	0	75	
UN0146	NITROAMIDON sec ou humidifié avec moins de 20 pour cent (masse) d'eau	1.1D	II	4	0	75	
UN0147	NITRO-URÉE	1.1D	II	4	0	75	
UN0150	PENTHRITE DÉSENSIBILISÉ avec au moins 15 pour cent (masse) de flegmatisant; PENTHRITE HUMIDIFIÉ avec au moins 25 pour cent (masse) d'eau; PETN DÉSENSIBILISÉ avec au moins 15 pour cent (masse) de flegmatisant; PETN HUMIDIFIÉ avec au moins 25 pour cent (masse) d'eau; TÉTRANITRATE DE PENTAÉRYTHRITE DÉSENSIBILISÉ avec au moins 15 pour cent (masse) de flegmatisant; TÉTRANITRATE DE PENTAÉRYTHRITE HUMIDIFIÉ avec au moins 25 pour cent (masse) d'eau; TÉTRANITRATE DE PENTAÉRYTHRITOL DÉSENSIBILISÉ avec au moins 15 pour cent (masse) de flegmatisant; ou TÉTRANITRATE DE PENTAÉRYTHRITOL, HUMIDIFIÉ avec au moins 25 pour cent (masse) d'eau	1.1D	II	4, 79	0	75	
UN0151	PENTOLITE sèche ou humidifiée avec moins de 15 pour cent (masse) d'eau	1.1D	II	4	0	75	
UN0153	PICRAMIDE; ou TRINITRANILINE	1.1D	II	4	0	75	
UN0154	ACIDE PICRIQUE sec ou humidifié avec moins de 30 pour cent (masse) d'eau; ou TRINITROPHÉNOL sec ou humidifié avec moins de 30 pour cent (masse) d'eau	1.1D	II	4, 10	0	75	

1	2	3	4	5	6	7	10
Numéro UN	Appellation réglementaire et description	Classe	Groupe d'emballage /Groupe de risque	Dispositions particulières	Quantité limite d'explosifs et indice de quantité limitée	Indice PIU	Polluant marin
UN0155	CHLORURE DE PICRYLE; ou TRINITROCHLOROBENZÈNE	1.1D	II	4, 10	0	75	
UN0159	GALETTE HUMIDIFIÉE avec au moins 25 pour cent (masse) d'eau	1.3C	II	4, 79	0		
UN0160	POUDRE SANS FUMÉE	1.1C	II	4	0	75	
UN0161	POUDRE SANS FUMÉE	1.3C	II		25		
UN0167	PROJECTILES avec charge d'éclatement	1.1F	II	5	0	75	
UN0168	PROJECTILES avec charge d'éclatement	1.1D	II	4	0	75	
UN0169	PROJECTILES avec charge d'éclatement	1.2D	II	4	0	75	
UN0171	MUNITIONS ÉCLAIRANTES avec ou sans charge de dispersion, charge d'expulsion ou charge propulsive	1.2G	II	4	0	75	
UN0173	ATTACHES PYROTECHNIQUES EXPLOSIVES	1.4S	II		25		
UN0174	RIVETS EXPLOSIFS	1.4S	II		25		
UN0180	ENGINS AUTOPROPULSÉS avec charge d'éclatement	1.1F	II	5	0	75	
UN0181	ENGINS AUTOPROPULSÉS avec charge d'éclatement	1.1E	II	4	0	75	
UN0182	ENGINS AUTOPROPULSÉS avec charge d'éclatement	1.2E	II	4	0	75	
UN0183	ENGINS AUTOPROPULSÉS à tête inerte	1.3C	II		0		
UN0186	PROPULSEURS	1.3C	II	4	10		
UN0190	ÉCHANTILLONS D'EXPLOSIFS, autres que des explosifs d'amorçage		II	9, 16	0	75	
UN0191	ARTIFICES DE SIGNALISATION À MAIN	1.4G	II		25		
UN0192	PÉTARDS DE CHEMIN DE FER	1.1G	II	4	5	75	
UN0193	PÉTARDS DE CHEMIN DE FER	1.4S	II		25		
UN0194	SIGNAUX DE DÉTRESSE de navires	1.1G	II	4	25	75	
UN0195	SIGNAUX DE DÉTRESSE de navires	1.3G	II		10		
UN0196	SIGNAUX FUMIGÈNES	1.1G	II	4	0	75	
UN0197	SIGNAUX FUMIGÈNES	1.4G	II		25		
UN0204	CAPSULES DE SONDAGE EXPLOSIVES	1.2F	II	5	0	75	
UN0207	TÉTRANITRANILINE	1.1D	II	4	0	75	
UN0208	TÉTRYL; ou TRINITROPHÉNYLMÉTHYLNITRAMINE	1.1D	II	4	0	75	
UN0209	TNT sec ou humidifié avec moins de 30 pour cent (masse) d'eau; TOLITE sec ou humidifié avec moins de 30 pour cent (masse) d'eau; ou TRINITROTOLUÈNE sec ou humidifié avec moins de 30 pour cent (masse) d'eau	1.1D	II	4, 10	25	75	
UN0212	TRACEURS POUR MUNITIONS	1.3G	II		0		
UN0213	TRINITRANISOLE	1.1D	II	4	0	75	
UN0214	TRINITROBENZÈNE sec ou humidifié avec moins de 30 pour cent (masse) d'eau	1.1D	II	4, 10	0	75	
UN0215	ACIDE TRINITROBENZOÏQUE sec ou humidifié avec moins de 30 pour cent (masse) d'eau	1.1D	II	4, 10	0	75	
UN0216	TRINITRO-m-CRÉSOL	1.1D	II	4	0	75	
UN0217	TRINITRONAPHTALÈNE	1.1D	II	4	0	75	
UN0218	TRINITROPHÉNÉTOLE	1.1D	II	4	0	75	

1 Numéro UN	2 Appellation réglementaire et description	3 Classe	4 Groupe d'emballage /Groupe de risque	5 Dispositions particulières	6 Quantité limite d'explosifs et indice de quantité limitée	7 Indice PIU	10 Polluant marin
UN0219	ACIDE STYPHNIQUE sec ou humidifié avec moins de 20 pour cent (masse) d'eau ou d'un mélange d'alcool et d'eau; TRINITRORÉSORCINE sec ou humidifié avec moins de 20 pour cent (masse) d'eau ou d'un mélange d'alcool et d'eau; ou TRINITRORÉSORCINOL sec ou humidifié avec moins de 20 pour cent (masse) d'eau ou d'un mélange d'alcool et d'eau	1.1D	II	4	0	75	
UN0220	NITRATE D'URÉE sec ou humidifié avec moins de 20 pour cent (masse) d'eau	1.1D	II	4, 60	0	75	
UN0221	TÊTES MILITAIRES POUR TORPILLES avec charge d'éclatement	1.1D	II	4	0	75	
UN0222	NITRATE D'AMMONIUM contenant plus de 0,2 pour cent de matière combustible (y compris les matières organiques exprimées en équivalent carbone), à l'exclusion de toute autre matière	1.1D	II	4	0	75	
UN0223	ENGRAIS AU NITRATE D'AMMONIUM ayant une sensibilité supérieure à celle du nitrate d'ammonium contenant 0,2 pour cent de matière combustible (y compris les matières organiques exprimées en équivalent carbone), à l'exclusion de toute autre matière	1.1D	II	4	0	75	
UN0224	AZOTURE DE BARYUM sec ou humidifié avec moins de 50 pour cent (masse) d'eau	1.1A (6.1)	II	7	0	75	
UN0225	RENFORÇATEURS AVEC DÉTONATEUR	1.1B	II	6	0	75	
UN0226	CYCLOTÉTRAMÉTHYLÈNETÉTRANITRAMINE HUMIDIFIÉE avec au moins 15 pour cent (masse) d'eau; HMX HUMIDIFIÉE avec au moins 15 pour cent (masse) d'eau; ou OCTOGÈNE HUMIDIFIÉE avec au moins 15 pour cent (masse) d'eau	1.1D	II	4, 79	0	75	
UN0234	DINITRO-o-CRÉSATE DE SODIUM sec ou humidifié avec moins de 15 pour cent (masse) d'eau	1.3C	II	4, 10	0		P
UN0235	PICRAMATE DE SODIUM sec ou humidifié avec moins de 20 pour cent (masse) d'eau	1.3C	II		0		
UN0236	PICRAMATE DE ZIRCONIUM sec ou humidifié avec moins de 20 pour cent (masse) d'eau	1.3C	II	4	0		
UN0237	CORDEAU DÉTONANT À SECTION PROFILÉE	1.4D	II		25		
UN0238	ROQUETTES LANCE-AMARRES	1.2G	II	4	5	75	
UN0240	ROQUETTES LANCE-AMARRES	1.3G	II		10		
UN0241	EXPLOSIF DE MINE (DE SAUTAGE) DU TYPE E	1.1D	II	4	25	75	
UN0242	CHARGES PROPULSIVES POUR CANON	1.3C	II		0		
UN0243	MUNITIONS INCENDIAIRES AU PHOSPHORE BLANC avec charge de dispersion, charge d'expulsion ou charge propulsive	1.2H	II	4	0	75	
UN0244	MUNITIONS INCENDIAIRES AU PHOSPHORE BLANC avec charge de dispersion, charge d'expulsion ou charge propulsive	1.3H	II	4	0		
UN0245	MUNITIONS FUMIGÈNES AU PHOSPHORE BLANC avec charge de dispersion, charge d'expulsion ou charge propulsive	1.2H	II	4	0	75	
UN0246	MUNITIONS FUMIGÈNES AU PHOSPHORE BLANC avec charge de dispersion, charge d'expulsion ou charge propulsive	1.3H	II	4	0		
UN0247	MUNITIONS INCENDIAIRES à liquide ou à gel avec charge de dispersion, charge d'expulsion ou charge propulsive	1.3J	II	5	0		
UN0248	ENGINS HYDROACTIFS avec charge de dispersion, charge d'expulsion ou charge propulsive	1.2L	II	5, 16	0	75	
UN0249	ENGINS HYDROACTIFS avec charge de dispersion, charge d'expulsion ou charge propulsive	1.3L	II	5, 16	0		

1 Numéro UN	2 Appellation réglementaire et description	3 Classe	4 Groupe d'emballage /Groupe de risque	5 Dispositions particulières	6 Quantité limite d'explosifs et indice de quantité limitée	7 Indice PIU	10 Polluant marin
UN0250	PROPULSEURS CONTENANT DES LIQUIDES HYPERGOLIQUES, avec ou sans charge d'expulsion	1.3L	II	5	0		
UN0254	MUNITIONS ÉCLAIRANTES avec ou sans charge de dispersion, charge d'expulsion ou charge propulsive	1.3G	II	4	0		
UN0255	DÉTONATEURS de mine (de sautage) ÉLECTRIQUES	1.4B	II	75, 77	0		
UN0257	FUSÉES-DÉTONATEURS	1.4B	II		0		
UN0266	OCTOL sèche ou humidifiée avec moins de 15 pour cent (masse) d'eau; ou OCTOLITE sèche ou humidifiée avec moins de 15 pour cent (masse) d'eau	1.1D	II	4	0	75	
UN0267	DÉTONATEURS de mine (de sautage) NON ÉLECTRIQUES	1.4B	II	75, 77	0		
UN0268	RENFORÇATEURS AVEC DÉTONATEUR	1.2B	II	6	0	75	
UN0271	CHARGES PROPULSIVES	1.1C	II	4	0	75	
UN0272	CHARGES PROPULSIVES	1.3C	II		0		
UN0275	CARTOUCHES POUR PYROMÉCANISMES	1.3C	II		25		
UN0276	CARTOUCHES POUR PYROMÉCANISMES	1.4C	II		25		
UN0277	CARTOUCHES POUR PUITS DE PÉTROLE	1.3C	II		25		
UN0278	CARTOUCHES POUR PUITS DE PÉTROLE	1.4C	II		25		
UN0279	CHARGES PROPULSIVES POUR CANON	1.1C	II	4	0	75	
UN0280	PROPULSEURS	1.1C	II	4	0	75	
UN0281	PROPULSEURS	1.2C	II	4	0	75	
UN0282	NITROGUANIDINE sèche ou humidifiée avec moins de 20 pour cent (masse) d'eau; GUANITE sèche ou humidifiée avec moins de 20 pour cent (masse) d'eau; ou PICRITE sèche ou humidifiée avec moins de 20 pour cent (masse) d'eau (terminologie OACI)	1.1D	II	4	0	75	
UN0283	RENFORÇATEURS sans détonateur	1.2D	II	4	0	75	
UN0284	GRENADES à main ou à fusil avec charge d'éclatement	1.1D	II	4	0	75	
UN0285	GRENADES à main ou à fusil avec charge d'éclatement	1.2D	II	4	0	75	
UN0286	TÊTES MILITAIRES POUR ENGINS AUTOPROPULSÉS avec charge d'éclatement	1.1D	II	4	0	75	
UN0287	TÊTES MILITAIRES POUR ENGINS AUTOPROPULSÉS avec charge d'éclatement	1.2D	II	4	0	75	
UN0288	CORDEAU DÉTONANT À SECTION PROFILÉE	1.1D	II		25	75	
UN0289	CORDEAU DÉTONANT souple	1.4D	II		25		
UN0290	CORDEAU DÉTONANT à enveloppe métallique	1.1D	II	4	5	75	
UN0291	BOMBES avec charge d'éclatement	1.2F	II	5	0	75	
UN0292	GRENADES à main ou à fusil avec charge d'éclatement	1.1F	II	5	0	75	
UN0293	GRENADES à main ou à fusil avec charge d'éclatement	1.2F	II	5	0	75	
UN0294	MINES avec charge d'éclatement	1.2F	II	5	0	75	
UN0295	ENGINS AUTOPROPULSÉS avec charge d'éclatement	1.2F	II	5	0	75	
UN0296	CAPSULES DE SONDAGE EXPLOSIVES	1.1F	II	5	0	75	
UN0297	MUNITIONS ÉCLAIRANTES avec ou sans charge de dispersion, charge d'expulsion ou charge propulsive	1.4G	II		0		
UN0299	BOMBES PHOTO-ÉCLAIR	1.3G	II	4	0		
UN0300	MUNITIONS INCENDIAIRES avec ou sans charge de dispersion, charge d'expulsion ou charge propulsive	1.4G	II		0		

1 Numéro UN	2 Appellation réglementaire et description	3 Classe	4 Groupe d'emballage /Groupe de risque	5 Dispositions particulières	6 Quantité limite d'explosifs et indice de quantité limitée	7 Indice PIU	10 Polluant marin
UN0301	MUNITIONS LACRYMOGÈNES avec charge de dispersion, charge d'expulsion ou charge propulsive	1.4G (6.1) (8)	II		10	75	
UN0303	MUNITIONS FUMIGÈNES avec ou sans charge de dispersion, charge d'expulsion ou charge propulsive	1.4G (8)	II		0		
UN0305	POUDRE ÉCLAIR	1.3G	II	4	0		
UN0306	TRACEURS POUR MUNITIONS	1.4G	II		0		
UN0312	CARTOUCHES DE SIGNALISATION	1.4G	II		25		
UN0313	SIGNAUX FUMIGÈNES	1.2G	II	4	0	75	
UN0314	ALLUMEURS; ou INFLAMMATEURS	1.2G	II	4, 75	0	75	
UN0315	ALLUMEURS; ou INFLAMMATEURS	1.3G	II	75	0		
UN0316	FUSÉES-ALLUMEURS	1.3G	II	4	0		
UN0317	FUSÉES-ALLUMEURS	1.4G	II		0		
UN0318	GRENADES D'EXERCICE à main ou à fusil	1.3G	II		0		
UN0319	AMORCES TUBULAIRES	1.3G	II		0		
UN0320	AMORCES TUBULAIRES	1.4G	II		0		
UN0321	CARTOUCHES POUR ARMES avec charge d'éclatement	1.2E	II	4	0	75	
UN0322	PROPULSEURS CONTENANT DES LIQUIDES HYPERGOLIQUES, avec ou sans charge d'expulsion	1.2L	II	5	0	75	
UN0323	CARTOUCHES POUR PYROMÉCANISMES	1.4S	II		25		
UN0324	PROJECTILES avec charge d'éclatement	1.2F	II	5	0	75	
UN0325	ALLUMEURS; ou INFLAMMATEURS	1.4G	II	75	0		
UN0326	CARTOUCHES À BLANC POUR ARMES	1.1C	II	4	0	75	
UN0327	CARTOUCHES À BLANC POUR ARMES; ou CARTOUCHES À BLANC POUR ARMES DE PETIT CALIBRE	1.3C	II		0		
UN0328	CARTOUCHES À PROJECTILE INERTE POUR ARMES	1.2C	II	4	0	75	
UN0329	TORPILLES avec charge d'éclatement	1.1E	II	4	0	75	
UN0330	TORPILLES avec charge d'éclatement	1.1F	II	5	0	75	
UN0331	EXPLOSIF DE MINE (DE SAUTAGE) DU TYPE B	1.5D	II	4	25	1 000	
UN0332	EXPLOSIF DE MINE (DE SAUTAGE) DU TYPE E	1.5D	II	4	25	1 000	
UN0333	ARTIFICES DE DIVERTISSEMENT	1.1G	II	4	0	75	
UN0334	ARTIFICES DE DIVERTISSEMENT	1.2G	II	4	0	75	
UN0335	ARTIFICES DE DIVERTISSEMENT	1.3G	II		25		
UN0336	ARTIFICES DE DIVERTISSEMENT	1.4G	II		25		
UN0337	ARTIFICES DE DIVERTISSEMENT	1.4S	II	3	25		
UN0338	CARTOUCHES À BLANC POUR ARMES; ou CARTOUCHES À BLANC POUR ARMES DE PETIT CALIBRE	1.4C	II		25		
UN0339	CARTOUCHES À PROJECTILE INERTE POUR ARMES; ou CARTOUCHES POUR ARMES DE PETIT CALIBRE	1.4C	II		0		
UN0340	NITROCELLULOSE sèche ou humidifiée avec moins de 25 pour cent (masse) d'eau (ou d'alcool)	1.1D	II	5	0	75	
UN0341	NITROCELLULOSE non modifiée ou plastifiée avec moins de 18 pour cent (masse) de plastifiant	1.1D	II	4	0	75	
UN0342	NITROCELLULOSE HUMIDIFIÉE avec au moins 25 pour cent (masse) d'alcool	1.3C	II		0		

1 Numéro UN	2 Appellation réglementaire et description	3 Classe	4 Groupe d'emballage /Groupe de risque	5 Dispositions particulières	6 Quantité limite d'explosifs et indice de quantité limitée	7 Indice PIU	10 Polluant marin
UN0343	NITROCELLULOSE PLASTIFIÉE avec au moins 18 pour cent (masse) de plastifiant	1.3C	II	4	0		
UN0344	PROJECTILES avec charge d'éclatement	1.4D	II		0		
UN0345	PROJECTILES inertes avec traceur	1.4S	II		0		
UN0346	PROJECTILES avec charge de dispersion ou charge d'expulsion	1.2D	II	4	0	75	
UN0347	PROJECTILES avec charge de dispersion ou charge d'expulsion	1.4D	II		0		
UN0348	CARTOUCHES POUR ARMES avec charge d'éclatement	1.4F	II		0		
UN0349	OBJETS EXPLOSIFS, N.S.A.	1.4S	II	16	0		
UN0350	OBJETS EXPLOSIFS, N.S.A.	1.4B	II	16, 77	0		
UN0351	OBJETS EXPLOSIFS, N.S.A.	1.4C	II	16	0		
UN0352	OBJETS EXPLOSIFS, N.S.A.	1.4D	II	16	0		
UN0353	OBJETS EXPLOSIFS, N.S.A.	1.4G	II	16	0		
UN0354	OBJETS EXPLOSIFS, N.S.A.	1.1L	II	5, 16	0	75	
UN0355	OBJETS EXPLOSIFS, N.S.A.	1.2L	II	5, 16	0	75	
UN0356	OBJETS EXPLOSIFS, N.S.A.	1.3L	II	5, 16	0		
UN0357	MATIÈRES EXPLOSIVES, N.S.A.	1.1L	II	5, 16	0	75	
UN0358	MATIÈRES EXPLOSIVES, N.S.A.	1.2L	II	5, 16	0	75	
UN0359	MATIÈRES EXPLOSIVES, N.S.A.	1.3L	II	5, 16	0		
UN0360	ASSEMBLAGES DE DÉTONATEURS de mine (de sautage) NON ÉLECTRIQUES	1.1B	II	6, 75	0	75	
UN0361	ASSEMBLAGES DE DÉTONATEURS de mine (de sautage) NON ÉLECTRIQUES	1.4B	II	75, 77	0		
UN0362	MUNITIONS D'EXERCICE	1.4G	II		0		
UN0363	MUNITIONS POUR ESSAIS	1.4G	II		0		
UN0364	DÉTONATEURS POUR MUNITIONS	1.2B	II	6	0	75	
UN0365	DÉTONATEURS POUR MUNITIONS	1.4B	II	77	0		
UN0366	DÉTONATEURS POUR MUNITIONS	1.4S	II		0		
UN0367	FUSÉES-DÉTONATEURS	1.4S	II		0		
UN0368	FUSÉES-ALLUMEURS	1.4S	II		0		
UN0369	TÊTES MILITAIRES POUR ENGINS AUTOPROPULSÉS avec charge d'éclatement	1.1F	II	5	0	75	
UN0370	TÊTES MILITAIRES POUR ENGINS AUTOPROPULSÉS avec charge de dispersion ou charge d'expulsion	1.4D	II		0		
UN0371	TÊTES MILITAIRES POUR ENGINS AUTOPROPULSÉS avec charge de dispersion ou charge d'expulsion	1.4F	II		0		
UN0372	GRENADES D'EXERCICE à main ou à fusil	1.2G	II	4	0	75	
UN0373	ARTIFICES DE SIGNALISATION À MAIN	1.4S	II		25		
UN0374	CAPSULES DE SONDAGE EXPLOSIVES	1.1D	II	4	0	75	
UN0375	CAPSULES DE SONDAGE EXPLOSIVES	1.2D	II	4	0	75	
UN0376	AMORCES TUBULAIRES	1.4S	II		0		
UN0377	AMORCES À PERCUSSION	1.1B	II	6, 76	0	75	
UN0378	AMORCES À PERCUSSION	1.4B	II	76, 77	0		
UN0379	DOUILLES DE CARTOUCHES VIDES AMORCÉES	1.4C	II		25		

Annexe 1

1 Numéro UN	2 Appellation réglementaire et description	3 Classe	4 Groupe d'emballage /Groupe de risque	5 Dispositions particulières	6 Quantité limite d'explosifs et indice de quantité limitée	7 Indice PIU	10 Polluant marin
UN0380	OBJETS PYROPHORIQUES	1.2L	II	5	0	75	
UN0381	CARTOUCHES POUR PYROMÉCANISMES	1.2C	II	4	25	75	
UN0382	COMPOSANTS DE CHAÎNE PYROTECHNIQUE, N.S.A.	1.2B	II	6, 16	0	75	
UN0383	COMPOSANTS DE CHAÎNE PYROTECHNIQUE, N.S.A.	1.4B	II	16, 77	0		
UN0384	COMPOSANTS DE CHAÎNE PYROTECHNIQUE, N.S.A.	1.4S	II	16	0		
UN0385	NITRO-5-BENZOTRIAZOL	1.1D	II	4	0	75	
UN0386	ACIDE TRINITROBENZÈNE-SULFONIQUE	1.1D	II	4	0	75	
UN0387	TRINITROFLUORÉNONE	1.1D	II	4	0	75	
UN0388	TNT EN MÉLANGE AVEC DE L'HEXANITROSTILBÈNE; TNT EN MÉLANGE AVEC DU TRINITROBENZÈNE; TOLITE EN MÉLANGE AVEC DE L'HEXANITROSTILBÈNE; TOLITE EN MÉLANGE AVEC DU TRINITROBENZÈNE; TRINITROTOLUÈNE EN MÉLANGE AVEC DE L'HEXANITROSTILBÈNE; ou TRINITROTOLUÈNE EN MÉLANGE AVEC DU TRINITROBENZÈNE	1.1D	II	4	0	75	
UN0389	TNT EN MÉLANGE AVEC DU TRINITROBENZÈNE ET DE L'HEXANITROSTILBÈNE; TOLITE EN MÉLANGE AVEC DU TRINITROBENZÈNE ET DE L'HEXANITROSTILBÈNE; ou TRINITROTOLUÈNE EN MÉLANGE AVEC DU TRINITROBENZÈNE ET DE L'HEXANITROSTILBÈNE	1.1D	II	4	0	75	
UN0390	TRITONAL	1.1D	II	4	0	75	
UN0391	CYCLONITE EN MÉLANGE AVEC DE LA CYCLOTÉTRAMÉTHYLÈNETÉTRANITRAMINE DÉSENSIBILISÉE avec au moins 10% (masse) de flegmatisant; CYCLONITE EN MÉLANGE AVEC DE LA CYCLOTÉTRAMÉTHYLÈNETÉTRANITRAMINE HUMIDIFIÉE avec au moins 15% (masse) d'eau; CYCLONITE EN MÉLANGE AVEC DE L'OCTOGÈNE DÉSENSIBILISÉE avec au moins 10% (masse) de flegmatisant; CYCLONITE EN MÉLANGE AVEC DE L'OCTOGÈNE HUMIDIFIÉE avec au moins 15% (masse) d'eau; CYCLONITE EN MÉLANGE AVEC DU HMX DÉSENSIBILISÉE avec au moins 10% (masse) de flegmatisant; CYCLOTRIMÉTHYLÈNETRINITRAMINE EN MÉLANGE AVEC DU HMX DÉSENSIBILISÉE avec au moins 10% (masse) de flegmatisant; CYCLOTRIMÉTHYLÈNETRINITRAMINE EN MÉLANGE AVEC DU HMX HUMIDIFIÉE avec au moins 15% (masse) d'eau; HEXOGÈNE EN MÉLANGE AVEC DE LA CYCLOTÉTRAMÉTHYLÈNETÉTRANITRAMINE DÉSENSIBILISÉE avec au moins 10% (masse) de flegmatisant; HEXOGÈNE EN MÉLANGE AVEC DE LA CYCLOTÉTRAMÉTHYLÈNETÉTRANITRAMINE HUMIDIFIÉE avec au moins 15% (masse) d'eau; HEXOGÈNE EN MÉLANGE AVEC DE L'OCTOGÈNE DÉSENSIBILISÉE avec au moins 10% (masse) de flegmatisant; HEXOGÈNE EN MÉLANGE AVEC DE L'OCTOGÈNE HUMIDIFIÉE avec au moins 15% (masse) d'eau; HEXOGÈNE EN MÉLANGE AVEC DU HMX DÉSENSIBILISÉE avec au moins 10% (masse) de flegmatisant; HEXOGÈNE EN MÉLANGE AVEC DU HMX HUMIDIFIÉE avec au moins 15% (masse) d'eau; RDX EN MÉLANGE AVEC DE LA CYCLOTÉTRAMÉTHYLÈNETÉTRANITRAMINE DÉSENSIBILISÉE avec au moins 10% (masse) de flegmatisant; RDX EN MÉLANGE AVEC DE LA CYCLOTÉTRAMÉTHYLÈNETÉTRANITRAMINE HUMIDIFIÉE avec au moins 15% (masse) d'eau; RDX EN MÉLANGE AVEC DE L'OCTOGÈNE DÉSENSIBILISÉE avec au moins 10% (masse) de flegmatisant; RDX EN MÉLANGE AVEC DE L'OCTOGÈNE HUMIDIFIÉE avec au moins 15% (masse) d'eau; RDX EN MÉLANGE AVEC DU HMX DÉSENSIBILISÉE avec au moins 10% (masse) de flegmatisant; ou RDX EN MÉLANGE AVEC DU	1.1D	II	4, 79	0	75	

1 Numéro UN	2 Appellation réglementaire et description	3 Classe	4 Groupe d'emballage /Groupe de risque	5 Dispositions particulières	6 Quantité limite d'explosifs et indice de quantité limitée	7 Indice PIU	10 Polluant marin
	HMX HUMIDIFIÉE avec au moins 15% (masse) d'eau						
UN0392	HEXANITROSTILBÈNE	1.1D	II	4	0	75	
UN0393	HEXOTONAL	1.1D	II	4	0	75	
UN0394	ACIDE STYPHNIQUE HUMIDIFIÉ avec au moins 20 pour cent (masse) d'eau ou d'un mélange d'alcool et d'eau; ou TRINITRORÉSORCINOL HUMIDIFIÉ avec au moins 20 pour cent (masse) d'eau ou d'un mélange d'alcool et d'eau	1.1D	II	4	0	75	
UN0395	PROPULSEURS À PROPERGOL LIQUIDE	1.2J	II	5	0	75	
UN0396	PROPULSEURS À PROPERGOL LIQUIDE	1.3J	II	5	0		
UN0397	ENGINS AUTOPROPULSÉS À PROPERGOL LIQUIDE avec charge d'éclatement	1.1J	II	5	0	75	
UN0398	ENGINS AUTOPROPULSÉS À PROPERGOL LIQUIDE avec charge d'éclatement	1.2J	II	5	0	75	
UN0399	BOMBES CONTENANT UN LIQUIDE INFLAMMABLE avec charge d'éclatement	1.1J	II	5	0	75	
UN0400	BOMBES CONTENANT UN LIQUIDE INFLAMMABLE avec charge d'éclatement	1.2J	II	5	0	75	
UN0401	SULFURE DE DIPICRYLE sec ou humidifié avec moins de 10 pour cent (masse) d'eau	1.1D	II	4, 10	5	75	
UN0402	PERCHLORATE D'AMMONIUM	1.1D	II	4	5	75	
UN0403	DISPOSITIFS ÉCLAIRANTS AÉRIENS	1.4G	II		25		
UN0404	DISPOSITIFS ÉCLAIRANTS AÉRIENS	1.4S	II		25		
UN0405	CARTOUCHES DE SIGNALISATION	1.4S	II		25		
UN0406	DINITROSOBENZÈNE	1.3C	II	4	10		
UN0407	ACIDE TÉTRAZOL-1-ACÉTIQUE	1.4C	II	4	0		
UN0408	FUSÉES-DÉTONATEURS avec dispositifs de sécurité	1.1D	II	4	0	75	
UN0409	FUSÉES-DÉTONATEURS avec dispositifs de sécurité	1.2D	II	4	0	75	
UN0410	FUSÉES-DÉTONATEURS avec dispositifs de sécurité	1.4D	II		0		
UN0411	PETN avec au moins 7 pour cent (masse) de cire; TÉTRANITRATE DE PENTAÉRYTHRITE avec au moins 7 pour cent (masse) de cire; ou TÉTRANITRATE DE PENTAÉRYTHRITOL avec au moins 7 pour cent (masse) de cire	1.1D	II	4	0	75	
UN0412	CARTOUCHES POUR ARMES avec charge d'éclatement	1.4E	II		0		
UN0413	CARTOUCHES À BLANC POUR ARMES	1.2C	II	4	0	75	
UN0414	CHARGES PROPULSIVES POUR CANON	1.2C	II	4	0	75	
UN0415	CHARGES PROPULSIVES	1.2C	II	4	0	75	
UN0417	CARTOUCHES À PROJECTILE INERTE POUR ARMES; ou CARTOUCHES POUR ARMES DE PETIT CALIBRE	1.3C	II		0		
UN0418	DISPOSITIFS ÉCLAIRANTS DE SURFACE	1.1G	II	4	0	75	
UN0419	DISPOSITIFS ÉCLAIRANTS DE SURFACE	1.2G	II	4	0	75	
UN0420	DISPOSITIFS ÉCLAIRANTS AÉRIENS	1.1G	II	4	0	75	
UN0421	DISPOSITIFS ÉCLAIRANTS AÉRIENS	1.2G	II	4	0	75	
UN0424	PROJECTILES inertes avec traceur	1.3G	II	4	0		
UN0425	PROJECTILES inertes avec traceur	1.4G	II		0		
UN0426	PROJECTILES avec charge de dispersion ou charge d'expulsion	1.2F	II	5	0	75	
UN0427	PROJECTILES avec charge de dispersion ou charge d'expulsion	1.4F	II		0		

1 Numéro UN	2 Appellation réglementaire et description	3 Classe	4 Groupe d'emballage /Groupe de risque	5 Dispositions particulières	6 Quantité limite d'explosifs et indice de quantité limitée	7 Indice PIU	10 Polluant marin
UN0428	OBJETS PYROTECHNIQUES à usage technique	1.1G	II	4	0	75	
UN0429	OBJETS PYROTECHNIQUES à usage technique	1.2G	II	4	0	75	
UN0430	OBJETS PYROTECHNIQUES à usage technique	1.3G	II	4	25		
UN0431	OBJETS PYROTECHNIQUES à usage technique	1.4G	II		25		
UN0432	OBJETS PYROTECHNIQUES à usage technique	1.4S	II		25		
UN0433	GALETTE HUMIDIFIÉE avec au moins 17 pour cent (masse) d'alcool	1.1C	II	4, 79	0	75	
UN0434	PROJECTILES avec charge de dispersion ou charge d'expulsion	1.2G	II	4	0	75	
UN0435	PROJECTILES avec charge de dispersion ou charge d'expulsion	1.4G	II		0		
UN0436	ENGINS AUTOPROPULSÉS avec charge d'expulsion	1.2C	II	4	0	75	
UN0437	ENGINS AUTOPROPULSÉS avec charge d'expulsion	1.3C	II	4	0		
UN0438	ENGINS AUTOPROPULSÉS avec charge d'expulsion	1.4C	II		0		
UN0439	CHARGES CREUSES sans détonateur	1.2D	II	4	25	75	
UN0440	CHARGES CREUSES sans détonateur	1.4D	II		25		
UN0441	CHARGES CREUSES sans détonateur	1.4S	II		25		
UN0442	CHARGES EXPLOSIVES INDUSTRIELLES sans détonateur	1.1D	II	4	25	75	
UN0443	CHARGES EXPLOSIVES INDUSTRIELLES sans détonateur	1.2D	II	4	25	75	
UN0444	CHARGES EXPLOSIVES INDUSTRIELLES sans détonateur	1.4D	II		25		
UN0445	CHARGES EXPLOSIVES INDUSTRIELLES sans détonateur	1.4S	II		25		
UN0446	DOUILLES COMBUSTIBLES VIDES ET NON AMORCÉES	1.4C	II		0		
UN0447	DOUILLES COMBUSTIBLES VIDES ET NON AMORCÉES	1.3C	II	4	0		
UN0448	ACIDE MERCAPTO-5 TÉTRAZOL-1-ACÉTIQUE	1.4C	II		0		
UN0449	TORPILLES À COMBUSTIBLE LIQUIDE avec ou sans charge d'éclatement	1.1J	II	5	0	75	
UN0450	TORPILLES À COMBUSTIBLE LIQUIDE avec tête inerte	1.3J	II	5	0		
UN0451	TORPILLES avec charge d'éclatement	1.1D	II	4	0	75	
UN0452	GRENADES D'EXERCICE à main ou à fusil	1.4G	II		0		
UN0453	ROQUETTES LANCE-AMARRES	1.4G	II		25		
UN0454	ALLUMEURS; ou INFLAMMATEURS	1.4S	II	75	0		
UN0455	DÉTONATEURS de mine (de sautage) NON ÉLECTRIQUES	1.4S	II	75	0		
UN0456	DÉTONATEURS de mine (de sautage) ÉLECTRIQUES	1.4S	II	75	0		
UN0457	CHARGES D'ÉCLATEMENT À LIANT PLASTIQUE	1.1D	II	4	0	75	
UN0458	CHARGES D'ÉCLATEMENT À LIANT PLASTIQUE	1.2D	II	4	0	75	
UN0459	CHARGES D'ÉCLATEMENT À LIANT PLASTIQUE	1.4D	II		0		
UN0460	CHARGES D'ÉCLATEMENT À LIANT PLASTIQUE	1.4S	II		0		
UN0461	COMPOSANTS DE CHAÎNE PYROTECHNIQUE, N.S.A.	1.1B	II	6, 16	0	75	
UN0462	OBJETS EXPLOSIFS, N.S.A.	1.1C	II	4, 16	0	75	
UN0463	OBJETS EXPLOSIFS, N.S.A.	1.1D	II	4, 16	0	75	
UN0464	OBJETS EXPLOSIFS, N.S.A.	1.1E	II	4, 16	0	75	
UN0465	OBJETS EXPLOSIFS, N.S.A.	1.1F	II	5, 16	0	75	
UN0466	OBJETS EXPLOSIFS, N.S.A.	1.2C	II	4, 16	0	75	
UN0467	OBJETS EXPLOSIFS, N.S.A.	1.2D	II	4, 16	0	75	

1 Numéro UN	2 Appellation réglementaire et description	3 Classe	4 Groupe d'emballage /Groupe de risque	5 Dispositions particulières	6 Quantité limite d'explosifs et indice de quantité limitée	7 Indice PIU	10 Polluant marin
UN0468	OBJETS EXPLOSIFS, N.S.A.	1.2E	II	4, 16	0	75	
UN0469	OBJETS EXPLOSIFS, N.S.A.	1.2F	II	5, 16	0	75	
UN0470	OBJETS EXPLOSIFS, N.S.A.	1.3C	II	4, 16	0		
UN0471	OBJETS EXPLOSIFS, N.S.A.	1.4E	II	16	0		
UN0472	OBJETS EXPLOSIFS, N.S.A.	1.4F	II	5, 16	0		
UN0473	MATIÈRES EXPLOSIVES, N.S.A.	1.1A	II	6, 16	0	75	
UN0474	MATIÈRES EXPLOSIVES, N.S.A.	1.1C	II	4, 16	0	75	
UN0475	MATIÈRES EXPLOSIVES, N.S.A.	1.1D	II	4, 16	0	75	
UN0476	MATIÈRES EXPLOSIVES, N.S.A.	1.1G	II	4, 16	0	75	
UN0477	MATIÈRES EXPLOSIVES, N.S.A.	1.3C	II	4, 16	0		
UN0478	MATIÈRES EXPLOSIVES, N.S.A.	1.3G	II	4, 16	0		
UN0479	MATIÈRES EXPLOSIVES, N.S.A.	1.4C	II	16	0		
UN0480	MATIÈRES EXPLOSIVES, N.S.A.	1.4D	II	16	0		
UN0481	MATIÈRES EXPLOSIVES, N.S.A.	1.4S	II	16	0		
UN0482	MATIÈRES ETPS, N.S.A.; ou MATIÈRES EXPLOSIVES TRÈS PEU SENSIBLES, N.S.A.	1.5D	II	4, 16	0	1 000	
UN0483	CYCLONITE DÉSENSIBILISÉE; CYCLOTRIMÉTHYLÈNETRINITRAMINE DÉSENSIBILISÉE; HEXOGÈNE DÉSENSIBILISÉE; ou RDX DÉSENSIBILISÉE	1.1D	II	4	0	75	
UN0484	CYCLOTÉTRAMÉTHYLÈNETÉTRANITRAMINE DÉSENSIBILISÉE; HMX DÉSENSIBILISÉE; ou OCTOGÈNE DÉSENSIBILISÉE	1.1D	II	4	0	75	
UN0485	MATIÈRES EXPLOSIVES, N.S.A.	1.4G	II	16	0		
UN0486	OBJETS, EEPS; ou OBJETS EXPLOSIFS EXTRÊMEMENT PEU SENSIBLES	1.6N	II		0		
UN0487	SIGNAUX FUMIGÈNES	1.3G	II		10		
UN0488	MUNITIONS D'EXERCICE	1.3G	II	4	0		
UN0489	DINGU; ou DINITROGLYCOLURILE	1.1D	II	4	0	75	
UN0490	ONTA; ou OXYNITROTRIAZOLONE	1.1D	II	4	0	75	
UN0491	CHARGES PROPULSIVES	1.4C	II		0		
UN0492	PÉTARDS DE CHEMIN DE FER	1.3G	II		10		
UN0493	PÉTARDS DE CHEMIN DE FER	1.4G	II		25		
UN0494	PERFORATEURS À CHARGE CREUSE pour puits de pétrole, sans détonateur	1.4D	II		0		
UN0495	PROPERGOL LIQUIDE	1.3C	II	4	0		
UN0496	OCTONAL	1.1D	II		0	75	
UN0497	PROPERGOL LIQUIDE	1.1C	II	4	0	75	
UN0498	PROPERGOL SOLIDE	1.1C	II	4	0	75	
UN0499	PROPERGOL SOLIDE	1.3C	II	4	25		
UN0500	ASSEMBLAGES DE DÉTONATEURS de mine (de sautage) NON ÉLECTRIQUES	1.4S	II	75	0		
UN0501	PROPERGOL SOLIDE	1.4C	II	11	0		
UN0502	ENGINS AUTOPROPULSÉS à tête inerte	1.2C	II	12	0	75	

1 Numéro UN	2 Appellation réglementaire et description	3 Classe	4 Groupe d'emballage /Groupe de risque	5 Dispositions particulières	6 Quantité limite d'explosifs et indice de quantité limitée	7 Indice PIU	10 Polluant marin
UN0503	GÉNÉRATEURS DE GAZ POUR SAC GONFLABLE pyrotechniques; MODULES DE SAC GONFLABLE pyrotechniques; ou RÉTRACTEURS DE CEINTURE DE SÉCURITÉ pyrotechniques	1.4G	II	13	25		
UN0504	TÉTRAZOLE-1H	1.1D	II	14	0	75	
UN1001	ACÉTYLÈNE DISSOUS	2.1		38, 42	0		
UN1002	AIR COMPRIMÉ contenant au plus 23,5 pour cent (masse) d'oxygène	2.2		42	0.125		
UN1003	AIR LIQUIDE RÉFRIGÉRÉ	2.2 (5.1)			0.125	3 000	
UN1005	AMMONIAC ANHYDRE	2.2 (8)			0	3 000	
UN1006	ARGON COMPRIMÉ	2.2		42	0.125		
UN1008	TRIFLUORURE DE BORE COMPRIMÉ	2.3 (8)			0	25	
UN1009	BROMOTRIFLUOROMÉTHANE; ou GAZ RÉFRIGÉRANT R 13B1	2.2			0.125		
UN1010	BUTADIÈNES STABILISÉS	2.1			0.125	3 000	
UN1011	BUTANE	2.1		29	0.125	3 000	
UN1012	BUTYLÈNE	2.1		29	0.125	3 000	
UN1013	DIOXYDE DE CARBONE	2.2			0.125		
UN1014	DIOXYDE DE CARBONE ET OXYGÈNE EN MÉLANGE COMPRIMÉ	2.2 (5.1)			0.125	3 000	
UN1015	DIOXYDE DE CARBONE ET PROTOXYDE D'AZOTE EN MÉLANGE	2.2			0.125		
UN1016	MONOXYDE DE CARBONE COMPRIMÉ	2.3 (2.1)			0	500	
UN1017	CHLORE	2.3 (8)			0	500	P
UN1018	CHLORODIFLUOROMÉTHANE; ou GAZ RÉFRIGÉRANT R 22	2.2			0.125		
UN1020	CHLOROPENTAFLUORÉTHANE; ou GAZ RÉFRIGÉRANT R 115	2.2			0.125		
UN1021	CHLORO-1 TÉTRAFLUORO-1,2,2,2 ÉTHANE; ou GAZ RÉFRIGÉRANT R 124	2.2			0.125		
UN1022	CHLOROTRIFLUOROMÉTHANE; ou GAZ RÉFRIGÉRANT R 13	2.2			0.125		
UN1023	GAZ DE HOUILLE COMPRIMÉ	2.3 (2.1)			0	500	
UN1026	CYANOGÈNE	2.3 (2.1)		28	0	0	
UN1027	CYCLOPROPANE	2.1			0.125	3 000	
UN1028	DICHLORODIFLUOROMÉTHANE; ou GAZ RÉFRIGÉRANT R 12	2.2			0.125		
UN1029	DICHLOROFLUOROMÉTHANE; ou GAZ RÉFRIGÉRANT R 21	2.2			0.125		
UN1030	DIFLUORO-1,1 ÉTHANE; ou GAZ RÉFRIGÉRANT R 152a	2.1			0.125	3 000	
UN1032	DIMÉTHYLAMINE ANHYDRE	2.1 (8)			0	3 000	
UN1033	ÉTHER MÉTHYLIQUE	2.1			0.125	3 000	
UN1035	ÉTHANE	2.1			0.125	3 000	
UN1036	ÉTHYLAMINE	2.1			0.125	3 000	
UN1037	CHLORURE D'ÉTHYLE	2.1			0.125	3 000	
UN1038	ÉTHYLÈNE LIQUIDE RÉFRIGÉRÉ	2.1			0	3 000	
UN1039	ÉTHER MÉTHYLÉTHYLIQUE	2.1			0.125	3 000	

1	2	3	4	5	6	7	10
Numéro UN	Appellation réglementaire et description	Classe	Groupe d'emballage /Groupe de risque	Dispositions particulières	Quantité limite d'explosifs et indice de quantité limitée	Indice PIU	Polluant marin
UN1040	OXYDE D'ÉTHYLÈNE; ou OXYDE D'ÉTHYLÈNE AVEC DE L'AZOTE sous pression maximale totale de 1MPa (10 bar) à 50 °C	2.3 (2.1)			0	500	
UN1041	OXYDE D'ÉTHYLÈNE ET DIOXYDE DE CARBONE EN MÉLANGE contenant plus de 9 pour cent mais pas plus de 87 pour cent d'oxyde d'éthylène	2.1			0	3 000	
UN1043	ENGRAIS EN SOLUTION contenant de l'ammoniac non combiné	2.2			0.125		
UN1044	EXTINCTEURS avec un gaz comprimé ou liquéfié	2.2			0.125		
UN1045	FLUOR COMPRIMÉ	2.3 (5.1) (8)		38	0	25	
UN1046	HÉLIUM COMPRIMÉ	2.2			0.125		
UN1048	BROMURE D'HYDROGÈNE ANHYDRE	2.3 (8)			0	25	
UN1049	HYDROGÈNE COMPRIMÉ	2.1			0.125	3 000	
UN1050	CHLORURE D'HYDROGÈNE ANHYDRE	2.3 (8)			0	25	
UN1051	CYANURE D'HYDROGÈNE STABILISÉ, avec moins de 3 pour cent d'eau	6.1 (3)	I		0	1 000	P
UN1052	FLUORURE D'HYDROGÈNE ANHYDRE	8 (6.1)	I		0	1 000	
UN1053	SULFURE D'HYDROGÈNE	2.3 (2.1)			0	0	
UN1055	ISOBUTYLÈNE	2.1		29	0.125	3 000	
UN1056	KRYPTON COMPRIMÉ	2.2			0.125		
UN1057	BRIQUETS contenant un gaz inflammable et satisfaisant les exigences des essais prévus au Règlement sur les produits dangereux (briquets); ou RECHARGES POUR BRIQUETS contenant un gaz inflammable et satisfaisant les exigences des essais prévus au Règlement sur les produits dangereux (briquets)	2.1			0.125		
UN1058	GAZ LIQUÉFIÉS ininflammables, additionnés d'azote, de dioxyde de carbone ou d'air	2.2		38	0.125		
UN1060	MÉTHYLACÉTYLÈNE ET PROPADIÈNE EN MÉLANGE STABILISÉ	2.1		42	0.125	3 000	
UN1061	MÉTHYLAMINE ANHYDRE	2.1			0.125	3 000	
UN1062	BROMURE DE MÉTHYLE	2.3			0	25	
UN1063	CHLORURE DE MÉTHYLE; ou GAZ RÉFRIGÉRANT R 40	2.1			0.125	3 000	
UN1064	MERCAPTAN MÉTHYLIQUE	2.3 (2.1)			0	25	P
UN1065	NÉON COMPRIMÉ	2.2			0.125		
UN1066	AZOTE COMPRIMÉ	2.2			0.125		
UN1067	DIOXYDE D'AZOTE; ou TÉTROXYDE DE DIAZOTE	2.3 (5.1) (8)			0	0	
UN1069	CHLORURE DE NITROSYLE	2.3 (8)			0	25	
UN1070	PROTOXYDE D'AZOTE	2.2 (5.1)			0	3 000	
UN1071	GAZ DE PÉTROLE COMPRIMÉ	2.3 (2.1)			0	25	
UN1072	OXYGÈNE COMPRIMÉ	2.2 (5.1)		42	0.125	3 000	
UN1073	OXYGÈNE LIQUIDE RÉFRIGÉRÉ	2.2 (5.1)			0.125	3 000	
UN1075	GAZ DE PÉTROLE LIQUÉFIÉS; ou GAZ LIQUÉFIÉS DE PÉTROLE	2.1			0.125	3 000	•

1 Numéro UN	2 Appellation réglementaire et description	3 Classe	4 Groupe d'emballage /Groupe de risque	5 Dispositions particulières	6 Quantité limite d'explosifs et indice de quantité limitée	7 Indice PIU	10 Polluant marin
UN1076	PHOSGÈNE	2.3 (8)			0	0	
UN1077	PROPYLÈNE	2.1		29	0.125	3 000	
UN1078	GAZ FRIGORIFIQUE, N.S.A.; ou GAZ RÉFRIGÉRANT, N.S.A.	2.2		16	0.125		•
UN1079	DIOXYDE DE SOUFRE	2.3 (8)			0	500	
UN1080	HEXAFLUORURE DE SOUFRE	2.2			0.125		
UN1081	TÉTRAFLUORÉTHYLÈNE STABILISÉ	2.1		38	0.125	3 000	
UN1082	TRIFLUOROCHLORÉTHYLÈNE STABILISÉ	2.3 (2.1)			0	500	
UN1083	TRIMÉTHYLAMINE ANHYDRE	2.1			0.125	3 000	
UN1085	BROMURE DE VINYLE STABILISÉ	2.1			0.125	3 000	
UN1086	CHLORURE DE VINYLE STABILISÉ	2.1			0.125	3 000	
UN1087	ÉTHER MÉTHYLVINYLIQUE STABILISÉ	2.1			0.125	3 000	
UN1088	ACÉTAL	3	II		1		
UN1089	ACÉTALDÉHYDE	3	I		0	3 000	
UN1090	ACÉTONE	3	II		1		
UN1091	HUILES D'ACÉTONE	3	II		1		
UN1092	ACROLÉINE STABILISÉE	6.1 (3)	I		0	1 000	P
UN1093	ACRYLONITRILE STABILISÉ	3 (6.1)	I		0	1 000	
UN1098	ALCOOL ALLYLIQUE	6.1 (3)	I		0	1 000	
UN1099	BROMURE D'ALLYLE	3 (6.1)	I		0	1 000	P
UN1100	CHLORURE D'ALLYLE	3 (6.1)	I		0	1 000	
UN1104	ACÉTATES D'AMYLE	3	III		5		
UN1105	PENTANOLS	3	II III		1 5		
UN1106	AMYLAMINE	3 (8)	II III		1 5		
UN1107	CHLORURE D'AMYLE	3	II		1		
UN1108	n-AMYLÈNE; ou PENTÈNE-1	3	I		0		
UN1109	FORMIATES D'AMYLE	3	III		5		
UN1110	n-AMYLMÉTHYLCÉTONE	3	III		5		
UN1111	MERCAPTAN AMYLIQUE	3	II		1		P
UN1112	NITRATE D'AMYLE	3	III		5		
UN1113	NITRITE D'AMYLE	3	II		1		
UN1114	BENZÈNE	3	II		1		
UN1120	BUTANOLS	3	II III		1 5		
UN1123	ACÉTATES DE BUTYLE	3	II III		1 5		
UN1125	n-BUTYLAMINE	3 (8)	II		1		
UN1126	1-BROMOBUTANE	3	II		1		
UN1127	CHLOROBUTANES	3	II		1		
UN1128	FORMIATE DE n-BUTYLE	3	II		1		

Annexe 1

1 Numéro UN	2 Appellation réglementaire et description	3 Classe	4 Groupe d'emballage /Groupe de risque	5 Dispositions particulières	6 Quantité limite d'explosifs et indice de quantité limitée	7 Indice PIU	10 Polluant marin
UN1129	BUTYRALDÉHYDE	3	II		1		P
UN1130	HUILE DE CAMPHRE	3	III		5		P
UN1131	DISULFURE DE CARBONE	3 (6.1)	I		0	1 000	
UN1133	ADHÉSIFS contenant un liquide inflammable	3	I II III		0.5 5 5		•
UN1134	CHLOROBENZÈNE	3	III		5		
UN1135	MONOCHLORHYDRINE DU GLYCOL	6.1 (3)	I		0	1 000	
UN1136	DISTILLATS DE GOUDRON DE HOUILLE, INFLAMMABLES	3	II III		1 5		
UN1139	SOLUTION D'ENROBAGE (traitements de surface ou enrobages utilisés dans l'industrie ou à d'autres fins, tels que sous-couche pour carrosserie de véhicule, revêtement pour fûts et tonneaux)	3	I II III		0.5 5 5		•
UN1143	ALDÉHYDE CROTONIQUE STABILISÉ; ou CROTONALDÉHYDE STABILISÉ	6.1 (3)	I		0	1 000	P
UN1144	CROTONYLÈNE	3	I		0		
UN1145	CYCLOHEXANE	3	II		1		
UN1146	CYCLOPENTANE	3	II		1		
UN1147	DÉCAHYDRONAPHTALÈNE	3	III		5		
UN1148	DIACÉTONE-ALCOOL	3	II III		1 5		
UN1149	ÉTHERS BUTYLIQUES	3	III		5		
UN1150	DICHLORO-1,2 ÉTHYLÈNE	3	II		1		
UN1152	DICHLOROPENTANES	3	III		5		
UN1153	ÉTHER DIÉTHYLIQUE DE L'ÉTHYLÈNEGLYCOL	3	III		5		
UN1154	DIÉTHYLAMINE	3 (8)	II		1		
UN1155	ÉTHER DIÉTHYLIQUE; ou ÉTHER ÉTHYLIQUE	3	I		0		
UN1156	DIÉTHYLCÉTONE	3	II		1		
UN1157	DIISOBUTYLCÉTONE	3	III		5		
UN1158	DIISOPROPYLAMINE	3 (8)	II		1		
UN1159	ÉTHER ISOPROPYLIQUE	3	II		1		
UN1160	DIMÉTHYLAMINE EN SOLUTION AQUEUSE	3 (8)	II		1		
UN1161	CARBONATE DE MÉTHYLE	3	II		1		
UN1162	DIMÉTHYLDICHLOROSILANE	3 (8)	II		0	1 000	
UN1163	DIMÉTHYLHYDRAZINE ASYMÉTRIQUE	6.1 (3) (8)	I		0	1 000	P
UN1164	SULFURE DE MÉTHYLE	3	II		1		
UN1165	DIOXANNE	3	II		1		
UN1166	DIOXOLANNE	3	II		1		
UN1167	ÉTHER VINYLIQUE STABILISÉ	3	I		0		
UN1169	EXTRAITS AROMATIQUES LIQUIDES	3	II		5		•

1 Numéro UN	2 Appellation réglementaire et description	3 Classe	4 Groupe d'emballage /Groupe de risque	5 Dispositions particulières	6 Quantité limite d'explosifs et indice de quantité limitée	7 Indice PIU	10 Polluant marin
UN1170	ALCOOL ÉTHYLIQUE contenant plus de 24 pour cent d'éthanol, par volume; ALCOOL ÉTHYLIQUE EN SOLUTION contenant plus de 24 pour cent d'éthanol, par volume; ÉTHANOL contenant plus de 24 pour cent d'éthanol, par volume; ou ÉTHANOL EN SOLUTION contenant plus de 24 pour cent d'éthanol, par volume	3	II III		1 5		
UN1171	ÉTHER MONOÉTHYLIQUE DE L'ÉTHYLÈNEGLYCOL	3	III		5		
UN1172	ACÉTATE DE L'ÉTHER MONOÉTHYLIQUE DE L'ÉTHYLÈNEGLYCOL	3	III		5		
UN1173	ACÉTATE D'ÉTHYLE	3	II		1		
UN1175	ÉTHYLBENZÈNE	3	II		1		
UN1176	BORATE D'ÉTHYLE	3	II		1		
UN1177	ACÉTATE D'ÉTHYLBUTYLE	3	III		5		
UN1178	ALDÉHYDE ÉTHYL-2 BUTYRIQUE	3	II		1		
UN1179	ÉTHER ÉTHYLBUTYLIQUE	3	II		1		
UN1180	BUTYRATE D'ÉTHYLE	3	III		5		
UN1181	CHLORACÉTATE D'ÉTHYLE	6.1 (3)	II		0.1	1 000	
UN1182	CHLOROFORMIATE D'ÉTHYLE	6.1 (3) (8)	I		0	1 000	
UN1183	ÉTHYLDICHLOROSILANE	4.3 (3) (8)	I		0	1 000	
UN1184	DICHLORURE D'ÉTHYLÈNE	3 (6.1)	II		1		
UN1185	ÉTHYLÈNEIMINE STABILISÉE	6.1 (3)	I		0	1 000	
UN1188	ÉTHER MONOMÉTHYLIQUE DE L'ÉTHYLÈNEGLYCOL	3	III		5		
UN1189	ACÉTATE DE L'ÉTHER MONOMÉTHYLIQUE DE L'ÉTHYLÈNEGLYCOL	3	III		5		
UN1190	FORMIATE D'ÉTHYLE	3	II		1		
UN1191	ALDÉHYDES OCTYLIQUES	3	III		5		
UN1192	LACTATE D'ÉTHYLE	3	III		5		
UN1193	ÉTHYLMÉTHYLCÉTONE; ou MÉTHYLÉTHYLCÉTONE	3	II		1		
UN1194	NITRITE D'ÉTHYLE EN SOLUTION	3 (6.1)	I	38, 68	0	1 000	
UN1195	PROPIONATE D'ÉTHYLE	3	II		1		
UN1196	ÉTHYLTRICHLOROSILANE	3 (8)	II		0	3 000	
UN1197	EXTRAITS LIQUIDES POUR AROMATISER	3	II III		1 5		•
UN1198	FORMALDÉHYDE EN SOLUTION INFLAMMABLE	3 (8)	III		5		
UN1199	FURALDÉHYDES	6.1 (3)	II		0.1	1 000	
UN1201	HUILE DE FUSEL	3	II III		1 5		
UN1202	DIESEL; GAZOLE; HUILE à DIESEL; ou HUILE DE CHAUFFE LÉGÈRE	3	III		30		
UN1203	ESSENCE POUR MOTEURS D'AUTOMOBILES; CARBURANT POUR MOTEURS D'AUTOMOBILES; ou PÉTROLE	3	II	17	30		P
UN1204	NITROGLYCÉRINE EN SOLUTION ALCOOLIQUE avec au plus 1 pour cent de nitroglycérine	3	II	38	1		

1 Numéro UN	2 Appellation réglementaire et description	3 Classe	4 Groupe d'emballage /Groupe de risque	5 Dispositions particulières	6 Quantité limite d'explosifs et indice de quantité limitée	7 Indice PIU	10 Polluant marin
UN1206	HEPTANES	3	II		1		
UN1207	HEXALDÉHYDE	3	III		5		
UN1208	HEXANES	3	II		1		
UN1210		3	I II III	59 59 59	0.5 5 5		
UN1212	ALCOOL ISOBUTYLIQUE; ou ISOBUTANOL	3	III		5		
UN1213	ACÉTATE D'ISOBUTYLE	3	II		1		
UN1214	ISOBUTYLAMINE	3 (8)	II		1		
UN1216	ISOOCTÈNE	3	II		1		
UN1218	ISOPRÈNE STABILISÉ	3	I		0		
UN1219	ALCOOL ISOPROPYLIQUE; ou ISOPROPANOL	3	II		1		
UN1220	ACÉTATE D'ISOPROPYLE	3	II		1		
UN1221	ISOPROPYLAMINE	3 (8)	I		0		
UN1222	NITRATE D'ISOPROPYLE	3	II	38	1		
UN1223	KÉROSÈNE	3	III		5		
UN1224	CÉTONES LIQUIDES, N.S.A.	3	II III	16 16	1 5		•
UN1228	MERCAPTANS EN MÉLANGE LIQUIDE, INFLAMMABLE, TOXIQUE, N.S.A.; ou MERCAPTANS LIQUIDES, INFLAMMABLES, TOXIQUES, N.S.A.	3 (6.1)	II III	16 16	1 5	1 000	•
UN1229	OXYDE DE MÉSITYLE	3	III		5		
UN1230	MÉTHANOL	3 (6.1)	II	43	1		
UN1231	ACÉTATE DE MÉTHYLE	3	II		1		
UN1233	ACÉTATE DE MÉTHYLAMYLE	3	III		5		
UN1234	MÉTHYLAL	3	II		1		
UN1235	MÉTHYLAMINE EN SOLUTION AQUEUSE	3 (8)	II		1		
UN1237	BUTYRATE DE MÉTHYLE	3	II		1		
UN1238	CHLOROFORMIATE DE MÉTHYLE	6.1 (3) (8)	I		0	1 000	
UN1239	ÉTHER MÉTHYLIQUE MONOCHLORÉ	6.1 (3)	I		0	1 000	
UN1242	MÉTHYLDICHLOROSILANE	4.3 (3) (8)	I		0	1 000	
UN1243	FORMIATE DE MÉTHYLE	3	I		0		
UN1244	MÉTHYLHYDRAZINE	6.1 (3) (8)	I		0	1 000	
UN1245	MÉTHYLISOBUTYLCÉTONE	3	II		1		
UN1246	MÉTHYLISOPROPÉNYLCÉTONE STABILISÉE	3	II		1		
UN1247	MÉTHACRYLATE DE MÉTHYLE MONOMÈRE STABILISÉ	3	II		1		
UN1248	PROPIONATE DE MÉTHYLE	3	II		1		
UN1249	MÉTHYLPROPYLCÉTONE	3	II		1		
UN1250	MÉTHYLTRICHLOROSILANE	3 (8)	I		0	1 000	

1 Numéro UN	2 Appellation réglementaire et description	3 Classe	4 Groupe d'emballage /Groupe de risque	5 Dispositions particulières	6 Quantité limite d'explosifs et indice de quantité limitée	7 Indice PIU	10 Polluant marin
UN1251	MÉTHYLVINYLCÉTONE STABILISÉE	6.1 (3) (8)	I		0	1 000	
UN1259	NICKEL-TÉTRACARBONYLE	6.1 (3)	I	38	0	1 000	PP
UN1261	NITROMÉTHANE	3	II	38	1		
UN1262	OCTANES	3	II		1		
UN1263	MATIÈRES APPARENTÉES AUX PEINTURES (y compris solvants et diluants pour peintures) contenant au plus 20 pour cent (masse) de nitrocellulose, si la teneur en azote de la nitrocellulose ne dépasse pas 12,6 pour cent (masse); ou PEINTURES (y compris peintures, laques, émaux, couleurs, shellac, vernis, cirages, encaustiques, enduits d'apprêt et bases liquides pour laques) contenant au plus 20 pour cent (masse) de nitrocellulose, si la teneur en azote de la nitrocellulose ne dépasse pas 12,6 pour cent (masse)	3	I II III	59 59 59	0.5 5 5		•
UN1264	PARALDÉHYDE	3	III		5		
UN1265	PENTANES, liquides	3	I II		0 1		
UN1266	PRODUITS POUR PARFUMERIE contenant des solvants inflammables	3	II III		5 5		•
UN1267	PÉTROLE BRUT	3	I II III		0.5 1 5		
UN1268	DISTILLATS DE PÉTROLE, N.S.A.; ou PRODUITS PÉTROLIERS, N.S.A.	3	I II III		0.5 1 5		•
UN1272	HUILE DE PIN	3	III		5		
UN1274	ALCOOL PROPYLIQUE NORMAL; ou n-PROPANOL	3	II III		1 5		
UN1275	ALDÉHYDE PROPIONIQUE	3	II		1		
UN1276	ACÉTATE DE n-PROPYLE	3	II		1		
UN1277	PROPYLAMINE	3 (8)	II		1		
UN1278	CHLORO-1 PROPANE	3	II		1		
UN1279	DICHLORO-1,2 PROPANE	3	II		1		
UN1280	OXYDE DE PROPYLÈNE	3	I		0		
UN1281	FORMIATES DE PROPYLE	3	II		1		
UN1282	PYRIDINE	3	II		1		
UN1286	HUILE DE COLOPHANE	3	II III		1 5		
UN1287	CAOUTCHOUC, DISSOLUTION DE	3	II III		5 5		•
UN1288	HUILE DE SCHISTE	3	II III		1 5		
UN1289	MÉTHYLATE DE SODIUM EN SOLUTION alcoolique	3 (8)	II III		1 5		
UN1292	SILICATE DE TÉTRAÉTHYLE	3	III		5		
UN1293	TEINTURES MÉDICINALES	3	II III		1 5		•
UN1294	TOLUÈNE	3	II		1		

Annexe 1

1 Numéro UN	2 Appellation réglementaire et description	3 Classe	4 Groupe d'emballage /Groupe de risque	5 Dispositions particulières	6 Quantité limite d'explosifs et indice de quantité limitée	7 Indice PIU	10 Polluant marin
UN1295	TRICHLOROSILANE	4.3 (3) (8)	I		0	1 000	
UN1296	TRIÉTHYLAMINE	3 (8)	II		1		
UN1297	TRIMÉTHYLAMINE EN SOLUTION AQUEUSE contenant au plus 50 pour cent (masse) de triméthylamine	3 (8)	I II III		0 1 5		
UN1298	TRIMÉTHYLCHLOROSILANE	3 (8)	II		0	1 000	
UN1299	ESSENCE DE TÉRÉBENTHINE	3	III		5		
UN1300	SUCCÉDANÉ D'ESSENCE DE TÉRÉBENTHINE	3	II III		1 5		
UN1301	ACÉTATE DE VINYLE STABILISÉ	3	II		1		
UN1302	ÉTHER ÉTHYLVINYLIQUE STABILISÉ	3	I		0		
UN1303	CHLORURE DE VINYLIDÈNE STABILISÉ	3	I		0		P
UN1304	ÉTHER ISOBUTYLVINYLIQUE STABILISÉ	3	II		1		
UN1305	VINYLTRICHLOROSILANE STABILISÉ	3 (8)	I		0		
UN1306	PRODUITS DE PRÉSERVATION DES BOIS, LIQUIDES	3	II III		5 5		•
UN1307	XYLÈNES	3	II III		1 5		
UN1308	ZIRCONIUM EN SUSPENSION DANS UN LIQUIDE INFLAMMABLE	3	I II III	38 38	0 1 5		
UN1309	ALUMINIUM EN POUDRE ENROBÉ	4.1	II III		1 5		
UN1310	PICRATE D'AMMONIUM HUMIDIFIÉ avec au moins 10 pour cent (masse) d'eau	4.1	I	38, 62	0	75	
UN1312	BORNÉOL	4.1	III		5		
UN1313	RÉSINATE DE CALCIUM	4.1	III		5		
UN1314	RÉSINATE DE CALCIUM, FONDU	4.1	III		5		
UN1318	RÉSINATE DE COBALT, PRÉCIPITÉ	4.1	III		5		
UN1320	DINITROPHÉNOL HUMIDIFIÉ avec au moins 15 pour cent (masse) d'eau	4.1 (6.1)	I	38, 62	0	75	P
UN1321	DINITROPHÉNATES HUMIDIFIÉS avec au moins 15 pour cent (masse) d'eau	4.1 (6.1)	I	38, 62	0	75	P
UN1322	DINITRORÉSORCINOL HUMIDIFIÉ avec au moins 15 pour cent (masse) d'eau	4.1	I	38, 62	0	75	
UN1323	FERROCÉRIUM non-stabilisé contre la corrosion ou d'une teneur en fer de moins de 10 pour cent	4.1	II		1	3 000	
UN1324	FILMS À SUPPORT NITROCELLULOSIQUE avec couche de gélatine, à l'exclusion des déchets	4.1	III	38	5		
UN1325	SOLIDE ORGANIQUE INFLAMMABLE, N.S.A.	4.1	II III	16 16	1 5	1 000	•
UN1326	HAFNIUM EN POUDRE HUMIDIFIÉ avec au moins 25 pour cent d'eau (un excès d'eau doit être apparent) : a) produit mécaniquement, d'une granulométrie de moins de 53 microns; b) produit chimiquement, d'une granulométrie de moins de 840 microns	4.1	II		1		

1	2	3	4	5	6	7	10
Numéro UN	Appellation réglementaire et description	Classe	Groupe d'emballage /Groupe de risque	Dispositions particulières	Quantité limite d'explosifs et indice de quantité limitée	Indice PIU	Polluant marin
UN1327	BHUSA, réglementé par navire seulement; FOIN, réglementé par navire seulement; ou PAILLE, réglementé par navire seulement	4.1	III	64	5		
UN1328	HEXAMÉTHYLÈNETÉTRAMINE	4.1	III		5		
UN1330	RÉSINATE DE MANGANÈSE	4.1	III		5		
UN1331	ALLUMETTES NON "DE SÛRETÉ"	4.1	III	69	5		
UN1332	MÉTALDÉHYDE	4.1	III		5		
UN1333	CÉRIUM, plaques, lingots ou barres	4.1	II		1		
UN1334	NAPHTALÈNE BRUT; ou NAPHTALÈNE RAFFINÉ	4.1	III		5		
UN1336	NITROGUANIDINE HUMIDIFIÉE avec au moins 20 pour cent (masse) d'eau; ou PICRITE HUMIDIFIÉE avec au moins 20 pour cent (masse) d'eau	4.1	I	38, 62	0	75	
UN1337	NITROAMIDON HUMIDIFIÉ avec au moins 20 pour cent (masse) d'eau	4.1	I	38, 62	0	75	
UN1338	PHOSPHORE AMORPHE	4.1	III		5		
UN1339	HEPTASULFURE DE PHOSPHORE ne contenant pas de phosphore jaune ou blanc	4.1	II		1	1 000	
UN1340	PENTASULFURE DE PHOSPHORE ne contenant pas de phosphore jaune ou blanc	4.3 (4.1)	II		0.5	1 000	
UN1341	SESQUISULFURE DE PHOSPHORE ne contenant pas de phosphore jaune ou blanc	4.1	II		1	1 000	
UN1343	TRISULFURE DE PHOSPHORE ne contenant pas de phosphore jaune ou blanc	4.1	II		1	1 000	
UN1344	TRINITROPHÉNOL HUMIDIFIÉ avec au moins 30 pour cent (masse) d'eau	4.1	I	10, 38, 62	0	75	
UN1345	CHUTES DE CAOUTCHOUC, sous forme de poudre ou de grains, dont l'indice granulométrique ne dépasse pas 840 microns et avec une teneur en caoutchouc supérieure à 45 pour cent; ou DÉCHETS DE CAOUTCHOUC, sous forme de poudre ou de grains, dont l'indice granulométrique ne dépasse pas 840 microns et avec une teneur en caoutchouc supérieure à 45 pour cent	4.1	II		1		
UN1346	SILICIUM EN POUDRE AMORPHE	4.1	III		5		
UN1347	PICRATE D'ARGENT HUMIDIFIÉ avec au moins 30 pour cent (masse) d'eau	4.1	I	38, 66, 68	0	75	
UN1348	DINITRO-o-CRÉSATE DE SODIUM HUMIDIFIÉ avec au moins 15 pour cent (masse) d'eau	4.1 (6.1)	I	38, 62	0	75	P
UN1349	PICRAMATE DE SODIUM HUMIDIFIÉ avec au moins 20 pour cent (masse) d'eau	4.1	I	38, 62	0	75	
UN1350	SOUFRE	4.1	III	33	5		
UN1352	TITANE EN POUDRE HUMIDIFIÉ avec au moins 25 pour cent d'eau (un excès d'eau doit être apparent) : a) produit mécaniquement, d'une granulométrie de moins de 53 microns; b) produit chimiquement, d'une granulométrie de moins de 840 microns	4.1	II		1		
UN1353	FIBRES IMPRÉGNÉS DE NITROCELLULOSE FAIBLEMENT NITRÉE, N.S.A.; ou TISSUS IMPRÉGNÉS DE NITROCELLULOSE FAIBLEMENT NITRÉE, N.S.A.	4.1	III		5		•
UN1354	TRINITROBENZÈNE HUMIDIFIÉ avec au moins 30 pour cent (masse) d'eau	4.1	I	10, 38, 62	0	75	
UN1355	ACIDE TRINITROBENZOÏQUE HUMIDIFIÉ avec au moins 30 pour cent (masse) d'eau	4.1	I	10, 38, 62	0	75	

1 Numéro UN	2 Appellation réglementaire et description	3 Classe	4 Groupe d'emballage /Groupe de risque	5 Dispositions particulières	6 Quantité limite d'explosifs et indice de quantité limitée	7 Indice PIU	10 Polluant marin
UN1356	TNT HUMIDIFIÉ avec au moins 30 pour cent (masse) d'eau; TOLITE HUMIDIFIÉ avec au moins 30 pour cent (masse) d'eau; ou TRINITROTOLUÈNE HUMIDIFIÉ avec au moins 30 pour cent (masse) d'eau	4.1	I	10, 38, 62	0	75	
UN1357	NITRATE D'URÉE HUMIDIFIÉ avec au moins 20 pour cent (masse) d'eau	4.1	I	38, 60, 61	0	75	
UN1358	ZIRCONIUM EN POUDRE HUMIDIFIÉ avec au moins 25 pour cent d'eau (un excès d'eau doit être apparent) : a) produit mécaniquement, d'une granulométrie de moins de 53 microns; b) produit chimiquement, d'une granulométrie de moins de 840 microns	4.1	II		1		
UN1360	PHOSPHURE DE CALCIUM	4.3 (6.1)	I	38	0	1 000	
UN1361	CHARBON d'origine animale ou végétale	4.2	II III		0 0		
UN1362	CHARBON ACTIF	4.2	III		0		
UN1363	COPRAH	4.2	III		0		
UN1364	DÉCHETS HUILEUX DE COTON	4.2	III		0		
UN1365	COTON HUMIDE	4.2	III		0		
UN1366	DIÉTHYLZINC	4.2 (4.3)	I		0	1 000	
UN1369	p-NITROSODIMÉTHYLANILINE	4.2	II		0		
UN1370	DIMÉTHYLZINC	4.2 (4.3)	I		0	1 000	
UN1373	FIBRES D'ORIGINE ANIMALE, VÉGÉTALE ou SYNTHÉTIQUE imprégnées d'huile, N.S.A.; ou TISSUS D'ORIGINE ANIMALE, VÉGÉTALE ou SYNTHÉTIQUE imprégnés d'huile, N.S.A.	4.2	III		0		•
UN1374	DÉCHETS DE POISSON NON STABILISÉS; ou FARINE DE POISSON NON STABILISÉE	4.2	II		0		
UN1376	OXYDE DE FER RÉSIDUAIRE provenant de la purification du gaz de ville; ou TOURNURE DE FER RÉSIDUAIRE provenant de la purification du gaz de ville	4.2	III		0		
UN1378	CATALYSEUR MÉTALLIQUE HUMIDIFIÉ avec un excédent visible de liquide	4.2	II	38	0	1 000	
UN1379	PAPIER TRAITÉ AVEC DES HUILES NON SATURÉES, incomplètement séché (comprend le papier carbone)	4.2	III		0		
UN1380	PENTABORANE	4.2 (6.1)	I	38	0	1 000	
UN1381	PHOSPHORE BLANC, EN SOLUTION; PHOSPHORE BLANC, RECOUVERT D'EAU; PHOSPHORE BLANC, SEC; PHOSPHORE JAUNE, EN SOLUTION; PHOSPHORE JAUNE, RECOUVERT D'EAU; ou PHOSPHORE JAUNE, SEC	4.2 (6.1)	I		0	1 000	PP
UN1382	SULFURE DE POTASSIUM ANHYDRE; ou SULFURE DE POTASSIUM avec moins de 30 pour cent d'eau de cristallisation	4.2	II		0	1 000	
UN1383	ALLIAGE PYROPHORIQUE, N.S.A.; ou MÉTAL PYROPHORIQUE, N.S.A.	4.2	I	16, 38	0	1 000	•
UN1384	DITHIONITE DE SODIUM; ou HYDROSULFITE DE SODIUM	4.2	II		0	3 000	
UN1385	SULFURE DE SODIUM ANHYDRE; ou SULFURE DE SODIUM avec moins de 30 pour cent d'eau de cristallisation	4.2	II		0	1 000	
UN1386	TOURTEAUX contenant plus de 1,5 pour cent d'huile et ayant 11 pour cent d'humidité au maximum	4.2	III	36	0		
UN1389	AMALGAME DE MÉTAUX ALCALINS liquides; ou AMALGAME DE MÉTAUX ALCALINS LIQUIDES (terminologie OACI/OMI)	4.3	I	38	0	1 000	•

1	2	3	4	5	6	7	10
Numéro UN	Appellation réglementaire et description	Classe	Groupe d'emballage /Groupe de risque	Dispositions particulières	Quantité limite d'explosifs et indice de quantité limitée	Indice PIU	Polluant marin
UN1389	AMALGAME DE MÉTAUX ALCALINS solides; ou AMALGAME DE MÉTAUX ALCALINS SOLIDES (terminologie OACI/OMI)	4.3	I	38	0	1 000	•
UN1390	AMIDURES DE MÉTAUX ALCALINS	4.3	II		0.5		
UN1391	DISPERSION DE MÉTAUX ALCALINO-TERREUX; ou DISPERSION DE MÉTAUX ALCALINS	4.3	I	38	0	1 000	
UN1391	DISPERSION DE MÉTAUX ALCALINO-TERREUX dans un liquide ayant un point d'éclair égal ou inférieur à 60,5 °C; ou DISPERSION DE MÉTAUX ALCALINS dans un liquide ayant un point d'éclair égal ou inférieur à 60,5 °C	4.3 (3)	I	38	0	1 000	
UN1392	AMALGAME DE MÉTAUX ALCALINO-TERREUX	4.3	I	38	0	1 000	•
UN1393	ALLIAGE DE MÉTAUX ALCALINO-TERREUX, N.S.A.	4.3	II		0.5	1 000	•
UN1394	CARBURE D'ALUMINIUM	4.3	II		0.5	1 000	
UN1395	ALUMINO-FERRO-SILICIUM EN POUDRE	4.3 (6.1)	II		0.5	1 000	
UN1396	ALUMINIUM EN POUDRE NON ENROBÉ	4.3	II III	38	0.5 1		
UN1397	PHOSPHURE D'ALUMINIUM	4.3 (6.1)	I		0	1 000	
UN1398	SILICO-ALUMINIUM EN POUDRE NON ENROBÉ	4.3	III		1		
UN1400	BARYUM	4.3	II		0.5	1 000	
UN1401	CALCIUM	4.3	II		0.5	3 000	
UN1402	CARBURE DE CALCIUM	4.3	I II		0 0.5	1 000	
UN1403	CYANAMIDE CALCIQUE contenant plus de 0,1 pour cent de carbure de calcium	4.3	III		1		
UN1404	HYDRURE DE CALCIUM	4.3	I	38	0	1 000	
UN1405	SILICIURE DE CALCIUM	4.3	II III		0.5 1		
UN1407	CÉSIUM	4.3	I	38	0	1 000	
UN1408	FERROSILICIUM contenant 30 pour cent ou plus mais moins de 90 pour cent de silicium	4.3 (6.1)	III		1		
UN1409	HYDRURES MÉTALLIQUES HYDRORÉACTIFS, N.S.A.	4.3	I II	16, 38 16	0 0.5	1 000	•
UN1410	HYDRURE DE LITHIUM-ALUMINIUM	4.3	I	38	0	1 000	
UN1411	HYDRURE DE LITHIUM-ALUMINIUM DANS L'ÉTHER	4.3 (3)	I	38	0	1 000	
UN1413	BOROHYDRURE DE LITHIUM	4.3	I	38	0	1 000	
UN1414	HYDRURE DE LITHIUM	4.3	I	38	0	1 000	
UN1415	LITHIUM	4.3	I	38	0	1 000	
UN1417	SILICO-LITHIUM	4.3	II		0.5		
UN1418	ALLIAGES DE MAGNÉSIUM EN POUDRE; ou MAGNÉSIUM EN POUDRE	4.3 (4.2)	I II	38	0 0	1 000	
UN1419	PHOSPHURE DE MAGNÉSIUM-ALUMINIUM	4.3 (6.1)	I	38	0	1 000	
UN1420	ALLIAGES MÉTALLIQUES DE POTASSIUM	4.3	I		0	1 000	
UN1421	ALLIAGE LIQUIDE DE MÉTAUX ALCALINS, N.S.A.	4.3	I	38	0	1 000	•
UN1422	ALLIAGES DE POTASSIUM ET SODIUM	4.3	I		0	1 000	
UN1423	RUBIDIUM	4.3	I		0	1 000	

1 Numéro UN	2 Appellation réglementaire et description	3 Classe	4 Groupe d'emballage /Groupe de risque	5 Dispositions particulières	6 Quantité limite d'explosifs et indice de quantité limitée	7 Indice PIU	10 Polluant marin
UN1426	BOROHYDRURE DE SODIUM	4.3	I	38	0	1 000	
UN1427	HYDRURE DE SODIUM	4.3	I	38	0	1 000	
UN1428	SODIUM	4.3	I		0	1 000	
UN1431	MÉTHYLATE DE SODIUM	4.2 (8)	II		0	1 000	
UN1432	PHOSPHURE DE SODIUM	4.3 (6.1)	I	38	0	1 000	
UN1433	PHOSPHURES STANNIQUES	4.3 (6.1)	I	38	0	1 000	
UN1435	CENDRES DE ZINC	4.3	III		1		
UN1436	ZINC EN POUDRE; ou ZINC EN POUSSIÈRE	4.3 (4.2)	I II III	38	0 0 0	1 000	
UN1437	HYDRURE DE ZIRCONIUM	4.1	II		1		
UN1438	NITRATE D'ALUMINIUM	5.1	III		5		
UN1439	DICHROMATE D'AMMONIUM	5.1	II		1		
UN1442	PERCHLORATE D'AMMONIUM pour des substances qui ne sont pas perchlorate d'ammonium, classe 1.1D, UN0402	5.1	II		1	1 000	
UN1444	PERSULFATE D'AMMONIUM	5.1	III		5		
UN1445	CHLORATE DE BARYUM	5.1 (6.1)	II		0.5		
UN1446	NITRATE DE BARYUM	5.1 (6.1)	II		0.5		
UN1447	PERCHLORATE DE BARYUM	5.1 (6.1)	II		0.5		
UN1448	PERMANGANATE DE BARYUM	5.1 (6.1)	II		0.5		
UN1449	PEROXYDE DE BARYUM	5.1 (6.1)	II		0.5		
UN1450	BROMATES INORGANIQUES, N.S.A.	5.1	II	68	1		•
UN1451	NITRATE DE CÉSIUM	5.1	III		5		
UN1452	CHLORATE DE CALCIUM	5.1	II		1		
UN1453	CHLORITE DE CALCIUM	5.1	II		1		
UN1454	NITRATE DE CALCIUM	5.1	III	31	5		
UN1455	PERCHLORATE DE CALCIUM	5.1	II		1		
UN1456	PERMANGANATE DE CALCIUM	5.1	II		1		
UN1457	PEROXYDE DE CALCIUM	5.1	II		1		
UN1458	CHLORATE ET BORATE EN MÉLANGE	5.1	II III		1 5		•
UN1459	CHLORATE ET CHLORURE DE MAGNÉSIUM EN MÉLANGE	5.1	II III		1 5		•
UN1461	CHLORATES INORGANIQUES, N.S.A.	5.1	II	68	1		•
UN1462	CHLORITES INORGANIQUES, N.S.A.	5.1	II	68	1		•
UN1463	TRIOXYDE DE CHROME ANHYDRE	5.1 (8)	II		0.5		
UN1465	NITRATE DE DIDYME	5.1	III		5		
UN1466	NITRATE DE FER III	5.1	III		5		
UN1467	NITRATE DE GUANIDINE	5.1	III		5		
UN1469	NITRATE DE PLOMB	5.1 (6.1)	II		0.5		P

1 Numéro UN	2 Appellation réglementaire et description	3 Classe	4 Groupe d'emballage /Groupe de risque	5 Dispositions particulières	6 Quantité limite d'explosifs et indice de quantité limitée	7 Indice PIU	10 Polluant marin
UN1470	PERCHLORATE DE PLOMB	5.1 (6.1)	II		0.5		P
UN1471	HYPOCHLORITE DE LITHIUM EN MÉLANGE; ou HYPOCHLORITE DE LITHIUM SEC	5.1	II		1		
UN1472	PEROXYDE DE LITHIUM	5.1	II		1		
UN1473	BROMATE DE MAGNÉSIUM	5.1	II		1		
UN1474	NITRATE DE MAGNÉSIUM	5.1	III		5		
UN1475	PERCHLORATE DE MAGNÉSIUM	5.1	II		1		
UN1476	PEROXYDE DE MAGNÉSIUM	5.1	II		1		
UN1477	NITRATES INORGANIQUES, N.S.A.	5.1	II III		1 5		•
UN1479	SOLIDE COMBURANT, N.S.A.	5.1	I II III	16 16 16	0 1 5	1 000	•
UN1481	PERCHLORATES INORGANIQUES, N.S.A.	5.1	II III		1 5		•
UN1482	PERMANGANATES INORGANIQUES, N.S.A.	5.1	II III	68, 78	1 5		•
UN1483	PEROXYDES INORGANIQUES, N.S.A.	5.1	II III		1 5		•
UN1484	BROMATE DE POTASSIUM	5.1	II		1		
UN1485	CHLORATE DE POTASSIUM	5.1	II		1		
UN1486	NITRATE DE POTASSIUM	5.1	III		5		
UN1487	NITRATE DE POTASSIUM ET NITRITE DE SODIUM EN MÉLANGE	5.1	II		1		
UN1488	NITRITE DE POTASSIUM	5.1	II		1		
UN1489	PERCHLORATE DE POTASSIUM	5.1	II		1		
UN1490	PERMANGANATE DE POTASSIUM	5.1	II		1		
UN1491	PEROXYDE DE POTASSIUM	5.1	I	38	0	1 000	
UN1492	PERSULFATE DE POTASSIUM	5.1	III		5		
UN1493	NITRATE D'ARGENT	5.1	II		1		
UN1494	BROMATE DE SODIUM	5.1	II		1		
UN1495	CHLORATE DE SODIUM	5.1	II		1		
UN1496	CHLORITE DE SODIUM contenant plus de 7 pour cent de chlore libre	5.1	II		1		
UN1498	NITRATE DE SODIUM	5.1	III		5		
UN1499	NITRATE DE SODIUM ET NITRATE DE POTASSIUM EN MÉLANGE	5.1	III		5		
UN1500	NITRITE DE SODIUM	5.1 (6.1)	III		1		
UN1502	PERCHLORATE DE SODIUM	5.1	II		1		
UN1503	PERMANGANATE DE SODIUM	5.1	II		1		
UN1504	PEROXYDE DE SODIUM	5.1	I	38	0	1 000	
UN1505	PERSULFATE DE SODIUM	5.1	III		5		
UN1506	CHLORATE DE STRONTIUM	5.1	II		1	1 000	
UN1507	NITRATE DE STRONTIUM	5.1	III		5		
UN1508	PERCHLORATE DE STRONTIUM	5.1	II		1	1 000	

1 Numéro UN	2 Appellation réglementaire et description	3 Classe	4 Groupe d'emballage /Groupe de risque	5 Dispositions particulières	6 Quantité limite d'explosifs et indice de quantité limitée	7 Indice PIU	10 Polluant marin
UN1509	PEROXYDE DE STRONTIUM	5.1	II		1	1 000	
UN1510	TÉTRANITROMÉTHANE	5.1 (6.1)	I	38	0	1 000	
UN1511	URÉE-PEROXYDE D'HYDROGÈNE	5.1 (8)	III		1		
UN1512	NITRITE DE ZINC AMMONIACAL	5.1	II	66, 68	1		
UN1513	CHLORATE DE ZINC	5.1	II		1		
UN1514	NITRATE DE ZINC	5.1	II		1		
UN1515	PERMANGANATE DE ZINC	5.1	II		1		
UN1516	PEROXYDE DE ZINC	5.1	II		1	1 000	
UN1517	PICRAMATE DE ZIRCONIUM HUMIDIFIÉ avec au moins 20 pour cent (masse) d'eau	4.1	I	38, 62	0	75	
UN1541	CYANHYDRINE D'ACÉTONE STABILISÉE	6.1	I		0	1 000	P
UN1544	ALCALOÏDES SOLIDES, N.S.A.; ou SELS D'ALCALOÏDES SOLIDES, N.S.A.	6.1	I II III	16 16 16	0 0.5 5	1 000	•
UN1545	ISOTHIOCYANATE D'ALLYLE STABILISÉ	6.1 (3)	II		0.1	1 000	
UN1546	ARSÉNIATE D'AMMONIUM	6.1	II		0.5		
UN1547	ANILINE	6.1	II	43	0.1		
UN1548	CHLORHYDRATE D'ANILINE	6.1	III		5		
UN1549	COMPOSÉ INORGANIQUE SOLIDE DE L'ANTIMOINE, N.S.A. à l'exception des sulfures et des oxydes d'antimoine contenant au plus 0,5 pour cent (masse) d'arsenic	6.1	III		5		
UN1550	LACTATE D'ANTIMOINE	6.1	III		5		
UN1551	TARTRATE D'ANTIMOINE ET DE POTASSIUM	6.1	III		5		
UN1553	ACIDE ARSÉNIQUE LIQUIDE	6.1	I		0	1 000	
UN1554	ACIDE ARSÉNIQUE SOLIDE	6.1	II		0.5		
UN1555	BROMURE D'ARSENIC	6.1	II		0.5		
UN1556	COMPOSÉ LIQUIDE DE L'ARSENIC, N.S.A. inorganique, notamment : arséniates, n.s.a., arsénites n.s.a. et sulfures d'arsenic, n.s.a.	6.1	I II III	23, 38	0 0.1 5	1 000	•
UN1557	COMPOSÉ SOLIDE DE L'ARSENIC, N.S.A., inorganique, notamment : arséniates, n.s.a., arsénites n.s.a. et sulfures d'arsenic, n.s.a.	6.1	I II III	38	0 0.5 5	1 000	•
UN1558	ARSENIC	6.1	II		0.5		
UN1559	PENTOXYDE D'ARSENIC	6.1	II		0.5		
UN1560	TRICHLORURE D'ARSENIC	6.1	I		0	1 000	
UN1561	TRIOXYDE D'ARSENIC	6.1	II		0.5		
UN1562	POUSSIÈRE ARSENICALE	6.1	II		0.5		
UN1564	COMPOSÉ DU BARYUM, N.S.A. à l'exclusion du sulfate de baryum	6.1	II III		0.5 5	1 000	•
UN1565	CYANURE DE BARYUM	6.1	I		0		P
UN1566	COMPOSÉ DU BÉRYLLIUM, N.S.A.	6.1	II III		0.5 5		
UN1567	BÉRYLLIUM EN POUDRE	6.1 (4.1)	II		0.5		
UN1569	BROMACÉTONE	6.1 (3)	II	38	0	1 000	P

1 Numéro UN	2 Appellation réglementaire et description	3 Classe	4 Groupe d'emballage /Groupe de risque	5 Dispositions particulières	6 Quantité limite d'explosifs et indice de quantité limitée	7 Indice PIU	10 Polluant marin
UN1570	BRUCINE	6.1	I		0	1 000	
UN1571	AZOTURE DE BARYUM HUMIDIFIÉ avec au moins 50 pour cent (masse) d'eau	4.1 (6.1)	I	38	0	75	
UN1572	ACIDE CACODYLIQUE	6.1	II		0.5		
UN1573	ARSÉNIATE DE CALCIUM	6.1	II		0.5		P
UN1574	ARSÉNIATE DE CALCIUM ET ARSÉNITE DE CALCIUM EN MÉLANGE SOLIDE	6.1	II		0.5		P
UN1575	CYANURE DE CALCIUM	6.1	I	38	0	1 000	P
UN1577	CHLORODINITROBENZÈNES LIQUIDES	6.1	II	43	0.1		P
UN1577	CHLORODINITROBENZÈNES SOLIDES	6.1	II	43	0.5		P
UN1578	CHLORONITROBENZÈNES	6.1	II	43	0.5		
UN1579	CHLORHYDRATE DE CHLORO-4 o-TOLUIDINE	6.1	III		5		
UN1580	CHLOROPICRINE	6.1	I		0	1 000	
UN1581	BROMURE DE MÉTHYLE ET CHLOROPICRINE EN MÉLANGE	2.3			0	25	
UN1582	CHLORURE DE MÉTHYLE ET CHLOROPICRINE EN MÉLANGE	2.3		38	0	25	
UN1583	CHLOROPICRINE EN MÉLANGE, N.S.A.	6.1	I II III		0 0.1 5	1 000	•
UN1585	ACÉTOARSÉNITE DE CUIVRE	6.1	II		0.5		P
UN1586	ARSÉNITE DE CUIVRE	6.1	II		0.5		P
UN1587	CYANURE DE CUIVRE	6.1	II		0.5		PP
UN1588	CYANURES INORGANIQUES, SOLIDES, N.S.A. à l'exception des ferricyanures et des ferrocyanures	6.1	I II III	16 16 16	0 0.5 5	1 000	P
UN1589	CHLORURE DE CYANOGÈNE STABILISÉ	2.3 (8)		38	0	0	P
UN1590	DICHLORANILINES LIQUIDES	6.1	II	43	0.1		P
UN1590	DICHLORANILINES SOLIDES	6.1	II	43	0.5		P
UN1591	o-DICHLOROBENZÈNE	6.1	III	43	5		
UN1593	DICHLOROMÉTHANE	6.1	III		5		
UN1594	SULFATE DE DIÉTHYLE	6.1	II		0.1	1 000	
UN1595	SULFATE DE DIMÉTHYLE	6.1 (8)	I		0	1 000	
UN1596	DINITRANILINES	6.1	II		0.5		
UN1597	DINITROBENZÈNES LIQUIDES	6.1	II		0.1		
UN1597	DINITROBENZÈNES SOLIDES	6.1	II		0.5		
UN1598	DINITRO-o-CRÉSOL en solution; ou DINITRO-o-CRÉSOL EN SOLUTION (terminologie OACI)	6.1	II		0.1		P
UN1598	DINITRO-o-CRÉSOL solide; ou DINITRO-o-CRÉSOL SOLIDE (terminologie OACI)	6.1	II		0.5		P
UN1599	DINITROPHÉNOL EN SOLUTION	6.1	II III		0.1 5		P
UN1600	DINITROTOLUÈNES FONDUS	6.1	II		0		
UN1601	DÉSINFECTANT SOLIDE TOXIQUE, N.S.A.	6.1	I II III	16 16 16	0 0.5 5	1 000	•

1 Numéro UN	2 Appellation réglementaire et description	3 Classe	4 Groupe d'emballage /Groupe de risque	5 Dispositions particulières	6 Quantité limite d'explosifs et indice de quantité limitée	7 Indice PIU	10 Polluant marin
UN1602	COLORANT LIQUIDE TOXIQUE, N.S.A.; ou MATIÈRE INTERMÉDIAIRE LIQUIDE POUR COLORANT, TOXIQUE, N.S.A.	6.1	I II III	16, 23 16 16	0 0.1 5	1 000	•
UN1603	BROMACÉTATE D'ÉTHYLE	6.1 (3)	II		0.1	1 000	
UN1604	ÉTHYLÈNEDIAMINE	8 (3)	II		0.5	1 000	
UN1605	DIBROMURE D'ÉTHYLÈNE	6.1	I		0	1 000	
UN1606	ARSÉNIATE DE FER III	6.1	II		0.5		P
UN1607	ARSÉNITE DE FER III	6.1	II		0.5		P
UN1608	ARSÉNIATE DE FER II	6.1	II		0.5		P
UN1611	TÉTRAPHOSPHATE D'HEXAÉTHYLE	6.1	II		0.5		P
UN1612	TÉTRAPHOSPHATE D'HEXAÉTHYLE ET GAZ COMPRIMÉ EN MÉLANGE	2.3		38	0	25	
UN1613	ACIDE CYANHYDRIQUE EN SOLUTION AQUEUSE contenant au plus 20 pour cent de cyanure d'hydrogène; ou CYANURE D'HYDROGÈNE EN SOLUTION AQUEUSE contenant au plus 20 pour cent de cyanure d'hydrogène	6.1	I	68	0	1 000	P
UN1614	CYANURE D'HYDROGÈNE STABILISÉ, avec moins de 3 pour cent d'eau et absorbé dans un matériau inerte poreux	6.1	I	38	0	1 000	P
UN1616	ACÉTATE DE PLOMB	6.1	III		5		P
UN1617	ARSÉNIATES DE PLOMB	6.1	II		0.5		P
UN1618	ARSÉNITES DE PLOMB	6.1	II		0.5		P
UN1620	CYANURE DE PLOMB	6.1	II		0.5		P
UN1621	POURPRE DE LONDRES	6.1	II		0.5		P
UN1622	ARSÉNIATE DE MAGNÉSIUM	6.1	II		0.5		P
UN1623	ARSÉNIATE DE MERCURE II	6.1	II		0.5		PP
UN1624	CHLORURE DE MERCURE II	6.1	II		0.5		PP
UN1625	NITRATE DE MERCURE II	6.1	II		0.5	1 000	PP
UN1626	CYANURE DOUBLE DE MERCURE ET DE POTASSIUM	6.1	I		0	1 000	PP
UN1627	NITRATE DE MERCURE I	6.1	II		0.5	1 000	PP
UN1629	ACÉTATE DE MERCURE	6.1	II		0.5		PP
UN1630	CHLORURE DE MERCURE AMMONIACAL	6.1	II		0.5		PP
UN1631	BENZOATE DE MERCURE	6.1	II		0.5		PP
UN1634	BROMURES DE MERCURE	6.1	II		0.5		PP
UN1636	CYANURE DE MERCURE	6.1	II		0.5		PP
UN1637	GLUCONATE DE MERCURE	6.1	II		0.5		PP
UN1638	IODURE DE MERCURE en solution; ou IODURE DE MERCURE EN SOLUTION (terminologie OACI)	6.1	II		0.1		P
UN1638	IODURE DE MERCURE solide; ou IODURE DE MERCURE SOLIDE (terminologie OACI)	6.1	II		0.5		P
UN1639	NUCLÉINATE DE MERCURE	6.1	II		0.5		PP
UN1640	OLÉATE DE MERCURE	6.1	II		0.5		PP
UN1641	OXYDE DE MERCURE	6.1	II		0.5		PP
UN1642	OXYCYANURE DE MERCURE DÉSENSIBILISÉ	6.1	II	68	0.5		PP
UN1643	IODURE DOUBLE DE MERCURE ET DE POTASSIUM	6.1	II		0.5		PP

1 Numéro UN	2 Appellation réglementaire et description	3 Classe	4 Groupe d'emballage /Groupe de risque	5 Dispositions particulières	6 Quantité limite d'explosifs et indice de quantité limitée	7 Indice PIU	10 Polluant marin
UN1644	SALICYLATE DE MERCURE	6.1	II		0.5		PP
UN1645	SULFATE DE MERCURE	6.1	II		0.5		PP
UN1646	THIOCYANATE DE MERCURE	6.1	II		0.5		PP
UN1647	BROMURE DE MÉTHYLE ET DIBROMURE D'ÉTHYLÈNE EN MÉLANGE LIQUIDE	6.1	I		0	1 000	P
UN1648	ACÉTONITRILE	3	II		1		
UN1649	MÉLANGE ANTIDÉTONANT POUR CARBURANTS	6.1 (3)	I	52	0	1 000	P
UN1649	MÉLANGE ANTIDÉTONANT POUR CARBURANTS avec un point d'éclair égal ou inférieur à 60,5 °C	6.1	I	52	0	1 000	P
UN1650	bêta-NAPHTYLAMINE	6.1	II		0.5		
UN1651	NAPHTYLTHIO-URÉE	6.1	II		0.5		
UN1652	NAPHTYLURÉE	6.1	II		0.5		
UN1653	CYANURE DE NICKEL	6.1	II		0.5		PP
UN1654	NICOTINE	6.1	II		0.1		
UN1655	COMPOSÉ SOLIDE DE NICOTINE, N.S.A.; ou PRÉPARATION SOLIDE DE NICOTINE, N.S.A.	6.1	I II III		0 0.5 5	1 000	
UN1656	CHLORHYDRATE DE NICOTINE EN SOLUTION; ou CHLORHYDRATE DE NICOTINE liquide	6.1	II		0.1		
UN1656	CHLORHYDRATE DE NICOTINE solide	6.1	II		0.5		
UN1657	SALICYLATE DE NICOTINE	6.1	II		0.5		
UN1658	SULFATE DE NICOTINE EN SOLUTION	6.1	II		0.1		
UN1658	SULFATE DE NICOTINE SOLIDE	6.1	II		0.5		
UN1659	TARTRATE DE NICOTINE	6.1	II		0.5		
UN1660	MONOXYDE D'AZOTE, COMPRIMÉ; ou OXYDE NITRIQUE COMPRIMÉ	2.3 (5.1) (8)		38	0	0	
UN1661	NITRANILINES (o-, m-, p-)	6.1	II	43	0.5		
UN1662	NITROBENZÈNE	6.1	II	43	0.1		
UN1663	NITROPHÉNOLS (o-, m-, p-)	6.1	III	43	5		
UN1664	NITROTOLUÈNES LIQUIDES	6.1	II		0.1		
UN1664	NITROTOLUÈNES SOLIDES	6.1	II		0.5		
UN1665	NITROXYLÈNES LIQUIDES	6.1	II		0.1		
UN1665	NITROXYLÈNES SOLIDES	6.1	II		0.5		
UN1669	PENTACHLORÉTHANE	6.1	II		0.1		P
UN1670	MERCAPTAN MÉTHYLIQUE PERCHLORÉ	6.1	I		0	1 000	P
UN1671	PHÉNOL SOLIDE	6.1	II	43	0.5	1 000	
UN1672	CHLORURE DE PHÉNYLCARBYLAMINE	6.1	I		0	1 000	
UN1673	PHÉNYLÈNEDIAMINES (o-, m-, p-)	6.1	III	43	5		
UN1674	ACÉTATE DE PHÉNYLMERCURE	6.1	II		0.5		PP
UN1677	ARSÉNIATE DE POTASSIUM	6.1	II		0.5		
UN1678	ARSÉNITE DE POTASSIUM	6.1	II		0.5		
UN1679	CUPROCYANURE DE POTASSIUM	6.1	II		0.5		PP
UN1680	CYANURE DE POTASSIUM	6.1	I		0	1 000	P

1 Numéro UN	2 Appellation réglementaire et description	3 Classe	4 Groupe d'emballage /Groupe de risque	5 Dispositions particulières	6 Quantité limite d'explosifs et indice de quantité limitée	7 Indice PIU	10 Polluant marin
UN1683	ARSÉNITE D'ARGENT	6.1	II		0.5		P
UN1684	CYANURE D'ARGENT	6.1	II		0.5		P
UN1685	ARSÉNIATE DE SODIUM	6.1	II		0.5		
UN1686	ARSÉNITE DE SODIUM EN SOLUTION AQUEUSE	6.1	II III		0.1 5		
UN1687	AZOTURE DE SODIUM	6.1	II		0.5	1 000	
UN1688	CACODYLATE DE SODIUM	6.1	II		0.5		
UN1689	CYANURE DE SODIUM	6.1	I		0	1 000	P
UN1690	FLUORURE DE SODIUM	6.1	III		5		P
UN1691	ARSÉNITE DE STRONTIUM	6.1	II		0.5		
UN1692	SELS DE STRYCHNINE; ou STRYCHNINE	6.1	I		0	1 000	P
UN1693	MATIÈRE LIQUIDE SERVANT À LA PRODUCTION DE GAZ LACRYMOGÈNES, N.S.A.	6.1	I II	16, 38 16, 38	0 0	1 000	•
UN1693	MATIÈRE SOLIDE SERVANT À LA PRODUCTION DE GAZ LACRYMOGÈNES, N.S.A.	6.1	I II	16, 38 16, 38	0	1 000	•
UN1694	CYANURES DE BROMOBENZYLE LIQUIDES	6.1	I		0	1 000	•
UN1694	CYANURES DE BROMOBENZYLE SOLIDES	6.1	I		0	1 000	•
UN1695	CHLORACÉTONE STABILISÉE	6.1 (3) (8)	I		0	1 000	P
UN1697	CHLORACÉTOPHÉNONE, liquide; ou CHLORACÉTOPHÉNONE, LIQUIDE (terminologie OACI)	6.1	II		0		
UN1697	CHLORACÉTOPHÉNONE, solide; ou CHLORACÉTOPHÉNONE, SOLIDE (terminologie OACI)	6.1	II	38	0		
UN1698	DIPHÉNYLAMINECHLORARSINE	6.1	I	38	0	1 000	PP
UN1699	DIPHÉNYLCHLORARSINE LIQUIDE	6.1	I	38	0	1 000	PP
UN1699	DIPHÉNYLCHLORARSINE SOLIDE	6.1	I	38	0	1 000	PP
UN1700	CHANDELLES LACRYMOGÈNES	6.1 (4.1)	II	38	0		
UN1701	BROMURE DE XYLYLE	6.1	II	38	0		
UN1702	TÉTRACHLORÉTHANE	6.1	II		0.1		P
UN1704	DITHIOPYROPHOSPHATE DE TÉTRAÉTHYLE	6.1	II		0.5	1 000	P
UN1707	COMPOSÉ DU THALLIUM, N.S.A.	6.1	II		0.5		P
UN1708	TOLUIDINES LIQUIDES	6.1	II	43	0.1		
UN1708	TOLUIDINES SOLIDES	6.1	II	43	0.5		
UN1709	m-TOLUYLÈNEDIAMINE	6.1	III		5		
UN1710	TRICHLORÉTHYLÈNE	6.1	III		5		
UN1711	XYLIDINES LIQUIDES	6.1	II		0.1		
UN1711	XYLIDINES SOLIDES	6.1	II		0.5		
UN1712	ARSÉNIATE DE ZINC; ARSÉNIATE DE ZINC ET ARSÉNITE DE ZINC EN MÉLANGE; ou ARSÉNITE DE ZINC	6.1	II		0.5		
UN1713	CYANURE DE ZINC	6.1	I		0	1 000	P
UN1714	PHOSPHURE DE ZINC	4.3 (6.1)	I	38	0	1 000	
UN1715	ANHYDRIDE ACÉTIQUE	8 (3)	II		0.5	3 000	
UN1716	BROMURE D'ACÉTYLE	8	II		1		

1 Numéro UN	2 Appellation réglementaire et description	3 Classe	4 Groupe d'emballage /Groupe de risque	5 Dispositions particulières	6 Quantité limite d'explosifs et indice de quantité limitée	7 Indice PIU	10 Polluant marin
UN1717	CHLORURE D'ACÉTYLE	3 (8)	II		1	3 000	
UN1718	PHOSPHATE ACIDE DE BUTYLE	8	III		5		
UN1719	LIQUIDE ALCALIN CAUSTIQUE, N.S.A.	8	II III	16 16	1 5		•
UN1722	CHLOROFORMIATE D'ALLYLE	6.1 (3) (8)	I		0	1 000	
UN1723	IODURE D'ALLYLE	3 (8)	II		1	3 000	
UN1724	ALLYLTRICHLOROSILANE STABILISÉ	8 (3)	II		0	3 000	
UN1725	BROMURE D'ALUMINIUM ANHYDRE	8	II		1		
UN1726	CHLORURE D'ALUMINIUM ANHYDRE	8	II		1		
UN1727	HYDROGÉNODIFLUORURE D'AMMONIUM SOLIDE	8	II		1		
UN1728	AMYLTRICHLOROSILANE	8	II		0		
UN1729	CHLORURE D'ANISOYLE	8	II		1		
UN1730	PENTACHLORURE D'ANTIMOINE LIQUIDE	8	II		1		
UN1731	PENTACHLORURE D'ANTIMOINE EN SOLUTION	8	II III		1 5		
UN1732	PENTAFLUORURE D'ANTIMOINE	8 (6.1)	II		0.5		
UN1733	TRICHLORURE D'ANTIMOINE liquide; ou TRICHLORURE D'ANTIMOINE LIQUIDE (terminologie OACI)	8	II		1		
UN1733	TRICHLORURE D'ANTIMOINE solide; ou TRICHLORURE D'ANTIMOINE SOLIDE (terminologie OACI)	8	II		1		
UN1736	CHLORURE DE BENZOYLE	8	II		1		
UN1737	BROMURE DE BENZYLE	6.1 (8)	II		0	3 000	
UN1738	CHLORURE DE BENZYLE	6.1 (8)	II		0	1 000	
UN1739	CHLOROFORMIATE DE BENZYLE	8	I		0	1 000	P
UN1740	HYDROGÉNODIFLUORURES, N.S.A., en solution; ou HYDROGÉNODIFLUORURES, N.S.A., EN SOLUTION (terminologie OACI)	8	II III		1 5		•
UN1740	HYDROGÉNODIFLUORURES, N.S.A., solide; ou HYDROGÉNODIFLUORURES, N.S.A., SOLIDE (terminologie OACI)	8	II III		1 5		•
UN1741	TRICHLORURE DE BORE	2.3 (8)			0	500	
UN1742	COMPLEXE DE TRIFLUORURE DE BORE ET D'ACIDE ACÉTIQUE	8	II		1		
UN1743	COMPLEXE DE TRIFLUORURE DE BORE ET D'ACIDE PROPIONIQUE	8	II		1		
UN1744	BROME; ou BROME EN SOLUTION	8 (6.1)	I		0	3 000	
UN1745	PENTAFLUORURE DE BROME	5.1 (6.1) (8)	I		0	1 000	
UN1746	TRIFLUORURE DE BROME	5.1 (6.1) (8)	I		0	1 000	
UN1747	BUTYLTRICHLOROSILANE	8 (3)	II		0		

1 Numéro UN	2 Appellation réglementaire et description	3 Classe	4 Groupe d'emballage /Groupe de risque	5 Dispositions particulières	6 Quantité limite d'explosifs et indice de quantité limitée	7 Indice PIU	10 Polluant marin
UN1748	HYPOCHLORITE DE CALCIUM SEC contenant plus de 39 pour cent de chlore actif (8,8 pour cent d'oxygène actif); ou HYPOCHLORITE DE CALCIUM SEC EN MÉLANGE contenant plus de 39 pour cent de chlore actif (8,8 pour cent d'oxygène actif)	5.1	II	38	1		
UN1749	TRIFLUORURE DE CHLORE	2.3 (5.1) (8)		38	0	25	
UN1750	ACIDE CHLORACÉTIQUE EN SOLUTION	6.1 (8)	II		0.1	1 000	
UN1751	ACIDE CHLORACÉTIQUE SOLIDE	6.1 (8)	II		0.5	1 000	
UN1752	CHLORURE DE CHLORACÉTYLE	6.1 (8)	I		0	1 000	
UN1753	CHLOROPHÉNYLTRICHLOROSILANE	8	II		1		P
UN1754	ACIDE CHLOROSULFONIQUE contenant ou non du trioxyde de soufre	8	I		0	1 000	
UN1755	ACIDE CHROMIQUE EN SOLUTION	8	II III		1 5		
UN1756	FLUORURE DE CHROME III SOLIDE	8	II		1		
UN1757	FLUORURE DE CHROME III EN SOLUTION	8	II III		1 5		
UN1758	CHLORURE DE CHROMYLE	8	I		0	1 000	
UN1759	SOLIDE CORROSIF, N.S.A.	8	I II III	16 16 16	0 1 5	3 000	•
UN1760	LIQUIDE CORROSIF, N.S.A.	8	I II III	16 16 16	0 1 5	3 000	•
UN1761	CUPRIÉTHYLÈNEDIAMINE EN SOLUTION	8 (6.1)	II III		0.5 1		P
UN1762	CYCLOHÉXÉNYLTRICHLOROSILANE	8	II		1		
UN1763	CYCLOHEXYLTRICHLOROSILANE	8	II		1		
UN1764	ACIDE DICHLORACÉTIQUE	8	II		1		
UN1765	CHLORURE DE DICHLORACÉTYLE	8	II		1		
UN1766	DICHLOROPHÉNYLTRICHLOROSILANE	8	II		1		P
UN1767	DIÉTHYLDICHLOROSILANE	8 (3)	II		0		
UN1768	ACIDE DIFLUOROPHOSPHORIQUE ANHYDRE	8	II		1		
UN1769	DIPHÉNYLDICHLOROSILANE	8	II		1		
UN1770	BROMURE DE DIPHÉNYLMÉTHYLE	8	II		1		
UN1771	DODÉCYLTRICHLOROSILANE	8	II		1		
UN1773	CHLORURE DE FER III ANHYDRE	8	III		5		
UN1774	CHARGES D'EXTINCTEURS, liquide corrosif	8	II		1		
UN1775	ACIDE FLUOROBORIQUE	8	II		1		
UN1776	ACIDE FLUOROPHOSPHORIQUE ANHYDRE	8	II		1		
UN1777	ACIDE FLUOROSULFONIQUE	8	I		0	1 000	
UN1778	ACIDE FLUOROSILICIQUE	8	II		1		
UN1779	ACIDE FORMIQUE	8	II		1		
UN1780	CHLORURE DE FUMARYLE	8	II		1		

1 Numéro UN	2 Appellation réglementaire et description	3 Classe	4 Groupe d'emballage /Groupe de risque	5 Dispositions particulières	6 Quantité limite d'explosifs et indice de quantité limitée	7 Indice PIU	10 Polluant marin
UN1781	HEXADÉCYLTRICHLOROSILANE	8	II		1		
UN1782	ACIDE HEXAFLUOROPHOSPHORIQUE	8	II		1		
UN1783	HEXAMÉTHYLÈNEDIAMINE EN SOLUTION	8	II III		1 5		
UN1784	HEXYLTRICHLOROSILANE	8	II		1		
UN1786	ACIDE FLUORHYDRIQUE ET ACIDE SULFURIQUE EN MÉLANGE	8 (6.1)	I		0	1 000	
UN1787	ACIDE IODHYDRIQUE	8	II III		1 5		
UN1788	ACIDE BROMHYDRIQUE	8	II III		1 5	3 000	
UN1789	ACIDE CHLORHYDRIQUE	8	II III		1 5	3 000	
UN1790	ACIDE FLUORHYDRIQUE, solution contenant au plus 60 pour cent d'acide fluorhydrique	8 (6.1)	I		0	1 000	
UN1790	ACIDE FLUORHYDRIQUE, solution contenant plus de 60 pour cent d'acide fluorhydrique	8 (6.1)	II		0.5		
UN1791	HYPOCHLORITE EN SOLUTION contenant plus de 7 pour cent de chlore libre	8	II III		1 5		
UN1792	MONOCHLORURE D'IODE	8	II		1		
UN1793	PHOSPHATE ACIDE D'ISOPROPYLE	8	III		5		
UN1794	SULFATE DE PLOMB contenant plus de 3 pour cent d'acide libre	8	II		1		
UN1796	ACIDE MIXTE contenant plus de 50 pour cent d'acide nitrique; ou ACIDE SULFONITRIQUE contenant plus de 50 pour cent d'acide nitrique	8 (5.1)	I		0	3 000	
UN1796	ACIDE MIXTE contenant au plus 50 pour cent d'acide nitrique; ou ACIDE SULFONITRIQUE contenant au plus 50 pour cent d'acide nitrique	8	II		1		
UN1798	ACIDE CHLORHYDRIQUE ET ACIDE NITRIQUE EN MÉLANGE	8	I		0	1 000	
UN1799	NONYLTRICHLOROSILANE	8	II		1		
UN1800	OCTADÉCYLTRICHLOROSILANE	8	II		1		
UN1801	OCTYLTRICHLOROSILANE	8 (5.1)	II		1		
UN1802	ACIDE PERCHLORIQUE contenant au plus 50 pour cent (masse) d'acide	8	II	68	0.5	3 000	
UN1803	ACIDE PHÉNOLSULFONIQUE LIQUIDE	8	II		1		
UN1804	PHÉNYLTRICHLOROSILANE	8	II		1		
UN1805	ACIDE PHOSPHORIQUE LIQUIDE	8	III		5		
UN1805	ACIDE PHOSPHORIQUE SOLIDE	8	III		5		
UN1806	PENTACHLORURE DE PHOSPHORE	8	II		1	1 000	
UN1807	ANHYDRIDE PHOSPHORIQUE	8	II		1	1 000	
UN1808	TRIBROMURE DE PHOSPHORE	8	II		1		
UN1809	TRICHLORURE DE PHOSPHORE	6.1 (8)	I		0	1 000	
UN1810	OXYCHLORURE DE PHOSPHORE	8	II		1	1 000	
UN1811	HYDROGÉNODIFLUORURE DE POTASSIUM en solution; HYDROGÉNODIFLUORURE DE POTASSIUM EN SOLUTION (terminologie OACI/OMI); ou HYDROGÉNODIFLUORURE DE POTASSIUM LIQUIDE (terminologie OMI)	8 (6.1)	II		0	1 000	

1 Numéro UN	2 Appellation réglementaire et description	3 Classe	4 Groupe d'emballage /Groupe de risque	5 Dispositions particulières	6 Quantité limite d'explosifs et indice de quantité limitée	7 Indice PIU	10 Polluant marin
UN1811	HYDROGÉNODIFLUORURE DE POTASSIUM solide; ou HYDROGÉNODIFLUORURE DE POTASSIUM SOLIDE (terminologie OACI/OMI)	8 (6.1)	II		1		
UN1812	FLUORURE DE POTASSIUM	6.1	III		5		
UN1813	HYDROXYDE DE POTASSIUM SOLIDE	8	II		1		
UN1814	HYDROXYDE DE POTASSIUM EN SOLUTION	8	II III		1 5		
UN1815	CHLORURE DE PROPIONYLE	3 (8)	II		1		
UN1816	PROPYLTRICHLOROSILANE	8 (3)	II		0	3 000	
UN1817	CHLORURE DE PYROSULFURYLE	8	II		1	1 000	
UN1818	TÉTRACHLORURE DE SILICIUM	8	II		1		
UN1819	ALUMINATE DE SODIUM EN SOLUTION	8	II III		1 5		
UN1823	HYDROXYDE DE SODIUM SOLIDE	8	II		1		
UN1824	HYDROXYDE DE SODIUM EN SOLUTION	8	II III		1 5		
UN1825	MONOXYDE DE SODIUM	8	II		1		
UN1826	ACIDE MIXTE RÉSIDUAIRE contenant plus de 50 pour cent d'acide nitrique; ou ACIDE SULFONITRIQUE RÉSIDUAIRE contenant plus de 50 pour cent d'acide nitrique	8 (5.1)	I	19	0	3 000	
UN1826	ACIDE MIXTE RÉSIDUAIRE contenant au plus 50 pour cent d'acide nitrique; ou ACIDE SULFONITRIQUE RÉSIDUAIRE contenant au plus 50 pour cent d'acide nitrique	8	II	19	1		
UN1827	CHLORURE D'ÉTAIN IV ANHYDRE	8	II		1		
UN1828	CHLORURES DE SOUFRE	8	I		0	3 000	
UN1829	TRIOXYDE DE SOUFRE STABILISÉ	8	I		0	3 000	
UN1830	ACIDE SULFURIQUE contenant plus de 51 pour cent d'acide	8	II		1	3 000	
UN1831	ACIDE SULFURIQUE FUMANT	8 (6.1)	I		0	1 000	
UN1832	ACIDE SULFURIQUE RÉSIDUAIRE	8	II	19	1		
UN1833	ACIDE SULFUREUX	8	II		1		
UN1834	CHLORURE DE SULFURYLE	8	I		0	3 000	
UN1835	HYDROXYDE DE TÉTRAMÉTHYLAMMONIUM	8	II		1		
UN1836	CHLORURE DE THIONYLE	8	I		0	3 000	
UN1837	CHLORURE DE THIOPHOSPHORYLE	8	II		1		
UN1838	TÉTRACHLORURE DE TITANE	8	II		1		
UN1839	ACIDE TRICHLORACÉTIQUE	8	II		1		
UN1840	CHLORURE DE ZINC EN SOLUTION	8	III		5		
UN1841	ALDÉHYDATE D'AMMONIAQUE	9	III		5		
UN1843	DINITRO-o-CRÉSATE D'AMMONIUM	6.1	II		0.5		P
UN1845	DIOXYDE DE CARBONE SOLIDE; ou NEIGE CARBONIQUE	9	III	18	5		
UN1846	TÉTRACHLORURE DE CARBONE	6.1	II		0.1		P
UN1847	SULFURE DE POTASSIUM HYDRATÉ avec au moins 30 pour cent d'eau de cristallisation	8	II		1		
UN1848	ACIDE PROPIONIQUE	8	III		5		

1 Numéro UN	2 Appellation réglementaire et description	3 Classe	4 Groupe d'emballage /Groupe de risque	5 Dispositions particulières	6 Quantité limite d'explosifs et indice de quantité limitée	7 Indice PIU	10 Polluant marin
UN1849	SULFURE DE SODIUM HYDRATÉ avec au moins 30 pour cent d'eau	8	II		1		
UN1851	MÉDICAMENT LIQUIDE TOXIQUE, N.S.A.	6.1	II III	16 16	0.1 5		•
UN1854	ALLIAGES PYROPHORIQUES DE BARYUM	4.2	I	38	0	1 000	
UN1855	ALLIAGES PYROPHORIQUES DE CALCIUM; ou CALCIUM PYROPHORIQUE	4.2	I	38	0	1 000	
UN1858	GAZ RÉFRIGÉRANT R 1216; ou HEXAFLUOROPROPYLÈNE	2.2			0.125		
UN1859	TÉTRAFLUORURE DE SILICIUM COMPRIMÉ	2.3 (8)		38	0	25	
UN1860	FLUORURE DE VINYLE STABILISÉ	2.1			0.125	3 000	
UN1862	CROTONATE D'ÉTHYLE	3	II		1		
UN1863	CARBURÉACTEUR	3	I II III	17 17 17	0.5 1 5		
UN1865	NITRATE DE n-PROPYLE	3	II	38	1		
UN1866	RÉSINE EN SOLUTION, inflammable	3	I II III		0.5 5 5		•
UN1868	DÉCABORANE	4.1 (6.1)	II	38	0.5	75	
UN1869	ALLIAGES DE MAGNÉSIUM contenant plus de 50 pour cent de magnésium, sous forme de granulés, de tournures ou de rubans; ou MAGNÉSIUM, sous forme de granulés, de tournures ou de rubans	4.1	III		5		
UN1870	BOROHYDRURE DE POTASSIUM	4.3	I	38	0	1 000	
UN1871	HYDRURE DE TITANE	4.1	II		1		
UN1872	DIOXYDE DE PLOMB	5.1	III		5		
UN1873	ACIDE PERCHLORIQUE contenant plus de 50 pour cent (masse) mais au maximum 72 pour cent d'acide	5.1 (8)	I	68	0	1 000	
UN1884	OXYDE DE BARYUM	6.1	III		5		
UN1885	BENZIDINE	6.1	II		0.5		
UN1886	CHLORURE DE BENZYLIDÈNE	6.1	II		0.1		
UN1887	BROMOCHLOROMÉTHANE	6.1	III		5		
UN1888	CHLOROFORME	6.1	III		5		
UN1889	BROMURE DE CYANOGÈNE	6.1 (8)	I	38	0	1 000	P
UN1891	BROMURE D'ÉTHYLE	6.1	II		0.1		
UN1892	ÉTHYLDICHLORARSINE	6.1	I		0	1 000	P
UN1894	HYDROXYDE DE PHÉNYLMERCURE	6.1	II		0.5		PP
UN1895	NITRATE DE PHÉNYLMERCURE	6.1	II		0.5		PP
UN1897	TÉTRACHLORÉTHYLÈNE	6.1	III		5		P
UN1898	IODURE D'ACÉTYLE	8	II		1		
UN1902	PHOSPHATE ACIDE DE DIISOOCTYLE	8	III		5		
UN1903	DÉSINFECTANT LIQUIDE CORROSIF, N.S.A.	8	I II III	16 16 16	0 1 5	3 000	•
UN1905	ACIDE SÉLÉNIQUE	8	I		0	3 000	

1 Numéro UN	2 Appellation réglementaire et description	3 Classe	4 Groupe d'emballage /Groupe de risque	5 Dispositions particulières	6 Quantité limite d'explosifs et indice de quantité limitée	7 Indice PIU	10 Polluant marin
UN1906	ACIDE RÉSIDUAIRE DE RAFFINAGE	8	II		1		
UN1907	CHAUX SODÉE contenant plus de 4 pour cent d'hydroxyde de sodium	8	III		5		
UN1908	CHLORITE EN SOLUTION	8	II II		1 5		•
UN1910	OXYDE DE CALCIUM, réglementé par aéronef seulement	8	III	63	5		
UN1911	DIBORANE COMPRIMÉ	2.3 (2.1)		38	0	25	
UN1912	CHLORURE DE MÉTHYLE ET CHLORURE DE MÉTHYLÈNE EN MÉLANGE	2.1			0.125	3 000	
UN1913	NÉON LIQUIDE RÉFRIGÉRÉ	2.2			0.125		
UN1914	PROPIONATES DE BUTYLE	3	III		5		
UN1915	CYCLOHEXANONE	3	III		5		
UN1916	ÉTHER DICHLORO-2,2' DIÉTHYLIQUE	6.1 (3)	II		0.1	1 000	
UN1917	ACRYLATE D'ÉTHYLE STABILISÉ	3	II		1		
UN1918	ISOPROPYLBENZÈNE	3	III		5		
UN1919	ACRYLATE DE MÉTHYLE STABILISÉ	3	II		1		
UN1920	NONANES	3	III		5		
UN1921	PROPYLÈNEIMINE STABILISÉE	3 (6.1)	I		0	1 000	
UN1922	PYRROLIDINE	3 (8)	II		1		
UN1923	DITHIONITE DE CALCIUM; ou HYDROSULFITE DE CALCIUM	4.2	II		0	3 000	
UN1928	BROMURE DE MÉTHYLMAGNÉSIUM DANS L'ÉTHER ÉTHYLIQUE	4.3 (3)	I		0	1 000	
UN1929	DITHIONITE DE POTASSIUM; ou HYDROSULFITE DE POTASSIUM	4.2	II		0	3 000	
UN1931	DITHIONITE DE ZINC; ou HYDROSULFITE DE ZINC	9	III		5		
UN1932	DÉCHETS DE ZIRCONIUM	4.2	III		0		
UN1935	CYANURE EN SOLUTION, N.S.A.	6.1	I II III	23	0 0.1 5	1 000	P
UN1938	ACIDE BROMACÉTIQUE	8	II		1		
UN1939	OXYBROMURE DE PHOSPHORE	8	II		1		
UN1940	ACIDE THIOGLYCOLIQUE	8	II		1		
UN1941	DIBROMODIFLUOROMÉTHANE	9	III		5		
UN1942	NITRATE D'AMMONIUM contenant au plus 0,2 pour cent de matière combustible (y compris les matières organiques exprimées en équivalent carbone), à l'exclusion de toute autre matière	5.1	III	37	5		
UN1944	ALLUMETTES DE SÛRETÉ (à frottoir, en carnets ou pochettes)	4.1	III		5		
UN1945	ALLUMETTES-BOUGIES	4.1	III		5		
UN1950	AÉROSOLS, contenant de l'oxygène comprimé	2.2 (5.1)		80	0.125		•
UN1950	AÉROSOLS, inflammables	2.1		80	1		•
UN1950	AÉROSOLS, inflammables contenant des matières de la classe 6.1, groupe d'emballage II	2.1 (6.1)		80	0.125		•

1 Numéro UN	2 Appellation réglementaire et description	3 Classe	4 Groupe d'emballage /Groupe de risque	5 Dispositions particulières	6 Quantité limite d'explosifs et indice de quantité limitée	7 Indice PIU	10 Polluant marin
UN1950	AÉROSOLS, inflammables contenant des matières de la classe 6.1, groupe d'emballage III	2.1 (6.1)		80	1		•
UN1950	AÉROSOLS, inflammables contenant des matières de la classe 6.1, groupe d'emballage III et des matières de la classe 8, groupe d'emballage II	2.1 (8) (6.1)		80	0.125		•
UN1950	AÉROSOLS, inflammables contenant des matières de la classe 6.1, groupe d'emballage III et des matières de la classe 8, groupe d'emballage III	2.1 (6.1) (8)		80	1		•
UN1950	AÉROSOLS, inflammables contenant des matières de la classe 8, groupe d'emballage II	2.1 (8)		80	0.125		•
UN1950	AÉROSOLS, inflammables contenant des matières de la classe 8, groupe d'emballage III	2.1 (8)		80	1		•
UN1950	AÉROSOLS, non inflammables	2.2		80	1		•
UN1950	AÉROSOLS, non inflammables contenant des matières de la classe 6.1, groupe d'emballage II	2.2 (6.1)		80	0.125		•
UN1950	AÉROSOLS, non inflammables contenant des matières de la classe 6.1, groupe d'emballage III	2.2 (6.1)		80	1		•
UN1950	AÉROSOLS, non inflammables contenant des matières de la classe 6.1, groupe d'emballage III et des matières de la classe 8, groupe d'emballage II	2.2 (8) (6.1)		80	0.125		•
UN1950	AÉROSOLS, non inflammables contenant des matières de la classe 6.1, groupe d'emballage III et des matières de la classe 8, groupe d'emballage III	2.2 (6.1) (8)		80	1		•
UN1950	AÉROSOLS, non inflammables contenant des matières de la classe 8, groupe d'emballage II	2.2 (8)		80	0.125		•
UN1950	AÉROSOLS, non inflammables contenant des matières de la classe 8, groupe d'emballage III	2.2 (8)		80	1		•
UN1951	ARGON LIQUIDE RÉFRIGÉRÉ	2.2			0.125		
UN1952	OXYDE D'ÉTHYLÈNE ET DIOXYDE DE CARBONE EN MÉLANGE contenant au plus 9 pour cent d'oxyde d'éthylène	2.2			0.125		
UN1953	GAZ COMPRIMÉ TOXIQUE, INFLAMMABLE, N.S.A.	2.3 (2.1)		16, 38	0	0	•
UN1954	GAZ COMPRIMÉ INFLAMMABLE, N.S.A.	2.1		16	0.125	3 000	•
UN1955	GAZ COMPRIMÉ TOXIQUE, N.S.A.	2.3		16, 38	0	0	•
UN1956	GAZ COMPRIMÉ, N.S.A.	2.2			0.125		•
UN1957	DEUTÉRIUM COMPRIMÉ	2.1		38	0.125	3 000	
UN1958	DICHLORO-1,2 TÉTRAFLUORO-1,1,2,2 ÉTHANE; ou GAZ RÉFRIGÉRANT R 114	2.2			0.125		
UN1959	DIFLUORO-1,1 ÉTHYLÈNE; ou GAZ RÉFRIGÉRANT R 1132a	2.1		38	0.125	3 000	
UN1961	ÉTHANE LIQUIDE RÉFRIGÉRÉ	2.1			0.125	3 000	
UN1962	ÉTHYLÈNE COMPRIMÉ	2.1			0.125	3 000	
UN1963	HÉLIUM LIQUIDE RÉFRIGÉRÉ	2.2			0.125		
UN1964	HYDROCARBURES GAZEUX EN MÉLANGE COMPRIMÉ, N.S.A.	2.1		16	0.125	3 000	•
UN1965	HYDROCARBURES GAZEUX EN MÉLANGE LIQUÉFIÉ, N.S.A.	2.1		16	0.125	3 000	
UN1966	HYDROGÈNE LIQUIDE RÉFRIGÉRÉ	2.1			0.125	3 000	
UN1967	GAZ INSECTICIDE TOXIQUE, N.S.A.	2.3		16, 38	0	0	•
UN1968	GAZ INSECTICIDE, N.S.A.	2.2		16	0.125		•

1 Numéro UN	2 Appellation réglementaire et description	3 Classe	4 Groupe d'emballage /Groupe de risque	5 Dispositions particulières	6 Quantité limite d'explosifs et indice de quantité limitée	7 Indice PIU	10 Polluant marin
UN1969	ISOBUTANE	2.1		29	0.125	3 000	
UN1970	KRYPTON LIQUIDE RÉFRIGÉRÉ	2.2			0.125		
UN1971	GAZ NATUREL (à haute teneur en méthane) COMPRIMÉ; ou MÉTHANE COMPRIMÉ	2.1			0.125	3 000	
UN1972	GAZ NATUREL (à haute teneur en méthane) LIQUIDE RÉFRIGÉRÉ; ou MÉTHANE LIQUIDE RÉFRIGÉRÉ	2.1			0.125	3 000	
UN1973	CHLORODIFLUOROMÉTHANE ET CHLOROPENTAFLUORÉTHANE EN MÉLANGE à point d'ébullition fixe contenant environ 49 pour cent de chlorodifluorométhane; ou GAZ RÉFRIGÉRANT R 502	2.2			0.125		
UN1974	BROMOCHLORODIFLUOROMÉTHANE; ou GAZ RÉFRIGÉRANT R 12B1	2.2			0.125		
UN1975	MONOXYDE D'AZOTE ET DIOXYDE D'AZOTE EN MÉLANGE; ou MONOXYDE D'AZOTE ET TÉTROXYDE DE DIAZOTE EN MÉLANGE	2.3 (5.1) (8)		38	0	25	
UN1976	GAZ RÉFRIGÉRANT RC 318; ou OCTAFLUOROCYCLOBUTANE	2.2			0.125		
UN1977	AZOTE LIQUIDE RÉFRIGÉRÉ	2.2			0.125		
UN1978	PROPANE	2.1		29, 42	0.125	3 000	
UN1979	GAZ RARES EN MÉLANGE, COMPRIMÉS	2.2			0.125		
UN1980	GAZ RARES ET OXYGÈNE EN MÉLANGE, COMPRIMÉS	2.2			0.125		
UN1981	GAZ RARES ET AZOTE EN MÉLANGE, COMPRIMÉS	2.2			0.125		
UN1982	GAZ RÉFRIGÉRANT R 14, COMPRIMÉ; ou TÉTRAFLUOROMÉTHANE COMPRIMÉ	2.2		38	0.125		
UN1983	CHLORO-1 TRIFLUORO-2,2,2 ÉTHANE; ou GAZ RÉFRIGÉRANT R 133a	2.2			0.125		
UN1984	GAZ RÉFRIGÉRANT R 23; ou TRIFLUOROMÉTHANE	2.2			0.125		
UN1986	ALCOOLS INFLAMMABLES, TOXIQUES, N.S.A.	3 (6.1)	I II III	16 16 16	0 1 5	1 000	•
UN1987	ALCOOLS, N.S.A.	3	II III	16 16	1 5		•
UN1988	ALDÉHYDES INFLAMMABLES, TOXIQUES, N.S.A.	3 (6.1)	I II III	16 16 16	0 1 5	1 000	•
UN1989	ALDÉHYDES, N.S.A.	3	I II III	16 16 16	0 1 5		•
UN1990	BENZALDÉHYDE	9	III		5		
UN1991	CHLOROPRÈNE STABILISÉ	3 (6.1)	I		0	1 000	
UN1992	LIQUIDE INFLAMMABLE, TOXIQUE, N.S.A.	3 (6.1)	I II III	16 16 16	0 1 5	1 000	•
UN1993	LIQUIDE INFLAMMABLE, N.S.A.	3	I II III	16 16 16	0 1 5		•
UN1994	FER PENTACARBONYLE	6.1 (3)	I	38	0	1 000	
UN1999	GOUDRONS LIQUIDES, y compris les liants routiers et les cut backs bitumineux	3	II III		5 5		•

1 Numéro UN	2 Appellation réglementaire et description	3 Classe	4 Groupe d'emballage /Groupe de risque	5 Dispositions particulières	6 Quantité limite d'explosifs et indice de quantité limitée	7 Indice PIU	10 Polluant marin
UN2000	CELLULOÏD en blocs, barres, rouleaux, feuilles, tubes, etc. (à l'exclusion des déchets)	4.1	III		5		
UN2001	NAPHTÉNATES DE COBALT EN POUDRE	4.1	III		5		
UN2002	DÉCHETS DE CELLULOÏD	4.2	III		0		
UN2003	MÉTAUX-ALKYLES, HYDRORÉACTIFS, N.S.A.; ou MÉTAUX-ARYLES, HYDRORÉACTIFS, N.S.A.	4.2 (4.3)	I	16	0	1 000	•
UN2004	DIAMIDEMAGNÉSIUM	4.2	II		0		
UN2005	DIPHÉNYLMAGNÉSIUM	4.2	I		0	1 000	
UN2006	MATIÈRES PLASTIQUES À BASE DE NITROCELLULOSE, AUTO-ÉCHAUFFANTES, N.S.A.	4.2	III	16, 38	0		•
UN2008	ZIRCONIUM EN POUDRE SEC	4.2	I II III	38	0 0 0	1 000	
UN2009	ZIRCONIUM SEC, sous forme de feuilles, de bandes ou de fils	4.2	III		0		
UN2010	HYDRURE DE MAGNÉSIUM	4.3	I	38	0	1 000	
UN2011	PHOSPHURE DE MAGNÉSIUM	4.3 (6.1)	I	38	0	1 000	
UN2012	PHOSPHURE DE POTASSIUM	4.3 (6.1)	I	38	0	1 000	
UN2013	PHOSPHURE DE STRONTIUM	4.3 (6.1)	I	38	0	1 000	
UN2014	PEROXYDE D'HYDROGÈNE EN SOLUTION AQUEUSE contenant au moins 20 pour cent mais au maximum 60 pour cent de peroxyde d'hydrogène (stabilisée selon les besoins)	5.1 (8)	II		0.5		
UN2015	PEROXYDE D'HYDROGÈNE EN SOLUTION AQUEUSE STABILISÉE contenant plus de 60 pour cent de peroxyde d'hydrogène; ou PEROXYDE D'HYDROGÈNE STABILISÉ	5.1 (8)	I		0	1 000	
UN2016	MUNITIONS TOXIQUES NON EXPLOSIVES, sans charge de dispersion ni charge d'expulsion, non amorcées	6.1	II		0		
UN2017	MUNITIONS LACRYMOGÈNES NON EXPLOSIVES, sans charge de dispersion ni charge d'expulsion, non amorcées	6.1 (8)	II		0		
UN2018	CHLORANILINES SOLIDES	6.1	II		0.5		
UN2019	CHLORANILINES LIQUIDES	6.1	II		0.1		
UN2020	CHLOROPHÉNOLS SOLIDES	6.1	III		5		
UN2021	CHLOROPHÉNOLS LIQUIDES	6.1	III		5		
UN2022	ACIDE CRÉSYLIQUE	6.1 (8)	II		0.1		
UN2023	ÉPICHLORHYDRINE	6.1 (3)	II	43	0.1	1 000	P
UN2024	COMPOSÉ DU MERCURE, LIQUIDE, N.S.A. à l'exception du chlorure mercureux et de cinabre	6.1	I II III	23	0 0.1 5	1 000	PP
UN2025	COMPOSÉ DU MERCURE, SOLIDE, N.S.A. à l'exception du chlorure mercureux et de cinabre	6.1	I II III		0 0.5 5	1 000	PP
UN2026	COMPOSÉ PHÉNYLMERCURIQUE, N.S.A.	6.1	I II III		0 0.5 5	1 000	PP
UN2027	ARSÉNITE DE SODIUM SOLIDE	6.1	II		0.5		
UN2028	BOMBES FUMIGÈNES NON EXPLOSIVES, contenant un liquide corrosif, sans dispositif d'amorçage	8	II		1		

1 Numéro UN	2 Appellation réglementaire et description	3 Classe	4 Groupe d'emballage /Groupe de risque	5 Dispositions particulières	6 Quantité limite d'explosifs et indice de quantité limitée	7 Indice PIU	10 Polluant marin
UN2029	HYDRAZINE ANHYDRE	8 (3) (6.1)	I		0	1 000	
UN2030	HYDRATE D'HYDRAZINE contenant plus de 37 pour cent mais pas plus de 64 pour cent (masse) d'hydrazine; ou HYDRAZINE EN SOLUTION AQUEUSE contenant plus de 37 pour cent mais pas plus de 64 pour cent (masse) d'hydrazine	8 (6.1)	II		0.5		
UN2031	ACIDE NITRIQUE, à l'exclusion de l'acide nitrique fumant rouge, contenant au plus 70 pour cent d'acide nitrique	8 (5.1)	I		0	3 000	
UN2031	ACIDE NITRIQUE, à l'exclusion de l'acide nitrique fumant rouge, contenant plus de 70 pour cent d'acide nitrique	8	II		0.5		
UN2032	ACIDE NITRIQUE FUMANT ROUGE	8 (5.1) (6.1)	I		0	1 000	
UN2033	MONOXYDE DE POTASSIUM	8	II		1		
UN2034	HYDROGÈNE ET MÉTHANE EN MÉLANGE COMPRIMÉ	2.1			0.125	3 000	
UN2035	GAZ RÉFRIGÉRANT R 143a; ou TRIFLUORO-1,1,1 ÉTHANE	2.1			0.125	3 000	
UN2036	XÉNON COMPRIMÉ	2.2			0.125		
UN2037	CARTOUCHES À GAZ sans dispositif de détente, non rechargeables; ou RÉCIPIENTS DE FAIBLE CAPACITÉ, CONTENANT DU GAZ sans dispositif de détente, non rechargeables	2.1			0.125		
UN2037	CARTOUCHES À GAZ sans dispositif de détente, non rechargeables; ou RÉCIPIENTS DE FAIBLE CAPACITÉ, CONTENANT DU GAZ sans dispositif de détente, non rechargeables	2.2			0.125		
UN2038	DINITROTOLUÈNES LIQUIDES	6.1	II		0.1		
UN2038	DINITROTOLUÈNES SOLIDES	6.1	II		0.5		
UN2044	DIMÉTHYL-2,2 PROPANE	2.1			0.125	3 000	
UN2045	ISOBUTYRALDÉHYDE	3	II		1		
UN2046	CYMÈNES	3	III		5		PP
UN2047	DICHLOROPROPÈNES	3	II III		1 5		
UN2048	DICYCLOPENTADIÈNE	3	III		5		
UN2049	DIÉTHYLBENZÈNE	3	III		5		
UN2050	COMPOSÉS ISOMÉRIQUES DU DIISOBUTYLÈNE	3	II		1		
UN2051	DIMÉTHYLAMINO-2 ÉTHANOL	8 (3)	II		0.5		
UN2052	DIPENTÈNE	3	III		5		P
UN2053	ALCOOL MÉTHYLAMYLIQUE	3	III		5		
UN2054	MORPHOLINE	8 (3)	I		0	3 000	
UN2055	STYRÈNE MONOMÈRE STABILISÉ	3	III		5		
UN2056	TÉTRAHYDROFURANNE	3	II		1		
UN2057	TRIPROPYLÈNE	3	II III		1 5		
UN2058	VALÉRALDÉHYDE	3	II		1		
UN2059	NITROCELLULOSE EN SOLUTION INFLAMMABLE contenant au plus 12,6 pour cent (masse sèche) d'azote et au plus 55 pour cent de nitrocellulose	3	I II III		0 1 5		

1 Numéro UN	2 Appellation réglementaire et description	3 Classe	4 Groupe d'emballage /Groupe de risque	5 Dispositions particulières	6 Quantité limite d'explosifs et indice de quantité limitée	7 Indice PIU	10 Polluant marin
UN2067	ENGRAIS AU NITRATE D'AMMONIUM: mélanges homogènes et stables contenant au moins 90 pour cent de nitrate d'ammonium avec toute autre matière inorganique chimiquement inerte par rapport au nitrate d'ammonium et au plus 0,2 pour cent de matières combustibles (y compris les matières organiques exprimées en équivalent carbone), ou mélanges contenant plus de 70 pour cent mais moins de 90 pour cent de nitrate d'ammonium et au plus 0,4 pour cent de matières combustibles totales	5.1	III	37, 68	5		
UN2068	ENGRAIS AU NITRATE D'AMMONIUM: mélanges homogènes et stables de nitrate d'ammonium et de carbonate de calcium et/ou de dolomite contenant plus de 80 pour cent mais moins de 90 pour cent de nitrate d'ammonium et au plus 0,4 pour cent de matières combustibles totales	5.1	III	37, 68	5		
UN2069	ENGRAIS AU NITRATE D'AMMONIUM: mélanges homogènes et stables de nitrate d'ammonium et de sulfate d'ammonium contenant plus de 45 pour cent mais 70 pour cent au maximum de nitrate d'ammonium et au plus 0,4 pour cent de matières combustibles totales	5.1	III	37, 68	5		
UN2070	ENGRAIS AU NITRATE D'AMMONIUM: mélanges homogènes et stables du type azote/phosphate ou azote/potasse ou engrais complet du type azote/phosphate/potasse contenant plus de 70 pour cent mais moins de 90 pour cent de nitrate d'ammonium et au plus 0,4 pour cent de matières combustibles totales	5.1	III	37, 68	5		
UN2071	ENGRAIS AU NITRATE D'AMMONIUM: mélanges homogènes et stables du type azote/phosphate ou azote/potasse ou engrais complet du type azote/phosphate/potasse contenant au plus 70 pour cent de nitrate d'ammonium et au plus 0,4 pour cent de matières combustibles ajoutées totales, ou contenant au plus 45 pour cent de nitrate d'ammonium sans limitation de teneur en matières combustibles	9	III	37	5		
UN2072	ENGRAIS AU NITRATE D'AMMONIUM, N.S.A.	5.1	I II III	37, 68	0 1 5	1 000	
UN2073	AMMONIAC EN SOLUTION aqueuse de densité inférieure à 0,880 à 15 °C contenant plus de 35 pour cent mais au maximum 50 pour cent d'ammoniac	2.2			0.125	3 000	
UN2074	ACRYLAMIDE	6.1	III		5		
UN2075	CHLORAL ANHYDRE STABILISÉ	6.1	II		0.1		
UN2076	CRÉSOLS LIQUIDES	6.1 (8)	II		0.1		
UN2076	CRÉSOLS SOLIDES	6.1 (8)	II		0.5		
UN2077	alpha-NAPHTYLAMINE	6.1	III		5		
UN2078	DIISOCYANATE DE TOLUÈNE	6.1	II	43	0.1	1 000	
UN2079	DIÉTHYLÈNETRIAMINE	8	II		1		
UN2186	CHLORURE D'HYDROGÈNE LIQUIDE RÉFRIGÉRÉ	2.3 (8)			0	25	
UN2187	DIOXYDE DE CARBONE LIQUIDE RÉFRIGÉRÉ	2.2			0.125		
UN2188	ARSINE	2.3 (2.1)		38	0	0	
UN2189	DICHLOROSILANE	2.3 (2.1) (8)		38	0	25	
UN2190	DIFLUORURE D'OXYGÈNE COMPRIMÉ	2.3 (5.1) (8)		38	0	0	
UN2191	FLUORURE DE SULFURYLE	2.3			0	25	

1 Numéro UN	2 Appellation réglementaire et description	3 Classe	4 Groupe d'emballage /Groupe de risque	5 Dispositions particulières	6 Quantité limite d'explosifs et indice de quantité limitée	7 Indice PIU	10 Polluant marin
UN2192	GERMANE	2.3 (2.1)		38	0	0	
UN2193	GAZ RÉFRIGÉRANT R 116, COMPRIMÉ; ou HEXAFLUORÉTHANE COMPRIMÉ	2.2			0.125		
UN2194	HEXAFLUORURE DE SÉLÉNIUM	2.3 (8)		38	0	25	
UN2195	HEXAFLUORURE DE TELLURE	2.3 (8)		38	0	25	
UN2196	HEXAFLUORURE DE TUNGSTÈNE	2.3 (8)		38	0	25	
UN2197	IODURE D'HYDROGÈNE ANHYDRE	2.3 (8)		38	0	500	
UN2198	PENTAFLUORURE DE PHOSPHORE, COMPRIMÉ	2.3 (8)		38	0	25	
UN2199	PHOSPHINE	2.3 (2.1)		38	0	0	
UN2200	PROPADIÈNE STABILISÉ	2.1			0.125	3 000	
UN2201	PROTOXYDE D'AZOTE LIQUIDE RÉFRIGÉRÉ	2.2 (5.1)			0	3 000	
UN2202	SÉLÉNIURE D'HYDROGÈNE ANHYDRE	2.3 (2.1)		38	0	0	
UN2203	SILANE COMPRIMÉ	2.1		38	0.125	25	
UN2204	SULFURE DE CARBONYLE	2.3 (2.1)		38	0	500	
UN2205	ADIPONITRILE	6.1	III		5		
UN2206	ISOCYANATES TOXIQUES, N.S.A.; ou ISOCYANATE TOXIQUE EN SOLUTION, N.S.A.	6.1	II III	16, 23 16	0.1 5	3 000	•
UN2208	HYPOCHLORITE DE CALCIUM EN MÉLANGE SEC contenant plus de 10 pour cent mais au maximum 39 pour cent de chlore actif	5.1	III		5		
UN2209	FORMALDÉHYDE EN SOLUTION contenant au moins 25 pour cent de formaldéhyde	8	III		5		
UN2210	MANÈBE; ou PRÉPARATION DE MANÈBE contenant au moins 60 pour cent de manèbe	4.2 (4.3)	III	45	0		P
UN2211	POLYMÈRES EXPANSIBLES EN GRANULÉS dégageant des vapeurs inflammables	9	III		5		
UN2212	AMIANTE BLEU (crocidolite) lorsqu'il n'est pas fixé dans un liant naturel ou artificiel ou compris dans un produit fabriqué; ou AMIANTE BRUN (amosite, mysorite) lorsqu'il n'est pas fixé dans un liant naturel ou artificiel ou compris dans un produit fabriqué	9	II		1		
UN2213	PARAFORMALDÉHYDE	4.1	III		5		
UN2214	ANHYDRIDE PHTALIQUE contenant plus de 0,05 pour cent d'anhydride maléique	8	III		5		
UN2215	ANHYDRIDE MALÉIQUE	8	III		5		
UN2215	ANHYDRIDE MALÉIQUE FONDU	8	III		5		
UN2216	DÉCHETS DE POISSON STABILISÉS, réglementé par navire seulement; ou FARINE DE POISSON STABILISÉE, réglementé par navire seulement	9	III	64	5		
UN2217	TOURTEAUX contenant au plus 1,5 pour cent d'huile et ayant 11,5 pour cent d'humidité au maximum	4.2	III	36	0		
UN2218	ACIDE ACRYLIQUE STABILISÉ	8 (3)	II		0.5		
UN2219	ÉTHER ALLYLGLYCIDIQUE	3	III		5		
UN2222	ANISOLE	3	III		5		
UN2224	BENZONITRILE	6.1	II		0.1		

1 Numéro UN	2 Appellation réglementaire et description	3 Classe	4 Groupe d'emballage /Groupe de risque	5 Dispositions particulières	6 Quantité limite d'explosifs et indice de quantité limitée	7 Indice PIU	10 Polluant marin
UN2225	CHLORURE DE BENZÈNESULFONYLE	8	III		5		
UN2226	CHLORURE DE BENZYLIDYNE	8	II		1	3 000	
UN2227	MÉTHACRYLATE DE n-BUTYLE STABILISÉ	3	III		5		
UN2232	CHLORO-2 ÉTHANAL	6.1	I		0	1 000	
UN2233	CHLORANISIDINES	6.1	III		5		
UN2234	FLUORURES DE CHLOROBENZYLIDYNE	3	III		5		
UN2235	CHLORURES DE CHLOROBENZYLE	6.1	III	53	5		P
UN2236	ISOCYANATE DE CHLORO-3 MÉTHYL-4 PHÉNYLE	6.1	II		0.1		
UN2237	CHLORONITRANILINES	6.1	III		5		P
UN2238	CHLOROTOLUÈNES	3	III		5		P
UN2239	CHLOROTOLUIDINES liquides; ou CHLOROTOLUIDINES LIQUIDES (terminologie OACI/OMI)	6.1	III		5		
UN2239	CHLOROTOLUIDINES solides; ou CHLOROTOLUIDINES SOLIDES (terminologie OACI/OMI)	6.1	III		5		
UN2240	ACIDE SULFOCHROMIQUE	8	I		0	3 000	
UN2241	CYCLOHEPTANE	3	II		1		
UN2242	CYCLOHEPTÈNE	3	II		1		
UN2243	ACÉTATE DE CYCLOHEXYLE	3	III		5		
UN2244	CYCLOPENTANOL	3	III		5		
UN2245	CYCLOPENTANONE	3	III		5		
UN2246	CYCLOPENTÈNE	3	II		1		
UN2247	n-DÉCANE	3	III		5		
UN2248	DI-n-BUTYLAMINE	8 (3)	II		0.5	3 000	
UN2249	ÉTHER DICHLORODIMÉTHYLIQUE, SYMÉTRIQUE	F					
UN2250	ISOCYANATES DE DICHLOROPHÉNYLE	6.1	II		0.5		
UN2251	BICYCLO [2.2.1] HEPTA-2,5-DIÈNE, STABILISÉ; ou NORBORNADIÈNE-2,5, STABILISÉ	3	II		1		
UN2252	DIMÉTHOXY-1,2 ÉTHANE	3	II		1		
UN2253	N,N-DIMÉTHYLANILINE	6.1	II		0.1		
UN2254	ALLUMETTES-TISONS	4.1	III		5		
UN2256	CYCLOHEXÈNE	3	II		1		
UN2257	POTASSIUM	4.3	I		0	1 000	
UN2258	PROPYLÈNE-1,2 DIAMINE	8 (3)	II		0.5	3 000	
UN2259	TRIÉTHYLÈNETÉTRAMINE	8	II		1		
UN2260	TRIPROPYLAMINE	3 (8)	III		5		
UN2261	XYLÉNOLS	6.1	II		0.5		P
UN2262	CHLORURE DE DIMÉTHYLCARBAMOYLE	8	II		1		
UN2263	DIMÉTHYLCYCLOHEXANES	3	II		1		
UN2264	DIMÉTHYLCYCLOHEXYLAMINE	8 (3)	II		0.5		
UN2265	N,N-DIMÉTHYLFORMAMIDE	3	III		5		
UN2266	N,N-DIMÉTHYLPROPYLAMINE	3 (8)	II		1		

1 Numéro UN	2 Appellation réglementaire et description	3 Classe	4 Groupe d'emballage /Groupe de risque	5 Dispositions particulières	6 Quantité limite d'explosifs et indice de quantité limitée	7 Indice PIU	10 Polluant marin
UN2267	CHLORURE DE DIMÉTHYLTHIOPHOSPHORYLE	6.1 (8)	II		0.1		
UN2269	IMINOBISPROPYLAMINE-3,3'	8	III		5		
UN2270	ÉTHYLAMINE EN SOLUTION AQUEUSE contenant au moins 50 pour cent mais au maximum 70 pour cent d'éthylamine	3 (8)	II		1		
UN2271	ÉTHYLAMYLCÉTONE	3	III		5		
UN2272	N-ÉTHYLANILINE	6.1	III		5		
UN2273	ÉTHYL-2-ANILINE	6.1	III		5		
UN2274	N-ÉTHYL N-BENZYLANILINE	6.1	III		5		
UN2275	ÉTHYL-2 BUTANOL	3	III		5		
UN2276	ÉTHYL-2 HEXYLAMINE	3 (8)	III		5		
UN2277	MÉTHACRYLATE D'ÉTHYLE	3	II		1		
UN2278	n-HEPTÈNE	3	II		1		
UN2279	HEXACHLOROBUTADIÈNE	6.1	III		5		PP
UN2280	HEXAMÉTHYLÈNEDIAMINE SOLIDE	8	III		5		
UN2281	DIISOCYANATE D'HEXAMÉTHYLÈNE	6.1	II		0.1		
UN2282	HEXANOLS	3	III		5		
UN2283	MÉTHACRYLATE D'ISOBUTYLE, STABILISÉ	3	III		5		
UN2284	ISOBUTYRONITRILE	3 (6.1)	II		1		
UN2285	FLUORURES D'ISOCYANATOBENZYLIDYNE	6.1 (3)	II		0.1	1 000	
UN2286	PENTAMÉTHYLHEPTANE	3	III		5		
UN2287	ISOHEPTÈNE	3	II		1		
UN2288	ISOHEXÈNE	3	II		1		
UN2289	ISOPHORONEDIAMINE	8	III		5		
UN2290	DIISOCYANATE D'ISOPHORONE	6.1	III		5		
UN2291	COMPOSÉ DU PLOMB, SOLUBLE, N.S.A.	6.1	III	24	5		P
UN2293	MÉTHOXY-4 MÉTHYL-4 PENTANONE-2	3	III		5		
UN2294	N-MÉTHYLANILINE	6.1	III		5		
UN2295	CHLORACÉTATE DE MÉTHYLE	6.1 (3)	I		0	1 000	
UN2296	MÉTHYLCYCLOHEXANE	3	II		1		
UN2297	MÉTHYLCYCLOHEXANONE	3	III		5		
UN2298	MÉTHYLCYCLOPENTANE	3	II		1		
UN2299	DICHLORACÉTATE DE MÉTHYLE	6.1	III		5		
UN2300	MÉTHYL-2 ÉTHYL-5 PYRIDINE	6.1	III		5		
UN2301	MÉTHYL-2 FURANNE	3	II		1		
UN2302	MÉTHYL-5 HEXANONE-2	3	III		5		
UN2303	ISOPROPÉNYLBENZÈNE	3	III		5		
UN2304	NAPHTALÈNE FONDU	4.1	III		0		
UN2305	ACIDE NITROBENZÈNESULFONIQUE	8	II		1		
UN2306	FLUORURES DE NITROBENZYLIDYNE	6.1	II		0.1		P
UN2307	FLUORURE DE NITRO-3 CHLORO-4 BENZYLIDYNE	6.1	II		0.1		P

1 Numéro UN	2 Appellation réglementaire et description	3 Classe	4 Groupe d'emballage /Groupe de risque	5 Dispositions particulières	6 Quantité limite d'explosifs et indice de quantité limitée	7 Indice PIU	10 Polluant marin
UN2308	HYDROGÉNOSULFATE DE NITROSYLE LIQUIDE	8	II		1		
UN2308	HYDROGÉNOSULFATE DE NITROSYLE SOLIDE	8	II		1		
UN2309	OCTADIÈNE	3	II		1		
UN2310	PENTANEDIONE-2,4	3 (6.1)	III		5		
UN2311	PHÉNÉTIDINES	6.1	III	43	5		
UN2312	PHÉNOL FONDU	6.1	II		0	3 000	
UN2313	PICOLINES	3	III		5		
UN2315	DIPHÉNYLES POLYCHLORÉS (PCB) réglementé seulement en concentration de plus de 50 ppm (masse); ou OBJETS CONTENANT DES DIPHÉNYLES POLYCHLORÉS (PCB) réglementé seulement en concentration de plus de 50 ppm (masse)	9	II		1		PP
UN2316	CUPROCYANURE DE SODIUM SOLIDE	6.1	I		0	1 000	PP
UN2317	CUPROCYANURE DE SODIUM EN SOLUTION	6.1	I		0	1 000	PP
UN2318	HYDROGÉNOSULFURE DE SODIUM avec moins de 25 pour cent d'eau de cristallisation	4.2	II		0		
UN2319	HYDROCARBURES TERPÉNIQUES, N.S.A.	3	III		5		•
UN2320	TÉTRAÉTHYLÈNEPENTAMINE	8	III		5		
UN2321	TRICHLOROBENZÈNES LIQUIDES	6.1	III		5		P
UN2322	TRICHLOROBUTÈNE	6.1	II		0.1		P
UN2323	PHOSPHITE DE TRIÉTHYLE	3	III		5		
UN2324	TRIISOBUTYLÈNE	3	III		5		
UN2325	TRIMÉTHYL-1,3,5 BENZÈNE	3	III		5		
UN2326	TRIMÉTHYLCYCLOHEXYLAMINE	8	III		5		
UN2327	TRIMÉTHYLHEXAMÉTHYLÈNEDIAMINES	8	III		5		
UN2328	DIISOCYANATE DE TRIMÉTHYLHEXAMÉTHYLÈNE	6.1	III		5		
UN2329	PHOSPHITE DE TRIMÉTHYLE	3	III		5		
UN2330	UNDÉCANE	3	III		5		
UN2331	CHLORURE DE ZINC ANHYDRE	8	III		5		
UN2332	ACÉTALDOXIME	3	III		5		
UN2333	ACÉTATE D'ALLYLE	3 (6.1)	II		1	1 000	
UN2334	ALLYLAMINE	6.1 (3)	I		0	1 000	
UN2335	ÉTHER ALLYLÉTHYLIQUE	3 (6.1)	II		1	1 000	
UN2336	FORMIATE D'ALLYLE	3 (6.1)	I		0	1 000	
UN2337	MERCAPTAN PHÉNYLIQUE	6.1 (3)	I		0	1 000	
UN2338	FLUORURE DE BENZYLIDYNE	3	II		1		
UN2339	BROMO-2 BUTANE	3	II		1		
UN2340	ÉTHER BROMO-2 ÉTHYLÉTHYLIQUE	3	II		1		
UN2341	BROMO-1 MÉTHYL-3 BUTANE	3	III		5		
UN2342	BROMOMÉTHYLPROPANES	3	II		1		
UN2343	BROMO-2 PENTANE	3	II		1		

1 Numéro UN	2 Appellation réglementaire et description	3 Classe	4 Groupe d'emballage /Groupe de risque	5 Dispositions particulières	6 Quantité limite d'explosifs et indice de quantité limitée	7 Indice PIU	10 Polluant marin
UN2344	BROMOPROPANES	3	II III		1 5		
UN2345	BROMO-3 PROPYNE	3	II		1		
UN2346	BUTANEDIONE	3	II		1		P
UN2347	MERCAPTAN BUTYLIQUE	3	II		1		P
UN2348	ACRYLATES DE BUTYLE STABILISÉS	3	III		5		
UN2350	ÉTHER BUTYLMÉTHYLIQUE	3	II		1		
UN2351	NITRITES DE BUTYLE	3	II III		1 5		
UN2352	ÉTHER BUTYLVINYLIQUE STABILISÉ	3	II		1		
UN2353	CHLORURE DE BUTYRYLE	3 (8)	II		1		
UN2354	ÉTHER CHLOROMÉTHYLÉTHYLIQUE	3 (6.1)	II		1	3 000	
UN2356	CHLORO-2 PROPANE	3	I		0		
UN2357	CYCLOHEXYLAMINE	8 (3)	II		0.5		
UN2358	CYCLOOCTATÉTRAÈNE	3	II		1		
UN2359	DIALLYLAMINE	3 (6.1) (8)	II		1	1 000	
UN2360	ÉTHER DIALLYLIQUE	3 (6.1)	II		1	1 000	
UN2361	DIISOBUTYLAMINE	3 (8)	III		5		
UN2362	DICHLORO-1,1 ÉTHANE	3	II		1		
UN2363	MERCAPTAN ÉTHYLIQUE	3	I		0		P
UN2364	n-PROPYLBENZÈNE	3	III		5		
UN2366	CARBONATE D'ÉTHYLE	3	III		5		
UN2367	alpha-MÉTHYLVALÉRALDÉHYDE	3	II		1		
UN2368	alpha-PINÈNE	3	III		5		
UN2370	HEXÈNE-1	3	II		1		
UN2371	ISOPENTÈNES	3	I		0		
UN2372	BIS (DIMÉTHYLAMINO)-1,2 ÉTHANE	3	II		1		
UN2373	DIÉTHOXYMÉTHANE	3	II		1		
UN2374	DIÉTHOXY-3,3 PROPÈNE	3	II		1		
UN2375	SULFURE D'ÉTHYLE	3	II		1		
UN2376	DIHYDRO-2,3 PYRANNE	3	II		1		
UN2377	DIMÉTHOXY-1,1 ÉTHANE	3	II		1		
UN2378	DIMÉTHYLAMINOACÉTONITRILE	3 (6.1)	II		1	1 000	
UN2379	DIMÉTHYL-1,3 BUTYLAMINE	3 (8)	II		1		
UN2380	DIMÉTHYLDIÉTHOXYSILANE	3	II		1		
UN2381	DISULFURE DE DIMÉTHYLE	3	II		1	1 000	
UN2382	DIMÉTHYLHYDRAZINE SYMÉTRIQUE	6.1 (3)	I		0	1 000	P
UN2383	DIPROPYLAMINE	3 (8)	II		1	3 000	
UN2384	ÉTHER DI-n-PROPYLIQUE	3	II		1		

1 Numéro UN	2 Appellation réglementaire et description	3 Classe	4 Groupe d'emballage /Groupe de risque	5 Dispositions particulières	6 Quantité limite d'explosifs et indice de quantité limitée	7 Indice PIU	10 Polluant marin
UN2385	ISOBUTYRATE D'ÉTHYLE	3 (8)	II		1		
UN2386	ÉTHYL-1 PIPÉRIDINE	3	II		1	3 000	
UN2387	FLUOROBENZÈNE	3	II		1		
UN2388	FLUOROTOLUÈNES	3	II		1		
UN2389	FURANNE	3	I		0		
UN2390	IODO-2 BUTANE	3	II		1		
UN2391	IODOMÉTHYLPROPANES	3	II		1		
UN2392	IODOPROPANES	3	III		5		
UN2393	FORMIATE D'ISOBUTYLE	3	II		1		
UN2394	PROPIONATE D'ISOBUTYLE	3	III		5		
UN2395	CHLORURE D'ISOBUTYRYLE	3 (8)	II		1	3 000	
UN2396	MÉTHYLACROLÉINE, STABILISÉE	3 (6.1)	II		1	1 000	
UN2397	MÉTHYL-3 BUTANONE-2	3	II		1		
UN2398	ÉTHER MÉTHYL tert-BUTYLIQUE	3	II		1		
UN2399	MÉTHYL-1 PIPÉRIDINE	3 (8)	II		1		
UN2400	ISOVALÉRATE DE MÉTHYLE	3	II		1		
UN2401	PIPÉRIDINE	8 (3)	I		0	3 000	
UN2402	PROPANETHIOLS	3	II		1		
UN2403	ACÉTATE D'ISOPROPÉNYLE	3	II		1		
UN2404	PROPIONITRILE	3 (6.1)	II		1	1 000	
UN2405	BUTYRATE D'ISOPROPYLE	3	III		5		
UN2406	ISOBUTYRATE D'ISOPROPYLE	3	II		1		
UN2407	CHLOROFORMIATE D'ISOPROPYLE	6.1 (3) (8)	I		0	1 000	
UN2409	PROPIONATE D'ISOPROPYLE	3	II		1		
UN2410	TÉTRAHYDRO-1,2,3,6 PYRIDINE	3	II		1		
UN2411	BUTYRONITRILE	3 (6.1)	II		1	3 000	
UN2412	TÉTRAHYDROTHIOPHÈNE	3	II		1		
UN2413	ORTHOTITANATE DE PROPYLE	3	III		5		
UN2414	THIOPHÈNE	3	II		1		
UN2416	BORATE DE TRIMÉTHYLE	3	II		1		
UN2417	FLUORURE DE CARBONYLE, COMPRIMÉ	2.3 (8)		38	0	25	
UN2418	TÉTRAFLUORURE DE SOUFRE	2.3 (8)		38	0	25	
UN2419	BROMOTRIFLUORÉTHYLÈNE	2.1			0.125	3 000	
UN2420	HEXAFLUORACÉTONE	2.3 (8)		38	0	25	
UN2421	TRIOXIDE D'AZOTE	2.3 (5.1) (8)		38	0	25	
UN2422	GAZ RÉFRIGÉRANT R 1318; ou OCTAFLUOROBUTÈNE-2	2.2			0.125		
UN2424	GAZ RÉFRIGÉRANT R 218; ou OCTAFLUOROPROPANE	2.2			0.125		

1 Numéro UN	2 Appellation réglementaire et description	3 Classe	4 Groupe d'emballage /Groupe de risque	5 Dispositions particulières	6 Quantité limite d'explosifs et indice de quantité limitée	7 Indice PIU	10 Polluant marin
UN2426	NITRATE D'AMMONIUM LIQUIDE (solution chaude concentrée) contenant au plus 0,2 pour cent de matières combustibles et dont la concentration est supérieure à 80 pour cent	5.1			0	1 000	
UN2427	CHLORATE DE POTASSIUM EN SOLUTION AQUEUSE	5.1	II III		1 5		
UN2428	CHLORATE DE SODIUM EN SOLUTION AQUEUSE	5.1	II III		1 5		
UN2429	CHLORATE DE CALCIUM EN SOLUTION AQUEUSE	5.1	II III		1 5		
UN2430	ALKYLPHÉNOLS SOLIDES, N.S.A. y compris les homologues C2 à C12	8	I II III	50 50 50	0 1 5	3 000	•
UN2431	ANISIDINES liquides; ou ANISIDINES LIQUIDES (terminologie OACI/OMI)	6.1	III		5		
UN2431	ANISIDINES solides; ou ANISIDINES SOLIDES (terminologie OACI/OMI)	6.1	III		5		
UN2432	N,N-DIÉTHYLANILINE	6.1	III	43	5		
UN2433	CHLORONITROTOLUÈNES LIQUIDES	6.1	III		5		P
UN2433	CHLORONITROTOLUÈNES SOLIDES	6.1	III		5		P
UN2434	DIBENZYLDICHLOROSILANE	8	II		1		
UN2435	ÉTHYLPHÉNYLDICHLOROSILANE	8	II		1		
UN2436	ACIDE THIOACÉTIQUE	3	II		1		
UN2437	MÉTHYLPHÉNYLDICHLOROSILANE	8	II		1		
UN2438	CHLORURE DE TRIMÉTHYLACÉTYLE	6.1 (3) (8)	I		0	1 000	
UN2439	HYDROGÉNODIFLUORURE DE SODIUM en solution; ou HYDROGÉNODIFLUORURE DE SODIUM EN SOLUTION (terminologie OACI)	8	II		1		
UN2439	HYDROGÉNODIFLUORURE DE SODIUM solide; ou HYDROGÉNODIFLUORURE DE SODIUM SOLIDE (terminologie OACI)	8	II		1		
UN2440	CHLORURE D'ÉTAIN IV PENTAHYDRATÉ	8	III		5		
UN2441	TRICHLORURE DE TITANE EN MÉLANGE, PYROPHORIQUE; ou TRICHLORURE DE TITANE PYROPHORIQUE	4.2 (8)	I		0	1 000	
UN2442	CHLORURE DE TRICHLORACÉTYLE	8	II		1		
UN2443	OXYTRICHLORURE DE VANADIUM	8	II		1		
UN2444	TÉTRACHLORURE DE VANADIUM	8	I		0	3 000	
UN2445	ALKYLLITHIUMS	4.2 (4.3)	I		0	1 000	
UN2446	NITROCRÉSOLS	6.1	III		5		
UN2447	PHOSPHORE BLANC FONDU	4.2 (6.1)	I		0	1 000	PP
UN2448	SOUFRE FONDU	4.1	III	32	0		
UN2451	TRIFLUORURE D'AZOTE COMPRIMÉ	2.2 (5.1)		38	0	25	
UN2452	ÉTHYLACÉTYLÈNE STABILISÉ	2.1			0.125	3 000	
UN2453	FLUORURE D'ÉTHYLE; ou GAZ RÉFRIGÉRANT R 161	2.1			0.125	3 000	
UN2454	FLUORURE DE MÉTHYLE; ou GAZ RÉFRIGÉRANT R 41	2.1			0.125	3 000	
UN2455	NITRITE DE MÉTHYLE	F					

1 Numéro UN	2 Appellation réglementaire et description	3 Classe	4 Groupe d'emballage /Groupe de risque	5 Dispositions particulières	6 Quantité limite d'explosifs et indice de quantité limitée	7 Indice PIU	10 Polluant marin
UN2456	CHLORO-2 PROPÈNE	3	I		0		
UN2457	DIMÉTHYL-2,3 BUTANE	3	II		1		
UN2458	HEXADIÈNE	3	II		1		
UN2459	MÉTHYL-2 BUTÈNE-1	3	I		0		
UN2460	MÉTHYL-2 BUTÈNE-2	3	II		1		
UN2461	MÉTHYLPENTADIÈNE	3	II		1		
UN2463	HYDRURE D'ALUMINIUM	4.3	I	38	0	1 000	
UN2464	NITRATE DE BÉRYLLIUM	5.1 (6.1)	II		0.5	1 000	
UN2465	ACIDE DICHLOROISOCYANURIQUE SEC; ou SELS DE L' ACIDE DICHLOROISOCYANURIQUE (à l'exception des sels de sodium dihydratés)	5.1	II		1		
UN2466	SUPEROXYDE DE POTASSIUM	5.1	I	38	0	1 000	
UN2468	ACIDE TRICHLOROISOCYANURIQUE SEC	5.1	II		1		
UN2469	BROMATE DE ZINC	5.1	III		5		
UN2470	PHÉNYLACÉTONITRILE LIQUIDE	6.1	III		5		
UN2471	TÉTROXYDE D'OSMIUM	6.1	I	38	0	1 000	PP
UN2473	ARSANILATE DE SODIUM	6.1	III		5		
UN2474	THIOPHOSGÈNE	6.1	II	43	0.1	1 000	
UN2475	TRICHLORURE DE VANADIUM	8	III		5		
UN2477	ISOTHIOCYANATE DE MÉTHYLE	6.1 (3)	I		0	1 000	
UN2478	ISOCYANATE EN SOLUTION, INFLAMMABLE TOXIQUE, N.S.A.; ou ISOCYANATES INFLAMMABLES, TOXIQUES, N.S.A.	3 (6.1)	II III	16 16	1 5	1 000	•
UN2480	ISOCYANATE DE MÉTHYLE	6.1 (3)	I	38	0	1 000	
UN2481	ISOCYANATE D'ÉTHYLE	3 (6.1)	I		0	1 000	
UN2482	ISOCYANATE DE n-PROPYLE	6.1 (3)	I		0	1 000	
UN2483	ISOCYANATE D'ISOPROPYLE	3 (6.1)	I		0	1 000	
UN2484	ISOCYANATE DE tert BUTYLE	6.1 (3)	I		0	1 000	
UN2485	ISOCYANATE DE n-BUTYLE	6.1 (3)	I		0	1 000	
UN2486	ISOCYANATE D'ISOBUTYLE	3 (6.1)	II		1	1 000	
UN2487	ISOCYANATE DE PHÉNYLE	6.1 (3)	I		0	1 000	
UN2488	ISOCYANATE DE CYCLOHEXYLE	6.1 (3)	I		0	1 000	
UN2490	ÉTHER DICHLOROISOPROPYLIQUE	6.1 (3)	II		0.1		
UN2491	ÉTHANOLAMINE; ou ÉTHANOLAMINE EN SOLUTION	8	III		5		
UN2493	HEXAMÉTHYLÈNEIMINE	3 (8)	II		1		
UN2495	PENTAFLUORURE D'IODE	5.1 (6.1) (8)	I		0	1 000	
UN2496	ANHYDRIDE PROPIONIQUE	8	III		5		
UN2498	TÉTRAHYDRO-1,2,3,6 BENZALDÉHYDE	3	III		5		
UN2501	OXYDE DE TRIS-(AZIRIDINYL-1) PHOSPHINE EN SOLUTION	6.1	II		0.1		

Annexe 1

1 Numéro UN	2 Appellation réglementaire et description	3 Classe	4 Groupe d'emballage /Groupe de risque	5 Dispositions particulières	6 Quantité limite d'explosifs et indice de quantité limitée	7 Indice PIU	10 Polluant marin
UN2502	CHLORURE DE VALÉRYLE	8 (3)	II		0.5		
UN2503	TÉTRACHLORURE DE ZIRCONIUM	8	III		5		
UN2504	TÉTRABROMÉTHANE	6.1	III		5		P
UN2505	FLUORURE D'AMMONIUM	6.1	III		5		
UN2506	HYDROGÉNOSULFATE D'AMMONIUM	8	II		1		
UN2507	ACIDE CHLOROPLATINIQUE SOLIDE	8	III		5		
UN2508	PENTACHLORURE DE MOLYBDÈNE	8	III		5		
UN2509	HYDROGÉNOSULFATE DE POTASSIUM	8	II		1		
UN2511	ACIDE CHLORO-2 PROPIONIQUE EN SOLUTION	8	III		5		
UN2511	ACIDE CHLORO-2 PROPIONIQUE SOLIDE	6.1	III		5		
UN2512	AMINOPHÉNOLS (o-, m-, p-)	6.1	III	43	5		
UN2513	BROMURE DE BROMACÉTYLE	8	II		1		
UN2514	BROMOBENZÈNE	3	III		5		P
UN2515	BROMOFORME	6.1	III		5		P
UN2516	TÉTRABROMURE DE CARBONE	6.1	III		5		P
UN2517	CHLORO-1 DIFLUORO-1,1 ÉTHANE; ou GAZ RÉFRIGÉRANT R 142b	2.1			0.125	3 000	
UN2518	CYCLODODÉCATRIÈNE-1,5,9	6.1	III		5		PP
UN2520	CYCLOOCTADIÈNES	3	III		5		
UN2521	DICÉTÈNE STABILISÉ	6.1 (3)	I		0	1 000	
UN2522	MÉTHACRYLATE DE 2-DIMÉTHYLAMINOÉTHYLE	6.1	II		0.1		
UN2524	ORTHOFORMIATE D'ÉTHYLE	3	III		5		
UN2525	OXALATE D'ÉTHYLE	6.1	III		5		
UN2526	FURFURYLAMINE	3 (8)	III		5		
UN2527	ACRYLATE D'ISOBUTYLE STABILISÉ	3	III		5		
UN2528	ISOBUTYRATE D'ISOBUTYLE	3	III		5		
UN2529	ACIDE ISOBUTYRIQUE	3 (8)	III		5		
UN2531	ACIDE MÉTHACRYLIQUE STABILISÉ	8	II		1		
UN2533	TRICHLORACÉTATE DE MÉTHYLE	6.1	III		5		
UN2534	MÉTHYLCHLOROSILANE	2.3 (2.1) (8)			0	25	
UN2535	4-MÉTHYLMORPHOLINE; ou N-MÉTHYLMORPHOLINE	3 (8)	II		1	3 000	
UN2536	MÉTHYLTÉTRAHYDROFURANNE	3	II		1		
UN2538	NITRONAPHTALÈNE	4.1	III		5		
UN2541	TERPINOLÈNE	3	III		5		
UN2542	TRIBUTYLAMINE	6.1	II		0.1		
UN2545	HAFNIUM EN POUDRE SEC	4.2	I II III	38	0 0 0	1 000	
UN2546	TITANE EN POUDRE SEC	4.2	I II III	38	0 0 0	1 000	

1 Numéro UN	2 Appellation réglementaire et description	3 Classe	4 Groupe d'emballage /Groupe de risque	5 Dispositions particulières	6 Quantité limite d'explosifs et indice de quantité limitée	7 Indice PIU	10 Polluant marin
UN2547	SUPEROXYDE DE SODIUM	5.1	I	38	0	1 000	
UN2548	PENTAFLUORURE DE CHLORE	2.3 (5.1) (8)		38	0	25	
UN2552	HEXAFLUORACÉTONE HYDRATÉ	6.1	II		0.1		
UN2554	CHLORURE DE MÉTHYLALLYLE	3	II		1		
UN2555	NITROCELLULOSE AVEC au moins 25 pour cent (masse) d'EAU	4.1	II	38	0		
UN2556	NITROCELLULOSE AVEC au moins 25 pour cent (masse) d'ALCOOL, et une teneur en azote ne dépassant pas 12,6 pour cent (rapportée à la masse sèche)	4.1	II	38	0		
UN2557	NITROCELLULOSE EN MÉLANGE, AVEC PIGMENT d'une teneur en azote ne dépassant pas 12,6 pour cent (rapportée à la masse sèche); NITROCELLULOSE EN MÉLANGE, AVEC PLASTIFIANT d'une teneur en azote ne dépassant pas 12,6 pour cent (rapportée à la masse sèche); NITROCELLULOSE EN MÉLANGE, SANS PIGMENT d'une teneur en azote ne dépassant pas 12,6 pour cent (rapportée à la masse sèche); ou NITROCELLULOSE EN MÉLANGE, SANS PLASTIFIANT d'une teneur en azote ne dépassant pas 12,6 pour cent (rapportée à la masse sèche)	4.1	II	38, 70	0		•
UN2558	ÉPIBROMHYDRINE	6.1 (3)	I		0	1 000	P
UN2560	MÉTHYL-2 PENTANOL-2	3	III		5		
UN2561	MÉTHYL-3 BUTÈNE-1	3	I		0		
UN2564	ACIDE TRICHLORACÉTIQUE EN SOLUTION	8	II III		1 5		
UN2565	DICYCLOHEXYLAMINE	8	III		5		
UN2567	PENTACHLOROPHÉNATE DE SODIUM	6.1	II		0.5		PP
UN2570	COMPOSÉ DU CADMIUM	6.1	I II III	23, 51	0 0.5 5	1 000	PP
UN2571	ACIDES ALKYLSULFURIQUES	8	II	16	1		
UN2572	PHÉNYLHYDRAZINE	6.1	II		0.1		
UN2573	CHLORATE DE THALLIUM	5.1 (6.1)	II		0.5	1 000	P
UN2574	PHOSPHATE DE TRICRÉSYLE avec plus de 3 pour cent d'isomère ortho	6.1	II		0.1		PP
UN2576	OXYBROMURE DE PHOSPHORE FONDU	8	II		1		
UN2577	CHLORURE DE PHÉNYLACÉTYLE	8	II		1		
UN2578	TRIOXYDE DE PHOSPHORE	8	III		5		
UN2579	PIPÉRAZINE	8	III		5		
UN2580	BROMURE D'ALUMINIUM EN SOLUTION	8	III		5		
UN2581	CHLORURE D'ALUMINIUM EN SOLUTION	8	III		5		
UN2582	CHLORURE DE FER III EN SOLUTION	8	III		5		
UN2583	ACIDES ALKYLSULFONIQUES SOLIDES contenant plus de 5 pour cent d'acide sulfurique libre; ou ACIDES ARYLSULFONIQUES SOLIDES contenant plus de 5 pour cent d'acide sulfurique libre	8	II		1		
UN2584	ACIDES ALKYLSULFONIQUES LIQUIDES contenant plus de 5 pour cent d'acide sulfurique libre; ou ACIDES ARYLSULFONIQUES LIQUIDES contenant plus de 5 pour cent d'acide sulfurique libre	8	II		1		

1 Numéro UN	2 Appellation réglementaire et description	3 Classe	4 Groupe d'emballage /Groupe de risque	5 Dispositions particulières	6 Quantité limite d'explosifs et indice de quantité limitée	7 Indice PIU	10 Polluant marin
UN2585	ACIDES ALKYLSULFONIQUES SOLIDES contenant au plus 5 pour cent d'acide sulfurique libre; ou ACIDES ARYLSULFONIQUES SOLIDES contenant au plus 5 pour cent d'acide sulfurique libre	8	III		5		
UN2586	ACIDES ALKYLSULFONIQUES LIQUIDES contenant au plus 5 pour cent d'acide sulfurique libre; ou ACIDES ARYLSULFONIQUES LIQUIDES contenant au plus 5 pour cent d'acide sulfurique libre	8	III		5		
UN2587	BENZOQUINONE	6.1	II		0.5		
UN2588	PESTICIDE SOLIDE TOXIQUE, N.S.A.	6.1	I II III	16 16 16	0 0.5 5	1 000	•
UN2589	CHLORACÉTATE DE VINYLE	6.1 (3)	II		0.1	1 000	
UN2590	AMIANTE BLANC (chrysotile, actinolite, anthophyllite, trémolite) lorsqu'il n'est pas fixé dans un liant naturel ou artificiel ou compris dans un produit fabriqué	9	III		5		
UN2591	XÉNON LIQUIDE RÉFRIGÉRÉ	2.2			0.125		
UN2599	CHLOROTRIFLUOROMÉTHANE ET TRIFLUOROMÉTHANE EN MÉLANGE AZÉOTROPE contenant environ 60 pour cent de chlorotrifluorométhane; ou GAZ RÉFRIGÉRANT R 503	2.2			0.125		
UN2600	MONOXYDE DE CARBONE ET HYDROGÈNE EN MÉLANGE, COMPRIMÉ	2.3 (2.1)			0	500	
UN2601	CYCLOBUTANE	2.1			0.125	3 000	
UN2602	DICHLORODIFLUOROMÉTHANE ET DIFLUORÉTHANE EN MÉLANGE AZÉOTROPE contenant environ 74 pour cent de dichlorodifluorométhane; ou GAZ RÉFRIGÉRANT R 500	2.2			0.125		
UN2603	CYCLOHEPTATRIÈNE	3 (6.1)	II		1		
UN2604	ÉTHÉRATE DIÉTHYLIQUE DE TRIFLUORURE DE BORE	8 (3)	I		0	3 000	
UN2605	ISOCYANATE DE MÉTHOXYMÉTHYLE	3 (6.1)	I		0	1 000	
UN2606	ORTHOSILICATE DE MÉTHYLE	6.1 (3)	I		0	1 000	
UN2607	ACROLÉINE, DIMÈRE STABILISÉ	3	III		5		
UN2608	NITROPROPANES	3	III		5		
UN2609	BORATE DE TRIALLYLE	6.1	III		5		
UN2610	TRIALLYLAMINE	3 (8)	III		5		
UN2611	CHLORHYDRINE PROPYLÉNIQUE	6.1 (3)	II		0.1	1 000	
UN2612	ÉTHER MÉTHYLPROPYLIQUE	3	II		1		
UN2614	ALCOOL MÉTHALLYLIQUE	3	III		5		
UN2615	ÉTHER ÉTHYLPROPYLIQUE	3	II		1		
UN2616	BORATE DE TRIISOPROPYLE	3	II III		1 5		
UN2617	MÉTHYLCYCLOHEXANOLS inflammables	3	III		5		
UN2618	VINYLTOLUÈNES STABILISÉS	3	III		5		
UN2619	BENZYLDIMÉTHYLAMINE	8 (3)	II		0.5		
UN2620	BUTYRATES D'AMYLE	3	III		5		
UN2621	ACÉTYLMÉTHYLCARBINOL	3	III		5		

1 Numéro UN	2 Appellation réglementaire et description	3 Classe	4 Groupe d'emballage /Groupe de risque	5 Dispositions particulières	6 Quantité limite d'explosifs et indice de quantité limitée	7 Indice PIU	10 Polluant marin
UN2622	GLYCIDALDÉHYDE	3 (6.1)	II		1	1 000	
UN2623	ALLUME-FEU (SOLIDES) avec un liquide inflammable	4.1	III		5		•
UN2624	SILICIURE DE MAGNÉSIUM	4.3	II		0.5		
UN2626	ACIDE CHLORIQUE EN SOLUTION AQUEUSE contenant au plus 10 pour cent d'acide chlorique	5.1	II	38, 68	1		
UN2627	NITRITES INORGANIQUES, N.S.A.	5.1	II	38, 68, 71	1		•
UN2628	FLUORACÉTATE DE POTASSIUM	6.1	I		0	1 000	
UN2629	FLUORACÉTATE DE SODIUM	6.1	I		0	1 000	
UN2630	SÉLÉNIATES; ou SÉLÉNITES	6.1	I		0	1 000	•
UN2642	ACIDE FLUORACÉTIQUE	6.1	I		0	1 000	
UN2643	BROMACÉTATE DE MÉTHYLE	6.1	II		0.1		
UN2644	IODURE DE MÉTHYLE	6.1	I		0	1 000	
UN2645	BROMURE DE PHÉNACYLE	6.1	II		0.5		
UN2646	HEXACHLOROCYCLOPENTADIÈNE	6.1	I		0	1 000	
UN2647	MALONITRILE	6.1	II		0.5		
UN2648	DIBROMO-1,2 BUTANONE-3	6.1	II		0.1		
UN2649	DICHLORO-1,3 ACÉTONE	6.1	II		0.5		
UN2650	DICHLORO-1,1 NITRO-1 ÉTHANE	6.1	II		0.1		
UN2651	DIAMINO-4,4' DIPHÉNYLMÉTHANE	6.1	III		5		P
UN2653	IODURE DE BENZYLE	6.1	II		0.1		
UN2655	FLUOROSILICATE DE POTASSIUM	6.1	III		5		
UN2656	QUINOLÉINE	6.1	III		5		
UN2657	DISULFURE DE SÉLÉNIUM	6.1	II		0.5		
UN2659	CHLORACÉTATE DE SODIUM	6.1	III		5		
UN2660	MONONITROTOLUIDINES; ou NITROTOLUIDINES	6.1	III		5		
UN2661	HEXACHLORACÉTONE	6.1	III		5		
UN2662	HYDROQUINONE	6.1	III		5		
UN2664	DIBROMOMÉTHANE	6.1	III		5		
UN2667	BUTYLTOLUÈNES	6.1	III		5		•
UN2668	CHLORACÉTONITRILE	6.1 (3)	II		0.1	1 000	
UN2669	CHLOROCRÉSOLS EN SOLUTION (terminologie OMI); CHLOROCRÉSOLS liquides; ou CHLOROCRÉSOLS LIQUIDES (terminologie OACI)	6.1	II		0.1		
UN2669	CHLOROCRÉSOLS solides; ou CHLOROCRÉSOLS SOLIDES (terminologie OACI)	6.1	II		0.5		
UN2670	CHLORURE CYANURIQUE	8	II		1		
UN2671	AMINOPYRIDINES (o-, m-, p-)	6.1	II		0.5		
UN2672	AMMONIAC EN SOLUTION aqueuse de densité comprise entre 0,880 et 0,957 à 15 °C contenant plus de 10 pour cent mais au maximum 35 pour cent d'ammoniac	8	III		5		
UN2673	AMINO-2 CHLORO-4 PHÉNOL	6.1	II		0.5		
UN2674	FLUOROSILICATE DE SODIUM	6.1	III		5		

1 Numéro UN	2 Appellation réglementaire et description	3 Classe	4 Groupe d'emballage /Groupe de risque	5 Dispositions particulières	6 Quantité limite d'explosifs et indice de quantité limitée	7 Indice PIU	10 Polluant marin
UN2676	STIBINE	2.3 (2.1)		38	0	0	
UN2677	HYDROXYDE DE RUBIDIUM EN SOLUTION	8	II III		1 5		
UN2678	HYDROXYDE DE RUBIDIUM	8	II		1		
UN2679	HYDROXYDE DE LITHIUM EN SOLUTION	8	II III		1 5		
UN2680	HYDROXYDE DE LITHIUM MONOHYDRATÉ	8	II		1		
UN2681	HYDROXYDE DE CÉSIUM EN SOLUTION	8	II III		1 5		
UN2682	HYDROXYDE DE CÉSIUM	8	II		1		
UN2683	SULFURE D'AMMONIUM EN SOLUTION	8 (3) (6.1)	II		0.5	1 000	
UN2684	DIÉTHYLAMINOPROPYLAMINE	3 (8)	III		5		
UN2685	N,N-DIÉTHYLÉTHYLÈNEDIAMINE	8 (3)	II		0.5		
UN2686	DIÉTHYLAMINO-2 ÉTHANOL	8 (3)	II		0.5		
UN2687	NITRITE DE DICYCLOHEXYLAMMONIUM	4.1	III		5		P
UN2688	BROMO-1 CHLORO-3 PROPANE	6.1	III		5		
UN2689	alpha-MONOCHLORHYDRINE DU GLYCÉROL	6.1	III		5		
UN2690	N-n-BUTYLIMIDAZOLE	6.1	II		0.1		
UN2691	PENTABROMURE DE PHOSPHORE	8	II		1		
UN2692	TRIBROMURE DE BORE	8	I		0	1 000	
UN2693	HYDROGÉNOSULFITES EN SOLUTION AQUEUSE, N.S.A.	8	III	16	5		•
UN2698	ANHYDRIDES TÉTRAHYDROPHTALIQUES contenant plus de 0,05 pour cent d'anhydride maléique	8	III		5		
UN2699	ACIDE TRIFLUORACÉTIQUE	8	I		0	3 000	
UN2705	PENTOL-1	8	II		1		
UN2707	DIMÉTHYLDIOXANNES	3	II III		1 5		
UN2709	BUTYLBENZÈNES	3	III		5		
UN2710	DIPROPYLCÉTONE	3	III		5		
UN2713	ACRIDINE	6.1	III		5		
UN2714	RÉSINATE DE ZINC	4.1	III		5		
UN2715	RÉSINATE D'ALUMINIUM	4.1	III		5		
UN2716	BUTYNEDIOL-1,4	6.1	III		5		
UN2717	CAMPHRE synthétique	4.1	III		5		
UN2719	BROMATE DE BARYUM	5.1 (6.1)	II		0.5	1 000	
UN2720	NITRATE DE CHROME	5.1	III		5		
UN2721	CHLORATE DE CUIVRE	5.1	II		1		
UN2722	NITRATE DE LITHIUM	5.1	III		5		
UN2723	CHLORATE DE MAGNÉSIUM	5.1	II		1		
UN2724	NITRATE DE MANGANÈSE	5.1	III		5		
UN2725	NITRATE DE NICKEL	5.1	III		5		

1 Numéro UN	2 Appellation réglementaire et description	3 Classe	4 Groupe d'emballage /Groupe de risque	5 Dispositions particulières	6 Quantité limite d'explosifs et indice de quantité limitée	7 Indice PIU	10 Polluant marin
UN2726	NITRITE DE NICKEL	5.1	III		5		
UN2727	NITRATE DE THALLIUM	6.1 (5.1)	II		0.5		P
UN2728	NITRATE DE ZIRCONIUM	5.1	III		5		
UN2729	HEXACHLOROBENZÈNE	6.1	III		5		
UN2730	NITRANISOLES LIQUIDES	6.1	III		5		
UN2730	NITRANISOLES SOLIDES	6.1	III	43	5		
UN2732	NITROBROMOBENZÈNES LIQUIDES	6.1	III		5		
UN2732	NITROBROMOBENZÈNES SOLIDES	6.1	III		5		
UN2733	AMINES INFLAMMABLES, CORROSIVES, N.S.A.; ou POLYAMINES, INFLAMMABLES, CORROSIVES, N.S.A.	3 (8)	I II III	16 16 16	0 1 5	1 000	•
UN2734	AMINES LIQUIDES, CORROSIVES, INFLAMMABLES, N.S.A.; ou POLYAMINES LIQUIDES, CORROSIVES, INFLAMMABLES, N.S.A.	8 (3)	I II	16 16	0 0.5	1 000	•
UN2735	AMINES LIQUIDES, CORROSIVES, N.S.A.; ou POLYAMINES LIQUIDES, CORROSIVES, N.S.A.	8	I II III	16 16 16	0 1 5	1 000	•
UN2738	N-BUTYLANILINE	6.1	II		0.1		
UN2739	ANHYDRIDE BUTYRIQUE	8	III		5		
UN2740	CHLOROFORMIATE DE n-PROPYLE	6.1 (3) (8)	I		0	1 000	
UN2741	HYPOCHLORITE DE BARYUM contenant plus de 22 pour cent de chlore actif	5.1 (6.1)	II	38	0.5	1 000	
UN2742	CHLOROFORMIATES TOXIQUES, CORROSIFS, INFLAMMABLES, N.S.A.	6.1 (3) (8)	II		0.1	1 000	•
UN2743	CHLOROFORMIATE DE n-BUTYLE	6.1 (3) (8)	II		0.1	1 000	
UN2744	CHLOROFORMIATE DE CYCLOBUTYLE	6.1 (3) (8)	II		0.1	1 000	
UN2745	CHLOROFORMIATE DE CHLOROMÉTHYLE	6.1 (8)	II		0.1	1 000	
UN2746	CHLOROFORMIATE DE PHÉNYLE	6.1 (8)	II		0.1	1 000	
UN2747	CHLOROFORMIATE DE tert-BUTYLCYCLOHEXYLE	6.1	III		5		
UN2748	CHLOROFORMIATE D'ÉTHYL-2 HEXYLE	6.1 (8)	II		0.1	3 000	
UN2749	TÉTRAMÉTHYLSILANE	3	I		0		
UN2750	DICHLORO-1,3 PROPANOL-2	6.1	II		0.1		
UN2751	CHLORURE DE DIÉTHYLTHIOPHOSPHORYLE	8	II		1		
UN2752	ÉPOXY-1,2 ÉTHOXY-3 PROPANE	3	III		5		
UN2753	N-ÉTHYLBENZYLTOLUIDINES LIQUIDES	6.1	III		5		
UN2753	N-ÉTHYLBENZYLTOLUIDINES SOLIDES	6.1	III		5		
UN2754	N-ÉTHYLTOLUIDINES	6.1	II		0.1		
UN2757	CARBAMATE PESTICIDE SOLIDE TOXIQUE	6.1	I II III	16 16 16	0 0.5 5	1 000	•

1 Numéro UN	2 Appellation réglementaire et description	3 Classe	4 Groupe d'emballage /Groupe de risque	5 Dispositions particulières	6 Quantité limite d'explosifs et indice de quantité limitée	7 Indice PIU	10 Polluant marin
UN2758	CARBAMATE PESTICIDE LIQUIDE INFLAMMABLE, TOXIQUE, d'un point d'éclair inférieur à 23 °C	3 (6.1)	I II	16 16	0 1	1 000	•
UN2759	PESTICIDE ARSENICAL SOLIDE TOXIQUE	6.1	I II III	16 16 16	0 0.5 5	1 000	•
UN2760	PESTICIDE ARSENICAL LIQUIDE INFLAMMABLE, TOXIQUE, d'un point d'éclair inférieur à 23 °C	3 (6.1)	I II	16 16	0 1	1 000	•
UN2761	PESTICIDE ORGANOCHLORÉ SOLIDE TOXIQUE	6.1	I II III	16 16 16	0 0.5 5	1 000	•
UN2762	PESTICIDE ORGANOCHLORÉ LIQUIDE INFLAMMABLE, TOXIQUE, d'un point d'éclair inférieur à 23 °C	3 (6.1)	I II	16 16	0 1	1 000	•
UN2763	TRIAZINE PESTICIDE SOLIDE TOXIQUE	6.1	I II III	16 16 16	0 0.5 5	1 000	•
UN2764	TRIAZINE PESTICIDE LIQUIDE INFLAMMABLE, TOXIQUE, d'un point d'éclair inférieur à 23 °C	3 (6.1)	I II	16 16	0 1	1 000	•
UN2771	THIOCARBAMATE PESTICIDE SOLIDE TOXIQUE	6.1	I II III	16 16 16	0 0.5 5	1 000	•
UN2772	THIOCARBAMATE PESTICIDE LIQUIDE, INFLAMMABLE, TOXIQUE, d'un point d'éclair inférieur à 23 °C	3 (6.1)	I II	16 16	0 1	1 000	•
UN2775	PESTICIDE CUIVRIQUE SOLIDE TOXIQUE	6.1	I II III	16 16 16	0 0.5 5	1 000	•
UN2776	PESTICIDE CUIVRIQUE LIQUIDE INFLAMMABLE, TOXIQUE, d'un point d'éclair inférieur à 23 °C	3 (6.1)	I II	16 16	0 1	1 000	•
UN2777	PESTICIDE MERCURIEL SOLIDE TOXIQUE	6.1	I II III	16 16 16	0 0.5 5	1 000	PP
UN2778	PESTICIDE MERCURIEL LIQUIDE INFLAMMABLE, TOXIQUE, d'un point d'éclair inférieur à 23 °C	3 (6.1)	I II	16 16	0 1	1 000	PP
UN2779	NITROPHÉNOL SUBSTITUÉ PESTICIDE SOLIDE TOXIQUE	6.1	I II III	16 16 16	0 0.5 5	1 000	•
UN2780	NITROPHÉNOL SUBSTITUÉ PESTICIDE LIQUIDE INFLAMMABLE, TOXIQUE, d'un point d'éclair inférieur à 23 °C	3 (6.1)	I II	16 16	0 1	1 000	•
UN2781	PESTICIDE BIPYRIDYLIQUE SOLIDE TOXIQUE	6.1	I II III	16, 23 16 16	0 0.5 5	1 000	•
UN2782	PESTICIDE BIPYRIDYLIQUE LIQUIDE INFLAMMABLE, TOXIQUE, d'un point d'éclair inférieur à 23 °C	3 (6.1)	I II	16 16	0 1	1 000	•
UN2783	PESTICIDE ORGANOPHOSPHORÉ SOLIDE TOXIQUE	6.1	I II III	16 16 16	0 0.5 5	1 000	•
UN2784	PESTICIDE ORGANOPHOSPHORÉ LIQUIDE INFLAMMABLE, TOXIQUE, d'un point d'éclair inférieur à 23 °C	3 (6.1)	I II	16, 23 16	0 1	1 000	•
UN2785	MERCAPTO-3 PROPANAL; ou THIA-4 PENTANAL	6.1	III		5		
UN2786	PESTICIDE ORGANOSTANNIQUE SOLIDE TOXIQUE	6.1	I II III	16 16 16	0 0.5 5	1 000	PP

1 Numéro UN	2 Appellation réglementaire et description	3 Classe	4 Groupe d'emballage /Groupe de risque	5 Dispositions particulières	6 Quantité limite d'explosifs et indice de quantité limitée	7 Indice PIU	10 Polluant marin
UN2787	PESTICIDE ORGANOSTANNIQUE LIQUIDE INFLAMMABLE, TOXIQUE, d'un point d'éclair inférieur à 23 °C	3 (6.1)	I II	16 16	0 1	1 000	PP
UN2788	COMPOSÉ ORGANIQUE DE L'ÉTAIN LIQUIDE, N.S.A.	6.1	I II III	16, 23 16 16	0 0.1 5	1 000	PP
UN2789	ACIDE ACÉTIQUE EN SOLUTION contenant plus de 80 pour cent (masse) d'acide; ou ACIDE ACÉTIQUE GLACIAL	8 (3)	II		0.5	3 000	
UN2790	ACIDE ACÉTIQUE EN SOLUTION contenant au moins 50 pour cent mais au maximum 80 pour cent (masse) d'acide	8	III		5		
UN2790	ACIDE ACÉTIQUE EN SOLUTION contenant plus de 10 pour cent et moins de 50 pour cent (masse) d'acide	8	II		1		
UN2793	ROGNURES, COPEAUX, TOURNURES ou ÉBARBURES DE MÉTAUX FERREUX sous une forme susceptible d'échauffement spontané	4.2	III		0		
UN2794	ACCUMULATEURS électriques REMPLIS D'ÉLECTROLYTE LIQUIDE ACIDE	8	III	39	5		
UN2795	ACCUMULATEURS électriques REMPLIS D'ÉLECTROLYTE LIQUIDE ALCALIN	8	III	39	5		
UN2796	ACIDE SULFURIQUE ne contenant pas plus de 51 pour cent d'acide; ou ÉLECTROLYTE ACIDE POUR ACCUMULATEURS	8	II		1		
UN2797	ÉLECTROLYTE ALCALIN POUR ACCUMULATEURS	8	II		1		
UN2798	DICHLOROPHÉNYLPHOSPHINE	8	II		1		
UN2799	DICHLORO(PHÉNYL)THIOPHOSPHORE	8	II		1		
UN2800	ACCUMULATEURS électriques INVERSABLES REMPLIS D'ÉLECTROLYTE LIQUIDE	8	III	39	5		
UN2801	COLORANT LIQUIDE CORROSIF, N.S.A.; ou MATIÈRE INTERMÉDIAIRE LIQUIDE POUR COLORANT, CORROSIVE, N.S.A.	8	I II III	16 16 16	0 1 5	3 000	•
UN2802	CHLORURE DE CUIVRE	8	III		5		PP
UN2803	GALLIUM	8	III		5		
UN2805	PIÈCES COULÉES D'HYDRURE DE LITHIUM SOLIDE	4.3	II		0.5		
UN2806	NITRURE DE LITHIUM	4.3	I	38	0	1 000	
UN2807	MASSES MAGNÉTISÉES, réglementées par aéronef seulement	9	III	63	5		
UN2809	MERCURE	8	III		5		
UN2810	LIQUIDE ORGANIQUE TOXIQUE, N.S.A.	6.1	I II III	16, 23 16 16	0 0.1 5	1 000	•
UN2811	SOLIDE ORGANIQUE TOXIQUE, N.S.A.	6.1	I II III	16 16 16	0 0.5 5	1 000	•
UN2812	ALUMINATE DE SODIUM SOLIDE, réglementé par aéronef seulement	8	III	63	5		
UN2813	SOLIDE HYDRORÉACTIF, N.S.A.	4.3	I II III	16, 38 16 16	0 0.5 1	1 000	•
UN2814	MATIÈRES INFECTIEUSES POUR L'HOMME	6.2	(RG 4) (RG 3) (RG 2)	38 38	0 0 5	0	
UN2815	N-AMINOÉTHYLPIPÉRAZINE	8	III		5		

1 Numéro UN	2 Appellation réglementaire et description	3 Classe	4 Groupe d'emballage /Groupe de risque	5 Dispositions particulières	6 Quantité limite d'explosifs et indice de quantité limitée	7 Indice PIU	10 Polluant marin
UN2817	DIFLUORURE ACIDE D'AMMONIUM EN SOLUTION	8 (6.1)	II III		0.5 1	3 000	
UN2818	POLYSULFURE D'AMMONIUM EN SOLUTION	8 (6.1)	II III		0.5 1	3 000	
UN2819	PHOSPHATE ACIDE D'AMYLE	8	III		5		
UN2820	ACIDE BUTYRIQUE	8	III		5		
UN2821	PHÉNOL EN SOLUTION	6.1	II III		0.1 5		
UN2822	CHLORO-2 PYRIDINE	6.1	II		0.1		
UN2823	ACIDE CROTONIQUE liquide; ou ACIDE CROTONIQUE LIQUIDE (terminologie OACI)	8	III		5		
UN2823	ACIDE CROTONIQUE solide; ou ACIDE CROTONIQUE SOLIDE (terminologie OACI)	8	III		5		
UN2826	CHLOROTHIOFORMIATE D'ÉTHYLE	8 (3)	II		0	1 000	P
UN2829	ACIDE CAPROÏQUE	8	III		5		
UN2830	SILICO-FERRO-LITHIUM	4.3	II		0.5	3 000	
UN2831	TRICHLORO-1,1,1 ÉTHANE	6.1	III		5		
UN2834	ACIDE PHOSPHOREUX	8	III		5		
UN2835	HYDRURE DE SODIUM-ALUMINIUM	4.3	II		0.5		
UN2837	HYDROGÉNOSULFATES EN SOLUTION AQUEUSE	8	II III		1 5		•
UN2838	BUTYRATE DE VINYLE STABILISÉ	3	II		1		
UN2839	ALDOL	6.1	II		0.1		
UN2840	BUTYRALDOXIME	3	III		5		
UN2841	DI-n-AMYLAMINE	3 (6.1)	III		5		
UN2842	NITROÉTHANE	3	III		5		
UN2844	SILICO-MANGANO-CALCIUM	4.3	III		1		
UN2845	LIQUIDE ORGANIQUE PYROPHORIQUE, N.S.A.	4.2	I	16	0	1 000	•
UN2846	SOLIDE ORGANIQUE PYROPHORIQUE, N.S.A.	4.2	I	16, 38	0	1 000	•
UN2849	CHLORO-3 PROPANOL-1	6.1	III		5		
UN2850	TÉTRAPROPYLÈNE	3	III		5		
UN2851	TRIFLUORURE DE BORE DIHYDRATÉ	8	II		1		
UN2852	SULFURE DE DIPICRYLE HUMIDIFIÉ avec au moins 10 pour cent (masse) d'eau	4.1	I	38	0	75	
UN2853	FLUOROSILICATE DE MAGNÉSIUM	6.1	III		5		
UN2854	FLUOROSILICATE D'AMMONIUM	6.1	III		5		
UN2855	FLUOROSILICATE DE ZINC	6.1	III		5		
UN2856	FLUOROSILICATES, N.S.A.	6.1	III		5		•
UN2857	MACHINES FRIGORIFIQUES contenant des gaz liquéfiés non inflammables et non toxiques ou une solution d'ammoniac (UN2672)	2.2			0.125		
UN2858	ZIRCONIUM SEC, sous forme de fils enroulés, de plaques métalliques ou de bandes (épaisseur : moins de 254 microns mais au minimum 18 microns)	4.1	III		5		
UN2859	MÉTAVANADATE D'AMMONIUM	6.1	II		0.5		

1 Numéro UN	2 Appellation réglementaire et description	3 Classe	4 Groupe d'emballage /Groupe de risque	5 Dispositions particulières	6 Quantité limite d'explosifs et indice de quantité limitée	7 Indice PIU	10 Polluant marin
UN2861	POLYVANADATE D'AMMONIUM	6.1	II		0.5		
UN2862	PENTOXYDE DE VANADIUM sous forme non fondue	6.1	III		5		
UN2863	VANADATE DOUBLE D'AMMONIUM ET DE SODIUM	6.1	II		0.5		
UN2864	MÉTAVANADATE DE POTASSIUM	6.1	II		0.5		
UN2865	SULFATE NEUTRE D'HYDROXYLAMINE	8	III		5		
UN2869	TRICHLORURE DE TITANE EN MÉLANGE	8	II III		1 5		
UN2870	BOROHYDRURE D'ALUMINIUM; ou BOROHYDRURE D'ALUMINIUM CONTENU DANS DES ENGINS	4.2 (4.3)	I	38	0	1 000	
UN2871	ANTIMOINE EN POUDRE	6.1	III		5		
UN2872	DIBROMOCHLOROPROPANES	6.1	II III		0.1 5	1 000	
UN2873	DIBUTYLAMINOÉTHANOL	6.1	III		5		
UN2874	ALCOOL FURFURYLIQUE	6.1	III		5		
UN2875	HEXACHLOROPHÈNE	6.1	III		5		
UN2876	RÉSORCINOL	6.1	III		5		
UN2878	ÉPONGE DE TITANE, SOUS FORME DE GRANULÉS; ou ÉPONGE DE TITANE, SOUS FORME DE POUDRE	4.1	III		5		
UN2879	OXYCHLORURE DE SÉLÉNIUM	8 (6.1)	I		0	1 000	
UN2880	HYPOCHLORITE DE CALCIUM EN MÉLANGE HYDRATÉ contenant au moins 5,5 pour cent mais au maximum 10 pour cent d'eau; ou HYPOCHLORITE DE CALCIUM HYDRATÉ contenant au moins 5,5 pour cent mais au maximum 10 pour cent d'eau	5.1	II		1		
UN2881	CATALYSEUR MÉTALLIQUE SEC	4.2	I II III	38	0 0 0	1 000	
UN2900	MATIÈRES INFECTIEUSES POUR LES ANIMAUX uniquement	6.2	(RG 4) (RG 3) (RG 2)	38 38	0 0 0	0	
UN2901	CHLORURE DE BROME	2.3 (5.1) (8)		38	0	25	
UN2902	PESTICIDE LIQUIDE TOXIQUE, N.S.A.	6.1	I II III	16, 23 16 16	0 0.1 5	1 000	•
UN2903	PESTICIDE LIQUIDE TOXIQUE, INFLAMMABLE, N.S.A., d'un point d'éclair égal ou supérieur à 23 °C	6.1 (3)	I II III	16, 23 16 16	0 0.1 1	1 000	•
UN2904	CHLOROPHÉNOLATES LIQUIDES; ou PHÉNOLATES LIQUIDES	8	III		5		•
UN2905	CHLOROPHÉNOLATES SOLIDES; ou PHÉNOLATES SOLIDES	8	III		5		•
UN2907	DINITRATE D'ISOSORBIDE EN MÉLANGE avec au moins 60 pour cent de lactose, de mannose, d'amidon ou d'hydrogénophosphate de calcium	4.1	II	38	0	75	
UN2908	MATIÈRES RADIOACTIVES, EMBALLAGES VIDES COMME COLIS EXCEPTÉS	7		72	0		

1 Numéro UN	2 Appellation réglementaire et description	3 Classe	4 Groupe d'emballage /Groupe de risque	5 Dispositions particulières	6 Quantité limite d'explosifs et indice de quantité limitée	7 Indice PIU	10 Polluant marin
UN2909	MATIÈRES RADIOACTIVES, OBJETS MANUFACTURÉS EN THORIUM NATUREL, COMME COLIS EXCEPTÉS; MATIÈRES RADIOACTIVES, OBJETS MANUFACTURÉS EN URANIUM APPAUVRI, COMME COLIS EXCEPTÉS; ou MATIÈRES RADIOACTIVES, OBJETS MANUFACTURÉS EN URANIUM NATUREL, COMME COLIS EXCEPTÉS	7		72	0		
UN2910	MATIÈRES RADIOACTIVES, QUANTITÉS LIMITÉES EN COLIS EXCEPTÉS	7		72	0		
UN2911	MATIÈRES RADIOACTIVES, APPAREILS EN COLIS EXCEPTÉS; ou MATIÈRES RADIOACTIVES, OBJETS EN COLIS EXCEPTÉS	7		72	0		
UN2912	MATIÈRES RADIOACTIVES DE FAIBLE ACTIVITÉ SPÉCIFIQUE (FAS-I) non fissiles ou fissiles exceptées	7		74	0	100	
UN2913	MATIÈRES RADIOACTIVES, OBJETS CONTAMINÉS SUPERFICIELLEMENT (OCS-I), non fissiles ou fissiles exceptées; ou MATIÈRES RADIOACTIVES, OBJETS CONTAMINÉS SUPERFICIELLEMENT (OCS-II), non fissiles ou fissiles exceptées	7		74	0		
UN2915	MATIÈRES RADIOACTIVES EN COLIS DE TYPE A, qui ne sont pas sous forme spéciale, non fissiles ou fissiles exceptées	7		74	0		
UN2916	MATIÈRES RADIOACTIVES EN COLIS DE TYPE B(U), non fissiles ou fissiles exceptées	7		74	0		
UN2917	MATIÈRES RADIOACTIVES EN COLIS DE TYPE B(M), non fissiles ou fissiles exceptées	7		74	0		
UN2919	MATIÈRES RADIOACTIVES TRANSPORTÉES SOUS ARRANGEMENT SPÉCIAL, non fissiles ou fissiles exceptées	7		74	0		
UN2920	LIQUIDE CORROSIF, INFLAMMABLE, N.S.A.	8 (3)	I II	16 16	0 0.5	3 000	•
UN2921	SOLIDE CORROSIF, INFLAMMABLE, N.S.A.	8 (4.1)	I II	16 16	0 1	3 000	•
UN2922	LIQUIDE CORROSIF, TOXIQUE, N.S.A.	8 (6.1)	I II III	16 16 16	0 0.5 1	3 000	•
UN2923	SOLIDE CORROSIF, TOXIQUE, N.S.A.	8 (6.1)	I II III	16 16 16	0 1 2	3 000	•
UN2924	LIQUIDE INFLAMMABLE, CORROSIF, N.S.A.	3 (8)	I II III	16 16 16	0 1 5	1 000	•
UN2925	SOLIDE ORGANIQUE INFLAMMABLE, CORROSIF, N.S.A.	4.1 (8)	II III	16 16	0.5 3	1 000	•
UN2926	SOLIDE ORGANIQUE INFLAMMABLE, TOXIQUE, N.S.A.	4.1 (6.1)	II III	16 16	0.5 3	1 000	•
UN2927	LIQUIDE ORGANIQUE TOXIQUE, CORROSIF, N.S.A.	6.1 (8)	I II	16, 23 16	0 0.1	1 000	•
UN2928	SOLIDE ORGANIQUE TOXIQUE, CORROSIF, N.S.A.	6.1 (8)	I II	16 16	0 0.5	1 000	•
UN2929	LIQUIDE ORGANIQUE TOXIQUE, INFLAMMABLE, N.S.A.	6.1 (3)	I II	16, 23 16	0 0.1	1 000	•
UN2930	SOLIDE ORGANIQUE TOXIQUE, INFLAMMABLE, N.S.A.	6.1 (4.1)	I II	16 16	0 0.5	1 000	•
UN2931	SULFATE DE VANADYLE	6.1	II		0.5		
UN2933	CHLORO-2 PROPIONATE DE MÉTHYLE	3	III		5		

1 Numéro UN	2 Appellation réglementaire et description	3 Classe	4 Groupe d'emballage /Groupe de risque	5 Dispositions particulières	6 Quantité limite d'explosifs et indice de quantité limitée	7 Indice PIU	10 Polluant marin
UN2934	CHLORO-2 PROPIONATE D'ISOPROPYLE	3	III		5		
UN2935	CHLORO-2 PROPIONATE D'ÉTHYLE	3	III		5		
UN2936	ACIDE THIOLACTIQUE	6.1	II		0.5		
UN2937	ALCOOL alpha-MÉTHYLBENZYLIQUE	6.1	III		5		
UN2940	CYCLOOCTADIÈNE PHOSPHINES; ou PHOSPHA-9 BICYCLONONANES	4.2	II		0		
UN2941	FLUORANILINES	6.1	III		5		
UN2942	TRIFLUOROMÉTHYL-2 ANILINE	6.1	III		5		
UN2943	TÉTRAHYDROFURFURYLAMINE	3	III		5		
UN2945	N-MÉTHYLBUTYLAMINE	3 (8)	II		1		
UN2946	AMINO-2 DIÉTHYLAMINO-5 PENTANE	6.1	III		5		
UN2947	CHLORACÉTATE D'ISOPROPYLE	3	III		5		
UN2948	TRIFLUOROMÉTHYL-3 ANILINE	6.1	II		0.1		
UN2949	HYDROGÉNOSULFURE DE SODIUM avec au moins 25 pour cent d'eau de cristallisation	8	II		1		
UN2950	GRANULÉS DE MAGNÉSIUM ENROBÉS d'une granulométrie d'au moins 149 microns	4.3	III		1		
UN2956	tert-BUTYL-5 TRINITRO-2,4,6 m-XYLÈNE; ou MUSC XYLÈNE	4.1	III	38	3	75	P
UN2965	ÉTHÉRATE DIMÉTHYLIQUE DE TRIFLUORURE DE BORE	4.3 (3) (8)	I		0	1 000	
UN2966	THIOGLYCOL	6.1	II		0.1		
UN2967	ACIDE SULFAMIQUE	8	III		5		
UN2968	MANÈBE STABILISÉ contre l'échauffement spontané; ou PRÉPARATION DE MANÈBE STABILISÉE contre l'échauffement spontané	4.3	III		1		P
UN2969	FARINE DE RICIN; GRAINES DE RICIN; GRAINES DE RICIN EN FLOCONS; ou TOURTEAUX DE RICIN	9	II		5		
UN2977	MATIÈRES RADIOACTIVES, HEXAFLUORURE D'URANIUM, FISSILES	7 (8)			0	25	
UN2978	MATIÈRES RADIOACTIVES, HEXAFLUORURE D'URANIUM, non fissiles ou fissiles exceptées	7 (8)			0	25	
UN2983	OXYDE D'ÉTHYLÈNE ET OXYDE DE PROPYLÈNE EN MÉLANGE contenant au plus 30 pour cent d'oxyde d'éthylène	3 (6.1)	I		0	1 000	
UN2984	PEROXYDE D'HYDROGÈNE EN SOLUTION AQUEUSE contenant au minimum 8 pour cent mais moins de 20 pour cent de peroxyde d'hydrogène (stabilisée selon les besoins)	5.1	III		5		
UN2985	CHLOROSILANES INFLAMMABLES, CORROSIFS, N.S.A.	3 (8)	II		0		•
UN2986	CHLOROSILANES CORROSIFS, INFLAMMABLES, N.S.A.	8 (3)	II		0		•
UN2987	CHLOROSILANES CORROSIFS, N.S.A.	8	II		1		•
UN2988	CHLOROSILANES HYDRORÉACTIFS, INFLAMMABLES, CORROSIFS, N.S.A.	4.3 (3) (8)	I	38	0	1 000	•
UN2989	PHOSPHITE DE PLOMB DIBASIQUE	4.1	II III		1 5		
UN2990	ENGINS DE SAUVETAGE AUTOGONFLABLES	9		21	0		

Annexe 1

1 Numéro UN	2 Appellation réglementaire et description	3 Classe	4 Groupe d'emballage /Groupe de risque	5 Dispositions particulières	6 Quantité limite d'explosifs et indice de quantité limitée	7 Indice PIU	10 Polluant marin
UN2991	CARBAMATE PESTICIDE LIQUIDE TOXIQUE, INFLAMMABLE, d'un point d'éclair égal ou supérieur à 23 °C	6.1 (3)	I II III	16, 23 16 16	0 0.1 1	1 000	•
UN2992	CARBAMATE PESTICIDE LIQUIDE TOXIQUE	6.1	I II III	16, 23 16 16	0 0.1 5	1 000	•
UN2993	PESTICIDE ARSENICAL LIQUIDE TOXIQUE, INFLAMMABLE, d'un point d'éclair égal ou supérieur à 23 °C	6.1 (3)	I II III	16, 23 16 16	0 0.1 1	1 000	•
UN2994	PESTICIDE ARSENICAL LIQUIDE TOXIQUE	6.1	I II III	16, 23 16 16	0 0.1 5	1 000	•
UN2995	PESTICIDE ORGANOCHLORÉ LIQUIDE TOXIQUE, INFLAMMABLE, d'un point d'éclair égal ou supérieur à 23 °C	6.1 (3)	I II III	16, 23 16 16	0 0.1 1	1 000	•
UN2996	PESTICIDE ORGANOCHLORÉ LIQUIDE TOXIQUE	6.1	I II III	16, 23 16 16	0 0.1 5	1 000	•
UN2997	TRIAZINE PESTICIDE LIQUIDE TOXIQUE, INFLAMMABLE, d'un point d'éclair égal ou supérieur à 23 °C	6.1 (3)	I II III	16, 23 16 16	0 0.1 1	1 000	•
UN2998	TRIAZINE PESTICIDE LIQUIDE TOXIQUE	6.1	I II III	16, 23 16 16	0 0.1 5	1 000	•
UN3005	THIOCARBAMATE PESTICIDE LIQUIDE TOXIQUE, INFLAMMABLE, d'un point d'éclair égal ou supérieur à 23 °C	6.1 (3)	I II III	16, 23 16 16	0 0.1 1	1 000	•
UN3006	THIOCARBAMATE PESTICIDE LIQUIDE TOXIQUE	6.1	I II III	16, 23 16 16	0 0.1 5	1 000	•
UN3009	PESTICIDE CUIVRIQUE LIQUIDE TOXIQUE, INFLAMMABLE, d'un point d'éclair égal ou supérieur à 23 °C	6.1 (3)	I II III	16, 23 16 16	0 0.1 1	1 000	•
UN3010	PESTICIDE CUIVRIQUE LIQUIDE TOXIQUE	6.1	I II III	16, 23 16 16	0 0.1 5	1 000	•
UN3011	PESTICIDE MERCURIEL LIQUIDE TOXIQUE, INFLAMMABLE, d'un point d'éclair égal ou supérieur à 23 °C	6.1 (3)	I II III	16, 23 16 16	0 0.1 1	1 000	PP
UN3012	PESTICIDE MERCURIEL LIQUIDE TOXIQUE	6.1	I II III	16, 23 16 16	0 0.1 5	1 000	PP
UN3013	NITROPHÉNOL SUBSTITUÉ PESTICIDE LIQUIDE, TOXIQUE, INFLAMMABLE, d'un point d'éclair égal ou supérieur à 23 °C	6.1 (3)	I II III	16, 23 16 16	0 0.1 1	1 000	•
UN3014	NITROPHÉNOL SUBSTITUÉ PESTICIDE LIQUIDE TOXIQUE	6.1	I II III	16, 23 16 16	0 0.1 5	1 000	•
UN3015	PESTICIDE BIPYRIDYLIQUE LIQUIDE TOXIQUE, INFLAMMABLE, d'un point d'éclair égal ou supérieur à 23 °C	6.1 (3)	I II III	16, 23 16 16	0 0.1 1	1 000	•
UN3016	PESTICIDE BIPYRIDYLIQUE LIQUIDE TOXIQUE	6.1	I II III	16, 23 16 16	0 0.1 5	1 000	•

1 Numéro UN	2 Appellation réglementaire et description	3 Classe	4 Groupe d'emballage /Groupe de risque	5 Dispositions particulières	6 Quantité limite d'explosifs et indice de quantité limitée	7 Indice PIU	10 Polluant marin
UN3017	PESTICIDE ORGANOPHOSPHORÉ LIQUIDE TOXIQUE, INFLAMMABLE, d'un point d'éclair égal ou supérieur à 23 °C	6.1 (3)	I II III	16, 23 16 16	0 0.1 1	1 000	•
UN3018	PESTICIDE ORGANOPHOSPHORÉ LIQUIDE TOXIQUE	6.1	I II III	16, 23 16 16	0 0.1 5	1 000	•
UN3019	PESTICIDE ORGANOSTANNIQUE LIQUIDE TOXIQUE, INFLAMMABLE, d'un point d'éclair égal ou supérieur à 23 °C	6.1 (3)	I II III	16, 23 16 16	0 0.1 1	1 000	PP
UN3020	PESTICIDE ORGANOSTANNIQUE LIQUIDE TOXIQUE	6.1	I II III	16, 23 16 16	0 0.1 5	1 000	PP
UN3021	PESTICIDE LIQUIDE INFLAMMABLE, TOXIQUE, N.S.A., d'un point d'éclair inférieur à 23 °C	3 (6.1)	I II	16 16	0 1	1 000	•
UN3022	OXYDE DE BUTYLÈNE-1,2 STABILISÉ	3	II		1		
UN3023	2-MÉTHYL-2-HEPTANETHIOL	6.1 (3)	I		0	1 000	
UN3024	PESTICIDE COUMARINIQUE LIQUIDE INFLAMMABLE, TOXIQUE, d'un point d'éclair inférieur à 23 °C	3 (6.1)	I II	16 16	0 1	1 000	•
UN3025	PESTICIDE COUMARINIQUE LIQUIDE TOXIQUE, INFLAMMABLE, d'un point d'éclair égal ou supérieur à 23 °C	6.1 (3)	I II III	16, 23 16 16	0 0.1 1	1 000	•
UN3026	PESTICIDE COUMARINIQUE LIQUIDE TOXIQUE	6.1	I II III	16, 23 16 16	0 0.1 5	1 000	•
UN3027	PESTICIDE COUMARINIQUE SOLIDE TOXIQUE	6.1	I II III	16 16 16	0 0.5 5	1 000	•
UN3028	ACCUMULATEURS électriques SECS CONTENANT DE L'HYDROXYDE DE POTASSIUM SOLIDE	8	III		5		
UN3048	PESTICIDE AU PHOSPHURE D'ALUMINIUM	6.1	I	38	0	1 000	
UN3049	HALOGÉNURES DE MÉTAUX-ALKYLES, HYDROÉACTIFS, N.S.A.; ou HALOGÉNURES DE MÉTAUX-ARYLES, HYDROÉACTIFS, N.S.A.	4.2 (4.3)	I	16	0	1 000	•
UN3050	HYDRURES DE MÉTAUX-ALKYLES, HYDROÉACTIFS, N.S.A.; ou HYDRURES DE MÉTAUX-ARYLES, HYDROÉACTIFS, N.S.A.	4.2 (4.3)	I	16	0	1 000	•
UN3051	ALKYLALUMINIUMS	4.2 (4.3)	I		0	1 000	
UN3052	HALOGÉNURES D'ALKYLALUMINIUM LIQUIDES	4.2 (4.3)	I		0	1 000	
UN3052	HALOGÉNURES D'ALKYLALUMINIUM SOLIDES	4.2 (4.3)	I		0	1 000	
UN3053	ALKYLMAGNÉSIUMS	4.2 (4.3)	I		0	1 000	
UN3054	MERCAPTAN CYCLOHEXYLIQUE	3	III		5		
UN3055	(AMINO-2 ÉTHOXY)-2 ÉTHANOL	8	III		5		
UN3056	n-HEPTALDÉHYDE	3	III		5		
UN3057	CHLORURE DE TRIFLUORACÉTYLE	2.3 (8)			0	25	
UN3064	NITROGLYCÉRINE EN SOLUTION ALCOOLIQUE avec plus de 1 pour cent mais pas plus de 5 pour cent de nitroglycérine	3	II	38	0		
UN3065	BOISSONS ALCOOLISÉES contenant plus de 70 pour cent d'alcool en volume	3	II		5		

1 Numéro UN	2 Appellation réglementaire et description	3 Classe	4 Groupe d'emballage /Groupe de risque	5 Dispositions particulières	6 Quantité limite d'explosifs et indice de quantité limitée	7 Indice PIU	10 Polluant marin
UN3065	BOISSONS ALCOOLISÉES contenant entre 24 pour cent et 70 pour cent d'alcool en volume	3	III		5		
UN3066	MATIÈRES APPARENTÉES AUX PEINTURES (y compris solvants et diluants pour peintures) contenant au plus 20 pour cent (masse) de nitrocellulose, si la teneur en azote de la nitrocellulose ne dépasse pas 12,6 pour cent (masse); ou PEINTURES (y compris peintures, laques, émaux, couleurs, shellac, vernis, cirages, encaustiques, enduits d'apprêt et bases liquides pour laques) contenant au plus 20 pour cent (masse) de nitrocellulose, si la teneur en azote de la nitrocellulose ne dépasse pas 12,6 pour cent (masse)	8	II III	59 59	1 5		•
UN3070	OXYDE D'ÉTHYLÈNE ET DICHLORODIFLUOROMÉTHANE EN MÉLANGE contenant au plus 12,5 pour cent d'oxyde d'éthylène	2.2			0.125		
UN3071	MERCAPTANS EN MÉLANGE LIQUIDE, TOXIQUE, INFLAMMABLE, N.S.A.; ou MERCAPTANS LIQUIDES TOXIQUES, INFLAMMABLES, N.S.A.	6.1 (3)	II	16	0.1	1 000	•
UN3072	ENGINS DE SAUVETAGE NON AUTOGONFLABLES contenant des marchandises dangereuses comme équipement	9		21	0		
UN3073	VINYLPIRIDINES STABILISÉES	6.1 (3) (8)	II		0.1	1 000	
UN3076	HYDRURES D'ALKYLALUMINIUM	4.2 (4.3)	I		0	1 000	
UN3077	MATIÈRE DANGEREUSE DU POINT DE VUE DE L'ENVIRONNEMENT, SOLIDE, N.S.A.	9	III	16	5		•
UN3078	CÉRIUM, copeaux ou poudre abrasive	4.3	II		0.5		
UN3079	MÉTHACRYLONITRILE STABILISÉ	3 (6.1)	I		0	1 000	
UN3080	ISOCYANATES TOXIQUES, INFLAMMABLES, N.S.A.; ou ISOCYANATE TOXIQUE, INFLAMMABLE, EN SOLUTION, N.S.A.	6.1 (3)	II	16, 23	0.1	1 000	•
UN3082	MATIÈRE DANGEREUSE DU POINT DE VUE DE L'ENVIRONNEMENT, LIQUIDE, N.S.A.	9	III	16	5		•
UN3083	FLUORURE DE PERCHLORYLE	2.3 (5.1)		38	0	25	
UN3084	SOLIDE CORROSIF, COMBURANT, N.S.A.	8 (5.1)	I II	16 16	0 1		•
UN3085	SOLIDE COMBURANT CORROSIF, N.S.A.	5.1 (8)	I II III	16 16 16	0 0.5 1	1 000	•
UN3086	SOLIDE TOXIQUE, COMBURANT, N.S.A.	6.1 (5.1)	I II	16 16	0 0.5	1 000	•
UN3087	SOLIDE COMBURANT, TOXIQUE, N.S.A.	5.1 (6.1)	I II III	16 16 16	0 0.5 1	1 000	•
UN3088	SOLIDE ORGANIQUE AUTO-ÉCHAUFFANT, N.S.A.	4.2	II III	16 16	0 0		•
UN3089	POUDRE MÉTALLIQUE INFLAMMABLE, N.S.A.	4.1	II III		1 5		•
UN3090	PILES AU LITHIUM	9	II	34	0		
UN3091	PILES AU LITHIUM CONTENUES DANS UN ÉQUIPEMENT; ou PILES AU LITHIUM EMBALLÉES AVEC UN ÉQUIPEMENT	9	II	34	0		
UN3092	MÉTHOXY-1 PROPANOL-2	3	III		5		
UN3093	LIQUIDE CORROSIF COMBURANT, N.S.A.	8 (5.1)	I II	16 16	0 0.5	3 000	•

1 Numéro UN	2 Appellation réglementaire et description	3 Classe	4 Groupe d'emballage /Groupe de risque	5 Dispositions particulières	6 Quantité limite d'explosifs et indice de quantité limitée	7 Indice PIU	10 Polluant marin
UN3094	LIQUIDE CORROSIF, HYDRORÉACTIF, N.S.A.	8 (4.3)	I II	16, 38 16	0 0.5	3 000	•
UN3095	SOLIDE CORROSIF, AUTO-ÉCHAUFFANT, N.S.A.	8 (4.2)	I II	16, 38 16	0 1		•
UN3096	SOLIDE CORROSIF, HYDRORÉACTIF, N.S.A.	8 (4.3)	I II	16, 38 16	0 1		•
UN3097	SOLIDE INFLAMMABLE COMBURANT, N.S.A.	F					
UN3098	LIQUIDE COMBURANT, CORROSIF, N.S.A.	5.1 (8)	I II III	16 16 16	0 0.5 1	1 000	•
UN3099	LIQUIDE COMBURANT, TOXIQUE, N.S.A.	5.1 (6.1)	I II III	16 16 16	0 0.5 1	1 000	•
UN3100	SOLIDE COMBURANT, AUTO-ÉCHAUFFANT, N.S.A.	F					
UN3101	PEROXYDE ORGANIQUE DU TYPE B, LIQUIDE	5.2 (1)	II	16, 38	0.025	75	
UN3102	PEROXYDE ORGANIQUE DU TYPE B, SOLIDE	5.2 (1)	II	16, 38	0.1	75	
UN3103	PEROXYDE ORGANIQUE DU TYPE C, LIQUIDE	5.2	II	16, 38	0.025		
UN3104	PEROXYDE ORGANIQUE DU TYPE C, SOLIDE	5.2	II	16, 38	0.1		
UN3105	PEROXYDE ORGANIQUE DU TYPE D, LIQUIDE	5.2	II	16, 38	0.125		
UN3106	PEROXYDE ORGANIQUE DU TYPE D, SOLIDE	5.2	II	16, 38	0.5		
UN3107	PEROXYDE ORGANIQUE DU TYPE E, LIQUIDE	5.2	II	16, 38	0.125		
UN3108	PEROXYDE ORGANIQUE DU TYPE E, SOLIDE	5.2	II	16, 38	0.5		
UN3109	PEROXYDE ORGANIQUE DU TYPE F, LIQUIDE	5.2	II	16	0.125		
UN3110	PEROXYDE ORGANIQUE DU TYPE F, SOLIDE	5.2	II	16	0.5		
UN3111	PEROXYDE ORGANIQUE DU TYPE B, LIQUIDE, AVEC RÉGULATION DE TEMPÉRATURE	5.2 (1)	II	16, 28	0	75	
UN3112	PEROXYDE ORGANIQUE DU TYPE B, SOLIDE, AVEC RÉGULATION DE TEMPÉRATURE	5.2 (1)	II	16, 28	0	75	•
UN3113	PEROXYDE ORGANIQUE DU TYPE C, LIQUIDE, AVEC RÉGULATION DE TEMPÉRATURE	5.2	II	16, 28	0	75	
UN3114	PEROXYDE ORGANIQUE DU TYPE C, SOLIDE, AVEC RÉGULATION DE TEMPÉRATURE	5.2	II	16, 28	0	75	
UN3115	PEROXYDE ORGANIQUE DU TYPE D, LIQUIDE, AVEC RÉGULATION DE TEMPÉRATURE	5.2	II	16, 28	0		
UN3116	PEROXYDE ORGANIQUE DU TYPE D, SOLIDE, AVEC RÉGULATION DE TEMPÉRATURE	5.2	II	16, 28	0		
UN3117	PEROXYDE ORGANIQUE DU TYPE E, LIQUIDE, AVEC RÉGULATION DE TEMPÉRATURE	5.2	II	16, 28	0		
UN3118	PEROXYDE ORGANIQUE DU TYPE E, SOLIDE, AVEC RÉGULATION DE TEMPÉRATURE	5.2	II	16, 28	0		
UN3119	PEROXYDE ORGANIQUE DU TYPE F, LIQUIDE, AVEC RÉGULATION DE TEMPÉRATURE	5.2	II	16	0		
UN3120	PEROXYDE ORGANIQUE DU TYPE F, SOLIDE, AVEC RÉGULATION DE TEMPÉRATURE	5.2	II	16	0		
UN3121	SOLIDE COMBURANT, HYDRORÉACTIF, N.S.A.	F					
UN3122	LIQUIDE TOXIQUE, COMBURANT, N.S.A.	6.1 (5.1)	I II	16, 23 16	0 0.1	3 000	•

1 Numéro UN	2 Appellation réglementaire et description	3 Classe	4 Groupe d'emballage /Groupe de risque	5 Dispositions particulières	6 Quantité limite d'explosifs et indice de quantité limitée	7 Indice PIU	10 Polluant marin
UN3123	LIQUIDE TOXIQUE, HYDRORÉACTIF, N.S.A.	6.1 (4.3)	I II	16, 23 16	0 0.1	1 000 3 000	•
UN3124	SOLIDE TOXIQUE, AUTO-ÉCHAUFFANT, N.S.A.	6.1 (4.2)	I II	16, 38 16	0 0	1 000	•
UN3125	SOLIDE TOXIQUE, HYDRORÉACTIF, N.S.A.	6.1 (4.3)	I II	16, 38 16	0 0.5	1 000	•
UN3126	SOLIDE ORGANIQUE AUTO-ÉCHAUFFANT, CORROSIF, N.S.A.	4.2 (8)	II III	16 16	0 0		•
UN3127	SOLIDE AUTO-ÉCHAUFFANT, COMBURANT, N.S.A.	F					
UN3128	SOLIDE ORGANIQUE AUTO-ÉCHAUFFANT, TOXIQUE, N.S.A.	4.2 (6.1)	II III	16 16	0 0		•
UN3129	LIQUIDE HYDRORÉACTIF, CORROSIF, N.S.A.	4.3 (8)	I II III	16, 38 16 16	0 0.5 1	1 000	•
UN3130	LIQUIDE HYDRORÉACTIF, TOXIQUE, N.S.A.	4.3 (6.1)	I II III	16, 38 16 16	0 0.5 1	1 000	•
UN3131	SOLIDE HYDRORÉACTIF, CORROSIF, N.S.A.	4.3 (8)	I II III	16, 38 16 16	0 0.5 1	1 000	•
UN3132	SOLIDE HYDRORÉACTIF, INFLAMMABLE, N.S.A.	4.3 (4.1)	I II III	16, 38 16 16	0 0.5 1	1 000	
UN3133	SOLIDE HYDRORÉACTIF, COMBURANT, N.S.A.	F					
UN3134	SOLIDE HYDRORÉACTIF, TOXIQUE, N.S.A.	4.3 (6.1)	I II III	16, 38 16 16	0 0.5 1	1 000	•
UN3135	SOLIDE HYDRORÉACTIF, AUTO-ÉCHAUFFANT, N.S.A.	4.3 (4.2)	I II III	16, 38 16 16	0 0 0	1 000	•
UN3136	TRIFLUOROMÉTHANE LIQUIDE RÉFRIGÉRÉ	2.2			0.125		
UN3137	SOLIDE COMBURANT, INFLAMMABLE, N.S.A.	F					
UN3138	ÉTHYLÈNE à 71,5 pour cent au moins EN MÉLANGE AVEC au plus 22,5 pour cent d'ACÉTYLÈNE ET au plus 6 pour cent de PROPYLÈNE, LIQUIDE, RÉFRIGÉRÉ	2.1			0.125		
UN3139	LIQUIDE COMBURANT, N.S.A.	5.1	I II III	16 16 16	0 1 5	1 000	•
UN3140	ALCALOÏDES LIQUIDES, N.S.A.; ou SELS D'ALCALOÏDES LIQUIDES, N.S.A	6.1	I II III	16, 23 16 16	0 0.5 1	1 000	•
UN3141	COMPOSÉ INORGANIQUE LIQUIDE DE L'ANTIMOINE, N.S.A. à l'exception des sulfures et des oxydes d'antimoine contenant au plus 0,5 pour cent (masse) d'arsenic	6.1	III		5		
UN3142	DÉSINFECTANT LIQUIDE TOXIQUE, N.S.A.	6.1	I II III	16, 23 16 16	0 0.1 5	1 000	•
UN3143	COLORANT SOLIDE TOXIQUE, N.S.A.; ou MATIÈRE INTERMÉDIAIRE SOLIDE POUR COLORANT, TOXIQUE, N.S.A.	6.1	I II III	16 16 16	0 0.5 5	1 000	•
UN3144	COMPOSÉ LIQUIDE DE NICOTINE, N.S.A.; ou PRÉPARATION LIQUIDE DE NICOTINE, N.S.A.	6.1	I II III	23	0 0.1 5	1 000	

1 Numéro UN	2 Appellation réglementaire et description	3 Classe	4 Groupe d'emballage /Groupe de risque	5 Dispositions particulières	6 Quantité limite d'explosifs et indice de quantité limitée	7 Indice PIU	10 Polluant marin
UN3145	ALKYLPHÉNOLS LIQUIDES, N.S.A. y compris les homologues C2 à C12	8	I II III	50 50 50	0 1 5	3 000	•
UN3146	COMPOSÉ ORGANIQUE DE L'ÉTAIN, SOLIDE, N.S.A.	6.1	I II III	16 16 16	0 0.5 5	1 000	PP
UN3147	COLORANT SOLIDE CORROSIF, N.S.A.; ou MATIÈRE INTERMÉDIAIRE SOLIDE POUR COLORANT, CORROSIVE, N.S.A.	8	I II III	16 16 16	0 1 5	3 000	•
UN3148	LIQUIDE HYDRORÉACTIF, N.S.A.	4.3	I II III	16, 38 16 16	0 0.5 1	1 000	•
UN3149	PEROXYDE D'HYDROGÈNE ET ACIDE PEROXYACÉTIQUE EN MÉLANGE STABILISÉ avec acide(s), eau et au plus 5 pour cent d'acide peroxyacétique	5.1 (8)	II		0.5		
UN3150	PETITS APPAREILS À HYDROCARBURES GAZEUX avec dispositif de décharge; ou RECHARGES D'HYDROCARBURES GAZEUX POUR PETITS APPAREILS avec dispositif de décharge	2.1			0.125	3 000	
UN3151	DIPHÉNYLES POLYHALOGÉNÉS LIQUIDES réglementé seulement en concentration de plus de 50 ppm (masse); ou TERPHÉNYLES POLYHALOGÉNÉS LIQUIDES réglementé seulement en concentration de plus de 50 ppm (masse)	9	II		1		PP
UN3152	DIPHÉNYLES POLYHALOGÉNÉS SOLIDES réglementé seulement en concentration de plus de 50 ppm (masse); ou TERPHÉNYLES POLYHALOGÉNÉS SOLIDES réglementé seulement en concentration de plus de 50 ppm (masse)	9	II		1		PP
UN3153	ÉTHER PERFLUORO (MÉTHYLVINYLIQUE)	2.1			0.125	3 000	
UN3154	ÉTHER PERFLUORO (ÉTHYLVINYLIQUE)	2.1			0.125	3 000	
UN3155	PENTACHLOROPHÉNOL	6.1	II		0.5		PP
UN3156	GAZ COMPRIMÉ COMBURANT, N.S.A.	2.2 (5.1)		16	0	3 000	•
UN3157	GAZ LIQUÉFIÉ COMBURANT, N.S.A.	2.2 (5.1)		16	0	3 000	•
UN3158	GAZ LIQUIDE RÉFRIGÉRÉ, N.S.A.	2.2		16	0.125		•
UN3159	GAZ RÉFRIGÉRANT R 134a; ou TÉTRAFLUORO-1,1,1,2 ÉTHANE	2.2			0.125		
UN3160	GAZ LIQUÉFIÉ TOXIQUE, INFLAMMABLE, N.S.A.	2.3 (2.1)		16, 38	0	0	•
UN3161	GAZ LIQUÉFIÉ INFLAMMABLE, N.S.A.	2.1		16	0.125	3 000	•
UN3162	GAZ LIQUÉFIÉ TOXIQUE, N.S.A.	2.3		16, 38	0	0	•
UN3163	GAZ LIQUÉFIÉ, N.S.A.	2.2		16	0.125		•
UN3164	OBJETS SOUS PRESSION HYDRAULIQUE (contenant un gaz non inflammable); ou OBJETS SOUS PRESSION PNEUMATIQUE (contenant un gaz non inflammable)	2.2		40	0.125		•
UN3165	RÉSERVOIR DE CARBURANT POUR MOTEUR DE CIRCUIT HYDRAULIQUE D'AÉRONEF contenant un mélange d'hydrazine anhydre et de monométhylhydrazine (carburant M86)	3 (6.1) (8)	I		0	1 000	
UN3166	MOTEURS À COMBUSTION INTERNE (À GAZ INFLAMMABLE) y compris montés sur des machines ou des véhicules, réglementé par aéronef seulement (terminologie OACI)	9		63	0		
UN3166	MOTEURS À COMBUSTION INTERNE (À LIQUIDE INFLAMMABLE) y compris montés sur des machines ou des véhicules, réglementé par aéronef seulement (terminologie OACI)	9		63	0		

1 Numéro UN	2 Appellation réglementaire et description	3 Classe	4 Groupe d'emballage /Groupe de risque	5 Dispositions particulières	6 Quantité limite d'explosifs et indice de quantité limitée	7 Indice PIU	10 Polluant marin
UN3167	ÉCHANTILLON DE GAZ, NON COMPRIMÉ, INFLAMMABLE, N.S.A., sous une forme autre qu'un liquide réfrigéré	2.1			0.125		•
UN3168	ÉCHANTILLON DE GAZ, NON COMPRIMÉ, TOXIQUE, INFLAMMABLE, N.S.A., sous une forme autre qu'un liquide réfrigéré	2.3 (2.1)			0		•
UN3169	ÉCHANTILLON DE GAZ, NON COMPRIMÉ, TOXIQUE, N.S.A., sous une forme autre qu'un liquide réfrigéré	2.3			0		•
UN3170	SOUS-PRODUITS DE LA FABRICATION DE L'ALUMINIUM y compris les crasses d'aluminium, le laitier d'aluminium, les cathodes usées, le revêtement usé des cuves et les scories salines d'aluminium; ou SOUS-PRODUITS DE LA REFUSION DE L'ALUMINIUM y compris les crasses d'aluminium, le laitier d'aluminium, les cathodes usées, le revêtement usé des cuves et les scories salines d'aluminium	4.3	II III		0.5 1		
UN3171	APPAREIL MÛ PAR ACCUMULATEURS, réglementé par aéronef seulement; ou VÉHICULE MÛ PAR ACCUMULATEURS, réglementé par aéronef seulement	9		63, 67	0		
UN3172	TOXINES EXTRAITES D'ORGANISMES VIVANTS, LIQUIDES, N.S.A. ne contenant pas des matières infectieuses	6.1	I II III	16 16 16	0 0.1 5	1 000	•
UN3172	TOXINES EXTRAITES D'ORGANISMES VIVANTS, SOLIDES, N.S.A. ne contenant pas des matières infectieuses	6.1	I II III	16 16 16	0 0.5 5	1 000	•
UN3174	DISULFURE DE TITANE	4.2	III		0		
UN3175	SOLIDES CONTENANT DU LIQUIDE INFLAMMABLE, N.S.A.	4.1	II	16, 56	1		•
UN3176	SOLIDE ORGANIQUE INFLAMMABLE, FONDU, N.S.A.	4.1	II III	16 16	0 0		•
UN3178	SOLIDE INORGANIQUE INFLAMMABLE, N.S.A.	4.1	II III	16 16	1 5		•
UN3179	SOLIDE INORGANIQUE INFLAMMABLE, TOXIQUE, N.S.A.	4.1 (6.1)	II III	16 16	0.5 3		•
UN3180	SOLIDE INORGANIQUE INFLAMMABLE, CORROSIF, N.S.A.	4.1 (8)	II III	16 16	0.5 3		•
UN3181	SELS MÉTALLIQUES DE COMPOSÉS ORGANIQUES, INFLAMMABLES, N.S.A.	4.1	II III	16 16	1 5		•
UN3182	HYDRURES MÉTALLIQUES INFLAMMABLES, N.S.A.	4.1	II III	16 16	1 5		•
UN3183	LIQUIDE ORGANIQUE AUTO-ÉCHAUFFANT, N.S.A.	4.2	II III	16 16	0 0		•
UN3184	LIQUIDE ORGANIQUE AUTO-ÉCHAUFFANT, TOXIQUE, N.S.A.	4.2 (6.1)	II III	16 16	0 0	1 000	•
UN3185	LIQUIDE ORGANIQUE AUTO-ÉCHAUFFANT, CORROSIF, N.S.A.	4.2 (8)	II III	16 16	0 0	1 000	•
UN3186	LIQUIDE INORGANIQUE AUTO-ÉCHAUFFANT, N.S.A.	4.2	II III	16 16	0 0	1 000	•
UN3187	LIQUIDE INORGANIQUE AUTO-ÉCHAUFFANT, TOXIQUE, N.S.A.	4.2 (6.1)	II III	16 16	0 0	1 000	•
UN3188	LIQUIDE INORGANIQUE AUTO-ÉCHAUFFANT, CORROSIF, N.S.A.	4.2 (8)	II III	16 16	0 0		•
UN3189	POUDRE MÉTALLIQUE AUTO-ÉCHAUFFANTE, N.S.A.	4.2	II III	16 16	0 0		•
UN3190	SOLIDE INORGANIQUE AUTO-ÉCHAUFFANT, N.S.A.	4.2	II III	16 16	0 0		•

1 Numéro UN	2 Appellation réglementaire et description	3 Classe	4 Groupe d'emballage /Groupe de risque	5 Dispositions particulières	6 Quantité limite d'explosifs et indice de quantité limitée	7 Indice PIU	10 Polluant marin
UN3191	SOLIDE INORGANIQUE AUTO-ÉCHAUFFANT, TOXIQUE, N.S.A.	4.2 (6.1)	II III	16 16	0 0	1 000	•
UN3192	SOLIDE INORGANIQUE AUTO-ÉCHAUFFANT, CORROSIF, N.S.A.	4.2 (8)	II III	16 16	0 0	1 000	•
UN3194	LIQUIDE INORGANIQUE PYROPHORIQUE, N.S.A.	4.2	I	16	0	1 000	•
UN3200	SOLIDE INORGANIQUE PYROPHORIQUE, N.S.A.	4.2	I	16	0	1 000	•
UN3203	COMPOSÉ ORGANOMÉTALLIQUE PYROPHORIQUE, HYDRORÉACTIF, N.S.A., liquide	4.2 (4.3)	I	16	0	1 000	•
UN3203	COMPOSÉ ORGANOMÉTALLIQUE PYROPHORIQUE, HYDRORÉACTIF, N.S.A., solide	4.2 (4.3)	I	16	0	1 000	•
UN3205	ALCOOLATES DE MÉTAUX ALCALINO-TERREUX, N.S.A.	4.2	II III	16 16	0 0		•
UN3206	ALCOOLATES DE MÉTAUX ALCALINS AUTO-ÉCHAUFFANTS, CORROSIFS, N.S.A.	4.2 (8)	II III	16 16	0 0		•
UN3207	COMPOSÉ ORGANOMÉTALLIQUE EN DISPERSION, HYDRORÉACTIF, INFLAMMABLE, N.S.A.; COMPOSÉ ORGANOMÉTALLIQUE EN SOLUTION, HYDRORÉACTIF, INFLAMMABLE, N.S.A.; ou COMPOSÉ ORGANOMÉTALLIQUE HYDRORÉACTIF, INFLAMMABLE, N.S.A.	4.3 (3)	I II III	16 16 16	0 0.5 1	1 000	•
UN3208	MATIÈRE MÉTALLIQUE HYDRORÉACTIVE, N.S.A.	4.3	I II III	16 16 16	0 0.5 1	1 000	•
UN3209	MATIÈRE MÉTALLIQUE HYDRORÉACTIVE, AUTO-ÉCHAUFFANTE, N.S.A.	4.3 (4.2)	I II III	16 16 16	0 0 0	1 000	•
UN3210	CHLORATES INORGANIQUES EN SOLUTION AQUEUSE, N.S.A.	5.1	II III	68	1 5		•
UN3211	PERCHLORATES INORGANIQUES EN SOLUTION AQUEUSE, N.S.A.	5.1	II III		1 5		•
UN3212	HYPOCHLORITES INORGANIQUES, N.S.A.	5.1	II	68	1		•
UN3213	BROMATES INORGANIQUES EN SOLUTION AQUEUSE, N.S.A.	5.1	II III	68	1 5		•
UN3214	PERMANGANATES INORGANIQUES EN SOLUTION AQUEUSE, N.S.A.	5.1	II	68	1		•
UN3215	PERSULFATES INORGANIQUES, N.S.A.	5.1	III		5		•
UN3216	PERSULFATES INORGANIQUES EN SOLUTION AQUEUSE, N.S.A.	5.1	III		5		•
UN3218	NITRATES INORGANIQUES EN SOLUTION AQUEUSE, N.S.A.	5.1	II III	55 55	1 5		•
UN3219	NITRITES INORGANIQUES EN SOLUTION AQUEUSE, N.S.A.	5.1	II III	68	1 5		•
UN3220	GAZ RÉFRIGÉRANT R 125; ou PENTAFLUORÉTHANE	2.2			0.125		
UN3221	LIQUIDE AUTORÉACTIF DU TYPE B	4.1 (1)	II	16, 38	0	75	
UN3222	SOLIDE AUTORÉACTIF DU TYPE B	4.1 (1)	II	16, 38	0	75	
UN3223	LIQUIDE AUTORÉACTIF DU TYPE C	4.1	II	16, 38	1	3 000	
UN3224	SOLIDE AUTORÉACTIF DU TYPE C	4.1	II	16, 38	1	3 000	
UN3225	LIQUIDE AUTORÉACTIF DU TYPE D	4.1	II	16, 38	1		
UN3226	SOLIDE AUTORÉACTIF DU TYPE D	4.1	II	16, 38	1		
UN3227	LIQUIDE AUTORÉACTIF DU TYPE E	4.1	II	16, 38	1		

1	2	3	4	5	6	7	10
Numéro UN	Appellation réglementaire et description	Classe	Groupe d'emballage /Groupe de risque	Dispositions particulières	Quantité limite d'explosifs et indice de quantité limitée	Indice PIU	Polluant marin
UN3228	SOLIDE AUTORÉACTIF DU TYPE E	4.1	II	16, 38	1		
UN3229	LIQUIDE AUTORÉACTIF DU TYPE F	4.1	II	16, 38	1		
UN3230	SOLIDE AUTORÉACTIF DU TYPE F	4.1	II	16, 38	1		
UN3231	LIQUIDE AUTORÉACTIF DU TYPE B, AVEC RÉGULATION DE TEMPÉRATURE	4.1 (1)	II	16, 28	0	75	
UN3232	SOLIDE AUTORÉACTIF DU TYPE B, AVEC RÉGULATION DE TEMPÉRATURE	4.1 (1)	II	16, 28	0	75	
UN3233	LIQUIDE AUTORÉACTIF DU TYPE C, AVEC RÉGULATION DE TEMPÉRATURE	4.1	II	16, 28	1	75	
UN3234	SOLIDE AUTORÉACTIF DU TYPE C, AVEC RÉGULATION DE TEMPÉRATURE	4.1	II	16, 28	1	75	
UN3235	LIQUIDE AUTORÉACTIF DU TYPE D, AVEC RÉGULATION DE TEMPÉRATURE	4.1	II	16, 28	1	75	
UN3236	SOLIDE AUTORÉACTIF DU TYPE D, AVEC RÉGULATION DE TEMPÉRATURE	4.1	II	16, 28	1		
UN3237	LIQUIDE AUTORÉACTIF DU TYPE E, AVEC RÉGULATION DE TEMPÉRATURE	4.1	II	16, 28	1		
UN3238	SOLIDE AUTORÉACTIF DU TYPE E, AVEC RÉGULATION DE TEMPÉRATURE	4.1	II	16, 28	1		
UN3239	LIQUIDE AUTORÉACTIF DU TYPE F, AVEC RÉGULATION DE TEMPÉRATURE	4.1	II	16, 28	1		
UN3240	SOLIDE AUTORÉACTIF DU TYPE F, AVEC RÉGULATION DE TEMPÉRATURE	4.1	II	16, 28	1		
UN3241	BROMO-2 NITRO-2 PROPANEDIOL-1,3	4.1	III	73	5		
UN3242	AZODICARBONAMIDE, techniquement pure ou préparation dont la TDAA est supérieure à 75 °C	4.1	II		1		P
UN3243	SOLIDES CONTENANT DU LIQUIDE TOXIQUE, N.S.A.	6.1	II	16, 57	0.5		•
UN3244	SOLIDES CONTENANT DU LIQUIDE CORROSIF, N.S.A.	8	II	16, 26, 58	1		•
UN3245	MICRO-ORGANISMES GÉNÉTIQUEMENT MODIFIÉS ne contenant pas de matières infectieuses	9			0		
UN3246	CHLORURE DE SULFONYLMÉTHANE	6.1 (8)	I		0	1 000	
UN3247	PEROXOBORATE DE SODIUM ANHYDRE	5.1	II		1		
UN3248	MÉDICAMENT LIQUIDE INFLAMMABLE, TOXIQUE, N.S.A.	3 (6.1)	II III	16, 38 16	1 5	1 000	•
UN3249	MÉDICAMENT SOLIDE TOXIQUE, N.S.A.	6.1	II III	16, 38 16	0.5 5		•
UN3250	ACIDE CHLOROACÉTIQUE FONDU	6.1 (8)	II		0	1 000	
UN3251	MONONITRATE-5 D'ISOSORBIDE contenant moins de 30 pour cent d'un flegmatisant non volatil, non inflammable	4.1	III		5		
UN3252	DIFLUOROMÉTHANE; ou GAZ RÉFRIGÉRANT R 32	2.1			0.125	3 000	
UN3253	TRIOXOSILICATE DE DISODIUM	8	III		5		
UN3254	TRIBUTYLPHOSPHANE	4.2	I		0	1 000	
UN3255	HYPOCHLORITE DE tert-BUTYLE	F					
UN3256	LIQUIDE TRANSPORTÉ À CHAUD, INFLAMMABLE, N.S.A., ayant un point d'éclair supérieur à 60,5 °C, à une température égale ou supérieure à son point d'éclair	3	III		0		•

1 Numéro UN	2 Appellation réglementaire et description	3 Classe	4 Groupe d'emballage /Groupe de risque	5 Dispositions particulières	6 Quantité limite d'explosifs et indice de quantité limitée	7 Indice PIU	10 Polluant marin
UN3257	LIQUIDE TRANSPORTÉ À CHAUD, N.S.A., à une température égale ou supérieure à 100 °C et inférieure à son point d'éclair (y compris métal fondu, sel fondu, etc.)	9	III		5		•
UN3258	SOLIDE TRANSPORTÉ À CHAUD, N.S.A., à une température égale ou supérieure à 240 °C	9	III		5		•
UN3259	AMINES SOLIDES, CORROSIVES, N.S.A.; ou POLYAMINES SOLIDES CORROSIVES, N.S.A.	8	I II III	16 16 16	0 1 5	3 000	•
UN3260	SOLIDE INORGANIQUE CORROSIF, ACIDE, N.S.A.	8	I II III	16 16 16	0 1 5		•
UN3261	SOLIDE ORGANIQUE CORROSIF, ACIDE, N.S.A.	8	I II III	16 16 16	0 1 5		•
UN3262	SOLIDE INORGANIQUE CORROSIF, BASIQUE, N.S.A.	8	I II III	16 16 16	0 1 5		•
UN3263	SOLIDE ORGANIQUE CORROSIF, BASIQUE, N.S.A.	8	I II III	16 16 16	0 1 5		•
UN3264	LIQUIDE INORGANIQUE CORROSIF, ACIDE, N.S.A.	8	I II III	16 16 16	0 1 5	3 000	•
UN3265	LIQUIDE ORGANIQUE CORROSIF, ACIDE, N.S.A.	8	I II III	16 16 16	0 1 5	3 000	•
UN3266	LIQUIDE INORGANIQUE CORROSIF, BASIQUE, N.S.A.	8	I II III	16 16 16	0 1 5	3 000	•
UN3267	LIQUIDE ORGANIQUE CORROSIF, BASIQUE, N.S.A.	8	I II III	16 16 16	0 1 5	3 000	•
UN3268	DISPOSITIFS DE GONFLAGE DE SAC GONFLABLE pyrotechniques; MODULES DE SAC GONFLABLE pyrotechniques; ou RÉTRACTEURS DE CEINTURE DE SÉCURITÉ pyrotechniques	9	III	25	5		
UN3269	TROUSSE DE RÉSINE POLYESTER	3	II III		5 0		•
UN3270	MEMBRANES FILTRANTES EN NITROCELLULOSE, d'une teneur en azote ne dépassant pas 12,6 pour cent (masse sèche)	4.1	II		0		
UN3271	ÉTHERS, N.S.A.	3	II III	16 16	1 5		•
UN3272	ESTERS, N.S.A.	3	II III	16 16	1 5		•
UN3273	NITRILES INFLAMMABLES, TOXIQUES, N.S.A.	3 (6.1)	I II	16 16	0 1	1 000	•
UN3274	ALCOOLATES EN SOLUTION, dans l'alcool, N.S.A.	3 (8)	II	16	1		•
UN3275	NITRILES TOXIQUES, INFLAMMABLES, N.S.A.	6.1 (3)	I II	16, 23 16	0 0.1	1 000	•
UN3276	NITRILES TOXIQUES, liquides, N.S.A.; ou NITRILES TOXIQUES, LIQUIDES, N.S.A. (terminologie OACI)	6.1	I II III	16 16 16	0 0.1 5	1 000	•

1 Numéro UN	2 Appellation réglementaire et description	3 Classe	4 Groupe d'emballage /Groupe de risque	5 Dispositions particulières	6 Quantité limite d'explosifs et indice de quantité limitée	7 Indice PIU	10 Polluant marin
UN3276	NITRILES TOXIQUES, solides, N.S.A.; ou NITRILES TOXIQUES, SOLIDES, N.S.A. (terminologie OACI)	6.1	I II III	16, 23 16 16	0 0.5 5	1 000	•
UN3277	CHLOROFORMIATES TOXIQUES, CORROSIFS, N.S.A.	6.1 (8)	II	16	0.1	1 000	•
UN3278	COMPOSÉ ORGANOPHOSPHORÉ TOXIQUE, N.S.A., liquide	6.1	I II III	16 16 16	0 0.1 5	1 000	•
UN3278	COMPOSÉ ORGANOPHOSPHORÉ TOXIQUE, N.S.A., solide	6.1	I II III	16, 23 16 16	0 0.5 5	1 000	•
UN3279	COMPOSÉ ORGANOPHOSPHORÉ TOXIQUE, INFLAMMABLE, N.S.A.	6.1 (3)	I II	16, 23 16	0 0.1	1 000	
UN3280	COMPOSÉ ORGANIQUE DE L'ARSENIC, N.S.A., liquide	6.1	I II III	16 16 16	0 0.1 5	1 000	•
UN3280	COMPOSÉ ORGANIQUE DE L'ARSENIC, N.S.A., solide	6.1	I II III	16, 23 16 16	0 0.5 5	1 000	•
UN3281	MÉTAUX-CARBONYLES, N.S.A., liquide	6.1	I II III	16 16 16	0 0.1 5	1 000	•
UN3281	MÉTAUX-CARBONYLES, N.S.A., solide	6.1	I II III	16, 23 16 16	0 0.5 5	1 000	•
UN3282	COMPOSÉ ORGANOMÉTALLIQUE TOXIQUE, N.S.A., liquide	6.1	I II III	16 16 16	0 0.1 5	1 000	•
UN3282	COMPOSÉ ORGANOMÉTALLIQUE TOXIQUE, N.S.A., solide	6.1	I II III	16, 23 16 16	0 0.5 5	1 000	•
UN3283	COMPOSÉ DU SÉLÉNIUM, N.S.A	6.1	I II III		0 0.5 5	1 000	•
UN3284	COMPOSÉ DU TELLURE, N.S.A.	6.1	I II III		0 0.5 5	1 000	•
UN3285	COMPOSÉ DU VANADIUM, N.S.A.	6.1	I II III		0 0.5 5	1 000	•
UN3286	LIQUIDE INFLAMMABLE, TOXIQUE, CORROSIF, N.S.A.	3 (6.1) (8)	I II	16 16	0 1	1 000	•
UN3287	LIQUIDE INORGANIQUE TOXIQUE, N.S.A.	6.1	I II III	16 16 16	0 0.1 5	1 000	•
UN3288	SOLIDE INORGANIQUE TOXIQUE, N.S.A.	6.1	I II III	16 16 16	0 0.5 5	1 000	•
UN3289	LIQUIDE INORGANIQUE TOXIQUE, CORROSIF, N.S.A.	6.1 (8)	I II	16 16	0 0.1	1 000	•
UN3290	SOLIDE INORGANIQUE TOXIQUE, CORROSIF, N.S.A.	6.1 (8)	I II	16 16	0 0.5	1 000	•
UN3292	ACCUMULATEURS AU SODIUM; ou ÉLÉMENTS D'ACCUMULATEUR AU SODIUM	4.3	II		0		

1 Numéro UN	2 Appellation réglementaire et description	3 Classe	4 Groupe d'emballage /Groupe de risque	5 Dispositions particulières	6 Quantité limite d'explosifs et indice de quantité limitée	7 Indice PIU	10 Polluant marin
UN3293	HYDRAZINE EN SOLUTION AQUEUSE contenant au plus 37 pour cent (masse) d'hydrazine	6.1	III		5		
UN3294	CYANURE D'HYDROGÈNE EN SOLUTION ALCOOLIQUE contenant au plus 45 pour cent de cyanure d'hydrogène	6.1 (3)	I	68	0	1 000	P
UN3295	HYDROCARBURES, LIQUIDES, N.S.A.	3	I II III		0.5 1 5		•
UN3296	GAZ RÉFRIGÉRANT R 227; ou HEPTAFLUOROPROPANE	2.2			0.125		
UN3297	OXYDE D'ÉTHYLÈNE ET CHLOROTÉTRAFLUORÉTHANE EN MÉLANGE contenant au plus 8,8 pour cent d'oxyde d'éthylène	2.2			0.125		
UN3298	OXYDE D'ÉTHYLÈNE ET PENTAFLUORÉTHANE EN MÉLANGE contenant au plus 7,9 pour cent d'oxyde d'éthylène	2.2			0.125		
UN3299	OXYDE D'ÉTHYLÈNE ET TÉTRAFLUORÉTHANE EN MÉLANGE contenant au plus 5,6 pour cent d'oxyde d'éthylène	2.2			0.125		
UN3300	OXYDE D'ÉTHYLÈNE ET DIOXYDE DE CARBONE EN MÉLANGE contenant plus de 87 pour cent d'oxyde d'éthylène	2.3 (2.1)			0	500	
UN3301	LIQUIDE CORROSIF, AUTO-ÉCHAUFFANT, N.S.A.	8 (4.2)	I II	16 16	0 0	3 000	•
UN3302	ACRYLATE DE 2-DIMÉTHYLAMINOÉTHYLE	6.1	II		0.1		
UN3303	GAZ COMPRIMÉ TOXIQUE, COMBURANT, N.S.A.	2.3 (5.1)		16, 38	0	0	•
UN3304	GAZ COMPRIMÉ TOXIQUE, CORROSIF, N.S.A.	2.3 (8)		16, 38	0	0	•
UN3305	GAZ COMPRIMÉ TOXIQUE, INFLAMMABLE, CORROSIF, N.S.A.	2.3 (2.1) (8)		16, 38	0	0	•
UN3306	GAZ COMPRIMÉ TOXIQUE, COMBURANT, CORROSIF, N.S.A.	2.3 (5.1) (8)		16, 38	0	0	•
UN3307	GAZ LIQUÉFIÉ TOXIQUE, COMBURANT, N.S.A.	2.3 (5.1)		16, 38	0	0	•
UN3308	GAZ LIQUÉFIÉ TOXIQUE, CORROSIF, N.S.A.	2.3 (8)		16, 38	0	0	•
UN3309	GAZ LIQUÉFIÉ TOXIQUE, INFLAMMABLE, CORROSIF, N.S.A.	2.3 (2.1) (8)		16, 38	0	0	•
UN3310	GAZ LIQUÉFIÉ TOXIQUE, COMBURANT, CORROSIF, N.S.A.	2.3 (5.1) (8)		16, 38	0	0	•
UN3311	GAZ LIQUIDE RÉFRIGÉRÉ, COMBURANT, N.S.A.	2.2 (5.1)		16	0.125	3 000	•
UN3312	GAZ LIQUIDE RÉFRIGÉRÉ, INFLAMMABLE, N.S.A.	2.1		16	0.125	3 000	•
UN3313	PIGMENTS ORGANIQUES, AUTO-ÉCHAUFFANTS	4.2	II III		0 0		
UN3314	MATIÈRE PLASTIQUE POUR MOULAGE en pâte, en feuille ou en cordon extrudé, dégageant des vapeurs inflammables	9	III		5		
UN3315	ÉCHANTILLON CHIMIQUE TOXIQUE liquide ou solide	F					
UN3316	TROUSSE CHIMIQUE; ou TROUSSE DE PREMIERS SECOURS	9		65	0		
UN3317	2-AMINO-4,6-DINITROPHÉNOL, HUMIDIFIÉ avec au moins 20 pour cent (masse) d'eau	4.1	I	38, 62	0	75	
UN3318	AMMONIAC EN SOLUTION aqueuse de densité inférieure à 0,880 à 15 °C contenant plus de 50 pour cent d' ammoniac	2.3 (8)			0	3 000	
UN3319	NITROGLYCÉRINE EN MÉLANGE DÉSENSIBILISÉE, SOLIDE, N.S.A., avec plus de 2 pour cent mais au plus 10 pour cent (masse), de nitroglycérine	F					

1 Numéro UN	2 Appellation réglementaire et description	3 Classe	4 Groupe d'emballage /Groupe de risque	5 Dispositions particulières	6 Quantité limite d'explosifs et indice de quantité limitée	7 Indice PIU	10 Polluant marin
UN3320	BOROHYDRURE DE SODIUM ET HYDROXYDE DE SODIUM EN SOLUTION, contenant au plus 12 pour cent (masse) de borohydrure de sodium et au plus 40 pour cent (masse) d'hydroxyde de sodium	8	II III		1 5		
UN3321	MATIÈRES RADIOACTIVES DE FAIBLE ACTIVITÉ SPÉCIFIQUE (FAS-II), non fissiles ou fissiles exceptées	7		74	0	100	
UN3322	MATIÈRES RADIOACTIVES DE FAIBLE ACTIVITÉ SPÉCIFIQUE (FAS-III), non fissiles ou fissiles exceptées	7		74	0	100	
UN3323	MATIÈRES RADIOACTIVES EN COLIS DE TYPE C, non fissiles ou fissiles exceptées	7		74	0		
UN3324	MATIÈRES RADIOACTIVES DE FAIBLE ACTIVITÉ SPÉCIFIQUE (FAS-II), FISSILES	7		74	0	25	
UN3325	MATIÈRES RADIOACTIVES DE FAIBLE ACTIVITÉ SPÉCIFIQUE (FAS-III), FISSILES	7		74	0	25	
UN3326	MATIÈRES RADIOACTIVES, OBJETS CONTAMINÉS SUPERFICIELLEMENT (OCS-I), FISSILES; ou MATIÈRES RADIOACTIVES, OBJETS CONTAMINÉS SUPERFICIELLEMENT (OCS-II), FISSILES	7		74	0	0	
UN3327	MATIÈRES RADIOACTIVES EN COLIS DE TYPE A, FISSILES, qui ne sont pas sous forme spéciale	7		74	0	0	
UN3328	MATIÈRES RADIOACTIVES EN COLIS DE TYPE B(U), FISSILES	7		74	0	0	
UN3329	MATIÈRES RADIOACTIVES EN COLIS DE TYPE B(M), FISSILES	7		74	0	0	
UN3330	MATIÈRES RADIOACTIVES EN COLIS DE TYPE C, FISSILES	7		74	0	0	
UN3331	MATIÈRES RADIOACTIVES TRANSPORTÉES SOUS ARRANGEMENT SPÉCIAL, FISSILES	7		74	0	0	
UN3332	MATIÈRES RADIOACTIVES EN COLIS DE TYPE A SOUS FORME SPÉCIALE, non fissiles ou fissiles exceptées	7		74	0		
UN3333	MATIÈRES RADIOACTIVES EN COLIS DE TYPE A SOUS FORME SPÉCIALE, FISSILES	7		74	0	0	
UN3336	MERCAPTANS EN MÉLANGE LIQUIDE INFLAMMABLE, N.S.A.; ou MERCAPTANS LIQUIDES, INFLAMMABLES, N.S.A.	3	I II III	16 16 16	0 1 5		•
UN3337	GAZ RÉFRIGÉRANT R 404A	2.2			0.125		
UN3338	GAZ RÉFRIGÉRANT R 407A	2.2			0.125		
UN3339	GAZ RÉFRIGÉRANT R 407B	2.2			0.125		
UN3340	GAZ RÉFRIGÉRANT R 407C	2.2			0.125		
UN3341	DIOXYDE DE THIO-URÉE	4.2	II III		0 0		
UN3342	XANTHATES	4.2	II III		0 0		
UN3343	NITROGLYCÉRINE EN MÉLANGE DÉSENSIBILISÉE, LIQUIDE, INFLAMMABLE, N.S.A., avec au plus 30 pour cent (masse) de nitroglycérine	F					
UN3344	TÉTRANITRATE DE PENTAÉRYTHRITE EN MÉLANGE, DÉSENSIBILISÉ, SOLIDE, N.S.A., avec plus de 10 pour cent mais au plus 20 pour cent (masse) de tétranitrate de pentaérythrite (PETN)	F					
UN3345	ACIDE PHÉNOXYACÉTIQUE, DÉRIVÉ PESTICIDE SOLIDE, TOXIQUE	6.1	I II III	16 16 16	0 0.5 5	1 000	

1 Numéro UN	2 Appellation réglementaire et description	3 Classe	4 Groupe d'emballage /Groupe de risque	5 Dispositions particulières	6 Quantité limite d'explosifs et indice de quantité limitée	7 Indice PIU	10 Polluant marin
UN3346	ACIDE PHÉNOXYACÉTIQUE, DÉRIVÉ PESTICIDE LIQUIDE, INFLAMMABLE, TOXIQUE, d'un point d'éclair inférieur à 23 °C	3 (6.1)	I II	16 16	0 1	1 000	
UN3347	ACIDE PHÉNOXYACÉTIQUE, DÉRIVÉ PESTICIDE LIQUIDE, TOXIQUE, INFLAMMABLE, d'un point d'éclair égal ou supérieur à 23 °C	6.1 (3)	I II III	16 16 16	0 0.1 1	1 000	P
UN3348	ACIDE PHÉNOXYACÉTIQUE, DÉRIVÉ PESTICIDE LIQUIDE, TOXIQUE	6.1	I II III	16 16 16	0 0.1 5	1 000	
UN3349	PYRÉTHROÏDE PESTICIDE SOLIDE, TOXIQUE	6.1	I II III	16 16 16	0 0.5 5	1 000	
UN3350	PYRÉTHROÏDE PESTICIDE LIQUIDE, INFLAMMABLE, TOXIQUE, d'un point d'éclair inférieur à 23 °C	3 (6.1)	I II	16 16	0 1	1 000	
UN3351	PYRÉTHROÏDE PESTICIDE LIQUIDE, TOXIQUE, INFLAMMABLE, d'un point d'éclair égal ou inférieur à 23 °C	6.1 (3)	I II III	16 16 16	0 0.1 1	1 000	
UN3352	PYRÉTHROÏDE PESTICIDE LIQUIDE, TOXIQUE	6.1	I II III	16 16 16	0 0.1 5	1 000	
UN3354	GAZ INSECTICIDE INFLAMMABLE, N.S.A.	2.1		16	0.125	3 000	•
UN3355	GAZ INSECTICIDE TOXIQUE, INFLAMMABLE, N.S.A.	2.3 (2.1)		16, 38	0	0	•
UN3356	GÉNÉRATEUR CHIMIQUE D'OXYGÈNE	5.1	II	41	1		
UN3357	NITROGLYCÉRINE EN MÉLANGE DÉSENSIBILISÉE, LIQUIDE, N.S.A., avec au plus 30 pour cent (masse) de nitroglycérine	F					
UN3358	MACHINES FRIGORIFIQUES contenant un gaz liquéfié inflammable et non toxique	2.1			0		

ANNEXE 2

Dispositions Particulières

La présente annexe énonce les dispositions particulières qui sont applicables aux marchandises dangereuses. Le numéro des dispositions particulières de la présente annexe correspondent aux numéros mentionnés à la colonne 5 de l'annexe 1. Chaque numéro UN en regard duquel est placée une disposition particulière est noté en italique à la suite de chaque disposition particulière.

1 Si ces explosifs contiennent des chlorates, ils ne doivent pas être emballés dans le même contenant que des explosifs qui contiennent du nitrate d'ammonium ou tout autre sel d'ammonium. De plus, si ces explosifs doivent être transportés à bord du même moyen de transport que des explosifs qui contiennent du nitrate d'ammonium ou tout autre sel d'ammonium, ils doivent en être séparés de façon à ce qu'aucune réaction ne puisse se produire en cas d'accident.

UN0083

---

2 Il est interdit de manutentionner, de demander de transporter ou de transporter ces explosifs à bord d'un véhicule routier à moins que les conditions suivantes ne soient réunies :

a) la quantité nette d'explosifs est inférieure ou égale à 20 000 kg ou à la capacité de transport du véhicule routier indiquée dans le certificat de véhicule d'explosifs (CVE), si celle-ci est moindre;

Un certificat de véhicule d'explosifs est délivré par la Direction générale du transport des marchandises dangereuses conformément aux exigences relatives à un permis de transport d'explosifs du « Règlement sur les explosifs ».

b) l'expéditeur des explosifs remet au conducteur du véhicule routier utilisé pour transporter les explosifs un plan du trajet à suivre et des instructions écrites pour faire face à une situation d'urgence au cours du trajet prévu;

c) les instructions visées à l'alinéa b) sont conservées avec le document d'expédition relatif aux explosifs;

d) le conducteur du véhicule routier utilisé pour transporter les explosifs ne dévie pas du trajet prévu sauf en cas d'urgence ou pour éviter un danger imprévu;

e) lorsque le véhicule routier est transporté à bord d'un navire roulier, la traversée du navire roulier est réservée exclusivement au transport de marchandises dangereuses.

UN0081

---

3 Il est interdit de charger à bord d'un moyen de transport UN0337, ARTIFICES DE DIVERTISSEMENT, avec des marchandises dangereuses incluses dans les classes 1.1 ou 1.2.

UN0337

---

4 (1) Il est interdit de transporter plus de 2 000 kg de ces explosifs à bord d'un véhicule routier sans certificat de véhicule d'explosifs (CVE).

Un certificat de véhicule d'explosifs est délivré par la Direction générale du transport des marchandises dangereuses conformément aux exigences relatives à un permis de transport d'explosifs du « Règlement sur les explosifs ».

(2) Il est interdit de transporter plus de 20 000 kg de ces explosifs à bord d'un véhicule routier.

UN0004, UN0006, UN0009, UN0010, UN0015, UN0016, UN0018, UN0027, UN0028, UN0035, UN0038, UN0039, UN0042, UN0043, UN0048, UN0049, UN0056, UN0059, UN0065, UN0072, UN0076, UN0078, UN0079, UN0081 à UN0084, UN0094, UN0099, UN0102, UN0118, UN0121, UN0124, UN0132, UN0137, UN0146, UN0147, UN0150, UN0151, UN0153, UN0154, UN0155, UN0159, UN0160, UN0168, UN0169, UN0171, UN0181, UN0182, UN0186, UN0192, UN0194, UN0196, UN0207, UN0208, UN0209, UN0213, UN0214, UN0215, UN0216 à UN0223, UN0226, UN0234, UN0236, UN0238, UN0241, UN0243 à UN0246, UN0254, UN0266, UN0271, UN0279 à UN0287, UN0290, UN0299, UN0305, UN0313, UN0314, UN0316, UN0321, UN0326, UN0328, UN0329, UN0331 à UN0334, UN0341, UN0343, UN0346, UN0372, UN0374, UN0375, UN0381, UN0385 à UN0394, UN0401, UN0402, UN0406 à UN0409, UN0411, UN0413, UN0414, UN0415, UN0418 à UN0421, UN0424, UN0428, UN0429, UN0430, UN0433, UN0434, UN0436, UN0437,

UN0439, UN0442, UN0443, UN0447, UN0451, UN0457, UN0458, UN0462, UN0463, UN0464, UN0466, UN0467, UN0468, UN0470, UN0474 à UN0478, UN0482, UN0483, UN0484, UN0488, UN0489, UN0490, UN0495, UN0497, UN0498, UN0499

---

5 (1) Il est interdit de transporter plus de 1 kg de ces explosifs à bord d'un véhicule routier sans certificat de véhicule d'explosifs (CVE).

Un certificat de véhicule d'explosifs est délivré par la Direction générale du transport des marchandises dangereuses conformément aux exigences relatives à un permis de transport d'explosifs du « Règlement sur les explosifs ».

(2) Il est interdit de transporter plus de 20 000 kg de ces explosifs à bord d'un véhicule routier.

UN0005, UN0007, UN0020, UN0021, UN0033, UN0037, UN0136, UN0143, UN0167, UN0180, UN0204, UN0247 à UN0250, UN0291 à UN0296, UN0322, UN0324, UN0330, UN0340, UN0354 à UN0359, UN0369, UN0380, UN0395 à UN0399, UN0400, UN0426, UN0449, UN0450, UN0465, UN0469, UN0472

---

6 (1) Il est interdit de transporter plus de 2 000 kg de ces explosifs à bord d'un véhicule routier sans certificat de véhicule d'explosifs (CVE).

Un certificat de véhicule d'explosifs est délivré par la Direction générale du transport des marchandises dangereuses conformément aux exigences relatives à un permis de transport d'explosifs du « Règlement sur les explosifs ».

(2) Il est interdit de transporter plus de 5 000 kg de ces explosifs à bord d'un véhicule routier.

UN0029, UN0030, UN0073, UN0106, UN0107, UN0225, UN0268, UN0360, UN0364, UN0377, UN0382, UN0461, UN0473

---

7 (1) Il est interdit de transporter plus de 1 kg de ces explosifs à bord d'un véhicule routier sans certificat de véhicule d'explosifs (CVE).

Un certificat de véhicule d'explosifs est délivré par la Direction générale du transport des marchandises dangereuses conformément aux exigences relatives à un permis de transport d'explosifs du « Règlement sur les explosifs ».

(2) Il est interdit de transporter plus de 2 000 kg de ces explosifs à bord d'un véhicule routier.

UN0074, UN0113, UN0114, UN0129, UN0130, UN0135, UN0224

---

8 (1) Il est interdit de transporter plus de 75 kg de ces explosifs à bord d'un véhicule routier sans certificat de véhicule d'explosifs (CVE).

Un certificat de véhicule d'explosifs est délivré par la Direction générale du transport des marchandises dangereuses conformément aux exigences relatives à un permis de transport d'explosifs du « Règlement sur les explosifs ».

(2) Il est interdit de transporter plus de 20 000 kg de ces explosifs à bord d'un véhicule routier.

UN0144

---

9 Il est interdit de transporter plus de 25 kg de ces explosifs à bord d'un véhicule routier.

UN0190

---

10 Il est permis d'inclure ces marchandises dangereuses dans la classe 4.1 si, à la fois :

a) elles sont en quantité inférieure ou égale à 500 g par contenant;

b) elles contiennent au moins 10 pour cent d'eau, par masse;

c) un résultat négatif est obtenu lorsqu'elles sont testées conformément à l'épreuve de la série 6, type c), visée à la section 16 de la première partie du Manuel d'épreuves et de critères.

UN0154, UN0155, UN0209, UN0214, UN0215, UN0234, UN0401, UN1344, UN1354, UN1355, UN1356

---

11 Ces marchandises dangereuses doivent être placées dans un contenant conforme à l'instruction d'emballage EP14(b) de la norme CGSB-43.151.

UN0501

---

12 Ces marchandises dangereuses doivent être placées dans un contenant conforme à l'instruction d'emballage EP30 de la norme CGSB-43.151.

UN0502

---

13 Ces marchandises dangereuses doivent être placées dans un contenant conforme à l'instruction d'emballage EP35 de la norme CGSB-43.151.

UN0503

---

14 Ces marchandises dangereuses doivent être placées dans un contenant conforme à l'instruction d'emballage EP12(c) de la norme CGSB-43.151.

UN0504

---

16 (1) L'appellation technique de la matière la plus dangereuse reliée à la classe primaire doit figurer, entre parenthèses, sur le document d'expédition et suivre l'appellation réglementaire conformément à la division 3.5(1)c)(i)(A) de la partie 3, Documentation. L'appellation technique doit également figurer, entre parenthèses, sur un petit contenant ou sur une étiquette volante, à la suite de l'appellation réglementaire conformément aux paragraphes 4.11(2) et (3) de la partie 4, Indications de danger - marchandises dangereuses.

(2) Malgré le paragraphe (1), il n'est pas nécessaire que l'appellation technique des marchandises dangereuses suivantes figure sur un document d'expédition si les lois du Canada sur le transport intérieur ou une convention internationale sur le transport international interdit la divulgation de cette appellation technique :

a) UN1544, ALCALOÏDES SOLIDES, N.S.A. ou SELS D'ALCALOÏDES SOLIDES, N.S.A.;

b) UN1851, MÉDICAMENT LIQUIDE TOXIQUE, N.S.A.;

c) UN3140, ALCALOÏDES LIQUIDES, N.S.A. ou SELS D'ALCALOÏDES LIQUIDES, N.S.A.;

d) UN3248, MÉDICAMENT LIQUIDE INFLAMMABLE, TOXIQUE, N.S.A.;

e) UN3249, MÉDICAMENT SOLIDE TOXIQUE, N.S.A.

À titre d'exemple, au Canada, citons la « Loi sur les aliments et drogues ».

UN0020, UN0021, UN0190, UN0248, UN0249, UN0349 à UN0359, UN0382, UN0383, UN0384, UN0461 à UN0482, UN0485, UN1078, UN1224, UN1228, UN1325, UN1383, UN1409, UN1479, UN1544, UN1588, UN1601, UN1602, UN1693, UN1719, UN1759, UN1760, UN1851, UN1903, UN1953, UN1954, UN1955, UN1964, UN1965, UN1967, UN1968, UN1986, UN1987, UN1988, UN1989, UN1992, UN1993, UN2003, UN2006, UN2206, UN2478, UN2571, UN2588, UN2693, UN2733, UN2734, UN2735, UN2757, UN2758 à UN2764, UN2771, UN2772, UN2775 à UN2784, UN2786, UN2787, UN2788, UN2801, UN2810, UN2811, UN2813, UN2845, UN2846, UN2902, UN2903, UN2920 à UN2930, UN2991 à UN2998, UN3005, UN3006, UN3009 à UN3021, UN3024, UN3025, UN3026, UN3027, UN3049, UN3050, UN3071, UN3077, UN3080, UN3082, UN3084 à UN3088, UN3093, UN3094, UN3095, UN3096, UN3098, UN3099, UN3101 à UN3120, UN3122 à UN3126, UN3128 à UN3132, UN3134, UN3135, UN3139, UN3140, UN3142, UN3143, UN3146, UN3147, UN3148, UN3156, UN3157, UN3158, UN3160, UN3161, UN3162, UN3163, UN3172, UN3175,

UN3176, UN3178 à UN3192, UN3194, UN3200, UN3203, UN3205 à UN3209, UN3221 à UN3240, UN3243, UN3244, UN3248, UN3249, UN3259, UN3260 à UN3267, UN3271 à UN3282, UN3286 à UN3290, UN3301, UN3303 à UN3312, UN3336, UN3345 à UN3352, UN3354, UN3355

---

17 Il est permis de manutentionner, de demander de transporter ou de transporter ces marchandises dangereuses sous le numéro UN et l'appellation réglementaire UN1268, DISTILLATS DE PÉTROLE, N.S.A. ou PRODUITS PÉTROLIERS, N.S.A., ou PETROLEUM DISTILLATES, N.O.S. ou PETROLEUM PRODUCTS, N.O.S.

UN1203, UN1863

---

18 Le présent règlement ne s'applique pas à UN1845, DIOXYDE DE CARBONE SOLIDE, ou NEIGE CARBONIQUE, utilisé comme réfrigérant dans un petit contenant et qui est transporté à bord d'un véhicule routier, d'un véhicule ferroviaire ou d'un navire au cours d'un voyage intérieur, si les conditions suivantes sont réunies :

a) l'expéditeur inscrit, sur un document qui accompagne le petit contenant, la mention « Neige carbonique comme réfrigérant » ou « Dry ice as refrigerant »;

b) le petit contenant dans lequel est placée la neige carbonique utilisée comme réfrigérant est conçu et construit de façon à permettre le dégagement du dioxyde de carbone et à empêcher ainsi toute surpression qui pourrait provoquer la rupture du petit contenant.

UN1845

---

19 Il est interdit de manutentionner, de demander de transporter ou de transporter des mélanges chimiquement instables de ces marchandises dangereuses.

UN1826 et UN1832

---

21 (1) Cette appellation réglementaire a les numéros UN suivants :

a) UN2990, s'il s'agit d'un engin de sauvetage ayant un dispositif d'autogonflage et qui présente un danger si le dispositif d'autogonflage est actionné accidentellement;

b) UN2990, s'il s'agit d'un engin de sauvetage ayant un dispositif d'autogonflage et qui contient, comme équipement, une ou plusieurs des marchandises dangereuses énoncées au paragraphe (2);

c) UN3072, s'il s'agit d'un engin de sauvetage qui n'est pas autogonflable et qui contient, comme équipement, une ou plusieurs des marchandises dangereuses énoncées au paragraphe (2).

(2) Les marchandises dangereuses sont :

a) des artifices de signalisation inclus dans la classe 1;

b) des gaz ininflammables non toxiques inclus dans la classe 2.2;

c) des marchandises dangereuses incluses dans les classes 3, 4.1 ou 5.2;

d) des accumulateurs électriques inclus dans la classe 8;

e) des solides corrosifs inclus dans la classe 8.

UN2990, UN3072

---

23 (1) Chaque expéditeur de ces marchandises dangereuses doit inscrire dans un document d'expédition, à la suite de la classification des marchandises dangereuses, la mention « toxique par inhalation » ou « toxicité par inhalation » ou « toxic by inhalation » ou « toxic - inhalation hazard » si les marchandises dangereuses satisfont aux critères d'inclusion dans la classe 6.1, groupe d'emballage I, pour cause de toxicité par inhalation.

Par exemple: ACROLÉINE STABILISÉE, Classe 6.1(3), UN1092, GE I, toxique par inhalation.

(2) Il est interdit de manutentionner, de demander de transporter ou de transporter ces marchandises dangereuses à bord d'un véhicule routier de passagers, d'un véhicule ferroviaire de passagers ou d'un navire de passagers, si elles satisfont aux critères d'inclusion dans la classe 6.1, groupe d'emballage I, pour cause de toxicité par inhalation.

(3) La présente disposition particulière ne s'applique pas à la personne qui transporte ces marchandises dangereuses conformément à l'exemption énoncée à l'article 1.15 de la Partie 1, Entrée en vigueur, abrogation, interprétation, dispositions générales et cas spéciaux.

UN1556, UN1602, UN1935, UN2024, UN2206, UN2570, UN2781, UN2784, UN2788, UN2810, UN2902, UN2903, UN2927, UN2929, UN2991 à UN2998, UN3005, UN3006, UN3009 à UN3020, UN3025, UN3026, UN3080, UN3122, UN3123, UN3140, UN3142, UN3144, UN3275, UN3276, UN3278 à UN3282

---

24 Les composés du plomb sont considérés comme étant insolubles si, en mélange à 1:1 000 avec de l'acide chlorhydrique à 0,07 molaire et agités pendant une heure à une température de 23 °C ± 2 °C, leur solubilité est inférieure ou égale à cinq pour cent.

UN2291

Annexe 2

25 (1) Il est permis de manutentionner, de demander de transporter ou de transporter ces marchandises dangereuses en tant que parties constituantes de sacs gonflables ou de modules de prétendeurs de sécurité pour véhicules sous cette appellation réglementaire, s'ils ont subi l'épreuve de la série 6, type c), de la section 16 de la première partie du Manuel d'épreuves et de critères, et qu'il n'y ait pas eu d'explosion du dispositif, de fragmentation de son enveloppe, de risque de projection ou d'effet thermique qui puisse gêner les opérations de lutte contre l'incendie ou toute autre intervention d'urgence. Si l'unité de gonflage du sac subit avec succès l'épreuve de la série 6, type c), il n'est pas nécessaire de répéter l'épreuve sur le module de sac gonflable lui-même.

(2) Le présent règlement ne s'applique pas aux sacs gonflables ou aux ceintures de sécurité installés sur des véhicules ou des éléments complets de véhicules tels que les colonnes de direction, les panneaux de portes ou les sièges.

UN3268

---

26 Lorsque cette marchandise dangereuse est du sulfate de nickel qui contient plus de 15 pour cent d'acide sulfurique libre ou plus de 30 pour cent d'eau et d'eau de cristallisation et qu'elle est placée dans un fût, celui-ci doit être conforme à la spécification 1H2 pour les fûts énoncée à la norme CGSB-43.150.

UN3244

---

28 Il est interdit de manutentionner, de demander de transporter ou de transporter ces marchandises dangereuses, à moins qu'elles ne soient stabilisées et que leur température ne soit maintenue à une température inférieure à la température de régulation pendant qu'elles sont transportées.

UN1026, UN3111 à UN3118, UN3231 à UN3240

---

29 Cette marchandise dangereuse peut être manutentionnée, faire l'objet d'une demande de transport ou être transportée sous le numéro UN et l'appellation réglementaire UN1075, GAZ DE PÉTROLE LIQUÉFIÉS ou LIQUEFIED PETROLEUM GASES.

UN1011, UN1012, UN1055, UN1077, UN1969, UN1978

31 Le présent règlement ne s'applique pas aux marchandises dangereuses transportées sous cette appellation réglementaire si les marchandises dangereuses contiennent plus de 70 pour cent de sel double (nitrate de calcium et nitrate d'ammonium) et au plus 10 pour cent de nitrate d'ammonium et au moins 12 pour cent d'eau.

UN1454

---

32 Le présent règlement, à l'exception de la partie 3, Documentation, ne s'applique pas à ces marchandises dangereuses si elles sont transportées dans un grand contenant à bord d'un véhicule routier ou d'un véhicule ferroviaire et si les conditions suivantes sont réunies :

a) le grand contenant est en règle à l'égard de la norme CSA B621 dans le cas du transport par véhicule routier ou en règle à l'égard de la norme CGSB-43.147 dans le cas du transport par véhicule ferroviaire;

b) sur le véhicule routier ou le véhicule ferroviaire figure, de chaque côté, la mention SOUFRE FONDU ou MOLTEN SULPHUR ou MOLTEN SULFUR et le numéro UN, UN2448, ou les chiffres « 2448 », en lettres et chiffres d'au moins 6 mm de largeur et 100 mm de hauteur.

UN2448

---

33 Le présent règlement ne s'applique pas à ces marchandises dangereuses si elles sont :

a) soit en quantité inférieure ou égale à 400 kg dans chaque contenant;

b) soit présentées sous une forme particulière telle que perles, granules, boulettes, pastilles ou paillettes.

UN1350

---

34 (1) Il est permis de transporter des piles et des batteries au lithium sous cette appellation réglementaire, si les conditions suivantes sont réunies :

a) chaque pile ou batterie est incluse dans la classe 9 conformément à l'article 38.3 de la troisième partie du Manuel d'épreuves et de critères;

b) chaque pile contient au plus 12 g de lithium ou d'alliage de lithium;

c) chaque batterie contient au plus 500 g de lithium ou d'alliage de lithium;

d) chaque pile ou batterie comporte un dispositif de protection contre les surpressions internes ou est conçue de manière à empêcher tout éclatement violent dans des conditions normales de transport;

e) chaque pile ou batterie est munie d'un moyen efficace pour empêcher les courts-circuits externes;

f) chaque batterie formée de piles ou d'une série de piles reliées en parallèle est munie de diodes pour arrêter les courants inverses;

g) les piles et les batteries sont placées dans des contenants de manière à empêcher tout court-circuit et tout mouvement qui puisse causer un court-circuit.

(2) Le présent règlement ne s'applique pas aux piles et aux batteries au lithium si les conditions suivantes sont réunies :

a) chaque pile à cathode liquide contient au plus 0,5 g de lithium ou d'alliage de lithium;

b) chaque batterie à cathode liquide contient au plus une quantité totale de 1 g de lithium ou d'alliage de lithium;

c) chaque pile ou batterie à cathode liquide est scellée hermétiquement;

d) chaque pile à cathode solide contient au plus 1 g de lithium ou d'alliage de lithium;

e) chaque batterie à cathode solide contient au plus une quantité totale de 2 g de lithium ou d'alliage de lithium;

f) chaque pile au lithium ionique contient au plus une quantité totale de 1,5 g d'équivalents-lithium, la quantité d'équivalents-lithium en grammes étant calculée en multipliant par 0,3 la capacité nominale de la pile en ampères-heures;

g) chaque batterie au lithium ionique contient au plus une quantité totale de 8 g d'équivalents-lithium, la quantité d'équivalents-lithium en grammes étant calculée en multipliant par 0,3 la capacité nominale de la batterie en ampères-heures;

h) si une batterie à cathode liquide contient plus de 0,5 g de lithium ou d'alliage de lithium, ou si une batterie à cathode solide contient plus de 1 g de lithium ou d'alliage de lithium, elle ne contient pas de liquide ou de gaz qui est une marchandise dangereuse, à moins que ce liquide ou ce gaz, s'il se libérait, ne soit complètement absorbé ou neutralisé par d'autres matériaux contenus dans la batterie;

i) les piles sont isolées de manière à empêcher tout court-circuit;

j) les batteries sont isolées de manière à empêcher tout court-circuit et, sauf si elles sont montées dans des appareils électroniques, sont placées dans des contenants robustes.

(3) Le présent règlement ne s'applique pas aux piles et aux batteries au lithium si les conditions suivantes sont réunies :

a) les piles ou batteries ne sont pas incluses dans la classe 9 conformément à l'article 38.3 de la troisième partie du Manuel d'épreuves et de critères;

b) chaque pile contient au plus 5 g de lithium ou d'alliage de lithium;

c) chaque batterie contient au plus 25 g de lithium ou d'alliage de lithium;

d) les piles et les batteries sont emballées ou sont conçues de manière à empêcher tout court-circuit dans des conditions normales de transport.

UN3090, UN3091

---

36 Le présent règlement ne s'applique pas à la manutention, à la demande de transport ou au transport de ces marchandises dangereuses à bord d'un véhicule routier ou d'un véhicule ferroviaire, si elles sont sous forme de boulettes ou de moulée sèche qui satisfont aux exigences de la norme CGSB-32-301.

UN1386, UN2217

---

37 La partie 3, Documentation, la partie 4, Indications de danger - marchandises dangereuses, et la partie 6, Formation, ne s'appliquent pas à ces marchandises dangereuses, ou à leurs mélanges ou solutions, si elles sont transportées à bord d'un véhicule routier et si elles satisfont aux conditions suivantes :

a) elles sont achetées au détail et transportées entre l'un ou l'autre des lieux suivants :

(i) le point d'achat,

(ii) le lieu d'utilisation ou de consommation,

(iii) le lieu de résidence de l'acheteur;

b) elles sont en quantité inférieure ou égale à 13,6 tonnes;

c) elles sont accompagnées d'une fiche de données indiquant l'appellation réglementaire, le numéro UN et la quantité des marchandises dangereuses ou de mélanges ou de solutions de celles-ci.

UN1942, UN2067 à UN2072

38 Il est interdit de manutentionner, de demander de transporter ou de transporter ces marchandises dangereuses dans un grand contenant, si elles sont en contact direct avec celui-ci.

UN1001, UN1045, UN1058, UN1081, UN1194, UN1204, UN1222, UN1259, UN1261, UN1308, UN1310, UN1320, UN1321, UN1322, UN1324, UN1336, UN1337, UN1344, UN1347, UN1348, UN1349, UN1354, UN1355, UN1356, UN1357, UN1360, UN1378, UN1380, UN1383, UN1389, UN1391, UN1392, UN1396, UN1404, UN1407, UN1409, UN1410, UN1411, UN1413, UN1414, UN1415, UN1418, UN1419, UN1421, UN1426, UN1427, UN1432, UN1433, UN1436, UN1491, UN1504, UN1510, UN1517, UN1556, UN1557, UN1569, UN1571, UN1575, UN1582, UN1589, UN1612, UN1614, UN1660, UN1693, UN1697 à UN1701, UN1714, UN1748, UN1749, UN1854, UN1855, UN1859, UN1865, UN1868, UN1870, UN1889, UN1911, UN1953, UN1955, UN1957, UN1959, UN1967, UN1975, UN1982, UN1994, UN2006, UN2008, UN2010, UN2011, UN2012, UN2013, UN2188, UN2189, UN2190, UN2192, UN2194 à UN2199, UN2202, UN2203, UN2204, UN2417, UN2418, UN2420, UN2421, UN2451, UN2463, UN2466, UN2471, UN2480, UN2545, UN2546, UN2547, UN2548, UN2555, UN2556, UN2557, UN2626, UN2627, UN2676, UN2741, UN2806, UN2813, UN2814, UN2846, UN2852, UN2870, UN2881, UN2900, UN2901, UN2907, UN2956, UN2988, UN3048, UN3064, UN3083, UN3094, UN3095, UN3096, UN3101 à UN3108, UN3124, UN3125, UN3129, UN3130, UN3131, UN3132, UN3134, UN3135, UN3148, UN3160, UN3162, UN3221 à UN3230, UN3248, UN3249, UN3303 à UN3310, UN3317, UN3355

---

39 (1) Il est permis d'utiliser cette appellation réglementaire pour manutentionner, demander de transporter ou transporter ces marchandises dangereuses, si elles satisfont aux conditions suivantes :

a) elles sont protégées contre les courts-circuits;

b) elles sont capables de résister, sans déperdition d'électrolyte pour accumulateurs, aux épreuves suivantes :

(i) l'épreuve de vibration, qui est effectuée comme suit :

(A) l'accumulateur est assujetti rigidement à la plate-forme d'une machine de vibration à laquelle est appliqué un mouvement sinusoïdal simple de 0,8 mm d'amplitude (1,6 mm de déplacement total),

(B) la fréquence est variée à raison de 1 Hz chaque minute entre 10 Hz et 55 Hz,

(C) toute la gamme des fréquences est traversée dans les deux sens en 95 ± 5 minutes dont 2 minutes passées à chaque fréquence pour chaque position de l'accumulateur (c'est-à-dire pour chaque direction des vibrations),

(D) l'accumulateur est soumis aux épreuves en trois positions perpendiculaires les unes par rapport aux autres (notamment dans une position où les ouvertures de remplissage et les trous d'évent, si l'accumulateur en comporte, sont en position inversée) pendant des périodes de même durée,

(ii) après l'épreuve de vibration, l'épreuve de pression différentielle, qui est effectuée comme suit :

(A) l'accumulateur est entreposé pendant 6 heures à 24 °C ± 4 °C à une pression différentielle supérieure ou égale à 88 kPa,

(B) l'accumulateur est soumis aux épreuves en trois positions perpendiculaires les unes par rapport aux autres (notamment dans une position où les ouvertures de remplissage et les trous d'évent, si l'accumulateur en comporte, sont en position inversée) pendant au moins 6 heures dans chaque position.

(2) Le présent règlement ne s'applique pas aux UN2800, ACCUMULATEURS électriques INVERSABLES REMPLIS D'ÉLECTROLYTE LIQUIDE, qui ne sont pas destinés à l'élimination, si :

a) d'une part, à une température de 55 °C, l'électrolyte ne s'écoule pas en cas de rupture ou de fissure du bac et s'il n'y a pas de liquide qui puisse s'écouler;

b) d'autre part, les bornes sont protégées contre les courts-circuits lorsque les accumulateurs sont préparés pour le transport.

UN2794, UN2795, UN2800

---

40 Le présent règlement ne s'applique pas à ces objets si chaque objet satisfait aux conditions suivantes :

a) la capacité du compartiment à gaz est inférieure ou égale à 1,6 L et la pression de chargement est inférieure ou égale à 28 000 kPa et, en multipliant la capacité (en litres) par la pression de chargement (kilopascals) et en divisant par 100, le résultat est inférieur ou égal à 80;

b) la pression d'éclatement minimale, dans le cas d'un objet dont la capacité du compartiment à gaz est inférieure ou égale à 0,5 L, est quatre fois supérieure à la pression de chargement à 20 °C et, dans le cas d'un objet dont la capacité du compartiment à gaz est supérieure à 0,5 L, est cinq fois supérieure à la pression de chargement à 20 °C;

c) il est fabriqué de matériaux qui ne se fragmentent pas en cas de rupture;

d) il est protégé contre la rupture au moyen d'un élément fusible ou d'un dispositif de décompression permettant d'évacuer la pression interne.

UN3164

---

41 (1) Il est interdit de manutentionner, de demander de transporter ou de transporter UN3356, GÉNÉRATEUR CHIMIQUE D'OXYGÈNE, contenant des marchandises dangereuses incluses dans la classe 5.1, Matières comburantes, à moins que les conditions suivantes ne soient réunies :

a) il peut résister à une épreuve de chute de 1,8 m sur une aire rigide, inélastique, plate et horizontale, dans la position qui est la plus susceptible de causer des dommages à la suite de cette chute, sans perte de son contenu et sans actionnement;

b) lorsqu'il est équipé d'un dispositif d'actionnement, il comporte au moins deux systèmes de sécurité le protégeant contre un actionnement non intentionnel;

c) il est transporté dans un contenant placé dans un autre contenant de manière, en cas d'actionnement, à éviter ce qui suit:

(i) il n'actionne d'autres générateurs d'oxygène à bord du même moyen de transport,

(ii) le contenant ne s'enflamme pas,

(iii) la température à la surface extérieure du contenant extérieur ne dépasse pas 100 °C.

(2) Il est interdit de manutentionner, de demander de transporter ou de transporter un générateur d'oxygène sous cette appellation réglementaire, s'il est équipé d'un dispositif d'actionnement qui satisfait aux critères d'inclusion dans la classe 1, Explosifs.

UN3356

---

42 La partie 3, Documentation, les exigences visant l'apposition de plaques prévues à la partie 4, Indications de danger - marchandises dangereuses, et la partie 6, Formation, ne s'appliquent pas au transport de ces marchandises dangereuses qui sont

transportées à bord d'un véhicule routier circulant uniquement sur terre, si les conditions suivantes sont réunies:

a) les marchandises dangereuses sont placées dans au plus cinq petits contenants;

b) la masse brute de marchandises dangereuses est inférieure ou égale à 500 kg;

c) les étiquettes apposées sur les contenants sont visibles de l'extérieur du véhicule.

UN1001, UN1002, UN1006, UN1060, UN1072, UN1978

---

43 Malgré l'article 2.1 de la partie 2, Classification, ces marchandises dangereuses sont attribuées à cette classification selon leurs effets sur l'homme.

UN1230, UN1547, UN1577, UN1578, UN1590, UN1591, UN1661, UN1662, UN1663, UN1671, UN1673, UN1708, UN2023, UN2078, UN2311, UN2432, UN2474, UN2512, UN2730

---

45 Il n'est pas nécessaire d'inclure le manèbe ou une préparation de manèbe qui ont été stabilisés contre l'auto-échauffement dans la classe primaire 4.2, ou de leur attribuer le numéro UN UN2210, lorsqu'il peut être démontré, par des épreuves, qu'un volume de 1 m3 de la matière ne s'enflamme pas spontanément et que la température au centre d'un échantillon de 1 m3 ne dépasse pas 200 °C lorsque l'échantillon est conservé dans un entrepôt maintenu à une température d'au moins 75 °C ± 2 °C pendant 24 heures, auquel cas, la marchandise dangereuse a la classification attribuée au numéro UN UN2968.

UN2210

---

50 Le dodécylphénol est un polluant marin grave.

UN2430, UN3145

---

51 (1) Le sulfure de cadmium, UN2570, COMPOSÉ DU CADMIUM, est un polluant marin et non un polluant marin grave.

(2) Le séléniure de cadium, UN2570, COMPOSÉ DU CADMIUM, n'est ni un polluant marin ni un polluant marin grave.

UN2570

---

52 Le tétraéthyle de plomb, UN1649, MÉLANGE ANTIDÉTONANT POUR CARBURANTS, est un polluant marin grave.

UN1649

---

53 Le chlorure de para-chlorobenzyle, UN2235, CHLORURE DE CHLOROBENZYLE, liquide ou solide, est un polluant marin.

UN2235

---

55 Les solutions aqueuses de nitrates inorganiques ne satisfont pas aux critères d'inclusion dans la classe 5.1 si la concentration des nitrates inorganiques dans la solution à la température minimale qui pourrait être atteinte en cours de transport n'est pas supérieure à 80 pour cent de la limite de saturation du nitrate inorganique en solution.

UN3218

---

56 Il est permis de manutentionner, de demander de transporter ou de transporter des mélanges de matières solides qui ne sont pas des marchandises dangereuses et de liquides inclus dans la classe 3, Liquides inflammables, sous cette appellation réglementaire sans que les épreuves et les critères d'inclusion dans la classe 4.1, Solides inflammables, ne leur soient d'abord appliqués si les conditions suivantes sont réunies:

a) aucun liquide excédentaire n'est visible ni au moment du chargement du mélange dans un contenant ni au moment de la fermeture de celui-ci;

b) chaque contenant est étanche.

UN3175

---

57 Il est permis de manutentionner, de demander de transporter ou de transporter des mélanges de matières solides qui ne sont pas des marchandises dangereuses et de liquides inclus dans la classe 6.1, Matières toxiques, sous cette appellation réglementaire sans que les épreuves et les critères d'inclusion dans la classe 6.1, Matières toxiques, ne leur soient d'abord appliqués si les conditions suivantes sont réunies :

a) le mélange est inclus dans le groupe d'emballage II ou III;

b) aucun liquide excédentaire n'est visible ni au moment du chargement du mélange dans un contenant ni au moment de la fermeture de celui-ci;

c) chaque contenant est étanche.

UN3243

---

58 Il est permis de manutentionner, de demander de transporter ou de transporter des mélanges de matières solides qui ne sont pas des marchandises dangereuses et de liquides inclus dans la classe 8, Matières corrosives, sous cette appellation réglementaire sans que les épreuves et les critères d'inclusion dans la classe 8, Matières corrosives, ne leur soient d'abord appliqués si les conditions suivantes sont réunies :

a) aucun liquide excédentaire n'est visible ni au moment du chargement du mélange dans un contenant ni au moment de la fermeture de celui-ci;

b) chaque contenant est étanche.

UN3244

---

59 Il est interdit de transporter les matières figurant nommément à l'annexe 1 sous cette appellation réglementaire. Les matières transportées sous cette appellation réglementaire peuvent contenir au plus 20 pour cent de nitrocellulose si la nitrocellulose renferme au plus 12,6 pour cent d'azote (masse sèche).

UN1210, UN1263, UN3066

---

60 Ces marchandises dangereuses peuvent être incluses dans la classe 4.1 si les conditions suivantes sont réunies :

a) la quantité de marchandises dangereuses dans un contenant est inférieure ou égale à 11,5 kg;

b) la quantité d'eau dans les marchandises dangereuses est supérieure à 10 pour cent (en masse);

c) un résultat négatif est obtenu lorsque les marchandises dangereuses ont subi l'épreuve de la série 6, type c), visée à la section 16 de la première partie du Manuel d'épreuves et de critères.

UN0220, UN1357

61 Il est permis de manutentionner, de demander de transporter ou de transporter cette matière sous une classe autre que la classe 1 à condition qu'elle soit emballée de façon que le pourcentage d'eau qu'elle contient ne tombe à aucun moment, au cours du transport, en dessous du pourcentage indiqué dans la description de l'appellation réglementaire. Lorsqu'elle est flegmatisée avec de l'eau et une matière inorganique inerte, la proportion de nitrate d'urée ne doit pas dépasser 75 pour cent (en masse) et le mélange ne doit pas pouvoir détoner lors de l'épreuve de la série 1, type a), visée à la section 11 de la première partie du Manuel d'épreuves et de critères.

UN1357

---

62 Il est permis de manutentionner, de demander de transporter ou de transporter ces marchandises dangereuses sous la classe 4.1 à condition qu'elles soient emballées dans un contenant de façon que le pourcentage en diluant ne tombe à aucun moment, au cours du transport, en dessous du pourcentage indiqué pour le diluant dans la description de l'appellation réglementaire.

UN1310, UN1320, UN1321, UN1322, UN1336, UN1337, UN1344, UN1348, UN1349, UN1354, UN1355, UN1356, UN1517, UN3317

---

63 Le présent règlement ne s'applique à ces marchandises dangereuses que dans le cas du transport par aéronef.

UN1910, UN2807, UN2812, UN3166, UN3171

---

64 (1) Le présent règlement ne s'applique à ces marchandises dangereuses que dans le cas du transport par navire.

(2) Il est interdit de transporter ces marchandises dangereuses par navire lorsqu'elles sont mouillées, humides ou souillées d'huile.

UN1327, UN2216

---

65 Une TROUSSE DE PRODUITS CHIMIQUES ou TROUSSE DE PREMIERS SECOURS doit être incluse dans le groupe d'emballage qui est le groupe d'emballage le plus sévère attribué à l'une quelconque des matières dangereuses contenues dans la trousse et ne doit pas contenir de marchandises dangereuses :

a) qui ne sont pas autorisées à être transportées en tant que quantités limitées ou dont le transport est interdit aux annexes 1 ou 3;

b) qui réagissent dangereusement entre elles;

c) dont la quantité totale est supérieure à 1 L pour les liquides ou 1 kg pour les solides.

UN3316

---

66 Il est interdit de transporter ces marchandises dangereuses par navire.

UN1347, UN1512

---

67 Cette appellation réglementaire s'applique aux véhicules et aux appareils mus par des accumulateurs à électrolyte liquide ou des batteries au sodium ou au lithium, et qui sont manutentionnés ou transportés, ou dont il est demandé le transport pourvus de ces accumulateurs.

Au nombre de ces véhicules et appareils, on peut citer les voitures alimentées électriquement, les tondeuses à gazon, les fauteuils roulants et autres auxiliaires de mobilité.

UN3171

68 Il est interdit de transporter ces marchandises dangereuses par navire si elles contiennent l'une ou plusieurs des matières suivantes :

a) chlorite d'ammonium;

b) composé de l'ammonium, mélange de;

c) composés de l'ammonium, solution de;

d) NITRATE D'AMMONIUM, sujet à l'auto-échauffement conduisant à une décomposition;

e) ACIDE CHLORIQUE EN SOLUTION AQUEUSE en concentration supérieure à 10 pour cent, par masse;

f) ACIDE CYANHYDRIQUE EN SOLUTION AQUEUSE avec plus de 20 pour cent d'acide, par masse;

g) CYANURE D'HYDROGÈNE EN SOLUTION ALCOOLIQUE contenant plus de 45 pour cent de cyanure d'hydrogène, par masse;

h) PICRATE D'ARGENT HUMIDIFIÉ avec moins de 30 pour cent d'eau, par masse.

UN1194, UN1347, UN1450, UN1461, UN1462, UN1482, UN1512, UN1613, UN1642, UN1802, UN1873, UN2067, UN2068, UN2069, UN2070, UN2072, UN2626, UN2627, UN3210, UN3212, UN3213, UN3214, UN3219, UN3294

---

69 Les définitions qui suivent s'appliquent aux allumettes :

a) les allumettes-tisons sont des allumettes dont l'extrémité est imprégnée d'une composition d'allumage sensible au frottement et d'une composition pyrotechnique qui brûle avec peu ou pas de flamme mais en dégageant une chaleur intense;

b) les allumettes de sûreté sont des allumettes intégrées ou fixées à la pochette, au frottoir ou au carnet, et qui ne peuvent être allumées par frottement que sur une surface préparée;

c) les allumettes autres que « de sûreté » sont des allumettes qui peuvent être allumées par frottement sur une surface solide;

d) les allumettes-bougies sont des allumettes qui peuvent être allumées par frottement soit sur une surface préparée soit sur une surface solide.

UN1331

---

70 (1) La préparation de ces marchandises dangereuses doit être telle qu'elle demeure homogène et qu'il n'y ait pas de séparation au cours du transport.

(2) Le présent règlement ne s'applique pas aux préparations de ces marchandises dangereuses à faible teneur en nitrocellulose qui satisfont aux conditions suivantes :

a) elles ne peuvent pas détoner ou déflagrer lorsqu'elles sont soumises à l'épreuve de la série (1), type a), visée à la section 11 de la première partie du Manuel d'épreuves et de critères;

b) elles n'explosent pas quand elles sont chauffées dans un lieu clos, lorsqu'elles sont soumises à l'épreuve de la série 1, type b), et à l'épreuve de la série 1, type c), visées à la section 11 de la première partie du Manuel d'épreuves et de critères;

c) elles ne sont pas des matières solides inflammables lorsqu'elles sont soumises à l'épreuve N.1 visée à l'article 33.2.1.4 de la troisième partie du Manuel d'épreuves et de critères; pour cette épreuve, la granulométrie de la nitrocellulose doit être inférieure à 1,25 mm ou la nitrocellulose doit être broyée et tamisée à cette unité de mesure.

UN2557

71 Il est interdit de transporter des nitrites d'ammonium et des mélanges contenant un nitrite inorganique et un sel d'ammonium.

UN2627

---

72 Malgré l'alinéa 2.5 d) de la partie 2, Classification, lorsque ces marchandises dangereuses répondent aux définitions et aux critères d'inclusion dans d'autres classes conformément à la partie 2, Classification, la ou les classes subsidiaires doivent être indiquées dans le document d'expédition en plus de la classe primaire des marchandises dangereuses.

UN2908 à UN2911

---

73 Pendant leur transport, ces marchandises dangereuses doivent être protégés contre le rayonnement solaire direct et entreposées dans un lieu frais et bien ventilé à l'écart de toute source de chaleur.

UN3241

---

74 (1) Si ces marchandises dangereuses ont une ou plusieurs classes subsidiaires, elles doivent être incluses dans les groupes d'emballage I, II ou III, selon le cas, conformément aux critères visés à la partie 2, Classification, en fonction de la classe subsidiaire prépondérante.

(2) La description de la ou des classes subsidiaires des marchandises dangereuses et les étiquettes et plaques doivent être apposées sur un contenant conformément aux exigences de la partie 4, Indications de danger - marchandises dangereuses.

(3) La description de la ou des classes subsidiaires sur un document d'expédition doit être conforme à la partie 3, Documentation.

UN2912, UN2913, UN2915, UN2916, UN2917, UN2919, UN3321 à UN3333

---

75 Malgré l'indice visé à la colonne 6 de l'annexe 1, lorsque ces marchandises dangereuses sont en quantité inférieure ou égale à 100 objets, il est permis de les manutentionner, de demander de les transporter ou de les transporter en tant que quantités limitées conformément aux exigences visant les quantités limitées qui se trouvent aux paragraphes 1.17(1), (2) et (4) de la partie 1, Entrée en vigueur, abrogation, interprétation, dispositions générales et cas spéciaux.

UN0029, UN0030, UN0121, UN0131, UN0255, UN0267, UN0314, UN0315, UN0325, UN0360, UN0361, UN0454, UN0455, UN0456, UN0500

---

76 Malgré le nombre indice visé à la colonne 6 de l'annexe 1, lorsque ces marchandises dangereuses sont en quantité inférieure ou égale à 5 000 détonateurs, il est permis de les manutentionner, de demander de les transporter ou de les transporter en tant que quantités limitées conformément aux exigences visant les quantités limitées qui se trouvent aux paragraphes 1.17(1), (2) et (4) de la partie 1, Entrée en vigueur, abrogation, interprétation, dispositions générales et cas spéciaux.

UN0044, UN0377, UN0378

---

77 Malgré la quantité maximale indiquée à la colonne 9 de l'annexe 1, lorsque ces marchandises dangereuses sont en quantité inférieure ou égale à 100 objets, il est permis de les manutentionner, de demander de les transporter ou de les transporter, en tant que quantités limitées, à bord d'un véhicule routier de passagers ou d'un véhicule ferroviaire de passagers.

UN0255, UN0267, UN0350, UN0361, UN0365, UN0378, UN0383

78 Ces marchandises dangereuses n'incluent pas le permanganate d'ammonium dont le transport est interdit. (voir l'annexe 3)

UN1482

---

79 Le transport de ces marchandises dangereuses est interdit lorsqu'elles contiennent moins d'alcool, d'eau ou de flegmatisant tel qu'indiqué dans la description de l'appellation réglementaire.

UN0072, UN0074, UN0075, UN0113, UN0114, UN0129, UN0130, UN0133, UN0135, UN0143, UN0150, UN0159, UN0226, UN0391, UN0433

---

80. Malgré l'article 1.17, il est interdit de demander de transporter ou de transporter ces marchandises dangereuses sauf si elles sont placées dans un contenant conforme aux exigences de la partie 5, Contenants.

UN1950

ANNEXE 3

INDEX ALPHABÉTIQUE
INDICE DE MARCHANDISES DANGEREUSES ET LEUR NUMÉRO DE GUIDE DE MESURES D'URGENCE

RAISON D'ÊTRE DE CETTE ANNEXE

La présente annexe contient une liste des appellations réglementaires des marchandises dangereuses classées en ordre alphabétique, suivi de son numéro UN correspondant et du numéro de Guide de mesures d'urgence applicable. Une fois le numéro de Guide de mesures d'urgence identifié, vous devez vous référer à l'Annexe 4 qui contient 62 guides de mesures d'urgence. Les Guides de mesures d'urgence décrivent le type de risques de chaque substance, le détail des risques potentiels, les mesures d'urgence ainsi que les gestes à poser pour s'assurer de la sécurité du public. (Il est à noter que certaines substances dont le transport est interdit figurent également à la présente annexe, sans égard du fait qu'elles aient un numéro UN ou pas.)

Le numéro du Guide de mesures d'urgence approprié se retrouve aussi au **tableau de renvoi des numéros UN aux numéros de Guide de mesures d'urgence à la fin de l'Annexe 4 (p. 242).**

Vous devez vous référer à l'Annexe 4 pour obtenir la marche à suivre pour l'utilisation des numéro de Guide de mesures d'urgence.

Informations supplémentaires :

Si le numéro de Guide de mesures d'urgence est suivi de la lettre « **T** », ceci vous indique que la substance concernée est toxique par inhalation.

Si le numéro de Guide de mesures d'urgence est suivi de la lettre « **P** », ceci vous indique que la substance concernée peut se polymériser en un éclair lorsqu'elle est exposée à une chaleur excessive ou impliquée dans un incendie.

Description	Numéro UN	# GMU
ACCUMULATEURS AU SODIUM	UN3292	138
ACCUMULATEURS électriques INVERSABLES REMPLIS D'ÉLECTROLYTE LIQUIDE	UN2800	154
ACCUMULATEURS électriques REMPLIS D'ÉLECTROLYTE LIQUIDE ACIDE	UN2794	154
ACCUMULATEURS électriques REMPLIS D'ÉLECTROLYTE LIQUIDE ALCALIN	UN2795	154
ACCUMULATEURS électriques SECS CONTENANT DE L'HYDROXYDE DE POTASSIUM SOLIDE	UN3028	154
ACÉTAL	UN1088	127
ACÉTALDÉHYDE	UN1089	129
ACÉTALDOXIME	UN2332	129
ACÉTATE D'ALLYLE	UN2333	131
ACÉTATE DE CYCLOHEXYLE	UN2243	130
ACÉTATE DE L'ÉTHER MONOÉTHYLIQUE DE L'ÉTHYLÈNEGLYCOL	UN1172	129
ACÉTATE DE L'ÉTHER MONOMÉTHYLIQUE DE L'ÉTHYLÈNEGLYCOL	UN1189	129
ACÉTATE DE MERCURE	UN1629	151
ACÉTATE DE MÉTHYLAMYLE	UN1233	129
ACÉTATE DE MÉTHYLE	UN1231	129
ACÉTATE DE PHÉNYLMERCURE	UN1674	151
ACÉTATE DE PLOMB	UN1616	151
ACÉTATE DE n-PROPYLE	UN1276	129
ACÉTATE D'ÉTHYLBUTYLE	UN1177	129
ACÉTATE D'ÉTHYLE	UN1173	129
ACÉTATE DE VINYLE STABILISÉ	UN1301	129P
ACÉTATE D'ISOBUTYLE	UN1213	129
ACÉTATE D'ISOPROPÉNYLE	UN2403	129P
ACÉTATE D'ISOPROPYLE	UN1220	129
ACÉTATES D'AMYLE	UN1104	129
ACÉTATES DE BUTYLE	UN1123	129
ACÉTOARSÉNITE DE CUIVRE	UN1585	151
ACÉTONE	UN1090	127
ACÉTONITRILE	UN1648	131
ACÉTYLÈNE DISSOUS	UN1001	116
ACÉTYLÈNE LIQUÉFIÉ	Interdit	
ACÉTYLMÉTHYLCARBINOL	UN2621	127
ACÉTYLURE D'ARGENT (SEC)	Interdit	
ACÉTYLURE DE CUIVRE	Interdit	
ACÉTYLURE DE MERCURE	Interdit	
ACIDE ACÉTIQUE EN SOLUTION contenant au moins 50 pour cent mais au maximum 80 pour cent (masse) d'acide	UN2790	153
ACIDE ACÉTIQUE EN SOLUTION contenant plus de 10 pour cent et moins de 50 pour cent (masse) d'acide	UN2790	153
ACIDE ACÉTIQUE EN SOLUTION contenant plus de 80 pour cent (masse) d'acide	UN2789	132
ACIDE ACÉTIQUE GLACIAL	UN2789	132
ACIDE ACRYLIQUE STABILISÉ	UN2218	132P
ACIDE ARSÉNIQUE LIQUIDE	UN1553	154
ACIDE ARSÉNIQUE SOLIDE	UN1554	154
ACIDE AZAUROLIQUE (SEL DE L') (SEC)	Interdit	
ACIDE AZIDODITHIOCARBONIQUE	Interdit	
ACIDE BROMACÉTIQUE	UN1938	156
ACIDE BROMHYDRIQUE	UN1788	154
ACIDE BUTYRIQUE	UN2820	153
ACIDE CACODYLIQUE	UN1572	151
ACIDE CAPROÏQUE	UN2829	153
ACIDE CHLORACÉTIQUE EN SOLUTION	UN1750	153
ACIDE CHLORACÉTIQUE SOLIDE	UN1751	153
ACIDE CHLORHYDRIQUE	UN1789	157
ACIDE CHLORHYDRIQUE ET ACIDE NITRIQUE EN MÉLANGE	UN1798	157
ACIDE CHLORIQUE EN SOLUTION AQUEUSE contenant au plus 10 pour cent d'acide chlorique	UN2626	140
ACIDE CHLOROACÉTIQUE FONDU	UN3250	153
ACIDE CHLOROPLATINIQUE SOLIDE	UN2507	154
ACIDE CHLORO-2 PROPIONIQUE EN SOLUTION	UN2511	153
ACIDE CHLORO-2 PROPIONIQUE SOLIDE	UN2511	153
ACIDE CHLOROSULFONIQUE contenant ou non du trioxyde de soufre	UN1754	137T
ACIDE CHROMIQUE EN SOLUTION	UN1755	154
ACIDE CHRYSAMINIQUE	Interdit	
ACIDE CRÉSYLIQUE	UN2022	153
ACIDE CROTONIQUE liquide	UN2823	153
ACIDE CROTONIQUE LIQUIDE (terminologie OACI)	UN2823	153
ACIDE CROTONIQUE solide	UN2823	153
ACIDE CROTONIQUE SOLIDE (terminologie OACI)	UN2823	153
ACIDE CYANHYDRIQUE EN SOLUTION AQUEUSE contenant au plus 20 pour cent de cyanure d'hydrogène	UN1613	154
ACIDE CYANHYDRIQUE EN SOLUTION AQUEUSE contenant plus de 20 pour cent de cyanure d'hydrogène	Interdit	
ACIDE CYANHYDRIQUE (PRUSSIQUE), NON-STABILISÉ	Interdit	
ACIDE DICHLORACÉTIQUE	UN1764	153
ACIDE DICHLOROISOCYANURIQUE SEC	UN2465	140
ACIDE DIFLUOROPHOSPHORIQUE ANHYDRE	UN1768	154
ACIDE DINITRO-3,5 SALICYLIQUE (SEL DE PLOMB) (SEC)	Interdit	
ACIDE FLUORACÉTIQUE	UN2642	154
ACIDE FLUORHYDRIQUE ET ACIDE SULFURIQUE EN MÉLANGE	UN1786	157
ACIDE FLUORHYDRIQUE, solution contenant au plus 60 pour cent d'acide fluorhydrique	UN1790	157
ACIDE FLUORHYDRIQUE, solution contenant plus de 60 pour cent d'acide fluorhydrique	UN1790	157
ACIDE FLUOROBORIQUE	UN1775	154
ACIDE FLUOROPHOSPHORIQUE ANHYDRE	UN1776	154
ACIDE FLUOROSILICIQUE	UN1778	154
ACIDE FLUOROSULFONIQUE	UN1777	137T
ACIDE FORMIQUE	UN1779	153
ACIDE FULMINIQUE	Interdit	
ACIDE HEXAFLUOROPHOSPHORIQUE	UN1782	154
ACIDE HYPONITREUX	Interdit	
ACIDE IODHYDRIQUE	UN1787	154
ACIDE ISOBUTYRIQUE	UN2529	132
ACIDE ISOTHIOCYANIQUE	Interdit	
ACIDE MERCAPTO-5 TÉTRAZOL-1-ACÉTIQUE	UN0448	114
ACIDE MÉTHACRYLIQUE STABILISÉ	UN2531	153P
ACIDE MÉTHAZOÏQUE	Interdit	
ACIDE MÉTHYLPICRIQUE (SELS DE MÉTAUX LOURDS DE L')	Interdit	
ACIDE MIXTE contenant au plus 50 pour cent d'acide nitrique	UN1796	157

Description	Numéro UN	# GMU
ACIDE MIXTE contenant plus de 50 pour cent d'acide nitrique	UN1796	157
ACIDE MIXTE RÉSIDUAIRE contenant au plus 50 pour cent d'acide nitrique	UN1826	157
ACIDE MIXTE RÉSIDUAIRE contenant plus de 50 pour cent d'acide nitrique	UN1826	157
ACIDE NITRIQUE, à l'exclusion de l'acide nitrique fumant rouge, contenant au plus 70 pour cent d'acide nitrique	UN2031	157
ACIDE NITRIQUE, à l'exclusion de l'acide nitrique fumant rouge, contenant plus de 70 pour cent d'acide nitrique	UN2031	157
ACIDE NITRIQUE FUMANT ROUGE	UN2032	157T
ACIDE NITROBENZÈNESULFONIQUE	UN2305	153
ACIDE NITRO-6 DIAZO-4 TOLUÈNE SULFONIQUE-3 (SEC)	Interdit	
ACIDE OCTADIÈNE-1,7 DIYNE-3,5 DIMÉTHOXY-1,8 OCTADÉCYNOÏQUE-9	Interdit	
ACIDE PERCHLORIQUE contenant au plus 50 pour cent (masse) d'acide	UN1802	140
ACIDE PERCHLORIQUE contenant plus de 50 pour cent (masse) mais au maximum 72 pour cent d'acide	UN1873	143
ACIDE PERCHLORIQUE contenant plus de 72 pour cent (masse) d'acide	Interdit	
ACIDE PEROXYACÉTIQUE EN MÉLANGE, avec plus de 43 pour cent d'acide peroxyacétique et avec plus de 6 pour cent de peroxyde d'hydrogène	Interdit	
ACIDE PHÉNOLSULFONIQUE LIQUIDE	UN1803	153
ACIDE PHÉNOXYACÉTIQUE, DÉRIVÉ PESTICIDE LIQUIDE, INFLAMMABLE, TOXIQUE, d'un point d'éclair inférieur à 23 °C	UN3346	131
ACIDE PHÉNOXYACÉTIQUE, DÉRIVÉ PESTICIDE LIQUIDE, TOXIQUE	UN3348	153
ACIDE PHÉNOXYACÉTIQUE, DÉRIVÉ PESTICIDE LIQUIDE, TOXIQUE, INFLAMMABLE, d'un point d'éclair égal ou supérieur à 23 °C	UN3347	131
ACIDE PHÉNOXYACÉTIQUE, DÉRIVÉ PESTICIDE SOLIDE, TOXIQUE	UN3345	153
ACIDE PHOSPHOREUX	UN2834	154
ACIDE PHOSPHORIQUE LIQUIDE	UN1805	154
ACIDE PHOSPHORIQUE SOLIDE	UN1805	154
ACIDE PICRIQUE sec ou humidifié avec moins de 30 pour cent (masse) d'eau	UN0154	112
ACIDE PROPIONIQUE	UN1848	132
ACIDE RÉSIDUAIRE DE RAFFINAGE	UN1906	153
ACIDES ALKYLSULFONIQUES LIQUIDES contenant au plus 5 pour cent d'acide sulfurique libre	UN2586	153
ACIDES ALKYLSULFONIQUES LIQUIDES contenant plus de 5 pour cent d'acide sulfurique libre	UN2584	153
ACIDES ALKYLSULFONIQUES SOLIDES contenant au plus 5 pour cent d'acide sulfurique libre	UN2585	153
ACIDES ALKYLSULFONIQUES SOLIDES contenant plus de 5 pour cent d'acide sulfurique libre	UN2583	153
ACIDES ALKYLSULFURIQUES	UN2571	156
ACIDES ARYLSULFONIQUES LIQUIDES contenant au plus 5 pour cent d'acide sulfurique libre	UN2586	153
ACIDES ARYLSULFONIQUES LIQUIDES contenant plus de 5 pour cent d'acide sulfurique libre	UN2584	153
ACIDES ARYLSULFONIQUES SOLIDES contenant au plus 5 pour cent d'acide sulfurique libre	UN2585	153

Description	Numéro UN	# GMU
ACIDES ARYLSULFONIQUES SOLIDES contenant plus de 5 pour cent d'acide sulfurique libre	UN2583	153
ACIDE SÉLÉNIQUE	UN1905	154
ACIDE STYPHNIQUE HUMIDIFIÉ avec au moins 20 pour cent (masse) d'eau ou d'un mélange d'alcool et d'eau	UN0394	112
ACIDE STYPHNIQUE sec ou humidifié avec moins de 20 pour cent (masse) d'eau ou d'un mélange d'alcool et d'eau	UN0219	112
ACIDE SULFAMIQUE	UN2967	154
ACIDE SULFOCHROMIQUE	UN2240	154
ACIDE SULFONITRIQUE contenant au plus 50 pour cent d'acide nitrique	UN1796	157
ACIDE SULFONITRIQUE contenant plus de 50 pour cent d'acide nitrique	UN1796	157
ACIDE SULFONITRIQUE RÉSIDUAIRE contenant au plus 50 pour cent d'acide nitrique	UN1826	157
ACIDE SULFONITRIQUE RÉSIDUAIRE contenant plus de 50 pour cent d'acide nitrique	UN1826	157
ACIDE SULFUREUX	UN1833	154
ACIDE SULFURIQUE contenant plus de 51 pour cent d'acide	UN1830	137
ACIDE SULFURIQUE FUMANT	UN1831	137T
ACIDE SULFURIQUE ne contenant pas plus de 51 pour cent d'acide	UN2796	157
ACIDE SULFURIQUE RÉSIDUAIRE	UN1832	137
ACIDE TÉTRAZOL-1-ACÉTIQUE	UN0407	112
ACIDE THIOACÉTIQUE	UN2436	129
ACIDE THIOGLYCOLIQUE	UN1940	153
ACIDE THIOLACTIQUE	UN2936	153
ACIDE TRICHLORACÉTIQUE	UN1839	153
ACIDE TRICHLORACÉTIQUE EN SOLUTION	UN2564	153
ACIDE TRICHLOROISOCYANURIQUE SEC	UN2468	140
ACIDE TRIFLUORACÉTIQUE	UN2699	154
ACIDE TRINITROACÉTIQUE	Interdit	
ACIDE TRINITROBENZÈNE-SULFONIQUE	UN0386	112
ACIDE TRINITROBENZOÏQUE HUMIDIFIÉ avec au moins 30 pour cent (masse) d'eau	UN1355	13
ACIDE TRINITROBENZOÏQUE sec ou humidifié avec moins de 30 pour cent (masse) d'eau	UN0215	112
ACRIDINE	UN2713	153
ACROLÉINE, DIMÈRE STABILISÉ	UN2607	129P
ACROLÉINE STABILISÉE	UN1092	131PT
ACRYLAMIDE	UN2074	153P
ACRYLATE DE 2-DIMÉTHYLAMINOÉTHYLE	UN3302	132
ACRYLATE DE MÉTHYLE STABILISÉ	UN1919	129P
ACRYLATE D'ÉTHYLE STABILISÉ	UN1917	129P
ACRYLATE D'ISOBUTYLE STABILISÉ	UN2527	130P
ACRYLATES DE BUTYLE STABILISÉS	UN2348	129P
ACRYLONITRILE STABILISÉ	UN1093	131P
ADHÉSIFS contenant un liquide inflammable	UN1133	128
ADIPONITRILE	UN2205	153
AÉROSOLS, contenant de l'oxygène comprimé	UN1950	126
AÉROSOLS, contenant une substance de classe 6.1, groupe d'emballage I	Interdit	
AÉROSOLS, contenant une substance de classe 8, groupe d'emballage I	Interdit	
AÉROSOLS, contenant un gaz toxique de classe 2.3	Interdit	
AÉROSOLS, inflammables	UN1950	126
AÉROSOLS, inflammables contenant des matières de la classe 6.1, groupe d'emballage II	UN1950	126

Description	Numéro UN	# GMU
AÉROSOLS, inflammables contenant des matières de la classe 6.1, groupe d'emballage III	UN1950	126
AÉROSOLS, inflammables contenant des matières de la classe 6.1, groupe d'emballage III et des matières de la classe 8, groupe d'emballage II	UN1950	126
AÉROSOLS, inflammables contenant des matières de la classe 6.1, groupe d'emballage III et des matières de la classe 8, groupe d'emballage III	UN1950	126
AÉROSOLS, inflammables contenant des matières de la classe 8, groupe d'emballage II	UN1950	126
AÉROSOLS, inflammables contenant des matières de la classe 8, groupe d'emballage III	UN1950	126
AÉROSOLS, non inflammables	UN1950	126
AÉROSOLS, non inflammables contenant des matières de la classe 6.1, groupe d'emballage II	UN1950	126
AÉROSOLS, non inflammables contenant des matières de la classe 6.1, groupe d'emballage III	UN1950	126
AÉROSOLS, non inflammables contenant des matières de la classe 6.1, groupe d'emballage III et des matières de la classe 8, groupe d'emballage II	UN1950	126
AÉROSOLS, non inflammables contenant des matières de la classe 6.1, groupe d'emballage III et des matières de la classe 8, groupe d'emballage III	UN1950	126
AÉROSOLS, non inflammables contenant des matières de la classe 8, groupe d'emballage II	UN1950	126
AÉROSOLS, non inflammables contenant des matières de la classe 8, groupe d'emballage III	UN1950	126
AIR COMPRIMÉ contenant au plus 23,5 pour cent (masse) d'oxygène	UN1002	122
AIR LIQUIDE RÉFRIGÉRÉ	UN1003	122
ALCALOÏDES LIQUIDES, N.S.A.	UN3140	151
ALCALOÏDES SOLIDES, N.S.A.	UN1544	151
ALCOOL ALLYLIQUE	UN1098	131T
ALCOOLATES DE MÉTAUX ALCALINO-TERREUX, N.S.A.	UN3205	135
ALCOOLATES DE MÉTAUX ALCALINS AUTO-ÉCHAUFFANTS, CORROSIFS, N.S.A.	UN3206	136
ALCOOLATES EN SOLUTION, dans l'alcool, N.S.A.	UN3274	127
ALCOOL ÉTHYLIQUE contenant plus de 24 pour cent d'éthanol, par volume	UN1170	127
ALCOOL ÉTHYLIQUE EN SOLUTION contenant plus de 24 pour cent d'éthanol, par volume	UN1170	127
ALCOOL FURFURYLIQUE	UN2874	153
ALCOOL ISOBUTYLIQUE	UN1212	129
ALCOOL ISOPROPYLIQUE	UN1219	129
ALCOOL MÉTHALLYLIQUE	UN2614	129
ALCOOL MÉTHYLAMYLIQUE	UN2053	129
ALCOOL alpha-MÉTHYLBENZYLIQUE	UN2937	153
ALCOOL PROPYLIQUE NORMAL	UN1274	129
ALCOOLS INFLAMMABLES, TOXIQUES, N.S.A.	UN1986	131
ALCOOLS, N.S.A.	UN1987	127
ALDÉHYDATE D'AMMONIAQUE	UN1841	171
ALDÉHYDE CROTONIQUE STABILISÉ	UN1143	131PT
ALDÉHYDE ÉTHYL-2 BUTYRIQUE	UN1178	129
ALDÉHYDE PROPIONIQUE	UN1275	129
ALDÉHYDES INFLAMMABLES, TOXIQUES, N.S.A.	UN1988	131
ALDÉHYDES, N.S.A.	UN1989	129
ALDÉHYDES OCTYLIQUES	UN1191	129

Description	Numéro UN	# GMU
ALDOL	UN2839	153
ALKYLALUMINIUMS	UN3051	135
ALKYLLITHIUMS	UN2445	135
ALKYLMAGNÉSIUMS	UN3053	135
ALKYLPHÉNOLS LIQUIDES, N.S.A. y compris les homologues C2 à C12	UN3145	153
ALKYLPHÉNOLS SOLIDES, N.S.A. y compris les homologues C2 à C12	UN2430	153
ALLIAGE DE MÉTAUX ALCALINO-TERREUX, N.S.A.	UN1393	138
ALLIAGE LIQUIDE DE MÉTAUX ALCALINS, N.S.A.	UN1421	138
ALLIAGE PYROPHORIQUE, N.S.A.	UN1383	135
ALLIAGES DE MAGNÉSIUM contenant plus de 50 pour cent de magnésium, sous forme de granulés, de tournures ou de rubans	UN1869	138
ALLIAGES DE MAGNÉSIUM EN POUDRE	UN1418	138
ALLIAGES DE POTASSIUM ET SODIUM	UN1422	138
ALLIAGES MÉTALLIQUES DE POTASSIUM	UN1420	138
ALLIAGES PYROPHORIQUES DE BARYUM	UN1854	135
ALLIAGES PYROPHORIQUES DE CALCIUM	UN1855	135
ALLUME-FEU (SOLIDES) avec un liquide inflammable	UN2623	133
ALLUMETTES-BOUGIES	UN1945	133
ALLUMETTES DE SÛRETÉ (à frottoir, en carnets ou pochettes)	UN1944	133
ALLUMETTES NON "DE SÛRETÉ"	UN1331	133
ALLUMETTES-TISONS	UN2254	133
ALLUMEURS	UN0121	112
ALLUMEURS	UN0314	112
ALLUMEURS	UN0315	112
ALLUMEURS	UN0325	114
ALLUMEURS	UN0454	114
ALLUMEURS POUR MÈCHE DE MINEUR	UN0131	114
ALLYLAMINE	UN2334	131T
ALLYLTRICHLOROSILANE STABILISÉ	UN1724	155T
ALUMINATE DE SODIUM EN SOLUTION	UN1819	154
ALUMINATE DE SODIUM SOLIDE, réglementé par aéronef seulement	UN2812	154
ALUMINIUM EN POUDRE ENROBÉ	UN1309	170
ALUMINIUM EN POUDRE NON ENROBÉ	UN1396	138
ALUMINO-FERRO-SILICIUM EN POUDRE	UN1395	139
AMALGAME DE MÉTAUX ALCALINO-TERREUX	UN1392	138
AMALGAME DE MÉTAUX ALCALINS liquides	UN1389	138
AMALGAME DE MÉTAUX ALCALINS LIQUIDES (terminologie OACI/OMI)	UN1389	138
AMALGAME DE MÉTAUX ALCALINS solides	UN1389	138
AMALGAME DE MÉTAUX ALCALINS SOLIDES (terminologie OACI/OMI)	UN1389	138
AMIANTE BLANC (chrysotile, actinolite, anthophyllite, trémolite) lorsqu'il n'est pas fixé dans un liant naturel ou artificiel ou compris dans un produit fabriqué	UN2590	171
AMIANTE BLEU (crocidolite) lorsqu'il n'est pas fixé dans un liant naturel ou artificiel ou compris dans un produit fabriqué	UN2212	171
AMIANTE BRUN (amosite, mysorite) lorsqu'il n'est pas fixé dans un liant naturel ou artificiel ou compris dans un produit fabriqué	UN2212	171
AMIDURES DE MÉTAUX ALCALINS	UN1390	139
AMINES INFLAMMABLES, CORROSIVES, N.S.A.	UN2733	132

Annexe 3

Description	Numéro UN	# GMU
AMINES LIQUIDES, CORROSIVES, INFLAMMABLES, N.S.A.	UN2734	132
AMINES LIQUIDES, CORROSIVES, N.S.A.	UN2735	153
AMINES SOLIDES, CORROSIVES, N.S.A.	UN3259	154
AMINO-2 CHLORO-4 PHÉNOL	UN2673	151
AMINO-2 DIÉTHYLAMINO-5 PENTANE	UN2946	153
2-AMINO-4,6-DINITROPHÉNOL, HUMIDIFIÉ avec au moins 20 pour cent (masse) d'eau	UN3317	113
(AMINO-2 ÉTHOXY)-2 ÉTHANOL	UN3055	154
N-AMINOÉTHYLPIPÉRAZINE	UN2815	153
AMINOPHÉNOLS (o-, m-, p-)	UN2512	152
AMINOPYRIDINES (o-, m-, p-)	UN2671	153
AMMONIAC ANHYDRE	UN1005	125T
AMMONIAC EN SOLUTION aqueuse de densité comprise entre 0,880 et 0,957 à 15 °C contenant plus de 10 pour cent mais au maximum 35 pour cent d'ammoniac	UN2672	154
AMMONIAC EN SOLUTION aqueuse de densité inférieure à 0,880 à 15 °C contenant plus de 35 pour cent mais au maximum 50 pour cent d'ammoniac	UN2073	125
AMMONIAC EN SOLUTION aqueuse de densité inférieure à 0,880 à 15 °C contenant plus de 50 pour cent d' ammoniac	UN3318	125T
AMORCES À PERCUSSION	UN0044	114
AMORCES À PERCUSSION	UN0377	112
AMORCES À PERCUSSION	UN0378	114
AMORCES TUBULAIRES	UN0319	112
AMORCES TUBULAIRES	UN0320	114
AMORCES TUBULAIRES	UN0376	114
AMYLAMINE	UN1106	132
n-AMYLÈNE	UN1108	127
n-AMYLMÉTHYLCÉTONE	UN1110	127
AMYLTRICHLOROSILANE	UN1728	155T
ANHYDRIDE ACÉTIQUE	UN1715	137
ANHYDRIDE BUTYRIQUE	UN2739	156
ANHYDRIDE MALÉIQUE	UN2215	156
ANHYDRIDE MALÉIQUE FONDU	UN2215	156
ANHYDRIDE PHOSPHORIQUE	UN1807	137
ANHYDRIDE PHTALIQUE contenant plus de 0,05 pour cent d'anhydride maléique	UN2214	156
ANHYDRIDE PROPIONIQUE	UN2496	156
ANHYDRIDES TÉTRAHYDROPHTALIQUES contenant plus de 0,05 pour cent d'anhydride maléique	UN2698	156
ANILINE	UN1547	153
ANISIDINES liquides	UN2431	153
ANISIDINES LIQUIDES (terminologie OACI/OMI)	UN2431	153
ANISIDINES solides	UN2431	153
ANISIDINES SOLIDES (terminologie OACI/OMI)	UN2431	153
ANISOLE	UN2222	127
ANTIMOINE, COMPOSÉ INORGANIQUE LIQUIDE DE L', N.S.A. à l'exception des sulfures et des oxydes d'antimoine contenant au plus 0,5 pour cent (masse) d'arsenic	UN3141	157
ANTIMOINE, COMPOSÉ INORGANIQUE SOLIDE DE L', N.S.A. à l'exception des sulfures et des oxydes d'antimoine contenant au plus 0,5 pour cent (masse) d'arsenic	UN1549	157
ANTIMOINE EN POUDRE	UN2871	170
APPAREIL MÛ PAR ACCUMULATEURS, réglementé par aéronef seulement	UN3171	154

Description	Numéro UN	# GMU
ARGENT FULMINANT	Interdit	
ARGON COMPRIMÉ	UN1006	121
ARGON LIQUIDE RÉFRIGÉRÉ	UN1951	120
ARSANILATE DE SODIUM	UN2473	154
ARSÉNIATE D'AMMONIUM	UN1546	151
ARSÉNIATE DE CALCIUM	UN1573	151
ARSÉNIATE DE CALCIUM ET ARSÉNITE DE CALCIUM EN MÉLANGE SOLIDE	UN1574	151
ARSÉNIATE DE FER II	UN1608	151
ARSÉNIATE DE FER III	UN1606	151
ARSÉNIATE DE MAGNÉSIUM	UN1622	151
ARSÉNIATE DE MERCURE II	UN1623	151
ARSÉNIATE DE POTASSIUM	UN1677	151
ARSÉNIATE DE SODIUM	UN1685	151
ARSÉNIATE DE ZINC	UN1712	151
ARSÉNIATE DE ZINC ET ARSÉNITE DE ZINC EN MÉLANGE	UN1712	151
ARSÉNIATES DE PLOMB	UN1617	151
ARSENIC	UN1558	152
ARSENIC, COMPOSÉ LIQUIDE DE L', N.S.A. inorganique, notamment : arséniates, n.s.a., arsénites n.s.a. et sulfures d'arsenic, n.s.a.	UN1556	152
ARSENIC, COMPOSÉ SOLIDE DE L', N.S.A., inorganique, notamment : arséniates, n.s.a., arsénites n.s.a. et sulfures d'arsenic, n.s.a.	UN1557	152
ARSÉNITE D'ARGENT	UN1683	151
ARSÉNITE DE CUIVRE	UN1586	151
ARSÉNITE DE FER III	UN1607	151
ARSÉNITE DE POTASSIUM	UN1678	154
ARSÉNITE DE SODIUM EN SOLUTION AQUEUSE	UN1686	154
ARSÉNITE DE SODIUM SOLIDE	UN2027	151
ARSÉNITE DE STRONTIUM	UN1691	151
ARSÉNITE DE ZINC	UN1712	151
ARSÉNITES DE PLOMB	UN1618	151
ARSINE	UN2188	119T
ARTIFICES DE DIVERTISSEMENT	UN0333	112
ARTIFICES DE DIVERTISSEMENT	UN0334	112
ARTIFICES DE DIVERTISSEMENT	UN0335	112
ARTIFICES DE DIVERTISSEMENT	UN0336	114
ARTIFICES DE DIVERTISSEMENT	UN0337	114
ARTIFICES DE SIGNALISATION À MAIN	UN0191	114
ARTIFICES DE SIGNALISATION À MAIN	UN0373	114
ASCARIDOLE (PEROXYDE ORGANIQUE)	Interdit	
ASSEMBLAGES DE DÉTONATEURS de mine (de sautage) NON ÉLECTRIQUES	UN0360	112
ASSEMBLAGES DE DÉTONATEURS de mine (de sautage) NON ÉLECTRIQUES	UN0361	114
ASSEMBLAGES DE DÉTONATEURS de mine (de sautage) NON ÉLECTRIQUES	UN0500	114
ATTACHES PYROTECHNIQUES EXPLOSIVES	UN0173	114
AZIDO-5 HYDROXY-1 TÉTRAZOLE	Interdit	
AZIDO HYDROXYTÉTRAZOLE (SELS DE MERCURE ET D'ARGENT)	Interdit	
AZODICARBONAMIDE, techniquement pure ou préparation dont la TDAA est supérieure à 75 °C	UN3242	171
AZOTE COMPRIMÉ	UN1066	121
AZOTE LIQUIDE RÉFRIGÉRÉ	UN1977	120
AZOTÉTRAZOLE (SEC)	Interdit	
AZOTURE D'AMMONIUM	Interdit	
AZOTURE D'ARGENT (SEC)	Interdit	

Annexe 3

Description	Numéro UN	# GMU
AZOTURE DE BARYUM HUMIDIFIÉ avec au moins 50 pour cent (masse) d'eau	UN1571	113
AZOTURE DE BARYUM sec ou humidifié avec moins de 50 pour cent (masse) d'eau	UN0224	112
AZOTURE DE BENZOYLE	Interdit	
AZOTURE DE BROME	Interdit	
AZOTURE DE tert-BUTOXYCARBONYLE	Interdit	
AZOTURE DE CHLORE	Interdit	
AZOTURE DE CUIVRE AMINE	Interdit	
AZOTURE DE PLOMB HUMIDIFIÉ avec au moins 20 pour cent (masse) d'eau ou d'un mélange d'alcool et d'eau	UN0129	112
AZOTURE DE PLOMB (SEC)	Interdit	
AZOTURE DE SODIUM	UN1687	153
AZOTURE DE TÉTRAZOLYLE (SEC)	Interdit	
AZOTURE D'HYDRAZINE	Interdit	
AZOTURE D'IODE (SEC)	Interdit	
AZOTURES DE MERCURE	Interdit	
BARYUM	UN1400	138
BARYUM, COMPOSÉ DU, N.S.A. à l'exclusion du sulfate de baryum	UN1564	154
BENZALDÉHYDE	UN1990	129
BENZÈNE	UN1114	130
BENZIDINE	UN1885	153
BENZOATE DE MERCURE	UN1631	154
BENZONITRILE	UN2224	152
BENZOQUINONE	UN2587	153
BENZOXYDIAZOLES (SECS)	Interdit	
BENZYLDIMÉTHYLAMINE	UN2619	132
BÉRYLLIUM, COMPOSÉ DU, N.S.A.	UN1566	154
BÉRYLLIUM EN POUDRE	UN1567	134
BHUSA mouillé, humide ou souillé d'huile, par navire seulement	Interdit	
BHUSA, réglementé par navire seulement	UN1327	133
BICYCLO [2.2.1] HEPTA-2,5-DIÈNE, STABILISÉ	UN2251	127P
BIS (DIMÉTHYLAMINO)-1,2 ÉTHANE	UN2372	129
BOISSONS ALCOOLISÉES contenant entre 24 pour cent et 70 pour cent d'alcool en volume	UN3065	127
BOISSONS ALCOOLISÉES contenant plus de 70 pour cent d'alcool en volume	UN3065	127
BOMBES avec charge d'éclatement	UN0033	112
BOMBES avec charge d'éclatement	UN0034	112
BOMBES avec charge d'éclatement	UN0035	112
BOMBES avec charge d'éclatement	UN0291	112
BOMBES CONTENANT UN LIQUIDE INFLAMMABLE avec charge d'éclatement	UN0399	112
BOMBES CONTENANT UN LIQUIDE INFLAMMABLE avec charge d'éclatement	UN0400	112
BOMBES FUMIGÈNES NON EXPLOSIVES, contenant un liquide corrosif, sans dispositif d'amorçage	UN2028	153
BOMBES PHOTO-ÉCLAIR	UN0037	112
BOMBES PHOTO-ÉCLAIR	UN0038	112
BOMBES PHOTO-ÉCLAIR	UN0039	112
BOMBES PHOTO-ÉCLAIR	UN0299	112
BORATE D'ÉTHYLE	UN1176	129
BORATE DE TRIALLYLE	UN2609	156
BORATE DE TRIISOPROPYLE	UN2616	129
BORATE DE TRIMÉTHYLE	UN2416	129
BORNÉOL	UN1312	133

Description	Numéro UN	# GMU
BOROHYDRURE D'ALUMINIUM	UN2870	135
BOROHYDRURE D'ALUMINIUM CONTENU DANS DES ENGINS	UN2870	135
BOROHYDRURE DE LITHIUM	UN1413	138
BOROHYDRURE DE POTASSIUM	UN1870	138
BOROHYDRURE DE SODIUM	UN1426	138
BOROHYDRURE DE SODIUM ET HYDROXYDE DE SODIUM EN SOLUTION, contenant au plus 12 pour cent (masse) de borohydrure de sodium et au plus 40 pour cent (masse) d'hydroxyde de sodium	UN3320	157
BRIQUETS contenant un gaz inflammable et satisfaisant les exigences des essais prévus au Règlement sur les produits dangereux (briquets)	UN1057	115
BRIQUETS CONTENANT UN LIQUIDE INFLAMMABLE	Interdit	
BRIQUETTES DE CHARBON (CHAUDES)	Interdit	
BROMACÉTATE DE MÉTHYLE	UN2643	155
BROMACÉTATE D'ÉTHYLE	UN1603	155
BROMACÉTONE	UN1569	131T
BROMATE D'AMMONIUM	Interdit	
BROMATE DE BARYUM	UN2719	141
BROMATE DE MAGNÉSIUM	UN1473	140
BROMATE DE POTASSIUM	UN1484	140
BROMATE DE SODIUM	UN1494	141
BROMATE DE ZINC	UN2469	140
BROMATES INORGANIQUES EN SOLUTION AQUEUSE, N.S.A.	UN3213	140
BROMATES INORGANIQUES, N.S.A.	UN1450	141
BROME	UN1744	154T
BROME EN SOLUTION	UN1744	154T
BROMOBENZÈNE	UN2514	129
1-BROMOBUTANE	UN1126	129
BROMO-2 BUTANE	UN2339	130
BROMOCHLORODIFLUOROMÉTHANE	UN1974	126
BROMOCHLOROMÉTHANE	UN1887	160
BROMO-1 CHLORO-3 PROPANE	UN2688	159
BROMO-4 DINITRO-1,2 BENZÈNE (INSTABLE À 59 °C)	Interdit	
BROMOFORME	UN2515	159
BROMO-1 MÉTHYL-3 BUTANE	UN2341	130
BROMOMÉTHYLPROPANES	UN2342	130
BROMO-1 NITRO-3 BENZÈNE, (INSTABLE À 56 °C)	Interdit	
BROMO-2 NITRO-2 PROPANEDIOL-1,3	UN3241	133
BROMO-2 PENTANE	UN2343	130
BROMOPROPANES	UN2344	130
BROMO-3 PROPYNE	UN2345	129
BROMOSILANE	Interdit	
BROMOTRIFLUORÉTHYLÈNE	UN2419	116
BROMOTRIFLUOROMÉTHANE	UN1009	126
BROMURE D'ACÉTYLE	UN1716	156
BROMURE D'ALLYLE	UN1099	131
BROMURE D'ALUMINIUM ANHYDRE	UN1725	137
BROMURE D'ALUMINIUM EN SOLUTION	UN2580	154
BROMURE D'ARSENIC	UN1555	151
BROMURE DE BENZYLE	UN1737	156
BROMURE DE BROMACÉTYLE	UN2513	156
BROMURE DE CYANOGÈNE	UN1889	157
BROMURE DE DIPHÉNYLMÉTHYLE	UN1770	153

Annexe 3

Description	Numéro UN	# GMU
BROMURE DE MÉTHYLE	UN1062	123T
BROMURE DE MÉTHYLE ET CHLOROPICRINE EN MÉLANGE	UN1581	123T
BROMURE DE MÉTHYLE ET DIBROMURE D'ÉTHYLÈNE EN MÉLANGE LIQUIDE	UN1647	151T
BROMURE DE MÉTHYLMAGNÉSIUM DANS L'ÉTHER ÉTHYLIQUE	UN1928	135
BROMURE DE PHÉNACYLE	UN2645	153
BROMURE D'ÉTHYLE	UN1891	131
BROMURE DE VINYLE STABILISÉ	UN1085	116P
BROMURE DE XYLYLE	UN1701	152
BROMURE D'HYDROGÈNE ANHYDRE	UN1048	125T
BROMURE D'OR DIÉTHYLE	Interdit	
BROMURES DE MERCURE	UN1634	154
BRUCINE	UN1570	152
BUTADIÈNES STABILISÉS	UN1010	116P
BUTANE	UN1011	115
BUTANEDIONE	UN2346	127
BUTANOLS	UN1120	129
n-BUTYLAMINE	UN1125	132
N-BUTYLANILINE	UN2738	153
BUTYLBENZÈNES	UN2709	128
BUTYLÈNE	UN1012	115
N-n-BUTYLIMIDAZOLE	UN2690	152
BUTYLTOLUÈNES	UN2667	131
BUTYLTRICHLOROSILANE	UN1747	155T
tert-BUTYL-5 TRINITRO-2,4,6 m-XYLÈNE	UN2956	149
BUTYNEDIOL-1,4	UN2716	153
BUTYRALDÉHYDE	UN1129	129
BUTYRALDOXIME	UN2840	129
BUTYRATE DE MÉTHYLE	UN1237	129
BUTYRATE D'ÉTHYLE	UN1180	129
BUTYRATE DE VINYLE STABILISÉ	UN2838	129P
BUTYRATE D'ISOPROPYLE	UN2405	129
BUTYRATES D'AMYLE	UN2620	130
BUTYRONITRILE	UN2411	131
CABAZIDE	Interdit	
CACODYLATE DE SODIUM	UN1688	152
CALCIUM	UN1401	138
CALCIUM PYROPHORIQUE	UN1855	135
CAMPHRE synthétique	UN2717	133
CAOUTCHOUC, DISSOLUTION DE	UN1287	127
CAPSULES DE SONDAGE EXPLOSIVES	UN0204	112
CAPSULES DE SONDAGE EXPLOSIVES	UN0296	112
CAPSULES DE SONDAGE EXPLOSIVES	UN0374	112
CAPSULES DE SONDAGE EXPLOSIVES	UN0375	112
CARBAMATE PESTICIDE LIQUIDE INFLAMMABLE, TOXIQUE, d'un point d'éclair inférieur à 23 °C	UN2758	131
CARBAMATE PESTICIDE LIQUIDE TOXIQUE	UN2992	151
CARBAMATE PESTICIDE LIQUIDE TOXIQUE, INFLAMMABLE, d'un point d'éclair égal ou supérieur à 23 °C	UN2991	131
CARBAMATE PESTICIDE SOLIDE TOXIQUE	UN2757	151
CARBONATE DE MÉTHYLE	UN1161	129
CARBONATE D'ÉTHYLE	UN2366	127
CARBURANT POUR MOTEURS D'AUTOMOBILES	UN1203	128
CARBURÉACTEUR	UN1863	128

Description	Numéro UN	# GMU
CARBURE D'ALUMINIUM	UN1394	138
CARBURE DE CALCIUM	UN1402	138
CARTOUCHES À BLANC POUR ARMES	UN0014	114
CARTOUCHES À BLANC POUR ARMES	UN0326	112
CARTOUCHES À BLANC POUR ARMES	UN0327	112
CARTOUCHES À BLANC POUR ARMES	UN0338	114
CARTOUCHES À BLANC POUR ARMES	UN0413	112
CARTOUCHES À BLANC POUR ARMES DE PETIT CALIBRE	UN0014	114
CARTOUCHES À BLANC POUR ARMES DE PETIT CALIBRE	UN0327	112
CARTOUCHES À BLANC POUR ARMES DE PETIT CALIBRE	UN0338	114
CARTOUCHES À GAZ sans dispositif de détente, non rechargeables	UN2037	115
CARTOUCHES À GAZ sans dispositif de détente, non rechargeables	UN2037	115
CARTOUCHES À PROJECTILE INERTE POUR ARMES	UN0012	114
CARTOUCHES À PROJECTILE INERTE POUR ARMES	UN0328	112
CARTOUCHES À PROJECTILE INERTE POUR ARMES	UN0339	114
CARTOUCHES À PROJECTILE INERTE POUR ARMES	UN0417	112
CARTOUCHES DE SIGNALISATION	UN0054	112
CARTOUCHES DE SIGNALISATION	UN0312	114
CARTOUCHES DE SIGNALISATION	UN0405	114
CARTOUCHES-ÉCLAIR	UN0049	112
CARTOUCHES-ÉCLAIR	UN0050	112
CARTOUCHES POUR ARMES avec charge d'éclatement	UN0005	112
CARTOUCHES POUR ARMES avec charge d'éclatement	UN0006	112
CARTOUCHES POUR ARMES avec charge d'éclatement	UN0007	112
CARTOUCHES POUR ARMES avec charge d'éclatement	UN0321	112
CARTOUCHES POUR ARMES avec charge d'éclatement	UN0348	114
CARTOUCHES POUR ARMES avec charge d'éclatement	UN0412	114
CARTOUCHES POUR ARMES DE PETIT CALIBRE	UN0012	114
CARTOUCHES POUR ARMES DE PETIT CALIBRE	UN0339	114
CARTOUCHES POUR ARMES DE PETIT CALIBRE	UN0417	112
CARTOUCHES POUR PUITS DE PÉTROLE	UN0277	112
CARTOUCHES POUR PUITS DE PÉTROLE	UN0278	114
CARTOUCHES POUR PYROMÉCANISMES	UN0275	112
CARTOUCHES POUR PYROMÉCANISMES	UN0276	114
CARTOUCHES POUR PYROMÉCANISMES	UN0323	114
CARTOUCHES POUR PYROMÉCANISMES	UN0381	112
CATALYSEUR MÉTALLIQUE HUMIDIFIÉ avec un excédent visible de liquide	UN1378	170
CATALYSEUR MÉTALLIQUE SEC	UN2881	135
CELLULOÏD, DÉCHETS DE	UN2002	135
CELLULOÏD en blocs, barres, rouleaux, feuilles, tubes, etc. (à l'exclusion des déchets)	UN2000	133
CENDRES DE ZINC	UN1435	138
CÉRIUM, copeaux ou poudre abrasive	UN3078	138
CÉRIUM, plaques, lingots ou barres	UN1333	170
CÉSIUM	UN1407	138

Description	Numéro UN	# GMU
CÉTONES LIQUIDES, N.S.A.	UN1224	127
CHANDELLES LACRYMOGÈNES	UN1700	159
CHARBON ACTIF	UN1362	133
CHARBON d'origine animale ou végétale	UN1361	133
CHARGES CREUSES sans détonateur	UN0059	112
CHARGES CREUSES sans détonateur	UN0439	112
CHARGES CREUSES sans détonateur	UN0440	114
CHARGES CREUSES sans détonateur	UN0441	114
CHARGES D'ÉCLATEMENT À LIANT PLASTIQUE	UN0457	112
CHARGES D'ÉCLATEMENT À LIANT PLASTIQUE	UN0458	112
CHARGES D'ÉCLATEMENT À LIANT PLASTIQUE	UN0459	114
CHARGES D'ÉCLATEMENT À LIANT PLASTIQUE	UN0460	114
CHARGES DE DÉMOLITION	UN0048	112
CHARGES DE DISPERSION	UN0043	112
CHARGES DE RELAIS EXPLOSIFS	UN0060	112
CHARGES D'EXTINCTEURS, liquide corrosif	UN1774	154
CHARGES EXPLOSIVES INDUSTRIELLES sans détonateur	UN0442	112
CHARGES EXPLOSIVES INDUSTRIELLES sans détonateur	UN0443	112
CHARGES EXPLOSIVES INDUSTRIELLES sans détonateur	UN0444	114
CHARGES EXPLOSIVES INDUSTRIELLES sans détonateur	UN0445	114
CHARGES PROPULSIVES	UN0271	112
CHARGES PROPULSIVES	UN0272	112
CHARGES PROPULSIVES	UN0415	112
CHARGES PROPULSIVES	UN0491	114
CHARGES PROPULSIVES POUR CANON	UN0242	112
CHARGES PROPULSIVES POUR CANON	UN0279	112
CHARGES PROPULSIVES POUR CANON	UN0414	112
CHARGES SOUS-MARINES	UN0056	112
CHAUX SODÉE contenant plus de 4 pour cent d'hydroxyde de sodium	UN1907	154
CHLORACÉTATE DE MÉTHYLE	UN2295	155
CHLORACÉTATE DE SODIUM	UN2659	151
CHLORACÉTATE D'ÉTHYLE	UN1181	155
CHLORACÉTATE DE VINYLE	UN2589	155
CHLORACÉTATE D'ISOPROPYLE	UN2947	155
CHLORACÉTONE (NON-STABILISÉE)	Interdit	
CHLORACÉTONE STABILISÉE	UN1695	153T
CHLORACÉTONITRILE	UN2668	131T
CHLORACÉTOPHÉNONE, liquide	UN1697	153
CHLORACÉTOPHÉNONE, LIQUIDE (terminologie OACI)	UN1697	153
CHLORACÉTOPHÉNONE, solide	UN1697	153
CHLORACÉTOPHÉNONE, SOLIDE (terminologie OACI)	UN1697	153
CHLORAL ANHYDRE STABILISÉ	UN2075	153
CHLORANILINES LIQUIDES	UN2019	152
CHLORANILINES SOLIDES	UN2018	152
CHLORANISIDINES	UN2233	152
CHLORATE D'AMMONIUM	Interdit	
CHLORATE DE BARYUM	UN1445	141
CHLORATE DE CALCIUM	UN1452	140
CHLORATE DE CALCIUM EN SOLUTION AQUEUSE	UN2429	140

Description	Numéro UN	# GMU
CHLORATE DE CUIVRE	UN2721	141
CHLORATE DE MAGNÉSIUM	UN2723	140
CHLORATE DE POTASSIUM	UN1485	140
CHLORATE DE POTASSIUM EN SOLUTION AQUEUSE	UN2427	140
CHLORATE DE SODIUM	UN1495	140
CHLORATE DE SODIUM EN SOLUTION AQUEUSE	UN2428	140
CHLORATE DE STRONTIUM	UN1506	143
CHLORATE DE THALLIUM	UN2573	141
CHLORATE DE ZINC	UN1513	140
CHLORATE D'HYDRAZINE	Interdit	
CHLORATE ET BORATE EN MÉLANGE	UN1458	140
CHLORATE ET CHLORURE DE MAGNÉSIUM EN MÉLANGE	UN1459	140
CHLORATES INORGANIQUES EN SOLUTION AQUEUSE, N.S.A.	UN3210	140
CHLORATES INORGANIQUES, N.S.A.	UN1461	140
CHLORE	UN1017	124T
CHLORHYDRATE D'ANILINE	UN1548	153
CHLORHYDRATE DE CHLORO-4 o-TOLUIDINE	UN1579	153
CHLORHYDRATE DE NICOTINE EN SOLUTION	UN1656	151
CHLORHYDRATE DE NICOTINE liquide	UN1656	151
CHLORHYDRATE DE NICOTINE solide	UN1656	151
CHLORHYDRINE PROPYLÉNIQUE	UN2611	131
CHLORITE D'ARGENT (SEC)	Interdit	
CHLORITE DE CALCIUM	UN1453	140
CHLORITE DE SODIUM contenant plus de 7 pour cent de chlore libre	UN1496	143
CHLORITE EN SOLUTION	UN1908	154
CHLORITES INORGANIQUES, N.S.A.	UN1462	143
CHLOROBENZÈNE	UN1134	130
CHLOROBUTANES	UN1127	130
CHLOROCRÉSOLS EN SOLUTION (terminologie OMI)	UN2669	152
CHLOROCRÉSOLS liquides	UN2669	152
CHLOROCRÉSOLS LIQUIDES (terminologie OACI)	UN2669	152
CHLOROCRÉSOLS solides	UN2669	152
CHLOROCRÉSOLS SOLIDES (terminologie OACI)	UN2669	152
CHLORO-1 DIFLUORO-1,1 ÉTHANE	UN2517	115
CHLORODIFLUOROMÉTHANE	UN1018	126
CHLORODIFLUOROMÉTHANE ET CHLOROPENTAFLUORÉTHANE EN MÉLANGE à point d'ébullition fixe contenant environ 49 pour cent de chlorodifluorométhane	UN1973	126
CHLORODINITROBENZÈNES LIQUIDES	UN1577	153
CHLORODINITROBENZÈNES SOLIDES	UN1577	153
CHLORO-2 ÉTHANAL	UN2232	153T
CHLOROFORME	UN1888	151
CHLOROFORMIATE D'ALLYLE	UN1722	155T
CHLOROFORMIATE DE BENZYLE	UN1739	137
CHLOROFORMIATE DE tert-BUTYLCYCLOHEXYLE	UN2747	156
CHLOROFORMIATE DE n-BUTYLE	UN2743	155T
CHLOROFORMIATE DE CHLOROMÉTHYLE	UN2745	157
CHLOROFORMIATE DE CYCLOBUTYLE	UN2744	155
CHLOROFORMIATE DE MÉTHYLE	UN1238	155T
CHLOROFORMIATE DE PHÉNYLE	UN2746	156

Annexe 3

Description	Numéro UN	# GMU
CHLOROFORMIATE DE n-PROPYLE	UN2740	155T
CHLOROFORMIATE D'ÉTHYLE	UN1182	155T
CHLOROFORMIATE D'ÉTHYL-2 HEXYLE	UN2748	156
CHLOROFORMIATE D'ISOPROPYLE	UN2407	155T
CHLOROFORMIATES TOXIQUES, CORROSIFS, INFLAMMABLES, N.S.A.	UN2742	155
CHLOROFORMIATES TOXIQUES, CORROSIFS, N.S.A.	UN3277	154
CHLORONITRANILINES	UN2237	153
CHLORONITROBENZÈNES	UN1578	152
CHLORONITROTOLUÈNES LIQUIDES	UN2433	152
CHLORONITROTOLUÈNES SOLIDES	UN2433	152
CHLOROPENTAFLUORÉTHANE	UN1020	126
CHLOROPHÉNOLATES LIQUIDES	UN2904	154
CHLOROPHÉNOLATES SOLIDES	UN2905	154
CHLOROPHÉNOLS LIQUIDES	UN2021	153
CHLOROPHÉNOLS SOLIDES	UN2020	153
CHLOROPHÉNYLTRICHLOROSILANE	UN1753	156
CHLOROPICRINE	UN1580	154T
CHLOROPICRINE EN MÉLANGE, N.S.A.	UN1583	154T
CHLOROPRÈNE NON-STABILISÉ	Interdit	
CHLOROPRÈNE STABILISÉ	UN1991	131P
CHLORO-1 PROPANE	UN1278	129
CHLORO-2 PROPANE	UN2356	129
CHLORO-3 PROPANOL-1	UN2849	153
CHLORO-2 PROPÈNE	UN2456	130P
CHLORO-2 PROPIONATE DE MÉTHYLE	UN2933	132
CHLORO-2 PROPIONATE D'ÉTHYLE	UN2935	132
CHLORO-2 PROPIONATE D'ISOPROPYLE	UN2934	132
CHLORO-2 PYRIDINE	UN2822	153
CHLOROSILANES CORROSIFS, INFLAMMABLES, N.S.A.	UN2986	155T
CHLOROSILANES CORROSIFS, N.S.A.	UN2987	156T
CHLOROSILANES HYDRORÉACTIFS, INFLAMMABLES, CORROSIFS, N.S.A.	UN2988	139T
CHLOROSILANES INFLAMMABLES, CORROSIFS, N.S.A.	UN2985	155T
CHLORO-1 TÉTRAFLUORO-1,2,2,2 ÉTHANE	UN1021	126
CHLOROTHIOFORMIATE D'ÉTHYLE	UN2826	155T
CHLOROTOLUÈNES	UN2238	130
CHLOROTOLUIDINES liquides	UN2239	153
CHLOROTOLUIDINES LIQUIDES (terminologie OACI/OMI)	UN2239	153
CHLOROTOLUIDINES solides	UN2239	153
CHLOROTOLUIDINES SOLIDES (terminologie OACI/OMI)	UN2239	153
CHLORO-1 TRIFLUORO-2,2,2 ÉTHANE	UN1983	126
CHLOROTRIFLUOROMÉTHANE	UN1022	126
CHLOROTRIFLUOROMÉTHANE ET TRIFLUOROMÉTHANE EN MÉLANGE AZÉOTROPE contenant environ 60 pour cent de chlorotrifluorométhane	UN2599	126
CHLORURE CYANURIQUE	UN2670	157
CHLORURE D'ACÉTYLE	UN1717	132
CHLORURE D'ALLYLE	UN1100	131
CHLORURE D'ALUMINIUM ANHYDRE	UN1726	137
CHLORURE D'ALUMINIUM EN SOLUTION	UN2581	154
CHLORURE D'AMYLE	UN1107	129
CHLORURE D'ANISOYLE	UN1729	156
CHLORURE DE BENZÈNEDIAZONIUM (SEC)	Interdit	

Description	Numéro UN	# GMU
CHLORURE DE BENZÈNESULFONYLE	UN2225	156
CHLORURE DE BENZOYLE	UN1736	137T
CHLORURE DE BENZYLE	UN1738	156
CHLORURE DE BENZYLIDÈNE	UN1886	156
CHLORURE DE BENZYLIDYNE	UN2226	156
CHLORURE DE BROME	UN2901	124T
CHLORURE DE BUTYRYLE	UN2353	132
CHLORURE DE CHLORACÉTYLE	UN1752	156T
CHLORURE DE CHROMYLE	UN1758	137T
CHLORURE DE CUIVRE	UN2802	154
CHLORURE DE CYANOGÈNE STABILISÉ	UN1589	125T
CHLORURE DE DICHLORACÉTYLE	UN1765	156
CHLORURE DE DIÉTHYLTHIOPHOSPHORYLE	UN2751	155
CHLORURE DE DIMÉTHYLCARBAMOYLE	UN2262	156
CHLORURE DE DIMÉTHYLTHIOPHOSPHORYLE	UN2267	156
CHLORURE DE FER III ANHYDRE	UN1773	157
CHLORURE DE FER III EN SOLUTION	UN2582	154
CHLORURE DE FUMARYLE	UN1780	156
CHLORURE DE MERCURE II	UN1624	154
CHLORURE DE MERCURE AMMONIACAL	UN1630	151
CHLORURE DE MÉTHYLALLYLE	UN2554	129P
CHLORURE DE MÉTHYLE	UN1063	115
CHLORURE DE MÉTHYLE ET CHLOROPICRINE EN MÉLANGE	UN1582	119T
CHLORURE DE MÉTHYLE ET CHLORURE DE MÉTHYLÈNE EN MÉLANGE	UN1912	115
CHLORURE DE NITROSYLE	UN1069	125T
CHLORURE DE PHÉNYLACÉTYLE	UN2577	156
CHLORURE DE PHÉNYLCARBYLAMINE	UN1672	151
CHLORURE DE PICRYLE	UN0155	112
CHLORURE DE PROPIONYLE	UN1815	132
CHLORURE DE PYROSULFURYLE	UN1817	137
CHLORURE DE SULFONYLMÉTHANE	UN3246	156T
CHLORURE DE SULFURYLE	UN1834	137T
CHLORURE D'ÉTAIN IV ANHYDRE	UN1827	137
CHLORURE D'ÉTAIN IV PENTAHYDRATÉ	UN2440	154
CHLORURE DE THIONYLE	UN1836	137T
CHLORURE DE THIOPHOSPHORYLE	UN1837	157
CHLORURE D'ÉTHYLE	UN1037	115
CHLORURE DE TRICHLORACÉTYLE	UN2442	156T
CHLORURE DE TRIFLUORACÉTYLE	UN3057	125T
CHLORURE DE TRIMÉTHYLACÉTYLE	UN2438	132T
CHLORURE DE VALÉRYLE	UN2502	132
CHLORURE DE VINYLE STABILISÉ	UN1086	116P
CHLORURE DE VINYLIDÈNE STABILISÉ	UN1303	129P
CHLORURE DE ZINC ANHYDRE	UN2331	154
CHLORURE DE ZINC EN SOLUTION	UN1840	154
CHLORURE D'HYDROGÈNE ANHYDRE	UN1050	125T
CHLORURE D'HYDROGÈNE LIQUIDE RÉFRIGÉRÉ	UN2186	125T
CHLORURE D'ISOBUTYRYLE	UN2395	132
CHLORURES DE CHLOROBENZYLE	UN2235	153
CHLORURES DE SOUFRE	UN1828	137T

Description	Numéro UN	# GMU
CHUTES DE CAOUTCHOUC, sous forme de poudre ou de grains, dont l'indice granulométrique ne dépasse pas 840 microns et avec une teneur en caoutchouc supérieure à 45 pour cent	UN1345	133
CISAILLES PYROTECHNIQUES EXPLOSIVES	UN0070	114
COBALT TRINITROAMINE	Interdit	
COKE, CHAUD (autre que le coke de pétrole)	Interdit	
COLORANT LIQUIDE CORROSIF, N.S.A.	UN2801	154
COLORANT LIQUIDE TOXIQUE, N.S.A.	UN1602	151
COLORANT SOLIDE CORROSIF, N.S.A.	UN3147	154
COLORANT SOLIDE TOXIQUE, N.S.A.	UN3143	151
COMPLEXE DE TRIFLUORURE DE BORE ET D'ACIDE ACÉTIQUE	UN1742	157
COMPLEXE DE TRIFLUORURE DE BORE ET D'ACIDE PROPIONIQUE	UN1743	157
COMPOSANTS DE CHAÎNE PYROTECHNIQUE, N.S.A.	UN0382	112
COMPOSANTS DE CHAÎNE PYROTECHNIQUE N.S.A.	UN0383	114
COMPOSANTS DE CHAÎNE PYROTECHNIQUE, N.S.A.	UN0384	114
COMPOSANTS DE CHAÎNE PYROTECHNIQUE, N.S.A.	UN0461	112
COMPOSÉ DU BARYUM, N.S.A. à l'exclusion du sulfate de baryum	UN1564	154
COMPOSÉ DU BÉRYLLIUM, N.S.A.	UN1566	154
COMPOSÉ DU CADMIUM	UN2570	154
COMPOSÉ DU MERCURE, LIQUIDE, N.S.A. à l'exception du chlorure mercureux et de cinabre	UN2024	151
COMPOSÉ DU MERCURE, SOLIDE, N.S.A. à l'exception du chlorure mercureux et de cinabre	UN2025	151
COMPOSÉ DU PLOMB, SOLUBLE, N.S.A.	UN2291	151
COMPOSÉ DU SÉLÉNIUM, N.S.A	UN3283	151
COMPOSÉ DU TELLURE, N.S.A.	UN3284	151
COMPOSÉ DU THALLIUM, N.S.A.	UN1707	151
COMPOSÉ DU VANADIUM, N.S.A.	UN3285	151
COMPOSÉ INORGANIQUE LIQUIDE DE L'ANTIMOINE, N.S.A. à l'exception des sulfures et des oxydes d'antimoine contenant au plus 0,5 pour cent (masse) d'arsenic	UN3141	157
COMPOSÉ INORGANIQUE SOLIDE DE L'ANTIMOINE, N.S.A. à l'exception des sulfures et des oxydes d'antimoine contenant au plus 0,5 pour cent (masse) d'arsenic	UN1549	157
COMPOSÉ LIQUIDE DE L'ARSENIC, N.S.A. inorganique, notamment : arséniates, n.s.a., arsénites n.s.a. et sulfures d'arsenic, n.s.a.	UN1556	152
COMPOSÉ LIQUIDE DE NICOTINE, N.S.A.	UN3144	151
COMPOSÉ ORGANIQUE DE L'ARSENIC, N.S.A., liquide	UN3280	151T
COMPOSÉ ORGANIQUE DE L'ARSENIC, N.S.A., solide	UN3280	151T
COMPOSÉ ORGANIQUE DE L'ÉTAIN LIQUIDE, N.S.A.	UN2788	153
COMPOSÉ ORGANIQUE DE L'ÉTAIN, SOLIDE, N.S.A.	UN3146	153
COMPOSÉ ORGANOMÉTALLIQUE EN DISPERSION, HYDRORÉACTIF, INFLAMMABLE, N.S.A.	UN3207	138
COMPOSÉ ORGANOMÉTALLIQUE EN SOLUTION, HYDRORÉACTIF, INFLAMMABLE, N.S.A.	UN3207	138
COMPOSÉ ORGANOMÉTALLIQUE HYDRORÉACTIF, INFLAMMABLE, N.S.A.	UN3207	138
COMPOSÉ ORGANOMÉTALLIQUE PYROPHORIQUE, HYDRORÉACTIF, N.S.A., liquide	UN3203	135

Description	Numéro UN	# GMU
COMPOSÉ ORGANOMÉTALLIQUE PYROPHORIQUE, HYDRORÉACTIF, N.S.A., solide	UN3203	135
COMPOSÉ ORGANOMÉTALLIQUE TOXIQUE, N.S.A., liquide	UN3282	151
COMPOSÉ ORGANOMÉTALLIQUE TOXIQUE, N.S.A., solide	UN3282	151
COMPOSÉ ORGANOPHOSPHORÉ TOXIQUE, INFLAMMABLE, N.S.A.	UN3279	131T
COMPOSÉ ORGANOPHOSPHORÉ TOXIQUE, N.S.A., liquide	UN3278	151T
COMPOSÉ ORGANOPHOSPHORÉ TOXIQUE, N.S.A., solide	UN3278	151T
COMPOSÉ PHÉNYLMERCURIQUE, N.S.A.	UN2026	151
COMPOSÉS IODOXY, (SECS)	Interdit	
COMPOSÉS ISOMÉRIQUES DU DIISOBUTYLÈNE	UN2050	127
COMPOSÉ SOLIDE DE L'ARSENIC, N.S.A., inorganique, notamment : arséniates, n.s.a., arsénites n.s.a. et sulfures d'arsenic, n.s.a.	UN1557	152
COMPOSÉ SOLIDE DE NICOTINE, N.S.A.	UN1655	151
COPRAH	UN1363	135
CORDEAU BICKFORD	UN0105	114
CORDEAU D'ALLUMAGE à enveloppe métallique	UN0103	114
CORDEAU DÉTONANT À CHARGE RÉDUITE à enveloppe métallique	UN0104	114
CORDEAU DÉTONANT à enveloppe métallique	UN0102	112
CORDEAU DÉTONANT à enveloppe métallique	UN0290	112
CORDEAU DÉTONANT À SECTION PROFILÉE	UN0237	114
CORDEAU DÉTONANT À SECTION PROFILÉE	UN0288	112
CORDEAU DÉTONANT souple	UN0065	112
CORDEAU DÉTONANT souple	UN0289	114
COTON HUMIDE	UN1365	133
CRASSES D'ALUMINIUM, CHAUDES	Interdit	
CRASSES DE MAGNÉSIUM, HUMIDES OU CHAUDES	Interdit	
CRÉSOLS LIQUIDES	UN2076	153
CRÉSOLS SOLIDES	UN2076	153
CROTONALDÉHYDE STABILISÉ	UN1143	131PT
CROTONATE D'ÉTHYLE	UN1862	129
CROTONYLÈNE	UN1144	128
CUPRIÉTHYLÈNEDIAMINE EN SOLUTION	UN1761	154
CUPROCYANURE DE POTASSIUM	UN1679	157
CUPROCYANURE DE SODIUM EN SOLUTION	UN2317	157
CUPROCYANURE DE SODIUM SOLIDE	UN2316	157
CYANAMIDE CALCIQUE contenant plus de 0,1 pour cent de carbure de calcium	UN1403	138
CYANHYDRINE D'ACÉTONE STABILISÉE	UN1541	155T
CYANOGÈNE	UN1026	119T
CYANURE D'ARGENT	UN1684	151
CYANURE DE BARYUM	UN1565	157
CYANURE DE CALCIUM	UN1575	157
CYANURE DE CUIVRE	UN1587	151
CYANURE DE MERCURE	UN1636	154
CYANURE DE NICKEL	UN1653	151
CYANURE DE PLOMB	UN1620	151
CYANURE DE POTASSIUM	UN1680	157T
CYANURE DE SODIUM	UN1689	157T
CYANURE DE ZINC	UN1713	151

Description	Numéro UN	# GMU
CYANURE D'HYDROGÈNE EN SOLUTION ALCOOLIQUE contenant au plus 45 pour cent de cyanure d'hydrogène	UN3294	131T
CYANURE D'HYDROGÈNE EN SOLUTION AQUEUSE contenant au plus 20 pour cent de cyanure d'hydrogène	UN1613	154
CYANURE D'HYDROGÈNE EN SOLUTION AQUEUSE contenant plus de 20 pour cent de cyanure d'hydrogène	Interdit	
CYANURE D'HYDROGÈNE STABILISÉ, avec moins de 3 pour cent d'eau	UN1051	117T
CYANURE D'HYDROGÈNE STABILISÉ, avec moins de 3 pour cent d'eau et absorbé dans un matériau inerte poreux	UN1614	131T
CYANURE DOUBLE DE MERCURE ET DE POTASSIUM	UN1626	157
CYANURE EN SOLUTION, N.S.A.	UN1935	157
CYANURES DE BROMOBENZYLE LIQUIDES	UN1694	159
CYANURES DE BROMOBENZYLE SOLIDES	UN1694	159
CYANURES INORGANIQUES, SOLIDES, N.S.A. à l'exception des ferricyanures et des ferrocyanures	UN1588	157
CYCLOBUTANE	UN2601	115
CYCLODODÉCATRIÈNE-1,5,9	UN2518	153
CYCLOHEPTANE	UN2241	128
CYCLOHEPTATRIÈNE	UN2603	131
CYCLOHEPTÈNE	UN2242	128
CYCLOHEXANE	UN1145	128
CYCLOHEXANONE	UN1915	127
CYCLOHEXÈNE	UN2256	130
CYCLOHÉXÉNYLTRICHLOROSILANE	UN1762	156
CYCLOHEXYLAMINE	UN2357	132
CYCLOHEXYLTRICHLOROSILANE	UN1763	156
CYCLONITE DÉSENSIBILISÉE	UN0483	112
CYCLONITE EN MÉLANGE AVEC DE LA CYCLOTÉTRAMÉTHYLÈNETÉTRANITRAMINE DÉSENSIBILISÉE avec au moins 10 pour cent (masse) de flegmatisant	UN0391	112
CYCLONITE EN MÉLANGE AVEC DE LA CYCLOTÉTRAMÉTHYLÈNETÉTRANITRAMINE HUMIDIFIÉE avec au moins 15% (masse) d'eau	UN0391	112
CYCLONITE EN MÉLANGE AVEC DE L'OCTOGÈNE DÉSENSIBILISÉE avec au moins 10% (masse) de flegmatisant	UN0391	112
CYCLONITE EN MÉLANGE AVEC DE L'OCTOGÈNE HUMIDIFIÉE avec au moins 15% (masse) d'eau	UN0391	112
CYCLONITE EN MÉLANGE AVEC DU HMX DÉSENSIBILISÉE avec au moins 10% (masse) de flegmatisant	UN0391	112
CYCLONITE EN MÉLANGE AVEC DU HMX HUMIDIFIÉE avec au moins 15% (masse) d'eau	UN0391	112
CYCLONITE HUMIDIFIÉE avec au moins 15 pour cent (masse) d'eau	UN0072	112
CYCLOOCTADIÈNE PHOSPHINES	UN2940	135
CYCLOOCTADIÈNES	UN2520	130P
CYCLOOCTATÉTRAÈNE	UN2358	128P
CYCLOPENTANE	UN1146	128
CYCLOPENTANOL	UN2244	129
CYCLOPENTANONE	UN2245	127
CYCLOPENTÈNE	UN2246	128
CYCLOPROPANE	UN1027	115
CYCLOTÉTRAMÉTHYLÈNETÉTRANITRAMINE DÉSENSIBILISÉE	UN0484	112

Description	Numéro UN	# GMU
CYCLOTÉTRAMÉTHYLÈNETÉTRANITRAMINE HUMIDIFIÉE avec au moins 15 pour cent (masse) d'eau	UN0226	112
CYCLOTÉTRAMÉTHYLÈNETÉTRANITRAMINE SÈCHE ou non-flegmatisée	Interdit	
CYCLOTRIMÉTHYLÈNETRINITRAMINE DÉSENSIBILISÉE	UN0483	112
CYCLOTRIMÉTHYLÈNETRINITRAMINE EN MÉLANGE AVEC DE LA CYCLOTÉTRAMÉTHYLÈNETÉTRANITRAMINE DÉSENSIBILISÉE avec au moins 10% (masse) de flegmatisant	UN0391	112
CYCLOTRIMÉTHYLÈNETRINITRAMINE EN MÉLANGE AVEC DE LA CYCLOTÉTRAMÉTHYLÈNETÉTRANITRAMINE HUMIDIFIÉE avec au moins 15% (masse) d'eau	UN0391	112
CYCLOTRIMÉTHYLÈNETRINITRAMINE EN MÉLANGE AVEC DE L'OCTOGÈNE DÉSENSIBILISÉE avec au moins 10% (masse) de flegmatisant	UN0391	112
CYCLOTRIMÉTHYLÈNETRINITRAMINE EN MÉLANGE AVEC DE L'OCTOGÈNE HUMIDIFIÉE avec au moins 15% (masse) d'eau	UN0391	112
CYCLOTRIMÉTHYLÈNETRINITRAMINE EN MÉLANGE AVEC DU HMX DÉSENSIBILISÉE avec au moins 10% (masse) de flegmatisant	UN0391	112
CYCLOTRIMÉTHYLÈNETRINITRAMINE EN MÉLANGE AVEC DU HMX HUMIDIFIÉE avec au moins 15% (masse) d'eau	UN0391	112
CYCLOTRIMÉTHYLÈNETRINITRAMINE HUMIDIFIÉE avec au moins 15 pour cent (masse) d'eau	UN0072	112
CYMÈNES	UN2046	130
DÉCABORANE	UN1868	134
DÉCAHYDRONAPHTALÈNE	UN1147	130
n-DÉCANE	UN2247	128
DÉCHETS DE CAOUTCHOUC, sous forme de poudre ou de grains, dont l'indice granulométrique ne dépasse pas 840 microns et avec une teneur en caoutchouc supérieure à 45 pour cent	UN1345	133
DÉCHETS DE CELLULOÏD	UN2002	135
DÉCHETS DE POISSON NON STABILISÉS	UN1374	133
DÉCHETS DE POISSON STABILISÉS, réglementé par navire seulement	UN2216	171
DÉCHETS DE ZIRCONIUM	UN1932	135
DÉCHETS HUILEUX DE COTON	UN1364	133
DÉSINFECTANT LIQUIDE CORROSIF, N.S.A.	UN1903	153
DÉSINFECTANT LIQUIDE TOXIQUE, N.S.A.	UN3142	151
DÉSINFECTANT SOLIDE TOXIQUE, N.S.A.	UN1601	151
DÉTONATEURS de mine (de sautage) ÉLECTRIQUES	UN0030	112
DÉTONATEURS de mine (de sautage) ÉLECTRIQUES	UN0255	114
DÉTONATEURS de mine (de sautage) ÉLECTRIQUES	UN0456	114
DÉTONATEURS de mine (de sautage) NON ÉLECTRIQUES	UN0029	112
DÉTONATEURS de mine (de sautage) NON ÉLECTRIQUES	UN0267	114
DÉTONATEURS de mine (de sautage) NON ÉLECTRIQUES	UN0455	114
DÉTONATEURS POUR MUNITIONS	UN0073	112
DÉTONATEURS POUR MUNITIONS	UN0364	112
DÉTONATEURS POUR MUNITIONS	UN0365	114
DÉTONATEURS POUR MUNITIONS	UN0366	114
DEUTÉRIUM COMPRIMÉ	UN1957	115
DIACÉTONE-ALCOOL	UN1148	129

Description	Numéro UN	# GMU
DIALLYLAMINE	UN2359	132
DIAMIDEMAGNÉSIUM	UN2004	135T
DIAMINO-4,4' DIPHÉNYLMÉTHANE	UN2651	153
DI-n-AMYLAMINE	UN2841	131
p-DIAZIDOBENZÈNE	Interdit	
DIAZIDO-1,2 ÉTHANE	Interdit	
DIAZO-1,1' AMINONAPHTALÈNE	Interdit	
DIAZOAMINOTÉTRAZOLE (SEC)	Interdit	
DIAZODINITROPHÉNOL HUMIDIFIÉ avec au moins 40 pour cent (masse) d'eau ou d'un mélange d'alcool et d'eau	UN0074	112
DIAZODINITROPHÉNOL (SEC)	Interdit	
DIAZODIPHÉNYLMÉTHANE	Interdit	
DIAZO-1,3 PROPANE	Interdit	
DIAZOTURE DE L'ACIDE HYDRAZINE DICARBONIQUE	Interdit	
DIAZOTURE DE p-XYLYLE	Interdit	
DIBENZYLDICHLOROSILANE	UN2434	156
DIBORANE COMPRIMÉ	UN1911	119T
DIBROMOACÉTYLÈNE	Interdit	
DIBROMO-1,2 BUTANONE-3	UN2648	154
DIBROMOCHLOROPROPANES	UN2872	159
DIBROMODIFLUOROMÉTHANE	UN1941	171
DIBROMOMÉTHANE	UN2664	160
DIBROMURE D'ÉTHYLÈNE	UN1605	154T
DI-n-BUTYLAMINE	UN2248	132
DIBUTYLAMINOÉTHANOL	UN2873	153
Di-(tert-BUTYLPEROXY)-2,2 BUTANE, avec plus de 55 pour cent en solution	Interdit	
DICÉTÈNE STABILISÉ	UN2521	131PT
DICHLORACÉTATE DE MÉTHYLE	UN2299	155
DICHLORANILINES LIQUIDES	UN1590	153
DICHLORANILINES SOLIDES	UN1590	153
DICHLORO-1,3 ACÉTONE	UN2649	153
DICHLOROACÉTYLÈNE	Interdit	
N,N'-DICHLOROAZODICARBONAMIDENE (SELS DE LA) (SECS)	Interdit	
o-DICHLOROBENZÈNE	UN1591	152
DICHLORODIFLUOROMÉTHANE	UN1028	126
DICHLORODIFLUOROMÉTHANE ET DIFLUORÉTHANE EN MÉLANGE AZÉOTROPE contenant environ 74 pour cent de dichlorodifluorométhane	UN2602	126
DICHLORO-1,1 ÉTHANE	UN2362	130
DICHLORO-1,2 ÉTHYLÈNE	UN1150	130P
DICHLOROFLUOROMÉTHANE	UN1029	126
DICHLOROMÉTHANE	UN1593	160
DICHLORO-1,1 NITRO-1 ÉTHANE	UN2650	153
DICHLOROPENTANES	UN1152	130
DICHLOROPHÉNYLPHOSPHINE	UN2798	137
DICHLORO(PHÉNYL)THIOPHOSPHORE	UN2799	137
DICHLOROPHÉNYLTRICHLOROSILANE	UN1766	156
DICHLORO-1,2 PROPANE	UN1279	130
DICHLORO-1,3 PROPANOL-2	UN2750	153
DICHLOROPROPÈNES	UN2047	132
DICHLOROSILANE	UN2189	119T
DICHLORO-1,2 TÉTRAFLUORO-1,1,2,2 ÉTHANE	UN1958	126
DICHLOROVINYLCHLORARSINE	Interdit	

Description	Numéro UN	# GMU
DICHLORURE D'ÉTHYLÈNE	UN1184	129
DICHROMATE D'AMMONIUM	UN1439	141
DICYCLOHEXYLAMINE	UN2565	153
DICYCLOPENTADIÈNE	UN2048	129
Di-(Di-tert-BUTYLPEROXYCYCLOHEXYL-4,4)-2,2 PROPANE, avec plus de 42 pour cent avec solide inerte	Interdit	
DIESEL	UN1202	128
DIÉTHOXYMÉTHANE	UN2373	127
DIÉTHOXY-3,3 PROPÈNE	UN2374	127
DIÉTHYLAMINE	UN1154	132
DIÉTHYLAMINO-2 ÉTHANOL	UN2686	132
DIÉTHYLAMINOPROPYLAMINE	UN2684	132
N,N-DIÉTHYLANILINE	UN2432	153
DIÉTHYLBENZÈNE	UN2049	130
DIÉTHYLCÉTONE	UN1156	127
DIÉTHYLDICHLOROSILANE	UN1767	155
DIÉTHYLÈNETRIAMINE	UN2079	154
N,N-DIÉTHYLÉTHYLÈNEDIAMINE	UN2685	132
DIÉTHYLZINC	UN1366	135
DIFLUORO-1,1 ÉTHANE	UN1030	115
DIFLUORO-1,1 ÉTHYLÈNE	UN1959	116P
DIFLUOROMÉTHANE	UN3252	115
DIFLUORURE ACIDE D'AMMONIUM EN SOLUTION	UN2817	154
DIFLUORURE D'OXYGÈNE COMPRIMÉ	UN2190	124T
DIHYDROPEROXYDE DE DIMÉTHYLHEXANE (SEC)	Interdit	
DIHYDRO-2,3 PYRANNE	UN2376	127
DIHYDROXY-1,8 TÉTRANITRO-2,4,5,7 ANTHRAQUINONE	Interdit	
DI-(HYDROXY-1 TÉTRAZOLE) (SEC)	Interdit	
DIIODOACÉTYLÈNE	Interdit	
DIISOBUTYLAMINE	UN2361	132
DIISOBUTYLCÉTONE	UN1157	127
DIISOBUTYLÈNE, COMPOSÉS ISOMÉRIQUES DU	UN2050	127
DIISOCYANATE DE TOLUÈNE	UN2078	156
DIISOCYANATE DE TRIMÉTHYLHEXAMÉTHYLÈNE	UN2328	156
DIISOCYANATE D'HEXAMÉTHYLÈNE	UN2281	156
DIISOCYANATE D'ISOPHORONE	UN2290	156
DIISOPROPYLAMINE	UN1158	132
DIMÉTHOXY-1,1 ÉTHANE	UN2377	127
DIMÉTHOXY-1,2 ÉTHANE	UN2252	127
DIMÉTHYLAMINE ANHYDRE	UN1032	118
DIMÉTHYLAMINE EN SOLUTION AQUEUSE	UN1160	129
DIMÉTHYLAMINOACÉTONITRILE	UN2378	131
DIMÉTHYLAMINO-2 ÉTHANOL	UN2051	132
N,N-DIMÉTHYLANILINE	UN2253	153
DIMÉTHYL-2,3 BUTANE	UN2457	128
DIMÉTHYL-1,3 BUTYLAMINE	UN2379	132
DIMÉTHYLCYCLOHEXANES	UN2263	128
DIMÉTHYLCYCLOHEXYLAMINE	UN2264	132
DIMÉTHYLDICHLOROSILANE	UN1162	155T
DIMÉTHYLDIÉTHOXYSILANE	UN2380	127
DIMÉTHYL-2,5 (DIHYDROPEROXY)-2,5 HEXANE, avec plus de 82 pour cent d'eau	Interdit	
DIMÉTHYLDIOXANNES	UN2707	128

Description	Numéro UN	# GMU
N,N-DIMÉTHYLFORMAMIDE	UN2265	129
DIMÉTHYLHYDRAZINE ASYMÉTRIQUE	UN1163	131T
DIMÉTHYLHYDRAZINE SYMÉTRIQUE	UN2382	131T
DIMÉTHYL-2,2 PROPANE	UN2044	115
N,N-DIMÉTHYLPROPYLAMINE	UN2266	132
DIMÉTHYLZINC	UN1370	135
DINGU	UN0489	112
DINITRANILINES	UN1596	153
DINITRATE D'AZIDO-3 PROPYLÈNE-1,2 GLYCOL	Interdit	
DINITRATE DE DIÉTHANOL NITROSAMINE (SEC)	Interdit	
DINITRATE DE DIÉTHYLÈNEGLYCOL DÉSENSIBILISÉ avec au moins 25 pour cent (masse) de flegmatisant non volatil insoluble dans l'eau	UN0075	112
DINITRATE DE DIÉTHYLÈNEGLYCOL (SEC)	Interdit	
DINITRATE DE GLYCÉROL-1,3	Interdit	
DINITRATE DE MÉTHYLÈNE GLYCOL	Interdit	
DINITRATE D'ÉTHANOL AMINE	Interdit	
DINITRATE D'ÉTHYLÈNE GLYCOL	Interdit	
DINITRATE D'ISOSORBIDE EN MÉLANGE avec au moins 60 pour cent de lactose, de mannose, d'amidon ou d'hydrogénophosphate de calcium	UN2907	133
DINITROBENZÈNES LIQUIDES	UN1597	152
DINITROBENZÈNES SOLIDES	UN1597	152
DINITRO-o-CRÉSATE D'AMMONIUM	UN1843	141
DINITRO-o-CRÉSATE DE SODIUM HUMIDIFIÉ avec au moins 15 pour cent (masse) d'eau	UN1348	113
DINITRO-o-CRÉSATE DE SODIUM sec ou humidifié avec moins de 15 pour cent (masse) d'eau	UN0234	112
DINITRO-o-CRÉSOL en solution	UN1598	153
DINITRO-o-CRÉSOL EN SOLUTION (terminologie OACI)	UN1598	153
DINITRO-o-CRÉSOL solide	UN1598	153
DINITRO-o-CRÉSOL SOLIDE (terminologie OACI)	UN1598	153
DINITRO-DIMÉTHYL-7,8 GLYCOLURILE (SEC)	Interdit	
DINITRO-1,3 DIMÉTHYL-5,5 HYDANTOÏNE	Interdit	
DINITRO-1,3 DINITROSO-4,5 BENZÈNE	Interdit	
DINITRO-1,1 ÉTHANE (SEC)	Interdit	
DINITRO-1,2 ÉTHANE	Interdit	
DINITROGLYCOLURILE	UN0489	112
DINITROMÉTHANE	Interdit	
DINITROPHÉNATES (d'alcalins) secs ou humidifiés avec moins de 15 pour cent (masse) d'eau	UN0077	112
DINITROPHÉNATES HUMIDIFIÉS avec au moins 15 pour cent (masse) d'eau	UN1321	113
DINITROPHÉNOL EN SOLUTION	UN1599	153
DINITROPHÉNOL HUMIDIFIÉ avec au moins 15 pour cent (masse) d'eau	UN1320	113
DINITROPHÉNOL sec ou humidifié avec moins de 15 pour cent (masse) d'eau	UN0076	112
DINITRO-2,4 PHÉNYLHYDRAZINE HUMIDIFIÉE avec au moins 30 pour cent d'eau	Interdit	
DINITRO-2,4 PHÉNYLHYDRAZINE SEC	Interdit	
DINITROPROPYLÈNE GLYCOL	Interdit	
DINITRORÉSORCINOL HUMIDIFIÉ avec au moins 15 pour cent (masse) d'eau	UN1322	113
DINITRORÉSORCINOL sec ou humidifié avec moins de 15 pour cent (masse) d'eau	UN0078	112

Description	Numéro UN	# GMU
DINITRO-2,4 RÉSORCINOL (SELS DE MÉTAUX LOURDS DU) (SECS)	Interdit	
DINITRO-4,6 RÉSORCINOL (SELS DE MÉTAUX LOURDS DU) (SECS)	Interdit	
DINITROSOBENZÈNE	UN0406	112
DINITROSOBENZYLAMIDINE ET SES SELS (SECS)	Interdit	
DINITRO-2,2' STILBÈNE	Interdit	
DINITROTOLUÈNES FONDUS	UN1600	152
DINITROTOLUÈNES LIQUIDES	UN2038	152
DINITROTOLUÈNES SOLIDES	UN2038	152
DINITRO-2,4 TRIMÉTHYL-1,3,5 BENZÈNE	Interdit	
a,a'-DI-(NITROXY) MÉTHYLÉTHER	Interdit	
DINITROXY-1,9 PENTAMÉTHYLÈNE TÉTRAMINE-2,4,6,8 (SÈCHE)	Interdit	
DIOXANNE	UN1165	127
DIOXOLANNE	UN1166	127
DIOXYDE D'AZOTE	UN1067	124T
DIOXYDE DE CARBONE	UN1013	120
DIOXYDE DE CARBONE ET OXYGÈNE EN MÉLANGE COMPRIMÉ	UN1014	122
DIOXYDE DE CARBONE ET PROTOXYDE D'AZOTE EN MÉLANGE	UN1015	126
DIOXYDE DE CARBONE LIQUIDE RÉFRIGÉRÉ	UN2187	120
DIOXYDE DE CARBONE SOLIDE	UN1845	120
DIOXYDE DE CHLORE HYDRATÉ, GELÉ	Interdit	
DIOXYDE DE CHLORE (NON HYDRATÉ)	Interdit	
DIOXYDE DE PLOMB	UN1872	141
DIOXYDE DE SOUFRE	UN1079	125
DIOXYDE DE THIO-URÉE	UN3341	135
DIPENTÈNE	UN2052	128
DIPERCHLORATE DE m-PHÉNYLÈNE DIAMINE (SEC)	Interdit	
DIPERCHLORATE D'ÉTHYLÈNE DIAMINE	Interdit	
DIPERCHLORATE DE TRIMÉTHYLÈNE GLYCOL	Interdit	
DIPEROXYPHTALATE DE tert-BUTYLE, avec plus de 55 pour cent en solution	Interdit	
DIPHÉNYLAMINECHLORARSINE	UN1698	154
DIPHÉNYLCHLORARSINE LIQUIDE	UN1699	151
DIPHÉNYLCHLORARSINE SOLIDE	UN1699	151
DIPHÉNYLDICHLOROSILANE	UN1769	156
DIPHÉNYLES POLYCHLORÉS (PCB) réglementé seulement en concentration de plus de 50 ppm (masse)	UN2315	171
DIPHÉNYLES POLYHALOGÉNÉS LIQUIDES réglementé seulement en concentration de plus de 50 ppm (masse)	UN3151	171
DIPHÉNYLES POLYHALOGÉNÉS SOLIDES réglementé seulement en concentration de plus de 50 ppm (masse)	UN3152	171
DIPHÉNYLMAGNÉSIUM	UN2005	135
DIPICRYLAMINE	UN0079	112
DIPROPYLAMINE	UN2383	132
DIPROPYLCÉTONE	UN2710	127
DISPERSION DE MÉTAUX ALCALINO-TERREUX	UN1391	138
DISPERSION DE MÉTAUX ALCALINO-TERREUX dans un liquide ayant un point d'éclair égal ou inférieur à 60,5 °C	UN1391	138
DISPERSION DE MÉTAUX ALCALINS	UN1391	138

Description	Numéro UN	# GMU
DISPERSION DE MÉTAUX ALCALINS dans un liquide ayant un point d'éclair égal ou inférieur à 60,5 °C	UN1391	138
DISPOSITIFS DE GONFLAGE DE SAC GONFLABLE pyrotechniques	UN3268	171
DISPOSITIFS ÉCLAIRANTS AÉRIENS	UN0093	112
DISPOSITIFS ÉCLAIRANTS AÉRIENS	UN0403	114
DISPOSITIFS ÉCLAIRANTS AÉRIENS	UN0404	114
DISPOSITIFS ÉCLAIRANTS AÉRIENS	UN0420	112
DISPOSITIFS ÉCLAIRANTS AÉRIENS	UN0421	112
DISPOSITIFS ÉCLAIRANTS DE SURFACE	UN0092	112
DISPOSITIFS ÉCLAIRANTS DE SURFACE	UN0418	112
DISPOSITIFS ÉCLAIRANTS DE SURFACE	UN0419	112
DISTILLATS DE GOUDRON DE HOUILLE, INFLAMMABLES	UN1136	128
DISTILLATS DE PÉTROLE, N.S.A.	UN1268	128
DISULFURE DE CARBONE	UN1131	131
DISULFURE DE DIMÉTHYLE	UN2381	130
DISULFURE DE SÉLÉNIUM	UN2657	153
DISULFURE DE TITANE	UN3174	135
DITHIONITE DE CALCIUM	UN1923	135T
DITHIONITE DE POTASSIUM	UN1929	135
DITHIONITE DE SODIUM	UN1384	135T
DITHIONITE DE ZINC	UN1931	171
DITHIOPYROPHOSPHATE DE TÉTRAÉTHYLE	UN1704	153
DODÉCYLTRICHLOROSILANE	UN1771	156
DOUILLES COMBUSTIBLES VIDES ET NON AMORCÉES	UN0446	114
DOUILLES COMBUSTIBLES VIDES ET NON AMORCÉES	UN0447	112
DOUILLES DE CARTOUCHES VIDES AMORCÉES	UN0055	114
DOUILLES DE CARTOUCHES VIDES AMORCÉES	UN0379	114
ÉCHANTILLON CHIMIQUE TOXIQUE liquide ou solide	UN3315	151
ÉCHANTILLON DE GAZ, NON COMPRIMÉ, INFLAMMABLE, N.S.A., sous une forme autre qu'un liquide réfrigéré	UN3167	115
ÉCHANTILLON DE GAZ, NON COMPRIMÉ, TOXIQUE, INFLAMMABLE, N.S.A., sous une forme autre qu'un liquide réfrigéré	UN3168	119
ÉCHANTILLON DE GAZ, NON COMPRIMÉ, TOXIQUE, N.S.A., sous une forme autre qu'un liquide réfrigéré	UN3169	123
ÉCHANTILLONS D'EXPLOSIFS, autres que des explosifs d'amorçage	UN0190	112
ÉLECTROLYTE ACIDE POUR ACCUMULATEURS	UN2796	157
ÉLECTROLYTE ALCALIN POUR ACCUMULATEURS	UN2797	154
ÉLÉMENTS D'ACCUMULATEUR AU SODIUM	UN3292	138
ENCRES D'IMPRIMERIE, inflammables, contenant au plus 20 pour cent (masse) de nitrocellulose, si la teneur en azote de la nitrocellulose ne dépasse pas 12,6 pour cent (masse)	UN1210	129
ENGINS AUTOPROPULSÉS À PROPERGOL LIQUIDE avec charge d'éclatement	UN0397	112
ENGINS AUTOPROPULSÉS À PROPERGOL LIQUIDE avec charge d'éclatement	UN0398	112
ENGINS AUTOPROPULSÉS à tête inerte	UN0183	112
ENGINS AUTOPROPULSÉS à tête inerte	UN0502	112
ENGINS AUTOPROPULSÉS avec charge d'éclatement	UN0180	112

Description	Numéro UN	# GMU
ENGINS AUTOPROPULSÉS avec charge d'éclatement	UN0181	112
ENGINS AUTOPROPULSÉS avec charge d'éclatement	UN0182	112
ENGINS AUTOPROPULSÉS avec charge d'éclatement	UN0295	112
ENGINS AUTOPROPULSÉS avec charge d'expulsion	UN0436	112
ENGINS AUTOPROPULSÉS avec charge d'expulsion	UN0437	112
ENGINS AUTOPROPULSÉS avec charge d'expulsion	UN0438	114
ENGINS DE SAUVETAGE AUTOGONFLABLES	UN2990	171
ENGINS DE SAUVETAGE NON AUTOGONFLABLES contenant des marchandises dangereuses comme équipement	UN3072	171
ENGINS HYDROACTIFS avec charge de dispersion, charge d'expulsion ou charge propulsive	UN0248	112
ENGINS HYDROACTIFS avec charge de dispersion, charge d'expulsion ou charge propulsive	UN0249	112
ENGRAIS AU NITRATE D'AMMONIUM ayant une sensibilité supérieure à celle du nitrate d'ammonium contenant 0,2 pour cent de matière combustible (y compris les matières organiques exprimées en équivalent carbone), à l'exclusion de toute autre matière	UN0223	112
ENGRAIS AU NITRATE D'AMMONIUM: mélanges homogènes et stables contenant au moins 90 pour cent de nitrate d'ammonium avec toute autre matière inorganique chimiquement inerte par rapport au nitrate d'ammonium et au plus 0,2 pour cent de matières combustibles (y compris les matières organiques exprimées en équivalent carbone), ou mélanges contenant plus de 70 pour cent mais moins de 90 pour cent de nitrate d'ammonium et au plus 0,4 pour cent de matières combustibles totales	UN2067	140
ENGRAIS AU NITRATE D'AMMONIUM: mélanges homogènes et stables de nitrate d'ammonium et de carbonate de calcium et/ou de dolomite contenant plus de 80 pour cent mais moins de 90 pour cent de nitrate d'ammonium et au plus 0,4 pour cent de matières combustibles totales	UN2068	140
ENGRAIS AU NITRATE D'AMMONIUM: mélanges homogènes et stables de nitrate d'ammonium et de sulfate d'ammonium contenant plus de 45 pour cent mais 70 pour cent au maximum de nitrate d'ammonium et au plus 0,4 pour cent de matières combustibles totales	UN2069	140
ENGRAIS AU NITRATE D'AMMONIUM: mélanges homogènes et stables du type azote/phosphate ou azote/potasse ou engrais complet du type azote/phosphate/potasse contenant au plus 70 pour cent de nitrate d'ammonium et au plus 0,4 pour cent de matières combustibles ajoutées totales, ou contenant au plus 45 pour cent de nitrate d'ammonium sans limitation de teneur en matières combustibles	UN2071	140
ENGRAIS AU NITRATE D'AMMONIUM: mélanges homogènes et stables du type azote/phosphate ou azote/potasse ou engrais complet du type azote/phosphate/potasse contenant plus de 70 pour cent mais moins de 90 pour cent de nitrate d'ammonium et au plus 0,4 pour cent de matières combustibles totales	UN2070	143
ENGRAIS AU NITRATE D'AMMONIUM, N.S.A.	UN2072	140
ENGRAIS EN SOLUTION contenant de l'ammoniac non combiné	UN1043	125

Description	Numéro UN	# GMU
ÉPIBROMHYDRINE	UN2558	131
ÉPICHLORHYDRINE	UN2023	131P
ÉPONGE DE TITANE, SOUS FORME DE GRANULÉS	UN2878	170
ÉPONGE DE TITANE, SOUS FORME DE POUDRE	UN2878	170
ÉPOXY-1,2 ÉTHOXY-3 PROPANE	UN2752	127
ESSENCE DE TÉRÉBENTHINE	UN1299	128
ESSENCE POUR MOTEURS D'AUTOMOBILES	UN1203	128
ESTERS, N.S.A.	UN3272	127
ÉTHANE	UN1035	115
ÉTHANE LIQUIDE RÉFRIGÉRÉ	UN1961	115
ÉTHANOLAMINE	UN2491	153
ÉTHANOLAMINE EN SOLUTION	UN2491	153
ÉTHANOL contenant plus de 24 pour cent d'éthanol, par volume	UN1170	127
ÉTHANOL EN SOLUTION contenant plus de 24 pour cent d'éthanol, par volume	UN1170	127
ÉTHER ALLYLÉTHYLIQUE	UN2335	131
ÉTHER ALLYLGLYCIDIQUE	UN2219	129
ÉTHÉRATE DIÉTHYLIQUE DE TRIFLUORURE DE BORE	UN2604	132
ÉTHÉRATE DIMÉTHYLIQUE DE TRIFLUORURE DE BORE	UN2965	139
ÉTHER BROMO-2 ÉTHYLÉTHYLIQUE	UN2340	130
ÉTHER BUTYLMÉTHYLIQUE	UN2350	127
ÉTHER BUTYLVINYLIQUE STABILISÉ	UN2352	127P
ÉTHER CHLOROMÉTHYLÉTHYLIQUE	UN2354	131
ÉTHER DIALLYLIQUE	UN2360	131P
ÉTHER DICHLORO-2,2' DIÉTHYLIQUE	UN1916	152
ÉTHER DICHLORODIMÉTHYLIQUE, SYMÉTRIQUE	UN2249	153
ÉTHER DICHLOROISOPROPYLIQUE	UN2490	153
ÉTHER DIÉTHYLIQUE	UN1155	127
ÉTHER DIÉTHYLIQUE DE L'ÉTHYLÈNEGLYCOL	UN1153	127
ÉTHER DI-n-PROPYLIQUE	UN2384	127
ÉTHER ÉTHYLBUTYLIQUE	UN1179	127
ÉTHER ÉTHYLIQUE	UN1155	127
ÉTHER ÉTHYLPROPYLIQUE	UN2615	127
ÉTHER ÉTHYLVINYLIQUE STABILISÉ	UN1302	127P
ÉTHER ISOBUTYLVINYLIQUE STABILISÉ	UN1304	127P
ÉTHER ISOPROPYLIQUE	UN1159	127
ÉTHER MÉTHYL tert-BUTYLIQUE	UN2398	127
ÉTHER MÉTHYLÉTHYLIQUE	UN1039	115
ÉTHER MÉTHYLIQUE	UN1033	115
ÉTHER MÉTHYLIQUE MONOCHLORÉ	UN1239	131T
ÉTHER MÉTHYLPROPYLIQUE	UN2612	127
ÉTHER MÉTHYLVINYLIQUE STABILISÉ	UN1087	116P
ÉTHER MONOÉTHYLIQUE DE L'ÉTHYLÈNEGLYCOL	UN1171	127
ÉTHER MONOMÉTHYLIQUE DE L'ÉTHYLÈNEGLYCOL	UN1188	127
ÉTHER PERFLUORO (ÉTHYLVINYLIQUE)	UN3154	115
ÉTHER PERFLUORO (MÉTHYLVINYLIQUE)	UN3153	115
ÉTHERS BUTYLIQUES	UN1149	127
ÉTHERS, N.S.A.	UN3271	127
ÉTHER VINYLIQUE STABILISÉ	UN1167	131P
ÉTHYLACÉTYLÈNE STABILISÉ	UN2452	116P
ÉTHYLAMINE	UN1036	118

Description	Numéro UN	# GMU
ÉTHYLAMINE EN SOLUTION AQUEUSE contenant au moins 50 pour cent mais au maximum 70 pour cent d'éthylamine	UN2270	132
ÉTHYLAMYLCÉTONE	UN2271	127
N-ÉTHYLANILINE	UN2272	153
ÉTHYL-2-ANILINE	UN2273	153
ÉTHYLBENZÈNE	UN1175	129
N-ÉTHYL N-BENZYLANILINE	UN2274	153
N-ÉTHYLBENZYLTOLUIDINES LIQUIDES	UN2753	153
N-ÉTHYLBENZYLTOLUIDINES SOLIDES	UN2753	153
ÉTHYL-2 BUTANOL	UN2275	129
ÉTHYLDICHLORARSINE	UN1892	151T
ÉTHYLDICHLOROSILANE	UN1183	139
ÉTHYLÈNE à 71,5 pour cent au moins EN MÉLANGE AVEC au plus 22,5 pour cent d'ACÉTYLÈNE ET au plus 6 pour cent de PROPYLÈNE, LIQUIDE, RÉFRIGÉRÉ	UN3138	116
ÉTHYLÈNE COMPRIMÉ	UN1962	116P
ÉTHYLÈNEDIAMINE	UN1604	132
ÉTHYLÈNEIMINE STABILISÉE	UN1185	131PT
ÉTHYLÈNE LIQUIDE RÉFRIGÉRÉ	UN1038	115
ÉTHYL-2 HEXYLAMINE	UN2276	132
ÉTHYLMÉTHYLCÉTONE	UN1193	127
ÉTHYLPHÉNYLDICHLOROSILANE	UN2435	156
ÉTHYL-1 PIPÉRIDINE	UN2386	132
N-ÉTHYLTOLUIDINES	UN2754	153
ÉTHYLTRICHLOROSILANE	UN1196	155
EXPLOSIF DE MINE (DE SAUTAGE) DU TYPE A	UN0081	112
EXPLOSIF DE MINE (DE SAUTAGE) DU TYPE B	UN0082	112
EXPLOSIF DE MINE (DE SAUTAGE) DU TYPE B	UN0331	112
EXPLOSIF DE MINE (DE SAUTAGE) DU TYPE C	UN0083	112
EXPLOSIF DE MINE (DE SAUTAGE) DU TYPE D	UN0084	112
EXPLOSIF DE MINE (DE SAUTAGE) DU TYPE E	UN0241	112
EXPLOSIF DE MINE (DE SAUTAGE) DU TYPE E	UN0332	112
EXPLOSIFS D'AMORÇAGE (SEC)	Interdit	
EXTINCTEURS avec un gaz comprimé ou liquéfié	UN1044	126
EXTRAITS AROMATIQUES LIQUIDES	UN1169	127
EXTRAITS LIQUIDES POUR AROMATISER	UN1197	127
FARINE DE POISSON NON STABILISÉE	UN1374	133
FARINE DE POISSON STABILISÉE, réglementée par navire seulement	UN2216	171
FARINE DE RICIN	UN2969	171
FER PENTACARBONYLE	UN1994	131T
FERROCÉRIUM non-stabilisé contre la corrosion ou d'une teneur en fer de moins de 10 pour cent	UN1323	170
FERROSILICIUM contenant 30 pour cent ou plus mais moins de 90 pour cent de silicium	UN1408	139
FIBRES D'ORIGINE ANIMALE, VÉGÉTALE ou SYNTHÉTIQUE, imprégnées d'huile, N.S.A.	UN1373	133
FIBRES IMPRÉGNÉES DE NITROCELLULOSE FAIBLEMENT NITRÉE, N.S.A.	UN1353	133
FILMS À SUPPORT NITROCELLULOSIQUE avec couche de gélatine, à l'exclusion des déchets	UN1324	133
FLUORACÉTATE DE POTASSIUM	UN2628	151

Description	Numéro UN	# GMU
FLUORACÉTATE DE SODIUM	UN2629	151
FLUORANILINES	UN2941	153
FLUOR COMPRIMÉ	UN1045	124T
FLUOROBENZÈNE	UN2387	130
FLUOROSILICATE D'AMMONIUM	UN2854	151
FLUOROSILICATE DE MAGNÉSIUM	UN2853	151
FLUOROSILICATE DE POTASSIUM	UN2655	151
FLUOROSILICATE DE SODIUM	UN2674	154
FLUOROSILICATE DE ZINC	UN2855	151
FLUOROSILICATES, N.S.A.	UN2856	151
FLUOROTOLUÈNES	UN2388	130
FLUORURE D'AMMONIUM	UN2505	154
FLUORURE DE BENZYLIDYNE	UN2338	131
FLUORURE DE CARBONYLE, COMPRIMÉ	UN2417	125T
FLUORURE DE CHROME III EN SOLUTION	UN1757	154
FLUORURE DE CHROME III SOLIDE	UN1756	154
FLUORURE DE MÉTHYLE	UN2454	115
FLUORURE DE NITRO-3 CHLORO-4 BENZYLIDYNE	UN2307	152
FLUORURE DE PERCHLORYLE	UN3083	124T
FLUORURE DE POTASSIUM	UN1812	154
FLUORURE DE SODIUM	UN1690	154
FLUORURE DE SULFURYLE	UN2191	123T
FLUORURE D'ÉTHYLE	UN2453	115
FLUORURE DE VINYLE STABILISÉ	UN1860	116P
FLUORURE D'HYDROGÈNE ANHYDRE	UN1052	125T
FLUORURES DE CHLOROBENZYLIDYNE	UN2234	130
FLUORURES DE NITROBENZYLIDYNE	UN2306	152
FLUORURES D'ISOCYANATOBENZYLIDYNE	UN2285	156
FOIN mouillé, humide ou souillé d'huile, réglementé par navire seulement	Interdit	
FOIN, réglementé par navire seulement	UN1327	133
FORMALDÉHYDE EN SOLUTION contenant au moins 25 pour cent de formaldéhyde	UN2209	132
FORMALDÉHYDE EN SOLUTION INFLAMMABLE	UN1198	132
FORMIATE D'ALLYLE	UN2336	131
FORMIATE DE n-BUTYLE	UN1128	129
FORMIATE DE MÉTHYLE	UN1243	129
FORMIATE D'ÉTHYLE	UN1190	129
FORMIATE D'ISOBUTYLE	UN2393	132
FORMIATES D'AMYLE	UN1109	129
FORMIATES DE PROPYLE	UN1281	129
FULMINATE D'AMMONIUM	Interdit	
FULMINATE D'ARGENT (SEC)	Interdit	
FULMINATE DE MERCURE HUMIDIFIÉ avec au moins 20 pour cent (masse) d'eau ou d'un mélange d'alcool et d'eau	UN0135	112
FULMINATE DE MERCURE (SEC)	Interdit	
FURALDÉHYDES	UN1199	132P
FURANNE	UN2389	127
FURFURYLAMINE	UN2526	132
FUSÉES-ALLUMEURS	UN0316	112
FUSÉES-ALLUMEURS	UN0317	114
FUSÉES-ALLUMEURS	UN0368	114
FUSÉES-DÉTONATEURS	UN0106	112
FUSÉES-DÉTONATEURS	UN0107	112
FUSÉES-DÉTONATEURS	UN0257	114

Description	Numéro UN	# GMU
FUSÉES-DÉTONATEURS	UN0367	114
FUSÉES-DÉTONATEURS avec dispositifs de sécurité	UN0408	112
FUSÉES-DÉTONATEURS avec dispositifs de sécurité	UN0409	112
FUSÉES-DÉTONATEURS avec dispositifs de sécurité	UN0410	114
GALETTE HUMIDIFIÉE avec au moins 17 pour cent (masse) d'alcool	UN0433	112
GALETTE HUMIDIFIÉE avec au moins 25 pour cent (masse) d'eau	UN0159	112
GALLIUM	UN2803	172
GAZ COMPRIMÉ COMBURANT, N.S.A.	UN3156	122
GAZ COMPRIMÉ INFLAMMABLE, N.S.A.	UN1954	115
GAZ COMPRIMÉ, N.S.A.	UN1956	126
GAZ COMPRIMÉ TOXIQUE, COMBURANT, CORROSIF, N.S.A.	UN3306	124T
GAZ COMPRIMÉ TOXIQUE, COMBURANT, N.S.A.	UN3303	124T
GAZ COMPRIMÉ TOXIQUE, CORROSIF, N.S.A.	UN3304	123T
GAZ COMPRIMÉ TOXIQUE, INFLAMMABLE, CORROSIF, N.S.A.	UN3305	119T
GAZ COMPRIMÉ TOXIQUE, INFLAMMABLE, N.S.A.	UN1953	119T
GAZ COMPRIMÉ TOXIQUE, N.S.A.	UN1955	123T
GAZ DE HOUILLE COMPRIMÉ	UN1023	119T
GAZ DE PÉTROLE COMPRIMÉ	UN1071	119T
GAZ DE PÉTROLE LIQUÉFIÉS	UN1075	115
GAZ FRIGORIFIQUE, N.S.A.	UN1078	126
GAZ INSECTICIDE INFLAMMABLE, N.S.A.	UN3354	115
GAZ INSECTICIDE, N.S.A.	UN1968	126
GAZ INSECTICIDE TOXIQUE, INFLAMMABLE, N.S.A.	UN3355	119T
GAZ INSECTICIDE TOXIQUE, N.S.A.	UN1967	123T
GAZ LIQUÉFIÉ COMBURANT, N.S.A.	UN3157	122
GAZ LIQUÉFIÉ INFLAMMABLE, N.S.A.	UN3161	115
GAZ LIQUÉFIÉ, N.S.A.	UN3163	126
GAZ LIQUÉFIÉS DE PÉTROLE	UN1075	115
GAZ LIQUÉFIÉS ininflammables, additionnés d'azote, de dioxyde de carbone ou d'air	UN1058	121
GAZ LIQUÉFIÉ TOXIQUE, COMBURANT, CORROSIF, N.S.A.	UN3310	124T
GAZ LIQUÉFIÉ TOXIQUE, COMBURANT, N.S.A.	UN3307	124T
GAZ LIQUÉFIÉ TOXIQUE, CORROSIF, N.S.A.	UN3308	123T
GAZ LIQUÉFIÉ TOXIQUE, INFLAMMABLE, CORROSIF, N.S.A.	UN3309	119T
GAZ LIQUÉFIÉ TOXIQUE, INFLAMMABLE, N.S.A.	UN3160	119T
GAZ LIQUÉFIÉ TOXIQUE, N.S.A.	UN3162	123T
GAZ LIQUIDE RÉFRIGÉRÉ, COMBURANT, N.S.A.	UN3311	122
GAZ LIQUIDE RÉFRIGÉRÉ, INFLAMMABLE, N.S.A.	UN3312	115
GAZ LIQUIDE RÉFRIGÉRÉ, N.S.A.	UN3158	120
GAZ NATUREL (à haute teneur en méthane) COMPRIMÉ	UN1971	115
GAZ NATUREL (à haute teneur en méthane) LIQUIDE RÉFRIGÉRÉ	UN1972	115
GAZOLE	UN1202	128
GAZ RARES EN MÉLANGE, COMPRIMÉS	UN1979	121
GAZ RARES ET AZOTE EN MÉLANGE, COMPRIMÉS	UN1981	121
GAZ RARES ET OXYGÈNE EN MÉLANGE, COMPRIMÉS	UN1980	122

Description	Numéro UN	# GMU
GAZ RÉFRIGÉRANT, N.S.A.	UN1078	126
GAZ RÉFRIGÉRANT R 12	UN1028	126
GAZ RÉFRIGÉRANT R 12B1	UN1974	126
GAZ RÉFRIGÉRANT R 13	UN1022	126
GAZ RÉFRIGÉRANT R 13B1	UN1009	126
GAZ RÉFRIGÉRANT R 14, COMPRIMÉ	UN1982	126
GAZ RÉFRIGÉRANT R 21	UN1029	126
GAZ RÉFRIGÉRANT R 22	UN1018	126
GAZ RÉFRIGÉRANT R 23	UN1984	126
GAZ RÉFRIGÉRANT R 32	UN3252	115
GAZ RÉFRIGÉRANT R 40	UN1063	115
GAZ RÉFRIGÉRANT R 41	UN2454	115
GAZ RÉFRIGÉRANT R 114	UN1958	126
GAZ RÉFRIGÉRANT R 115	UN1020	126
GAZ RÉFRIGÉRANT R 116, COMPRIMÉ	UN2193	126
GAZ RÉFRIGÉRANT R 124	UN1021	126
GAZ RÉFRIGÉRANT R 125	UN3220	126
GAZ RÉFRIGÉRANT R 133a	UN1983	126
GAZ RÉFRIGÉRANT R 134a	UN3159	126
GAZ RÉFRIGÉRANT R 142b	UN2517	115
GAZ RÉFRIGÉRANT R 143a	UN2035	115
GAZ RÉFRIGÉRANT R 152a	UN1030	115
GAZ RÉFRIGÉRANT R 161	UN2453	115
GAZ RÉFRIGÉRANT R 218	UN2424	126
GAZ RÉFRIGÉRANT R 227	UN3296	126
GAZ RÉFRIGÉRANT RC 318	UN1976	126
GAZ RÉFRIGÉRANT R 404A	UN3337	126
GAZ RÉFRIGÉRANT R 407A	UN3338	126
GAZ RÉFRIGÉRANT R 407B	UN3339	126
GAZ RÉFRIGÉRANT R 407C	UN3340	126
GAZ RÉFRIGÉRANT R 500	UN2602	126
GAZ RÉFRIGÉRANT R 502	UN1973	126
GAZ RÉFRIGÉRANT R 503	UN2599	126
GAZ RÉFRIGÉRANT R 1132a	UN1959	116P
GAZ RÉFRIGÉRANT R 1216	UN1858	126
GAZ RÉFRIGÉRANT R 1318	UN2422	126
GÉNÉRATEUR CHIMIQUE D'OXYGÈNE	UN3356	140
GÉNÉRATEURS DE GAZ POUR SAC GONFLABLE, À GAZ COMPRIMÉ	UN3353	126
GÉNÉRATEURS DE GAZ POUR SAC GONFLABLE pyrotechniques	UN0503	114
GERMANE	UN2192	119T
GLUCONATE DE MERCURE	UN1637	151
GLYCIDALDÉHYDE	UN2622	131P
GOUDRON DE HOUILLE, DISTILLATS DE, INFLAMMABLES	UN1136	128
GOUDRONS LIQUIDES, y compris les liants routiers et les cut backs bitumineux	UN1999	130
GRAINES DE RICIN	UN2969	171
GRAINES DE RICIN EN FLOCONS	UN2969	171
GRANULÉS DE MAGNÉSIUM ENROBÉS d'une granulométrie d'au moins 149 microns	UN2950	138
GRENADES à main ou à fusil avec charge d'éclatement	UN0284	112
GRENADES à main ou à fusil avec charge d'éclatement	UN0285	112
GRENADES à main ou à fusil avec charge d'éclatement	UN0292	112
GRENADES à main ou à fusil avec charge d'éclatement	UN0293	112

Description	Numéro UN	# GMU
GRENADES D'EXERCICE à main ou à fusil	UN0110	114
GRENADES D'EXERCICE à main ou à fusil	UN0318	112
GRENADES D'EXERCICE à main ou à fusil	UN0372	112
GRENADES D'EXERCICE à main ou à fusil	UN0452	114
GUANITE sèche ou humidifiée avec moins de 20 pour cent (masse) d'eau	UN0282	112
GUANYL NITROSAMINOGUANYLIDÈNE HYDRAZINE HUMIDIFIÉ avec au moins 30 pour cent (masse) d'eau	UN0113	112
GUANYL NITROSAMINOGUANYLIDÈNE HYDRAZINE SÈCHE (SEC)	Interdit	
GUANYL NITROSAMINOGUANYLTÉTRAZÈNE HUMIDIFIÉ avec au moins 30 pour cent (masse) d'eau ou d'un mélange d'alcool et d'eau	UN0114	112
HAFNIUM EN POUDRE HUMIDIFIÉ avec au moins 25 pour cent d'eau (un excès d'eau doit être apparent) : a) produit mécaniquement, d'une granulométrie de moins de 53 microns; b) produit chimiquement, d'une granulométrie de moins de 840 microns	UN1326	170
HAFNIUM EN POUDRE SEC	UN2545	135
HALOGÉNURES D'ALKYLALUMINIUM LIQUIDES	UN3052	135T
HALOGÉNURES D'ALKYLALUMINIUM SOLIDES	UN3052	135T
HALOGÉNURES DE MÉTAUX-ALKYLES, HYDRORÉACTIFS, N.S.A.	UN3049	138T
HALOGÉNURES DE MÉTAUX-ARYLES, HYDRORÉACTIFS, N.S.A.	UN3049	138T
HÉLIUM COMPRIMÉ	UN1046	121
HÉLIUM LIQUIDE RÉFRIGÉRÉ	UN1963	120
HEPTAFLUOROPROPANE	UN3296	126
n-HEPTALDÉHYDE	UN3056	129
HEPTANES	UN1206	128
HEPTASULFURE DE PHOSPHORE ne contenant pas de phosphore jaune ou blanc	UN1339	139
n-HEPTÈNE	UN2278	128
HEXACHLORACÉTONE	UN2661	153
HEXACHLOROBENZÈNE	UN2729	152
HEXACHLOROBUTADIÈNE	UN2279	151
HEXACHLOROCYCLOPENTADIÈNE	UN2646	151T
HEXACHLOROPHÈNE	UN2875	151
HEXADÉCYLTRICHLOROSILANE	UN1781	156
HEXADIÈNE	UN2458	130
HEXAFLUORACÉTONE	UN2420	125T
HEXAFLUORACÉTONE HYDRATÉ	UN2552	151
HEXAFLUORÉTHANE COMPRIMÉ	UN2193	126
HEXAFLUOROPROPYLÈNE	UN1858	126
HEXAFLUORURE DE SÉLÉNIUM	UN2194	125T
HEXAFLUORURE DE SOUFRE	UN1080	126
HEXAFLUORURE DE TELLURE	UN2195	125T
HEXAFLUORURE DE TUNGSTÈNE	UN2196	125T
HEXALDÉHYDE	UN1207	129
HEXAMÉTHYLÈNEDIAMINE EN SOLUTION	UN1783	153
HEXAMÉTHYLÈNEDIAMINE SOLIDE	UN2280	153
HEXAMÉTHYLÈNEIMINE	UN2493	132
HEXAMÉTHYLÈNETÉTRAMINE	UN1328	133
HEXAMÉTHYLÈNE TRIPEROXYDE DIAMINE (SÈCHE)	Interdit	
HEXANES	UN1208	128
HEXANITRATE DE MANNITOL HUMIDIFIÉ avec au moins 40 pour cent (masse) d'eau ou d'un mélange d'alcool et d'eau	UN0133	112

Description	Numéro UN	# GMU
HEXANITRATE DE MANNITOL (SEC)	Interdit	
HEXANITRATE D'HEXAMÉTHYLOL BENZÈNE	Interdit	
HEXANITRATE D'INOSITOL (SEC)	Interdit	
HEXANITROAZOXY BENZÈNE	Interdit	
HEXANITRO-2,2',4,4',6,6' DIHYDROXY-3,3' AZOBENZÈNE (SEC)	Interdit	
HEXANITRO-2,2',3',4,4',6 DIPHÉNYLAMINE	Interdit	
HEXANITRODIPHÉNYLAMINE	UN0079	112
HEXANITRO-2,3',4,4',6,6' DIPHÉNYLÉTHER	Interdit	
N,N'-(HEXANITRODIPHÉNYL) ÉTHYLÈNE DINITRAMINE (SÈCHE)	Interdit	
HEXANITRODIPHÉNYL URÉE	Interdit	
HEXANITROÉTHANE	Interdit	
HEXANITROOXANILIDE	Interdit	
HEXANITROSTILBÈNE	UN0392	112
HEXANOLS	UN2282	129
HEXÈNE-1	UN2370	128
HEXOGÈNE DÉSENSIBILISÉE	UN0483	112
HEXOGÈNE EN MÉLANGE AVEC DE LA CYCLOTÉTRAMÉTHYLÈNETÉTRANITRAMINE DÉSENSIBILISÉE avec au moins 10% (masse) de flegmatisant	UN0391	112
HEXOGÈNE EN MÉLANGE AVEC DE LA CYCLOTÉTRAMÉTHYLÈNETÉTRANITRAMINE HUMIDIFIÉE avec au moins 15% (masse) d'eau	UN0391	112
HEXOGÈNE EN MÉLANGE AVEC DE L'OCTOGÈNE DÉSENSIBILISÉE avec au moins 10% (masse) de flegmatisant	UN0391	112
HEXOGÈNE EN MÉLANGE AVEC DE L'OCTOGÈNE HUMIDIFIÉE avec au moins 15% (masse) d'eau	UN0391	112
HEXOGÈNE EN MÉLANGE AVEC DU HMX DÉSENSIBILISÉE avec au moins 10% (masse) de flegmatisant	UN0391	112
HEXOGÈNE EN MÉLANGE AVEC DU HMX HUMIDIFIÉE avec au moins 15% (masse) d'eau	UN0391	112
HEXOGÈNE HUMIDIFIÉE avec au moins 15 pour cent (masse) d'eau	UN0072	112
HEXOLITE sèche ou humidifiée avec moins de 15 pour cent (masse) d'eau	UN0118	112
HEXOTOL sèche ou humidifiée avec moins de 15 pour cent (masse) d'eau	UN0118	112
HEXOTONAL	UN0393	112
HEXYL	UN0079	112
HEXYLTRICHLOROSILANE	UN1784	156
HMX DÉSENSIBILISÉE	UN0484	112
HMX HUMIDIFIÉE avec au moins 15 pour cent (masse) d'eau	UN0226	112
HMX SÈCHE ou non-flegmatisée	Interdit	
HUILE à DIESEL	UN1202	128
HUILE DE CAMPHRE	UN1130	128
HUILE DE CHAUFFE LÉGÈRE	UN1202	128
HUILE DE COLOPHANE	UN1286	127
HUILE DE FUSEL	UN1201	127
HUILE DE PIN	UN1272	129
HUILE DE SCHISTE	UN1288	128
HUILES D'ACÉTONE	UN1091	127
HYDRATE D'HYDRAZINE contenant plus de 37 pour cent mais pas plus de 64 pour cent (masse) d'hydrazine	UN2030	153
HYDRAZINE ANHYDRE	UN2029	132
HYDRAZINE EN SOLUTION AQUEUSE contenant au plus 37 pour cent (masse) d'hydrazine	UN3293	152
HYDRAZINE EN SOLUTION AQUEUSE contenant plus de 37 pour cent mais pas plus de 64 pour cent (masse) d'hydrazine	UN2030	153
HYDROCARBURES GAZEUX EN MÉLANGE COMPRIMÉ, N.S.A.	UN1964	115
HYDROCARBURES GAZEUX EN MÉLANGE LIQUÉFIÉ, N.S.A.	UN1965	115
HYDROCARBURES, LIQUIDES, N.S.A.	UN3295	128
HYDROCARBURES TERPÉNIQUES, N.S.A.	UN2319	128
HYDROGÈNE COMPRIMÉ	UN1049	115
HYDROGÈNE ET MÉTHANE EN MÉLANGE COMPRIMÉ	UN2034	115
HYDROGÈNE LIQUIDE RÉFRIGÉRÉ	UN1966	115
HYDROGÉNODIFLUORURE D'AMMONIUM SOLIDE	UN1727	154
HYDROGÉNODIFLUORURE DE POTASSIUM en solution	UN1811	154
HYDROGÉNODIFLUORURE DE POTASSIUM EN SOLUTION (terminologie OACI/OMI)	UN1811	154
HYDROGÉNODIFLUORURE DE POTASSIUM LIQUIDE (terminologie OMI)	UN1811	154
HYDROGÉNODIFLUORURE DE POTASSIUM solide	UN1811	154
HYDROGÉNODIFLUORURE DE POTASSIUM SOLIDE (terminologie OACI/OMI)	UN1811	154
HYDROGÉNODIFLUORURE DE SODIUM en solution	UN2439	154
HYDROGÉNODIFLUORURE DE SODIUM EN SOLUTION (terminologie OACI)	UN2439	154
HYDROGÉNODIFLUORURE DE SODIUM solide	UN2439	154
HYDROGÉNODIFLUORURE DE SODIUM SOLIDE (terminologie OACI)	UN2439	154
HYDROGÉNODIFLUORURES, N.S.A., en solution	UN1740	154
HYDROGÉNODIFLUORURES, N.S.A., EN SOLUTION (terminologie OACI)	UN1740	154
HYDROGÉNODIFLUORURES, N.S.A., solide	UN1740	154
HYDROGÉNODIFLUORURES, N.S.A., SOLIDE (terminologie OACI)	UN1740	154
HYDROGÉNOSULFATE D'AMMONIUM	UN2506	154
HYDROGÉNOSULFATE DE NITROSYLE LIQUIDE	UN2308	157
HYDROGÉNOSULFATE DE NITROSYLE SOLIDE	UN2308	157
HYDROGÉNOSULFATE DE POTASSIUM	UN2509	154
HYDROGÉNOSULFATES EN SOLUTION AQUEUSE	UN2837	154
HYDROGÉNOSULFITES EN SOLUTION AQUEUSE, N.S.A.	UN2693	154
HYDROGÉNOSULFURE DE SODIUM avec au moins 25 pour cent d'eau de cristallisation	UN2949	154
HYDROGÉNOSULFURE DE SODIUM avec moins de 25 pour cent d'eau de cristallisation	UN2318	135
HYDROPEROXYDE DE tert-BUTYLE, contenant plus de 90 pour cent dans de l'eau	Interdit	
HYDROPEROXYDE DE DIISOPROPYLBENZENE, avec plus de 72 pour cent en solution	Interdit	
HYDROPEROXYDE D'ÉTHYLE	Interdit	
HYDROPEROXYDE D'ISOPROPYLCUMYLE, avec plus de 72 pour cent en solution	Interdit	
HYDROQUINONE	UN2662	153
HYDROSULFITE DE CALCIUM	UN1923	135T
HYDROSULFITE DE POTASSIUM	UN1929	135
HYDROSULFITE DE SODIUM	UN1384	135T
HYDROSULFITE DE ZINC	UN1931	171

Description	Numéro UN	# GMU
HYDROXYDE DE CÉSIUM	UN2682	157
HYDROXYDE DE CÉSIUM EN SOLUTION	UN2681	154
HYDROXYDE DE LITHIUM EN SOLUTION	UN2679	154
HYDROXYDE DE LITHIUM MONOHYDRATÉ	UN2680	154
HYDROXYDE DE PHÉNYLMERCURE	UN1894	151
HYDROXYDE DE POTASSIUM EN SOLUTION	UN1814	154
HYDROXYDE DE POTASSIUM SOLIDE	UN1813	154
HYDROXYDE DE RUBIDIUM	UN2678	154
HYDROXYDE DE RUBIDIUM EN SOLUTION	UN2677	154
HYDROXYDE DE SODIUM EN SOLUTION	UN1824	154
HYDROXYDE DE SODIUM SOLIDE	UN1823	154
HYDROXYDE DE TÉTRAMÉTHYLAMMONIUM	UN1835	153
HYDRURE D'ALUMINIUM	UN2463	138
HYDRURE DE CALCIUM	UN1404	138
HYDRURE DE LITHIUM	UN1414	138
HYDRURE DE LITHIUM-ALUMINIUM	UN1410	138
HYDRURE DE LITHIUM-ALUMINIUM DANS L'ÉTHER	UN1411	138
HYDRURE DE LITHIUM SOLIDE, PIÈCES COULÉES D'	UN2805	138
HYDRURE DE MAGNÉSIUM	UN2010	138
HYDRURE DE SODIUM	UN1427	138
HYDRURE DE SODIUM-ALUMINIUM	UN2835	138
HYDRURE DE TITANE	UN1871	170
HYDRURE DE ZIRCONIUM	UN1437	138
HYDRURES D'ALKYLALUMINIUM	UN3076	138
HYDRURES DE MÉTAUX-ALKYLES, HYDRORÉACTIFS, N.S.A.	UN3050	138
HYDRURES DE MÉTAUX-ARYLES, HYDRORÉACTIFS, N.S.A.	UN3050	138
HYDRURES MÉTALLIQUES HYDRORÉACTIFS, N.S.A.	UN1409	138
HYDRURES MÉTALLIQUES INFLAMMABLES, N.S.A.	UN3182	170
HYPOCHLORITE DE BARYUM contenant plus de 22 pour cent de chlore actif	UN2741	141
HYPOCHLORITE DE tert-BUTYLE	UN3255	135
HYPOCHLORITE DE CALCIUM EN MÉLANGE HYDRATÉ contenant au moins 5,5 pour cent mais au maximum 10 pour cent d'eau	UN2880	140
HYPOCHLORITE DE CALCIUM EN MÉLANGE SEC contenant plus de 10 pour cent mais au maximum 39 pour cent de chlore actif	UN2208	140
HYPOCHLORITE DE CALCIUM HYDRATÉ contenant au moins 5,5 pour cent mais au maximum 10 pour cent d'eau	UN2880	140
HYPOCHLORITE DE CALCIUM SEC contenant plus de 39 pour cent de chlore actif (8,8 pour cent d'oxygène actif)	UN1748	140
HYPOCHLORITE DE CALCIUM SEC EN MÉLANGE contenant plus de 39 pour cent de chlore actif (8,8 pour cent d'oxygène actif)	UN1748	140
HYPOCHLORITE DE LITHIUM EN MÉLANGE	UN1471	140
HYPOCHLORITE DE LITHIUM SEC	UN1471	140
HYPOCHLORITE EN SOLUTION contenant plus de 7 pour cent de chlore libre	UN1791	154
HYPOCHLORITES INORGANIQUES, N.S.A.	UN3212	140
IMINOBISPROPYLAMINE-3,3'	UN2269	153
INFLAMMATEURS	UN0121	112
INFLAMMATEURS	UN0314	112
INFLAMMATEURS	UN0315	112
INFLAMMATEURS	UN0325	114
INFLAMMATEURS	UN0454	114

Description	Numéro UN	# GMU
IODO-2 BUTANE	UN2390	129
IODOMÉTHYLPROPANES	UN2391	129
IODOPROPANES	UN2392	129
IODURE D'ACÉTYLE	UN1898	156
IODURE D'ALLYLE	UN1723	132
IODURE DE BENZYLE	UN2653	156
IODURE DE MERCURE AQUABASIQUE AMMONOBASIQUE, (IODURE DE BASE DE MILLON)	Interdit	
IODURE DE MERCURE en solution	UN1638	151
IODURE DE MERCURE EN SOLUTION (terminologie OACI)	UN1638	151
IODURE DE MERCURE solide	UN1638	151
IODURE DE MERCURE SOLIDE (terminologie OACI)	UN1638	151
IODURE DE MÉTHYLE	UN2644	151T
IODURE D'HYDROGÈNE ANHYDRE	UN2197	125T
IODURE D'HYDROXYLAMINE	Interdit	
IODURE DOUBLE DE MERCURE ET DE POTASSIUM	UN1643	151
ISOBUTANE	UN1969	115
ISOBUTANOL	UN1212	129
ISOBUTYLAMINE	UN1214	132
ISOBUTYLÈNE	UN1055	115
ISOBUTYRALDÉHYDE	UN2045	129
ISOBUTYRATE D'ÉTHYLE	UN2385	129
ISOBUTYRATE D'ISOBUTYLE	UN2528	129
ISOBUTYRATE D'ISOPROPYLE	UN2406	131
ISOBUTYRONITRILE	UN2284	131
ISOCYANATE DE n-BUTYLE	UN2485	155T
ISOCYANATE DE tert-BUTYLE	UN2484	155T
ISOCYANATE DE CHLORO-3 MÉTHYL-4 PHÉNYLE	UN2236	156
ISOCYANATE DE CYCLOHEXYLE	UN2488	155T
ISOCYANATE DE MÉTHOXYMÉTHYLE	UN2605	155T
ISOCYANATE DE MÉTHYLE	UN2480	155T
ISOCYANATE DE PHÉNYLE	UN2487	155T
ISOCYANATE DE n-PROPYLE	UN2482	155T
ISOCYANATE D'ÉTHYLE	UN2481	155T
ISOCYANATE D'ISOBUTYLE	UN2486	155T
ISOCYANATE D'ISOPROPYLE	UN2483	155T
ISOCYANATE EN SOLUTION, INFLAMMABLE TOXIQUE, N.S.A.	UN2478	155
ISOCYANATES DE DICHLOROPHÉNYLE	UN2250	156
ISOCYANATES INFLAMMABLES, TOXIQUES, N.S.A.	UN2478	155
ISOCYANATES TOXIQUES, INFLAMMABLES, N.S.A.	UN3080	155
ISOCYANATES TOXIQUES, N.S.A.	UN2206	155
ISOCYANATE TOXIQUE EN SOLUTION, N.S.A.	UN2206	155
ISOCYANATE TOXIQUE, INFLAMMABLE, EN SOLUTION, N.S.A.	UN3080	155
ISOHEPTÈNE	UN2287	128
ISOHEXÈNE	UN2288	128
ISOOCTÈNE	UN1216	128
ISOPENTÈNES	UN2371	128
ISOPHORONEDIAMINE	UN2289	153
ISOPRÈNE STABILISÉ	UN1218	130P
ISOPROPANOL	UN1219	129
ISOPROPÉNYLBENZÈNE	UN2303	128

Description	Numéro UN	# GMU
ISOPROPYLAMINE	UN1221	132
ISOPROPYLBENZÈNE	UN1918	130
ISOTHIOCYANATE D'ALLYLE STABILISÉ	UN1545	155
ISOTHIOCYANATE DE MÉTHYLE	UN2477	131T
ISOVALÉRATE DE MÉTHYLE	UN2400	130
KÉROSÈNE	UN1223	128
KRYPTON COMPRIMÉ	UN1056	121
KRYPTON LIQUIDE RÉFRIGÉRÉ	UN1970	120
LACTATE D'ANTIMOINE	UN1550	151
LACTATE D'ÉTHYLE	UN1192	129
LIQUIDE ALCALIN CAUSTIQUE, N.S.A.	UN1719	154
LIQUIDE AUTORÉACTIF DU TYPE B	UN3221	149
LIQUIDE AUTORÉACTIF DU TYPE B, AVEC RÉGULATION DE TEMPÉRATURE	UN3231	150
LIQUIDE AUTORÉACTIF DU TYPE C	UN3223	149
LIQUIDE AUTORÉACTIF DU TYPE C, AVEC RÉGULATION DE TEMPÉRATURE	UN3233	150
LIQUIDE AUTORÉACTIF DU TYPE D	UN3225	149
LIQUIDE AUTORÉACTIF DU TYPE D, AVEC RÉGULATION DE TEMPÉRATURE	UN3235	150
LIQUIDE AUTORÉACTIF DU TYPE E	UN3227	149
LIQUIDE AUTORÉACTIF DU TYPE E, AVEC RÉGULATION DE TEMPÉRATURE	UN3237	150
LIQUIDE AUTORÉACTIF DU TYPE F	UN3229	149
LIQUIDE AUTORÉACTIF DU TYPE F, AVEC RÉGULATION DE TEMPÉRATURE	UN3239	150
LIQUIDE COMBURANT, CORROSIF, N.S.A.	UN3098	140
LIQUIDE COMBURANT, N.S.A.	UN3139	140
LIQUIDE COMBURANT, TOXIQUE, N.S.A.	UN3099	142
LIQUIDE CORROSIF, AUTO-ÉCHAUFFANT, N.S.A.	UN3301	136
LIQUIDE CORROSIF COMBURANT, N.S.A.	UN3093	140
LIQUIDE CORROSIF, HYDRORÉACTIF, N.S.A.	UN3094	138
LIQUIDE CORROSIF, INFLAMMABLE, N.S.A.	UN2920	132
LIQUIDE CORROSIF, N.S.A.	UN1760	154
LIQUIDE CORROSIF, TOXIQUE, N.S.A.	UN2922	154
LIQUIDE HYDRORÉACTIF, CORROSIF, N.S.A.	UN3129	138
LIQUIDE HYDRORÉACTIF, N.S.A.	UN3148	138
LIQUIDE HYDRORÉACTIF, TOXIQUE, N.S.A.	UN3130	139
LIQUIDE INFLAMMABLE, CORROSIF, N.S.A.	UN2924	132
LIQUIDE INFLAMMABLE, N.S.A.	UN1993	128
LIQUIDE INFLAMMABLE, TOXIQUE, CORROSIF, N.S.A.	UN3286	131
LIQUIDE INFLAMMABLE, TOXIQUE, N.S.A.	UN1992	131
LIQUIDE INORGANIQUE AUTO-ÉCHAUFFANT, CORROSIF, N.S.A.	UN3188	136
LIQUIDE INORGANIQUE AUTO-ÉCHAUFFANT, N.S.A.	UN3186	135
LIQUIDE INORGANIQUE AUTO-ÉCHAUFFANT, TOXIQUE, N.S.A.	UN3187	136
LIQUIDE INORGANIQUE CORROSIF, ACIDE, N.S.A.	UN3264	154
LIQUIDE INORGANIQUE CORROSIF, BASIQUE, N.S.A.	UN3266	154
LIQUIDE INORGANIQUE PYROPHORIQUE, N.S.A.	UN3194	135
LIQUIDE INORGANIQUE TOXIQUE, CORROSIF, N.S.A.	UN3289	154T
LIQUIDE INORGANIQUE TOXIQUE, N.S.A.	UN3287	151T
LIQUIDE ORGANIQUE AUTO-ÉCHAUFFANT, CORROSIF, N.S.A.	UN3185	136
LIQUIDE ORGANIQUE AUTO-ÉCHAUFFANT, N.S.A.	UN3183	135
LIQUIDE ORGANIQUE AUTO-ÉCHAUFFANT, TOXIQUE, N.S.A.	UN3184	136
LIQUIDE ORGANIQUE CORROSIF, ACIDE, N.S.A.	UN3265	153
LIQUIDE ORGANIQUE CORROSIF, BASIQUE, N.S.A.	UN3267	153
LIQUIDE ORGANIQUE PYROPHORIQUE, N.S.A.	UN2845	135
LIQUIDE ORGANIQUE TOXIQUE, CORROSIF, N.S.A.	UN2927	154T
LIQUIDE ORGANIQUE TOXIQUE, INFLAMMABLE, N.S.A.	UN2929	131T
LIQUIDE ORGANIQUE TOXIQUE, N.S.A.	UN2810	153T
LIQUIDE TOXIQUE, COMBURANT, N.S.A.	UN3122	142T
LIQUIDE TOXIQUE, HYDRORÉACTIF, N.S.A.	UN3123	139T
LIQUIDE TRANSPORTÉ À CHAUD, INFLAMMABLE, N.S.A., ayant un point d'éclair supérieur à 60,5 °C, à une température égale ou supérieure à son point d'éclair	UN3256	128
LIQUIDE TRANSPORTÉ À CHAUD, N.S.A., à une température égale ou supérieure à 100 °C et inférieure à son point d'éclair (y compris métal fondu, sel fondu, etc.)	UN3257	128
LITHIUM	UN1415	138
MACHINES FRIGORIFIQUES contenant des gaz liquéfiés non inflammables et non toxiques ou une solution d'ammoniac (UN2672)	UN2857	126
MACHINES FRIGORIFIQUES contenant un gaz liquéfié inflammable et non toxique	UN3358	115
MAGNÉSIUM EN POUDRE	UN1418	138
MAGNÉSIUM sous forme de granulés, de tournures ou de rubans	UN1869	138
MALONITRILE	UN2647	153
MANÈBE	UN2210	135
MANÈBE STABILISÉ contre l'échauffement spontané	UN2968	135
MASSES MAGNÉTISÉES, réglementées par aéronef seulement	UN2807	171
MATIÈRE DANGEREUSE DU POINT DE VUE DE L'ENVIRONNEMENT, LIQUIDE, N.S.A.	UN3082	171
MATIÈRE DANGEREUSE DU POINT DE VUE DE L'ENVIRONNEMENT, SOLIDE, N.S.A.	UN3077	171
MATIÈRE INTERMÉDIAIRE LIQUIDE POUR COLORANT, CORROSIVE, N.S.A.	UN2801	154
MATIÈRE INTERMÉDIAIRE LIQUIDE POUR COLORANT, TOXIQUE, N.S.A.	UN1602	151
MATIÈRE INTERMÉDIAIRE SOLIDE POUR COLORANT, CORROSIVE, N.S.A.	UN3147	154
MATIÈRE INTERMÉDIAIRE SOLIDE POUR COLORANT, TOXIQUE, N.S.A.	UN3143	151
MATIÈRE LIQUIDE SERVANT À LA PRODUCTION DE GAZ LACRYMOGÈNES, N.S.A.	UN1693	159
MATIÈRE MÉTALLIQUE HYDRORÉACTIVE, AUTO-ÉCHAUFFANTE, N.S.A.	UN3209	138
MATIÈRE MÉTALLIQUE HYDRORÉACTIVE, N.S.A.	UN3208	138
MATIÈRE PLASTIQUE POUR MOULAGE en pâte, en feuille ou en cordon extrudé, dégageant des vapeurs inflammables	UN3314	171
MATIÈRES APPARENTÉES AUX ENCRES D'IMPRIMERIE (y compris solvants et diluants pour encres d'imprimerie) inflammables, contenant au plus 20 pour cent (masse) de nitrocellulose, si la teneur en azote de la nitrocellulose ne dépasse pas 12,6 pour cent (masse)	UN1210	129

Description	Numéro UN	# GMU
MATIÈRES APPARENTÉES AUX PEINTURES (y compris solvants et diluants pour peintures) contenant au plus 20 pour cent (masse) de nitrocellulose, si la teneur en azote de la nitrocellulose ne dépasse pas 12,6 pour cent (masse)	UN1263	138
MATIÈRES APPARENTÉES AUX PEINTURES (y compris solvants et diluants pour peintures) contenant au plus 20 pour cent (masse) de nitrocellulose, si la teneur en azote de la nitrocellulose ne dépasse pas 12,6 pour cent (masse)	UN3066	153
MATIÈRES ETPS, N.S.A.	UN0482	112
MATIÈRES EXPLOSIVES, N.S.A.	UN0357	112
MATIÈRES EXPLOSIVES, N.S.A.	UN0358	112
MATIÈRES EXPLOSIVES, N.S.A.	UN0359	112
MATIÈRES EXPLOSIVES, N.S.A.	UN0473	112
MATIÈRES EXPLOSIVES, N.S.A.	UN0474	112
MATIÈRES EXPLOSIVES, N.S.A.	UN0475	112
MATIÈRES EXPLOSIVES, N.S.A.	UN0476	112
MATIÈRES EXPLOSIVES, N.S.A.	UN0477	112
MATIÈRES EXPLOSIVES, N.S.A.	UN0478	112
MATIÈRES EXPLOSIVES, N.S.A.	UN0479	114
MATIÈRES EXPLOSIVES, N.S.A.	UN0480	114
MATIÈRES EXPLOSIVES, N.S.A.	UN0481	114
MATIÈRES EXPLOSIVES, N.S.A.	UN0485	114
MATIÈRES EXPLOSIVES TRÈS PEU SENSIBLES, N.S.A.	UN0482	112
MATIÈRES INFECTIEUSES POUR LES ANIMAUX uniquement (groupes de risques IV, III ou II)	UN2900	158
MATIÈRES INFECTIEUSES POUR L'HOMME (groupes de risques IV, III ou II)	UN2814	158
MATIÈRE SOLIDE SERVANT À LA PRODUCTION DE GAZ LACRYMOGÈNES, N.S.A.	UN1693	159
MATIÈRES PLASTIQUES À BASE DE NITROCELLULOSE, AUTO-ÉCHAUFFANTES, N.S.A.	UN2006	135
MATIÈRES RADIOACTIVES, APPAREILS EN COLIS EXCEPTÉS	UN2911	161
MATIÈRES RADIOACTIVES DE FAIBLE ACTIVITÉ SPÉCIFIQUE (FAS-I) non fissiles ou fissiles exceptées	UN2912	162
MATIÈRES RADIOACTIVES DE FAIBLE ACTIVITÉ SPÉCIFIQUE (FAS-II), FISSILES	UN3324	165
MATIÈRES RADIOACTIVES DE FAIBLE ACTIVITÉ SPÉCIFIQUE (FAS-II), non fissiles ou fissiles exceptées	UN3321	162
MATIÈRES RADIOACTIVES DE FAIBLE ACTIVITÉ SPÉCIFIQUE (FAS-III), FISSILES	UN3325	165
MATIÈRES RADIOACTIVES DE FAIBLE ACTIVITÉ SPÉCIFIQUE (FAS-III), non fissiles ou fissiles exceptées	UN3322	162
MATIÈRES RADIOACTIVES, EMBALLAGES VIDES COMME COLIS EXCEPTÉS	UN2908	161
MATIÈRES RADIOACTIVES EN COLIS DE TYPE A, FISSILES, qui ne sont pas sous forme spéciale	UN3327	165
MATIÈRES RADIOACTIVES EN COLIS DE TYPE A, qui ne sont pas sous forme spéciale, non fissiles ou fissiles exceptées	UN2915	163
MATIÈRES RADIOACTIVES EN COLIS DE TYPE A SOUS FORME SPÉCIALE, FISSILES	UN3333	165
MATIÈRES RADIOACTIVES EN COLIS DE TYPE A SOUS FORME SPÉCIALE, non fissiles ou fissiles exceptées	UN3332	164
MATIÈRES RADIOACTIVES EN COLIS DE TYPE B(M), FISSILES	UN3329	165

Description	Numéro UN	# GMU
MATIÈRES RADIOACTIVES EN COLIS DE TYPE B(M), non fissiles ou fissiles exceptées	UN2917	163
MATIÈRES RADIOACTIVES EN COLIS DE TYPE B(U), FISSILES	UN3328	165
MATIÈRES RADIOACTIVES EN COLIS DE TYPE B(U), non fissiles ou fissiles exceptées	UN2916	163
MATIÈRES RADIOACTIVES EN COLIS DE TYPE C, FISSILES	UN3330	165
MATIÈRES RADIOACTIVES EN COLIS DE TYPE C, non fissiles ou fissiles exceptées	UN3323	163
MATIÈRES RADIOACTIVES, HEXAFLUORURE D'URANIUM, FISSILES	UN2977	166T
MATIÈRES RADIOACTIVES, HEXAFLUORURE D'URANIUM, non fissiles ou fissile exceptées	UN2978	166T
MATIÈRES RADIOACTIVES, OBJETS CONTAMINÉS SUPERFICIELLEMENT (OCS-I), FISSILES	UN3326	165
MATIÈRES RADIOACTIVES, OBJETS CONTAMINÉS SUPERFICIELLEMENT (OCS-II), FISSILES	UN3326	165
MATIÈRES RADIOACTIVES, OBJETS CONTAMINÉS SUPERFICIELLEMENT (OCS-I), non fissiles ou fissiles exceptées	UN2913	162
MATIÈRES RADIOACTIVES, OBJETS CONTAMINÉS SUPERFICIELLEMENT (OCS-II), non fissiles ou fissiles exceptées	UN2913	162
MATIÈRES RADIOACTIVES, OBJETS EN COLIS EXCEPTÉS	UN2911	161
MATIÈRES RADIOACTIVES, OBJETS MANUFACTURÉS EN THORIUM NATUREL, COMME COLIS EXCEPTÉS	UN2909	161
MATIÈRES RADIOACTIVES, OBJETS MANUFACTURÉS EN URANIUM APPAUVRI, COMME COLIS EXCEPTÉS	UN2909	161
MATIÈRES RADIOACTIVES, OBJETS MANUFACTURÉS EN URANIUM NATUREL, COMME COLIS EXCEPTÉS	UN2909	161
MATIÈRES RADIOACTIVES, QUANTITÉS LIMITÉES EN COLIS EXCEPTÉS	UN2910	161
MATIÈRES RADIOACTIVES TRANSPORTÉES SOUS ARRANGEMENT SPÉCIAL, FISSILES	UN3331	165
MATIÈRES RADIOACTIVES TRANSPORTÉES SOUS ARRANGEMENT SPÉCIAL, non fissiles ou fissiles exceptées	UN2919	163
MÈCHE À COMBUSTION RAPIDE	UN0066	114
MÈCHE DE MINEUR	UN0105	114
MÈCHE LENTE	UN0105	114
MÈCHE NON DÉTONANTE	UN0101	112
MÉDICAMENT LIQUIDE INFLAMMABLE, TOXIQUE, N.S.A.	UN3248	131
MÉDICAMENT LIQUIDE TOXIQUE, N.S.A.	UN1851	151
MÉDICAMENT SOLIDE TOXIQUE, N.S.A.	UN3249	151
MÉLANGE ANTIDÉTONANT POUR CARBURANTS	UN1649	131
MÉLANGE ANTIDÉTONANT POUR CARBURANTS avec un point d'éclair égal ou inférieur à 60,5 °C	UN1649	131
MEMBRANES FILTRANTES EN NITROCELLULOSE, d'une teneur en azote ne dépassant pas 12,6 pour cent (masse sèche)	UN3270	133
MERCAPTAN AMYLIQUE	UN1111	130
MERCAPTAN BUTYLIQUE	UN2347	130
MERCAPTAN CYCLOHEXYLIQUE	UN3054	131
MERCAPTAN ÉTHYLIQUE	UN2363	130
MERCAPTAN MÉTHYLIQUE	UN1064	117T
MERCAPTAN MÉTHYLIQUE PERCHLORÉ	UN1670	157T
MERCAPTAN PHÉNYLIQUE	UN2337	131T

Description	Numéro UN	# GMU
MERCAPTANS EN MÉLANGE LIQUIDE INFLAMMABLE, N.S.A.	UN3336	130
MERCAPTANS EN MÉLANGE LIQUIDE, INFLAMMABLE, TOXIQUE, N.S.A.	UN1228	131
MERCAPTANS EN MÉLANGE LIQUIDE, TOXIQUE, INFLAMMABLE, N.S.A.	UN3071	131
MERCAPTANS LIQUIDES, INFLAMMABLES, N.S.A.	UN3336	130
MERCAPTANS LIQUIDES, INFLAMMABLES, TOXIQUES, N.S.A.	UN1228	131
MERCAPTANS LIQUIDES TOXIQUES, INFLAMMABLES, N.S.A.	UN3071	131
MERCAPTO-3 PROPANAL	UN2785	152
MERCURE	UN2809	172
MERCURE, COMPOSÉ DU, LIQUIDE, N.S.A. à l'exception du chlorure mercureux et de cinabre	UN2024	151
MERCURE, COMPOSÉ DU, SOLIDE, N.S.A. à l'exception du chlorure mercureux et de cinabre	UN2025	151
MERCURE FULMINANT		Interdit
MÉTALDÉHYDE	UN1332	133
MÉTAL PYROPHORIQUE, N.S.A.	UN1383	135
MÉTAUX ALCALINO-TERREUX, ALLIAGE DE, N.S.A.	UN1393	138
MÉTAUX ALCALINO-TERREUX, AMALGAME DE	UN1392	138
MÉTAUX ALCALINS, ALLIAGE LIQUIDE DE, N.S.A.	UN1421	138
MÉTAUX ALCALINS, AMIDURES DE,	UN1390	139
MÉTAUX-ALKYLES, HYDRORÉACTIFS, N.S.A.	UN2003	135
MÉTAUX-ARYLES, HYDRORÉACTIFS, N.S.A.	UN2003	135
MÉTAUX-CARBONYLES, N.S.A., liquide	UN3281	151T
MÉTAUX-CARBONYLES, N.S.A., solide	UN3281	151T
MÉTAVANADATE D'AMMONIUM	UN2859	154
MÉTAVANADATE DE POTASSIUM	UN2864	151
MÉTHACRYLATE DE n-BUTYLE STABILISÉ	UN2227	129P
MÉTHACRYLATE DE 2-DIMÉTHYLAMINOÉTHYLE	UN2522	153P
MÉTHACRYLATE DE MÉTHYLE MONOMÈRE STABILISÉ	UN1247	129P
MÉTHACRYLATE D'ÉTHYLE	UN2277	129P
MÉTHACRYLATE D'ISOBUTYLE, STABILISÉ	UN2283	130P
MÉTHACRYLONITRILE STABILISÉ	UN3079	131PT
MÉTHANE COMPRIMÉ	UN1971	115
MÉTHANE LIQUIDE RÉFRIGÉRÉ	UN1972	115
MÉTHANOL	UN1230	131
MÉTHOXY-4 MÉTHYL-4 PENTANONE-2	UN2293	127
MÉTHOXY-1 PROPANOL-2	UN3092	129
MÉTHYLACÉTYLÈNE ET PROPADIÈNE EN MÉLANGE STABILISÉ	UN1060	116P
MÉTHYLACROLÉINE, STABILISÉE	UN2396	131P
MÉTHYLAL	UN1234	127
MÉTHYLAMINE ANHYDRE	UN1061	118
MÉTHYLAMINE DINITRAMINE ET SES SELS SECS	Interdit	
MÉTHYLAMINE EN SOLUTION AQUEUSE	UN1235	132
MÉTHYLAMINE NITROFORME	Interdit	
N-MÉTHYLANILINE	UN2294	153
MÉTHYLATE DE SODIUM	UN1431	138
MÉTHYLATE DE SODIUM EN SOLUTION alcoolique	UN1289	132
MÉTHYL-3 BUTANONE-2	UN2397	127
MÉTHYL-2 BUTÈNE-1	UN2459	127
MÉTHYL-2 BUTÈNE-2	UN2460	127

Description	Numéro UN	# GMU
MÉTHYL-3 BUTÈNE-1	UN2561	127
N-MÉTHYLBUTYLAMINE	UN2945	132
MÉTHYLCHLOROSILANE	UN2534	119T
MÉTHYLCYCLOHEXANE	UN2296	128
MÉTHYLCYCLOHEXANOLS inflammables	UN2617	129
MÉTHYLCYCLOHEXANONE	UN2297	127
MÉTHYLCYCLOPENTANE	UN2298	128
MÉTHYLDICHLOROSILANE	UN1242	139T
MÉTHYLÉTHYLCÉTONE	UN1193	127
MÉTHYLÉTHYLCÉTONE, PEROXYDE DE, en solution avec plus de 9 pour cent (masse) d'oxygène actif	Interdit	
MÉTHYL-2 ÉTHYL-5 PYRIDINE	UN2300	153
MÉTHYL-2 FURANNE	UN2301	127
2-MÉTHYL-2-HEPTANETHIOL	UN3023	131T
MÉTHYL-5 HEXANONE-2	UN2302	127
MÉTHYLHYDRAZINE	UN1244	131T
MÉTHYLISOBUTYLCÉTONE	UN1245	127
MÉTHYLISOBUTYLCÉTONE, PEROXYDE DE, en solution avec plus de 9 pour cent (masse) d'oxygène actif	Interdit	
MÉTHYLISOPROPÉNYLCÉTONE STABILISÉE	UN1246	127P
4-MÉTHYLMORPHOLINE	UN2535	132
N-MÉTHYLMORPHOLINE	UN2535	132
MÉTHYLNITRAMINE	Interdit	
MÉTHYLNITRAMINE (SEC), SELS MÉTALLIQUES DE	Interdit	
MÉTHYLPENTADIÈNE	UN2461	127
MÉTHYL-2 PENTANOL-2	UN2560	129
MÉTHYLPHÉNYLDICHLOROSILANE	UN2437	156
MÉTHYL-1 PIPÉRIDINE	UN2399	132
MÉTHYLPROPYLCÉTONE	UN1249	127
MÉTHYLTÉTRAHYDROFURANNE	UN2536	127
MÉTHYLTRICHLOROSILANE	UN1250	155T
alpha-MÉTHYLVALÉRALDÉHYDE	UN2367	130
MÉTHYLVINYLCÉTONE STABILISÉE	UN1251	131PT
MICRO-ORGANISMES GÉNÉTIQUEMENT MODIFIÉS ne contenant pas de matières infectieuses	UN3245	171
MINES avec charge d'éclatement	UN0136	112
MINES avec charge d'éclatement	UN0137	112
MINES avec charge d'éclatement	UN0138	112
MINES avec charge d'éclatement	UN0294	112
MODULES DE SAC GONFLABLE, À GAZ COMPRIMÉ	UN3353	126
MODULES DE SAC GONFLABLE pyrotechniques	UN0503	114
MODULES DE SAC GONFLABLE pyrotechniques	UN3268	171
MONOCHLORACÉTONE	Interdit	
alpha-MONOCHLORHYDRINE DU GLYCÉROL	UN2689	153
MONOCHLORHYDRINE DU GLYCOL	UN1135	131T
MONOCHLORURE D'IODE	UN1792	157
MONONITRATE-5 D'ISOSORBIDE contenant moins de 30 pour cent d'un flegmatisant non volatil, non inflammable	UN3251	133
MONONITROTOLUIDINES	UN2660	153
MONOXYDE D'AZOTE, COMPRIMÉ	UN1660	124T
MONOXYDE D'AZOTE ET DIOXYDE D'AZOTE EN MÉLANGE	UN1975	124T

Annexe 3

Description	Numéro UN	# GMU
MONOXYDE D'AZOTE ET TÉTROXYDE DE DIAZOTE EN MÉLANGE	UN1975	124T
MONOXYDE DE CARBONE COMPRIMÉ	UN1016	119T
MONOXYDE DE CARBONE ET HYDROGÈNE EN MÉLANGE, COMPRIMÉ	UN2600	119T
MONOXYDE DE CARBONE, LIQUIDE RÉFRIGÉRÉ	Interdit	
MONOXYDE DE POTASSIUM	UN2033	154
MONOXYDE DE SODIUM	UN1825	157
MORPHOLINE	UN2054	132
MOTEURS À COMBUSTION INTERNE, (À GAZ INFLAMMABLE) y compris montés sur des machines ou des véhicules, réglementé par aéronef seulement (terminologie OACI)	UN3166	128
MOTEURS À COMBUSTION INTERNE, (À LIQUIDE INFLAMMABLE) y compris montés sur des machines ou des véhicules, réglementé par aéronef seulement (terminologie OACI)	UN3166	128
MUNITIONS D'EXERCICE	UN0362	114
MUNITIONS D'EXERCICE	UN0488	112
MUNITIONS ÉCLAIRANTES avec ou sans charge de dispersion, charge d'expulsion ou charge propulsive	UN0171	112
MUNITIONS ÉCLAIRANTES avec ou sans charge de dispersion, charge d'expulsion ou charge propulsive	UN0254	112
MUNITIONS ÉCLAIRANTES avec ou sans charge de dispersion, charge d'expulsion ou charge propulsive	UN0297	114
MUNITIONS FUMIGÈNES AU PHOSPHORE BLANC avec charge de dispersion, charge d'expulsion ou charge propulsive	UN0245	112
MUNITIONS FUMIGÈNES AU PHOSPHORE BLANC avec charge de dispersion, charge d'expulsion ou charge propulsive	UN0246	112
MUNITIONS FUMIGÈNES avec ou sans charge de dispersion, charge d'expulsion ou charge propulsive	UN0015	112
MUNITIONS FUMIGÈNES avec ou sans charge de dispersion, charge d'expulsion ou charge propulsive	UN0016	112
MUNITIONS FUMIGÈNES avec ou sans charge de dispersion, charge d'expulsion ou charge propulsive	UN0303	114
MUNITIONS INCENDIAIRES à liquide ou à gel avec charge de dispersion, charge d'expulsion ou charge propulsive	UN0247	112
MUNITIONS INCENDIAIRES AU PHOSPHORE BLANC avec charge de dispersion, charge d'expulsion ou charge propulsive	UN0243	112
MUNITIONS INCENDIAIRES AU PHOSPHORE BLANC avec charge de dispersion, charge d'expulsion ou charge propulsive	UN0244	112
MUNITIONS INCENDIAIRES avec ou sans charge de dispersion, charge d'expulsion ou charge propulsive	UN0009	112
MUNITIONS INCENDIAIRES avec ou sans charge de dispersion, charge d'expulsion ou charge propulsive	UN0010	112
MUNITIONS INCENDIAIRES avec ou sans charge de dispersion, charge d'expulsion ou charge propulsive	UN0300	114
MUNITIONS LACRYMOGÈNES avec charge de dispersion, charge d'expulsion ou charge propulsive	UN0018	112
MUNITIONS LACRYMOGÈNES avec charge de dispersion, charge d'expulsion ou charge propulsive	UN0019	112
MUNITIONS LACRYMOGÈNES avec charge de dispersion, charge d'expulsion ou charge propulsive	UN0301	114

Description	Numéro UN	# GMU
MUNITIONS LACRYMOGÈNES NON EXPLOSIVES, sans charge de dispersion ni charge d'expulsion, non amorcées	UN2017	159
MUNITIONS POUR ESSAIS	UN0363	114
MUNITIONS TOXIQUES avec charge de dispersion, charge d'expulsion ou charge propulsive	UN0020	112
MUNITIONS TOXIQUES avec charge de dispersion, charge d'expulsion ou charge propulsive	UN0021	112
MUNITIONS TOXIQUES NON EXPLOSIVES, sans charge de dispersion ni charge d'expulsion, non amorcées	UN2016	151
MUSC XYLÈNE	UN2956	149
NAPHTALÈNE BRUT	UN1334	133
NAPHTALÈNE DIOZONIDE	Interdit	
NAPHTALÈNE FONDU	UN2304	133
NAPHTALÈNE RAFFINÉ	UN1334	133
NAPHTÉNATES DE COBALT EN POUDRE	UN2001	133
alpha-NAPHTYLAMINE	UN2077	153
bêta-NAPHTYLAMINE	UN1650	153
NAPHTYLTHIO-URÉE	UN1651	153
NAPHTYLURÉE	UN1652	1523
NEIGE CARBONIQUE	UN1845	120
NÉON COMPRIMÉ	UN1065	121
NÉON LIQUIDE RÉFRIGÉRÉ	UN1913	120
NICKEL-TÉTRACARBONYLE	UN1259	131T
NICOTINE	UN1654	151
N-NITRANILINE	Interdit	
NITRANILINES (o-, m-, p-)	UN1661	153
NITRANISOLES LIQUIDES	UN2730	152
NITRANISOLES SOLIDES	UN2730	152
NITRATE D'ALUMINIUM	UN1438	140
NITRATE D'AMMONIUM contenant au plus 0,2 pour cent de matière combustible (y compris les matières organiques exprimées en équivalent carbone), à l'exclusion de toute autre matière	UN1942	140
NITRATE D'AMMONIUM contenant plus de 0,2 pour cent de matière combustible (y compris les matières organiques exprimées en équivalent carbone), à l'exclusion de toute autre matière	UN0222	112
NITRATE D'AMMONIUM LIQUIDE (solution chaude concentrée) contenant au plus 0,2 pour cent de matières combustibles et dont la concentration est supérieure à 80 pour cent	UN2426	140
NITRATE D'AMYLE	UN1112	140
NITRATE D'ARGENT	UN1493	140
NITRATE D'ARGENT ACÉTYLÉNIQUE	Interdit	
NITRATE D'AZIDOÉTHYLE	Interdit	
NITRATE DE BARYUM	UN1446	141
NITRATE DE BENZÈNEDIAZONIUM (SEC)	Interdit	
NITRATE DE BÉRYLLIUM	UN2464	141
NITRATE DE CALCIUM	UN1454	140
NITRATE DE CÉSIUM	UN1451	140
NITRATE DE CHROME	UN2720	141
NITRATE DE COBALT TRINITROTÉTRAMINE	Interdit	
NITRATE DE CUIVRE TÉTRAMINE	Interdit	
NITRATE DE DIDYME	UN1465	140
NITRATE DE DI-(bêta-NITROXYÉTHYL) AMMONIUM	Interdit	
NITRATE DE FER III	UN1466	140
NITRATE DE GUANIDINE	UN1467	143

Annexe 3

Description	Numéro UN	# GMU
NITRATE DE LITHIUM	UN2722	140
NITRATE DE MAGNÉSIUM	UN1474	140
NITRATE DE MANGANÈSE	UN2724	140
NITRATE DE MERCURE I	UN1627	141
NITRATE DE MERCURE II	UN1625	141
NITRATE DE MÉTHYLE	Interdit	
NITRATE DE NICKEL	UN2725	140
NITRATE DE NITROÉTHYLE	Interdit	
NITRATE DE NITROGUANIDINE	Interdit	
NITRATE DE N-NITRO-N-MÉTHYLGLYCOLAMIDE	Interdit	
NITRATE DE NITRO-2 MÉTHYL-2 PROPANOL	Interdit	
NITRATE DE PHÉNYLMERCURE	UN1895	151
NITRATE DE PLOMB	UN1469	141
NITRATE DE POTASSIUM	UN1486	140
NITRATE DE POTASSIUM ET NITRITE DE SODIUM EN MÉLANGE	UN1487	140
NITRATE DE n-PROPYLE	UN1865	131
NITRATE DE SODIUM	UN1498	140
NITRATE DE SODIUM ET NITRATE DE POTASSIUM EN MÉLANGE	UN1499	140
NITRATE DE STRONTIUM	UN1507	140
NITRATE DE THALLIUM	UN2727	141
NITRATE D'ÉTHYLE	Interdit	
NITRATE DE TRINITROÉTHYLE	Interdit	
NITRATE DE TRI (b-NITROXYÉTHYL) AMMONIUM	Interdit	
NITRATE DE VINYLE, POLYMÈRE DE	Interdit	
NITRATE DE ZINC	UN1514	140
NITRATE DE ZIRCONIUM	UN2728	140
NITRATE D'IRIDIUM NITRATOPENTAMINE IRIDIUM	Interdit	
NITRATE D'ISOPROPYLE	UN1222	130
NITRATE D'URÉE HUMIDIFIÉ avec au moins 20 pour cent (masse) d'eau	UN1357	153
NITRATE D'URÉE sec ou humidifié avec moins de 20 pour cent (masse) d'eau	UN0220	112
NITRATES DE DIAZONIUM (SECS)	Interdit	
NITRATES DES COMPOSÉS DE DIAZONIUM	Interdit	
NITRATES INORGANIQUES EN SOLUTION AQUEUSE, N.S.A.	UN3218	140
NITRATES INORGANIQUES, N.S.A.	UN1477	140
NITRILES INFLAMMABLES, TOXIQUES, N.S.A.	UN3273	131
NITRILES TOXIQUES, INFLAMMABLES, N.S.A.	UN3275	131T
NITRILES TOXIQUES, liquides, N.S.A.	UN3276	151T
NITRILES TOXIQUES, LIQUIDES, N.S.A. (terminologie OACI)	UN3276	151T
NITRILES TOXIQUES, solides, N.S.A.	UN3276	151T
NITRILES TOXIQUES, SOLIDES, N.S.A. (terminologie OACI)	UN3276	151T
NITRITE D'AMMONIUM	Interdit	
NITRITE D'AMYLE	UN1113	129
NITRITE DE DICYCLOHEXYLAMMONIUM	UN2687	133
NITRITE DE MÉTHYLE	UN2455	116
NITRITE DE NICKEL	UN2726	140
NITRITE DE POTASSIUM	UN1488	140
NITRITE DE SODIUM	UN1500	140
NITRITE D'ÉTHYLE	Interdit	
NITRITE D'ÉTHYLE EN SOLUTION	UN1194	131
NITRITE DE ZINC AMMONIACAL	UN1512	140

Description	Numéro UN	# GMU
NITRITES D'AMMONIUM et mélanges d'un nitrite inorganique et d'un sel d'ammonium	Interdit	
NITRITES DE BUTYLE	UN2351	129
NITRITES INORGANIQUES EN MÉLANGE AVEC DES COMPOSÉS DE L'AMMONIUM	Interdit	
NITRITES INORGANIQUES EN SOLUTION AQUEUSE, N.S.A.	UN3219	140
NITRITES INORGANIQUES, N.S.A.	UN2627	140
NITROAMIDON HUMIDIFIÉ avec au moins 20 pour cent (masse) d'eau	UN1337	113
NITROAMIDON sec ou humidifié avec moins de 20 pour cent (masse) d'eau	UN0146	112
NITROBENZÈNE	UN1662	152
NITRO-5-BENZOTRIAZOL	UN0385	112
NITROBROMOBENZÈNES LIQUIDES	UN2732	152
NITROBROMOBENZÈNES SOLIDES	UN2732	152
NITROCELLULOSE AVEC au moins 25 pour cent (masse) d'ALCOOL, et une teneur en azote ne dépassant pas 12,6 pour cent (rapportée à la masse sèche)	UN2556	113
NITROCELLULOSE AVEC au moins 25 pour cent (masse) d'EAU	UN2555	113
NITROCELLULOSE EN MÉLANGE, AVEC PIGMENT d'une teneur en azote ne dépassant pas 12,6 pour cent (rapportée à la masse sèche)	UN2557	133
NITROCELLULOSE EN MÉLANGE, AVEC PLASTIFIANT d'une teneur en azote ne dépassant pas 12,6 pour cent (rapportée à la masse sèche)	UN2557	133
NITROCELLULOSE EN MÉLANGE, SANS PIGMENT d'une teneur en azote ne dépassant pas 12,6 pour cent (rapportée à la masse sèche)	UN2557	133
NITROCELLULOSE EN MÉLANGE, SANS PLASTIFIANT d'une teneur en azote ne dépassant pas 12,6 pour cent (rapportée à la masse sèche)	UN2557	133
NITROCELLULOSE EN SOLUTION INFLAMMABLE contenant au plus 12,6 pour cent (masse sèche) d'azote et au plus 55 pour cent de nitrocellulose	UN2059	127
NITROCELLULOSE HUMIDIFIÉE avec au moins 25 pour cent (masse) d'alcool	UN0342	112
NITROCELLULOSE non modifiée ou plastifiée avec moins de 18 pour cent (masse) de plastifiant	UN0341	112
NITROCELLULOSE PLASTIFIÉE avec au moins 18 pour cent (masse) de plastifiant	UN0343	112
NITROCELLULOSE sèche ou humidifiée avec moins de 25 pour cent (masse) d'eau (ou d'alcool)	UN0340	112
NITROCRÉSOLS	UN2446	153
NITROÉTHANE	UN2842	129
NITROÉTHYLÈNE, POLYMÈRE DE	Interdit	
NITROGLYCÉRINE DÉSENSIBILISÉE avec au moins 40 pour cent (masse) de flegmatisant non volatil insoluble dans l'eau	UN0143	112
NITROGLYCÉRINE EN MÉLANGE DÉSENSIBILISÉE, LIQUIDE, INFLAMMABLE, N.S.A., avec au plus 30 pour cent (masse) de nitroglycérine	UN3343	113
NITROGLYCÉRINE EN MÉLANGE DÉSENSIBILISÉE, LIQUIDE, N.S.A., avec au plus 30 pour cent (masse) de nitroglycérine	UN3357	113
NITROGLYCÉRINE EN MÉLANGE DÉSENSIBILISÉE, SOLIDE, N.S.A., avec plus de 2 pour cent mais au plus 10 pour cent (masse), de nitroglycérine	UN3319	113
NITROGLYCÉRINE EN SOLUTION ALCOOLIQUE avec au plus 1 pour cent de nitroglycérine	UN1204	127

Description	Numéro UN	# GMU
NITROGLYCÉRINE EN SOLUTION ALCOOLIQUE avec plus de 1 pour cent mais au maximum 10 pour cent de nitroglycérine	UN0144	112
NITROGLYCÉRINE EN SOLUTION ALCOOLIQUE avec plus de 1 pour cent mais pas plus de 5 pour cent de nitroglycérine	UN3064	127
NITROGLYCÉRINE LIQUIDE NON DÉSENSIBILISÉE	Interdit	
NITROGUANIDINE HUMIDIFIÉE avec au moins 20 pour cent (masse) d'eau	UN1336	113
NITROGUANIDINE sèche ou humidifiée avec moins de 20 pour cent (masse) d'eau	UN0282	112
NITRO-1 HYDANTOÏNE	Interdit	
NITROMANNITE HUMIDIFIÉ avec au moins 40 pour cent (masse) d'eau ou d'un mélange d'alcool et d'eau	UN0133	112
NITROMANNITE (SEC)	Interdit	
NITROMÉTHANE	UN1261	129
NITRONAPHTALÈNE	UN2538	133
NITROPHÉNOLS (o-, m-, p-)	UN1663	153
NITROPHÉNOL SUBSTITUÉ PESTICIDE LIQUIDE INFLAMMABLE, TOXIQUE, d'un point d'éclair inférieur à 23 °C	UN2780	131
NITROPHÉNOL SUBSTITUÉ PESTICIDE LIQUIDE TOXIQUE	UN3014	153
NITROPHÉNOL SUBSTITUÉ PESTICIDE LIQUIDE, TOXIQUE, INFLAMMABLE, d'un point d'éclair égal ou supérieur à 23 °C	UN3013	131
NITROPHÉNOL SUBSTITUÉ PESTICIDE SOLIDE TOXIQUE	UN2779	153
m-NITROPHÉNYL DINITROMÉTHANE	Interdit	
NITROPROPANES	UN2608	129
NITRORÉSORCINATE DE PLOMB (SEC)	Interdit	
NITROSILANES	Interdit	
p-NITROSODIMÉTHYLANILINE	UN1369	135
NITROSUCRES	Interdit	
NITROTOLUÈNES LIQUIDES	UN1664	152
NITROTOLUÈNES SOLIDES	UN1664	152
NITROTOLUIDINES	UN2660	153
NITRO-URÉE	UN0147	112
NITROXYLÈNES LIQUIDES	UN1665	152
NITROXYLÈNES SOLIDES	UN1665	152
NITRURE DE LITHIUM	UN2806	138T
NITRURE DE MERCURE	Interdit	
NITRURE DE SÉLÉNIUM	Interdit	
NONANES	UN1920	128
NONYLTRICHLOROSILANE	UN1799	156
NORBORNADIÈNE-2,5, STABILISÉ	UN2251	127P
NUCLÉINATE DE MERCURE	UN1639	151
OBJETS CONTENANT DES DIPHÉNYLES POLYCHLORÉS (PCB) réglementé seulement en concentration de plus de 50 ppm (masse)	UN2315	171
OBJETS, EEPS	UN0486	112
OBJETS EXPLOSIFS EXTRÊMEMENT PEU SENSIBLES	UN0486	112
OBJETS EXPLOSIFS, N.S.A.	UN0349	114
OBJETS EXPLOSIFS, N.S.A.	UN0350	114
OBJETS EXPLOSIFS, N.S.A.	UN0351	114
OBJETS EXPLOSIFS, N.S.A.	UN0352	114
OBJETS EXPLOSIFS, N.S.A.	UN0353	114
OBJETS EXPLOSIFS, N.S.A.	UN0354	112
OBJETS EXPLOSIFS, N.S.A.	UN0355	112
OBJETS EXPLOSIFS, N.S.A.	UN0356	112

Description	Numéro UN	# GMU
OBJETS EXPLOSIFS, N.S.A.	UN0462	112
OBJETS EXPLOSIFS, N.S.A.	UN0463	112
OBJETS EXPLOSIFS, N.S.A.	UN0464	112
OBJETS EXPLOSIFS, N.S.A.	UN0465	112
OBJETS EXPLOSIFS, N.S.A.	UN0466	112
OBJETS EXPLOSIFS, N.S.A.	UN0467	112
OBJETS EXPLOSIFS, N.S.A.	UN0468	112
OBJETS EXPLOSIFS, N.S.A.	UN0469	112
OBJETS EXPLOSIFS, N.S.A.	UN0470	112
OBJETS EXPLOSIFS, N.S.A.	UN0471	114
OBJETS EXPLOSIFS, N.S.A.	UN0472	114
OBJETS PYROPHORIQUES	UN0380	112
OBJETS PYROTECHNIQUES à usage technique	UN0428	112
OBJETS PYROTECHNIQUES à usage technique	UN0429	112
OBJETS PYROTECHNIQUES à usage technique	UN0430	112
OBJETS PYROTECHNIQUES à usage technique	UN0431	114
OBJETS PYROTECHNIQUES à usage technique	UN0432	114
OBJETS SOUS PRESSION HYDRAULIQUE (contenant un gaz non inflammable)	UN3164	126
OBJETS SOUS PRESSION PNEUMATIQUE (contenant un gaz non inflammable)	UN3164	126
OCTADÉCYLTRICHLOROSILANE	UN1800	156
OCTADIÈNE	UN2309	128P
OCTAFLUOROBUTÈNE-2	UN2422	126
OCTAFLUOROCYCLOBUTANE	UN1976	126
OCTAFLUOROPROPANE	UN2424	126
OCTANES	UN1262	128
OCTANITRATE DE SUCROSE (SEC)	Interdit	
OCTOGÈNE DÉSENSIBILISÉE	UN0484	112
OCTOGÈNE HUMIDIFIÉE avec au moins 15 pour cent (masse) d'eau	UN0226	112
OCTOGÈNE, SÈCHE ou non-flegmatisée	Interdit	
OCTOLITE sèche ou humidifiée avec moins de 15 pour cent (masse) d'eau	UN0266	112
OCTOL sèche ou humidifiée avec moins de 15 pour cent (masse) d'eau	UN0266	112
OCTONAL	UN0496	112
OCTYLTRICHLOROSILANE	UN1801	156T
OLÉATE DE MERCURE	UN1640	151
ONTA	UN0490	112
OR FULMINANT	Interdit	
ORTHOFORMIATE D'ÉTHYLE	UN2524	129
ORTHOSILICATE DE MÉTHYLE	UN2606	155T
ORTHOTITANATE DE PROPYLE	UN2413	128
OXALATE D'ARGENT (SEC)	Interdit	
OXALATE D'ÉTHYLE	UN2525	156
OXYBROMURE DE PHOSPHORE	UN1939	137T
OXYBROMURE DE PHOSPHORE FONDU	UN2576	137T
OXYCHLORURE DE PHOSPHORE	UN1810	137T
OXYCHLORURE DE SÉLÉNIUM	UN2879	157
OXYCYANURE DE MERCURE	Interdit	
OXYCYANURE DE MERCURE DÉSENSIBILISÉ	UN1642	151
OXYDE DE BARYUM	UN1884	157
OXYDE DE BUTYLÈNE-1,2 STABILISÉ	UN3022	127P

Description	Numéro UN	# GMU
OXYDE DE CALCIUM, réglementé par aéronef seulement	UN1910	157
OXYDE DE FER RÉSIDUAIRE provenant de la purification du gaz de ville	UN1376	135
OXYDE DE MERCURE	UN1641	151
OXYDE DE MÉSITYLE	UN1229	129
OXYDE DE PROPYLÈNE	UN1280	127P
OXYDE D'ÉTHYLÈNE	UN1040	119PT
OXYDE D'ÉTHYLÈNE AVEC DE L'AZOTE sous pression maximale totale de 1MPa (10 bar) à 50 °C	UN1040	119PT
OXYDE D'ÉTHYLÈNE ET CHLOROTÉTRAFLUORÉTHANE EN MÉLANGE contenant au plus 8,8 pour cent d'oxyde d'éthylène	UN3297	126
OXYDE D'ÉTHYLÈNE ET DICHLORODIFLUOROMÉTHANE EN MÉLANGE contenant au plus 12,5 pour cent d'oxyde d'éthylène	UN3070	126
OXYDE D'ÉTHYLÈNE ET DIOXYDE DE CARBONE EN MÉLANGE contenant au plus 9 pour cent d'oxyde d'éthylène	UN1952	126
OXYDE D'ÉTHYLÈNE ET DIOXYDE DE CARBONE EN MÉLANGE contenant plus de 9 pour cent mais pas plus de 87 pour cent d'oxyde d'éthylène	UN1041	115
OXYDE D'ÉTHYLÈNE ET DIOXYDE DE CARBONE EN MÉLANGE contenant plus de 87 pour cent d'oxyde d'éthylène	UN3300	119PT
OXYDE D'ÉTHYLÈNE ET OXYDE DE PROPYLÈNE EN MÉLANGE contenant au plus 30 pour cent d'oxyde d'éthylène	UN2983	129P
OXYDE D'ÉTHYLÈNE ET PENTAFLUORÉTHANE EN MÉLANGE contenant au plus 7,9 pour cent d'oxyde d'éthylène	UN3298	126
OXYDE D'ÉTHYLÈNE ET TÉTRAFLUORÉTHANE EN MÉLANGE contenant au plus 5,6 pour cent d'oxyde d'éthylène	UN3299	126
OXYDE DE TRIS-(AZIRIDINYL-1) PHOSPHINE EN SOLUTION	UN2501	152
OXYDE NITRIQUE COMPRIMÉ	UN1660	124T
OXYGÈNE COMPRIMÉ	UN1072	122
OXYGÈNE LIQUIDE RÉFRIGÉRÉ	UN1073	122
OXYNITROTRIAZOLONE	UN0490	112
OXYTRICHLORURE DE VANADIUM	UN2443	137
PAILLE, mouillée, humide ou souillée d'huile, par navire seulement	Interdit	
PAILLE, réglementée par navire seulement	UN1327	133
PAPIER TRAITÉ AU NITRATE NON STABLE	Interdit	
PAPIER TRAITÉ AVEC DES HUILES NON SATURÉES, incomplètement séché (comprend le papier carbone)	UN1379	133
PARAFORMALDÉHYDE	UN2213	133
PARALDÉHYDE	UN1264	129
PEINTURES (y compris peintures, laques, émaux, couleurs, shellac, vernis, cirages, encaustiques, enduits d'apprêt et bases liquides pour laques) contenant au plus 20 pour cent (masse) de nitrocellulose, si la teneur en azote de la nitrocellulose ne dépasse pas 12,6 pour cent (masse)	UN1263	128

Description	Numéro UN	# GMU
PEINTURES (y compris peintures, laques, émaux, couleurs, shellac, vernis, cirages, encaustiques, enduits d'apprêt et bases liquides pour laques) contenant au plus 20 pour cent (masse) de nitrocellulose, si la teneur en azote de la nitrocellulose ne dépasse pas 12,6 pour cent (masse)	UN3066	153
PENTABORANE	UN1380	135T
PENTABROMURE DE PHOSPHORE	UN2691	137T
PENTACHLORÉTHANE	UN1669	151
PENTACHLOROPHÉNATE DE SODIUM	UN2567	154
PENTACHLOROPHÉNOL	UN3155	154
PENTACHLORURE D'ANTIMOINE EN SOLUTION	UN1731	157
PENTACHLORURE D'ANTIMOINE LIQUIDE	UN1730	157
PENTACHLORURE DE MOLYBDÈNE	UN2508	156
PENTACHLORURE DE PHOSPHORE	UN1806	137T
PENTAFLUORÉTHANE	UN3220	126
PENTAFLUORURE D'ANTIMOINE	UN1732	157T
PENTAFLUORURE DE BROME	UN1745	124T
PENTAFLUORURE DE CHLORE	UN2548	124T
PENTAFLUORURE DE PHOSPHORE, COMPRIMÉ	UN2198	125T
PENTAFLUORURE D'IODE	UN2495	144
PENTAMÉTHYLHEPTANE	UN2286	128
PENTANEDIONE-2,4	UN2310	131
PENTANES, liquides	UN1265	128
PENTANITRATE DE QUÉBRACHITOL	Interdit	
PENTANITROANILINE (SÈCHE)	Interdit	
PENTANOLS	UN1105	129
PENTASULFURE DE PHOSPHORE ne contenant pas de phosphore jaune ou blanc	UN1340	139T
PENTÈNE-1	UN1108	127
PENTHRITE DÉSENSIBILISÉ avec au moins 15 pour cent (masse) de flegmatisant	UN0150	112
PENTHRITE HUMIDIFIÉ avec au moins 25 pour cent (masse) d'eau	UN0150	112
PENTOL-1	UN2705	153P
PENTOLITE sèche ou humidifiée avec moins de 15 pour cent (masse) d'eau	UN0151	112
PENTOXYDE D'ARSENIC	UN1559	151
PENTOXYDE DE VANADIUM sous forme non fondue	UN2862	151
PERCHLORATE D'AMMONIUM	UN0402	112
PERCHLORATE D'AMMONIUM pour des substances qui ne sont pas perchlorate d'ammonium, classe 1.1D, UN0402	UN1442	143
PERCHLORATE DE BARYUM	UN1447	141
PERCHLORATE DE CALCIUM	UN1455	140
PERCHLORATE DE MAGNÉSIUM	UN1475	140
PERCHLORATE DE MÉTHYLAMINE (SEC)	Interdit	
PERCHLORATE DE NAPHTYLAMINE	Interdit	
PERCHLORATE DE m-NITROBENZÈNE DIAZONIUM	Interdit	
PERCHLORATE DE PLOMB	UN1470	141
PERCHLORATE DE POTASSIUM	UN1489	140
PERCHLORATE DE PYRIDINE	Interdit	
PERCHLORATE DE SODIUM	UN1502	140
PERCHLORATE DE STRONTIUM	UN1508	140
PERCHLORATE DE TÉTRAMÉTHYLAMMONIUM (SEC)	Interdit	
PERCHLORATE D'ÉTHYLE	Interdit	

Description	Numéro UN	# GMU
PERCHLORATE DE TRICHLOROMÉTHYLE	Interdit	
PERCHLORATE D'HYDRAZINE	Interdit	
PERCHLORATES DE DIAZONIUM (SECS)	Interdit	
PERCHLORATES INORGANIQUES EN SOLUTION AQUEUSE, N.S.A.	UN3211	140
PERCHLORATES INORGANIQUES, N.S.A.	UN1481	140
PERFORATEURS À CHARGE CREUSE pour puits de pétrole, sans détonateur	UN0124	112
PERFORATEURS À CHARGE CREUSE pour puits de pétrole, sans détonateur	UN0494	114
PERMANGANATE D'AMMONIUM	Interdit	
PERMANGANATE DE BARYUM	UN1448	141
PERMANGANATE DE CALCIUM	UN1456	140
PERMANGANATE DE POTASSIUM	UN1490	140
PERMANGANATE DE SODIUM	UN1503	140
PERMANGANATE DE ZINC	UN1515	140
PERMANGANATES INORGANIQUES EN SOLUTION AQUEUSE, N.S.A.	UN3214	140
PERMANGANATES INORGANIQUES, N.S.A.	UN1482	140
PEROXOBORATE DE SODIUM ANHYDRE	UN3247	140
PEROXYACÉTATE DE tert-BUTYLE, avec plus de 76 pour cent en solution	Interdit	
PEROXYDE D'ACÉTYLACÉTONE contenant plus de 9 pour cent par masse d'oxygène actif	Interdit	
PEROXYDE D'ACÉTYLCYCLOHEXANESULFONYLE avec plus de 82 pour cent humidifié avec moins de 12 pour cent d'eau	Interdit	
PEROXYDE D'ACÉTYLE ET DE BENZOYLE SOLIDE	Interdit	
PEROXYDE D'ACÉTYLE, SOLIDE, ou avec plus de 25 pour cent en solution	Interdit	
PEROXYDE DE BARYUM	UN1449	141
PEROXYDE DE CALCIUM	UN1457	140
PEROXYDE DE DIACÉTYLE, SOLIDE, avec plus de 25 pour cent en solution	Interdit	
PEROXYDE DE DI-(DICHLORO-2,4 BENZOYLE), avec plus de 75 pour cent et avec de l'eau	Interdit	
PEROXYDE DE DI(NAPHTHOYL-1)	Interdit	
PEROXYDE DE DIPROPIONYLE, avec plus de 28 pour cent en solution	Interdit	
PEROXYDE DE LITHIUM	UN1472	143
PEROXYDE DE MAGNÉSIUM	UN1476	140
PEROXYDE DE POTASSIUM	UN1491	144
PEROXYDE DE SODIUM	UN1504	144
PEROXYDE DE SODIUM PICRYLE	Interdit	
PEROXYDE DE STRONTIUM	UN1509	143
PEROXYDE DE ZINC	UN1516	143
PEROXYDE D'HYDROGÈNE EN SOLUTION AQUEUSE contenant au minimum 8 pour cent mais moins de 20 pour cent de peroxyde d'hydrogène (stabilisée selon les besoins)	UN2984	140
PEROXYDE D'HYDROGÈNE EN SOLUTION AQUEUSE contenant au moins 20 pour cent mais au maximum 60 pour cent de peroxyde d'hydrogène (stabilisée selon les besoins)	UN2014	140
PEROXYDE D'HYDROGÈNE EN SOLUTION AQUEUSE STABILISÉE contenant plus de 60 pour cent de peroxyde d'hydrogène	UN2015	143
PEROXYDE D'HYDROGÈNE ET ACIDE PEROXYACÉTIQUE EN MÉLANGE STABILISÉ avec acide(s), eau et au plus 5 pour cent d'acide peroxyacétique	UN3149	140
PEROXYDE D'HYDROGÈNE STABILISÉ	UN2015	143

Description	Numéro UN	# GMU
PEROXYDE ORGANIQUE DU TYPE A, LIQUIDE OU SOLIDE	Interdit	
PEROXYDE ORGANIQUE DU TYPE B, LIQUIDE	UN3101	146
PEROXYDE ORGANIQUE DU TYPE B, LIQUIDE, AVEC RÉGULATION DE TEMPÉRATURE	UN3111	148
PEROXYDE ORGANIQUE DU TYPE B, SOLIDE	UN3102	146
PEROXYDE ORGANIQUE DU TYPE B, SOLIDE, AVEC RÉGULATION DE TEMPÉRATURE	UN3112	148
PEROXYDE ORGANIQUE DU TYPE C, LIQUIDE	UN3103	146
PEROXYDE ORGANIQUE DU TYPE C, LIQUIDE, AVEC RÉGULATION DE TEMPÉRATURE	UN3113	148
PEROXYDE ORGANIQUE DU TYPE C, SOLIDE	UN3104	146
PEROXYDE ORGANIQUE DU TYPE C, SOLIDE, AVEC RÉGULATION DE TEMPÉRATURE	UN3114	148
PEROXYDE ORGANIQUE DU TYPE D, LIQUIDE	UN3105	145
PEROXYDE ORGANIQUE DU TYPE D, LIQUIDE, AVEC RÉGULATION DE TEMPÉRATURE	UN3115	148
PEROXYDE ORGANIQUE DU TYPE D, SOLIDE	UN3106	145
PEROXYDE ORGANIQUE DU TYPE D, SOLIDE, AVEC RÉGULATION DE TEMPÉRATURE	UN3116	148
PEROXYDE ORGANIQUE DU TYPE E, LIQUIDE	UN3107	145
PEROXYDE ORGANIQUE DU TYPE E, LIQUIDE, AVEC RÉGULATION DE TEMPÉRATURE	UN3117	148
PEROXYDE ORGANIQUE DU TYPE E, SOLIDE	UN3108	145
PEROXYDE ORGANIQUE DU TYPE E, SOLIDE, AVEC RÉGULATION DE TEMPÉRATURE	UN3118	148
PEROXYDE ORGANIQUE DU TYPE F, LIQUIDE	UN3109	145
PEROXYDE ORGANIQUE DU TYPE F, LIQUIDE, AVEC RÉGULATION DE TEMPÉRATURE	UN3119	148
PEROXYDE ORGANIQUE DU TYPE F, SOLIDE	UN3110	145
PEROXYDE ORGANIQUE DU TYPE F, SOLIDE, AVEC RÉGULATION DE TEMPÉRATURE	UN3120	148
PEROXYDES DE DIACÉTONE-ALCOOL, avec plus de 57 pour cent en solution avec plus de 9 pour cent de peroxyde d'hydrogène, moins de 26 pour cent de diacétone-alcool et moins de 9 pour cent d'eau; avec contenu d'oxygène actif total de plus de 9 pour cent (masse)	Interdit	
PEROXYDES INORGANIQUES, N.S.A.	UN1483	140
PEROXYDICARBONATE DE n-BUTYLE, avec plus de 52 pour cent en solution	Interdit	
PEROXYDICARBONATE DE DIBENZYLE, avec plus de 87 pour cent avec de l'eau	Interdit	
PEROXYDICARBONATE DE DI-n-BUTYLE, avec plus de 52 pour cent en solution	Interdit	
PEROXYDICARBONATE DE DIÉTHYLE, avec plus de 27 pour cent en solution	Interdit	
PEROXYISOBUTYRATE DE tert-BUTYLE, avec plus de 77 pour cent en solution	Interdit	
PERSULFATE D'AMMONIUM	UN1444	140
PERSULFATE DE POTASSIUM	UN1492	140
PERSULFATE DE SODIUM	UN1505	140

Description	Numéro UN	# GMU
PERSULFATES INORGANIQUES EN SOLUTION AQUEUSE, N.S.A.	UN3216	140
PERSULFATES INORGANIQUES, N.S.A.	UN3215	140
PESTICIDE ARSENICAL LIQUIDE INFLAMMABLE, TOXIQUE, d'un point d'éclair inférieur à 23 °C	UN2760	131
PESTICIDE ARSENICAL LIQUIDE TOXIQUE	UN2994	151
PESTICIDE ARSENICAL LIQUIDE TOXIQUE, INFLAMMABLE, d'un point d'éclair égal ou supérieur à 23 °C	UN2993	131
PESTICIDE ARSENICAL SOLIDE TOXIQUE	UN2759	151
PESTICIDE AU PHOSPHURE D'ALUMINIUM	UN3048	157T
PESTICIDE BIPYRIDYLIQUE LIQUIDE INFLAMMABLE, TOXIQUE, d'un point d'éclair inférieur à 23 °C	UN2782	131
PESTICIDE BIPYRIDYLIQUE LIQUIDE TOXIQUE	UN3016	151
PESTICIDE BIPYRIDYLIQUE LIQUIDE TOXIQUE, INFLAMMABLE, d'un point d'éclair égal ou supérieur à 23 °C	UN3015	131
PESTICIDE BIPYRIDYLIQUE SOLIDE TOXIQUE	UN2781	151
PESTICIDE COUMARINIQUE LIQUIDE INFLAMMABLE, TOXIQUE, d'un point d'éclair inférieur à 23 °C	UN3024	131
PESTICIDE COUMARINIQUE LIQUIDE TOXIQUE	UN3026	151
PESTICIDE COUMARINIQUE LIQUIDE TOXIQUE, INFLAMMABLE, d'un point d'éclair égal ou supérieur à 23 °C	UN3025	131
PESTICIDE COUMARINIQUE SOLIDE TOXIQUE	UN3027	151
PESTICIDE CUIVRIQUE LIQUIDE INFLAMMABLE, TOXIQUE, d'un point d'éclair inférieur à 23 °C	UN2776	131
PESTICIDE CUIVRIQUE LIQUIDE TOXIQUE	UN3010	151
PESTICIDE CUIVRIQUE LIQUIDE TOXIQUE, INFLAMMABLE, d'un point d'éclair égal ou supérieur à 23 °C	UN3009	131
PESTICIDE CUIVRIQUE SOLIDE TOXIQUE	UN2775	151
PESTICIDE LIQUIDE INFLAMMABLE, TOXIQUE, N.S.A., d'un point d'éclair inférieur à 23 °C	UN3021	131
PESTICIDE LIQUIDE TOXIQUE, INFLAMMABLE, N.S.A., d'un point d'éclair égal ou supérieur à 23 °C	UN2903	131
PESTICIDE LIQUIDE TOXIQUE, N.S.A.	UN2902	151
PESTICIDE MERCURIEL LIQUIDE INFLAMMABLE, TOXIQUE, d'un point d'éclair inférieur à 23 °C	UN2778	131
PESTICIDE MERCURIEL LIQUIDE TOXIQUE	UN3012	151
PESTICIDE MERCURIEL LIQUIDE TOXIQUE, INFLAMMABLE, d'un point d'éclair égal ou supérieur à 23 °C	UN3011	131
PESTICIDE MERCURIEL SOLIDE TOXIQUE	UN2777	151
PESTICIDE ORGANOCHLORÉ LIQUIDE INFLAMMABLE, TOXIQUE, d'un point d'éclair inférieur à 23 °C	UN2762	131
PESTICIDE ORGANOCHLORÉ LIQUIDE TOXIQUE	UN2996	151
PESTICIDE ORGANOCHLORÉ LIQUIDE TOXIQUE, INFLAMMABLE, d'un point d'éclair égal ou supérieur à 23 °C	UN2995	131
PESTICIDE ORGANOCHLORÉ SOLIDE TOXIQUE	UN2761	151
PESTICIDE ORGANOPHOSPHORÉ LIQUIDE INFLAMMABLE, TOXIQUE, d'un point d'éclair inférieur à 23 °C	UN2784	131
PESTICIDE ORGANOPHOSPHORÉ LIQUIDE TOXIQUE	UN3018	152

Description	Numéro UN	# GMU
PESTICIDE ORGANOPHOSPHORÉ LIQUIDE TOXIQUE, INFLAMMABLE, d'un point d'éclair égal ou supérieur à 23 °C	UN3017	131
PESTICIDE ORGANOPHOSPHORÉ SOLIDE TOXIQUE	UN2783	152
PESTICIDE ORGANOSTANNIQUE LIQUIDE INFLAMMABLE, TOXIQUE, d'un point d'éclair inférieur à 23 °C	UN2787	131
PESTICIDE ORGANOSTANNIQUE LIQUIDE TOXIQUE	UN3020	153
PESTICIDE ORGANOSTANNIQUE LIQUIDE TOXIQUE, INFLAMMABLE, d'un point d'éclair égal ou supérieur à 23 °C	UN3019	131
PESTICIDE ORGANOSTANNIQUE SOLIDE TOXIQUE	UN2786	153
PESTICIDE SOLIDE TOXIQUE, N.S.A.	UN2588	151
PÉTARDS DE CHEMIN DE FER	UN0192	112
PÉTARDS DE CHEMIN DE FER	UN0193	114
PÉTARDS DE CHEMIN DE FER	UN0492	112
PÉTARDS DE CHEMIN DE FER	UN0493	114
PETITS APPAREILS À HYDROCARBURES GAZEUX avec dispositif de décharge	UN3150	115
PETN avec au moins 7 pour cent (masse) de cire	UN0411	112
PETN DÉSENSIBILISÉ avec au moins 15 pour cent (masse) de flegmatisant	UN0150	112
PETN HUMIDIFIÉ avec au moins 25 pour cent (masse) d'eau	UN0150	112
PÉTROLE	UN1203	128
PÉTROLE BRUT	UN1267	128
PHÉNÉTIDINES	UN2311	153
PHÉNOLATES LIQUIDES	UN2904	154
PHÉNOLATES SOLIDES	UN2905	154
PHÉNOL EN SOLUTION	UN2821	153
PHÉNOL FONDU	UN2312	153
PHÉNOL SOLIDE	UN1671	153
PHÉNYLACÉTONITRILE LIQUIDE	UN2470	152
PHÉNYLÈNEDIAMINES (o-, m-, p-)	UN1673	153
PHÉNYLHYDRAZINE	UN2572	153
PHÉNYLTRICHLOROSILANE	UN1804	156
PHOSGÈNE	UN1076	125T
PHOSPHA-9 BICYCLONONANES	UN2940	135
PHOSPHATE ACIDE D'AMYLE	UN2819	153
PHOSPHATE ACIDE DE BUTYLE	UN1718	153
PHOSPHATE ACIDE DE DIISOOCTYLE	UN1902	153
PHOSPHATE ACIDE D'ISOPROPYLE	UN1793	153
PHOSPHATE DE TRICRÉSYLE avec plus de 3 pour cent d'isomère ortho	UN2574	151
PHOSPHINE	UN2199	119T
PHOSPHITE DE PLOMB DIBASIQUE	UN2989	133
PHOSPHITE DE TRIÉTHYLE	UN2323	129
PHOSPHITE DE TRIMÉTHYLE	UN2329	129
PHOSPHORE AMORPHE	UN1338	133
PHOSPHORE BLANC, EN SOLUTION	UN1381	136
PHOSPHORE BLANC FONDU	UN2447	136
PHOSPHORE (BLANC OU ROUGE) ET UN CHLORATE (MÉLANGES)	Interdit	
PHOSPHORE BLANC, RECOUVERT D'EAU	UN1381	136
PHOSPHORE BLANC, SEC	UN1381	136
PHOSPHORE JAUNE, EN SOLUTION	UN1381	136
PHOSPHORE JAUNE, RECOUVERT D'EAU	UN1381	136
PHOSPHORE JAUNE, SEC	UN1381	136

Description	Numéro UN	# GMU
PHOSPHURE D'ALUMINIUM	UN1397	139T
PHOSPHURE DE CALCIUM	UN1360	139T
PHOSPHURE DE MAGNÉSIUM	UN2011	139T
PHOSPHURE DE MAGNÉSIUM-ALUMINIUM	UN1419	139T
PHOSPHURE DE POTASSIUM	UN2012	139T
PHOSPHURE DE SODIUM	UN1432	139T
PHOSPHURE DE STRONTIUM	UN2013	139T
PHOSPHURE DE ZINC	UN1714	139T
PHOSPHURES STANNIQUES	UN1433	139T
PICOLINES	UN2313	130
PICRAMATE DE SODIUM HUMIDIFIÉ avec au moins 20 pour cent (masse) d'eau	UN1349	113
PICRAMATE DE SODIUM sec ou humidifié avec moins de 20 pour cent (masse) d'eau	UN0235	112
PICRAMATE DE ZIRCONIUM HUMIDIFIÉ avec au moins 20 pour cent (masse) d'eau	UN1517	113
PICRAMATE DE ZIRCONIUM sec ou humidifié avec moins de 20 pour cent (masse) d'eau	UN0236	112
PICRAMIDE	UN0153	112
PICRATE D'AMMONIUM HUMIDIFIÉ avec au moins 10 pour cent (masse) d'eau	UN1310	113
PICRATE D'AMMONIUM sec ou humidifié avec moins de 10 pour cent (masse) d'eau	UN0004	112
PICRATE D'ARGENT HUMIDIFIÉ avec au moins 30 pour cent (masse) d'eau	UN1347	113
PICRATE D'ARGENT (SEC)	Interdit	
PICRATE D'AZIDOGUANIDINE (SEC)	Interdit	
PICRATE DE NICKEL	Interdit	
PICRATE DE PLOMB (SEC)		
PICRITE HUMIDIFIÉE avec au moins 20 pour cent (masse) d'eau	UN1336	113
PICRITE sèche ou humidifiée avec moins de 20 pour cent (masse) d'eau (terminologie OACI)	UN0282	112
PIÈCES COULÉES D'HYDRURE DE LITHIUM SOLIDE	UN2805	138
PIGMENTS ORGANIQUES, AUTO-ÉCHAUFFANTS	UN3313	135
PILES AU LITHIUM	UN3090	138
PILES AU LITHIUM CONTENUES DANS UN ÉQUIPEMENT	UN3091	138
PILES AU LITHIUM EMBALLÉES AVEC UN ÉQUIPEMENT	UN3091	138
alpha-PINÈNE	UN2368	127
PIPÉRAZINE	UN2579	153
PIPÉRIDINE	UN2401	132
PLATINE FULMINANT	Interdit	
POLYAMINES, INFLAMMABLES, CORROSIVES, N.S.A.	UN2733	132
POLYAMINES LIQUIDES, CORROSIVES, INFLAMMABLES, N.S.A.	UN2734	132
POLYAMINES LIQUIDES, CORROSIVES, N.S.A.	UN2735	153
POLYAMINES SOLIDES CORROSIVES, N.S.A.	UN3259	154
POLYMÈRES EXPANSIBLES EN GRANULÉS dégageant des vapeurs inflammables	UN2211	133
POLYSULFURE D'AMMONIUM EN SOLUTION	UN2818	154
POLYVANADATE D'AMMONIUM	UN2861	151
POTASSIUM	UN2257	138
POTASSIUM, ALLIAGES MÉTALLIQUES DE	UN1420	138
POTASSIUM CARBONYLE	Interdit	
POTASSIUM ET SODIUM, ALLIAGES DE	UN1422	138
POUDRE ÉCLAIR	UN0094	112
POUDRE ÉCLAIR	UN0305	112

Description	Numéro UN	# GMU
POUDRE MÉTALLIQUE AUTO-ÉCHAUFFANTE, N.S.A.	UN3189	135
POUDRE MÉTALLIQUE INFLAMMABLE, N.S.A.	UN3089	170
POUDRE NOIRE COMPRIMÉE	UN0028	112
POUDRE NOIRE EN COMPRIMÉS	UN0028	112
POUDRE NOIRE sous forme de grains ou de pulvérin	UN0027	112
POUDRE SANS FUMÉE	UN0160	112
POUDRE SANS FUMÉE	UN0161	112
POURPRE DE LONDRES	UN1621	151
POUSSIÈRE ARSENICALE	UN1562	152
PRÉPARATION DE MANÈBE contenant au moins 60 pour cent de manèbe	UN2210	135
PRÉPARATION DE MANÈBE STABILISÉE contre l'échauffement spontané	UN2968	135
PRÉPARATION LIQUIDE DE NICOTINE, N.S.A.	UN3144	151
PRÉPARATION SOLIDE DE NICOTINE, N.S.A.	UN1655	151
PRODUITS DE PRÉSERVATION DES BOIS, LIQUIDES	UN1306	129
PRODUITS PÉTROLIERS, N.S.A.	UN1268	128
PRODUITS POUR PARFUMERIE contenant des solvants inflammables	UN1266	127
PROJECTILES avec charge d'éclatement	UN0167	112
PROJECTILES avec charge d'éclatement	UN0168	112
PROJECTILES avec charge d'éclatement	UN0169	112
PROJECTILES avec charge d'éclatement	UN0324	112
PROJECTILES avec charge d'éclatement	UN0344	114
PROJECTILES avec charge de dispersion ou charge d'expulsion	UN0346	112
PROJECTILES avec charge de dispersion ou charge d'expulsion	UN0347	114
PROJECTILES avec charge de dispersion ou charge d'expulsion	UN0426	112
PROJECTILES avec charge de dispersion ou charge d'expulsion	UN0427	114
PROJECTILES avec charge de dispersion ou charge d'expulsion	UN0434	112
PROJECTILES avec charge de dispersion ou charge d'expulsion	UN0435	114
PROJECTILES inertes avec traceur	UN0345	114
PROJECTILES inertes avec traceur	UN0424	112
PROJECTILES inertes avec traceur	UN0425	114
PROPADIÈNE STABILISÉ	UN2200	116P
PROPANE	UN1978	115
PROPANETHIOLS	UN2402	130
n-PROPANOL	UN1274	129
PROPERGOL LIQUIDE	UN0495	112
PROPERGOL LIQUIDE	UN0497	112
PROPERGOL SOLIDE	UN0498	112
PROPERGOL SOLIDE	UN0499	112
PROPERGOL SOLIDE	UN0501	114
PROPIONATE DE MÉTHYLE	UN1248	129
PROPIONATE D'ÉTHYLE	UN1195	129
PROPIONATE D'ISOBUTYLE	UN2394	129
PROPIONATE D'ISOPROPYLE	UN2409	129
PROPIONATES DE BUTYLE	UN1914	130
PROPIONITRILE	UN2404	131
PROPULSEURS	UN0186	112
PROPULSEURS	UN0280	112
PROPULSEURS	UN0281	112
PROPULSEURS À PROPERGOL LIQUIDE	UN0395	112

Description	Numéro UN	# GMU
PROPULSEURS À PROPERGOL LIQUIDE	UN0396	112
PROPULSEURS CONTENANT DES LIQUIDES HYPERGOLIQUES, avec ou sans charge d'expulsion	UN0250	112
PROPULSEURS CONTENANT DES LIQUIDES HYPERGOLIQUES, avec ou sans charge d'expulsion	UN0322	112
PROPYLAMINE	UN1277	132
n-PROPYLBENZÈNE	UN2364	127
PROPYLÈNE	UN1077	115
PROPYLÈNE-1,2 DIAMINE	UN2258	132
PROPYLÈNEIMINE STABILISÉE	UN1921	131P
PROPYLTRICHLOROSILANE	UN1816	155
PROTOXYDE D'AZOTE	UN1070	122
PROTOXYDE D'AZOTE LIQUIDE RÉFRIGÉRÉ	UN2201	122
PYRÉTHROÏDE PESTICIDE LIQUIDE, INFLAMMABLE, TOXIQUE, d'un point d'éclair inférieur à 23 °C	UN3350	131
PYRÉTHROÏDE PESTICIDE LIQUIDE, TOXIQUE	UN3352	151
PYRÉTHROÏDE PESTICIDE LIQUIDE, TOXIQUE, INFLAMMABLE, d'un point d'éclair égal ou inférieur à 23 °C	UN3351	131
PYRÉTHROÏDE PESTICIDE SOLIDE, TOXIQUE	UN3349	151
PYRIDINE	UN1282	129
PYRROLIDINE	UN1922	132
QUINOLÉINE	UN2656	154
RDX DÉSENSIBILISÉE	UN0483	112
RDX EN MÉLANGE AVEC DE LA CYCLOTÉTRAMÉTHYLÈNETÉTRANITRAMINE DÉSENSIBILISÉE avec au moins 10% (masse) de flegmatisant	UN0391	112
RDX EN MÉLANGE AVEC DE LA CYCLOTÉTRAMÉTHYLÈNETÉTRANITRAMINE HUMIDIFIÉE avec au moins 15% (masse) d'eau	UN0391	112
RDX EN MÉLANGE AVEC DE L'OCTOGÈNE DÉSENSIBILISÉE avec au moins 10% (masse) de flegmatisant	UN0391	112
RDX EN MÉLANGE AVEC DE L'OCTOGÈNE HUMIDIFIÉE avec au moins 15% (masse) d'eau	UN0391	112
RDX EN MÉLANGE AVEC DU HMX DÉSENSIBILISÉE avec au moins 10% (masse) de flegmatisant	UN0391	112
RDX EN MÉLANGE AVEC DU HMX HUMIDIFIÉE avec au moins 15% (masse) d'eau	UN0391	112
RDX HUMIDIFIÉE avec au moins 15 pour cent (masse) d'eau	UN0072	112
RECHARGES D'HYDROCARBURES GAZEUX POUR PETITS APPAREILS avec dispositif de décharge	UN3150	115
RECHARGES POUR BRIQUETS contenant un gaz inflammable et satisfaisant les exigences des essais prévus au Règlement sur les produits dangereux (briquets)	UN1057	115
RÉCIPIENTS DE FAIBLE CAPACITÉ, CONTENANT DU GAZ sans dispositif de détente, non rechargeables	UN2037	115
RÉCIPIENTS DE FAIBLE CAPACITÉ, CONTENANT DU GAZ sans dispositif de détente, non rechargeables	UN2037	115
RENFORÇATEURS AVEC DÉTONATEUR	UN0225	112
RENFORÇATEURS AVEC DÉTONATEUR	UN0268	112
RENFORÇATEURS sans détonateur	UN0042	112
RENFORÇATEURS sans détonateur	UN0283	112

Description	Numéro UN	# GMU
RÉSERVOIR DE CARBURANT POUR MOTEUR DE CIRCUIT HYDRAULIQUE D'AÉRONEF contenant un mélange d'hydrazine anhydre et de monométhylhydrazine (carburant M86)	UN3165	131
RÉSINATE D'ALUMINIUM	UN2715	133
RÉSINATE DE CALCIUM	UN1313	133
RÉSINATE DE CALCIUM, FONDU	UN1314	133
RÉSINATE DE COBALT, PRÉCIPITÉ	UN1318	133
RÉSINATE DE MANGANÈSE	UN1330	133
RÉSINATE DE ZINC	UN2714	133
RÉSINE EN SOLUTION, inflammable	UN1866	127
RÉSORCINOL	UN2876	153
RÉTRACTEURS DE CEINTURE DE SÉCURITÉ, À GAZ COMPRIMÉ	UN3353	126
RÉTRACTEURS DE CEINTURE DE SÉCURITÉ pyrotechniques	UN0503	114
RÉTRACTEURS DE CEINTURE DE SÉCURITÉ pyrotechniques	UN3268	171
RIVETS EXPLOSIFS	UN0174	114
ROGNURES, COPEAUX, TOURNURES ou ÉBARBURES DE MÉTAUX FERREUX sous une forme susceptible d'échauffement spontané	UN2793	170
ROQUETTES LANCE-AMARRES	UN0238	112
ROQUETTES LANCE-AMARRES	UN0240	112
ROQUETTES LANCE-AMARRES	UN0453	114
RUBIDIUM	UN1423	138
SALICYLATE DE MERCURE	UN1644	151
SALICYLATE DE NICOTINE	UN1657	151
SÉLÉNATE D'HYDRAZINE	Interdit	
SÉLÉNIATES	UN2630	151
SÉLÉNITES	UN2630	151
SÉLÉNIURE D'HYDROGÈNE ANHYDRE	UN2202	117T
SELS D'ALCALOÏDES LIQUIDES, N.S.A	UN3140	151
SELS D'ALCALOÏDES SOLIDES, N.S.A.	UN1544	151
SELS DE L' ACIDE DICHLOROISOCYANURIQUE (à l'exception des sels de sodium dihydratés)	UN2465	140
SELS DE STRYCHNINE	UN1692	151
SELS MÉTALLIQUES DE COMPOSÉS ORGANIQUES, INFLAMMABLES, N.S.A.	UN3181	133
SELS MÉTALLIQUES DÉFLAGRANTS DE DÉRIVÉS NITRÉS AROMATIQUES, N.S.A.	UN0132	112
SESQUISULFURE DE PHOSPHORE ne contenant pas de phosphore jaune ou blanc	UN1341	139
SIGNAUX DE DÉTRESSE de navires	UN0194	112
SIGNAUX DE DÉTRESSE de navires	UN0195	112
SIGNAUX FUMIGÈNES	UN0196	112
SIGNAUX FUMIGÈNES	UN0197	114
SIGNAUX FUMIGÈNES	UN0313	112
SIGNAUX FUMIGÈNES	UN0487	112
SILANE COMPRIMÉ	UN2203	116
SILICATE DE TÉTRAÉTHYLE	UN1292	132
SILICIUM EN POUDRE AMORPHE	UN1346	170
SILICIURE DE CALCIUM	UN1405	138
SILICIURE DE MAGNÉSIUM	UN2624	138
SILICO-ALUMINIUM EN POUDRE NON ENROBÉ	UN1398	138
SILICO-FERRO-LITHIUM	UN2830	139
SILICO-LITHIUM	UN1417	138
SILICO-MANGANO-CALCIUM	UN2844	138
SODIUM	UN1428	138

Annexe 3

Description	Numéro UN	# GMU
SOLIDE AUTO-ÉCHAUFFANT, COMBURANT, N.S.A.	UN3127	135
SOLIDE AUTORÉACTIF DU TYPE B	UN3222	149
SOLIDE AUTORÉACTIF DU TYPE B, AVEC RÉGULATION DE TEMPÉRATURE	UN3232	150
SOLIDE AUTORÉACTIF DU TYPE C	UN3224	149
SOLIDE AUTORÉACTIF DU TYPE C, AVEC RÉGULATION DE TEMPÉRATURE	UN3234	150
SOLIDE AUTORÉACTIF DU TYPE D	UN3226	149
SOLIDE AUTORÉACTIF DU TYPE D, AVEC RÉGULATION DE TEMPÉRATURE	UN3236	150
SOLIDE AUTORÉACTIF DU TYPE E	UN3228	149
SOLIDE AUTORÉACTIF DU TYPE E, AVEC RÉGULATION DE TEMPÉRATURE	UN3238	150
SOLIDE AUTORÉACTIF DU TYPE F	UN3230	149
SOLIDE AUTORÉACTIF DU TYPE F, AVEC RÉGULATION DE TEMPÉRATURE	UN3240	150
SOLIDE COMBURANT, AUTO-ÉCHAUFFANT, N.S.A.	UN3100	135
SOLIDE COMBURANT CORROSIF, N.S.A.	UN3085	140
SOLIDE COMBURANT, HYDRORÉACTIF, N.S.A.	UN3121	144
SOLIDE COMBURANT, INFLAMMABLE, N.S.A.	UN3137	140
SOLIDE COMBURANT, N.S.A.	UN1479	140
SOLIDE COMBURANT, TOXIQUE, N.S.A.	UN3087	141
SOLIDE CORROSIF, AUTO-ÉCHAUFFANT, N.S.A.	UN3095	136
SOLIDE CORROSIF, COMBURANT, N.S.A.	UN3084	140
SOLIDE CORROSIF, HYDRORÉACTIF, N.S.A.	UN3096	138
SOLIDE CORROSIF, INFLAMMABLE, N.S.A.	UN2921	134
SOLIDE CORROSIF, N.S.A.	UN1759	154
SOLIDE CORROSIF, TOXIQUE, N.S.A.	UN2923	154
SOLIDE HYDRORÉACTIF, AUTO-ÉCHAUFFANT, N.S.A.	UN3135	138
SOLIDE HYDRORÉACTIF, COMBURANT, N.S.A.	UN3133	138
SOLIDE HYDRORÉACTIF, CORROSIF, N.S.A.	UN3131	138
SOLIDE HYDRORÉACTIF, INFLAMMABLE, N.S.A.	UN3132	138
SOLIDE HYDRORÉACTIF, N.S.A.	UN2813	138
SOLIDE HYDRORÉACTIF, TOXIQUE, N.S.A.	UN3134	139
SOLIDE INFLAMMABLE COMBURANT, N.S.A.	UN3097	140
SOLIDE INORGANIQUE AUTO-ÉCHAUFFANT, CORROSIF, N.S.A.	UN3192	136
SOLIDE INORGANIQUE AUTO-ÉCHAUFFANT, N.S.A.	UN3190	135
SOLIDE INORGANIQUE AUTO-ÉCHAUFFANT, TOXIQUE, N.S.A.	UN3191	136
SOLIDE INORGANIQUE CORROSIF, ACIDE, N.S.A.	UN3260	154
SOLIDE INORGANIQUE CORROSIF, BASIQUE, N.S.A.	UN3262	154
SOLIDE INORGANIQUE INFLAMMABLE, CORROSIF, N.S.A.	UN3180	134
SOLIDE INORGANIQUE INFLAMMABLE, N.S.A.	UN3178	133
SOLIDE INORGANIQUE INFLAMMABLE, TOXIQUE, N.S.A.	UN3179	134
SOLIDE INORGANIQUE PYROPHORIQUE, N.S.A.	UN3200	135
SOLIDE INORGANIQUE TOXIQUE, CORROSIF, N.S.A.	UN3290	154
SOLIDE INORGANIQUE TOXIQUE, N.S.A.	UN3288	151
SOLIDE ORGANIQUE AUTO-ÉCHAUFFANT, CORROSIF, N.S.A.	UN3126	136

Description	Numéro UN	# GMU
SOLIDE ORGANIQUE AUTO-ÉCHAUFFANT, N.S.A.	UN3088	135
SOLIDE ORGANIQUE AUTO-ÉCHAUFFANT, TOXIQUE, N.S.A.	UN3128	136
SOLIDE ORGANIQUE CORROSIF, ACIDE, N.S.A.	UN3261	154
SOLIDE ORGANIQUE CORROSIF, BASIQUE, N.S.A.	UN3263	154
SOLIDE ORGANIQUE INFLAMMABLE, CORROSIF, N.S.A.	UN2925	134
SOLIDE ORGANIQUE INFLAMMABLE, FONDU, N.S.A.	UN3176	133
SOLIDE ORGANIQUE INFLAMMABLE, N.S.A.	UN1325	133
SOLIDE ORGANIQUE INFLAMMABLE, TOXIQUE, N.S.A.	UN2926	134
SOLIDE ORGANIQUE PYROPHORIQUE, N.S.A.	UN2846	135
SOLIDE ORGANIQUE TOXIQUE, CORROSIF, N.S.A.	UN2928	154
SOLIDE ORGANIQUE TOXIQUE, INFLAMMABLE, N.S.A.	UN2930	134
SOLIDE ORGANIQUE TOXIQUE, N.S.A.	UN2811	154
SOLIDES CONTENANT DU LIQUIDE CORROSIF, N.S.A.	UN3244	154
SOLIDES CONTENANT DU LIQUIDE INFLAMMABLE, N.S.A.	UN3175	133
SOLIDES CONTENANT DU LIQUIDE TOXIQUE, N.S.A.	UN3243	151
SOLIDE TOXIQUE, AUTO-ÉCHAUFFANT, N.S.A.	UN3124	136
SOLIDE TOXIQUE, COMBURANT, N.S.A.	UN3086	141
SOLIDE TOXIQUE, HYDRORÉACTIF, N.S.A.	UN3125	139
SOLIDE TRANSPORTÉ À CHAUD, N.S.A., à une température égale ou supérieure à 240 °C	UN3258	171
SOLUTION D'ENROBAGE (traitements de surface ou enrobages utilisés dans l'industrie ou à d'autres fins, tels que sous-couche pour carrosserie de véhicule, revêtement pour fûts et tonneaux)	UN1139	127
SOUFRE	UN1350	133
SOUFRE ET CHLORATE, EN MÉLANGE PULVÉRULENT	Interdit	
SOUFRE FONDU	UN2448	133
SOUS-PRODUITS DE LA FABRICATION DE L'ALUMINIUM y compris les crasses d'aluminium, le laitier d'aluminium, les cathodes usées, le revêtement usé des cuves et les scories salines d'aluminium	UN3170	138
SOUS-PRODUITS DE LA REFUSION DE L'ALUMINIUM y compris les crasses d'aluminium, le laitier d'aluminium, les cathodes usées, le revêtement usé des cuves et les scories salines d'aluminium	UN3170	138
STIBINE	UN2676	119T
STRYCHNINE	UN1692	151
STYPHNATE DE PLOMB HUMIDIFIÉ avec au moins 20 pour cent (masse) d'eau ou d'un mélange d'alcool et d'eau	UN0130	112
STYPHNATE DE PLOMB (SEC)	Interdit	
STYRÈNE MONOMÈRE STABILISÉ	UN2055	128P
SUCCÉDANÉ D'ESSENCE DE TÉRÉBENTHINE	UN1300	128
SULFATE DE DIÉTHYLE	UN1594	152
SULFATE DE DIMÉTHYLE	UN1595	156T
SULFATE DE MERCURE	UN1645	151
SULFATE DE NICOTINE EN SOLUTION	UN1658	151
SULFATE DE NICOTINE SOLIDE	UN1658	151

Description	Numéro UN	# GMU
SULFATE DE PLOMB contenant plus de 3 pour cent d'acide libre	UN1794	154
SULFATE DE VANADYLE	UN2931	151
SULFATE NEUTRE D'HYDROXYLAMINE	UN2865	154
SULFURE D'AMMONIUM EN SOLUTION	UN2683	132
SULFURE D'ANTIMOINE ET UN CHLORATE (MÉLANGES)	Interdit	
SULFURE D'ARSENIC ET UN CHLORATE, MÉLANGES DE	Interdit	
SULFURE DE CARBONYLE	UN2204	119T
SULFURE DE DICHLORÉTHYLE	Interdit	
SULFURE DE DIPICRYLE HUMIDIFIÉ avec au moins 10 pour cent (masse) d'eau	UN2852	113
SULFURE DE DIPICRYLE sec ou humidifié avec moins de 10 pour cent (masse) d'eau	UN0401	112
SULFURE DE MÉTHYLE	UN1164	130
SULFURE DE POTASSIUM ANHYDRE	UN1382	135
SULFURE DE POTASSIUM avec moins de 30 pour cent d'eau de cristallisation	UN1382	135
SULFURE DE POTASSIUM HYDRATÉ avec au moins 30 pour cent d'eau de cristallisation	UN1847	153
SULFURE DE SODIUM ANHYDRE	UN1385	135
SULFURE DE SODIUM avec moins de 30 pour cent d'eau de cristallisation	UN1385	135
SULFURE DE SODIUM HYDRATÉ avec au moins 30 pour cent d'eau	UN1849	153
SULFURE D'ÉTHYLE	UN2375	129
SULFURE D'HYDROGÈNE	UN1053	117T
SUPEROXYDE DE POTASSIUM	UN2466	143
SUPEROXYDE DE SODIUM	UN2547	143
TARTRATE D'ANTIMOINE ET DE POTASSIUM	UN1551	151
TARTRATE DE NICOTINE	UN1659	151
TEINTURES MÉDICINALES	UN1293	127
TERPHÉNYLES POLYHALOGÉNÉS LIQUIDES réglementé seulement en concentration de plus de 50 ppm (masse)	UN3151	171
TERPHÉNYLES POLYHALOGÉNÉS SOLIDES réglementé seulement en concentration de plus de 50 ppm (masse)	UN3152	171
TERPINOLÈNE	UN2541	128
TÊTES MILITAIRES POUR ENGINS AUTOPROPULSÉS avec charge d'éclatement	UN0286	112
TÊTES MILITAIRES POUR ENGINS AUTOPROPULSÉS avec charge d'éclatement	UN0287	112
TÊTES MILITAIRES POUR ENGINS AUTOPROPULSÉS avec charge d'éclatement	UN0369	112
TÊTES MILITAIRES POUR ENGINS AUTOPROPULSÉS avec charge de dispersion ou charge d'expulsion	UN0370	114
TÊTES MILITAIRES POUR ENGINS AUTOPROPULSÉS avec charge de dispersion ou charge d'expulsion	UN0371	114
TÊTES MILITAIRES POUR TORPILLES avec charge d'éclatement	UN0221	112
TÉTRAAZIDO BENZÈNE QUINONE	Interdit	
TÉTRABROMÉTHANE	UN2504	159
TÉTRABROMURE DE CARBONE	UN2516	151
TÉTRACHLORÉTHANE	UN1702	151
TÉTRACHLORÉTHYLÈNE	UN1897	160
TÉTRACHLORURE DE CARBONE	UN1846	151
TÉTRACHLORURE DE SILICIUM	UN1818	157T
TÉTRACHLORURE DE TITANE	UN1838	137T
TÉTRACHLORURE DE VANADIUM	UN2444	137
TÉTRACHLORURE DE ZIRCONIUM	UN2503	137

Description	Numéro UN	# GMU
TÉTRAÉTHYLÈNEPENTAMINE	UN2320	153
TÉTRAFLUORÉTHYLÈNE STABILISÉ	UN1081	116P
TÉTRAFLUORO-1,1,1,2 ÉTHANE	UN3159	126
TÉTRAFLUOROMÉTHANE COMPRIMÉ	UN1982	126
TÉTRAFLUORURE DE SILICIUM COMPRIMÉ	UN1859	125T
TÉTRAFLUORURE DE SOUFRE	UN2418	125T
TÉTRAHYDRO-1,2,3,6 BENZALDÉHYDE	UN2498	132
TÉTRAHYDROFURANNE	UN2056	127
TÉTRAHYDROFURFURYLAMINE	UN2943	129
TÉTRAHYDRO-1,2,3,6 PYRIDINE	UN2410	129
TÉTRAHYDROTHIOPHÈNE	UN2412	129
TÉTRAMÉTHYLÈNE DIPEROXYDE DICARBAMIDE	Interdit	
TÉTRAMÉTHYLSILANE	UN2749	130
TÉTRANITRANILINE	UN0207	112
TÉTRANITRATE DE DINITRO-1,4 TÉTRAMÉTHYLOL-1,1,4,4 BUTANE (SEC)	Interdit	
TÉTRANITRATE DE MANNITANE	Interdit	
TÉTRANITRATE DE a-MÉTHYLGLUCOSIDE	Interdit	
TÉTRANITRATE DE PENTAÉRYTHRITE avec au moins 7 pour cent (masse) de cire	UN0411	112
TÉTRANITRATE DE PENTAÉRYTHRITE DÉSENSIBILISÉ avec au moins 15 pour cent (masse) de flegmatisant	UN0150	112
TÉTRANITRATE DE PENTAÉRYTHRITE EN MÉLANGE, DÉSENSIBILISÉ, SOLIDE, N.S.A., avec plus de 10 pour cent mais au plus 20 pour cent (masse) de tétranitrate de pentaérythrite (PETN)	UN3344	113
TÉTRANITRATE DE PENTAÉRYTHRITE HUMIDIFIÉ avec au moins 25 pour cent (masse) d'eau	UN0150	112
TÉTRANITRATE DE PENTAÉRYTHRITE (SEC)	Interdit	
TÉTRANITRATE DE PENTAÉRYTHRITOL avec au moins 7 pour cent (masse) de cire	UN0411	112
TÉTRANITRATE DE PENTAÉRYTHRITOL DÉSENSIBILISÉ avec au moins 15 pour cent (masse) de flegmatisant	UN0150	112
TÉTRANITRATE DE PENTAÉRYTHRITOL, HUMIDIFIÉ avec au moins 25 pour cent (masse) d'eau	UN0150	112
TÉTRANITRATE DE PENTAÉRYTHRITOL (SEC)	Interdit	
TÉTRANITRO DIGLYCÉRINE	Interdit	
TÉTRANITROMÉTHANE	UN1510	143T
TÉTRANITRO-2,3,4,6 PHÉNOL	Interdit	
TÉTRANITRO-2,3,4,6 PHÉNYL MÉTHYL NITRAMINE	Interdit	
TÉTRANITRO-2,3,4,6 PHÉNYLNITRAMINE	Interdit	
TÉTRANITRORÉSORCINOL (SEC)	Interdit	
TÉTRANITROSO-2,3,5,6 DINITRO-1,4 BENZÈNE	Interdit	
TÉTRANITROSO-2,3,5,6 NITROBENZÈNE (SEC)	Interdit	
TÉTRANITRURE DE SODIUM	Interdit	
TÉTRAPHOSPHATE D'HEXAÉTHYLE	UN1611	151
TÉTRAPHOSPHATE D'HEXAÉTHYLE ET GAZ COMPRIMÉ EN MÉLANGE	UN1612	123T
TÉTRAPROPYLÈNE	UN2850	128
TÉTRAZÈNE HUMIDIFIÉ avec au moins 30 pour cent (masse) d'eau ou d'un mélange d'alcool et d'eau	UN0114	112
TÉTRAZINE	Interdit	
TÉTRAZOLE-1H	UN0504	112
TÉTROXYDE DE DIAZOTE	UN1067	124T

Description	Numéro UN	# GMU
TÉTROXYDE D'OSMIUM	UN2471	154
TÉTRYL	UN0208	112
THALLIUM, COMPOSÉ DU, N.S.A.	UN1707	151
THIA-4 PENTANAL	UN2785	152
THIOCARBAMATE PESTICIDE LIQUIDE, INFLAMMABLE, TOXIQUE, d'un point d'éclair inférieur à 23 °C	UN2772	131
THIOCARBAMATE PESTICIDE LIQUIDE TOXIQUE	UN3006	151
THIOCARBAMATE PESTICIDE LIQUIDE TOXIQUE, INFLAMMABLE, d'un point d'éclair égal ou supérieur à 23 °C	UN3005	131
THIOCARBAMATE PESTICIDE SOLIDE TOXIQUE	UN2771	151
THIOCYANATE DE MERCURE	UN1646	151
THIOGLYCOL	UN2966	153
THIOPHÈNE	UN2414	130
THIOPHOSGÈNE	UN2474	157T
TISSUS D'ORIGINE ANIMALE, VÉGÉTALE ou SYNTHÉTIQUE, imprégnés d'huile, N.S.A.	UN1373	133
TISSUS IMPRÉGNÉS DE NITROCELLULOSE FAIBLEMENT NITRÉE, N.S.A.	UN1353	133
TITANE EN POUDRE HUMIDIFIÉ avec au moins 25 pour cent d'eau (un excès d'eau doit être apparent) : a) produit mécaniquement, d'une granulométrie de moins de 53 microns; b) produit chimiquement, d'une granulométrie de moins de 840 microns	UN1352	170
TITANE EN POUDRE SEC	UN2546	135
TNT EN MÉLANGE AVEC DE L'HEXANITROSTILBÈNE	UN0388	112
TNT EN MÉLANGE AVEC DU TRINITROBENZÈNE	UN0388	112
TNT EN MÉLANGE AVEC DU TRINITROBENZÈNE ET DE L'HEXANITROSTILBÈNE	UN0389	112
TNT HUMIDIFIÉ avec au moins 30 pour cent (masse) d'eau	UN1356	113
TNT sec ou humidifié avec moins de 30 pour cent (masse) d'eau	UN0209	112
TOLITE EN MÉLANGE AVEC DE L'HEXANITROSTILBÈNE	UN0388	112
TOLITE EN MÉLANGE AVEC DU TRINITROBENZÈNE	UN0388	112
TOLITE EN MÉLANGE AVEC DU TRINITROBENZÈNE ET DE L'HEXANITROSTILBÈNE	UN0389	112
TOLITE HUMIDIFIÉ avec au moins 30 pour cent (masse) d'eau	UN1356	113
TOLITE sec ou humidifié avec moins de 30 pour cent (masse) d'eau	UN0209	112
TOLUÈNE	UN1294	130
TOLUIDINES LIQUIDES	UN1708	153
TOLUIDINES SOLIDES	UN1708	153
m-TOLUYLÈNEDIAMINE	UN1709	151
TORPILLES À COMBUSTIBLE LIQUIDE avec ou sans charge d'éclatement	UN0449	112
TORPILLES À COMBUSTIBLE LIQUIDE avec tête inerte	UN0450	112
TORPILLES avec charge d'éclatement	UN0329	112
TORPILLES avec charge d'éclatement	UN0330	112
TORPILLES avec charge d'éclatement	UN0451	112
TORPILLES DE FORAGE EXPLOSIVES sans détonateur, pour puits de pétrole	UN0099	112
TOURNURE DE FER RÉSIDUAIRE provenant de la purification du gaz de ville	UN1376	135

Description	Numéro UN	# GMU
TOURTEAUX contenant au plus 1,5 pour cent d'huile et ayant 11,5 pour cent d'humidité au maximum	UN2217	135
TOURTEAUX contenant plus de 1,5 pour cent d'huile et ayant 11 pour cent d'humidité au maximum	UN1386	135
TOURTEAUX DE RICIN	UN2969	171
TOXINES EXTRAITES D'ORGANISMES VIVANTS, LIQUIDES, N.S.A. ne contenant pas des matières infectieuses	UN3172	153
TOXINES EXTRAITES D'ORGANISMES VIVANTS, SOLIDES, N.S.A. ne contenant pas des matières infectieuses	UN3172	153
TRACEURS POUR MUNITIONS	UN0212	112
TRACEURS POUR MUNITIONS	UN0306	114
TRIALLYLAMINE	UN2610	132
TRIAZIDO-1,3,5 TRINITRO-2,4,6 BENZÈNE (SEC)	Interdit	
TRIAZINE PESTICIDE LIQUIDE INFLAMMABLE, TOXIQUE, d'un point d'éclair inférieur à 23 °C	UN2764	131
TRIAZINE PESTICIDE LIQUIDE TOXIQUE	UN2998	151
TRIAZINE PESTICIDE LIQUIDE TOXIQUE, INFLAMMABLE, d'un point d'éclair égal ou supérieur à 23 °C	UN2997	131
TRIAZINE PESTICIDE SOLIDE TOXIQUE	UN2763	151
TRIAZOTURE CYANURIQUE	Interdit	
TRIBROMURE DE BORE	UN2692	157T
TRIBROMURE DE PHOSPHORE	UN1808	137
TRIBUTYLAMINE	UN2542	153
TRIBUTYLPHOSPHANE	UN3254	135
TRICHLORACÉTATE DE MÉTHYLE	UN2533	156
TRICHLORÉTHYLÈNE	UN1710	160
TRICHLOROBENZÈNES LIQUIDES	UN2321	153
TRICHLOROBUTÈNE	UN2322	152
TRICHLORO-1,1,1 ÉTHANE	UN2831	160
TRICHLOROSILANE	UN1295	139T
TRICHLORURE D'ANTIMOINE liquide	UN1733	157
TRICHLORURE D'ANTIMOINE LIQUIDE (terminologie OACI)	UN1733	157
TRICHLORURE D'ANTIMOINE solide	UN1733	157
TRICHLORURE D'ANTIMOINE SOLIDE (terminologie OACI)	UN1733	157
TRICHLORURE D'ARSENIC	UN1560	157T
TRICHLORURE D'AZOTE	Interdit	
TRICHLORURE DE BORE	UN1741	125T
TRICHLORURE DE PHOSPHORE	UN1809	137T
TRICHLORURE DE TITANE EN MÉLANGE	UN2869	157
TRICHLORURE DE TITANE EN MÉLANGE, PYROPHORIQUE	UN2441	135
TRICHLORURE DE TITANE PYROPHORIQUE	UN2441	135
TRICHLORURE DE VANADIUM	UN2475	157
TRIÉTHYLAMINE	UN1296	132
TRIÉTHYLÈNETÉTRAMINE	UN2259	153
TRIFLUOROCHLORÉTHYLÈNE STABILISÉ	UN1082	119PT
TRIFLUORO-1,1,1 ÉTHANE	UN2035	115
TRIFLUOROMÉTHANE	UN1984	126
TRIFLUOROMÉTHANE LIQUIDE RÉFRIGÉRÉ	UN3136	120
TRIFLUOROMÉTHYL-2 ANILINE	UN2942	153
TRIFLUOROMÉTHYL-3 ANILINE	UN2948	153
TRIFLUORURE D'AZOTE COMPRIMÉ	UN2451	122
TRIFLUORURE DE BORE COMPRIMÉ	UN1008	125T

Description	Numéro UN	# GMU
TRIFLUORURE DE BORE DIHYDRATÉ	UN2851	157
TRIFLUORURE DE BORE ET D'ACIDE ACÉTIQUE, COMPLEXE DE	UN1742	157
TRIFLUORURE DE BORE ET D'ACIDE PROPIONIQUE, COMPLEXE DE	UN1743	157
TRIFLUORURE DE BROME	UN1746	144T
TRIFLUORURE DE CHLORE	UN1749	124T
TRIIODURE D'AZOTE	Interdit	
TRIIODURE D'AZOTE MONOAMINE	Interdit	
TRIISOBUTYLÈNE	UN2324	128
TRIMÉTHYLAMINE ANHYDRE	UN1083	118
TRIMÉTHYLAMINE EN SOLUTION AQUEUSE contenant au plus 50 pour cent (masse) de triméthylamine	UN1297	132
TRIMÉTHYL-1,3,5 BENZÈNE	UN2325	129
TRIMÉTHYLCHLOROSILANE	UN1298	155T
TRIMÉTHYLCYCLOHEXYLAMINE	UN2326	153
TRIMÉTHYLHEXAMÉTHYLÈNEDIAMINES	UN2327	153
TRIMÉTHYL-1,3,5 TRINITRO-2,4,6 BENZÈNE	Interdit	
TRINITRANILINE	UN0153	112
TRINITRANISOLE	UN0213	112
TRINITRATE DE BUTANETRIOL-1,2,4	Interdit	
TRINITRATE DE GALACTAN	Interdit	
TRINITRATE DE GLUCONATE DE GLYCÉROL	Interdit	
TRINITRATE DE LACTATE DE GLYCÉROL	Interdit	
TRINITRATE DE a-MÉTHYLGLYCÉROL	Interdit	
TRINITRATE DE MÉTHYL TRIMÉTHYLOL MÉTHANE	Interdit	
TRINITRATE DE NITROISOBUTANE TRIOL	Interdit	
TRINITRATE DE TRIFORMOXIME	Interdit	
TRINITRATE DE TRIMÉTHYLOL NITROMÉTHANE	Interdit	
TRINITRATE DE TRINITRO-2,4,6 PHÉNYL TRIMÉTHYLOL MÉTHYL NITRAMINE (SEC)	Interdit	
TRINITRATE D'INULINE (SEC)	Interdit	
TRINITROACÉTONITRILE	Interdit	
TRINITROBENZÈNE HUMIDIFIÉ avec au moins 30 pour cent (masse) d'eau	UN1354	113
TRINITROBENZÈNE sec ou humidifié avec moins de 30 pour cent (masse) d'eau	UN0214	112
TRINITROCHLOROBENZÈNE	UN0155	112
TRINITRO-m-CRÉSOL	UN0216	112
TRINITRO-2,4,6 DIAZO-1,3 BENZÈNE	Interdit	
TRINITROÉTHANOL	Interdit	
TRINITROFLUORÉNONE	UN0387	112
TRINITROMÉTHANE	Interdit	
TRINITRO-1,3,5 NAPHTALÈNE	Interdit	
TRINITRONAPHTALÈNE	UN0217	112
TRINITROPHÉNÉTOLE	UN0218	112
TRINITROPHÉNOL HUMIDIFIÉ avec au moins 30 pour cent (masse) d'eau	UN1344	113
TRINITROPHÉNOL sec ou humidifié avec moins de 30 pour cent (masse) d'eau	UN0154	112
TRINITRO-2,4,6 PHÉNYLGUANIDINE (SÈCHE)	Interdit	
TRINITROPHÉNYLMÉTHYLNITRAMINE	UN0208	112
TRINITRO-2,4,6 PHÉNYLNITRAMINE	Interdit	
TRINITRORÉSORCINATE DE PLOMB HUMIDIFIÉ avec au moins 20 pour cent (masse) d'eau ou d'un mélange d'alcool et d'eau	UN0130	112
TRINITRORÉSORCINE sec ou humidifié avec moins de 20 pour cent (masse) d'eau ou d'un mélange d'alcool et d'eau	UN0219	
TRINITRORÉSORCINOL HUMIDIFIÉ avec au moins 20 pour cent (masse) d'eau ou d'un mélange d'alcool et d'eau	UN0394	112
TRINITRORÉSORCINOL sec ou humidifié avec moins de 20 pour cent (masse) d'eau ou d'un mélange d'alcool et d'eau	UN0219	112
TRINITROSO-2,4,6 MÉTHYL-3 NITRAMINOANISOLE	Interdit	
TRINITROTOLUÈNE EN MÉLANGE AVEC DE L'HEXANITROSTILBÈNE	UN0388	112
TRINITROTOLUÈNE EN MÉLANGE AVEC DU TRINITROBENZÈNE	UN0388	112
TRINITROTOLUÈNE EN MÉLANGE AVEC DU TRINITROBENZÈNE ET DE L'HEXANITROSTILBÈNE	UN0389	112
TRINITROTOLUÈNE HUMIDIFIÉ avec au moins 30 pour cent (masse) d'eau	UN1356	113
TRINITROTOLUÈNE sec ou humidifié avec moins de 30 pour cent (masse) d'eau	UN0209	112
TRIOXIDE D'AZOTE	UN2421	124T
TRIOXOSILICATE DE DISODIUM	UN3253	154
TRIOXYDE D'ARSENIC	UN1561	151
TRIOXYDE DE CHROME ANHYDRE	UN1463	141
TRIOXYDE DE PHOSPHORE	UN2578	157
TRIOXYDE DE SOUFRE STABILISÉ	UN1829	137T
TRIOZONURE DE BENZÈNE	Interdit	
TRIOZONURE DE BIPHÉNYLE	Interdit	
TRIPROPYLAMINE	UN2260	132
TRIPROPYLÈNE	UN2057	128
TRIS, BIS-FLUOROAMINO DIÉTHOXY PROPANE (TVOPA)	Interdit	
TRISULFURE DE PHOSPHORE ne contenant pas de phosphore jaune ou blanc	UN1343	139
TRITONAL	UN0390	112
TROUSSE CHIMIQUE	UN3316	171
TROUSSE DE PREMIERS SECOURS	UN3316	171
TROUSSE DE RÉSINE POLYESTER	UN3269	127
UNDÉCANE	UN2330	128
URÉE-PEROXYDE D'HYDROGÈNE	UN1511	140
VALÉRALDÉHYDE	UN2058	129
VANADATE DOUBLE D'AMMONIUM ET DE SODIUM	UN2863	154
VÉHICULE MÛ PAR ACCUMULATEURS, réglementé par aéronef seulement	UN3171	154
VINYLPIRIDINES STABILISÉES	UN3073	131P
VINYLTOLUÈNES STABILISÉS	UN2618	130P
VINYLTRICHLOROSILANE STABILISÉ	UN1305	155
XANTHATES	UN3342	135
XÉNON COMPRIMÉ	UN2036	121
XÉNON LIQUIDE RÉFRIGÉRÉ	UN2591	120
XYLÈNES	UN1307	130
XYLÉNOLS	UN2261	153
XYLIDINES LIQUIDES	UN1711	153
XYLIDINES SOLIDES	UN1711	153
ZINC, CENDRES DE	UN1435	138
ZINC EN POUDRE	UN1436	138
ZINC EN POUSSIÈRE	UN1436	138
ZIRCONIUM, DÉCHETS DE	UN1932	138

Description	Numéro UN	# GMU
ZIRCONIUM EN POUDRE HUMIDIFIÉ avec au moins 25 pour cent d'eau (un excès d'eau doit être apparent) : a) produit mécaniquement, d'une granulométrie de moins de 53 microns; b) produit chimiquement, d'une granulométrie de moins de 840 microns	UN1358	170
ZIRCONIUM EN POUDRE SEC	UN2008	135
ZIRCONIUM EN SUSPENSION DANS UN LIQUIDE INFLAMMABLE	UN1308	170
ZIRCONIUM SEC, sous forme de feuilles, de bandes ou de fils	UN2009	135
ZIRCONIUM SEC, sous forme de fils enroulés, de plaques métalliques ou de bandes (épaisseur : moins de 254 microns mais au minimum 18 microns)	UN2858	151

ANNEXE 4

Guide des mesures d'urgence

Comment déterminer le numéro du *Guide de mesures d'urgence*

1. Identifiez les matières dangereuses à l'aide de leur numéro UN figurant sur le document d'expédition ou du numéro UN figurant sur la plaque ou la plaque orange adjacente.
2. Trouvez le **numéro du Guide de mesures d'urgence à l'annexe** 3 (ou utilisez la liste des renvois de numéros UN/Guide des mesures d'urgence se trouvant à la fin de la présente annexe).
3. **Lisez attentivement le *Guide de mesures d'urgence*.**
   Si on ne peut obtenir le numéro du *Guide de mesures d'urgence* en consultant le document d'expédition et qu'aucun numéro UN ne figure sur le grand contenant, il faut utiliser les *Guides de mesures d'urgence* suivants.

Classe figurant sur la plaque	Numéro du *Guide des mesures d'urgence*
DANGER	111
Explosifs, 1.1, 1.2 et 1.3	112
Explosifs, 1.4	114
Explosifs, 1.5	112
Explosifs, 1.6	112
Gaz inflammables, 2.1	118
Gaz ininflammables et non toxiques, 2.2	121
Oxygène, 2.2	122
Gaz toxiques, 2.3	123
Liquides inflammables, 3	127
Solides inflammables, 4.1	134
Matières sujettes à l'inflammation spontanée, 4.2	136
Matières hydroréactives, 4.2	139
Matières comburantes, 5.1	143
Peroxydes organiques, 5.2	148
Matières toxiques, 6.1	153
Matières infectieuses, 6.2	158
Matières radioactives, 7	163
Matières corrosives, 8	153
Produits, matières ou organismes divers	171

Si on ne peut trouver un Guide des mesures d'urgence et qu'on croit qu'un incident met en cause des marchandises dangereuses, il faut utiliser le Guide n° 111.

* N.B. : Lorsque vous utilisez le document d'expédition, il se peut :

- que les mots décrivant les marchandises matières dangereuses sur le document d'expédition n'apparaissent pas dans le même ordre que dans l'annexe 3, ce qui est acceptable. *Par exemple, amiante blanc, UN2590 peut être écrit comme suit : amiante, blanc, UN2590*
- que des préfixes soient ajoutés à l'appellation chimique des marchandises matières dangereuses figurant sur le document d'expédition. *Par exemple, éthanolamine, UN2491, peut être monoéthanolamine, UN2491*
- qu'il y ait un texte descriptif supplémentaire suivant l'appellation réglementaire. *Par exemple, chlorate de baryum, UN1445, peut être écrit comme suit : chlorate de baryum humide, UN1445*
- qu'il y ait une autre façon d'écrire le mot, notamment sur les expéditions provenant des États-Unis. Il importe de noter que « poison » et « toxic » signifient la même chose. *Par exemple, Compressed Gas, Toxic, Oxidizing, Corrosive (gaz comprimé toxique, comburant, corrosif), N.O.S., UN3306, signifie la même chose que Compressed Gas, Poisonous, Oxidizing, Corrosive, N.O.S., UN3306.* Il en va de même pour les mots « stabilisé » et « inhibé ». *Par exemple, butadiènes stabilisés, UN1010, signifie la même chose que : butadiènes inhibés, UN1010*

- qu'on utilise une appellation chimique précise au lieu de l'appellation chimique générique. *Par exemple, il se peut que Fluorure de plomb, UN2811, et non Solide organique toxique, N.S.A. UN 2811, figure sur le document d'expédition*

Un conducteur se doit d'être au courant de ces différences et de toujours utiliser le numéro UN pour trouver le bon Guide de mesures d'urgence.

Chaque numéro UN correspond à un Guide de mesures d'urgence. *Par exemple, pour l'hydroxyde de sodium en solution UN1824, consultez le Guide de mesures d'urgence numéro 154.*

MESURES DE SÉCURITÉ GÉNÉRALES

Approchez-vous prudemment du côté en amont. Essayez de ne pas vous précipiter ; évaluez à fond la situation avant de venir en aide aux autres.

Voyez à la sécurité du lieu. Isolez la zone dangereuse sans y pénétrer et voyez à la sécurité des gens et du milieu. Tenez les curieux à l'écart. Prévoyez suffisamment d'espace pour vous déplacer et pour déplacer vos équipements.

Identifiez les dangers. Trouvez les informations nécessaires sur les plaques, étiquettes, documents d'expédition, fiches signalétiques, et/ou adressez-vous aux personnes informées sur place. Évaluez toutes les informations disponibles et consultez le bon Guide de mesures d'urgence afin de réduire les risques immédiats.

Évaluez la situation, en vous posant les questions suivantes :

S'agit-il d'un incendie, d'un déversement ou d'une fuite ?
Quelles sont les conditions climatiques ?
Quelles sont les caractéristiques du terrain ?
Qui est à risque/qu'est-ce qui est à risque : population, biens ou environnement ?
Quelles sont les mesures à prendre : Faut-il procéder à une évacuation ? Faut-il un endiguement ? Quelles sont les ressources (humaines et équipements) dont on a besoin et qui sont facilement disponibles ?
Que peut-on faire sur-le-champ ?

Obtenir de l'aide. Avisez les autorités compétentes et demandez de l'aide du personnel compétent.

AVANT DE PRENDRE D'AUTRES MESURES :

Décidez de quelle façon vous devez entrer sur le site. Lorsqu'on tente de sauver toute personne, de protéger les biens ou l'environnement, on doit tout mettre en œuvre pour ne pas aggraver la situation. Entrez sur le lieu seulement si vous portez le bon équipement de protection.

Prenez les bonnes mesures. Vous devez premièrement voir à la sécurité des personnes se trouvant dans la zone immédiate, y compris la vôtre. Ne marchez pas sur le produit déversé et n'y touchez pas. Évitez d'inhaler les émanations, la fumée et les vapeurs, même s'il n'y a aucune marchandise dangereuse. Ne supposez pas que les gaz ou vapeurs sont inoffensifs parce qu'ils sont inodores. Les gaz et vapeurs inodores peuvent être toxiques.

111 Chargement Mixte/non identifié

RISQUES POTENTIELS

INCENDIE OU EXPLOSION

• Peut exploser sous l'action de la chaleur, le choc, la friction ou la contamination. • Peut réagir violemment ou explosivement au contact de l'air, de l'eau ou de mousses. • Peut être allumé par la chaleur, par des étincelles ou par des flammes. • Les vapeurs peuvent se propager vers une source d'allumage et provoquer un retour de flamme au point de fuite. • Les contenants peuvent exploser lorsque chauffés. • Les bouteilles à gaz brisées peuvent s'autopropulser violemment.

SANTÉ

• L'inhalation, l'ingestion ou le contact à cette substance peut causer de graves blessures, l'infection, la maladie ou la mort. • Une forte concentration de gaz peut provoquer l'asphyxie sans avertissement. • Le contact peut causer des brûlures à la peau et aux yeux. • Un feu ou le contact avec l'eau peut produire des gaz irritants, toxiques et/ou corrosifs. • Les eaux de contrôle d'incendie peuvent polluer.

SÉCURITÉ PUBLIQUE

• COMPOSER le numéro de téléphone d'urgence indiqué sur les documents d'expédition. Si non disponibles ou aucune réponse, COMPOSER le numéro d'urgence approprié indiqué à la fin du livre. • Isoler immédiatement dans un rayon minimum de 100 à 200 mètres autour du site du déversement. • Éloigner les curieux et le personnel non autorisé. • Demeurer en amont du vent. • Éviter les dépressions de terrain.

VÊTEMENTS DE PROTECTION

• Porter un Appareil de Protection Respiratoire Autonome (APRA) à pression positive. • Les vêtements de protection pour feux d'immeubles sont à conseiller pour les cas d'incendie SEULEMENT; ils peuvent être inefficaces en cas de déversements.

ÉVACUATION

Incendie

• Si une citerne (routière ou ferroviaire) ou une remorque est impliquée dans un feu, ISOLER 800 mètres dans toutes les directions; de plus, envisager une première évacuation pour 800 mètres dans toutes les directions.

MESURES D'URGENCE

INCENDIE

ATTENTION: La substance pourrait réagir avec l'agent d'extinction.

Incendie mineur

• Poudre chimique sèche, CO2, eau pulvérisée ou mousse régulière.

Incendie majeur

• Eau pulvérisée ou en brouillard, ou mousse. • Éloigner les contenants de la zone de feu si cela peut se faire sans risque.

Incendie Impliquant des Citernes

• Refroidir les contenants à grande eau longtemps après l'extinction de l'incendie. • Empêcher l'infiltration d'eau dans les contenants. • Se retirer immédiatement si le sifflement émis par les dispositifs de sécurité augmente ou si la citerne se décolore. • TOUJOURS se tenir éloigné d'une citerne engouffrée par les flammes.

DÉVERSEMENT OU FUITE

• Ne pas toucher ou marcher sur le produit déversé. • Éliminer du site toute source d'allumage (ex: cigarette, fusée routière, étincelles et flammes). • Tout équipement utilisé pour manipuler ce produit doit être mis à la terre. • Garder les combustibles (bois, papier, huile, etc.) loin de la substance déversée. • Utiliser un brouillard d'eau pour détourner ou réduire les émanations. Empêcher les eaux de ruissellement d'entrer en contact avec la substance déversée. • Empêcher l'infiltration dans les cours d'eau, les égouts, les sous-sols ou les endroits clos.

Petit déversement

• Ramasser avec du sable ou autre matière absorbante non combustible et transférer dans un contenant pour en disposer plus tard.

Déversement majeur

• Endiguer à bonne distance du déversement liquide pour en disposer plus tard.

PREMIERS SOINS

• Transporter la victime à l'air frais. • Contacter le 911 ou les services médicaux d'urgence. • En cas d'arrêt respiratoire, appliquer la respiration artificielle. **• Ne pas utiliser la méthode bouche-à-bouche si la victime a ingéré ou inhalé la substance, appliquer la respiration artificielle à l'aide d'un masque de poche muni d'une valve à sens unique ou autre appareil médical approprié**. • En cas de gêne respiratoire, donner de l'oxygène. • Enlever vêtements et souliers contaminés puis les isoler. • En cas de contact avec la substance, laver les yeux ou la peau immédiatement à l'eau courante pendant au moins 20 minutes. • Se savonner soigneusement sous la douche. • Calmer la victime et la couvrir chaudement. • Les effets liés à l'exposition (inhalation, ingestion ou contact avec la peau) peuvent être retardés. • Aviser le personnel médical de l'identité du produit afin qu'ils prennent les dispositions nécessaires pour assurer leur sécurité.

112 Explosifs - Division 1.1, 1.2, 1.3, 1.5 ou 1.6

RISQUES POTENTIELS

INCENDIE OU EXPLOSION

• PEUT EXPLOSER ET PROJETER DES ÉCLATS à 1600 mètres OU PLUS SI LE FEU REJOINT LA CARGAISON. • Pour information sur les "Groupes de Compatibilité", se référer au Glossaire.

SANTÉ

• Un feu peut produire des gaz irritants, corrosifs et/ou toxiques.

SÉCURITÉ PUBLIQUE

• COMPOSER le numéro de téléphone d'urgence indiqué sur les documents d'expédition. Si non disponibles ou aucune réponse, COMPOSER le numéro d'urgence approprié indiqué à la fin du livre. • Isoler immédiatement dans un rayon minimum de 500 mètres autour du site du déversement. • Déplacer les gens hors du champs de vision direct de la scène et loin des fenêtres. • Éloigner les curieux et le personnel non autorisé. • Demeurer en amont du vent. • Avant d'y accéder, aérer les endroits clos.

VÊTEMENTS DE PROTECTION

• Porter un Appareil de Protection Respiratoire Autonome (APRA) à pression positive Les vêtements de protection pour feux d'immeubles ne fourniront qu'une efficacité limitée.

ÉVACUATION

Déversement majeur

• Envisager une première évacuation dans un périmètre de 800 mètres de rayon.

Incendie

• Si un wagon ou remorque contenant des explosifs blindés (bombes ou artillerie) est en feu, ISOLER 1600 mètres dans toutes les directions; envisager une première évacuation, incluant les intervenants d'urgence, pour 1600 mètres dans toutes les directions. • Lorsque des explosifs blindés ne sont pas impliqués, évacuer la zone dans un périmètre de 800 mètres de rayon.

MESURES D'URGENCE

INCENDIE

INCENDIE DE CARGAISON

• NE PAS combattre l'incendie lorsqu'il implique la cargaison! RISQUE D'EXPLOSION! • Arrêter toute circulation, évacuer dans un périmètre d'au moins 1600 mètres de rayon et laisser brûler. • Ne pas déplacer le véhicule ou sa cargaison si la cargaison a été exposée à la chaleur.

Incendie de PNEUS ou VÉHICULE

• Utiliser de l'eau - NOYER le feu!

À défaut d'eau, utiliser du CO2, poudre chimique sèche ou de la terre. • Si possible et SANS RISQUE, utiliser des lances et des canons à eau télécommandés pour empêcher le feu d'atteindre la cargaison. • Attention aux feux de pneus car il peuvent se rallumer. Se tenir en alerte, muni d'extincteurs.

DÉVERSEMENT OU FUITE

• Éliminer du site toute source d'allumage (ex: cigarette, fusée routière, étincelles et flammes). • Tout équipement utilisé pour manipuler ce produit doit être mis à la terre. • Ne pas toucher ou marcher sur le produit déversé. • NE PAS UTILISER D'ÉMETTEURS RADIO DANS UN RAYON INFÉRIEUR A 100 MÈTRES DE DÉTONATEURS ÉLECTRIQUES. **• NE PAS NETTOYER OU ÉLIMINER SAUF SOUS LA SUPERVISION D'UN SPÉCIALISTE.**

PREMIERS SOINS

• Transporter la victime à l'air frais. • Contacter le 911 ou les services médicaux d'urgence. • En cas d'arrêt respiratoire, appliquer la respiration artificielle. • En cas de gêne respiratoire, donner de l'oxygène. • Enlever vêtements et souliers contaminés puis les isoler. • En cas de contact avec la substance, laver les yeux ou la peau immédiatement à l'eau courante pendant au moins 20 minutes. • Aviser le personnel médical de l'identité du produit afin qu'ils prennent les dispositions nécessaires pour assurer leur sécurité. • Pour plus d'information sur les lettres indiquant les "Groupes de Compatibilité", référer à la section Glossaire.

113 Solides Inflammables - Toxiques (explosifs Humides/désensibilisés)

RISQUES POTENTIELS

INCENDIE OU EXPLOSION

• Substance inflammable/combustible. • Peut être allumé par la chaleur, par des étincelles ou par des flammes. • **Lorsque SÉCHÉE, la substance peut exploser sous l'effet de la chaleur, des flammes, de la friction ou d'un choc. Traiter comme un explosif (GUIDE 112).**

• **Garder la substance mouillée à l'aide d'eau ou traiter comme un explosif (Guide 112).** • Le ruissellement vers les égouts peut créer un risque de feu ou d'explosion.

SANTÉ

• Certains sont toxiques et peuvent être fatals par inhalation, ingestion ou absorption cutanée. • Le contact peut causer des brûlures à la peau et aux yeux. • Un feu peut produire des gaz irritants, corrosifs et/ou toxiques. • Les eaux de contrôle d'incendie ou de dilution peuvent polluer.

SÉCURITÉ PUBLIQUE

• **COMPOSER le numéro de téléphone d'urgence indiqué sur les documents d'expédition. Si non disponibles ou aucune réponse, COMPOSER le numéro d'urgence approprié indiqué à la fin du livre.** • Isoler immédiatement dans un rayon minimum de 100 mètres autour du site du déversement. • Éloigner les curieux et le personnel non autorisé. • Demeurer en amont du vent. • Avant d'y accéder, aérer les endroits clos.

VÊTEMENTS DE PROTECTION

• Porter un Appareil de Protection Respiratoire Autonome (APRA) à pression positive. • Les vêtements de protection pour feux d'immeubles ne fourniront qu'une efficacité limitée.

ÉVACUATION

Déversement majeur

• **Envisager une première évacuation dans un périmètre de 500 mètres de rayon.**

Incendie

• Si une citerne (routière ou ferroviaire) ou une remorque est impliquée dans un feu, ISOLER 800 mètres dans toutes les directions; de plus, envisager une première évacuation pour 800 mètres dans toutes les directions.

MESURES D'URGENCE

INCENDIE

INCENDIE DE CARGAISON

• **NE PAS combattre l'incendie lorsqu'il implique la cargaison! RISQUE D'EXPLOSION!** • Arrêter toute circulation, évacuer dans un périmètre d'au moins 800 mètres de rayon et laisser brûler. • **Ne pas déplacer le véhicule ou sa cargaison si la cargaison a été exposée à la chaleur.**

Incendie de PNEUS ou VÉHICULE

• **Utiliser de l'eau - NOYER le feu! À défaut d'eau, utiliser du CO2, poudre chimique sèche ou de la terre.** • Si possible et SANS RISQUE, utiliser des lances et des canons à eau télécommandés pour empêcher le feu d'atteindre la cargaison. • Attention aux feux de pneus car il peuvent se rallumer. Se tenir en alerte, muni d'extincteurs.

DÉVERSEMENT OU FUITE

• Éliminer du site toute source d'allumage (ex: cigarette, fusée routière, étincelles et flammes). • Tout équipement utilisé pour manipuler ce produit doit être mis à la terre. • Ne pas toucher ou marcher sur le produit déversé.

Petit déversement

• Nettoyer le site à grande eau.

Déversement majeur

• Humecter d'eau et endiguer afin d'en disposer plus tard. • GARDER LES PRODUITS "HUMIDES" MOUILLÉS EN AJOUTANT LENTEMENT UN EXCÈS D'EAU.

PREMIERS SOINS

• Transporter la victime à l'air frais. • Contacter le 911 ou les services médicaux d'urgence. • En cas d'arrêt respiratoire, appliquer la respiration artificielle. • En cas de gêne respiratoire, donner de l'oxygène. • Enlever vêtements et souliers contaminés puis les isoler. • En cas de contact avec la substance, laver les yeux ou la peau immédiatement à l'eau courante pendant au moins 20 minutes. • Aviser le personnel médical de l'identité du produit afin qu'ils prennent les dispositions nécessaires pour assurer leur sécurité.

114 Explosifs * - Division 1.4

RISQUES POTENTIELS

INCENDIE OU EXPLOSION

• **PEUT EXPLOSER ET PROJETER DES ÉCLATS à 500 mètres OU PLUS SI LE FEU REJOINT LA CARGAISON.** • ***Pour information sur les "Groupes de Compatibilité", se référer au Glossaire.***

SANTÉ

• Un feu peut produire des gaz irritants, corrosifs et/ou toxiques.

SÉCURITÉ PUBLIQUE

• **COMPOSER le numéro de téléphone d'urgence indiqué sur les documents d'expédition. Si non disponibles ou aucune réponse, COMPOSER le numéro d'urgence approprié indiqué à la fin du livre.** • Isoler immédiatement dans un rayon minimum de 100 mètres autour du site du déversement. • Déplacer les gens hors du champs de vision direct de la scène et loin des fenêtres. • Éloigner les curieux et le personnel non autorisé. • Demeurer en amont du vent. • Avant d'y accéder, aérer les endroits clos.

VÊTEMENTS DE PROTECTION

• Porter un Appareil de Protection Respiratoire Autonome (APRA) à pression positive. • Les vêtements de protection pour feux d'immeubles ne fourniront qu'une efficacité limitée.

ÉVACUATION

Déversement majeur

• **Envisager une première évacuation dans un périmètre de 250 mètres de rayon.**

Incendie

• Si un wagon ou une remorque est impliquée dans un feu, ISOLER 500 mètres dans toutes les directions; de plus, envisager une première évacuation, incluant les intervenants d'urgence, pour 500 mètres dans toutes les directions.

MESURES D'URGENCE

INCENDIE

INCENDIE DE CARGAISON

• **NE PAS combattre l'incendie lorsqu'il implique la cargaison! RISQUE D'EXPLOSION!**

• Arrêter toute circulation, évacuer dans un périmètre d'au moins 500 mètres de rayon et laisser brûler. • **Ne pas déplacer le véhicule ou sa cargaison si la cargaison a été exposée à la chaleur.**

Incendie de PNEUS ou VÉHICULE

• **Utiliser de l'eau - NOYER le feu! À défaut d'eau, utiliser du CO2, poudre chimique sèche ou de la terre.** • Si possible et SANS RISQUE, utiliser des lances et des canons à eau télécommandés pour empêcher le feu d'atteindre la cargaison. • Attention aux feux de pneus car il peuvent se rallumer. Se tenir en alerte, muni d'extincteurs.

DÉVERSEMENT OU FUITE

• Éliminer du site toute source d'allumage (ex: cigarette, fusée routière, étincelles et flammes). • Tout équipement utilisé pour manipuler ce produit doit être mis à la terre. • Ne pas toucher ou marcher sur le produit déversé. • NE PAS UTILISER D'ÉMETTEURS RADIO DANS UN RAYON INFÉRIEUR A 100 MÈTRES DE DÉTONATEURS ÉLECTRIQUES. • **NE PAS NETTOYER OU ÉLIMINER SAUF SOUS LA SUPERVISION D'UN SPÉCIALISTE.**

PREMIERS SOINS

• Transporter la victime à l'air frais. • Contacter le 911 ou les services médicaux d'urgence. • En cas d'arrêt respiratoire, appliquer la respiration artificielle. • En cas de gêne respiratoire, donner de l'oxygène. • Enlever vêtements et souliers contaminés puis les isoler. • En cas de contact avec la substance, laver les yeux ou la peau immédiatement à l'eau courante pendant au moins 20 minutes. • Aviser le personnel médical de l'identité du produit afin qu'ils prennent les dispositions nécessaires pour assurer leur sécurité.

INFORMATION SUPPLÉMENTAIRE

• Les colis étiquetés 1.4S ou qui contiennent des substances classifiées 1.4S, sont conçus ou emballés de façon telle que lorsqu'en feu, brûlent violemment entraînant des détonations et projections qui seront limitées au voisinage immédiat des colis. • Les risques sont normalement limités au voisinage immédiat des colis. • Si le feu menace une cargaison d'explosifs portant des étiquettes 1.4S ou contenant des matières classées 1.4S, évacuer au moins 15 mètres dans toutes directions. Combattre le feu d'une distance sécuritaire en suivant les précautions habituelles. • Pour plus d'information sur les lettres indiquant les "Groupes de Compatibilité", référer à la section Glossaire.

115 Gaz - Inflammables (incluant des Liquides Réfrigérés)

RISQUES POTENTIELS

INCENDIE OU EXPLOSION

• **EXTRÊMEMENT INFLAMMABLE.** • S'enflamme facilement sous l'action de la chaleur, d'étincelles ou de flammes. • Forme des mélanges explosifs avec l'air. • Les vapeurs de gaz liquéfiés sont initialement plus lourdes que l'air et se diffusent au ras du sol. • Les vapeurs peuvent se propager vers une source d'allumage et provoquer un retour de flamme au point de fuite. • Les contenants peuvent exploser lorsque chauffés. • Les bouteilles à gaz brisées peuvent s'autopropulser violemment.

SANTÉ

• Les vapeurs peuvent causer des étourdissements ou l'asphyxie sans avertissement. • Certains peuvent être irritants si inhalés à fortes concentrations. • Le contact avec le gaz ou le gaz liquéfié peut causer de graves blessures, des brûlures et/ou des engelures. • Un feu peut produire des gaz irritants et/ou toxiques.

SÉCURITÉ PUBLIQUE

• **COMPOSER le numéro de téléphone d'urgence indiqué sur les documents d'expédition. Si non disponibles ou aucune réponse, COMPOSER le numéro d'urgence approprié indiqué à la fin du livre.** • Isoler immédiatement dans un rayon minimum de 50 à 100 mètres autour du site du déversement. • Éloigner les curieux et le personnel non autorisé. • Demeurer en amont du vent. • Plusieurs gaz sont plus lourds que l'air et se propageront au ras du sol pour s'accumuler dans les dépressions ou les endroits clos (égouts, sous-sols, citernes). • Éviter les dépressions de terrain.

VÊTEMENTS DE PROTECTION

• Porter un Appareil de Protection Respiratoire Autonome (APRA) à pression positive. • Les vêtements de protection pour feux d'immeubles ne fourniront qu'une efficacité limitée. • Toujours porter des vêtements de protection thermique pour manipuler des liquides réfrigérés/cryogéniques.

ÉVACUATION

Déversement majeur

• Envisager une première évacuation d'une distance de 800 mètres sous le vent.

Incendie

• Si une citerne (routière ou ferroviaire) ou une remorque est impliquée dans un feu, ISOLER 1600 mètres dans toutes les directions; de plus, envisager une première évacuation pour 1600 mètres dans toutes les directions.

MESURES D'URGENCE

INCENDIE

• **NE PAS ÉTEINDRE UNE FUITE DE GAZ EN FEU, À MOINS DE POUVOIR STOPPER LA FUITE.**

Incendie mineur

• Poudre chimique sèche ou CO2.

Incendie majeur

• Eau pulvérisée ou en brouillard. • Éloigner les contenants de la zone de feu si cela peut se faire sans risque.

Incendie Impliquant des Citernes

• Combattre l'incendie d'une distance maximale ou utiliser des lances ou canons à eau télécommandés. • Refroidir les contenants à grande eau longtemps après l'extinction de l'incendie. • Ne pas appliquer d'eau au point de fuite ou sur les dispositifs de sécurité afin d'éviter l'obstruction par la glace. • Se retirer immédiatement si le sifflement émis par les dispositifs de sécurité augmente ou si la citerne se décolore. • TOUJOURS se tenir éloigné d'une citerne engouffrée par les flammes. • Pour un incendie majeur, utiliser des lances ou des canons à eau télécommandés; lorsqu'impossible, se retirer et laisser brûler.

DÉVERSEMENT OU FUITE

• Éliminer du site toute source d'allumage (ex: cigarette, fusée routière, étincelles et flammes). • Tout équipement utilisé pour manipuler ce produit doit être mis à la terre. • Ne pas toucher ou marcher sur le produit déversé. • Si sans risque, arrêter la fuite. • Si possible, retourner le contenant pour laisser fuir le gaz plutôt que le liquide. • Utiliser un brouillard d'eau pour détourner ou réduire les émanations. Empêcher les eaux de ruissellement d'entrer en contact avec la substance déversée. • Ne pas appliquer d'eau sur le déversement ou au point de fuite. • Empêcher la dispersion de vapeurs aux égouts, aux systèmes de ventilation et aux endroits clos. • Isoler la zone jusqu'à la dispersion des gaz. **ATTENTION: Lors d'un contact avec des liquides réfrigérés/cryogéniques, plusieurs matériaux deviennent fragiles. Ils peuvent alors se briser facilement.**

PREMIERS SOINS

• Transporter la victime à l'air frais. • Contacter le 911 ou les services médicaux d'urgence. • En cas d'arrêt respiratoire, appliquer la respiration artificielle. • En cas de gêne respiratoire, donner de l'oxygène. • Enlever vêtements et souliers contaminés puis les isoler. • Tout vêtement gelé sur la peau devrait être dégelé avant d'être enlevé. • En cas de contact avec le gaz liquéfié, dégeler les engelures en utilisant de l'eau tiède. • Calmer la victime et la couvrir chaudement. • Aviser le personnel médical de l'identité du produit afin qu'ils prennent les dispositions nécessaires pour assurer leur sécurité.

116 Gaz - Inflammables (instables)

RISQUES POTENTIELS

INCENDIE OU EXPLOSION

• EXTRÊMEMENT INFLAMMABLE. • S'enflamme facilement sous l'action de la chaleur, d'étincelles ou de flammes. • Forme des mélanges explosifs avec l'air. • Le silane s'enflammera spontanément à l'air. **• Les substances identifiées avec la lettre (P) peuvent polymériser explosivement lorsque chauffées ou impliquées dans un incendie.** • Les vapeurs de gaz liquéfiés sont initialement plus lourdes que l'air et se diffusent au ras du sol. • Les vapeurs peuvent se propager vers une source d'allumage et provoquer un retour de flamme au point de fuite. • Les contenants peuvent exploser lorsque chauffés. • Les bouteilles à gaz brisées peuvent s'autopropulser violemment.

SANTÉ

• Les vapeurs peuvent causer des étourdissements ou l'asphyxie sans avertissement. • Certains peuvent être toxiques si inhalés à fortes concentrations. • Le contact avec le gaz ou le gaz liquéfié peut causer de graves blessures, des brûlures et/ou des engelures. • Un feu peut produire des gaz irritants et/ou toxiques.

SÉCURITÉ PUBLIQUE

• COMPOSER le numéro de téléphone d'urgence indiqué sur les documents d'expédition. Si non disponibles ou aucune réponse, COMPOSER le numéro d'urgence approprié indiqué à la fin du livre. • Isoler immédiatement dans un rayon minimum de 100 mètres autour du site du déversement. • Éloigner les curieux et le personnel non autorisé. • Demeurer en amont du vent. • Plusieurs gaz sont plus lourds que l'air et se propageront au ras du sol pour s'accumuler dans les dépressions ou les endroits clos (égouts, sous-sols, citernes). • Éviter les dépressions de terrain.

VÊTEMENTS DE PROTECTION

• Porter un Appareil de Protection Respiratoire Autonome (APRA) à pression positive. • Les vêtements de protection pour feux d'immeubles ne fourniront qu'une efficacité limitée.

ÉVACUATION

Déversement majeur • Envisager une première évacuation d'une distance de 800 mètres sous le vent. **Incendie** • Si une citerne (routière ou ferroviaire) ou une remorque est impliquée dans un feu, ISOLER 1600 mètres dans toutes les directions; de plus, envisager une première évacuation pour 1600 mètres dans toutes les directions.

MESURES D'URGENCE

INCENDIE

• NE PAS ÉTEINDRE UNE FUITE DE GAZ EN FEU, À MOINS DE POUVOIR STOPPER LA FUITE.

Incendie mineur

• Poudre chimique sèche ou CO2. Incendie majeur • Eau pulvérisée ou en brouillard. • Éloigner les contenants de la zone de feu si cela peut se faire sans risque. **Incendie Impliquant des Citernes** • Combattre l'incendie d'une distance maximale ou utiliser des lances ou canons à eau télécommandés. • Refroidir les contenants à grande eau longtemps après l'extinction de l'incendie. • Ne pas appliquer d'eau au point de fuite ou sur les dispositifs de sécurité afin d'éviter l'obstruction par la glace. • Se retirer immédiatement si le sifflement émis par les dispositifs de sécurité augmente ou si la citerne se décolore. • TOUJOURS se tenir éloigné d'une citerne engouffrée par les flammes. • Pour un incendie majeur, utiliser des lances ou des canons à eau télécommandés; lorsqu'impossible, se retirer et laisser brûler.

DÉVERSEMENT OU FUITE

• Éliminer du site toute source d'allumage (ex: cigarette, fusée routière, étincelles et flammes). • Tout équipement utilisé pour manipuler ce produit doit être mis à la terre. • Si sans risque, arrêter la fuite. • Ne pas toucher ou marcher sur le produit déversé. • Ne pas appliquer d'eau sur le déversement ou au point de fuite. • Utiliser un brouillard d'eau pour détourner ou réduire les émanations. Empêcher les eaux de ruissellement d'entrer en contact avec la substance déversée. • Si possible, retourner le contenant pour laisser fuir le gaz plutôt que le liquide. • Empêcher l'infiltration dans les cours d'eau, les égouts, les sous-sols ou les endroits clos. • Isoler la zone jusqu'à la dispersion des gaz.

PREMIERS SOINS

• Transporter la victime à l'air frais. • Contacter le 911 ou les services médicaux d'urgence. • En cas d'arrêt respiratoire, appliquer la respiration artificielle. • En cas de gêne respiratoire, donner de l'oxygène. • Enlever vêtements et souliers contaminés puis les isoler. • En cas de contact avec le gaz liquéfié, dégeler les engelures en utilisant de l'eau tiède. • Calmer la victime et la couvrir chaudement. • Aviser le personnel médical de l'identité du produit afin qu'ils prennent les dispositions nécessaires pour assurer leur sécurité.

117 Gaz - Toxiques - Inflammables (extrêmement Dangereux)

RISQUES POTENTIELS

SANTÉ

• **TOXIQUE; Extrêmement dangereux.** • L'inhalation ou l'absorption cutanée peut être fatale. • L'odeur initiale peut être irritante ou désagréable et peut affaiblir le sens de l'odorat. • Le contact avec le gaz ou le gaz liquéfié peut causer de graves blessures, des brûlures et/ou des engelures. • Un feu produira des gaz irritants, corrosifs et/ou toxiques. • Les eaux de contrôle d'incendie peuvent polluer.

INCENDIE OU EXPLOSION

• Ces substances sont extrêmement inflammables. • Peut former des mélanges explosifs avec l'air. • Peut être allumé par la chaleur, par des étincelles ou par des flammes. • Les vapeurs de gaz liquéfiés sont initialement plus lourdes que l'air et se diffusent au ras du sol. • Les vapeurs peuvent se propager vers une source d'allumage et provoquer un retour de flamme au point de fuite. • Les rejets liquides représentent un risque de feu ou d'explosion. • Les contenants peuvent exploser lorsque chauffés. • Les bouteilles à gaz brisées peuvent s'autopropulser violemment.

SÉCURITÉ PUBLIQUE

• **COMPOSER le numéro de téléphone d'urgence indiqué sur les documents d'expédition. Si non disponibles ou aucune réponse, COMPOSER le numéro d'urgence approprié indiqué à la fin du livre.** • Isoler immédiatement dans un rayon minimum de 100 à 200 mètres autour du site du déversement. • Éloigner les curieux et le personnel non autorisé. • Demeurer en amont du vent. • Plusieurs gaz sont plus lourds que l'air et se propageront au ras du sol pour s'accumuler dans les dépressions ou les endroits clos (égouts, sous-sols, citernes). • Éviter les dépressions de terrain. • Avant d'y accéder, aérer les endroits clos.

VÊTEMENTS DE PROTECTION

• Porter un Appareil de Protection Respiratoire Autonome (APRA) à pression positive. • Porter un vêtement de protection chimique spécifiquement recommandé par le fabricant. Il peut fournir une protection thermique variant de faible à nulle. • Les vêtements de protection pour feux d'immeubles offrent une protection limitée pour les cas d'incendie SEULEMENT; ils ne sont pas efficaces en cas de déversements.

ÉVACUATION

Déversement • Voir le Tableau des Distances d'Isolation Initiale et d'Activités de Protection pour les substances surlignées. Pour les autres substances, augmenter, tel que nécessaire, en aval du vent, la distance d'isolation indiquée sous "SÉCURITÉ PUBLIQUE".

Incendie

• Si une citerne (routière ou ferroviaire) ou une remorque est impliquée dans un feu, ISOLER 1600 mètres dans toutes les directions; de plus, envisager une première évacuation pour 1600 mètres dans toutes les directions.

MESURES D'URGENCE

INCENDIE

• **NE PAS ÉTEINDRE UNE FUITE DE GAZ EN FEU, À MOINS DE POUVOIR STOPPER LA FUITE.**

Incendie mineur

• Poudre chimique sèche, CO2, eau pulvérisée ou mousse régulière.

Incendie majeur

• Eau pulvérisée ou en brouillard, ou mousse. • Éloigner les contenants de la zone de feu si cela peut se faire sans risque. • Les bouteilles à gaz endommagées ne devraient être manipulées que par des spécialistes.

Incendie Impliquant des Citernes

• Combattre l'incendie d'une distance maximale ou utiliser des lances ou canons à eau télécommandés. • Refroidir les contenants à grande eau longtemps après l'extinction de l'incendie. • Ne pas appliquer d'eau au point de fuite ou sur les dispositifs de sécurité afin d'éviter l'obstruction par la glace. • Se retirer immédiatement si le sifflement émis par les dispositifs de sécurité augmente ou si la citerne se décolore. • TOUJOURS se tenir éloigné d'une citerne engouffrée par les flammes.

DÉVERSEMENT OU FUITE

• Éliminer du site toute source d'allumage (ex: cigarette, fusée routière, étincelles et flammes). • Tout équipement utilisé pour manipuler ce produit doit être mis à la terre. • Une combinaison entièrement étanche aux vapeurs est recommandée pour les fuites et déversements sans feu. • Ne pas toucher ou marcher sur le produit déversé. • Si sans risque, arrêter la fuite. • Utiliser un brouillard d'eau pour détourner ou réduire les émanations. Empêcher les eaux de ruissellement d'entrer en contact avec la substance déversée. • Ne pas appliquer d'eau sur le déversement ou au point de fuite. • Si possible, retourner le contenant pour laisser fuir le gaz plutôt que le liquide. • Empêcher l'infiltration dans les cours d'eau, les égouts, les sous-sols ou les endroits clos. • Isoler la zone jusqu'à la dispersion des gaz. • Envisager d'enflammer la fuite afin d'éliminer les dangers associés au gaz toxique.

PREMIERS SOINS

• Transporter la victime à l'air frais. • Contacter le 911 ou les services médicaux d'urgence. • En cas d'arrêt respiratoire, appliquer la respiration artificielle. • **Ne pas utiliser la méthode bouche-à-bouche si la victime a ingéré ou inhalé la substance, appliquer la respiration artificielle à l'aide d'un masque de poche muni d'une valve à sens unique ou autre appareil médical approprié.** • En cas de gêne respiratoire, donner de l'oxygène. • Enlever vêtements et souliers contaminés puis les isoler. • En cas de contact avec la substance, laver les yeux ou la peau immédiatement à l'eau courante pendant au moins 20 minutes. • En cas de contact avec le gaz liquéfié, dégeler les engelures en utilisant de l'eau tiède. • Calmer la victime et la couvrir chaudement. • Garder la victime sous observation. • Les effets liés au contact ou à l'inhalation peuvent être retardés. • Aviser le personnel médical de l'identité du produit afin qu'ils prennent les dispositions nécessaires pour assurer leur sécurité.

118 Gaz - Inflammables - Corrosifs

RISQUES POTENTIELS

INCENDIE OU EXPLOSION • EXTRÊMEMENT INFLAMMABLE.

• Peut être allumé par la chaleur, par des étincelles ou par des flammes. • Peut former des mélanges explosifs avec l'air. • Les vapeurs de gaz liquéfiés sont initialement plus lourdes que l'air et se diffusent au ras du sol. • Les vapeurs peuvent se propager vers une source d'allumage et provoquer un retour de flamme au point de fuite. • Certaines de ces substances peuvent réagir violemment au contact de l'eau. • Les contenants peuvent exploser lorsque chauffés. • Les bouteilles à gaz brisées peuvent s'autopropulser violemment. **SANTÉ •** L'inhalation peut causer des effets toxiques. • Les vapeurs sont extrêmement irritantes. • Le contact avec le gaz ou le gaz liquéfié peut causer de graves blessures, des brûlures et/ou des engelures. • Un feu produira des gaz irritants, corrosifs et/ou toxiques. • Les eaux de contrôle d'incendie peuvent polluer.

SÉCURITÉ PUBLIQUE

• Composer le numéro de téléphone d'urgence indiqué sur les documents d'expédition. Si non disponibles ou aucune réponse, COMPOSER le numéro d'urgence approprié indiqué à la fin du livre. • Isoler immédiatement dans un rayon minimum de 100 à 200 mètres autour du site du déversement. • Éloigner les curieux et le personnel non autorisé. • Demeurer en amont du vent. • Plusieurs gaz sont plus lourds que l'air et se propageront au ras du sol pour s'accumuler dans les dépressions ou les endroits clos (égouts, sous-sols, citernes). • Éviter les dépressions de terrain. • Avant d'y accéder, aérer les endroits clos.

VÊTEMENTS DE PROTECTION

• Porter un Appareil de Protection Respiratoire Autonome (APRA) à pression positive. • Porter un vêtement de protection chimique spécifiquement recommandé par le fabricant. Il peut fournir une protection thermique variant de faible à nulle. • Les vêtements de protection pour feux d'immeubles offrent une protection limitée pour les cas d'incendie SEULEMENT; ils ne sont pas efficaces en cas de déversements.

ÉVACUATION

Déversement majeur

• Envisager une première évacuation d'une distance de 800 mètres sous le vent. **Incendie** • Si une citerne (routière ou ferroviaire) ou une remorque est impliquée dans un feu, ISOLER 1600 mètres dans toutes les directions; de plus, envisager une première évacuation pour 1600 mètres dans toutes les directions.

MESURES D'URGENCE

INCENDIE

• NE PAS ÉTEINDRE UNE FUITE DE GAZ EN FEU, À MOINS DE POUVOIR STOPPER LA FUITE.

Incendie mineur

• Poudre chimique sèche ou CO2**. Incendie majeur** • Eau pulvérisée ou en brouillard, ou mousse. • Éloigner les contenants de la zone de feu si cela peut se faire sans risque. • Les bouteilles à gaz endommagées ne devraient être manipulées que par des spécialistes.

Incendie Impliquant des Citernes

• Combattre l'incendie d'une distance maximale ou utiliser des lances ou canons à eau télécommandés. • Refroidir les contenants à grande eau longtemps après l'extinction de l'incendie. • Ne pas appliquer d'eau au point de fuite ou sur les dispositifs de sécurité afin d'éviter l'obstruction par la glace. • Se retirer immédiatement si le sifflement émis par les dispositifs de sécurité augmente ou si la citerne se décolore. • TOUJOURS se tenir éloigné d'une citerne engouffrée par les flammes.

DÉVERSEMENT OU FUITE

• Éliminer du site toute source d'allumage (ex: cigarette, fusée routière, étincelles et flammes). • Tout équipement utilisé pour manipuler ce produit doit être mis à la terre. • Une combinaison entièrement étanche aux vapeurs est recommandée pour les fuites et déversements sans feu. • Ne pas toucher ou marcher sur le produit déversé. • Si sans risque, arrêter la fuite. • Si possible, retourner le contenant pour laisser fuir le gaz plutôt que le liquide. • Utiliser un brouillard d'eau pour détourner ou réduire les émanations. Empêcher les eaux de ruissellement d'entrer en contact avec la substance déversée. • Ne pas appliquer d'eau sur le déversement ou au point de fuite.

PREMIERS SOINS

• Transporter la victime à l'air frais. • Contacter le 911 ou les services médicaux d'urgence. • En cas d'arrêt respiratoire, appliquer la respiration artificielle. **• Ne pas utiliser la méthode bouche-à-bouche si la victime a ingéré ou inhalé la substance, appliquer la respiration artificielle à l'aide d'un masque de poche muni d'une valve à sens unique ou autre appareil médical approprié.** • En cas de gêne respiratoire, donner de l'oxygène. • Enlever vêtements et souliers contaminés puis les isoler. • En cas de contact avec le gaz liquéfié, dégeler les engelures en utilisant de l'eau tiède. • Calmer la victime et la couvrir chaudement. • Garder la victime sous observation. • Les effets liés au contact ou à l'inhalation peuvent être retardés. • Aviser le personnel médical de l'identité du produit afin qu'ils prennent les dispositions nécessaires pour assurer leur sécurité.

119 Gaz - Toxiques - Inflammables

RISQUES POTENTIELS

SANTÉ

• **TOXIQUE; peut être fatal lorsqu'inhalé ou absorbé par la peau.** • Le contact avec le gaz ou le gaz liquéfié peut causer de graves blessures, des brûlures et/ou des engelures. • Un feu produira des gaz irritants, corrosifs et/ou toxiques. • Les eaux de contrôle d'incendie peuvent polluer.

INCENDIE OU EXPLOSION

• Inflammable; peut s'enflammer sous l'action de la chaleur, des étincelles ou de flammes. • Peut former des mélanges explosifs avec l'air. • **Les substances identifiées avec la lettre (P) peuvent polymériser explosivement lorsque chauffées ou impliquées dans un incendie.** • Les vapeurs de gaz liquéfiés sont initialement plus lourdes que l'air et se diffusent au ras du sol. • Les vapeurs peuvent se propager vers une source d'allumage et provoquer un retour de flamme au point de fuite. • Certaines de ces substances peuvent réagir violemment au contact de l'eau. • Les contenants peuvent exploser lorsque chauffés. • Les bouteilles à gaz brisées peuvent s'autopropulser violemment. • Les rejets liquides représentent un risque de feu ou d'explosion.

SÉCURITÉ PUBLIQUE

• **COMPOSER le numéro de téléphone d'urgence indiqué sur les documents d'expédition. Si non disponibles ou aucune réponse, COMPOSER le numéro d'urgence approprié indiqué à la fin du livre.** • Isoler immédiatement dans un rayon minimum de 100 à 200 mètres autour du site du déversement. • Éloigner les curieux et le personnel non autorisé. • Demeurer en amont du vent. • Plusieurs gaz sont plus lourds que l'air et se propageront au ras du sol pour s'accumuler dans les dépressions ou les endroits clos (égouts, sous-sols, citernes). • Éviter les dépressions de terrain. • Avant d'y accéder, aérer les endroits clos.

VÊTEMENTS DE PROTECTION

• Porter un Appareil de Protection Respiratoire Autonome (APRA) à pression positive. • Porter un vêtement de protection chimique spécifiquement recommandé par le fabricant. Il peut fournir une protection thermique variant de faible à nulle. • Les vêtements de protection pour feux d'immeubles offrent une protection limitée pour les cas d'incendie SEULEMENT; ils ne sont pas efficaces en cas de déversements.

ÉVACUATION

Déversement

• Voir le Tableau des Distances d'Isolation Initiale et d'Activités de Protection pour les substances surlignées. Pour les autres substances, augmenter, tel que nécessaire, en aval du vent, la distance d'isolation indiquée sous "SÉCURITÉ PUBLIQUE".

Incendie

• Si une citerne (routière ou ferroviaire) ou une remorque est impliquée dans un feu, ISOLER 1600 mètres dans toutes les directions; de plus, envisager une première évacuation pour 1600 mètres dans toutes les directions.

MESURES D'URGENCE

INCENDIE

• **NE PAS ÉTEINDRE UNE FUITE DE GAZ EN FEU, À MOINS DE POUVOIR STOPPER LA FUITE.**

Incendie mineur

• Poudre chimique sèche, CO2, eau pulvérisée ou mousse antialcool.

Incendie majeur

• Eau pulvérisée ou en brouillard, ou mousse antialcool. • **POUR LES CHLOROSILANES, NE PAS UTILISER D'EAU; utiliser de la mousse antialcool AFFF à expansion moyenne.** • Éloigner les contenants de la zone de feu si cela peut se faire sans risque. • Les bouteilles à gaz endommagées ne devraient être manipulées que par des spécialistes.

Incendie Impliquant des Citernes

• Combattre l'incendie d'une distance maximale ou utiliser des lances ou canons à eau télécommandés. • Refroidir les contenants à grande eau longtemps après l'extinction de l'incendie. • Ne pas appliquer d'eau au point de fuite ou sur les dispositifs de sécurité afin d'éviter l'obstruction par la glace. • Se retirer immédiatement si le sifflement émis par les dispositifs de sécurité augmente ou si la citerne se décolore. • TOUJOURS se tenir éloigné d'une citerne engouffrée par les flammes.

DÉVERSEMENT OU FUITE

• Éliminer du site toute source d'allumage (ex: cigarette, fusée routière, étincelles et flammes). • Tout équipement utilisé pour manipuler ce produit doit être mis à la terre. • Une combinaison entièrement étanche aux vapeurs est recommandée pour les fuites et déversements sans feu. • Ne pas toucher ou marcher sur le produit déversé. • Si sans risque, arrêter la fuite. • Ne pas appliquer d'eau sur le déversement ou au point de fuite. • Utiliser un brouillard d'eau pour détourner ou réduire les émanations. Empêcher les eaux de ruissellement d'entrer en contact avec la substance déversée. • **POUR LES CHLOROSILANES, utiliser de la mousse antialcool AFFF à expansion moyenne pour réduire l'émanation de vapeurs.** • Si possible, retourner le contenant pour laisser fuir le gaz plutôt que le liquide. • Empêcher l'infiltration dans les cours d'eau, les égouts, les sous-sols ou les endroits clos. • Isoler la zone jusqu'à la dispersion des gaz.

PREMIERS SOINS

• Transporter la victime à l'air frais. • Contacter le 911 ou les services médicaux d'urgence. • En cas d'arrêt respiratoire, appliquer la respiration artificielle. • **Ne pas utiliser la méthode bouche-à-bouche si la victime a ingéré ou inhalé la substance, appliquer la respiration artificielle à l'aide d'un masque de poche muni d'une valve à sens unique ou autre appareil médical approprié.** • En cas de gêne respiratoire, donner de l'oxygène. • Enlever vêtements et souliers contaminés puis les isoler. • En cas de contact avec la substance, laver les yeux ou la peau immédiatement à l'eau courante pendant au moins 20 minutes. • En cas de contact avec le gaz liquéfié, dégeler les engelures en utilisant de l'eau tiède. • Calmer la victime et la couvrir chaudement. • Garder la victime sous observation. • Les effets liés au contact ou à l'inhalation peuvent être retardés. • Aviser le personnel médical de l'identité du produit afin qu'ils prennent les dispositions nécessaires pour assurer leur sécurité.

120 Gaz - Inertes (incluant des Liquides Réfrigérés)

RISQUES POTENTIELS

SANTÉ

• Les vapeurs peuvent causer des étourdissements ou l'asphyxie sans avertissement. • Les vapeurs de gaz liquéfiés sont initialement plus lourdes que l'air et se diffusent au ras du sol. • Le contact avec le gaz ou le gaz liquéfié peut causer de graves blessures, des brûlures et/ou des engelures.

INCENDIE OU EXPLOSION

• **Gaz ininflammables.** • Les contenants peuvent exploser lorsque chauffés. • Les bouteilles à gaz brisées peuvent s'autopropulser violemment.

SÉCURITÉ PUBLIQUE

• **COMPOSER le numéro de téléphone d'urgence indiqué sur les documents d'expédition. Si non disponibles ou aucune réponse, COMPOSER le numéro d'urgence approprié indiqué à la fin du livre.** • Isoler immédiatement dans un rayon minimum de 25 mètres autour du site du déversement. • Éloigner les curieux et le personnel non autorisé. • Demeurer en amont du vent. • Plusieurs gaz sont plus lourds que l'air et se propageront au ras du sol pour s'accumuler dans les dépressions ou les endroits clos (égouts, sous-sols, citernes). • Éviter les dépressions de terrain. • Avant d'y accéder, aérer les endroits clos.

VÊTEMENTS DE PROTECTION

• Porter un Appareil de Protection Respiratoire Autonome (APRA) à pression positive. • Les vêtements de protection pour feux d'immeubles ne fourniront qu'une efficacité limitée. • Toujours porter des vêtements de protection thermique pour manipuler des liquides ou solides réfrigérés/cryogéniques.

ÉVACUATION

Déversement majeur

• Envisager une première évacuation d'une distance de 100 mètres sous le vent. **Incendie** • Si une citerne (routière ou ferroviaire) ou une remorque est impliquée dans un feu, ISOLER 800 mètres dans toutes les directions; de plus, envisager une première évacuation pour 800 mètres dans toutes les directions.

MESURES D'URGENCE

INCENDIE

• Employer un agent extincteur approprié au type de feu environnant. • Éloigner les contenants de la zone de feu si cela peut se faire sans risque. • Les bouteilles à gaz endommagées ne devraient être manipulées que par des spécialistes.

Incendie Impliquant des Citernes

• Combattre l'incendie d'une distance maximale ou utiliser des lances ou canons à eau télécommandés. • Refroidir les contenants à grande eau longtemps après l'extinction de l'incendie. • Ne pas appliquer d'eau au point de fuite ou sur les dispositifs de sécurité afin d'éviter l'obstruction par la glace. • Se retirer immédiatement si le sifflement émis par les dispositifs de sécurité augmente ou si la citerne se décolore. • TOUJOURS se tenir éloigné d'une citerne engouffrée par les flammes.

DÉVERSEMENT OU FUITE

• Ne pas toucher ou marcher sur le produit déversé. • Si sans risque, arrêter la fuite. • Utiliser un brouillard d'eau pour détourner ou réduire les émanations. Empêcher les eaux de ruissellement d'entrer en contact avec la substance déversée. • Ne pas appliquer d'eau sur le déversement ou au point de fuite. • Si possible, retourner le contenant pour laisser fuir le gaz plutôt que le liquide. • Empêcher l'infiltration dans les cours d'eau, les égouts, les sous-sols ou les endroits clos. • Laisser la substance s'évaporer. • Aérer la zone. **ATTENTION: Lors d'un contact avec des liquides réfrigérés/cryogéniques, plusieurs matériaux deviennent fragiles. Ils peuvent alors se briser facilement.**

PREMIERS SOINS

• Transporter la victime à l'air frais. • Contacter le 911 ou les services médicaux d'urgence. • En cas d'arrêt respiratoire, appliquer la respiration artificielle. • En cas de gêne respiratoire, donner de l'oxygène. • Tout vêtement gelé sur la peau devrait être dégelé avant d'être enlevé. • En cas de contact avec le gaz liquéfié, dégeler les engelures en utilisant de l'eau tiède. • Calmer la victime et la couvrir chaudement. • Aviser le personnel médical de l'identité du produit afin qu'ils prennent les dispositions nécessaires pour assurer leur sécurité.

121 Gaz - Inertes

RISQUES POTENTIELS

SANTÉ

• Les vapeurs peuvent causer des étourdissements ou l'asphyxie sans avertissement. • Les vapeurs de gaz liquéfiés sont initialement plus lourdes que l'air et se diffusent au ras du sol. • Le contact avec le gaz liquéfié peut causer des engelures.

INCENDIE OU EXPLOSION

• **Gaz ininflammables.** • Les contenants peuvent exploser lorsque chauffés. • Les bouteilles à gaz brisées peuvent s'autopropulser violemment.

SÉCURITÉ PUBLIQUE

• **COMPOSER le numéro de téléphone d'urgence indiqué sur les documents d'expédition. Si non disponibles ou aucune réponse, COMPOSER le numéro d'urgence approprié indiqué à la fin du livre.** • Isoler immédiatement dans un rayon minimum de 10 à 25 mètres autour du site du déversement. • Éloigner les curieux et le personnel non autorisé. • Demeurer en amont du vent. • Plusieurs gaz sont plus lourds que l'air et se propageront au ras du sol pour s'accumuler dans les dépressions ou les endroits clos (égouts, sous-sols, citernes). • Éviter les dépressions de terrain. • Avant d'y accéder, aérer les endroits clos.

VÊTEMENTS DE PROTECTION

• Porter un Appareil de Protection Respiratoire Autonome (APRA) à pression positive. • Les vêtements de protection pour feux d'immeubles ne fourniront qu'une efficacité limitée.

ÉVACUATION

Déversement majeur

• Envisager une première évacuation d'une distance de 100 mètres sous le vent. **Incendie** • Si une citerne (routière ou ferroviaire) ou une remorque est impliquée dans un feu, ISOLER 800 mètres dans toutes les directions; de plus, envisager une première évacuation pour 800 mètres dans toutes les directions.

MESURES D'URGENCE

INCENDIE

• Employer un agent extincteur approprié au type de feu environnant. • Éloigner les contenants de la zone de feu si cela peut se faire sans risque. • Les bouteilles à gaz endommagées ne devraient être manipulées que par des spécialistes.

Incendie Impliquant des Citernes

• Combattre l'incendie d'une distance maximale ou utiliser des lances ou canons à eau télécommandés. • Refroidir les contenants à grande eau longtemps après l'extinction de l'incendie. • Ne pas appliquer d'eau au point de fuite ou sur les dispositifs de sécurité afin d'éviter l'obstruction par la glace. • Se retirer immédiatement si le sifflement émis par les dispositifs de sécurité augmente ou si la citerne se décolore. • TOUJOURS se tenir éloigné d'une citerne engouffrée par les flammes.

DÉVERSEMENT OU FUITE

• Ne pas toucher ou marcher sur le produit déversé. • Si sans risque, arrêter la fuite. • Utiliser un brouillard d'eau pour détourner ou réduire les émanations. Empêcher les eaux de ruissellement d'entrer en contact avec la substance déversée. • Ne pas appliquer d'eau sur le déversement ou au point de fuite. • Si possible, retourner le contenant pour laisser fuir le gaz plutôt que le liquide. • Empêcher l'infiltration dans les cours d'eau, les égouts, les sous-sols ou les endroits clos. • Laisser la substance s'évaporer. • Aérer la zone.

PREMIERS SOINS

• Transporter la victime à l'air frais. • Contacter le 911 ou les services médicaux d'urgence. • En cas d'arrêt respiratoire, appliquer la respiration artificielle. • En cas de gêne respiratoire, donner de l'oxygène. • Tout vêtement gelé sur la peau devrait être dégelé avant d'être enlevé. • En cas de contact avec le gaz liquéfié, dégeler les engelures en utilisant de l'eau tiède. • Calmer la victime et la couvrir chaudement. • Aviser le personnel médical de l'identité du produit afin qu'ils prennent les dispositions nécessaires pour assurer leur sécurité.

122 Gaz - Oxydants (incluant des Liquides Réfrigérés)

RISQUES POTENTIELS

INCENDIE OU EXPLOSION

• La substance ne brûle pas mais supportera la combustion. • Certains réagissent explosivement avec les hydrocarbures. • Peut enflammer les combustibles (bois, papier, huile, tissus, etc.). • Les vapeurs de gaz liquéfiés sont initialement plus lourdes que l'air et se diffusent au ras du sol. • Les rejets liquides représentent un risque de feu ou d'explosion. • Les contenants peuvent exploser lorsque chauffés. • Les bouteilles à gaz brisées peuvent s'autopropulser violemment.

SANTÉ

• Les vapeurs peuvent causer des étourdissements ou l'asphyxie sans avertissement. • Le contact avec le gaz ou le gaz liquéfié peut causer de graves blessures, des brûlures et/ou des engelures. • Un feu peut produire des gaz irritants et/ou toxiques.

SÉCURITÉ PUBLIQUE

• COMPOSER le numéro de téléphone d'urgence indiqué sur les documents d'expédition. Si non disponibles ou aucune réponse, COMPOSER le numéro d'urgence approprié indiqué à la fin du livre. • Isoler immédiatement dans un rayon minimum de 25 à 50 mètres autour du site du déversement. • Éloigner les curieux et le personnel non autorisé. • Demeurer en amont du vent. • Plusieurs gaz sont plus lourds que l'air et se propageront au ras du sol pour s'accumuler dans les dépressions ou les endroits clos (égouts, sous-sols, citernes). • Éviter les dépressions de terrain. • Avant d'y accéder, aérer les endroits clos.

VÊTEMENTS DE PROTECTION

• Porter un Appareil de Protection Respiratoire Autonome (APRA) à pression positive. • Porter un vêtement de protection chimique spécifiquement recommandé par le fabricant. Il peut fournir une protection thermique variant de faible à nulle. • Les vêtements de protection pour feux d'immeubles offrent une protection limitée pour les cas d'incendie SEULEMENT; ils ne sont pas efficaces en cas de déversements. • Toujours porter des vêtements de protection thermique pour manipuler des liquides réfrigérés/cryogéniques.

ÉVACUATION

Déversement majeur

• Envisager une première évacuation d'une distance de 500 mètres sous le vent. **Incendie** • Si une citerne (routière ou ferroviaire) ou une remorque est impliquée dans un feu, ISOLER 800 mètres dans toutes les directions; de plus, envisager une première évacuation pour 800 mètres dans toutes les directions.

MESURES D'URGENCE

INCENDIE

• Employer un agent extincteur approprié au type de feu environnant. **Incendie mineur** • Poudre chimique sèche ou CO2.

Incendie majeur

• Eau pulvérisée ou en brouillard, ou mousse. • Éloigner les contenants de la zone de feu si cela peut se faire sans risque. • Les bouteilles à gaz endommagées ne devraient être manipulées que par des spécialistes.

Incendie Impliquant des Citernes

• Combattre l'incendie d'une distance maximale ou utiliser des lances ou canons à eau télécommandés. • Refroidir les contenants à grande eau longtemps après l'extinction de l'incendie. • Ne pas appliquer d'eau au point de fuite ou sur les dispositifs de sécurité afin d'éviter l'obstruction par la glace. • Se retirer immédiatement si le sifflement émis par les dispositifs de sécurité augmente ou si la citerne se décolore. • TOUJOURS se tenir éloigné d'une citerne engouffrée par les flammes. • Pour un incendie majeur, utiliser des lances ou des canons à eau télécommandés; lorsqu'impossible, se retirer et laisser brûler.

DÉVERSEMENT OU FUITE

• Garder les combustibles (bois, papier, huile, etc.) loin de la substance déversée. • Ne pas toucher ou marcher sur le produit déversé. • Si sans risque, arrêter la fuite. • Si possible, retourner le contenant pour laisser fuir le gaz plutôt que le liquide. • Ne pas appliquer d'eau sur le déversement ou au point de fuite. • Utiliser un brouillard d'eau pour détourner ou réduire les émanations. Empêcher les eaux de ruissellement d'entrer en contact avec la substance déversée. • Empêcher l'infiltration dans les cours d'eau, les égouts, les sous-sols ou les endroits clos. • Laisser la substance s'évaporer. • Isoler la zone jusqu'à la dispersion des gaz. **ATTENTION: Lors d'un contact avec des liquides réfrigérés/cryogéniques, plusieurs matériaux deviennent fragiles. Ils peuvent alors se briser facilement.**

PREMIERS SOINS

• Transporter la victime à l'air frais. • Contacter le 911 ou les services médicaux d'urgence. • En cas d'arrêt respiratoire, appliquer la respiration artificielle. • En cas de gêne respiratoire, donner de l'oxygène. • Enlever vêtements et souliers contaminés puis les isoler. • Tout vêtement gelé sur la peau devrait être dégelé avant d'être enlevé. • En cas de contact avec le gaz liquéfié, dégeler les engelures en utilisant de l'eau tiède. • Calmer la victime et la couvrir chaudement. • Aviser le personnel médical de l'identité du produit afin qu'ils prennent les dispositions nécessaires pour assurer leur sécurité.

123 Gaz - Toxiques et/ou Corrosifs

RISQUES POTENTIELS

SANTÉ

• **TOXIQUE; peut être fatal lorsqu'inhalé ou absorbé par la peau.** • Les vapeurs peuvent être irritantes. • Le contact avec le gaz ou le gaz liquéfié peut causer de graves blessures, des brûlures et/ou des engelures. • Un feu produira des gaz irritants, corrosifs et/ou toxiques. • Les eaux de contrôle d'incendie peuvent polluer.

INCENDIE OU EXPLOSION

• Certains peuvent brûler, mais aucun ne s'enflamme facilement. • Les vapeurs de gaz liquéfiés sont initialement plus lourdes que l'air et se diffusent au ras du sol. • Les contenants peuvent exploser lorsque chauffés. • Les bouteilles à gaz brisées peuvent s'autopropulser violemment.

SÉCURITÉ PUBLIQUE

• **COMPOSER le numéro de téléphone d'urgence indiqué sur les documents d'expédition. Si non disponibles ou aucune réponse, COMPOSER le numéro d'urgence approprié indiqué à la fin du livre.** • Isoler immédiatement dans un rayon minimum de 100 à 200 mètres autour du site du déversement. • Éloigner les curieux et le personnel non autorisé. • Demeurer en amont du vent. • Plusieurs gaz sont plus lourds que l'air et se propageront au ras du sol pour s'accumuler dans les dépressions ou les endroits clos (égouts, sous-sols, citernes). • Éviter les dépressions de terrain. • Avant d'y accéder, aérer les endroits clos.

VÊTEMENTS DE PROTECTION

• Porter un Appareil de Protection Respiratoire Autonome (APRA) à pression positive. • Porter un vêtement de protection chimique spécifiquement recommandé par le fabricant. Il peut fournir une protection thermique variant de faible à nulle. • Les vêtements de protection pour feux d'immeubles offrent une protection limitée pour les cas d'incendie SEULEMENT; ils ne sont pas efficaces en cas de déversements.

ÉVACUATION

Déversement

• Voir le Tableau des Distances d'Isolation Initiale et d'Activités de Protection pour les substances surlignées. Pour les autres substances, augmenter, tel que nécessaire, en aval du vent, la distance d'isolation indiquée sous "SÉCURITÉ PUBLIQUE".

Incendie

• Si une citerne (routière ou ferroviaire) ou une remorque est impliquée dans un feu, ISOLER 800 mètres dans toutes les directions; de plus, envisager une première évacuation pour 800 mètres dans toutes les directions.

MESURES D'URGENCE

INCENDIE

Incendie mineur

• Poudre chimique sèche ou CO2.

Incendie majeur

• Eau pulvérisée ou en brouillard, ou mousse. • Empêcher l'infiltration d'eau dans les contenants. • Éloigner les contenants de la zone de feu si cela peut se faire sans risque. • Les bouteilles à gaz endommagées ne devraient être manipulées que par des spécialistes.

Incendie Impliquant des Citernes

• Combattre l'incendie d'une distance maximale ou utiliser des lances ou canons à eau télécommandés. • Refroidir les contenants à grande eau longtemps après l'extinction de l'incendie. • Ne pas appliquer d'eau au point de fuite ou sur les dispositifs de sécurité afin d'éviter l'obstruction par la glace. • Se retirer immédiatement si le sifflement émis par les dispositifs de sécurité augmente ou si la citerne se décolore. • TOUJOURS se tenir éloigné d'une citerne engouffrée par les flammes.

DÉVERSEMENT OU FUITE

• Une combinaison entièrement étanche aux vapeurs est recommandée pour les fuites et déversements sans feu. • Ne pas toucher ou marcher sur le produit déversé. • Si sans risque, arrêter la fuite. • Si possible, retourner le contenant pour laisser fuir le gaz plutôt que le liquide. • Empêcher l'infiltration dans les cours d'eau, les égouts, les sous-sols ou les endroits clos. • Utiliser un brouillard d'eau pour détourner ou réduire les émanations. Empêcher les eaux de ruissellement d'entrer en contact avec la substance déversée. • Ne pas appliquer d'eau sur le déversement ou au point de fuite. • Isoler la zone jusqu'à la dispersion des gaz.

PREMIERS SOINS

• Transporter la victime à l'air frais. • Contacter le 911 ou les services médicaux d'urgence. • En cas d'arrêt respiratoire, appliquer la respiration artificielle. • **Ne pas utiliser la méthode bouche-à-bouche si la victime a ingéré ou inhalé la substance, appliquer la respiration artificielle à l'aide d'un masque de poche muni d'une valve à sens unique ou autre appareil médical approprié.** • En cas de gêne respiratoire, donner de l'oxygène. • Enlever vêtements et souliers contaminés puis les isoler. • En cas de contact avec le gaz liquéfié, dégeler les engelures en utilisant de l'eau tiède. • En cas de contact avec la substance, laver les yeux ou la peau immédiatement à l'eau courante pendant au moins 20 minutes. • Calmer la victime et la couvrir chaudement. • Garder la victime sous observation. • Les effets liés au contact ou à l'inhalation peuvent être retardés. • Aviser le personnel médical de l'identité du produit afin qu'ils prennent les dispositions nécessaires pour assurer leur sécurité.

124 Gaz - Toxiques et/ou Corrosifs - Oxydants

RISQUES POTENTIELS

SANTÉ

• **TOXIQUE; peut être fatal lorsqu'inhalé ou absorbé par la peau.** • Un feu produira des gaz irritants, corrosifs et/ou toxiques. • Le contact avec le gaz ou le gaz liquéfié peut causer de graves blessures, des brûlures et/ou des engelures. • Les eaux de contrôle d'incendie peuvent polluer.

INCENDIE OU EXPLOSION

• La substance ne brûle pas mais supportera la combustion. • Les vapeurs de gaz liquéfiés sont initialement plus lourdes que l'air et se diffusent au ras du sol. • Oxydants puissants, ils réagissent vigoureusement ou explosivement avec plusieurs substances incluant les carburants. • Peut enflammer les combustibles (bois, papier, huile, tissus, etc.). • Certains réagissent violemment à l'air, à l'air humide et/ou à l'eau. • Les contenants peuvent exploser lorsque chauffés. • Les bouteilles à gaz brisées peuvent s'autopropulser violemment.

SÉCURITÉ PUBLIQUE

• **COMPOSER le numéro de téléphone d'urgence indiqué sur les documents d'expédition. Si non disponibles ou aucune réponse, COMPOSER le numéro d'urgence approprié indiqué à la fin du livre.** • Isoler immédiatement dans un rayon minimum de 100 à 200 mètres autour du site du déversement. • Éloigner les curieux et le personnel non autorisé. • Demeurer en amont du vent. • Plusieurs gaz sont plus lourds que l'air et se propageront au ras du sol pour s'accumuler dans les dépressions ou les endroits clos (égouts, sous-sols, citernes). • Éviter les dépressions de terrain. • Avant d'y accéder, aérer les endroits clos.

VÊTEMENTS DE PROTECTION

• Porter un Appareil de Protection Respiratoire Autonome (APRA) à pression positive. • Porter un vêtement de protection chimique spécifiquement recommandé par le fabricant. Il peut fournir une protection thermique variant de faible à nulle. • Les vêtements de protection pour feux d'immeubles offrent une protection limitée pour les cas d'incendie SEULEMENT; ils ne sont pas efficaces en cas de déversements.

ÉVACUATION

Déversement

• Voir le Tableau des Distances d'Isolation Initiale et d'Activités de Protection pour les substances surlignées. Pour les autres substances, augmenter, tel que nécessaire, en aval du vent, la distance d'isolation indiquée sous "SÉCURITÉ PUBLIQUE". Incendie • Si une citerne (routière ou ferroviaire) ou une remorque est impliquée dans un feu, ISOLER 800 mètres dans toutes les directions; de plus, envisager une première évacuation pour 800 mètres dans toutes les directions.

MESURES D'URGENCE

INCENDIE

Incendie mineur:

• **Uniquement de l'eau; aucune poudre chimique sèche, CO2 ou Halon®.** • Contenir l'incendie et laisser brûler. S'il doit être combattu, l'eau en brouillard ou pulvérisée est recommandée. • Empêcher l'infiltration d'eau dans les contenants. • Éloigner les contenants de la zone de feu si cela peut se faire sans risque. • Les bouteilles à gaz endommagées ne devraient être manipulées que par des spécialistes.

Incendie Impliquant des Citernes

• Combattre l'incendie d'une distance maximale ou utiliser des lances ou canons à eau télécommandés. • Refroidir les contenants à grande eau longtemps après l'extinction de l'incendie. • Ne pas appliquer d'eau au point de fuite ou sur les dispositifs de sécurité afin d'éviter l'obstruction par la glace. • Se retirer immédiatement si le sifflement émis par les dispositifs de sécurité augmente ou si la citerne se décolore. • TOUJOURS se tenir éloigné d'une citerne engouffrée par les flammes. • Pour un incendie majeur, utiliser des lances ou des canons à eau télécommandés; lorsqu'impossible, se retirer et laisser brûler.

DÉVERSEMENT OU FUITE

• Une combinaison entièrement étanche aux vapeurs est recommandée pour les fuites et déversements sans feu. • Ne pas toucher ou marcher sur le produit déversé. • Garder les combustibles (bois, papier, huile, etc.) loin de la substance déversée. • Si sans risque, arrêter la fuite. • Utiliser un brouillard d'eau pour détourner ou réduire les émanations. Empêcher les eaux de ruissellement d'entrer en contact avec la substance déversée. • Ne pas appliquer d'eau sur le déversement ou au point de fuite. • Si possible, retourner le contenant pour laisser fuir le gaz plutôt que le liquide. • Empêcher l'infiltration dans les cours d'eau, les égouts, les sous-sols ou les endroits clos. • Isoler la zone jusqu'à la dispersion des gaz. • Aérer la zone.

PREMIERS SOINS

• Transporter la victime à l'air frais. • Contacter le 911 ou les services médicaux d'urgence. • En cas d'arrêt respiratoire, appliquer la respiration artificielle. **• Ne pas utiliser la méthode bouche-à-bouche si la victime a ingéré ou inhalé la substance, appliquer la respiration artificielle à l'aide d'un masque de poche muni d'une valve à sens unique ou autre appareil médical approprié.** • En cas de gêne respiratoire, donner de l'oxygène. • Tout vêtement gelé sur la peau devrait être dégelé avant d'être enlevé. • Enlever vêtements et souliers contaminés puis les isoler. • En cas de contact avec la substance, laver les yeux ou la peau immédiatement à l'eau courante pendant au moins 20 minutes. • Calmer la victime et la couvrir chaudement. • Garder la victime sous observation. • Les effets liés au contact ou à l'inhalation peuvent être retardés. • Aviser le personnel médical de l'identité du produit afin qu'ils prennent les dispositions nécessaires pour assurer leur sécurité.

125 Gaz - Corrosifs

RISQUES POTENTIELS

SANTÉ

• **TOXIQUE; peut être fatal lorsqu'inhalé.** • Les vapeurs sont extrêmement irritantes et corrosives. • Le contact avec le gaz ou le gaz liquéfié peut causer de graves blessures, des brûlures et/ou des engelures. • Un feu produira des gaz irritants, corrosifs et/ou toxiques. • Les eaux de contrôle d'incendie peuvent polluer.

INCENDIE OU EXPLOSION

• Certains peuvent brûler, mais aucun ne s'enflamme facilement. • Les vapeurs de gaz liquéfiés sont initialement plus lourdes que l'air et se diffusent au ras du sol. • Certaines de ces substances peuvent réagir violemment au contact de l'eau. • Les contenants peuvent exploser lorsque chauffés. • Les bouteilles à gaz brisées peuvent s'autopropulser violemment.

SÉCURITÉ PUBLIQUE

• **COMPOSER le numéro de téléphone d'urgence indiqué sur les documents d'expédition. Si non disponibles ou aucune réponse, COMPOSER le numéro d'urgence approprié indiqué à la fin du livre.** • Isoler immédiatement dans un rayon minimum de 100 à 200 mètres autour du site du déversement. • Éloigner les curieux et le personnel non autorisé. • Demeurer en amont du vent. • Plusieurs gaz sont plus lourds que l'air et se propageront au ras du sol pour s'accumuler dans les dépressions ou les endroits clos (égouts, sous-sols, citernes). • Éviter les dépressions de terrain. • Avant d'y accéder, aérer les endroits clos.

VÊTEMENTS DE PROTECTION

• Porter un Appareil de Protection Respiratoire Autonome (APRA) à pression positive. • Porter un vêtement de protection chimique spécifiquement recommandé par le fabricant. Il peut fournir une protection thermique variant de faible à nulle. • Les vêtements de protection pour feux d'immeubles offrent une protection limitée pour les cas d'incendie SEULEMENT; ils ne sont pas efficaces en cas de déversements.

ÉVACUATION

Déversement

• Voir le Tableau des Distances d'Isolation Initiale et d'Activités de Protection pour les substances surlignées. Pour les autres substances, augmenter, tel que nécessaire, en aval du vent, la distance d'isolation indiquée sous "SÉCURITÉ PUBLIQUE". **Incendie** • Si une citerne (routière ou ferroviaire) ou une remorque est impliquée dans un feu, ISOLER 1600 mètres dans toutes les directions; de plus, envisager une première évacuation pour 1600 mètres dans toutes les directions.

MESURES D'URGENCE

INCENDIE

Incendie mineur

• Poudre chimique sèche ou CO2. **Incendie majeur** • Eau pulvérisée ou en brouillard, ou mousse. • Éloigner les contenants de la zone de feu si cela peut se faire sans risque. • Empêcher l'infiltration d'eau dans les contenants. • Les bouteilles à gaz endommagées ne devraient être manipulées que par des spécialistes.

Incendie Impliquant des Citernes

• Combattre l'incendie d'une distance maximale ou utiliser des lances ou canons à eau télécommandés. • Refroidir les contenants à grande eau longtemps après l'extinction de l'incendie. • Ne pas appliquer d'eau au point de fuite ou sur les dispositifs de sécurité afin d'éviter l'obstruction par la glace. • Se retirer immédiatement si le sifflement émis par les dispositifs de sécurité augmente ou si la citerne se décolore. • TOUJOURS se tenir éloigné d'une citerne engouffrée par les flammes.

DÉVERSEMENT OU FUITE

• Une combinaison entièrement étanche aux vapeurs est recommandée pour les fuites et déversements sans feu. • Ne pas toucher ou marcher sur le produit déversé. • Si sans risque, arrêter la fuite. • Si possible, retourner le contenant pour laisser fuir le gaz plutôt que le liquide. • Empêcher l'infiltration dans les cours d'eau, les égouts, les sous-sols ou les endroits clos. • Ne pas appliquer d'eau sur le déversement ou au point de fuite. • Utiliser un brouillard d'eau pour détourner ou réduire les émanations. Empêcher les eaux de ruissellement d'entrer en contact avec la substance déversée. • Isoler la zone jusqu'à la dispersion des gaz.

PREMIERS SOINS

• Transporter la victime à l'air frais. • Contacter le 911 ou les services médicaux d'urgence. • En cas d'arrêt respiratoire, appliquer la respiration artificielle. • **Ne pas utiliser la méthode bouche-à-bouche si la victime a ingéré ou inhalé la substance, appliquer la respiration artificielle à l'aide d'un masque de poche muni d'une valve à sens unique ou autre appareil médical approprié.** • En cas de gêne respiratoire, donner de l'oxygène. • Enlever vêtements et souliers contaminés puis les isoler. • En cas de contact avec le gaz liquéfié, dégeler les engelures en utilisant de l'eau tiède. • En cas de contact avec la substance, laver les yeux ou la peau immédiatement à l'eau courante pendant au moins 20 minutes. • Calmer la victime et la couvrir chaudement. • Garder la victime sous observation. • Les effets liés au contact ou à l'inhalation peuvent être retardés. • Aviser le personnel médical de l'identité du produit afin qu'ils prennent les dispositions nécessaires pour assurer leur sécurité.

126 Gaz - Comprimés ou Liquéfiés (incluant des Gaz Réfrigérants)

RISQUES POTENTIELS

INCENDIE OU EXPLOSION

• Certains peuvent brûler, mais aucun ne s'enflamme facilement. • Les contenants peuvent exploser lorsque chauffés. • Les bouteilles à gaz brisées peuvent s'autopropulser violemment.

SANTÉ

• Les vapeurs peuvent causer des étourdissements ou l'asphyxie sans avertissement. • Les vapeurs de gaz liquéfiés sont initialement plus lourdes que l'air et se diffusent au ras du sol. • Le contact avec le gaz ou le gaz liquéfié peut causer de graves blessures, des brûlures et/ou des engelures. • Un feu peut produire des gaz irritants, corrosifs et/ou toxiques.

SÉCURITÉ PUBLIQUE

• COMPOSER le numéro de téléphone d'urgence indiqué sur les documents d'expédition. Si non disponibles ou aucune réponse, COMPOSER le numéro d'urgence approprié indiqué à la fin du livre. • Isoler immédiatement dans un rayon minimum de 100 mètres autour du site du déversement. • Éloigner les curieux et le personnel non autorisé. • Demeurer en amont du vent. • Plusieurs gaz sont plus lourds que l'air et se propageront au ras du sol pour s'accumuler dans les dépressions ou les endroits clos (égouts, sous-sols, citernes). • Éviter les dépressions de terrain. • Avant d'y accéder, aérer les endroits clos.

VÊTEMENTS DE PROTECTION

• Porter un Appareil de Protection Respiratoire Autonome (APRA) à pression positive. • Les vêtements de protection pour feux d'immeubles ne fourniront qu'une efficacité limitée.

ÉVACUATION

Déversement majeur

• Envisager une première évacuation d'une distance de 500 mètres sous le vent. **Incendie** • Si une citerne (routière ou ferroviaire) ou une remorque est impliquée dans un feu, ISOLER 800 mètres dans toutes les directions; de plus, envisager une première évacuation pour 800 mètres dans toutes les directions.

MESURES D'URGENCE

INCENDIE

• Employer un agent extincteur approprié au type de feu environnant.

Incendie mineur

• Poudre chimique sèche ou CO2.

Incendie majeur

• Eau pulvérisée ou en brouillard, ou mousse. • Éloigner les contenants de la zone de feu si cela peut se faire sans risque. • Les bouteilles à gaz endommagées ne devraient être manipulées que par des spécialistes.

Incendie Impliquant des Citernes

• Combattre l'incendie d'une distance maximale ou utiliser des lances ou canons à eau télécommandés. • Refroidir les contenants à grande eau longtemps après l'extinction de l'incendie. • Ne pas appliquer d'eau au point de fuite ou sur les dispositifs de sécurité afin d'éviter l'obstruction par la glace. • Se retirer immédiatement si le sifflement émis par les dispositifs de sécurité augmente ou si la citerne se décolore. • TOUJOURS se tenir éloigné d'une citerne engouffrée par les flammes. • Certaines de ces substances, si déversées, peuvent s'évaporer en laissant un résidu inflammable.

DÉVERSEMENT OU FUITE

• Ne pas toucher ou marcher sur le produit déversé. • Si sans risque, arrêter la fuite. • Ne pas appliquer d'eau sur le déversement ou au point de fuite. • Utiliser un brouillard d'eau pour détourner ou réduire les émanations. Empêcher les eaux de ruissellement d'entrer en contact avec la substance déversée. • Si possible, retourner le contenant pour laisser fuir le gaz plutôt que le liquide. • Empêcher l'infiltration dans les cours d'eau, les égouts, les sous-sols ou les endroits clos. • Laisser la substance s'évaporer. • Aérer la zone.

PREMIERS SOINS

• Transporter la victime à l'air frais. • Contacter le 911 ou les services médicaux d'urgence. • En cas d'arrêt respiratoire, appliquer la respiration artificielle. • En cas de gêne respiratoire, donner de l'oxygène. • Enlever vêtements et souliers contaminés puis les isoler. • En cas de contact avec le gaz liquéfié, dégeler les engelures en utilisant de l'eau tiède. • Calmer la victime et la couvrir chaudement. • Aviser le personnel médical de l'identité du produit afin qu'ils prennent les dispositions nécessaires pour assurer leur sécurité.

127 Liquides Inflammables (polaires/miscibles à L'eau)

RISQUES POTENTIELS

INCENDIE OU EXPLOSION

• **EXTRÊMEMENT INFLAMMABLE: S'enflammera facilement sous l'action de la chaleur, d'étincelles ou de flammes.** • Les vapeurs peuvent former des mélanges explosifs avec l'air. • Les vapeurs peuvent se propager vers une source d'allumage et provoquer un retour de flamme au point de fuite. • La plupart des vapeurs sont plus lourdes que l'air. Elles se propageront au ras du sol pour s'accumuler dans les dépressions ou les endroits clos (égouts, sous-sols, citernes). • Les vapeurs posent un risque explosif à l'intérieur, à l'extérieur ou dans les égouts. **• Les substances identifiées avec la lettre (P) peuvent polymériser explosivement lorsque chauffées ou impliquées dans un incendie.** • Le ruissellement vers les égouts peut créer un risque de feu ou d'explosion. • Les contenants peuvent exploser lorsque chauffés. • Plusieurs liquides sont moins denses que l'eau.

SANTÉ

• L'inhalation ou le contact avec la substance peut irriter ou brûler la peau et les yeux. • Un feu peut produire des gaz irritants, corrosifs et/ou toxiques. • Les vapeurs peuvent causer des étourdissements ou la suffocation. • Les eaux de contrôle d'incendie peuvent polluer.

SÉCURITÉ PUBLIQUE

• COMPOSER le numéro de téléphone d'urgence indiqué sur les documents d'expédition. Si non disponibles ou aucune réponse, COMPOSER le numéro d'urgence approprié indiqué à la fin du livre. • Isoler immédiatement dans un rayon minimum de 25 à 50 mètres autour du site du déversement. • Éloigner les curieux et le personnel non autorisé. • Demeurer en amont du vent. • Éviter les dépressions de terrain. • Avant d'y accéder, aérer les endroits clos.

VÊTEMENTS DE PROTECTION

• Porter un Appareil de Protection Respiratoire Autonome (APRA) à pression positive. • Les vêtements de protection pour feux d'immeubles ne fourniront qu'une efficacité limitée.

ÉVACUATION

Déversement majeur

• Envisager une première évacuation d'une distance de 300 mètres sous le vent. **Incendie** • Si une citerne (routière ou ferroviaire) ou une remorque est impliquée dans un feu, ISOLER 800 mètres dans toutes les directions; de plus, envisager une première évacuation pour 800 mètres dans toutes les directions.

MESURES D'URGENCE

INCENDIE ATTENTION:

Toutes ces substances ont un point d'éclair très bas. L'eau pulvérisée lors d'un incendie peut s'avérer inefficace. Incendie mineur

• Poudre chimique sèche, CO2, eau pulvérisée ou mousse antialcool.

Incendie majeur

• Eau pulvérisée ou en brouillard, ou mousse antialcool. • Utiliser l'eau pulvérisée ou en brouillard; ne pas employer de jet d'eau. • Éloigner les contenants de la zone de feu si cela peut se faire sans risque.

Incendie de Citernes, Remorques ou Wagons

• Combattre l'incendie d'une distance maximale ou utiliser des lances ou canons à eau télécommandés. • Refroidir les contenants à grande eau longtemps après l'extinction de l'incendie. • Se retirer immédiatement si le sifflement émis par les dispositifs de sécurité augmente ou si la citerne se décolore. • TOUJOURS se tenir éloigné d'une citerne engouffrée par les flammes. • Pour un incendie majeur, utiliser des lances ou des canons à eau télécommandés; lorsqu'impossible, se retirer et laisser brûler.

DÉVERSEMENT OU FUITE

• Éliminer du site toute source d'allumage (ex: cigarette, fusée routière, étincelles et flammes). • Tout équipement utilisé pour manipuler ce produit doit être mis à la terre. • Ne pas toucher ou marcher sur le produit déversé. • Si sans risque, arrêter la fuite. • Empêcher l'infiltration dans les cours d'eau, les égouts, les sous-sols ou les endroits clos. • Une mousse antivapeur peut être utilisée pour réduire les émanations. • Absorber ou couvrir avec de la terre sèche, du sable ou tout autre produit non- combustible et transférer dans des contenants. • Utiliser des outils antiétincelles propres pour récupérer le matériel absorbé.

Déversement majeur

• Endiguer à bonne distance du déversement liquide pour en disposer plus tard. • L'eau pulvérisée peut réduire les émanations de vapeurs, mais ne préviendra pas l'ignition dans les endroits clos.

PREMIERS SOINS

• Transporter la victime à l'air frais. • Contacter le 911 ou les services médicaux d'urgence. • En cas d'arrêt respiratoire, appliquer la respiration artificielle. • En cas de gêne respiratoire, donner de l'oxygène. • Enlever vêtements et souliers contaminés puis les isoler. • En cas de contact avec la substance, laver les yeux ou la peau immédiatement à l'eau courante pendant au moins 20 minutes. • Laver la peau au savon et à l'eau. • Calmer la victime et la couvrir chaudement. • Aviser le personnel médical de l'identité du produit afin qu'ils prennent les dispositions nécessaires pour assurer leur sécurité.

128 Liquides Inflammables (non-polaires/non-miscibles à L'eau)

RISQUES POTENTIELS

INCENDIE OU EXPLOSION

• **EXTRÊMEMENT INFLAMMABLE: S'enflammera facilement sous l'action de la chaleur, d'étincelles ou de flammes.** • Les vapeurs peuvent former des mélanges explosifs avec l'air. • Les vapeurs peuvent se propager vers une source d'allumage et provoquer un retour de flamme au point de fuite. • La plupart des vapeurs sont plus lourdes que l'air. Elles se propageront au ras du sol pour s'accumuler dans les dépressions ou les endroits clos (égouts, sous-sols, citernes). • Les vapeurs posent un risque explosif à l'intérieur, à l'extérieur ou dans les égouts. • **Les substances identifiées avec la lettre (P) peuvent polymériser explosivement lorsque chauffées ou impliquées dans un incendie.** • Le ruissellement vers les égouts peut créer un risque de feu ou d'explosion. • Les contenants peuvent exploser lorsque chauffés. • Plusieurs liquides sont moins denses que l'eau. • La substance peut être transportée chaude.

SANTÉ

• L'inhalation ou le contact avec la substance peut irriter ou brûler la peau et les yeux. • Un feu peut produire des gaz irritants, corrosifs et/ou toxiques. • Les vapeurs peuvent causer des étourdissements ou la suffocation. • Les eaux de contrôle d'incendie ou de dilution peuvent polluer.

SÉCURITÉ PUBLIQUE

• **COMPOSER le numéro de téléphone d'urgence indiqué sur les documents d'expédition. Si non disponibles ou aucune réponse, COMPOSER le numéro d'urgence approprié indiqué à la fin du livre.** • Isoler immédiatement dans un rayon minimum de 25 à 50 mètres autour du site du déversement. • Éloigner les curieux et le personnel non autorisé. • Demeurer en amont du vent. • Éviter les dépressions de terrain. • Avant d'y accéder, aérer les endroits clos.

VÊTEMENTS DE PROTECTION

• Porter un Appareil de Protection Respiratoire Autonome (APRA) à pression positive. • Les vêtements de protection pour feux d'immeubles ne fourniront qu'une efficacité limitée.

ÉVACUATION

Déversement majeur

• Envisager une première évacuation d'une distance de 300 mètres sous le vent.

Incendie

• Si une citerne (routière ou ferroviaire) ou une remorque est impliquée dans un feu, ISOLER 800 mètres dans toutes les directions; de plus, envisager une première évacuation pour 800 mètres dans toutes les directions.

MESURES D'URGENCE

INCENDIE

ATTENTION: Toutes ces substances ont un point d'éclair très bas. L'eau pulvérisée lors d'un incendie peut s'avérer inefficace.

Incendie mineur

• Poudre chimique sèche, CO2, eau pulvérisée ou mousse régulière.

Incendie majeur

• Eau pulvérisée ou en brouillard, ou mousse. • Utiliser l'eau pulvérisée ou en brouillard; ne pas employer de jet d'eau. • Éloigner les contenants de la zone de feu si cela peut se faire sans risque.

Incendie de Citernes, Remorques ou Wagons

• Combattre l'incendie d'une distance maximale ou utiliser des lances ou canons à eau télécommandés. • Refroidir les contenants à grande eau longtemps après l'extinction de l'incendie. • Se retirer immédiatement si le sifflement émis par les dispositifs de sécurité augmente ou si la citerne se décolore. • TOUJOURS se tenir éloigné d'une citerne engouffrée par les flammes. • Pour un incendie majeur, utiliser des lances ou des canons à eau télécommandés; lorsqu'impossible, se retirer et laisser brûler.

DÉVERSEMENT OU FUITE

• Éliminer du site toute source d'allumage (ex: cigarette, fusée routière, étincelles et flammes). • Tout équipement utilisé pour manipuler ce produit doit être mis à la terre. • Ne pas toucher ou marcher sur le produit déversé. • Si sans risque, arrêter la fuite. • Empêcher l'infiltration dans les cours d'eau, les égouts, les sous-sols ou les endroits clos. • Une mousse antivapeur peut être utilisée pour réduire les émanations. • Absorber ou couvrir avec de la terre sèche, du sable ou tout autre produit non combustible et transférer dans des contenants.
• Utiliser des outils antiétincelles propres pour récupérer le matériel absorbé.

Déversement majeur

• Endiguer à bonne distance du déversement liquide pour en disposer plus tard. • L'eau pulvérisée peut réduire les émanations de vapeurs, mais ne préviendra pas l'ignition dans les endroits clos.

PREMIERS SOINS

• Transporter la victime à l'air frais. • Contacter le 911 ou les services médicaux d'urgence. • En cas d'arrêt respiratoire, appliquer la respiration artificielle. • En cas de gêne respiratoire, donner de l'oxygène. • Enlever vêtements et souliers contaminés puis les isoler.
• En cas de contact avec la substance, laver les yeux ou la peau immédiatement à l'eau courante pendant au moins 20 minutes. • Laver la peau au savon et à l'eau. • Calmer la victime et la couvrir chaudement. • Aviser le personnel médical de l'identité du produit afin qu'ils prennent les dispositions nécessaires pour assurer leur sécurité.

129 Liquides Inflammables (polaires/miscibles à L'eau/nocifs)

RISQUES POTENTIELS

INCENDIE OU EXPLOSION

• **EXTRÊMEMENT INFLAMMABLE: S'enflammera facilement sous l'action de la chaleur, d'étincelles ou de flammes.** • Les vapeurs peuvent former des mélanges explosifs avec l'air. • Les vapeurs peuvent se propager vers une source d'allumage et provoquer un retour de flamme au point de fuite. • La plupart des vapeurs sont plus lourdes que l'air. Elles se propageront au ras du sol pour s'accumuler dans les dépressions ou les endroits clos (égouts, sous-sols, citernes). • Les vapeurs posent un risque explosif à l'intérieur, à l'extérieur ou dans les égouts. • **Les substances identifiées avec la lettre (P) peuvent polymériser explosivement lorsque chauffées ou impliquées dans un incendie.** • Le ruissellement vers les égouts peut créer un risque de feu ou d'explosion. • Les contenants peuvent exploser lorsque chauffés.

• Plusieurs liquides sont moins denses que l'eau.

SANTÉ

• L'inhalation ou l'absorption cutanée peut causer des effets toxiques. • L'inhalation ou le contact avec la substance peut irriter ou brûler la peau et les yeux. • Un feu produira des gaz irritants, corrosifs et/ou toxiques. • Les vapeurs peuvent causer des étourdissements ou la suffocation. • Les eaux de contrôle d'incendie ou de dilution peuvent polluer.

SÉCURITÉ PUBLIQUE

• **COMPOSER le numéro de téléphone d'urgence indiqué sur les documents d'expédition. Si non disponibles ou aucune réponse, COMPOSER le numéro d'urgence approprié indiqué à la fin du livre.** • Isoler immédiatement dans un rayon minimum de 50 à 100 mètres autour du site du déversement. • Éloigner les curieux et le personnel non autorisé. • Demeurer en amont du vent. • Éviter les dépressions de terrain. • Avant d'y accéder, aérer les endroits clos.

VÊTEMENTS DE PROTECTION

• Porter un Appareil de Protection Respiratoire Autonome (APRA) à pression positive. • Les vêtements de protection pour feux d'immeubles ne fourniront qu'une efficacité limitée.

ÉVACUATION

Déversement majeur

• Envisager une première évacuation d'une distance de 300 mètres sous le vent.

Incendie

• Si une citerne (routière ou ferroviaire) ou une remorque est impliquée dans un feu, ISOLER 800 mètres dans toutes les directions; de plus, envisager une première évacuation pour 800 mètres dans toutes les directions.

MESURES D'URGENCE

INCENDIE

ATTENTION: Toutes ces substances ont un point d'éclair très bas. L'eau pulvérisée lors d'un incendie peut s'avérer inefficace.

Incendie mineur

• Poudre chimique sèche, CO2, eau pulvérisée ou mousse antialcool. • **Ne pas utiliser d'extincteurs à poudre chimique sèche pour éteindre des feux impliquant du nitrométhane ou nitroéthane.**

Incendie majeur

• Eau pulvérisée ou en brouillard, ou mousse antialcool. • **Ne pas employer de jet d'eau.** • Éloigner les contenants de la zone de feu si cela peut se faire sans risque.

Incendie de Citernes, Remorques ou Wagons

• Combattre l'incendie d'une distance maximale ou utiliser des lances ou canons à eau télécommandés. • Refroidir les contenants à grande eau longtemps après l'extinction de l'incendie. • Se retirer immédiatement si le sifflement émis par les dispositifs de sécurité augmente ou si la citerne se décolore. • TOUJOURS se tenir éloigné d'une citerne engouffrée par les flammes. • Pour un incendie majeur, utiliser des lances ou des canons à eau télécommandés; lorsqu'impossible, se retirer et laisser brûler.

DÉVERSEMENT OU FUITE

• Éliminer du site toute source d'allumage (ex: cigarette, fusée routière, étincelles et flammes). • Tout équipement utilisé pour manipuler ce produit doit être mis à la terre. • Ne pas toucher ou marcher sur le produit déversé. • Si sans risque, arrêter la fuite. • Empêcher l'infiltration dans les cours d'eau, les égouts, les sous-sols ou les endroits clos. • Une mousse antivapeur peut être utilisée pour réduire les émanations. • Absorber ou couvrir avec de la terre sèche, du sable ou tout autre produit non combustible et transférer dans des contenants.

• Utiliser des outils antiétincelles propres pour récupérer le matériel absorbé.

Déversement majeur

• Endiguer à bonne distance du déversement liquide pour en disposer plus tard. • L'eau pulvérisée peut réduire les émanations de vapeurs, mais ne préviendra pas l'ignition dans les endroits clos.

PREMIERS SOINS

• Transporter la victime à l'air frais. • Contacter le 911 ou les services médicaux d'urgence. • En cas d'arrêt respiratoire, appliquer la respiration artificielle. • En cas de gêne respiratoire, donner de l'oxygène. • Enlever vêtements et souliers contaminés puis les isoler.

• En cas de contact avec la substance, laver les yeux ou la peau immédiatement à l'eau courante pendant au moins 20 minutes.

• Laver la peau au savon et à l'eau. • Calmer la victime et la couvrir chaudement. • Les effets liés à l'exposition (inhalation, ingestion ou contact avec la peau) peuvent être retardés. • Aviser le personnel médical de l'identité du produit afin qu'ils prennent les dispositions nécessaires pour assurer leur sécurité.

130 Liquides Inflammables (non-polaires/non-miscibles à L'eau/nocifs)

RISQUES POTENTIELS

INCENDIE OU EXPLOSION

• **EXTRÊMEMENT INFLAMMABLE: S'enflammera facilement sous l'action de la chaleur, d'étincelles ou de flammes.** • Les vapeurs peuvent former des mélanges explosifs avec l'air. • Les vapeurs peuvent se propager vers une source d'allumage et provoquer un retour de flamme au point de fuite. • La plupart des vapeurs sont plus lourdes que l'air. Elles se propageront au ras du sol pour s'accumuler dans les dépressions ou les endroits clos (égouts, sous-sols, citernes). • Les vapeurs posent un risque explosif à l'intérieur, à l'extérieur ou dans les égouts. • **Les substances identifiées avec la lettre (P) peuvent polymériser explosivement lorsque chauffées ou impliquées dans un incendie.** • Le ruissellement vers les égouts peut créer un risque de feu ou d'explosion. • Les contenants peuvent exploser lorsque chauffés.

• Plusieurs liquides sont moins denses que l'eau.

SANTÉ

• L'inhalation ou l'absorption cutanée peut causer des effets toxiques. • L'inhalation ou le contact avec la substance peut irriter ou brûler la peau et les yeux. • Un feu produira des gaz irritants, corrosifs et/ou toxiques. • Les vapeurs peuvent causer des étourdissements ou la suffocation. • Les eaux de contrôle d'incendie ou de dilution peuvent polluer.

SÉCURITÉ PUBLIQUE

• **COMPOSER le numéro de téléphone d'urgence indiqué sur les documents d'expédition. Si non disponibles ou aucune réponse, COMPOSER le numéro d'urgence approprié indiqué à la fin du livre.** • Isoler immédiatement dans un rayon minimum de 50 à 100 mètres autour du site du déversement. • Éloigner les curieux et le personnel non autorisé. • Demeurer en amont du vent. • Éviter les dépressions de terrain. • Avant d'y accéder, aérer les endroits clos.

VÊTEMENTS DE PROTECTION

• Porter un Appareil de Protection Respiratoire Autonome (APRA) à pression positive. • Les vêtements de protection pour feux d'immeubles ne fourniront qu'une efficacité limitée.

ÉVACUATION

Déversement majeur

• Envisager une première évacuation d'une distance de 300 mètres sous le vent.

Incendie

• Si une citerne (routière ou ferroviaire) ou une remorque est impliquée dans un feu, ISOLER 800 mètres dans toutes les directions; de plus, envisager une première évacuation pour 800 mètres dans toutes les directions.

MESURES D'URGENCE

INCENDIE

ATTENTION: Toutes ces substances ont un point d'éclair très bas. L'eau pulvérisée lors d'un incendie peut s'avérer inefficace.

Incendie mineur

• Poudre chimique sèche, CO2, eau pulvérisée ou mousse régulière.

Incendie majeur

• Eau pulvérisée ou en brouillard, ou mousse. • **Ne pas employer de jet d'eau.** • Éloigner les contenants de la zone de feu si cela peut se faire sans risque.

Incendie de Citernes, Remorques ou Wagons

• Combattre l'incendie d'une distance maximale ou utiliser des lances ou canons à eau télécommandés. • Refroidir les contenants à grande eau longtemps après l'extinction de l'incendie. • Se retirer immédiatement si le sifflement émis par les dispositifs de sécurité augmente ou si la citerne se décolore. • TOUJOURS se tenir éloigné d'une citerne engouffrée par les flammes. • Pour un incendie majeur, utiliser des lances ou des canons à eau télécommandés; lorsqu'impossible, se retirer et laisser brûler.

DÉVERSEMENT OU FUITE

• Éliminer du site toute source d'allumage (ex: cigarette, fusée routière, étincelles et flammes). • Tout équipement utilisé pour manipuler ce produit doit être mis à la terre. • Ne pas toucher ou marcher sur le produit déversé. • Si sans risque, arrêter la fuite. • Empêcher l'infiltration dans les cours d'eau, les égouts, les sous-sols ou les endroits clos. • Une mousse antivapeur peut être utilisée pour réduire les émanations. • Absorber ou couvrir avec de la terre sèche, du sable ou tout autre produit non combustible et transférer dans des contenants.

• Utiliser des outils antiétincelles propres pour récupérer le matériel absorbé.

Déversement majeur

• Endiguer à bonne distance du déversement liquide pour en disposer plus tard. • L'eau pulvérisée peut réduire les émanations de vapeurs, mais ne préviendra pas l'ignition dans les endroits clos.

PREMIERS SOINS

• Transporter la victime à l'air frais. • Contacter le 911 ou les services médicaux d'urgence. • En cas d'arrêt respiratoire, appliquer la respiration artificielle. • En cas de gêne respiratoire, donner de l'oxygène. • Enlever vêtements et souliers contaminés puis les isoler.

• En cas de contact avec la substance, laver les yeux ou la peau immédiatement à l'eau courante pendant au moins 20 minutes. • Laver la peau au savon et à l'eau. • Calmer la victime et la couvrir chaudement. • Les effets liés à l'exposition (inhalation, ingestion ou contact avec la peau) peuvent être retardés. • Aviser le personnel médical de l'identité du produit afin qu'ils prennent les dispositions nécessaires pour assurer leur sécurité.

131 Liquides Inflammables - Toxiques

RISQUES POTENTIELS

SANTÉ

• **TOXIQUE; peut être fatal lorsqu'inhalé, ingéré ou absorbé par la peau.** • L'inhalation ou le contact avec certaines de ces substances irritera ou brûlera la peau et les yeux. • Un feu produira des gaz irritants, corrosifs et/ou toxiques. • Les vapeurs peuvent causer des étourdissements ou la suffocation. • Les eaux de contrôle d'incendie ou de dilution peuvent polluer.

INCENDIE OU EXPLOSION

• **EXTRÊMEMENT INFLAMMABLE: S'enflammera facilement sous l'action de la chaleur, d'étincelles ou de flammes.** • Les vapeurs peuvent former des mélanges explosifs avec l'air. • Les vapeurs peuvent se propager vers une source d'allumage et provoquer un retour de flamme au point de fuite. • La plupart des vapeurs sont plus lourdes que l'air. Elles se propageront au ras du sol pour s'accumuler dans les dépressions ou les endroits clos (égouts, sous-sols, citernes). • Les vapeurs posent un risque toxique et explosif à l'intérieur, à l'extérieur ou dans les égouts. • **Les substances identifiées avec la lettre (P) peuvent polymériser explosivement lorsque chauffées ou impliquées dans un incendie.** • Le ruissellement vers les égouts peut créer un risque de feu ou d'explosion. • Les contenants peuvent exploser lorsque chauffés. • Plusieurs liquides sont moins denses que l'eau.

SÉCURITÉ PUBLIQUE

• **COMPOSER le numéro de téléphone d'urgence indiqué sur les documents d'expédition. Si non disponibles ou aucune réponse, COMPOSER le numéro d'urgence approprié indiqué à la fin du livre.** • Isoler immédiatement dans un rayon minimum de 100 à 200 mètres autour du site du déversement. • Éloigner les curieux et le personnel non autorisé. • Demeurer en amont du vent. • Éviter les dépressions de terrain. • Avant d'y accéder, aérer les endroits clos.

VÊTEMENTS DE PROTECTION

• Porter un Appareil de Protection Respiratoire Autonome (APRA) à pression positive. • Porter un vêtement de protection chimique spécifiquement recommandé par le fabricant. Il peut fournir une protection thermique variant de faible à nulle. • Les vêtements de protection pour feux d'immeubles offrent une protection limitée pour les cas d'incendie SEULEMENT; ils ne sont pas efficaces en cas de déversements.

ÉVACUATION

Déversement

• Voir le Tableau des Distances d'Isolation Initiale et d'Activités de Protection pour les substances surlignées. Pour les autres substances, augmenter, tel que nécessaire, en aval du vent, la distance d'isolation indiquée sous "SÉCURITÉ PUBLIQUE".

Incendie

• Si une citerne (routière ou ferroviaire) ou une remorque est impliquée dans un feu, ISOLER 800 mètres dans toutes les directions; de plus, envisager une première évacuation pour 800 mètres dans toutes les directions.

MESURES D'URGENCE

INCENDIE

ATTENTION: Toutes ces substances ont un point d'éclair très bas. L'eau pulvérisée lors d'un incendie peut s'avérer inefficace.

Incendie mineur

• Poudre chimique sèche, CO2, eau pulvérisée ou mousse antialcool.

Incendie majeur

• Eau pulvérisée ou en brouillard, ou mousse antialcool. • Éloigner les contenants de la zone de feu si cela peut se faire sans risque.

• Endiguer l'eau de combat d'incendie afin d'en disposer adéquatement; ne pas disperser le produit. • Utiliser l'eau pulvérisée ou en brouillard; ne pas employer de jet d'eau.

Incendie de Citernes, Remorques ou Wagons

• Combattre l'incendie d'une distance maximale ou utiliser des lances ou canons à eau télécommandés. • Refroidir les contenants à grande eau longtemps après l'extinction de l'incendie. • Se retirer immédiatement si le sifflement émis par les dispositifs de sécurité augmente ou si la citerne se décolore. • TOUJOURS se tenir éloigné d'une citerne engouffrée par les flammes. • Pour un incendie majeur, utiliser des lances ou des canons à eau télécommandés; lorsqu'impossible, se retirer et laisser brûler.

DÉVERSEMENT OU FUITE

• Une combinaison entièrement étanche aux vapeurs est recommandée pour les fuites et déversements sans feu. • Éliminer du site toute source d'allumage (ex: cigarette, fusée routière, étincelles et flammes). • Tout équipement utilisé pour manipuler ce produit doit être mis à la terre. • Ne pas toucher ou marcher sur le produit déversé. • Si sans risque, arrêter la fuite. • Empêcher l'infiltration dans les cours d'eau, les égouts, les sous-sols ou les endroits clos. • Une mousse antivapeur peut être utilisée pour réduire les émanations.

Petit déversement

• Absorber à l'aide de terre, de sable ou autre substance non combustible; transférer dans un récipient pour en disposer plus tard. • Utiliser des outils antiétincelles propres pour récupérer le matériel absorbé.

Déversement majeur

• Endiguer à bonne distance du déversement liquide pour en disposer plus tard. • L'eau pulvérisée peut réduire les émanations de vapeurs, mais ne préviendra pas l'ignition dans les endroits clos.

PREMIERS SOINS

• Transporter la victime à l'air frais. • Contacter le 911 ou les services médicaux d'urgence. • En cas d'arrêt respiratoire, appliquer la respiration artificielle. • **Ne pas utiliser la méthode bouche-à-bouche si la victime a ingéré ou inhalé la substance, appliquer la respiration artificielle à l'aide d'un masque de poche muni d'une valve à sens unique ou autre appareil médical approprié.** • En cas de gêne respiratoire, donner de l'oxygène. • Enlever vêtements et souliers contaminés puis les isoler. • En cas de contact avec la substance, laver les yeux ou la peau immédiatement à l'eau courante pendant au moins 20 minutes. • Laver la peau au savon et à l'eau. • Calmer la victime et la couvrir chaudement. • Les effets liés à l'exposition (inhalation, ingestion ou contact avec la peau) peuvent être retardés. • Aviser le personnel médical de l'identité du produit afin qu'ils prennent les dispositions nécessaires pour assurer leur sécurité.

132 Liquides Inflammables - Corrosifs

RISQUES POTENTIELS

INCENDIE OU EXPLOSION

• **Substance inflammable/combustible.** • Peut être allumé par la chaleur, par des étincelles ou par des flammes. • Les vapeurs peuvent former des mélanges explosifs avec l'air. • Les vapeurs peuvent se propager vers une source d'allumage et provoquer un retour de flamme au point de fuite. • La plupart des vapeurs sont plus lourdes que l'air. Elles se propageront au ras du sol pour s'accumuler dans les dépressions ou les endroits clos (égouts, sous-sols, citernes). • Les vapeurs posent un risque explosif à l'intérieur, à l'extérieur ou dans les égouts. **• Les substances identifiées avec la lettre (P) peuvent polymériser explosivement lorsque chauffées ou impliquées dans un incendie.** • Le ruissellement vers les égouts peut créer un risque de feu ou d'explosion. • Les contenants peuvent exploser lorsque chauffés. • Plusieurs liquides sont moins denses que l'eau.

SANTÉ

• L'inhalation ou l'ingestion peut causer des effets toxiques. • Le contact avec la substance peut causer de graves brûlures à la peau et aux yeux. • Un feu produira des gaz irritants, corrosifs et/ou toxiques. • Les vapeurs peuvent causer des étourdissements ou la suffocation.
• Les eaux de contrôle d'incendie ou de dilution peuvent polluer.

SÉCURITÉ PUBLIQUE

• **COMPOSER le numéro de téléphone d'urgence indiqué sur les documents d'expédition. Si non disponibles ou aucune réponse, COMPOSER le numéro d'urgence approprié indiqué à la fin du livre.** • Isoler immédiatement dans un rayon minimum de 50 à 100 mètres autour du site du déversement. • Éloigner les curieux et le personnel non autorisé. • Demeurer en amont du vent. • Éviter les dépressions de terrain. • Avant d'y accéder, aérer les endroits clos.

VÊTEMENTS DE PROTECTION

• Porter un Appareil de Protection Respiratoire Autonome (APRA) à pression positive. • Porter un vêtement de protection chimique spécifiquement recommandé par le fabricant. Il peut fournir une protection thermique variant de faible à nulle. • Les vêtements de protection pour feux d'immeubles offrent une protection limitée pour les cas d'incendie SEULEMENT; ils ne sont pas efficaces en cas de déversements.

ÉVACUATION

Déversement majeur

• Voir le Tableau des Distances d'Isolation Initiale et d'Activités de Protection pour les substances surlignées. Pour les autres substances, augmenter, tel que nécessaire, en aval du vent, la distance d'isolation indiquée sous "SÉCURITÉ PUBLIQUE".

Incendie

• Si une citerne (routière ou ferroviaire) ou une remorque est impliquée dans un feu, ISOLER 800 mètres dans toutes les directions; de plus, envisager une première évacuation pour 800 mètres dans toutes les directions.

MESURES D'URGENCE

INCENDIE

• **Certaines de ces substances peuvent réagir violemment au contact de l'eau.**

Incendie mineur

• Poudre chimique sèche, CO_2, eau pulvérisée ou mousse antialcool.

Incendie majeur

• Eau pulvérisée ou en brouillard, ou mousse antialcool. • Éloigner les contenants de la zone de feu si cela peut se faire sans risque.
• Endiguer l'eau de combat d'incendie afin d'en disposer adéquatement; ne pas disperser le produit. • Empêcher l'infiltration d'eau dans les contenants.

Incendie de Citernes, Remorques ou Wagons

• Combattre l'incendie d'une distance maximale ou utiliser des lances ou canons à eau télécommandés. • Refroidir les contenants à grande eau longtemps après l'extinction de l'incendie. • Se retirer immédiatement si le sifflement émis par les dispositifs de sécurité augmente ou si la citerne se décolore. • TOUJOURS se tenir éloigné d'une citerne engouffrée par les flammes. • Pour un incendie majeur, utiliser des lances ou des canons à eau télécommandés; lorsqu'impossible, se retirer et laisser brûler.

DÉVERSEMENT OU FUITE

• Une combinaison entièrement étanche aux vapeurs est recommandée pour les fuites et déversements sans feu. • Éliminer du site toute source d'allumage (ex: cigarette, fusée routière, étincelles et flammes). • Tout équipement utilisé pour manipuler ce produit doit être mis à la terre. • Ne pas toucher ou marcher sur le produit déversé. • Si sans risque, arrêter la fuite. • Empêcher l'infiltration dans les cours d'eau, les égouts, les sous-sols ou les endroits clos. • Une mousse antivapeur peut être utilisée pour réduire les émanations. • Absorber avec de la terre, du sable ou tout autre produit non combustible et transférer dans des contenants (sauf pour l'hydrazine). • Utiliser des outils antiétincelles propres pour récupérer le matériel absorbé.

Déversement majeur

• Endiguer à bonne distance du déversement liquide pour en disposer plus tard. • L'eau pulvérisée peut réduire les émanations de vapeurs, mais ne préviendra pas l'ignition dans les endroits clos.

PREMIERS SOINS

• Transporter la victime à l'air frais. • Contacter le 911 ou les services médicaux d'urgence. • En cas d'arrêt respiratoire, appliquer la respiration artificielle. **• Ne pas utiliser la méthode bouche-à-bouche si la victime a ingéré ou inhalé la substance, appliquer la respiration artificielle à l'aide d'un masque de poche muni d'une valve à sens unique ou autre appareil médical approprié.** • En cas de gêne respiratoire, donner de l'oxygène. • Enlever vêtements et souliers contaminés puis les isoler. • En cas de contact avec la substance, laver les yeux ou la peau immédiatement à l'eau courante pendant au moins 20 minutes. • Calmer la victime et la couvrir chaudement. • Les effets liés à l'exposition (inhalation, ingestion ou contact avec la peau) peuvent être retardés. • Aviser le personnel médical de l'identité du produit afin qu'ils prennent les dispositions nécessaires pour assurer leur sécurité.

133 Solides Inflammables

RISQUES POTENTIELS

INCENDIE OU EXPLOSION

• Substance inflammable/combustible. • Peut être allumé par la friction, la chaleur, des étincelles ou par des flammes. • Certains peuvent brûler rapidement tel un feu de Bengale. • Poudres, poussières, copeaux, rognures, tournures ou ébarbures peuvent exploser ou brûler avec violence explosive. • La substance peut être transportée à l'état fondu. • Peut se rallumer après extinction.

SANTÉ

• Un feu peut produire des gaz irritants et/ou toxiques. • Le contact peut causer des brûlures à la peau et aux yeux. • Le contact avec la substance en fusion peut causer de graves brûlures à la peau et aux yeux. • Les eaux de contrôle d'incendie peuvent polluer.

SÉCURITÉ PUBLIQUE

• **COMPOSER le numéro de téléphone d'urgence indiqué sur les documents d'expédition. Si non disponibles ou aucune réponse, COMPOSER le numéro d'urgence approprié indiqué à la fin du livre.** • Isoler immédiatement dans un rayon minimum de 10 à 25 mètres autour du site du déversement. • Éloigner les curieux et le personnel non autorisé. • Demeurer en amont du vent. • Éviter les dépressions de terrain.

VÊTEMENTS DE PROTECTION

• Porter un Appareil de Protection Respiratoire Autonome (APRA) à pression positive. • Les vêtements de protection pour feux d'immeubles ne fourniront qu'une efficacité limitée.

ÉVACUATION

Déversement majeur

• Envisager une première évacuation d'une distance de 100 mètres sous le vent.

Incendie

• Si une citerne (routière ou ferroviaire) ou une remorque est impliquée dans un feu, ISOLER 800 mètres dans toutes les directions; de plus, envisager une première évacuation pour 800 mètres dans toutes les directions.

MESURES D'URGENCE

INCENDIE

Incendie mineur

• Poudre chimique sèche, sable, terre, eau pulvérisée ou mousse régulière.

Incendie majeur

• Eau pulvérisée ou en brouillard, ou mousse. • Éloigner les contenants de la zone de feu si cela peut se faire sans risque.

Incendie de Citernes, Remorques ou Wagons

• Refroidir les contenants à grande eau longtemps après l'extinction de l'incendie. • Pour un incendie majeur, utiliser des lances ou des canons à eau télécommandés; lorsqu'impossible, se retirer et laisser brûler. • Se retirer immédiatement si le sifflement émis par les dispositifs de sécurité augmente ou si la citerne se décolore. • TOUJOURS se tenir éloigné d'une citerne engouffrée par les flammes.

DÉVERSEMENT OU FUITE

• Éliminer du site toute source d'allumage (ex: cigarette, fusée routière, étincelles et flammes). • Ne pas toucher ou marcher sur le produit déversé.

Petit déversement sec

• A l'aide d'une pelle propre, récupérer dans un récipient propre, sec et non scellé; éloigner les récipients du site.

Déversement majeur

• Humecter d'eau et endiguer afin d'en disposer plus tard. • Empêcher l'infiltration dans les cours d'eau, les égouts, les sous-sols ou les endroits clos.

PREMIERS SOINS

• Transporter la victime à l'air frais. • Contacter le 911 ou les services médicaux d'urgence. • En cas d'arrêt respiratoire, appliquer la respiration artificielle. • En cas de gêne respiratoire, donner de l'oxygène. • Enlever vêtements et souliers contaminés puis les isoler.
• En cas de contact avec la substance, laver les yeux ou la peau immédiatement à l'eau courante pendant au moins 20 minutes.
• L'enlèvement du matériel fondu resolidifié sur la peau requiert une attention médicale. • Calmer la victime et la couvrir chaudement.
• Aviser le personnel médical de l'identité du produit afin qu'ils prennent les dispositions nécessaires pour assurer leur sécurité.

134 Solides Inflammables - Toxiques et/ou Corrosifs

RISQUES POTENTIELS

INCENDIE OU EXPLOSION

• Substance inflammable/combustible. • Peut être allumé par la chaleur, par des étincelles ou par des flammes. • Lorsque chauffées, les vapeurs peuvent former des mélanges explosifs avec l'air; danger d'explosion à l'intérieur, à l'extérieur et dans les égouts. • Le contact avec des métaux peut produire de l'hydrogène, un gaz inflammable. • Les contenants peuvent exploser lorsque chauffés.

SANTÉ

• **TOXIQUE; l'inhalation, l'ingestion ou le contact cutané avec la substance peut causer de graves blessures ou la mort.** • Un feu produira des gaz irritants, corrosifs et/ou toxiques. • Les eaux de contrôle d'incendie ou de dilution peuvent être corrosives et/ou toxiques et polluer.

SÉCURITÉ PUBLIQUE

• **COMPOSER le numéro de téléphone d'urgence indiqué sur les documents d'expédition. Si non disponibles ou aucune réponse, COMPOSER le numéro d'urgence approprié indiqué à la fin du livre.** • Isoler immédiatement dans un rayon minimum de 25 à 50 mètres autour du site du déversement. • Demeurer en amont du vent. • Éloigner les curieux et le personnel non autorisé. • Éviter les dépressions de terrain. • Aérer les endroits clos.

VÊTEMENTS DE PROTECTION

• Porter un Appareil de Protection Respiratoire Autonome (APRA) à pression positive. • Porter un vêtement de protection chimique spécifiquement recommandé par le fabricant. Il peut fournir une protection thermique variant de faible à nulle. • Les vêtements de protection pour feux d'immeubles offrent une protection limitée pour les cas d'incendie SEULEMENT; ils ne sont pas efficaces en cas de déversements.

ÉVACUATION

Déversement majeur

• Envisager une première évacuation d'une distance de 100 mètres sous le vent.

Incendie

• Si une citerne (routière ou ferroviaire) ou une remorque est impliquée dans un feu, ISOLER 800 mètres dans toutes les directions; de plus, envisager une première évacuation pour 800 mètres dans toutes les directions.

MESURES D'URGENCE

INCENDIE

Incendie mineur

• Poudre chimique sèche, CO2, eau pulvérisée ou mousse antialcool.

Incendie majeur

• Eau pulvérisée ou en brouillard, ou mousse antialcool. • Éloigner les contenants de la zone de feu si cela peut se faire sans risque.
• Utiliser l'eau pulvérisée ou en brouillard; ne pas employer de jet d'eau. • Empêcher l'infiltration d'eau dans les contenants. • Endiguer l'eau de combat d'incendie afin d'en disposer adéquatement; ne pas disperser le produit.

Incendie de Citernes, Remorques ou Wagons

• Combattre l'incendie d'une distance maximale ou utiliser des lances ou canons à eau télécommandés. • Refroidir les contenants à grande eau longtemps après l'extinction de l'incendie. • Se retirer immédiatement si le sifflement émis par les dispositifs de sécurité augmente ou si la citerne se décolore. • TOUJOURS se tenir éloigné d'une citerne engouffrée par les flammes.

DÉVERSEMENT OU FUITE

• Une combinaison entièrement étanche aux vapeurs est recommandée pour les fuites et déversements sans feu. • Éliminer du site toute source d'allumage (ex: cigarette, fusée routière, étincelles et flammes). • Si sans risque, arrêter la fuite. • Ne pas toucher aux contenants endommagés ou produits déversés sans porter de vêtements de protection appropriés. • Empêcher l'infiltration dans les cours d'eau, les égouts, les sous-sols ou les endroits clos. • Utiliser des outils antiétincelles propres pour récupérer le matériel dans des contenants de plastique non scellés pour en disposer plus tard.

PREMIERS SOINS

• Transporter la victime à l'air frais. • Contacter le 911 ou les services médicaux d'urgence. • En cas d'arrêt respiratoire, appliquer la respiration artificielle. • **Ne pas utiliser la méthode bouche-à-bouche si la victime a ingéré ou inhalé la substance, appliquer la respiration artificielle à l'aide d'un masque de poche muni d'une valve à sens unique ou autre appareil médical approprié.** • En cas de gêne respiratoire, donner de l'oxygène. • Enlever vêtements et souliers contaminés puis les isoler. • En cas de contact avec la substance, laver les yeux ou la peau immédiatement à l'eau courante pendant au moins 20 minutes. • Lors d'un contact cutané mineur, éviter d'étendre la substance sur la peau non contaminée. • Calmer la victime et la couvrir chaudement. • Les effets liés à l'exposition (inhalation, ingestion ou contact avec la peau) peuvent être retardés. • Aviser le personnel médical de l'identité du produit afin qu'ils prennent les dispositions nécessaires pour assurer leur sécurité.

135 Substances - Spontanément Inflammables

RISQUES POTENTIELS

INCENDIE OU EXPLOSION

• Substance inflammable/combustible. • Peut s'enflammer au contact de l'air humide ou de l'humidité. • Peut brûler rapidement tel un feu de Bengale. • Certains réagissent violemment ou explosivement au contact de l'eau. • Certains se décomposent explosivement lorsque chauffés ou impliqués dans un incendie. • Peut se rallumer après extinction. • Les rejets liquides représentent un risque de feu ou d'explosion.

SANTÉ

• Un feu produira des gaz irritants, corrosifs et/ou toxiques. • L'inhalation des produits de décomposition peut causer de graves blessures ou la mort. • Le contact avec la substance peut causer de graves brûlures à la peau et aux yeux. • Les eaux de contrôle d'incendie peuvent polluer.

SÉCURITÉ PUBLIQUE

• **COMPOSER le numéro de téléphone d'urgence indiqué sur les documents d'expédition. Si non disponibles ou aucune réponse, COMPOSER le numéro d'urgence approprié indiqué à la fin du livre.** • Isoler immédiatement dans un rayon minimum de 100 à 150 mètres autour du site du déversement. • Demeurer en amont du vent. • Éloigner les curieux et le personnel non autorisé. • Éviter les dépressions de terrain.

VÊTEMENTS DE PROTECTION

• Porter un Appareil de Protection Respiratoire Autonome (APRA) à pression positive. • Porter un vêtement de protection chimique spécifiquement recommandé par le fabricant. Il peut fournir une protection thermique variant de faible à nulle. • Les vêtements de protection pour feux d'immeubles ne fourniront qu'une efficacité limitée.

ÉVACUATION

Déversement

• Voir le Tableau des Distances d'Isolation Initiale et d'Activités de Protection pour les substances surlignées. Pour les autres substances, augmenter, tel que nécessaire, en aval du vent, la distance d'isolation indiquée sous "SÉCURITÉ PUBLIQUE".

Incendie

• Si une citerne (routière ou ferroviaire) ou une remorque est impliquée dans un feu, ISOLER 800 mètres dans toutes les directions; de plus, envisager une première évacuation pour 800 mètres dans toutes les directions.

MESURES D'URGENCE

INCENDIE

• **NE PAS UTILISER D'EAU, DE MOUSSE OU DE CO2 SUR LA SUBSTANCE.** • Certaines de ces substances peuvent réagir violemment au contact de l'eau. **ATTENTION: Un feu de Dithionite (Hydrosulfite) UN1384, UN1923 et UN1929, INONDER A L'AIDE D'EAU TOUT FEU afin d'enrayer la réaction qui autogénère son propre oxygène. Couvrir le feu est inefficace car ces substances ne requirent pas d'air pour brûler.**

Incendie mineur

• **Poudre chimique sèche, carbonate de sodium, chaux éteinte ou sable SEC, EXCEPTÉ pour UN1384, UN1923 et UN1929.**

Incendie majeur

• **Sable SEC, poudre chimique sèche, carbonate de sodium ou chaux éteinte EXCEPTÉ pour UN1384, UN1923 et UN1929 ou s'éloigner et laisser brûler.** • Éloigner les contenants de la zone de feu si cela peut se faire sans risque.

Incendie de Citernes, Remorques ou Wagons

• Combattre l'incendie d'une distance maximale ou utiliser des lances ou canons à eau télécommandés. • Empêcher l'infiltration d'eau dans les contenants ou d'entrer en contact avec la substance. • Refroidir les contenants à grande eau longtemps après l'extinction de l'incendie.
• Se retirer immédiatement si le sifflement émis par les dispositifs de sécurité augmente ou si la citerne se décolore. • TOUJOURS se tenir éloigné d'une citerne engouffrée par les flammes.

DÉVERSEMENT OU FUITE

• Une combinaison entièrement étanche aux vapeurs est recommandée pour les fuites et déversements sans feu. • Éliminer du site toute source d'allumage (ex: cigarette, fusée routière, étincelles et flammes). • Ne pas toucher ou marcher sur le produit déversé. • Si sans risque, arrêter la fuite.

Petit déversement

ATTENTION: Pour les déversements de dithionites (Hydrosulfites),UN1384, UN1923 et UN1929, dissoudre dans 5 parties d'eau et récupérer pour élimination appropriée. • Couvrir de terre SÈCHE, de sable SEC ou autre produit non combustible SEC suivi d'une bâche de plastique pour contrôler la dispersion et protéger de la pluie. • Utiliser des outils antiétincelles propres pour récupérer le matériel dans des contenants de plastique non scellés pour en disposer plus tard. • Empêcher l'infiltration dans les cours d'eau, les égouts, les sous-sols ou les endroits clos.

PREMIERS SOINS

• Transporter la victime à l'air frais. • Contacter le 911 ou les services médicaux d'urgence. • En cas d'arrêt respiratoire, appliquer la respiration artificielle. • En cas de gêne respiratoire, donner de l'oxygène. • Enlever vêtements et souliers contaminés puis les isoler.
• En cas de contact avec la substance, laver les yeux ou la peau immédiatement à l'eau courante pendant au moins 20 minutes.
• Calmer la victime et la couvrir chaudement. • Aviser le personnel médical de l'identité du produit afin qu'ils prennent les dispositions nécessaires pour assurer leur sécurité.

136 Substances - Spontanément Inflammables - Toxiques (réagissant à L'air)

RISQUES POTENTIELS

INCENDIE OU EXPLOSION

- Extrêmement inflammable, s'enflammera spontanément à l'air. • Brûle rapidement en dégageant une fumée blanche, dense et irritante.
- La substance peut être transportée à l'état fondu. • Peut se rallumer après extinction.

SANTÉ

- Un feu produira des gaz irritants, corrosifs et/ou toxiques. • TOXIQUE; l'ingestion de la substance ou l'inhalation des produits de décomposition causera de graves blessures ou la mort. • Le contact avec la substance peut causer de graves brûlures à la peau et aux yeux. • Certains effets peuvent se manifester suite à l'absorption cutanée. • Les eaux de contrôle d'incendie peuvent être corrosives et/ou toxiques et polluer.

SÉCURITÉ PUBLIQUE

- **COMPOSER le numéro de téléphone d'urgence indiqué sur les documents d'expédition. Si non disponibles ou aucune réponse, COMPOSER le numéro d'urgence approprié indiqué à la fin du livre.** • Isoler immédiatement dans un rayon minimum de 100 à 150 mètres autour du site du déversement. • Demeurer en amont du vent. • Éloigner les curieux et le personnel non autorisé. • Éviter les dépressions de terrain.

VÊTEMENTS DE PROTECTION

- Porter un Appareil de Protection Respiratoire Autonome (APRA) à pression positive. • Porter un vêtement de protection chimique spécifiquement recommandé par le fabricant. Il peut fournir une protection thermique variant de faible à nulle. • Les vêtements de protection pour feux d'immeubles offrent une protection limitée pour les cas d'incendie SEULEMENT; ils ne sont pas efficaces en cas de déversements.

ÉVACUATION

Déversement

- Envisager une première évacuation d'une distance de 300 mètres sous le vent.

Incendie

- Si une citerne (routière ou ferroviaire) ou une remorque est impliquée dans un feu, ISOLER 800 mètres dans toutes les directions; de plus, envisager une première évacuation pour 800 mètres dans toutes les directions.

MESURES D'URGENCE

INCENDIE

Incendie mineur

- Eau pulvérisée, sable mouillé ou terre mouillée.

Incendie majeur

- Eau pulvérisée ou en brouillard. • **Ne pas disperser la substance avec des jets d'eau à haute pression.** • Éloigner les contenants de la zone de feu si cela peut se faire sans risque.

Incendie de Citernes, Remorques ou Wagons

- Combattre l'incendie d'une distance maximale ou utiliser des lances ou canons à eau télécommandés. • Refroidir les contenants à grande eau longtemps après l'extinction de l'incendie. • Se retirer immédiatement si le sifflement émis par les dispositifs de sécurité augmente ou si la citerne se décolore. • TOUJOURS se tenir éloigné d'une citerne engouffrée par les flammes.

DÉVERSEMENT OU FUITE

- Une combinaison entièrement étanche aux vapeurs est recommandée pour les fuites et déversements sans feu. • Éliminer du site toute source d'allumage (ex: cigarette, fusée routière, étincelles et flammes). • Ne pas toucher ou marcher sur le produit déversé. • Ne pas toucher aux contenants endommagés ou produits déversés sans porter de vêtements de protection appropriés. • Si sans risque, arrêter la fuite.

Petit déversement

- Couvrir d'eau, de sable ou de terre. Placer le produit dans un contenant en métal et recouvrir d'eau.

Déversement majeur

- Endiguer afin d'en disposer plus tard et recouvrir de terre ou de sable mouillé. • Empêcher l'infiltration dans les cours d'eau, les égouts, les sous-sols ou les endroits clos.

PREMIERS SOINS

- Transporter la victime à l'air frais. • Contacter le 911 ou les services médicaux d'urgence. • En cas d'arrêt respiratoire, appliquer la respiration artificielle. • En cas de gêne respiratoire, donner de l'oxygène. • En cas de contact avec la substance, garder sous l'eau ou appliquer un bandage mouillé sur la peau affectée jusqu'à l'obtention de soins médicaux. • L'enlèvement du matériel fondu resolidifié sur la peau requiert une attention médicale. • Enlever vêtements et souliers contaminés puis déposer dans un contenant de métal rempli d'eau. Risque d'incendie si laissé à sécher. • Les effets liés à l'exposition (inhalation, ingestion ou contact avec la peau) peuvent être retardés.
- Calmer la victime et la couvrir chaudement. • Aviser le personnel médical de l'identité du produit afin qu'ils prennent les dispositions nécessaires pour assurer leur sécurité.

137 Substances - Réagissant à L'eau - Corrosives

RISQUES POTENTIELS

SANTÉ

• **TOXIQUE; l'inhalation, l'ingestion ou le contact (yeux, peau) avec les vapeurs, les poussières ou la substance peut causer de graves blessures, des brûlures ou la mort.** • Un feu produira des gaz irritants, corrosifs et/ou toxiques. • La réaction avec l'eau peut générer beaucoup de chaleur, augmentant ainsi la concentration de vapeurs dans l'air. • Le contact avec la substance en fusion peut causer de graves brûlures à la peau et aux yeux. • Les eaux de contrôle d'incendie ou de dilution peuvent polluer.

INCENDIE OU EXPLOSION

• Certaines de ces substances peuvent brûler mais aucune ne s'enflamme facilement. • Peut enflammer les combustibles (bois, papier, huile, tissus, etc.). • La substance réagit à l'eau (certaines violemment) dégageant des gaz corrosifs et/ou toxiques. • Des gaz inflammables/toxiques peuvent s'accumuler dans les endroits clos (sous-sols, citernes, wagons-citernes ou trémies, etc.). • Le contact avec des métaux peut produire de l'hydrogène, un gaz inflammable. • Les contenants peuvent exploser lorsque chauffés ou contaminés par l'eau. • La substance peut être transportée à l'état fondu.

SÉCURITÉ PUBLIQUE

• **COMPOSER le numéro de téléphone d'urgence indiqué sur les documents d'expédition. Si non disponibles ou aucune réponse, COMPOSER le numéro d'urgence approprié indiqué à la fin du livre.** • Isoler immédiatement dans un rayon minimum de 50 à 100 mètres autour du site du déversement. • Éloigner les curieux et le personnel non autorisé. • Demeurer en amont du vent. • Éviter les dépressions de terrain. • Aérer les endroits clos.

VÊTEMENTS DE PROTECTION

• Porter un Appareil de Protection Respiratoire Autonome (APRA) à pression positive. • Porter un vêtement de protection chimique spécifiquement recommandé par le fabricant. Il peut fournir une protection thermique variant de faible à nulle. • Les vêtements de protection pour feux d'immeubles offrent une protection limitée pour les cas d'incendie SEULEMENT; ils ne sont pas efficaces en cas de déversements.

ÉVACUATION

Déversement

• Voir le Tableau des Distances d'Isolation Initiale et d'Activités de Protection pour les substances surlignées. Pour les autres substances, augmenter, tel que nécessaire, en aval du vent, la distance d'isolation indiquée sous "SÉCURITÉ PUBLIQUE".

Incendie

• Si une citerne (routière ou ferroviaire) ou une remorque est impliquée dans un feu, ISOLER 800 mètres dans toutes les directions; de plus, envisager une première évacuation pour 800 mètres dans toutes les directions.

MESURES D'URGENCE

INCENDIE

• **Lorsque la substance n'est pas impliquée dans l'incendie, ne pas lui appliquer d'eau.**

Incendie mineur

• Poudre chimique sèche ou CO2. • Éloigner les contenants de la zone de feu si cela peut se faire sans risque.

Incendie majeur

• Inonder la zone en feu à l'aide d'eau tout en rabattant les vapeurs avec un brouillard d'eau. Si la quantité d'eau est insuffisante, seulement rabattre les vapeurs.

Incendie de Citernes, Remorques ou Wagons

• Refroidir les contenants à grande eau longtemps après l'extinction de l'incendie. • Empêcher l'infiltration d'eau dans les contenants.
• Se retirer immédiatement si le sifflement émis par les dispositifs de sécurité augmente ou si la citerne se décolore. • TOUJOURS se tenir éloigné d'une citerne engouffrée par les flammes.

DÉVERSEMENT OU FUITE

• Une combinaison entièrement étanche aux vapeurs est recommandée pour les fuites et déversements sans feu. • Ne pas toucher aux contenants endommagés ou produits déversés sans porter de vêtements de protection appropriés. • Si sans risque, arrêter la fuite.
• Utiliser l'eau en brouillard pour réduire les émanations; ne pas appliquer d'eau directement sur la fuite, sur le déversement ou à l'intérieur du contenant. • Garder les combustibles (bois, papier, huile, etc.) loin de la substance déversée.

Petit déversement

• Couvrir de terre SÈCHE, de sable SEC ou autre produit non combustible SEC suivi d'une bâche de plastique pour contrôler la dispersion et protéger de la pluie. • Utiliser des outils antiétincelles propres pour récupérer le matériel dans des contenants de plastique non scellés pour en disposer plus tard. • Empêcher l'infiltration dans les cours d'eau, les égouts, les sous-sols ou les endroits clos.

PREMIERS SOINS

• Transporter la victime à l'air frais. • Contacter le 911 ou les services médicaux d'urgence. • En cas d'arrêt respiratoire, appliquer la respiration artificielle. • **Ne pas utiliser la méthode bouche-à-bouche si la victime a ingéré ou inhalé la substance, appliquer la respiration artificielle à l'aide d'un masque de poche muni d'une valve à sens unique ou autre appareil médical approprié.** • En cas de gêne respiratoire, donner de l'oxygène. • Enlever vêtements et souliers contaminés puis les isoler. • En cas de contact avec la substance, laver les yeux ou la peau immédiatement à l'eau courante pendant au moins 20 minutes. • Lors d'un contact cutané mineur, éviter d'étendre la substance sur la peau non contaminée. • L'enlèvement du matériel fondu resolidifié sur la peau requiert une attention médicale. • Calmer la victime et la couvrir chaudement. • Les effets liés à l'exposition (inhalation, ingestion ou contact avec la peau) peuvent être retardés. • Aviser le personnel médical de l'identité du produit afin qu'ils prennent les dispositions nécessaires pour assurer leur sécurité.

138 Réagissant à L'eau (émettant des Gaz Inflammables)

RISQUES POTENTIELS

INCENDIE OU EXPLOSION

• Produisent des gaz inflammables au contact de l'eau. • Peut s'enflammer au contact de l'eau ou de l'air humide. • Certains réagissent violemment ou explosivement au contact de l'eau. • Peut être allumé par la chaleur, par des étincelles ou par des flammes.
• Peut se rallumer après extinction. • Certains sont transportés dans des liquides très inflammables. • Les rejets liquides représentent un risque de feu ou d'explosion.

SANTÉ

• Le contact ou l'inhalation de cette substance, de ses vapeurs ou de ses produits de décomposition peut causer de graves blessures ou la mort. • Peut produire des solutions corrosives au contact de l'eau. • Un feu produira des gaz irritants, corrosifs et/ou toxiques. • Les eaux de contrôle d'incendie peuvent polluer.

SÉCURITÉ PUBLIQUE

• **COMPOSER le numéro de téléphone d'urgence indiqué sur les documents d'expédition. Si non disponibles ou aucune réponse, COMPOSER le numéro d'urgence approprié indiqué à la fin du livre.** • Isoler immédiatement dans un rayon minimum de 50 à 100 mètres autour du site du déversement. • Éloigner les curieux et le personnel non autorisé. • Demeurer en amont du vent. • Éviter les dépressions de terrain. • Aérer la zone avant d'y accéder.

VÊTEMENTS DE PROTECTION

• Porter un Appareil de Protection Respiratoire Autonome (APRA) à pression positive. • Les vêtements de protection pour feux d'immeubles ne fourniront qu'une efficacité limitée.

ÉVACUATION

Déversement majeur
• Envisager une première évacuation d'une distance de 250 mètres sous le vent.
Incendie
• Si une citerne (routière ou ferroviaire) ou une remorque est impliquée dans un feu, ISOLER 800 mètres dans toutes les directions; de plus, envisager une première évacuation pour 800 mètres dans toutes les directions.

MESURES D'URGENCE

INCENDIE

• **NE PAS UTILISER D'EAU OU DE MOUSSE.**
Incendie mineur
• Poudre chimique sèche, carbonate de sodium, chaux éteinte ou sable.
Incendie majeur
• Sable SEC, poudre chimique sèche, carbonate de sodium, chaux éteinte; sinon, s'éloigner et laisser brûler. • Éloigner les contenants de la zone de feu si cela peut se faire sans risque.
Feu de magnésium
• Sable SEC, chlorure de sodium en poudre, graphite en poudre ou poudre Met-L-X®.
Feu de lithium
• Sable SEC, chlorure de sodium en poudre, graphite en poudre, poudre de cuivre ou poudre Lith-X®.
Incendie de Citernes, Remorques ou Wagons
• Combattre l'incendie d'une distance maximale ou utiliser des lances ou canons à eau télécommandés. • Empêcher l'infiltration d'eau dans les contenants. • Refroidir les contenants à grande eau longtemps après l'extinction de l'incendie. • Se retirer immédiatement si le sifflement émis par les dispositifs de sécurité augmente ou si la citerne se décolore. • TOUJOURS se tenir éloigné d'une citerne engouffrée par les flammes.

DÉVERSEMENT OU FUITE

• Éliminer du site toute source d'allumage (ex: cigarette, fusée routière, étincelles et flammes). • Ne pas toucher ou marcher sur le produit déversé. • Si sans risque, arrêter la fuite. • Utiliser un brouillard d'eau pour détourner ou réduire les émanations. Empêcher les eaux de ruissellement d'entrer en contact avec la substance déversée. • **EMPÊCHER L'EAU d'entrer en contact avec la substance déversée ou de s'infiltrer dans les contenants.**
Petit déversement
• Couvrir de terre SÈCHE, de sable SEC ou autre produit non combustible SEC suivi d'une bâche de plastique pour contrôler la dispersion et protéger de la pluie. • Endiguer afin d'en disposer adéquatement; ne pas appliquer d'eau à moins d'avis contraire.
Déversement de poudre
• Couvrir à l'aide d'une bâche de plastique afin d'éviter la dispersion et de conserver la poudre sèche. • **NE PAS NETTOYER OU ÉLIMINER SAUF SOUS LA SUPERVISION D'UN SPÉCIALISTE.**

PREMIERS SOINS

• Transporter la victime à l'air frais. • Contacter le 911 ou les services médicaux d'urgence. • En cas d'arrêt respiratoire, appliquer la respiration artificielle. • En cas de gêne respiratoire, donner de l'oxygène. • Enlever vêtements et souliers contaminés puis les isoler.
• En cas de contact avec la substance, nettoyer la peau immédiatement; laver les yeux ou la peau à l'eau courante pendant au moins 20 minutes. • Calmer la victime et la couvrir chaudement. • Aviser le personnel médical de l'identité du produit afin qu'ils prennent les dispositions nécessaires pour assurer leur sécurité.

139 Substances - Réagissant à L'eau (émettant des Gaz Inflammables et Toxiques)

RISQUES POTENTIELS

INCENDIE OU EXPLOSION

• Produisent des gaz inflammables et toxiques au contact de l'eau. • Peut s'enflammer au contact de l'eau ou de l'air humide.
• Certains réagissent violemment ou explosivement au contact de l'eau. • Peut être allumé par la chaleur, par des étincelles ou par des flammes. • Peut se rallumer après extinction. • Certains sont transportés dans des liquides très inflammables. • Les rejets liquides représentent un risque de feu ou d'explosion.

SANTÉ

• Très toxique, le contact avec l'eau produira des gaz toxiques, l'inhalation peut être fatale. • Le contact ou l'inhalation de cette substance, de ses vapeurs ou de ses produits de décomposition peut causer de graves blessures ou la mort. • Peut produire des solutions corrosives au contact de l'eau. • Un feu produira des gaz irritants, corrosifs et/ou toxiques. • Les eaux de contrôle d'incendie peuvent polluer.

SÉCURITÉ PUBLIQUE

• COMPOSER le numéro de téléphone d'urgence indiqué sur les documents d'expédition. Si non disponibles ou aucune réponse, COMPOSER le numéro d'urgence approprié indiqué à la fin du livre. • Isoler immédiatement dans un rayon minimum de 100 à 150 mètres autour du site du déversement. • Éloigner les curieux et le personnel non autorisé. • Demeurer en amont du vent. • Éviter les dépressions de terrain. • Aérer la zone avant d'y accéder.

VÊTEMENTS DE PROTECTION

• Porter un Appareil de Protection Respiratoire Autonome (APRA) à pression positive. • Porter un vêtement de protection chimique spécifiquement recommandé par le fabricant. Il peut fournir une protection thermique variant de faible à nulle. • Les vêtements de protection pour feux d'immeubles offrent une protection limitée pour les cas d'incendie SEULEMENT; ils ne sont pas efficaces en cas de déversements.

ÉVACUATION

Déversement majeur

• Voir le Tableau des Distances d'Isolation Initiale et d'Activités de Protection pour les substances surlignées. Pour les autres substances, augmenter, tel que nécessaire, en aval du vent, la distance d'isolation indiquée sous "SÉCURITÉ PUBLIQUE".

Incendie

• Si une citerne (routière ou ferroviaire) ou une remorque est impliquée dans un feu, ISOLER 800 mètres dans toutes les directions; de plus, envisager une première évacuation pour 800 mètres dans toutes les directions.

MESURES D'URGENCE

INCENDIE

• NE PAS UTILISER D'EAU OU DE MOUSSE. (LES MOUSSES PEUVENT ÊTRE UTILISÉES POUR LES CHLOROSILANES, VOIR CI-DESSOUS)

Incendie mineur

• Poudre chimique sèche, carbonate de sodium, chaux éteinte ou sable.

Incendie majeur

• Sable SEC, poudre chimique sèche, carbonate de sodium, chaux éteinte; sinon, s'éloigner et laisser brûler. • POUR CHLOROSILANES, NE PAS UTILISER D'EAU; UTILISER la mousse antialcool AFFF expansion moyenne; NE PAS UTILISER de poudre chimique sèche, carbonate de sodium ou chaux éteinte sur un feu de chlorosilane; ceci dégage de l'hydrogène qui pourrait exploser. • Éloigner les contenants de la zone de feu si cela peut se faire sans risque.

Incendie de Citernes, Remorques ou Wagons

• Combattre l'incendie d'une distance maximale ou utiliser des lances ou canons à eau télécommandés. • Refroidir les contenants à grande eau longtemps après l'extinction de l'incendie. • Empêcher l'infiltration d'eau dans les contenants. • Se retirer immédiatement si le sifflement émis par les dispositifs de sécurité augmente ou si la citerne se décolore. • TOUJOURS se tenir éloigné d'une citerne engouffrée par les flammes.

DÉVERSEMENT OU FUITE

• Une combinaison entièrement étanche aux vapeurs est recommandée pour les fuites et déversements sans feu. • Éliminer du site toute source d'allumage (ex: cigarette, fusée routière, étincelles et flammes). • Ne pas toucher ou marcher sur le produit déversé. • Si sans risque, arrêter la fuite. **• EMPÊCHER L'EAU d'entrer en contact avec la substance déversée ou de s'infiltrer dans les contenants.** • Utiliser un brouillard d'eau pour détourner ou réduire les émanations. Empêcher les eaux de ruissellement d'entrer en contact avec la substance déversée. **• POUR LES CHLOROSILANES, utiliser de la mousse antialcool AFFF à expansion moyenne pour réduire l'émanation de vapeurs.**

Petit déversement

• Couvrir de terre SÈCHE, de sable SEC ou autre produit non combustible SEC suivi d'une bâche de plastique pour contrôler la dispersion et protéger de la pluie. • Endiguer afin d'en disposer adéquatement; ne pas appliquer d'eau à moins d'avis contraire.

Déversement de poudre

• Couvrir à l'aide d'une bâche de plastique afin d'éviter la dispersion et de conserver la poudre sèche. **• NE PAS NETTOYER OU ÉLIMINER SAUF SOUS LA SUPERVISION D'UN SPÉCIALISTE.**

PREMIERS SOINS

• Transporter la victime à l'air frais. • Contacter le 911 ou les services médicaux d'urgence. • En cas d'arrêt respiratoire, appliquer la respiration artificielle. **• Ne pas utiliser la méthode bouche-à-bouche si la victime a ingéré ou inhalé la substance, appliquer la respiration artificielle à l'aide d'un masque de poche muni d'une valve à sens unique ou autre appareil médical approprié.** • En cas de gêne respiratoire, donner de l'oxygène. • Enlever vêtements et souliers contaminés puis les isoler. • En cas de contact avec la substance, nettoyer la peau immédiatement; laver les yeux ou la peau à l'eau courante pendant au moins 20 minutes. • Calmer la victime et la couvrir chaudement. • Aviser le personnel médical de l'identité du produit afin qu'ils prennent les dispositions nécessaires pour assurer leur sécurité.

140 Oxydants

RISQUES POTENTIELS

INCENDIE OU EXPLOSION

• Ces substances accélèrent la combustion lorsqu'impliquées dans un incendie. • Certains se décomposent explosivement lorsque chauffés ou impliqués dans un incendie. • Peut exploser sous l'action de la chaleur ou de la contamination. • Certains réagissent explosivement en présence d'hydrocarbures (carburants). • Peut enflammer les combustibles (bois, papier, huile, tissus, etc.). • Les contenants peuvent exploser lorsque chauffés. • Les rejets liquides représentent un risque de feu ou d'explosion.

SANTÉ

• L'inhalation, l'ingestion ou le contact (peau, yeux) à cette substance ou à ses vapeurs, peut causer de graves blessures, des brûlures ou la mort. • Un feu peut produire des gaz irritants, corrosifs et/ou toxiques. • Les eaux de contrôle d'incendie ou de dilution peuvent polluer.

SÉCURITÉ PUBLIQUE

• COMPOSER le numéro de téléphone d'urgence indiqué sur les documents d'expédition. Si non disponibles ou aucune réponse, COMPOSER le numéro d'urgence approprié indiqué à la fin du livre. • Isoler immédiatement dans un rayon minimum de 10 à 25 mètres autour du site du déversement. • Éloigner les curieux et le personnel non autorisé. • Demeurer en amont du vent. • Éviter les dépressions de terrain. • Avant d'y accéder, aérer les endroits clos.

VÊTEMENTS DE PROTECTION

• Porter un Appareil de Protection Respiratoire Autonome (APRA) à pression positive. • Les vêtements de protection pour feux d'immeubles ne fourniront qu'une efficacité limitée.

ÉVACUATION

Déversement majeur

• Envisager une première évacuation d'une distance de 100 mètres sous le vent.

Incendie

• Si une citerne (routière ou ferroviaire) ou une remorque est impliquée dans un feu, ISOLER 800 mètres dans toutes les directions; de plus, envisager une première évacuation pour 800 mètres dans toutes les directions.

MESURES D'URGENCE

INCENDIE

Incendie mineur

• Utiliser de l'eau. Ne pas utiliser de poudre chimique sèche ou de mousses. Le CO2 ou les Halons® peuvent fournir un contrôle limité.

Incendie majeur

• Inonder à distance la zone en feu avec de l'eau. • Éloigner les contenants de la zone de feu si cela peut se faire sans risque. • Ne pas déplacer le véhicule ou sa cargaison si la cargaison a été exposée à la chaleur. • Combattre l'incendie d'une distance maximale ou utiliser des lances ou canons à eau télécommandés. • Refroidir les contenants à grande eau longtemps après l'extinction de l'incendie.

• TOUJOURS se tenir éloigné d'une citerne engouffrée par les flammes. • Pour un incendie majeur, utiliser des lances ou des canons à eau télécommandés; lorsqu'impossible, se retirer et laisser brûler.

DÉVERSEMENT OU FUITE

• Garder les combustibles (bois, papier, huile, etc.) loin de la substance déversée. • Ne pas toucher aux contenants endommagés ou produits déversés sans porter de vêtements de protection appropriés. • Si sans risque, arrêter la fuite. • Empêcher l'infiltration d'eau dans les contenants.

Petit déversement sec

• A l'aide d'une pelle propre, récupérer dans un récipient propre, sec et non scellé; éloigner les récipients du site.

Petit déversement liquide

• Absorber avec une substance non combustible telle que vermiculite, sable ou terre; placer dans un récipient pour en disposer plus tard.

Déversement majeur

• Endiguer à bonne distance du déversement liquide pour en disposer plus tard. **• Suite à la récupération du produit, rincer la zone à grande eau.**

PREMIERS SOINS

• Transporter la victime à l'air frais. • Contacter le 911 ou les services médicaux d'urgence. • En cas d'arrêt respiratoire, appliquer la respiration artificielle. • En cas de gêne respiratoire, donner de l'oxygène. • Enlever vêtements et souliers contaminés puis les isoler.

• En cas de contact avec la substance, laver les yeux ou la peau immédiatement à l'eau courante pendant au moins 20 minutes. • Calmer la victime et la couvrir chaudement. • Aviser le personnel médical de l'identité du produit afin qu'ils prennent les dispositions nécessaires pour assurer leur sécurité.

141 Oxydants - Toxiques (solides)

RISQUES POTENTIELS

INCENDIE OU EXPLOSION

• Ces substances accélèrent la combustion lorsqu'impliquées dans un incendie. • Peut exploser sous l'action de la chaleur ou de la contamination. • Certains peuvent brûler rapidement. • Certains réagissent explosivement en présence d'hydrocarbures (carburants). • Peut enflammer les combustibles (bois, papier, huile, tissus, etc.). • Les contenants peuvent exploser lorsque chauffés. • Les rejets liquides représentent un risque de feu ou d'explosion.

SANTÉ

• Toxique par ingestion. • L'inhalation des poussières est toxique. • Un feu peut produire des gaz irritants, corrosifs et/ou toxiques. • Le contact avec la substance peut causer de graves brûlures à la peau et aux yeux. • Les eaux de contrôle d'incendie ou de dilution peuvent polluer.

SÉCURITÉ PUBLIQUE

• COMPOSER le numéro de téléphone d'urgence indiqué sur les documents d'expédition. Si non disponibles ou aucune réponse, COMPOSER le numéro d'urgence approprié indiqué à la fin du livre. • Isoler immédiatement dans un rayon minimum de 10 à 25 mètres autour du site du déversement. • Éloigner les curieux et le personnel non autorisé. • Demeurer en amont du vent. • Éviter les dépressions de terrain. • Avant d'y accéder, aérer les endroits clos

VÊTEMENTS DE PROTECTION

• Porter un Appareil de Protection Respiratoire Autonome (APRA) à pression positive. • Porter un vêtement de protection chimique spécifiquement recommandé par le fabricant. Il peut fournir une protection thermique variant de faible à nulle. • Les vêtements de protection pour feux d'immeubles ne fourniront qu'une efficacité limitée.

ÉVACUATION

Déversement majeur

• Envisager une première évacuation d'une distance de 100 mètres sous le vent.

Incendie

• Si une citerne (routière ou ferroviaire) ou une remorque est impliquée dans un feu, ISOLER 800 mètres dans toutes les directions; de plus, envisager une première évacuation pour 800 mètres dans toutes les directions.

MESURES D'URGENCE

INCENDIE

Incendie mineur

• Utiliser de l'eau. Ne pas utiliser de poudre chimique sèche ou de mousses. Le CO2 ou les Halons® peuvent fournir un contrôle limité.

Incendie majeur

• Inonder à distance la zone en feu avec de l'eau. • Éloigner les contenants de la zone de feu si cela peut se faire sans risque. • Ne pas déplacer le véhicule ou sa cargaison si la cargaison a été exposée à la chaleur. • Combattre l'incendie d'une distance maximale ou utiliser des lances ou canons à eau télécommandés. • Refroidir les contenants à grande eau longtemps après l'extinction de l'incendie.
• TOUJOURS se tenir éloigné d'une citerne engouffrée par les flammes. • Pour un incendie majeur, utiliser des lances ou des canons à eau télécommandés; lorsqu'impossible, se retirer et laisser brûler.

DÉVERSEMENT OU FUITE

• Garder les combustibles (bois, papier, huile, etc.) loin de la substance déversée. • Ne pas toucher aux contenants endommagés ou produits déversés sans porter de vêtements de protection appropriés. • Si sans risque, arrêter la fuite.

Petit déversement sec

• A l'aide d'une pelle propre, récupérer dans un récipient propre, sec et non scellé; éloigner les récipients du site.

Déversement majeur

• Endiguer à bonne distance du déversement pour en disposer plus tard.

PREMIERS SOINS

• Transporter la victime à l'air frais. • Contacter le 911 ou les services médicaux d'urgence. • En cas d'arrêt respiratoire, appliquer la respiration artificielle. • En cas de gêne respiratoire, donner de l'oxygène. • Enlever vêtements et souliers contaminés puis les isoler.
• En cas de contact avec la substance, laver les yeux ou la peau immédiatement à l'eau courante pendant au moins 20 minutes.
• Calmer la victime et la couvrir chaudement. • Aviser le personnel médical de l'identité du produit afin qu'ils prennent les dispositions nécessaires pour assurer leur sécurité.

142 Oxydants - Toxiques (liquides)

RISQUES POTENTIELS

INCENDIE OU EXPLOSION

• Ces substances accélèrent la combustion lorsqu'impliquées dans un incendie. • Peut exploser sous l'action de la chaleur ou de la contamination. • Certains réagissent explosivement en présence d'hydrocarbures (carburants). • Peut enflammer les combustibles (bois, papier, huile, tissus, etc.). • Les contenants peuvent exploser lorsque chauffés. • Les rejets liquides représentent un risque de feu ou d'explosion.

SANTÉ

• TOXIQUE; l'inhalation, l'ingestion ou le contact (yeux, peau) avec les vapeurs ou la substance peut causer de graves blessures, des brûlures ou la mort. • Un feu peut produire des gaz irritants, corrosifs et/ou toxiques. • Des vapeurs toxiques/inflammables peuvent s'accumuler dans les endroits clos (sous-sols, citernes, wagons, etc.). • Les eaux de contrôle d'incendie ou de dilution peuvent polluer.

SÉCURITÉ PUBLIQUE

• **COMPOSER le numéro de téléphone d'urgence indiqué sur les documents d'expédition. Si non disponibles ou aucune réponse, COMPOSER le numéro d'urgence approprié indiqué à la fin du livre.** • Isoler immédiatement dans un rayon minimum de 50 à 100 mètres autour du site du déversement. • Éloigner les curieux et le personnel non autorisé. • Demeurer en amont du vent. • Éviter les dépressions de terrain. • Avant d'y accéder, aérer les endroits clos.

VÊTEMENTS DE PROTECTION

• Porter un Appareil de Protection Respiratoire Autonome (APRA) à pression positive. • Porter un vêtement de protection chimique spécifiquement recommandé par le fabricant. Il peut fournir une protection thermique variant de faible à nulle. • Les vêtements de protection pour feux d'immeubles offrent une protection limitée pour les cas d'incendie SEULEMENT; ils ne sont pas efficaces en cas de déversements.

ÉVACUATION

Déversement

• Voir le Tableau des Distances d'Isolation Initiale et d'Activités de Protection pour les substances surlignées. Pour les autres substances, augmenter, tel que nécessaire, en aval du vent, la distance d'isolation indiquée sous "SÉCURITÉ PUBLIQUE".

Incendie

• Si une citerne (routière ou ferroviaire) ou une remorque est impliquée dans un feu, ISOLER 800 mètres dans toutes les directions; de plus, envisager une première évacuation pour 800 mètres dans toutes les directions.

MESURES D'URGENCE

INCENDIE

Incendie mineur

• Utiliser de l'eau. Ne pas utiliser de poudre chimique sèche ou de mousses. Le CO2 ou les Halons® peuvent fournir un contrôle limité.

Incendie majeur

• Inonder à distance la zone en feu avec de l'eau. • Éloigner les contenants de la zone de feu si cela peut se faire sans risque. • Ne pas déplacer le véhicule ou sa cargaison si la cargaison a été exposée à la chaleur. • Combattre l'incendie d'une distance maximale ou utiliser des lances ou canons à eau télécommandés. • Refroidir les contenants à grande eau longtemps après l'extinction de l'incendie.

• TOUJOURS se tenir éloigné d'une citerne engouffrée par les flammes. • Pour un incendie majeur, utiliser des lances ou des canons à eau télécommandés; lorsqu'impossible, se retirer et laisser brûler.

DÉVERSEMENT OU FUITE

• Garder les combustibles (bois, papier, huile, etc.) loin de la substance déversée. • Une combinaison entièrement étanche aux vapeurs est recommandée pour les fuites et déversements sans feu. • Ne pas toucher aux contenants endommagés ou produits déversés sans porter de vêtements de protection appropriés. • Si sans risque, arrêter la fuite. • Utiliser un brouillard d'eau pour détourner ou réduire les émanations. • Empêcher l'infiltration d'eau dans les contenants.

Petit déversement liquide

• Absorber avec une substance non combustible telle que vermiculite, sable ou terre; placer dans un récipient pour en disposer plus tard.

Déversement majeur

• Endiguer à bonne distance du déversement liquide pour en disposer plus tard.

PREMIERS SOINS

• Transporter la victime à l'air frais. • Contacter le 911 ou les services médicaux d'urgence. • En cas d'arrêt respiratoire, appliquer la respiration artificielle. • **Ne pas utiliser la méthode bouche-à-bouche si la victime a ingéré ou inhalé la substance, appliquer la respiration artificielle à l'aide d'un masque de poche muni d'une valve à sens unique ou autre appareil médical approprié.** • En cas de gêne respiratoire, donner de l'oxygène. • Enlever vêtements et souliers contaminés puis les isoler. • En cas de contact avec la substance, laver les yeux ou la peau immédiatement à l'eau courante pendant au moins 20 minutes. • Calmer la victime et la couvrir chaudement. • Aviser le personnel médical de l'identité du produit afin qu'ils prennent les dispositions nécessaires pour assurer leur sécurité.

143 Oxydants (instables)

RISQUES POTENTIELS

INCENDIE OU EXPLOSION

• Peut exploser sous l'action de la friction, de la chaleur ou de la contamination. • Ces substances accélèrent la combustion lorsqu'impliquées dans un incendie. • Peut enflammer les combustibles (bois, papier, huile, tissus, etc.). • Certains réagissent explosivement en présence d'hydrocarbures (carburants). • Les contenants peuvent exploser lorsque chauffés. • Les rejets liquides représentent un risque de feu ou d'explosion.

SANTÉ

• TOXIQUE; l'inhalation, l'ingestion ou le contact (yeux, peau) avec les vapeurs, les poussières ou la substance peut causer de graves blessures, des brûlures ou la mort. • Un feu peut produire des gaz irritants et/ou toxiques. • Vapeurs et poussières toxiques peuvent s'accumuler dans les endroits clos (sous-sols, citernes, wagons, etc.). • Les eaux de contrôle d'incendie ou de dilution peuvent polluer.

SÉCURITÉ PUBLIQUE

• COMPOSER le numéro de téléphone d'urgence indiqué sur les documents d'expédition. Si non disponibles ou aucune réponse, COMPOSER le numéro d'urgence approprié indiqué à la fin du livre. • Isoler immédiatement dans un rayon minimum de 50 à 100 mètres autour du site du déversement. • Éloigner les curieux et le personnel non autorisé. • Demeurer en amont du vent. • Éviter les dépressions de terrain. • Avant d'y accéder, aérer les endroits clos.

VÊTEMENTS DE PROTECTION

• Porter un Appareil de Protection Respiratoire Autonome (APRA) à pression positive. • Porter un vêtement de protection chimique spécifiquement recommandé par le fabricant. Il peut fournir une protection thermique variant de faible à nulle. • Les vêtements de protection pour feux d'immeubles offrent une protection limitée pour les cas d'incendie SEULEMENT; ils ne sont pas efficaces en cas de déversements.

ÉVACUATION

Déversement

• Voir le Tableau des Distances d'Isolation Initiale et d'Activités de Protection pour les substances surlignées. Pour les autres substances, augmenter, tel que nécessaire, en aval du vent, la distance d'isolation indiquée sous "SÉCURITÉ PUBLIQUE".

Incendie

• Si une citerne (routière ou ferroviaire) ou une remorque est impliquée dans un feu, ISOLER 800 mètres dans toutes les directions; de plus, envisager une première évacuation pour 800 mètres dans toutes les directions.

MESURES D'URGENCE

INCENDIE

Incendie mineur

• Utiliser de l'eau. Ne pas utiliser de poudre chimique sèche ou de mousses. Le CO2 ou les Halons® peuvent fournir un contrôle limité.

Incendie majeur

• Inonder à distance la zone en feu avec de l'eau. • Ne pas déplacer le véhicule ou sa cargaison si la cargaison a été exposée à la chaleur.
• Éloigner les contenants de la zone de feu si cela peut se faire sans risque. • Empêcher l'infiltration d'eau dans les contenants; une réaction violente pourrait se produire. • Refroidir les contenants à grande eau longtemps après l'extinction de l'incendie. • Endiguer l'eau de combat d'incendie afin d'en disposer adéquatement. • TOUJOURS se tenir éloigné d'une citerne engouffrée par les flammes. • Pour un incendie majeur, utiliser des lances ou des canons à eau télécommandés; lorsqu'impossible, se retirer et laisser brûler.

DÉVERSEMENT OU FUITE

• Garder les combustibles (bois, papier, huile, etc.) loin de la substance déversée. • Ne pas toucher aux contenants endommagés ou produits déversés sans porter de vêtements de protection appropriés. • Utiliser un brouillard d'eau pour détourner ou réduire les émanations. • Empêcher l'infiltration dans les cours d'eau, les égouts, les sous-sols ou les endroits clos.

Petit déversement

• Nettoyer le site à grande eau.

Déversement majeur

• NE PAS NETTOYER OU ÉLIMINER SANS L'AVIS DE SPÉCIALISTES.

PREMIERS SOINS

• Transporter la victime à l'air frais. • Contacter le 911 ou les services médicaux d'urgence. • En cas d'arrêt respiratoire, appliquer la respiration artificielle. • En cas de gêne respiratoire, donner de l'oxygène. • Enlever vêtements et souliers contaminés puis les isoler. • En cas de contact avec la substance, laver les yeux ou la peau immédiatement à l'eau courante pendant au moins 20 minutes. • Contacter le 911 ou les services médicaux d'urgence. • Aviser le personnel médical de l'identité du produit afin qu'ils prennent les dispositions nécessaires pour assurer leur sécurité.

144 Oxydants (réagissant à L'eau)

RISQUES POTENTIELS

INCENDIE OU EXPLOSION

• Peut enflammer les combustibles (bois, papier, huile, tissus, etc.). • Réagissent vigoureusement et/ou explosivement avec l'eau. • Produisent des substances toxiques et/ou corrosives au contact de l'eau. • Des gaz inflammables/toxiques peuvent s'accumuler dans les wagons-citernes ou trémies. • Les contenants peuvent exploser lorsque chauffés. • Les rejets liquides représentent un risque de feu ou d'explosion.

SANTÉ

• TOXIQUE; l'inhalation ou le contact avec la vapeur, la substance, ou les produits de décomposition peut causer de graves blessures ou la mort. • Un feu produira des gaz irritants, corrosifs et/ou toxiques. • Les eaux de contrôle d'incendie ou de dilution peuvent polluer.

SÉCURITÉ PUBLIQUE

• **COMPOSER le numéro de téléphone d'urgence indiqué sur les documents d'expédition. Si non disponibles ou aucune réponse, COMPOSER le numéro d'urgence approprié indiqué à la fin du livre.** • Isoler immédiatement dans un rayon minimum de 50 à 100 mètres autour du site du déversement. • Éloigner les curieux et le personnel non autorisé. • Demeurer en amont du vent. • Éviter les dépressions de terrain. • Avant d'y accéder, aérer les endroits clos.

VÊTEMENTS DE PROTECTION

• Porter un Appareil de Protection Respiratoire Autonome (APRA) à pression positive. • Porter un vêtement de protection chimique spécifiquement recommandé par le fabricant. Il peut fournir une protection thermique variant de faible à nulle. • Les vêtements de protection pour feux d'immeubles offrent une protection limitée pour les cas d'incendie SEULEMENT; ils ne sont pas efficaces en cas de déversements.

ÉVACUATION

Déversement

• Voir le Tableau des Distances d'Isolation Initiale et d'Activités de Protection pour les substances surlignées. Pour les autres substances, augmenter, tel que nécessaire, en aval du vent, la distance d'isolation indiquée sous "SÉCURITÉ PUBLIQUE".

Incendie

• Si une citerne (routière ou ferroviaire) ou une remorque est impliquée dans un feu, ISOLER 800 mètres dans toutes les directions; de plus, envisager une première évacuation pour 800 mètres dans toutes les directions.

MESURES D'URGENCE

INCENDIE

• **NE PAS UTILISER D'EAU OU DE MOUSSE.**

Incendie mineur

• Poudre chimique sèche, carbonate de sodium ou chaux éteinte.

Incendie majeur

• Sable SEC, poudre chimique sèche, carbonate de sodium, chaux éteinte; sinon, s'éloigner et laisser brûler. • Éloigner les contenants de la zone de feu si cela peut se faire sans risque.

Incendie de Citernes, Remorques ou Wagons

• Combattre l'incendie d'une distance maximale ou utiliser des lances ou canons à eau télécommandés. • Refroidir les contenants à grande eau longtemps après l'extinction de l'incendie. • Se retirer immédiatement si le sifflement émis par les dispositifs de sécurité augmente ou si la citerne se décolore. • TOUJOURS se tenir éloigné d'une citerne engouffrée par les flammes.

DÉVERSEMENT OU FUITE

• Éliminer du site toute source d'allumage (ex: cigarette, fusée routière, étincelles et flammes). • Ne pas toucher aux contenants endommagés ou produits déversés sans porter de vêtements de protection appropriés. • Si sans risque, arrêter la fuite. • Utiliser un brouillard d'eau pour détourner ou réduire les émanations. Empêcher les eaux de ruissellement d'entrer en contact avec la substance déversée. • **EMPÊCHER L'EAU d'entrer en contact avec la substance déversée ou de s'infiltrer dans les contenants.**

Petit déversement

• Couvrir de terre SÈCHE, de sable SEC ou autre produit non combustible SEC suivi d'une bâche de plastique pour contrôler la dispersion et protéger de la pluie.

Déversement majeur

• **NE PAS NETTOYER OU ÉLIMINER SANS L'AVIS DE SPÉCIALISTES.**

PREMIERS SOINS

• Transporter la victime à l'air frais. • Contacter le 911 ou les services médicaux d'urgence. • En cas d'arrêt respiratoire, appliquer la respiration artificielle. • **Ne pas utiliser la méthode bouche-à-bouche si la victime a ingéré ou inhalé la substance, appliquer la respiration artificielle à l'aide d'un masque de poche muni d'une valve à sens unique ou autre appareil médical approprié.** • En cas de gêne respiratoire, donner de l'oxygène. • Enlever vêtements et souliers contaminés puis les isoler. • En cas de contact avec la substance, laver les yeux ou la peau immédiatement à l'eau courante pendant au moins 20 minutes. • Calmer la victime et la couvrir chaudement. • Garder la victime sous observation. • Les effets liés au contact ou à l'inhalation peuvent être retardés. • Aviser le personnel médical de l'identité du produit afin qu'ils prennent les dispositions nécessaires pour assurer leur sécurité.

145 Peroxydes Organiques (sensibles à la Chaleur et à la Contamination)

RISQUES POTENTIELS

INCENDIE OU EXPLOSION

• Peut exploser sous l'action de la chaleur ou de la contamination. • Peut enflammer les combustibles (bois, papier, huile, tissus, etc.).
• Peut être allumé par la chaleur, par des étincelles ou par des flammes. • Peut brûler rapidement tel un feu de Bengale. • Les contenants peuvent exploser lorsque chauffés. • Les rejets liquides représentent un risque de feu ou d'explosion.

SANTÉ

• Un feu peut produire des gaz irritants, corrosifs et/ou toxiques. • L'ingestion ou le contact (peau, yeux) avec la substance peut causer de graves blessures ou des brûlures. • Les eaux de contrôle d'incendie ou de dilution peuvent polluer.

SÉCURITÉ PUBLIQUE

• **COMPOSER le numéro de téléphone d'urgence indiqué sur les documents d'expédition. Si non disponibles ou aucune réponse, COMPOSER le numéro d'urgence approprié indiqué à la fin du livre.** • Isoler immédiatement dans un rayon minimum de 25 à 50 mètres autour du site du déversement. • Éloigner les curieux et le personnel non autorisé. • Demeurer en amont du vent. • Éviter les dépressions de terrain.

VÊTEMENTS DE PROTECTION

• Porter un Appareil de Protection Respiratoire Autonome (APRA) à pression positive. • Porter un vêtement de protection chimique spécifiquement recommandé par le fabricant. Il peut fournir une protection thermique variant de faible à nulle. • Les vêtements de protection pour feux d'immeubles ne fourniront qu'une efficacité limitée.

ÉVACUATION

Déversement majeur

• Envisager une première évacuation d'une distance d'au moins 250 mètres.

Incendie

• Si une citerne (routière ou ferroviaire) ou une remorque est impliquée dans un feu, ISOLER 800 mètres dans toutes les directions; de plus, envisager une première évacuation pour 800 mètres dans toutes les directions.

MESURES D'URGENCE

INCENDIE

Incendie mineur

• L'eau pulvérisée ou en brouillard est préférable; si l'eau n'est pas disponible utiliser la poudre chimique sèche, le CO2 ou la mousse régulière.

Incendie majeur

• Inonder à distance la zone en feu avec de l'eau. • Utiliser l'eau pulvérisée ou en brouillard; ne pas employer de jet d'eau. • Éloigner les contenants de la zone de feu si cela peut se faire sans risque. • Ne pas déplacer le véhicule ou sa cargaison si la cargaison a été exposée à la chaleur. • Combattre l'incendie d'une distance maximale ou utiliser des lances ou canons à eau télécommandés. • Refroidir les contenants à grande eau longtemps après l'extinction de l'incendie. • TOUJOURS se tenir éloigné d'une citerne engouffrée par les flammes. • Pour un incendie majeur, utiliser des lances ou des canons à eau télécommandés; lorsqu'impossible, se retirer et laisser brûler.

DÉVERSEMENT OU FUITE

• NE PAS NETTOYER OU ÉLIMINER SAUF SOUS LA SUPERVISION D'UN SPÉCIALISTE. • Éliminer du site toute source d'allumage (ex: cigarette, fusée routière, étincelles et flammes). • Garder les combustibles (bois, papier, huile, etc.) loin de la substance déversée. • Ne pas toucher aux contenants endommagés ou produits déversés sans porter de vêtements de protection appropriés. • Garder la substance mouillée à l'aide d'eau pulvérisée. • Si sans risque, arrêter la fuite.

Petit déversement

• Ramasser avec une matière inerte, humide et non combustible en utilisant des outils antiétincelles et transférer dans des contenants en plastique non scellés pour en disposer plus tard.

Déversement majeur

• Humecter d'eau et endiguer afin d'en disposer plus tard. • Empêcher l'infiltration dans les cours d'eau, les égouts, les sous-sols ou les endroits clos. • **NE PAS NETTOYER OU ÉLIMINER SAUF SOUS LA SUPERVISION D'UN SPÉCIALISTE.**

PREMIERS SOINS

• Transporter la victime à l'air frais. • Contacter le 911 ou les services médicaux d'urgence. • En cas d'arrêt respiratoire, appliquer la respiration artificielle. • En cas de gêne respiratoire, donner de l'oxygène. • Enlever vêtements et souliers contaminés puis les isoler.
• Nettoyer la peau immédiatement. • En cas de contact avec la substance, laver les yeux ou la peau immédiatement à l'eau courante pendant au moins 20 minutes. • Calmer la victime et la couvrir chaudement. • Aviser le personnel médical de l'identité du produit afin qu'ils prennent les dispositions nécessaires pour assurer leur sécurité.

146 Peroxydes Organiques (Sensibles à la chaleur, à la friction et à la contamination)

RISQUES POTENTIELS

INCENDIE OU EXPLOSION

• Peut exploser sous l'action de la chaleur, le choc, la friction ou la contamination. • Peut enflammer les combustibles (bois, papier, huile, tissus, etc.). • Peut être allumé par la chaleur, par des étincelles ou par des flammes. • Peut brûler rapidement tel un feu de Bengale.
• Les contenants peuvent exploser lorsque chauffés. • Les rejets liquides représentent un risque de feu ou d'explosion.

SANTÉ

• Un feu peut produire des gaz irritants, corrosifs et/ou toxiques. • L'ingestion ou le contact (peau, yeux) avec la substance peut causer de graves blessures ou des brûlures. • Les eaux de contrôle d'incendie ou de dilution peuvent polluer.

SÉCURITÉ PUBLIQUE

• **COMPOSER le numéro de téléphone d'urgence indiqué sur les documents d'expédition. Si non disponibles ou aucune réponse, COMPOSER le numéro d'urgence approprié indiqué à la fin du livre.** • Isoler immédiatement dans un rayon minimum de 25 à 50 mètres autour du site du déversement. • Éloigner les curieux et le personnel non autorisé. • Demeurer en amont du vent. • Éviter les dépressions de terrain.

VÊTEMENTS DE PROTECTION

• Porter un Appareil de Protection Respiratoire Autonome (APRA) à pression positive. • Porter un vêtement de protection chimique spécifiquement recommandé par le fabricant. Il peut fournir une protection thermique variant de faible à nulle. • Les vêtements de protection pour feux d'immeubles ne fourniront qu'une efficacité limitée.

ÉVACUATION

Déversement majeur

• Envisager une première évacuation d'une distance d'au moins 250 mètres.

Incendie

• Si une citerne (routière ou ferroviaire) ou une remorque est impliquée dans un feu, ISOLER 800 mètres dans toutes les directions; de plus, envisager une première évacuation pour 800 mètres dans toutes les directions.

MESURES D'URGENCE

INCENDIE

Incendie mineur

• L'eau pulvérisée ou en brouillard est préférable; si l'eau n'est pas disponible utiliser la poudre chimique sèche, le CO2 ou la mousse régulière.

Incendie majeur

• Inonder à distance la zone en feu avec de l'eau. • Utiliser l'eau pulvérisée ou en brouillard; ne pas employer de jet d'eau. • Éloigner les contenants de la zone de feu si cela peut se faire sans risque. • Ne pas déplacer le véhicule ou sa cargaison si la cargaison a été exposée à la chaleur. • Combattre l'incendie d'une distance maximale ou utiliser des lances ou canons à eau télécommandés.
• Refroidir les contenants à grande eau longtemps après l'extinction de l'incendie. • TOUJOURS se tenir éloigné d'une citerne engouffrée par les flammes. • Pour un incendie majeur, utiliser des lances ou des canons à eau télécommandés; lorsqu'impossible, se retirer et laisser brûler.

DÉVERSEMENT OU FUITE

• Éliminer du site toute source d'allumage (ex: cigarette, fusée routière, étincelles et flammes). • Garder les combustibles (bois, papier, huile, etc.) loin de la substance déversée. • Ne pas toucher aux contenants endommagés ou produits déversés sans porter de vêtements de protection appropriés. • Garder la substance mouillée à l'aide d'eau pulvérisée. • Si sans risque, arrêter la fuite.

Petit déversement

• Ramasser avec une matière inerte, humide et non combustible en utilisant des outils antiétincelles et transférer dans des contenants en plastique non scellés pour en disposer plus tard.

Déversement majeur

• Humecter d'eau et endiguer afin d'en disposer plus tard. • Empêcher l'infiltration dans les cours d'eau, les égouts, les sous-sols ou les endroits clos. • **NE PAS NETTOYER OU ÉLIMINER SAUF SOUS LA SUPERVISION D'UN SPÉCIALISTE.**

PREMIERS SOINS

• Transporter la victime à l'air frais. • Contacter le 911 ou les services médicaux d'urgence. • En cas d'arrêt respiratoire, appliquer la respiration artificielle. • En cas de gêne respiratoire, donner de l'oxygène. • Enlever vêtements et souliers contaminés puis les isoler.
• Nettoyer la peau immédiatement. • En cas de contact avec la substance, laver les yeux ou la peau immédiatement à l'eau courante pendant au moins 20 minutes. • Calmer la victime et la couvrir chaudement. • Aviser le personnel médical de l'identité du produit afin qu'ils prennent les dispositions nécessaires pour assurer leur sécurité.

147 Peroxydes Organiques (sensibles à la Chaleur et à la Contamination/très Irritants)

RISQUES POTENTIELS

INCENDIE OU EXPLOSION

• Peut exploser sous l'action de la chaleur ou de la contamination. • Peut enflammer les combustibles (bois, papier, huile, tissus, etc.).
• Peut être allumé par la chaleur, par des étincelles ou par des flammes. • Peut brûler rapidement tel un feu de Bengale. • Les contenants peuvent exploser lorsque chauffés. • Les rejets liquides représentent un risque de feu ou d'explosion.

SANTÉ

• **TOXIQUE; l'inhalation, l'ingestion ou le contact (yeux, peau) avec les vapeurs, les poussières ou la substance peut causer de graves blessures, des brûlures ou la mort.** • Le contact des yeux avec la vapeur ou la substance peut causer la cécité en quelques minutes.
• Un feu peut produire des gaz irritants, corrosifs et/ou toxiques. • Vapeurs et poussières toxiques peuvent s'accumuler dans les endroits clos (sous-sols, citernes, wagons, etc.). • Les eaux de contrôle d'incendie ou de dilution peuvent polluer.

SÉCURITÉ PUBLIQUE

• **COMPOSER le numéro de téléphone d'urgence indiqué sur les documents d'expédition. Si non disponibles ou aucune réponse, COMPOSER le numéro d'urgence approprié indiqué à la fin du livre.** • Isoler immédiatement dans un rayon minimum de 25 à 50 mètres autour du site du déversement. • Éloigner les curieux et le personnel non autorisé. • Demeurer en amont du vent. • Éviter les dépressions de terrain.

VÊTEMENTS DE PROTECTION

• Porter un Appareil de Protection Respiratoire Autonome (APRA) à pression positive. • Porter un vêtement de protection chimique spécifiquement recommandé par le fabricant. Il peut fournir une protection thermique variant de faible à nulle. • Les vêtements de protection pour feux d'immeubles offrent une protection limitée pour les cas d'incendie SEULEMENT; ils ne sont pas efficaces en cas de déversements.

ÉVACUATION

Déversement majeur
• Envisager une première évacuation d'une distance d'au moins 250 mètres.
Incendie
• Si une citerne (routière ou ferroviaire) ou une remorque est impliquée dans un feu, ISOLER 800 mètres dans toutes les directions; de plus, envisager une première évacuation pour 800 mètres dans toutes les directions.

MESURES D'URGENCE

INCENDIE

Incendie mineur
• L'eau pulvérisée ou en brouillard est préférable; si l'eau n'est pas disponible utiliser la poudre chimique sèche, le CO2 ou la mousse régulière.
Incendie majeur
• Inonder à distance la zone en feu avec de l'eau. • Utiliser l'eau pulvérisée ou en brouillard; ne pas employer de jet d'eau. • Éloigner les contenants de la zone de feu si cela peut se faire sans risque. • Ne pas déplacer le véhicule ou sa cargaison si la cargaison a été exposée à la chaleur. • Combattre l'incendie d'une distance maximale ou utiliser des lances ou canons à eau télécommandés. • Refroidir les contenants à grande eau longtemps après l'extinction de l'incendie. • TOUJOURS se tenir éloigné d'une citerne engouffrée par les flammes. • Pour un incendie majeur, utiliser des lances ou des canons à eau télécommandés; lorsqu'impossible, se retirer et laisser brûler.

DÉVERSEMENT OU FUITE

• Éliminer du site toute source d'allumage (ex: cigarette, fusée routière, étincelles et flammes). • Garder les combustibles (bois, papier, huile, etc.) loin de la substance déversée. • Ne pas toucher aux contenants endommagés ou produits déversés sans porter de vêtements de protection appropriés. • Garder la substance mouillée à l'aide d'eau pulvérisée. • Si sans risque, arrêter la fuite.
Petit déversement
• Ramasser avec une matière inerte, humide et non combustible en utilisant des outils antiétincelles et transférer dans des contenants en plastique non scellés pour en disposer plus tard.
Déversement majeur
• Humecter d'eau et endiguer afin d'en disposer plus tard. • Empêcher l'infiltration dans les cours d'eau, les égouts, les sous-sols ou les endroits clos. • **NE PAS NETTOYER OU ÉLIMINER SAUF SOUS LA SUPERVISION D'UN SPÉCIALISTE.**

PREMIERS SOINS

• Transporter la victime à l'air frais. • Contacter le 911 ou les services médicaux d'urgence. • En cas d'arrêt respiratoire, appliquer la respiration artificielle. • En cas de gêne respiratoire, donner de l'oxygène. • Enlever vêtements et souliers contaminés puis les isoler.
• Nettoyer la peau immédiatement. • En cas de contact avec la substance, laver les yeux ou la peau immédiatement à l'eau courante pendant au moins 20 minutes. • Calmer la victime et la couvrir chaudement. • Aviser le personnel médical de l'identité du produit afin qu'ils prennent les dispositions nécessaires pour assurer leur sécurité.

148 Peroxydes Organiques (sensibles à la Chaleur et à la Contamination/sous Contrôle de Température)

RISQUES POTENTIELS

INCENDIE OU EXPLOSION

• Peut exploser sous l'action de la chaleur, de la contamination ou de la perte du contrôle de température. • Ces substances sont particulièrement sensibles aux élévations de température. Au-dessus de leur "Température de Contrôle", ils se décomposent violemment et s'enflamment. • Peut enflammer les combustibles (bois, papier, huile, tissus, etc.). • Peut s'enflammer spontanément au contact de l'air.
• Peut être allumé par la chaleur, par des étincelles ou par des flammes. • Peut brûler rapidement tel un feu de Bengale. • Les contenants peuvent exploser lorsque chauffés. • Les rejets liquides représentent un risque de feu ou d'explosion.

SANTÉ

• Un feu peut produire des gaz irritants, corrosifs et/ou toxiques. • L'ingestion ou le contact (peau, yeux) avec la substance peut causer de graves blessures ou des brûlures. • Les eaux de contrôle d'incendie ou de dilution peuvent polluer.

SÉCURITÉ PUBLIQUE

• COMPOSER le numéro de téléphone d'urgence indiqué sur les documents d'expédition. Si non disponibles ou aucune réponse, COMPOSER le numéro d'urgence approprié indiqué à la fin du livre. • Isoler immédiatement dans un rayon minimum de 50 à 100 mètres autour du site du déversement. • Éloigner les curieux et le personnel non autorisé. • Demeurer en amont du vent. • Éviter les dépressions de terrain. **• NE PAS laisser la substance se réchauffer. Refroidir à l'aide d'azote liquide, de glace sèche ou de glace. Si non disponibles, évacuer immédiatement les environs.**

VÊTEMENTS DE PROTECTION

• Porter un Appareil de Protection Respiratoire Autonome (APRA) à pression positive. • Porter un vêtement de protection chimique spécifiquement recommandé par le fabricant. Il peut fournir une protection thermique variant de faible à nulle. • Les vêtements de protection pour feux d'immeubles ne fourniront qu'une efficacité limitée.

ÉVACUATION

Déversement majeur
• Envisager une première évacuation d'une distance d'au moins 250 mètres.
Incendie
• Si une citerne (routière ou ferroviaire) ou une remorque est impliquée dans un feu, ISOLER 800 mètres dans toutes les directions; de plus, envisager une première évacuation pour 800 mètres dans toutes les directions.

MESURES D'URGENCE

INCENDIE

• La température de la substance doit être maintenue égale ou inférieure à la "température de contrôle" en tout temps.
Incendie mineur
• L'eau pulvérisée ou en brouillard est préférable; si l'eau n'est pas disponible utiliser la poudre chimique sèche, le CO2 ou la mousse régulière.
Incendie majeur
• Inonder à distance la zone en feu avec de l'eau. • Utiliser l'eau pulvérisée ou en brouillard; ne pas employer de jet d'eau. • Éloigner les contenants de la zone de feu si cela peut se faire sans risque. • Ne pas déplacer le véhicule ou sa cargaison si la cargaison a été exposée à la chaleur. • Combattre l'incendie d'une distance maximale ou utiliser des lances ou canons à eau télécommandés. • Refroidir les contenants à grande eau longtemps après l'extinction de l'incendie. **• ATTENTION, LE CONTENANT POURRAIT EXPLOSER**.
• TOUJOURS se tenir éloigné d'une citerne engouffrée par les flammes. • Pour un incendie majeur, utiliser des lances ou des canons à eau télécommandés; lorsqu'impossible, se retirer et laisser brûler.

DÉVERSEMENT OU FUITE

• Éliminer du site toute source d'allumage (ex: cigarette, fusée routière, étincelles et flammes). • Garder les combustibles (bois, papier, huile, etc.) loin de la substance déversée. • Ne pas toucher ou marcher sur le produit déversé. • Si sans risque, arrêter la fuite.
Petit déversement
• Ramasser avec une matière inerte, humide et non combustible en utilisant des outils antiétincelles et transférer dans des contenants en plastique non scellés pour en disposer plus tard.
Déversement majeur
• Endiguer à bonne distance du déversement liquide pour en disposer plus tard. • Empêcher l'infiltration dans les cours d'eau, les égouts, les sous-sols ou les endroits clos. **• NE PAS NETTOYER OU ÉLIMINER SAUF SOUS LA SUPERVISION D'UN SPÉCIALISTE.**

PREMIERS SOINS

• Transporter la victime à l'air frais. • Contacter le 911 ou les services médicaux d'urgence. • En cas d'arrêt respiratoire, appliquer la respiration artificielle. • En cas de gêne respiratoire, donner de l'oxygène. • Enlever vêtements et souliers contaminés puis les isoler.
• Nettoyer la peau immédiatement. • En cas de contact avec la substance, laver les yeux ou la peau immédiatement à l'eau courante pendant au moins 20 minutes. • Calmer la victime et la couvrir chaudement. • Aviser le personnel médical de l'identité du produit afin qu'ils prennent les dispositions nécessaires pour assurer leur sécurité.

149 Substances (autoréactives)

RISQUES POTENTIELS

INCENDIE OU EXPLOSION

• **Une autodécomposition ou auto-allumage peut être induit par la chaleur, une réaction chimique, la friction ou un impact.** • Peut être allumé par la chaleur, par des étincelles ou par des flammes. • Certains se décomposent explosivement lorsque chauffés ou impliqués dans un incendie. • Peut brûler violemment. La décomposition peut s'autoaccélérer et dégager de grandes quantités de gaz. • Les vapeurs ou poussières peuvent former des mélanges explosifs avec l'air.

SANTÉ

• Le contact ou l'inhalation de cette substance, de ses vapeurs ou de ses produits de décomposition peut causer de graves blessures ou la mort. • Peut produire des gaz irritants, toxiques et/ou corrosifs. • Les eaux de contrôle d'incendie peuvent polluer.

SÉCURITÉ PUBLIQUE

• **COMPOSER le numéro de téléphone d'urgence indiqué sur les documents d'expédition. Si non disponibles ou aucune réponse, COMPOSER le numéro d'urgence approprié indiqué à la fin du livre.** • Isoler immédiatement dans un rayon minimum de 25 à 50 mètres autour du site du déversement. • Éloigner les curieux et le personnel non autorisé. • Demeurer en amont du vent. • Éviter les dépressions de terrain.

VÊTEMENTS DE PROTECTION

• Porter un Appareil de Protection Respiratoire Autonome (APRA) à pression positive. • Porter un vêtement de protection chimique spécifiquement recommandé par le fabricant. Il peut fournir une protection thermique variant de faible à nulle. • Les vêtements de protection pour feux d'immeubles ne fourniront qu'une efficacité limitée.

ÉVACUATION

Déversement majeur

• Envisager une première évacuation d'une distance de 250 mètres sous le vent.

Incendie

• Si une citerne (routière ou ferroviaire) ou une remorque est impliquée dans un feu, ISOLER 800 mètres dans toutes les directions; de plus, envisager une première évacuation pour 800 mètres dans toutes les directions.

MESURES D'URGENCE

INCENDIE

Incendie mineur

• Poudre chimique sèche, CO2, eau pulvérisée ou mousse régulière.

Incendie majeur

• Inonder à distance la zone en feu avec de l'eau. • Éloigner les contenants de la zone de feu si cela peut se faire sans risque.

Incendie de Citernes, Remorques ou Wagons

• **ATTENTION, LE CONTENANT POURRAIT EXPLOSER.** • Combattre l'incendie d'une distance maximale ou utiliser des lances ou canons à eau télécommandés. • Refroidir les contenants à grande eau longtemps après l'extinction de l'incendie. • Se retirer immédiatement si le sifflement émis par les dispositifs de sécurité augmente ou si la citerne se décolore. • TOUJOURS se tenir éloigné d'une citerne engouffrée par les flammes.

DÉVERSEMENT OU FUITE

• Éliminer du site toute source d'allumage (ex: cigarette, fusée routière, étincelles et flammes). • Ne pas toucher ou marcher sur le produit déversé. • Si sans risque, arrêter la fuite.

Petit déversement

• Ramasser avec une matière inerte, humide et non combustible en utilisant des outils antiétincelles et transférer dans des contenants en plastique non scellés pour en disposer plus tard. • Empêcher l'infiltration dans les cours d'eau, les égouts, les sous-sols ou les endroits clos.

PREMIERS SOINS

• Transporter la victime à l'air frais. • Contacter le 911 ou les services médicaux d'urgence. • En cas d'arrêt respiratoire, appliquer la respiration artificielle. • En cas de gêne respiratoire, donner de l'oxygène. • Enlever vêtements et souliers contaminés puis les isoler.
• En cas de contact avec la substance, laver les yeux ou la peau immédiatement à l'eau courante pendant au moins 20 minutes.
• Calmer la victime et la couvrir chaudement. • Aviser le personnel médical de l'identité du produit afin qu'ils prennent les dispositions nécessaires pour assurer leur sécurité.

150 Substances (autoréactives/sous Contrôle de Température)

RISQUES POTENTIELS

INCENDIE OU EXPLOSION

• **Une autodécomposition ou auto-allumage peut être induit par la chaleur, une réaction chimique, la friction ou un impact.** • Une décomposition autoaccélérée peut avoir lieu si la température de contrôle spécifiée n'est pas maintenue. • Ces substances sont particulièrement sensibles aux élévations de température. Au-dessus de leur "Température de Contrôle", ils se décomposent violemment et s'enflamment. • Peut être allumé par la chaleur, par des étincelles ou par des flammes. • Certains se décomposent explosivement lorsque chauffés ou impliqués dans un incendie. • Peut brûler violemment. La décomposition peut s'autoaccélérer et dégager de grandes quantités de gaz. • Les vapeurs ou poussières peuvent former des mélanges explosifs avec l'air.

SANTÉ

• Le contact ou l'inhalation de cette substance, de ses vapeurs ou de ses produits de décomposition peut causer de graves blessures ou la mort. • Peut produire des gaz irritants, toxiques et/ou corrosifs. • Les eaux de contrôle d'incendie peuvent polluer.

SÉCURITÉ PUBLIQUE

• **COMPOSER le numéro de téléphone d'urgence indiqué sur les documents d'expédition. Si non disponibles ou aucune réponse, COMPOSER le numéro d'urgence approprié indiqué à la fin du livre.** • Isoler immédiatement dans un rayon minimum de 50 à 100 mètres autour du site du déversement. • Éloigner les curieux et le personnel non autorisé. • Demeurer en amont du vent. • Éviter les dépressions de terrain. • **NE PAS laisser la substance se réchauffer. Refroidir à l'aide d'azote liquide, de glace sèche ou de glace. Si non disponibles, évacuer immédiatement les environs.**

VÊTEMENTS DE PROTECTION

• Porter un Appareil de Protection Respiratoire Autonome (APRA) à pression positive. • Porter un vêtement de protection chimique spécifiquement recommandé par le fabricant. Il peut fournir une protection thermique variant de faible à nulle. • Les vêtements de protection pour feux d'immeubles ne fourniront qu'une efficacité limitée.

ÉVACUATION

Déversement majeur

• Envisager une première évacuation d'une distance de 250 mètres sous le vent.

Incendie

• Si une citerne (routière ou ferroviaire) ou une remorque est impliquée dans un feu, ISOLER 800 mètres dans toutes les directions; de plus, envisager une première évacuation pour 800 mètres dans toutes les directions.

MESURES D'URGENCE

INCENDIE

• **La température de la substance doit être maintenue égale ou inférieure à la "température de contrôle" en tout temps.**

Incendie mineur

• Poudre chimique sèche, CO2, eau pulvérisée ou mousse régulière.

Incendie majeur

• Inonder à distance la zone en feu avec de l'eau. • Éloigner les contenants de la zone de feu si cela peut se faire sans risque.

Incendie de Citernes, Remorques ou Wagons

• **ATTENTION, LE CONTENANT POURRAIT EXPLOSER.** • Combattre l'incendie d'une distance maximale ou utiliser des lances ou canons à eau télécommandés. • Refroidir les contenants à grande eau longtemps après l'extinction de l'incendie. • Se retirer immédiatement si le sifflement émis par les dispositifs de sécurité augmente ou si la citerne se décolore. • TOUJOURS se tenir éloigné d'une citerne engouffrée par les flammes.

DÉVERSEMENT OU FUITE

• Éliminer du site toute source d'allumage (ex: cigarette, fusée routière, étincelles et flammes). • Ne pas toucher ou marcher sur le produit déversé. • Si sans risque, arrêter la fuite.

Petit déversement

• Ramasser avec une matière inerte, humide et non combustible en utilisant des outils antiétincelles et transférer dans des contenants en plastique non scellés pour en disposer plus tard. • Empêcher l'infiltration dans les cours d'eau, les égouts, les sous-sols ou les endroits clos. • **NE PAS NETTOYER OU ÉLIMINER SAUF SOUS LA SUPERVISION D'UN SPÉCIALISTE.**

PREMIERS SOINS

• Transporter la victime à l'air frais. • Contacter le 911 ou les services médicaux d'urgence. • En cas d'arrêt respiratoire, appliquer la respiration artificielle. • En cas de gêne respiratoire, donner de l'oxygène. • Enlever vêtements et souliers contaminés puis les isoler.
• En cas de contact avec la substance, laver les yeux ou la peau immédiatement à l'eau courante pendant au moins 20 minutes.
• Calmer la victime et la couvrir chaudement. • Aviser le personnel médical de l'identité du produit afin qu'ils prennent les dispositions nécessaires pour assurer leur sécurité.

151 Substances - Toxiques (non combustibles)

RISQUES POTENTIELS

SANTÉ

• **Très toxique, l'inhalation, l'ingestion ou l'absorption cutanée peut être fatale.** • Éviter tout contact avec la peau. • Les effets liés au contact ou à l'inhalation peuvent être retardés. • Un feu peut produire des gaz irritants, corrosifs et/ou toxiques. • Les eaux de contrôle d'incendie ou de dilution peuvent être corrosives et/ou toxiques et polluer.

INCENDIE OU EXPLOSION

• Non combustible, la substance ne brûle pas mais peut se décomposer sous l'effet de la chaleur et générer des gaz corrosifs et/ou toxiques. • Les contenants peuvent exploser lorsque chauffés. • Les eaux de ruissellement peuvent polluer les cours d'eau.

SÉCURITÉ PUBLIQUE

• **COMPOSER le numéro de téléphone d'urgence indiqué sur les documents d'expédition. Si non disponibles ou aucune réponse, COMPOSER le numéro d'urgence approprié indiqué à la fin du livre.** • Isoler immédiatement dans un rayon minimum de 25 à 50 mètres autour du site du déversement. • Éloigner les curieux et le personnel non autorisé. • Demeurer en amont du vent. • Éviter les dépressions de terrain.

VÊTEMENTS DE PROTECTION

• Porter un Appareil de Protection Respiratoire Autonome (APRA) à pression positive. • Porter un vêtement de protection chimique spécifiquement recommandé par le fabricant. Il peut fournir une protection thermique variant de faible à nulle. • Les vêtements de protection pour feux d'immeubles offrent une protection limitée pour les cas d'incendie SEULEMENT; ils ne sont pas efficaces en cas de déversements.

ÉVACUATION

Déversement

• Voir le Tableau des Distances d'Isolation Initiale et d'Activités de Protection pour les substances surlignées. Pour les autres substances, augmenter, tel que nécessaire, en aval du vent, la distance d'isolation indiquée sous "SÉCURITÉ PUBLIQUE".

Incendie

• Si une citerne (routière ou ferroviaire) ou une remorque est impliquée dans un feu, ISOLER 800 mètres dans toutes les directions; de plus, envisager une première évacuation pour 800 mètres dans toutes les directions.

MESURES D'URGENCE

INCENDIE

Incendie mineur

• Poudre chimique sèche, CO2 ou eau pulvérisée.

Incendie majeur

• Eau pulvérisée ou en brouillard, ou mousse. • Éloigner les contenants de la zone de feu si cela peut se faire sans risque. • Endiguer l'eau de combat d'incendie afin d'en disposer adéquatement; ne pas disperser le produit. • Utiliser l'eau pulvérisée ou en brouillard; ne pas employer de jet d'eau.

Incendie de Citernes, Remorques ou Wagons

• Combattre l'incendie d'une distance maximale ou utiliser des lances ou canons à eau télécommandés. • Empêcher l'infiltration d'eau dans les contenants. • Refroidir les contenants à grande eau longtemps après l'extinction de l'incendie. • Se retirer immédiatement si le sifflement émis par les dispositifs de sécurité augmente ou si la citerne se décolore. • TOUJOURS se tenir éloigné d'une citerne engouffrée par les flammes. • Pour un incendie majeur, utiliser des lances ou des canons à eau télécommandés; lorsqu'impossible, se retirer et laisser brûler.

DÉVERSEMENT OU FUITE

• Ne pas toucher aux contenants endommagés ou produits déversés sans porter de vêtements de protection appropriés. • Si sans risque, arrêter la fuite. • Empêcher l'infiltration dans les cours d'eau, les égouts, les sous-sols ou les endroits clos. • Couvrir d'une bâche de plastique pour éviter la dispersion. • Absorber ou couvrir avec de la terre sèche, du sable ou tout autre produit non combustible et transférer dans des contenants. • EMPÊCHER L'INFILTRATION D'EAU DANS LES CONTENANTS.

PREMIERS SOINS

• Transporter la victime à l'air frais. • Contacter le 911 ou les services médicaux d'urgence. • En cas d'arrêt respiratoire, appliquer la respiration artificielle. • **Ne pas utiliser la méthode bouche-à-bouche si la victime a ingéré ou inhalé la substance, appliquer la respiration artificielle à l'aide d'un masque de poche muni d'une valve à sens unique ou autre appareil médical approprié.** • En cas de gêne respiratoire, donner de l'oxygène. • Enlever vêtements et souliers contaminés puis les isoler. • En cas de contact avec la substance, laver les yeux ou la peau immédiatement à l'eau courante pendant au moins 20 minutes. • Lors d'un contact cutané mineur, éviter d'étendre la substance sur la peau non contaminée. • Calmer la victime et la couvrir chaudement. • Les effets liés à l'exposition (inhalation, ingestion ou contact avec la peau) peuvent être retardés. • Aviser le personnel médical de l'identité du produit afin qu'ils prennent les dispositions nécessaires pour assurer leur sécurité.

152 Substances - Toxiques (combustibles)

RISQUES POTENTIELS

SANTÉ

• Très toxique, l'inhalation, l'ingestion ou l'absorption cutanée peut être fatale. • Le contact avec la substance en fusion peut causer de graves brûlures à la peau et aux yeux. • Éviter tout contact avec la peau. • Les effets liés au contact ou à l'inhalation peuvent être retardés. • Un feu peut produire des gaz irritants, corrosifs et/ou toxiques. • Les eaux de contrôle d'incendie ou de dilution peuvent être corrosives et/ou toxiques et polluer.

INCENDIE OU EXPLOSION

• Substance combustible; peut brûler mais ne s'enflamme pas facilement. • Les contenants peuvent exploser lorsque chauffés. • Les eaux de ruissellement peuvent polluer les cours d'eau. • La substance peut être transportée à l'état fondu.

SÉCURITÉ PUBLIQUE

• COMPOSER le numéro de téléphone d'urgence indiqué sur les documents d'expédition. Si non disponibles ou aucune réponse, COMPOSER le numéro d'urgence approprié indiqué à la fin du livre. • Isoler immédiatement dans un rayon minimum de 25 à 50 mètres autour du site du déversement. • Éloigner les curieux et le personnel non autorisé. • Demeurer en amont du vent. • Éviter les dépressions de terrain.

VÊTEMENTS DE PROTECTION

• Porter un Appareil de Protection Respiratoire Autonome (APRA) à pression positive. • Porter un vêtement de protection chimique spécifiquement recommandé par le fabricant. Il peut fournir une protection thermique variant de faible à nulle. • Les vêtements de protection pour feux d'immeubles offrent une protection limitée pour les cas d'incendie SEULEMENT; ils ne sont pas efficaces en cas de déversements.

ÉVACUATION

Déversement

• Voir le Tableau des Distances d'Isolation Initiale et d'Activités de Protection pour les substances surlignées. Pour les autres substances, augmenter, tel que nécessaire, en aval du vent, la distance d'isolation indiquée sous "SÉCURITÉ PUBLIQUE".

Incendie

• Si une citerne (routière ou ferroviaire) ou une remorque est impliquée dans un feu, ISOLER 800 mètres dans toutes les directions; de plus, envisager une première évacuation pour 800 mètres dans toutes les directions.

MESURES D'URGENCE

INCENDIE

Incendie mineur

• Poudre chimique sèche, CO2 ou eau pulvérisée.

Incendie majeur

• Eau pulvérisée ou en brouillard, ou mousse. • Éloigner les contenants de la zone de feu si cela peut se faire sans risque. • Endiguer l'eau de combat d'incendie afin d'en disposer adéquatement; ne pas disperser le produit. • Utiliser l'eau pulvérisée ou en brouillard; ne pas employer de jet d'eau. **Incendie de Citernes, Remorques ou Wagons** • Combattre l'incendie d'une distance maximale ou utiliser des lances ou canons à eau télécommandés. • Empêcher l'infiltration d'eau dans les contenants. • Refroidir les contenants à grande eau longtemps après l'extinction de l'incendie. • Se retirer immédiatement si le sifflement émis par les dispositifs de sécurité augmente ou si la citerne se décolore. • TOUJOURS se tenir éloigné d'une citerne engouffrée par les flammes. • Pour un incendie majeur, utiliser des lances ou des canons à eau télécommandés; lorsqu'impossible, se retirer et laisser brûler.

DÉVERSEMENT OU FUITE

• Ne pas toucher aux contenants endommagés ou produits déversés sans porter de vêtements de protection appropriés. • Si sans risque, arrêter la fuite. • Empêcher l'infiltration dans les cours d'eau, les égouts, les sous-sols ou les endroits clos. • Couvrir d'une bâche de plastique pour éviter la dispersion. • Absorber ou couvrir avec de la terre sèche, du sable ou tout autre produit non combustible et transférer dans des contenants. • EMPÊCHER L'INFILTRATION D'EAU DANS LES CONTENANTS.

PREMIERS SOINS

• Transporter la victime à l'air frais. • Contacter le 911 ou les services médicaux d'urgence. • En cas d'arrêt respiratoire, appliquer la respiration artificielle. **• Ne pas utiliser la méthode bouche-à-bouche si la victime a ingéré ou inhalé la substance, appliquer la respiration artificielle à l'aide d'un masque de poche muni d'une valve à sens unique ou autre appareil médical approprié.** • En cas de gêne respiratoire, donner de l'oxygène. • Enlever vêtements et souliers contaminés puis les isoler. • En cas de contact avec la substance, laver les yeux ou la peau immédiatement à l'eau courante pendant au moins 20 minutes. • Lors d'un contact cutané mineur, éviter d'étendre la substance sur la peau non contaminée. • Calmer la victime et la couvrir chaudement. • Les effets liés à 'exposition (inhalation, ingestion ou contact avec la peau) peuvent être retardés. • Aviser le personnel médical de l'identité du produit afin qu'ils prennent les dispositions nécessaires pour assurer leur sécurité.

153 Substances - Toxiques et/ou Corrosives (combustibles)

RISQUES POTENTIELS

SANTÉ

• TOXIQUE; l'inhalation, l'ingestion ou le contact cutané avec la substance peut causer de graves blessures ou la mort. • Le contact avec la substance en fusion peut causer de graves brûlures à la peau et aux yeux. • Éviter tout contact avec la peau. • Les effets liés au contact ou à l'inhalation peuvent être retardés. • Un feu peut produire des gaz irritants, corrosifs et/ou toxiques. • Les eaux de contrôle d'incendie ou de dilution peuvent être corrosives et/ou toxiques et polluer.

INCENDIE OU EXPLOSION

• Substance combustible; peut brûler mais ne s'enflamme pas facilement. • Lorsque chauffées, les vapeurs peuvent former des mélanges explosifs avec l'air; danger d'explosion à l'intérieur, à l'extérieur et dans les égouts. **• Les substances identifiées avec la lettre (P) peuvent polymériser explosivement lorsque chauffées ou impliquées dans un incendie.** • Le contact avec des métaux peut produire de l'hydrogène, un gaz inflammable. • Les contenants peuvent exploser lorsque chauffés. • Les eaux de ruissellement peuvent polluer les cours d'eau. • La substance peut être transportée à l'état fondu.

SÉCURITÉ PUBLIQUE

• COMPOSER le numéro de téléphone d'urgence indiqué sur les documents d'expédition. Si non disponibles ou aucune réponse, COMPOSER le numéro d'urgence approprié indiqué à la fin du livre. • Isoler immédiatement dans un rayon minimum de 25 à 50 mètres autour du site du déversement. • Éloigner les curieux et le personnel non autorisé. • Demeurer en amont du vent. • Éviter les dépressions de terrain. • Aérer les endroits clos.

VÊTEMENTS DE PROTECTION

• Porter un Appareil de Protection Respiratoire Autonome (APRA) à pression positive. • Porter un vêtement de protection chimique spécifiquement recommandé par le fabricant. Il peut fournir une protection thermique variant de faible à nulle. • Les vêtements de protection pour feux d'immeubles offrent une protection limitée pour les cas d'incendie SEULEMENT; ils ne sont pas efficaces en cas de déversements.

ÉVACUATION

Déversement

• Voir le Tableau des Distances d'Isolation Initiale et d'Activités de Protection pour les substances surlignées. Pour les autres substances, augmenter, tel que nécessaire, en aval du vent, la distance d'isolation indiquée sous SÉCURITÉ PUBLIQUE".

Incendie

• Si une citerne (routière ou ferroviaire) ou une remorque est impliquée dans un feu, ISOLER 800 mètres dans toutes les directions; de plus, envisager une première évacuation pour 800 mètres dans toutes les directions.

MESURES D'URGENCE

INCENDIE

Incendie mineur

• Poudre chimique sèche, CO2 ou eau pulvérisée.

Incendie majeur

• Poudre chimique sèche, CO2, mousse antialcool ou eau pulvérisée. • Éloigner les contenants de la zone de feu si cela peut se faire sans risque. • Endiguer l'eau de combat d'incendie afin d'en disposer adéquatement; ne pas disperser le produit.

Incendie de Citernes, Remorques ou Wagons

• Combattre l'incendie d'une distance maximale ou utiliser des lances ou canons à eau télécommandés. • Empêcher l'infiltration d'eau dans les contenants. • Refroidir les contenants à grande eau longtemps après l'extinction de l'incendie. • Se retirer immédiatement si le sifflement émis par les dispositifs de sécurité augmente ou si la citerne se décolore. • TOUJOURS se tenir éloigné d'une citerne engouffrée par les flammes.

DÉVERSEMENT OU FUITE

• Éliminer du site toute source d'allumage (ex: cigarette, fusée routière, étincelles et flammes). • Ne pas toucher aux contenants endommagés ou produits déversés sans porter de vêtements de protection appropriés. • Si sans risque, arrêter la fuite. • Empêcher l'infiltration dans les cours d'eau, les égouts, les sous-sols ou les endroits clos. • Absorber ou couvrir avec de la terre sèche, du sable ou tout autre produit non combustible et transférer dans des contenants. • EMPÊCHER L'INFILTRATION D'EAU DANS LES CONTENANTS.

PREMIERS SOINS

• Transporter la victime à l'air frais. • Contacter le 911 ou les services médicaux d'urgence. • En cas d'arrêt respiratoire, appliquer la respiration artificielle. **• Ne pas utiliser la méthode bouche-à-bouche si la victime a ingéré ou inhalé la substance, appliquer la respiration artificielle à l'aide d'un masque de poche muni d'une valve à sens unique ou autre appareil médical approprié.** • En cas de gêne respiratoire, donner de l'oxygène. • Enlever vêtements et souliers contaminés puis les isoler. • En cas de contact avec la substance, laver les yeux ou la peau immédiatement à l'eau courante pendant au moins 20 minutes. • Lors d'un contact cutané mineur, éviter d'étendre la substance sur la peau non contaminée. • Calmer la victime et la couvrir chaudement. • Les effets liés à l'exposition (inhalation, ingestion ou contact avec la peau) peuvent être retardés. • Aviser le personnel médical de l'identité du produit afin qu'ils prennent les dispositions nécessaires pour assurer leur sécurité.

154 Substances - Toxiques et/ou Corrosives (non combustibles)

RISQUES POTENTIELS

SANTÉ

• **TOXIQUE; l'inhalation, l'ingestion ou le contact cutané avec la substance peut causer de graves blessures ou la mort.** • Le contact avec la substance en fusion peut causer de graves brûlures à la peau et aux yeux. • Éviter tout contact avec la peau. • Les effets liés au contact ou à l'inhalation peuvent être retardés. • Un feu peut produire des gaz irritants, corrosifs et/ou toxiques. • Les eaux de contrôle d'incendie ou de dilution peuvent être corrosives et/ou toxiques et polluer.

INCENDIE OU EXPLOSION

• Non combustible, la substance ne brûle pas mais peut se décomposer sous l'effet de la chaleur et générer des gaz corrosifs et/ou toxiques. • Certains sont oxydants et peuvent enflammer des matières combustibles (bois, papier, huile, tissus, etc.). • Le contact avec des métaux peut produire de l'hydrogène, un gaz inflammable. • Les contenants peuvent exploser lorsque chauffés.

SÉCURITÉ PUBLIQUE

• **COMPOSER le numéro de téléphone d'urgence indiqué sur les documents d'expédition. Si non disponibles ou aucune réponse, COMPOSER le numéro d'urgence approprié indiqué à la fin du livre.** • Isoler immédiatement dans un rayon minimum de 25 à 50 mètres autour du site du déversement. • Éloigner les curieux et le personnel non autorisé. • Demeurer en amont du vent. • Éviter les dépressions de terrain. • Aérer les endroits clos.

VÊTEMENTS DE PROTECTION

• Porter un Appareil de Protection Respiratoire Autonome (APRA) à pression positive. • Porter un vêtement de protection chimique spécifiquement recommandé par le fabricant. Il peut fournir une protection thermique variant de faible à nulle. • Les vêtements de protection pour feux d'immeubles offrent une protection limitée pour les cas d'incendie SEULEMENT; ils ne sont pas efficaces en cas de déversements.

ÉVACUATION

Déversement

• Voir le Tableau des Distances d'Isolation Initiale et d'Activités de Protection pour les substances surlignées. Pour les autres substances, augmenter, tel que nécessaire, en aval du vent, la distance d'isolation indiquée sous "SÉCURITÉ PUBLIQUE".

Incendie

• Si une citerne (routière ou ferroviaire) ou une remorque est impliquée dans un feu, ISOLER 800 mètres dans toutes les directions; de plus, envisager une première évacuation pour 800 mètres dans toutes les directions.

MESURES D'URGENCE

INCENDIE

Incendie mineur

• Poudre chimique sèche, CO2 ou eau pulvérisée.

Incendie majeur

• Poudre chimique sèche, CO2, mousse antialcool ou eau pulvérisée. • Éloigner les contenants de la zone de feu si cela peut se faire sans risque. • Endiguer l'eau de combat d'incendie afin d'en disposer adéquatement; ne pas disperser le produit.

Incendie de Citernes, Remorques ou Wagons

• Combattre l'incendie d'une distance maximale ou utiliser des lances ou canons à eau télécommandés. • Empêcher l'infiltration d'eau dans les contenants. • Refroidir les contenants à grande eau longtemps après l'extinction de l'incendie. • Se retirer immédiatement si le sifflement émis par les dispositifs de sécurité augmente ou si la citerne se décolore. • TOUJOURS se tenir éloigné d'une citerne engouffrée par les flammes.

DÉVERSEMENT OU FUITE

• Éliminer du site toute source d'allumage (ex: cigarette, fusée routière, étincelles et flammes). • Ne pas toucher aux contenants endommagés ou produits déversés sans porter de vêtements de protection appropriés. • Si sans risque, arrêter la fuite. • Empêcher l'infiltration dans les cours d'eau, les égouts, les sous-sols ou les endroits clos. • Absorber ou couvrir avec de la terre sèche, du sable ou tout autre produit non combustible et transférer dans des contenants. • EMPÊCHER L'INFILTRATION D'EAU DANS LES CONTENANTS.

PREMIERS SOINS

• Transporter la victime à l'air frais. • Contacter le 911 ou les services médicaux d'urgence. • En cas d'arrêt respiratoire, appliquer la respiration artificielle. • **Ne pas utiliser la méthode bouche-à-bouche si la victime a ingéré ou inhalé la substance, appliquer la respiration artificielle à l'aide d'un masque de poche muni d'une valve à sens unique ou autre appareil médical approprié.** • En cas de gêne respiratoire, donner de l'oxygène. • Enlever vêtements et souliers contaminés puis les isoler. • En cas de contact avec la substance, laver les yeux ou la peau immédiatement à l'eau courante pendant au moins 20 minutes. • Lors d'un contact cutané mineur, éviter d'étendre la substance sur la peau non contaminée. • Calmer la victime et la couvrir chaudement. • Les effets liés à l'exposition (inhalation, ingestion ou contact avec la peau) peuvent être retardés. • Aviser le personnel médical de l'identité du produit afin qu'ils prennent les dispositions nécessaires pour assurer leur sécurité.

155 Substances - Toxiques et/ou Corrosives (inflammables/sensibles à L'eau)

RISQUES POTENTIELS

INCENDIE OU EXPLOSION

• **EXTRÊMEMENT INFLAMMABLE: S'enflammera facilement sous l'action de la chaleur, d'étincelles ou de flammes.** • Les vapeurs forment des mélanges explosifs avec l'air; danger d'explosion à l'intérieur, à l'extérieur et dans les égouts. • La plupart des vapeurs sont plus lourdes que l'air. Elles se propageront au ras du sol pour s'accumuler dans les dépressions ou les endroits clos (égouts, sous-sols, citernes). • Les vapeurs peuvent se propager vers une source d'allumage et provoquer un retour de flamme au point de fuite. • La substance réagit à l'eau (certaines violemment) dégageant des gaz et des ruissellements inflammables, toxiques ou corrosifs. • Le contact avec des métaux peut produire de l'hydrogène, un gaz inflammable. • Les contenants peuvent exploser lorsque chauffés ou contaminés par l'eau.

SANTÉ

• **TOXIQUE; l'inhalation, l'ingestion ou le contact (yeux, peau) avec les vapeurs, les poussières ou la substance peut causer de graves blessures, des brûlures ou la mort.** • **Les bromoacétates et chloroacétates sont extrêmement irritants/lacrymogènes.** • La réaction avec l'eau ou l'air humide produira des gaz toxiques, corrosifs ou inflammables. • La réaction avec l'eau peut générer beaucoup de chaleur, augmentant ainsi la concentration de vapeurs dans l'air. • Un feu produira des gaz irritants, corrosifs et/ou toxiques. • Les eaux de contrôle d'incendie ou de dilution peuvent être corrosives et/ou toxiques et polluer.

SÉCURITÉ PUBLIQUE

• **COMPOSER le numéro de téléphone d'urgence indiqué sur les documents d'expédition. Si non disponibles ou aucune réponse, COMPOSER le numéro d'urgence approprié indiqué à la fin du livre.** • Isoler immédiatement dans un rayon minimum de 50 à 100 mètres autour du site du déversement. • Éloigner les curieux et le personnel non autorisé. • Demeurer en amont du vent. • Éviter les dépressions de terrain. • Aérer les endroits clos.

VÊTEMENTS DE PROTECTION

• Porter un Appareil de Protection Respiratoire Autonome (APRA) à pression positive. • Porter un vêtement de protection chimique spécifiquement recommandé par le fabricant. Il peut fournir une protection thermique variant de faible à nulle. • Les vêtements de protection pour feux d'immeubles offrent une protection limitée pour les cas d'incendie SEULEMENT; ils ne sont pas efficaces en cas de déversements.

ÉVACUATION

Déversement

• Voir le Tableau des Distances d'Isolation Initiale et d'Activités de Protection pour les substances surlignées. Pour les autres substances, augmenter, tel que nécessaire, en aval du vent, la distance d'isolation indiquée sous "SÉCURITÉ PUBLIQUE".

Incendie

• Si une citerne (routière ou ferroviaire) ou une remorque est impliquée dans un feu, ISOLER 800 mètres dans toutes les directions; de plus, envisager une première évacuation pour 800 mètres dans toutes les directions.

MESURES D'URGENCE

INCENDIE

Note: La plupart des mousses réagiront avec la substance et produiront des gaz corrosifs/toxiques.

Incendie mineur

• CO_2, poudre chimique sèche, sable sec, mousse antialcool.

Incendie majeur

• Eau pulvérisée ou en brouillard, ou mousse antialcool. • **POUR LES CHLOROSILANES, NE PAS UTILISER D'EAU; utiliser de la mousse antialcool AFFF à expansion moyenne.** • Éloigner les contenants de la zone de feu si cela peut se faire sans risque. • Utiliser l'eau pulvérisée ou en brouillard; ne pas employer de jet d'eau.

Incendie de Citernes, Remorques ou Wagons

• Combattre l'incendie d'une distance maximale ou utiliser des lances ou canons à eau télécommandés. • Empêcher l'infiltration d'eau dans les contenants. • Refroidir les contenants à grande eau longtemps après 'extinction de l'incendie. • Se retirer immédiatement si le sifflement émis par les dispositifs de sécurité augmente ou si lac citerne se décolore. • TOUJOURS se tenir éloigné d'une citerne engouffrée par les flammes.

DÉVERSEMENT OU FUITE

• Éliminer du site toute source d'allumage (ex: cigarette, fusée routière, étincelles et flammes). • Tout équipement utilisé pour manipuler ce produit doit être mis à la terre. • Ne pas toucher aux contenants endommagés ou produits déversés sans porter de vêtements de protection appropriés. • Si sans risque, arrêter la fuite. • Une mousse antivapeur peut être utilisée pour réduire les émanations. • **POUR LES CHLOROSILANES, utiliser de la mousse antialcool AFFF à expansion moyenne pour réduire l'émanation de vapeurs.** • **EMPÊCHER L'EAU d'entrer en contact avec la substance déversée ou de s'infiltrer dans les contenants.** • Utiliser un brouillard d'eau pour détourner ou réduire les émanations. Empêcher les eaux de ruissellement d'entrer en contact avec la substance déversée. • Empêcher l'infiltration dans les cours d'eau, les égouts, les sous-sols ou les endroits clos.

Petit déversement

• Couvrir de terre SÈCHE, de sable SEC ou autre produit non combustible SEC suivi d'une bâche de plastique pour contrôler la dispersion et protéger de la pluie. • Utiliser des outils antiétincelles propres pour récupérer le matériel dans des contenants de plastique non scellés pour en disposer plus tard.

PREMIERS SOINS

• Transporter la victime à l'air frais. • Contacter le 911 ou les services médicaux d'urgence. • En cas d'arrêt respiratoire, appliquer la respiration artificielle. • **Ne pas utiliser la méthode bouche-à-bouche si la victime a ingéré ou inhalé la substance, appliquer la respiration artificielle à l'aide d'un masque de poche muni d'une valve à sens unique ou autre appareil médical approprié.** • En cas de gêne respiratoire, donner de l'oxygène. • Enlever vêtements et souliers contaminés puis les isoler. • En cas de contact avec la substance, laver les yeux ou la peau immédiatement à l'eau courante pendant au moins 20 minutes. • Lors d'un contact cutané mineur, éviter d'étendre la substance sur la peau non contaminée. • Calmer la victime et la couvrir chaudement. • Les effets liés à l'exposition (inhalation, ingestion ou contact avec la peau) peuvent être retardés. • Aviser le personnel médical de l'identité du produit afin qu'ils prennent les dispositions nécessaires pour assurer leur sécurité.

156 Substances - Toxiques et/ou Corrosives (combustibles/sensibles à L'eau)

RISQUES POTENTIELS

INCENDIE OU EXPLOSION

• Substance combustible; peut brûler mais ne s'enflamme pas facilement. • La substance réagit à l'eau (certaines violemment) dégageant des gaz et des ruissellements inflammables, toxiques ou corrosifs. • Lorsque chauffées, les vapeurs peuvent former des mélanges explosifs avec l'air; danger d'explosion à l'intérieur, à l'extérieur et dans les égouts. • La plupart des vapeurs sont plus lourdes que l'air. Elles se propageront au ras du sol pour s'accumuler dans les dépressions ou les endroits clos (égouts, sous-sols, citernes). • Les vapeurs peuvent se propager vers une source d'allumage et provoquer un retour de flamme au point de fuite. • Le contact avec des métaux peut produire de l'hydrogène, un gaz inflammable. • Les contenants peuvent exploser lorsque chauffés ou contaminés par l'eau.

SANTÉ

• TOXIQUE; l'inhalation, l'ingestion ou le contact (yeux, peau) avec les vapeurs, les poussières ou la substance peut causer de graves blessures, des brûlures ou la mort. • La réaction avec l'eau ou l'air humide produira des gaz toxiques, corrosifs ou inflammables. • La réaction avec l'eau peut générer beaucoup de chaleur, augmentant ainsi la concentration de vapeurs dans l'air. • Un feu produira des gaz irritants, corrosifs et/ou toxiques. • Les eaux de contrôle d'incendie ou de dilution peuvent être corrosives et/ou toxiques et polluer.

SÉCURITÉ PUBLIQUE

• COMPOSER le numéro de téléphone d'urgence indiqué sur les documents d'expédition. Si non disponibles ou aucune réponse, COMPOSER le numéro d'urgence approprié indiqué à la fin du livre. • Isoler immédiatement dans un rayon minimum de 50 à 100 mètres autour du site du déversement. • Éloigner les curieux et le personnel non autorisé. • Demeurer en amont du vent. • Éviter les dépressions de terrain. • Aérer les endroits clos.

VÊTEMENTS DE PROTECTION

• Porter un Appareil de Protection Respiratoire Autonome (APRA) à pression positive. • Porter un vêtement de protection chimique spécifiquement recommandé par le fabricant. Il peut fournir une protection thermique variant de faible à nulle. • Les vêtements de protection pour feux d'immeubles offrent une protection limitée pour les cas d'incendie SEULEMENT; ils ne sont pas efficaces en cas de déversements.

ÉVACUATION

Déversement

• Voir le Tableau des Distances d'Isolation Initiale et d'Activités de Protection pour les substances surlignées. Pour les autres substances, augmenter, tel que nécessaire, en aval du vent, la distance d'isolation indiquée sous "SÉCURITÉ PUBLIQUE".

Incendie

• Si une citerne (routière ou ferroviaire) ou une remorque est impliquée dans un feu, ISOLER 800 mètres dans toutes les directions; de plus, envisager une première évacuation pour 800 mètres dans toutes les directions.

MESURES D'URGENCE

INCENDIE

Note: La plupart des mousses réagiront avec la substance et produiront des gaz corrosifs/toxiques.

Incendie mineur

• CO2, poudre chimique sèche, sable sec, mousse antialcool.

Incendie majeur

• Eau pulvérisée ou en brouillard, ou mousse antialcool. **• POUR LES CHLOROSILANES, NE PAS UTILISER D'EAU; utiliser de la mousse antialcool AFFF à expansion moyenne.** • Éloigner les contenants de la zone de feu si cela peut se faire sans risque. • Utiliser l'eau pulvérisée ou en brouillard; ne pas employer de jet d'eau.

Incendie de Citernes, Remorques ou Wagons

• Combattre l'incendie d'une distance maximale ou utiliser des lances ou canons à eau télécommandés. • Empêcher l'infiltration d'eau dans les contenants. • Refroidir les contenants à grande eau longtemps après l'extinction de l'incendie. • Se retirer immédiatement si le sifflement émis par les dispositifs de sécurité augmente ou si la citerne se décolore. • TOUJOURS se tenir éloigné d'une citerne engouffrée par les flammes.

DÉVERSEMENT OU FUITE

• Éliminer du site toute source d'allumage (ex: cigarette, fusée routière, étincelles et flammes). • Tout équipement utilisé pour manipuler ce produit doit être mis à la terre. • Ne pas toucher aux contenants endommagés ou produits déversés sans porter de vêtements de protection appropriés. • Si sans risque, arrêter la fuite. • Une mousse antivapeur peut être utilisée pour réduire les émanations. **• POUR LES CHLOROSILANES, utiliser de la mousse antialcool AFFF à expansion moyenne pour réduire l'émanation de vapeurs. • EMPÊCHER L'EAU d'entrer en contact avec la substance déversée ou de s'infiltrer dans les contenants.** • Utiliser un brouillard d'eau pour détourner ou réduire les émanations. Empêcher les eaux de ruissellement d'entrer en contact avec la substance déversée. • Empêcher l'infiltration dans les cours d'eau, les égouts, les sous-sols ou les endroits clos.

Petit déversement

• Couvrir de terre SÈCHE, de sable SEC ou autre produit non combustible SEC suivi d'une bâche de plastique pour contrôler la dispersion et protéger de la pluie. • Utiliser des outils antiétincelles propres pour récupérer le matériel dans des contenants de plastique non scellés pour en disposer plus tard.

PREMIERS SOINS

• Transporter la victime à l'air frais. • Contacter le 911 ou les services médicaux d'urgence. • En cas d'arrêt respiratoire, appliquer la respiration artificielle. **• Ne pas utiliser la méthode bouche-à-bouche si la victime a ingéré ou inhalé la substance, appliquer la respiration artificielle à l'aide d'un masque de poche muni d'une valve à sens unique ou autre appareil médical approprié.** • En cas de gêne respiratoire, donner de l'oxygène. • Enlever vêtements et souliers contaminés puis les isoler. • En cas de contact avec la substance, laver les yeux ou la peau immédiatement à l'eau courante pendant au moins 20 minutes. • Lors d'un contact cutané mineur, éviter d'étendre la substance sur la peau non contaminée. • Calmer la victime et la couvrir chaudement. • Les effets liés à l'exposition (inhalation, ingestion ou contact avec la peau) peuvent être retardés. • Aviser le personnel médical de l'identité du produit afin qu'ils prennent les dispositions nécessaires pour assurer leur sécurité.

157 Substances - Toxiques et/ou Corrosives (non combustibles/sensibles à L'eau)

RISQUES POTENTIELS

SANTÉ

• TOXIQUE; l'inhalation, l'ingestion ou le contact (yeux, peau) avec les vapeurs, les poussières ou la substance peut causer de graves blessures, des brûlures ou la mort. • La réaction avec l'eau ou l'air humide produira des gaz toxiques, corrosifs ou inflammables. • La réaction avec l'eau peut générer beaucoup de chaleur, augmentant ainsi la concentration de vapeurs dans l'air. • Un feu produira des gaz irritants, corrosifs et/ou toxiques. • Les eaux de contrôle d'incendie ou de dilution peuvent être corrosives et/ou toxiques et polluer.

INCENDIE OU EXPLOSION

• Non combustible, la substance ne brûle pas mais peut se décomposer sous l'effet de la chaleur et générer des gaz corrosifs et/ou toxiques. • Les vapeurs peuvent s'accumuler dans les endroits clos (sous-sols, citernes, wagons citernes/trémies, etc.). • La substance réagit à l'eau (certaines violemment) dégageant des gaz corrosifs et/ou toxiques. • La réaction avec l'eau peut générer beaucoup de chaleur, augmentant ainsi la concentration de vapeurs dans l'air. • Le contact avec des métaux peut produire de l'hydrogène, un gaz inflammable. • Les contenants peuvent exploser lorsque chauffés ou contaminés par l'eau.

SÉCURITÉ PUBLIQUE

• COMPOSER le numéro de téléphone d'urgence indiqué sur les documents d'expédition. Si non disponibles ou aucune réponse, COMPOSER le numéro d'urgence approprié indiqué à la fin du livre. • Isoler immédiatement dans un rayon minimum de 50 à 100 mètres autour du site du déversement. • Éloigner les curieux et le personnel non autorisé. • Demeurer en amont du vent. • Éviter les dépressions de terrain. • Aérer les endroits clos.

VÊTEMENTS DE PROTECTION

• Porter un Appareil de Protection Respiratoire Autonome (APRA) à pression positive. • Porter un vêtement de protection chimique spécifiquement recommandé par le fabricant. Il peut fournir une protection thermique variant de faible à nulle. • Les vêtements de protection pour feux d'immeubles offrent une protection limitée pour les cas d'incendie SEULEMENT; ils ne sont pas efficaces en cas de déversements.

ÉVACUATION

Déversement

• Voir le Tableau des Distances d'Isolation Initiale et d'Activités de Protection pour les substances surlignées. Pour les autres substances, augmenter, tel que nécessaire, en aval du vent, la distance d'isolation indiquée sous "SÉCURITÉ PUBLIQUE".

Incendie

• Si une citerne (routière ou ferroviaire) ou une remorque est impliquée dans un feu, ISOLER 800 mètres dans toutes les directions; de plus, envisager une première évacuation pour 800 mètres dans toutes les directions.

MESURES D'URGENCE

INCENDIE

Note: La plupart des mousses réagiront avec la substance et produiront des gaz corrosifs/toxiques.

Incendie mineur

• CO2 (sauf pour les cyanures), poudre chimique sèche, sable sec, mousse antialcool.

Incendie majeur

• Eau pulvérisée ou en brouillard, ou mousse antialcool. • Éloigner les contenants de la zone de feu si cela peut se faire sans risque. • Utiliser l'eau pulvérisée ou en brouillard; ne pas employer de jet d'eau. • Endiguer l'eau de combat d'incendie afin d'en disposer adéquatement; ne pas disperser le produit.

Incendie de Citernes, Remorques ou Wagons

• Combattre l'incendie d'une distance maximale ou utiliser des lances ou canons à eau télécommandés. • Empêcher l'infiltration d'eau dans les contenants. • Refroidir les contenants à grande eau longtemps après l'extinction de l'incendie. • Se retirer immédiatement si le sifflement émis par les dispositifs de sécurité augmente ou si la citerne se décolore. • TOUJOURS se tenir éloigné d'une citerne engouffrée par les flammes.

DÉVERSEMENT OU FUITE

• Éliminer du site toute source d'allumage (ex: cigarette, fusée routière, étincelles et flammes). • Tout équipement utilisé pour manipuler ce produit doit être mis à la terre. • Ne pas toucher aux contenants endommagés ou produits déversés sans porter de vêtements de protection appropriés. • Si sans risque, arrêter la fuite. • Une mousse antivapeur peut être utilisée pour réduire les émanations. • EMPÊCHER L'INFILTRATION D'EAU DANS LES CONTENANTS. • Utiliser un brouillard d'eau pour détourner ou réduire les émanations. Empêcher les eaux de ruissellement d'entrer en contact avec la substance déversée. • Empêcher l'infiltration dans les cours d'eau, les égouts, les sous-sols ou les endroits clos.

Petit déversement

• Couvrir de terre SÈCHE, de sable SEC ou autre produit non combustible SEC suivi d'une bâche de plastique pour contrôler la dispersion et protéger de la pluie. • Utiliser des outils antiétincelles propres pour récupérer le matériel dans des contenants de plastique non scellés pour en disposer plus tard.

PREMIERS SOINS

• Transporter la victime à l'air frais. • Contacter le 911 ou les services médicaux d'urgence. • En cas d'arrêt respiratoire, appliquer la respiration artificielle. **• Ne pas utiliser la méthode bouche-à-bouche si la victime a ingéré ou inhalé la substance, appliquer la respiration artificielle à l'aide d'un masque de poche muni d'une valve à sens unique ou autre appareil médical approprié.** • En cas de gêne respiratoire, donner de l'oxygène. • Enlever vêtements et souliers contaminés puis les isoler. • En cas de contact avec la substance, laver les yeux ou la peau immédiatement à l'eau courante pendant au moins 20 minutes. • Lors d'un contact cutané mineur, éviter d'étendre la substance sur la peau non contaminée. • Calmer la victime et la couvrir chaudement. • Les effets liés à l'exposition (inhalation, ingestion ou contact avec la peau) peuvent être retardés. • Aviser le personnel médical de l'identité du produit afin qu'ils prennent les dispositions nécessaires pour assurer leur sécurité.

158 Matières Infectieuses

RISQUES POTENTIELS

SANTÉ

• L'inhalation ou le contact avec la substance peut causer l'infection, la maladie ou la mort. • Les eaux de contrôle d'incendie peuvent polluer. **• Note: Des colis endommagés contenant du CO2 solide comme réfrigérant peuvent produire de l'eau ou du givre par condensation. Ne pas toucher ce liquide car il pourrait être contaminé par le contenu du colis.**

INCENDIE OU EXPLOSION

• Certaines de ces substances peuvent brûler mais aucune ne s'enflamme facilement. • Certains peuvent être transportés dans des liquides inflammables.

SÉCURITÉ PUBLIQUE

• COMPOSER le numéro de téléphone d'urgence indiqué sur les documents d'expédition. Si non disponibles ou aucune réponse, COMPOSER le numéro d'urgence approprié indiqué à la fin du livre. • Isoler immédiatement dans un rayon minimum de 10 à 25 mètres autour du site du déversement. • Éloigner les curieux et le personnel non autorisé. • Demeurer en amont du vent. • Obtenir l'identité de la substance impliquée.

VÊTEMENTS DE PROTECTION

• Porter un Appareil de Protection Respiratoire Autonome (APRA) à pression positive. • Les vêtements de protection pour feux d'immeubles ne fourniront qu'une efficacité limitée.

MESURES D'URGENCE

INCENDIE

Incendie mineur

• Poudre chimique sèche, carbonate de sodium, chaux éteinte ou sable.

Incendie majeur

• Utiliser un agent extincteur approprié au type de feu environnant. • Éloigner les contenants de la zone de feu si cela peut se faire sans risque. • Ne pas disperser la substance avec des jets d'eau à haute pression.

DÉVERSEMENT OU FUITE

• Ne pas toucher ou marcher sur le produit déversé. • Ne pas toucher aux contenants endommagés ou produits déversés sans porter de vêtements de protection appropriés. • Absorber avec de la terre, du sable ou tout autre produit non combustible. • Recouvrir le colis endommagé ou la substance déversée avec un linge imbibé d'un excès de désinfectant (javellisant ou autre). **• NE PAS NETTOYER OU ÉLIMINER SAUF SOUS LA SUPERVISION D'UN SPÉCIALISTE.**

PREMIERS SOINS

• Transporter la victime à un endroit sécuritaire et isolé. **ATTENTION: La victime pourrait être une source de contamination.** • Contacter le 911 ou les services médicaux d'urgence. • Enlever vêtements et souliers contaminés puis les isoler. • En cas de contact avec la substance, laver les yeux ou la peau immédiatement à l'eau courante pendant au moins 20 minutes. • Les effets liés à l'exposition (inhalation, ingestion ou contact avec la peau) peuvent être retardés. **• Pour plus d'information, contacter votre Centre anti-poison. •** Aviser le personnel médical de l'identité du produit afin qu'ils prennent les dispositions nécessaires pour assurer leur sécurité.

159 Substances (irritantes)

RISQUES POTENTIELS

SANTÉ

• L'inhalation des vapeurs ou poussières est extrêmement irritant. • Peut causer des brûlures aux yeux et le larmoiement. • Peut provoquer la toux, des difficultés respiratoires et la nausée. • Les effets d'une exposition brève ne dureront que quelques minutes. • L'exposition dans un endroit clos peut être très dommageable. • Un feu produira des gaz irritants, corrosifs et/ou toxiques. • Les eaux de contrôle d'incendie ou de dilution peuvent polluer.

INCENDIE OU EXPLOSION

• Certaines de ces substances peuvent brûler mais aucune ne s'enflamme facilement. • Les contenants peuvent exploser lorsque chauffés.

SÉCURITÉ PUBLIQUE

• COMPOSER le numéro de téléphone d'urgence indiqué sur les documents d'expédition. Si non disponibles ou aucune réponse, COMPOSER le numéro d'urgence approprié indiqué à la fin du livre. • Isoler immédiatement dans un rayon minimum de 25 à 50 mètres autour du site du déversement. • Éloigner les curieux et le personnel non autorisé. • Demeurer en amont du vent. • Éviter les dépressions de terrain. • Avant d'y accéder, aérer les endroits clos.

VÊTEMENTS DE PROTECTION

• Porter un Appareil de Protection Respiratoire Autonome (APRA) à pression positive. • Porter un vêtement de protection chimique spécifiquement recommandé par le fabricant. Il peut fournir une protection thermique variant de faible à nulle. • Les vêtements de protection pour feux d'immeubles offrent une protection limitée pour les cas d'incendie SEULEMENT; ils ne sont pas efficaces en cas de déversements.

ÉVACUATION

Déversement majeur

• Envisager une première évacuation d'une distance de 100 mètres sous le vent. Incendie • Si une citerne (routière ou ferroviaire) ou une remorque est impliquée dans un feu, ISOLER 800 mètres dans toutes les directions; de plus, envisager une première évacuation pour 800 mètres dans toutes les directions.

MESURES D'URGENCE

INCENDIE

Incendie mineur

• Poudre chimique sèche, CO2, eau pulvérisée ou mousse régulière.

Incendie majeur

• Eau pulvérisée ou en brouillard, ou mousse. • Éloigner les contenants de la zone de feu si cela peut se faire sans risque. • Endiguer l'eau de combat d'incendie afin d'en disposer adéquatement; ne pas disperser le produit.

Incendie de Citernes, Remorques ou Wagons

• Combattre l'incendie d'une distance maximale ou utiliser des lances ou canons à eau télécommandés. • Empêcher l'infiltration d'eau dans les contenants. • Refroidir les contenants à grande eau longtemps après 'extinction de l'incendie. • Se retirer immédiatement si le sifflement émis par les dispositifs de sécurité augmente ou si la citerne se décolore. • TOUJOURS se tenir éloigné d'une citerne engouffrée par les flammes. • Pour un incendie majeur, utiliser des lances ou des canons à eau télécommandés; lorsqu'impossible, se retirer et laisser brûler.

DÉVERSEMENT OU FUITE

• Ne pas toucher ou marcher sur le produit déversé. • Si sans risque, arrêter la fuite. • Une combinaison entièrement étanche aux vapeurs est recommandée pour les fuites et déversements sans feu.

Petit déversement

• Ramasser avec du sable ou autre matière absorbante non combustible et transférer dans un contenant pour en disposer plus tard.

Déversement majeur

• Endiguer à bonne distance du déversement liquide pour en disposer plus tard. • Empêcher l'infiltration dans les cours d'eau, les égouts, les sous-sols ou les endroits clos.

PREMIERS SOINS

• Transporter la victime à l'air frais. • Contacter le 911 ou les services médicaux d'urgence. • En cas d'arrêt respiratoire, appliquer la respiration artificielle. **• Ne pas utiliser la méthode bouche-à-bouche si la victime a ingéré ou inhalé la substance, appliquer la respiration artificielle à l'aide d'un masque de poche muni d'une valve à sens unique ou autre appareil médical approprié.** • En cas de gêne respiratoire, donner de l'oxygène. • Enlever vêtements et souliers contaminés puis les isoler. • En cas de contact avec la substance, laver les yeux ou la peau immédiatement à l'eau courante pendant au moins 20 minutes. • Lors d'un contact cutané mineur, éviter d'étendre la substance sur la peau non contaminée. • Calmer la victime et la couvrir chaudement. • Les effets devraient disparaître suite à une exposition à l'air frais d'environ dix minutes. • Aviser le personnel médical de l'identité du produit afin qu'ils prennent les dispositions nécessaires pour assurer leur sécurité.

160 Solvants Halogénés

RISQUES POTENTIELS

SANTÉ

• Les vapeurs peuvent causer des étourdissements ou la suffocation. • L'exposition dans un endroit clos peut être très dommageable. • Le contact peut irriter ou brûler la peau et les yeux. • Un feu peut produire des gaz irritants et/ou toxiques. • Les eaux de contrôle d'incendie ou de dilution peuvent polluer.

INCENDIE OU EXPLOSION

• Certaines de ces substances peuvent brûler mais aucune ne s'enflamme facilement. • La plupart des vapeurs sont plus lourdes que l'air. • Les mélanges air/vapeurs peuvent exploser lors de l'ignition. • Le contenant peut exploser sous la chaleur de l'incendie.

SÉCURITÉ PUBLIQUE

• COMPOSER le numéro de téléphone d'urgence indiqué sur les documents d'expédition. Si non disponibles ou aucune réponse, COMPOSER le numéro d'urgence approprié indiqué à la fin du livre. • Isoler immédiatement dans un rayon minimum de 25 à 50 mètres autour du site du déversement. • Éloigner les curieux et le personnel non autorisé. • Demeurer en amont du vent. • Plusieurs gaz sont plus lourds que l'air et se propageront au ras du sol pour s'accumuler dans les dépressions ou les endroits clos (égouts, sous-sols, citernes). • Éviter les dépressions de terrain. • Avant d'y accéder, aérer les endroits clos.

VÊTEMENTS DE PROTECTION

• Porter un Appareil de Protection Respiratoire Autonome (APRA) à pression positive. • Les vêtements de protection pour feux d'immeubles ne fourniront qu'une efficacité limitée.

ÉVACUATION

Déversement majeur

• Envisager une première évacuation d'une distance de 100 mètres sous le vent.

Incendie

• Si une citerne (routière ou ferroviaire) ou une remorque est impliquée dans un feu, ISOLER 800 mètres dans toutes les directions; de plus, envisager une première évacuation pour 800 mètres dans toutes les directions.

MESURES D'URGENCE

INCENDIE

Incendie mineur

• Poudre chimique sèche, CO2 ou eau pulvérisée.

Incendie majeur

• Poudre chimique sèche, CO2, mousse antialcool ou eau pulvérisée. • Éloigner les contenants de la zone de feu si cela peut se faire sans risque. • Endiguer l'eau de combat d'incendie afin d'en disposer adéquatement; ne pas disperser le produit.

Incendie de Citernes, Remorques ou Wagons

• Combattre l'incendie d'une distance maximale ou utiliser des lances ou canons à eau télécommandés. • Refroidir les contenants à grande eau longtemps après l'extinction de l'incendie. • Se retirer immédiatement si le sifflement émis par les dispositifs de sécurité augmente ou si la citerne se décolore. • TOUJOURS se tenir éloigné d'une citerne engouffrée par les flammes.

DÉVERSEMENT OU FUITE

• Éliminer du site toute source d'allumage (ex: cigarette, fusée routière, étincelles et flammes). • Si sans risque, arrêter la fuite.

Petit déversement liquide

• Ramasser à l'aide de sable, de terre ou autre type d'absorbant non combustible.

Déversement majeur

• Endiguer à bonne distance du déversement liquide pour en disposer plus tard. • Empêcher l'infiltration dans les cours d'eau, les égouts, les sous-sols ou les endroits clos.

PREMIERS SOINS

• Transporter la victime à l'air frais. • Contacter le 911 ou les services médicaux d'urgence. • En cas d'arrêt respiratoire, appliquer la respiration artificielle. • En cas de gêne respiratoire, donner de l'oxygène. • Enlever vêtements et souliers contaminés puis les isoler. • En cas de contact avec la substance, laver les yeux ou la peau immédiatement à l'eau courante pendant au moins 20 minutes. • Lors d'un contact cutané mineur, éviter d'étendre la substance sur la peau non contaminée. • Laver la peau au savon et à l'eau. • Calmer la victime et la couvrir chaudement. • Aviser le personnel médical de l'identité du produit afin qu'ils prennent les dispositions nécessaires pour assurer leur sécurité.

161 Matières Radioactives (radioactivité Faible)

RISQUES POTENTIELS

SANTÉ

• La radioactivité représente un risque faible pour les travailleurs du transport, le personnel d'intervention d'urgence et le public lors d'accidents de transport. La durabilité des emballages augmente avec le potentiel de risque de la substance. • De faibles quantités et de faibles niveaux de rayonnement à l'extérieur des colis résultent en un faible risque pour les gens. Les colis endommagés peuvent libérer des quantités mesurables de matières radioactives mais les risques seront faibles. • Certaines matières radioactives ne peuvent être détectées par les instruments couramment disponibles. • Les colis n'affichent pas d'étiquettes RADIOACTIVE I, II ou III. Certains peuvent afficher une étiquette VIDE ou peuvent indiquer le mot "Radioactif."

INCENDIE OU EXPLOSION

• Certaines de ces substances peuvent brûler mais la plupart ne s'enflamment pas facilement. • Plusieurs possèdent un emballage externe cartonné; le contenu (physiquement grand ou petit) peut avoir plusieurs formes physiques différentes. • La radioactivité ne diminue en rien l'inflammabilité ou toute autre propriété de ce produit.

SÉCURITÉ PUBLIQUE

• COMPOSER le numéro de téléphone d'urgence indiqué sur les documents d'expédition. Si non disponibles ou aucune réponse, COMPOSER le numéro d'urgence approprié indiqué à la fin du livre. • Le secours, les premiers soins, le contrôle des incendies et autres dangers sont plus importants que la détermination des niveaux de radioactivité. • L'Autorité responsable en matière de radioactivité doit être avisée des conditions entourant l'accident et est habituellement responsable des décisions quant aux conséquences radiologiques et la clôture de l'intervention. • Isoler immédiatement dans un rayon minimum de 25 à 50 mètres autour du site du déversement. • Demeurer en amont du vent. • Éloigner les curieux et le personnel non autorisé. • Détenir ou isoler les personnes non blessées ou l'équipement dont on soupçonne la contamination; retarder la décontamination et le nettoyage en attendant les conseils de l'Autorité responsable en matière de radioactivité.

VÊTEMENTS DE PROTECTION

• Un Appareil de Protection Respiratoire Autonome (APRA) à pression positive et un vêtement de protection pour feu d'immeuble fourniront une protection adéquate.

ÉVACUATION

Déversement majeur

• Envisager une première évacuation d'une distance de 100 mètres sous le vent.

Incendie

• Lorsqu'une grande quantité de cette substance est impliquée dans un incendie majeur, envisager une première évacuation dans un périmètre de 300 mètres de rayon.

MESURES D'URGENCE

INCENDIE

• La présence de matières radioactives ne changera en rien l'efficacité des mesures de contrôle d'incendie et ne devrait pas influencer la sélection des techniques de combat. • Éloigner les contenants de la zone de feu si cela peut se faire sans risque. • Ne pas déplacer les colis endommagés; éloigner du feu les colis non endommagés. **Incendie mineur** • Poudre chimique sèche, CO2, eau pulvérisée ou mousse régulière. **Incendie majeur** • Eau pulvérisée ou en brouillard (inonder d'eau).

DÉVERSEMENT OU FUITE

• Ne pas toucher aux contenants endommagés ou produits déversés. • Couvrir un déversement liquide avec du sable, de la terre ou tout produit absorbant non combustible. • Couvrir l'épanchement de poudre avec une bâche de plastique pour minimiser la dispersion.

PREMIERS SOINS

• Les problèmes médicaux sont plus importants que les dangers radiologiques. • Appliquer les premiers soins relatifs à la nature des blessures. • Toute personne sérieusement blessée doit être immédiatement soignée et transportée. • En cas d'arrêt respiratoire, appliquer la respiration artificielle. • En cas de gêne respiratoire, donner de l'oxygène. • En cas de contact avec la substance, laver les yeux ou la peau immédiatement à l'eau courante pendant au moins 20 minutes. • Les blessés qui ont contacté la substance ne représentent pas un danger de contamination sérieux pour les gens, l'équipement ou les installations. • Aviser le personnel médical de l'identité du produit afin qu'ils prennent les dispositions nécessaires pour assurer leur sécurité et préviennent l'étalement de la contamination.

162 Matières Radioactives (radioactivité de Faible à Modérée)

RISQUES POTENTIELS

SANTÉ

• La radioactivité représente un risque faible pour les travailleurs du transport, le personnel d'intervention d'urgence et le public lors d'accidents de transport. La durabilité des emballages augmente avec le potentiel de risque de la substance. • Les colis non endommagés sont sécuritaires; le contenu des colis endommagés peut causer une exposition au rayonnement externe plus élevée ou interne et externe si le contenu est déversé. • Faible risque de rayonnement lorsqu'à l'intérieur du contenant. Si la substance est libérée du colis ou du contenant en vrac, le niveau de risque variera de faible à moyen. Ce niveau de danger dépendra du type et de la quantité de rayonnement, du genre de matériau dans lequel il est contenu, et/ou les surfaces où il se trouve. • Certaines matières peuvent être déversées lors d'accidents de sévérité moyenne mais le risque est minime pour les personnes. • Les matières radioactives libérées ou les objets contaminés seront normalement visibles si l'emballage se brise. • Certaines expéditions de matières en vrac ou emballées à usage exclusif n'affichent pas d'étiquettes RADIOACTIVE. Les plaques, les indications de danger et les documents d'expédition identifient la matière. • Certains colis étiquetés RADIOACTIVE possèdent aussi une étiquette indiquant un danger secondaire. Ce dernier excède habituellement le danger de radioactivité; consulter ce guide ainsi que celui couvrant le danger secondaire. • Certaines matières radioactives ne peuvent être détectées par les instruments couramment disponibles. • Les eaux de contrôle d'incendie de cargaison peuvent causer une pollution de faible niveau.

INCENDIE OU EXPLOSION

• Certaines de ces substances peuvent brûler mais la plupart ne s'enflamment pas facilement. • Les ébarbures métalliques d'uranium et de thorium peuvent s'enflammer spontanément à l'air (Consulter le Guide 136). • Les nitrates sont oxydants et peuvent enflammer les matières combustibles (Consulter le Guide 141).

SÉCURITÉ PUBLIQUE

• COMPOSER le numéro de téléphone d'urgence indiqué sur les documents d'expédition. Si non disponibles ou aucune réponse, COMPOSER le numéro d'urgence approprié indiqué à la fin du livre. • Le secours, les premiers soins, le contrôle des incendies et autres dangers sont plus importants que la détermination des niveaux de radioactivité. • L'Autorité responsable en matière de radioactivité doit être avisée des conditions entourant l'accident et est habituellement responsable des décisions quant aux conséquences radiologiques et la clôture de l'intervention. • Isoler immédiatement dans un rayon minimum de 25 à 50 mètres autour du site du déversement. • Demeurer en amont du vent. • Éloigner les curieux et le personnel non autorisé. • Détenir ou isoler les personnes non blessées ou l'équipement dont on soupçonne la contamination; retarder la décontamination et le nettoyage en attendant les conseils de l'Autorité responsable en matière de radioactivité.

VÊTEMENTS DE PROTECTION

• Un Appareil de Protection Respiratoire Autonome (APRA) à pression positive et un vêtement de protection pour feu d'immeuble fourniront une protection adéquate.

ÉVACUATION

Déversement majeur

• Envisager une première évacuation d'une distance de 100 mètres sous le vent.

Incendie

• Lorsqu'une grande quantité de cette substance est impliquée dans un incendie majeur, envisager une première évacuation dans un périmètre de 300 mètres de rayon.

MESURES D'URGENCE

INCENDIE

• La présence de matières radioactives ne changera en rien l'efficacité des mesures de contrôle d'incendie et ne devrait pas influencer la sélection des techniques de combat. • Éloigner les contenants de la zone de feu si cela peut se faire sans risque. • Ne pas déplacer les colis endommagés; éloigner du feu les colis non endommagés.

Incendie mineur

• Poudre chimique sèche, CO2, eau pulvérisée ou mousse régulière.

Incendie majeur

• Eau pulvérisée ou en brouillard (inonder d'eau). • Endiguer l'eau de combat d'incendie afin d'en disposer adéquatement.

DÉVERSEMENT OU FUITE

• Ne pas toucher aux contenants endommagés ou produits déversés. • Couvrir un déversement liquide avec du sable, de la terre ou tout produit absorbant non combustible. • Endiguer afin de recueillir les grands déversements de liquide. • Couvrir l'épanchement de poudre avec une bâche de plastique pour minimiser la dispersion.

PREMIERS SOINS

• Les problèmes médicaux sont plus importants que les dangers radiologiques. • Appliquer les premiers soins relatifs à la nature des blessures. • Toute personne sérieusement blessée doit être immédiatement soignée et transportée. • En cas d'arrêt respiratoire, appliquer la respiration artificielle. • En cas de gêne respiratoire, donner de l'oxygène. • En cas de contact avec la substance, nettoyer la peau immédiatement; laver les yeux ou la peau à l'eau courante pendant au moins 20 minutes. • Les blessés qui ont contacté la substance ne représentent pas un danger de contamination sérieux pour les gens, l'équipement ou les installations. • Aviser le personnel médical de l'identité du produit afin qu'ils prennent les dispositions nécessaires pour assurer leur sécurité et préviennent l'étalement de la contamination.

163 Matières Radioactives (radioactivité de Faible à Élevée)

RISQUES POTENTIELS

SANTÉ

• La radioactivité représente un risque faible pour les travailleurs du transport, le personnel d'intervention d'urgence et le public lors d'accidents de transport. La durabilité des emballages augmente avec le potentiel de risque de la substance. • Les envois plutôt rares "Arrangement Spécial" peuvent être des colis de Type A, B ou C. Le type de colis sera identifié sur l'emballage et les détails de l'envoi seront indiqués sur les documents 'expédition. • Les colis non endommagés sont sécuritaires; le contenu des colis endommagés peut causer une exposition au rayonnement externe plus élevée ou interne et externe si le contenu est déversé. • Les colis de Type A (boîtes, barils, articles, etc.) identifiés comme "Type A" sur l'emballage ou sur les documents d'expédition ne contiennent pas de quantités dangereuses pour la vie. Une partie du contenu peut être libéré si des colis de "Type A" sont endommagés lors d'accidents de sévérité moyenne. • Les colis de Type B et de Type C (petits et larges, normalement en métal) contiennent les quantités les plus dangereuses. Les colis peuvent être identifiés grâce à l'emballage ou avec les documents d'expédition. Le danger pour la vie pourrait subvenir si le contenu est déversé ou si le blindage fait défaut. La conception, l'évaluation et l'épreuve des colis font en sorte que ceci ne pourrait se produire que lors d'accidents d'ultime sévérité. • Les étiquettes blanches Radioactive-I indiquent que le niveau de rayonnement à l'extérieur d'un colis isolé et non endommagé est très faible (moins de 0,005 mSv/h (0,5 mrem/h)). • Les colis étiquetés jaunes Radioactive-II ou Radioactive-III possèdent un niveau de rayonnement plus élevé. L'index de transport (IT) sur l'étiquette indique le rayonnement maximum en mrem/h à un mètre de distance d'un colis isolé et non endommagé. • Certaines matières radioactives ne peuvent être détectées par les instruments couramment disponibles. • L'eau du combat de l'incendie de cargaison peut causer la pollution. • Les étiquettes blanches Radioactive-I indiquent que le niveau de rayonnement à l'extérieur d'un colis isolé et non endommagé est très faible (moins de 0,005 mSv/h (0,5 mrem/h)).

INCENDIE OU EXPLOSION

• Certaines de ces substances peuvent brûler mais la plupart ne s'enflamment pas facilement. • La radioactivité ne diminue en rien l'inflammabilité ou toute autre propriété de ce produit. • Les colis de Type B sont conçus et évalués pour résister à un engouffrement total par les flammes à une température de 800°C pour une période de 30 minutes.

SÉCURITÉ PUBLIQUE

• COMPOSER le numéro de téléphone d'urgence indiqué sur les documents d'expédition. Si non disponibles ou aucune réponse, COMPOSER le numéro d'urgence approprié indiqué à la fin du livre. • Le secours, les premiers soins, le contrôle des incendies et autres dangers sont plus importants que la détermination des niveaux de radioactivité. • L'Autorité responsable en matière de radioactivité doit être avisée des conditions entourant l'accident et est habituellement responsable des décisions quant aux conséquences radiologiques et la clôture de l'intervention. • Isoler immédiatement dans un rayon minimum de 25 à 50 mètres autour du site du déversement. • Demeurer en amont du vent. • Éloigner les curieux et le personnel non autorisé. • Détenir ou isoler les personnes non blessées ou l'équipement dont on soupçonne la contamination; retarder la décontamination et le nettoyage en attendant les conseils de l'Autorité responsable en matière de radioactivité.

VÊTEMENTS DE PROTECTION

• Un Appareil de Protection Respiratoire Autonome (APRA) à pression positive et un vêtement de protection pour feu d'immeuble fourniront une protection adéquate contre une exposition radioactive interne, mais non à une exposition externe.

ÉVACUATION

Déversement majeur

• Envisager une première évacuation d'une distance de 100 mètres sous le vent.

Incendie

• Lorsqu'une grande quantité de cette substance est impliquée dans un incendie majeur, envisager une première évacuation dans un périmètre de 300 mètres de rayon.

MESURES D'URGENCE

INCENDIE

• La présence de matières radioactives ne changera en rien l'efficacité des mesures de contrôle d'incendie et ne devrait pas influencer la sélection des techniques de combat. • Éloigner les contenants de la zone de feu si cela peut se faire sans risque. • Ne pas déplacer les colis endommagés; éloigner du feu les colis non endommagés.

Incendie mineur

• Poudre chimique sèche, CO2, eau pulvérisée ou mousse régulière.

Incendie majeur

• Eau pulvérisée ou en brouillard (inonder d'eau). • Endiguer l'eau de combat d'incendie afin d'en disposer adéquatement.

DÉVERSEMENT OU FUITE

• Ne pas toucher aux contenants endommagés ou produits déversés. • Une surface légèrement endommagée ou mouillée indique rarement une défaillance de l'emballage. La plupart des colis contenant un liquide possèdent un contenant interne et/ou des absorbants. • Couvrir un déversement liquide avec du sable, de la terre ou tout produit absorbant non combustible.

PREMIERS SOINS

• Les problèmes médicaux sont plus importants que les dangers radiologiques. • Appliquer les premiers soins relatifs à la nature des blessures. • Toute personne sérieusement blessée doit être immédiatement soignée et transportée. • En cas d'arrêt respiratoire, appliquer la respiration artificielle. • En cas de gêne respiratoire, donner de l'oxygène. • En cas de contact avec la substance, laver les yeux ou la peau immédiatement à l'eau courante pendant au moins 20 minutes. • Les blessés qui ont contacté la substance ne représentent pas un danger de contamination sérieux pour les gens, l'équipement ou les installations. • Aviser le personnel médical de l'identité du produit afin qu'ils prennent les dispositions nécessaires pour assurer leur sécurité et préviennent l'étalement de la contamination.

164 Matières Radioactives (Forme spéciale / Radioactivité externe de faible à élevée)

RISQUES POTENTIELS

SANTÉ

• La radioactivité représente un risque faible pour les travailleurs du transport, le personnel d'intervention d'urgence et le public lors d'accidents de transport. La durabilité des emballages augmente avec le potentiel de risque de la substance. • Les colis non endommagés sont sécuritaires; le contenu des colis endommagés peut présenter un risque de rayonnement externe, et une exposition externe plus élevée si le contenu (capsules sources) est déversé. • La contamination et le danger de rayonnement interne ne sont pas prévus, mais ne sont pas impossibles. • Les colis de Type A (boîtes, barils, articles, etc.) identifiés comme "Type A" sur l'emballage ou sur les documents d'expédition ne contiennent pas de quantités dangereuses pour la vie. Des sources radioactives peuvent être libérées si des colis de "Type A" sont endommagés lors d'accidents modérément graves. • Les colis de Type B et de Type C (petits et larges, normalement en métal) contiennent les quantités les plus dangereuses. Les colis peuvent être identifiés grâce à l'emballage ou avec les documents d'expédition. Le danger pour la vie pourrait subvenir si le contenu est déversé ou si le blindage fait défaut. La conception, l'évaluation et l'épreuve des colis font en sorte que ceci ne pourrait se produire que lors d'accidents d'ultime sévérité. • Les étiquettes blanches Radioactive-I indiquent que le niveau de rayonnement à l'extérieur d'un colis isolé et non endommagé est très faible (moins de 0,005 mSv/h (0,5 mrem/h)). • Les colis étiquetés jaunes Radioactive-II ou Radioactive-III possèdent un niveau de rayonnement plus élevé. L'index de transport (IT) sur l'étiquette indique le rayonnement maximum en mrem/h à un mètre de distance d'un colis isolé et non endommagé. • La radioactivité provenant du contenu du colis, habituellement des capsules métalliques durables, peut être détectée par la majorité des instruments de détection de radioactivité. • La pollution par l'eau du combat de l'incendie de cargaison n'est pas anticipée. • Les étiquettes blanches Radioactive-I indiquent que le niveau de rayonnement à l'extérieur d'un colis isolé et non endommagé est très faible (moins de 0,005 mSv/h (0,5 mrem/h)).

INCENDIE OU EXPLOSION

• Les emballages peuvent brûler totalement sans risque de libérer le contenu des capsules scellées. • La radioactivité ne diminue en rien l'inflammabilité ou toute autre propriété de ce produit. • Les sources radioactives en capsules et les colis de type B sont conçus et évalués afin de résister à un engouffrement complet par les flammes à des températures de 800°C.

SÉCURITÉ PUBLIQUE

• COMPOSER le numéro de téléphone d'urgence indiqué sur les documents d'expédition. Si non disponibles ou aucune réponse, COMPOSER le numéro d'urgence approprié indiqué à la fin du livre. • Le secours, les premiers soins, le contrôle des incendies et autres dangers sont plus importants que la détermination des niveaux de radioactivité. • L'Autorité responsable en matière de radioactivité doit être avisée des conditions entourant l'accident et est habituellement responsable des décisions quant aux conséquences radiologiques et la clôture de l'intervention. • Isoler immédiatement dans un rayon minimum de 25 à 50 mètres autour du site du déversement. • Demeurer en amont du vent. • Éloigner les curieux et le personnel non autorisé. • Obtenir l'avis de l'Autorité responsable en matière de radioactivité avant d'effectuer le nettoyage.

VÊTEMENTS DE PROTECTION

• Un Appareil de Protection Respiratoire Autonome (APRA) à pression positive et un vêtement de protection pour feu d'immeuble fourniront une protection adéquate contre une exposition radioactive interne, mais non à une exposition externe.

ÉVACUATION

Déversement majeur

• Envisager une première évacuation d'une distance de 100 mètres sous le vent.

Incendie

• Lorsqu'une grande quantité de cette substance est impliquée dans un incendie majeur, envisager une première évacuation dans un périmètre de 300 mètres de rayon.

MESURES D'URGENCE

INCENDIE

• La présence de matières radioactives ne changera en rien l'efficacité des mesures de contrôle d'incendie et ne devrait pas influencer la sélection des techniques de combat. • Éloigner les contenants de la zone de feu si cela peut se faire sans risque. • Ne pas déplacer les colis endommagés; éloigner du feu les colis non endommagés.

Incendie mineur

• Poudre chimique sèche, CO2, eau pulvérisée ou mousse régulière.

Incendie majeur

• Eau pulvérisée ou en brouillard (inonder d'eau).

DÉVERSEMENT OU FUITE

• Ne pas toucher aux contenants endommagés ou produits déversés. • Une surface mouillée sur un colis endommagé légèrement ou non endommagé indique rarement une défaillance de l'emballage. Le contenu est rarement liquide et est habituellement une capsule métallique facilement visible si déversée de l'emballage. **• Si la source est hors de l'emballage, NE PAS TOUCHER; demeurer à distance et obtenir l'avis de l'Autorité responsable en matière de radioactivité.** • Une surface mouillée sur un colis endommagé légèrement ou non endommagé indique rarement une défaillance de l'emballage. Le contenu est rarement liquide et est habituellement une capsule métallique facilement visible si déversée de l'emballage.

PREMIERS SOINS

• Les problèmes médicaux sont plus importants que les dangers radiologiques. • Appliquer les premiers soins relatifs à la nature des blessures. • Toute personne sérieusement blessée doit être immédiatement soignée et transportée. • Il est peu probable que les personnes exposées à des sources de matière radioactive sous forme spéciale soient contaminées. • En cas d'arrêt respiratoire, appliquer la respiration artificielle. • En cas de gêne respiratoire, donner de l'oxygène. • Les blessés qui ont contacté la substance ne représentent pas un danger de contamination sérieux pour les gens, l'équipement ou les installations. • Aviser le personnel médical de l'identité du produit afin qu'ils prennent les dispositions nécessaires pour assurer leur sécurité et préviennent l'étalement de la contamination.

165 Matières Radioactives (fissiles/radioactivité de Faible à Élevée)

RISQUES POTENTIELS

SANTÉ

• La radioactivité présente un risque faible pour les travailleurs du transport, les intervenants d'urgence et le public lors d'accidents de transport. La durabilité des colis augmente avec les risques de radioactivité et de criticalité de la substance. • Les colis non endommagés sont sécuritaires; le contenu des colis endommagés peut causer une exposition au rayonnement externe plus élevée ou interne et externe si le contenu est déversé. • Les colis identifiés Type AF ou IF sur l'emballage contiennent des substances en quantités qui ne posent pas de danger pour la vie. L'intensité du rayonnement externe est faible et les colis sont conçus, évalués, et testés afin de contrôler les fuites et prévenir la fission en chaîne sous conditions extrêmes de transport. • Les colis de Types B(U)F, B(M)F et CF(identifiés sur l'emballage ou sur les documents d'expédition) contiennent des substances en quantités qui peuvent présenter un danger pour la vie. La conception, l'évaluation et l'épreuve des colis font en sorte que la fission en chaîne est prévenue et les déversements ne poseront pas de danger pour la vie sauf pour les accidents d'ultime sévérité. • L'index de transport (IT) sur l'étiquette ou documents d'expédition peut ne pas indiquer le niveau de rayonnement à un mètre d'un colis isolé et non endommagé; plutôt, il peut indiquer les contrôles requis lors du transport dû aux propriétés fissiles de la substance. • Certaines matières radioactives ne peuvent être détectées par les instruments couramment disponibles. • La pollution par l'eau du combat de l'incendie de cargaison n'est pas anticipée. • Les envois plutôt rares "Arrangement Spécial" peuvent être des colis de Type AF, BF ou CF. Le type de colis sera identifié sur l'emballage et les détails de l'envoi seront indiqués sur les documents d'expédition.

INCENDIE OU EXPLOSION

• Ces substances sont rarement inflammables. Les emballages sont conçus pour supporter un feu sans causer de dommage à leur contenu. • La radioactivité ne diminue en rien l'inflammabilité ou toute autre propriété de ce produit. • Les colis de Type AF, IF, B(U)F, B(M)F et CF sont conçus et évalués pour résister à un engouffrement total par les flammes à une température de 800°C pour une période de 30 minutes.

SÉCURITÉ PUBLIQUE

• COMPOSER le numéro de téléphone d'urgence indiqué sur les documents d'expédition. Si non disponibles ou aucune réponse, COMPOSER le numéro d'urgence approprié indiqué à la fin du livre. • Le secours, les premiers soins, le contrôle des incendies et autres dangers sont plus importants que la détermination des niveaux de radioactivité. • L'Autorité responsable en matière de radioactivité doit être avisée des conditions entourant l'accident et est habituellement responsable des décisions quant aux conséquences radiologiques et la clôture de l'intervention. • Isoler immédiatement dans un rayon minimum de 25 à 50 mètres autour du site du déversement. • Demeurer en amont du vent. • Éloigner les curieux et le personnel non autorisé. • Détenir ou isoler les personnes non blessées ou l'équipement dont on soupçonne la contamination; retarder la décontamination et le nettoyage en attendant les conseils de l'Autorité responsable en matière de radioactivité.

VÊTEMENTS DE PROTECTION

• Un Appareil de Protection Respiratoire Autonome (APRA) à pression positive et un vêtement de protection pour feu d'immeuble fourniront une protection adéquate contre une exposition radioactive interne, mais non à une exposition externe.

ÉVACUATION

Déversement majeur

. • Envisager une première évacuation d'une distance de 100 mètres sous le vent

Incendie

• Lorsqu'une grande quantité de cette substance est impliquée dans un incendie majeur, envisager une première évacuation dans un périmètre de 300 mètres de rayon.

MESURES D'URGENCE

INCENDIE

• La présence de matières radioactives ne changera en rien l'efficacité des mesures de contrôle d'incendie et ne devrait pas influencer la sélection des techniques de combat. • Éloigner les contenants de la zone de feu si cela peut se faire sans risque. • Ne pas déplacer les colis endommagés; éloigner du feu les colis non endommagés.

Incendie mineur

• Poudre chimique sèche, CO2, eau pulvérisée ou mousse régulière.

Incendie majeur

• Eau pulvérisée ou en brouillard (inonder d'eau).

DÉVERSEMENT OU FUITE

• Ne pas toucher aux contenants endommagés ou produits déversés. • Une surface légèrement endommagée ou mouillée indique rarement une défaillance de l'emballage. La plupart des colis contenant un liquide possèdent un contenant interne et/ou des absorbants.

Déversement liquide

• Le contenu du colis est rarement liquide. Si une contamination radioactive résulte d'un liquide déversé, elle sera probablement de faible niveau.

PREMIERS SOINS

• Les problèmes médicaux sont plus importants que les dangers radiologiques. • Appliquer les premiers soins relatifs à la nature des blessures. • Toute personne sérieusement blessée doit être immédiatement soignée et transportée. • En cas d'arrêt respiratoire, appliquer la respiration artificielle. • En cas de gêne respiratoire, donner de l'oxygène. • En cas de contact avec la substance, laver les yeux ou la peau immédiatement à l'eau courante pendant au moins 20 minutes. • Les blessés qui ont contacté la substance ne représentent pas un danger de contamination sérieux pour les gens, l'équipement ou les installations. • Aviser le personnel médical de l'identité du produit afin qu'ils prennent les dispositions nécessaires pour assurer leur sécurité et préviennent l'étalement de la contamination.

166 Matières Radioactives - Corrosives (hexafluorure D'uranium/sensibles à L'eau)

RISQUES POTENTIELS

SANTÉ

• La radioactivité présente un risque faible pour les travailleurs du transport, les intervenants d'urgence et le public lors d'accidents de transport. La durabilité des colis augmente avec les risques de radioactivité et de criticalité de la substance. • Le risque chimique est de beaucoup supérieur au risque posé par la radioactivité. • La substance réagit à la vapeur d'eau et à l'eau pour former du fluorure d'hydrogène, un gaz toxique et corrosif, ainsi qu'un résidu blanc soluble à l'eau très irritant et corrosif. • Lorsqu'inhalé, peut être fatal. • Le contact causera des brûlures à la peau, aux yeux et aux voies respiratoires. • Substance à faible niveau de radioactivité; niveau de risque très faible pour les personnes. • Les eaux de contrôle d'incendie de cargaison peuvent causer une pollution de faible niveau.

INCENDIE OU EXPLOSION

• La substance ne brûle pas. • Les contenants placés dans des suremballages (forme cylindrique horizontale avec pattes courtes), aussi identifiés par "AF" ou "B(U)F" sur les colis ou sur les documents, sont conçus et évalués pour résister à de sévères conditions incluant un engouffrement total par les flammes à une température de 800°C. • Les cylindres pleins, identifiés avec UN2978, peuvent subir une rupture sous la chaleur d'un feu engouffrant; les cylindres vides (sauf pour les résidus) ne subiront pas de rupture dans un feu. • Cette substance peut réagir violemment avec les carburants. • La radioactivité ne diminue en rien l'inflammabilité ou toute autre propriété de ce produit.

SÉCURITÉ PUBLIQUE

• COMPOSER le numéro de téléphone d'urgence indiqué sur les documents d'expédition. Si non disponibles ou aucune réponse, COMPOSER le numéro d'urgence approprié indiqué à la fin du livre. • Le secours, les premiers soins, le contrôle des incendies et autres dangers sont plus importants que la détermination des niveaux de radioactivité. • L'Autorité responsable en matière de radioactivité doit être avisée des conditions entourant l'accident et est habituellement responsable des décisions quant aux conséquences radiologiques et la clôture de l'intervention. • Isoler immédiatement dans un rayon minimum de 25 à 50 mètres autour du site du déversement. • Demeurer en amont du vent. • Éloigner les curieux et le personnel non autorisé. • Détenir ou isoler les personnes non blessées ou l'équipement dont on soupçonne la contamination; retarder la décontamination et le nettoyage en attendant les conseils de l'Autorité responsable en matière de radioactivité.

VÊTEMENTS DE PROTECTION

• Porter un Appareil de Protection Respiratoire Autonome (APRA) à pression positive. • Porter un vêtement de protection chimique spécifiquement recommandé par le fabricant. Il peut fournir une protection thermique variant de faible à nulle. • Les vêtements de protection pour feux d'immeubles offrent une protection limitée pour les cas d'incendie SEULEMENT; ils ne sont pas efficaces en cas de déversements.

ÉVACUATION

Déversement majeur

• Envisager une première évacuation d'une distance de 100 mètres sous le vent.

Incendie

• Lorsqu'une grande quantité de cette substance est impliquée dans un incendie majeur, envisager une première évacuation dans un périmètre de 300 mètres de rayon.

MESURES D'URGENCE

INCENDIE

• NE PAS UTILISER D'EAU OU DE MOUSSE DIRECTEMENT SUR LA SUBSTANCE. • Éloigner les contenants de la zone de feu si cela peut se faire sans risque.

Incendie mineur

• Poudre chimique sèche ou CO2.

Incendie majeur

• Eau pulvérisée ou en brouillard, ou mousse. • Refroidir les contenants à grande eau longtemps après l'extinction de l'incendie. • Si cela est impossible, se retirer immédiatement et laisser brûler. • TOUJOURS se tenir éloigné d'une citerne engouffrée par les flammes.

DÉVERSEMENT OU FUITE

• Ne pas toucher aux contenants endommagés ou produits déversés. • Sans feu ni fumée, la fuite sera évidente par la formation d'un résidu ainsi que de vapeurs visibles et irritantes au point de fuite. • Utiliser un fin brouillard d'eau pour réduire les vapeurs; ne pas appliquer d'eau directement au point de fuite du contenant. • Une accumulation de résidu peut auto-sceller les petites fuites. • Endiguer loin en aval du déversement pour collecter les eaux de ruissellement.

PREMIERS SOINS

• Les problèmes médicaux sont plus importants que les dangers radiologiques. • Appliquer les premiers soins relatifs à la nature des blessures. • Toute personne sérieusement blessée doit être immédiatement soignée et transportée. • En cas d'arrêt respiratoire, appliquer la respiration artificielle. • En cas de gêne respiratoire, donner de l'oxygène. • En cas de contact avec la substance, laver les yeux ou la peau immédiatement à l'eau courante pendant au moins 20 minutes. • Les effets liés à l'exposition (inhalation, ingestion ou contact avec la peau) peuvent être retardés. • Les blessés qui ont contacté la substance ne représentent pas un danger de contamination sérieux pour les gens, l'équipement ou les installations. • Aviser le personnel médical de l'identité du produit afin qu'ils prennent les dispositions nécessaires pour assurer leur sécurité et préviennent l'étalement de la contamination.

167 Fluor (liquide Réfrigéré)

RISQUES POTENTIELS

SANTÉ

• **TOXIQUE; peut être fatal lorsqu'inhalé.** • Les vapeurs sont extrêmement irritantes. • Le contact avec le gaz ou le gaz liquéfié causera de graves blessures, des brûlures et/ou engelures. • Les vapeurs de gaz liquéfiés sont initialement plus lourdes que l'air et se diffusent au ras du sol. • Les eaux de contrôle d'incendie peuvent polluer.

INCENDIE OU EXPLOSION

• La substance ne brûle pas mais supportera la combustion. • Oxydant puissant; réagira vigoureusement ou explosivement avec plusieurs substances incluant les carburants. • Peut enflammer les combustibles (bois, papier, huile, tissus, etc.). • Les vapeurs posent un risque toxique et explosif à l'intérieur, à l'extérieur ou dans les égouts. • Les contenants peuvent exploser lorsque chauffés. • Les bouteilles à gaz brisées peuvent s'autopropulser violemment.

SÉCURITÉ PUBLIQUE

• **COMPOSER le numéro de téléphone d'urgence indiqué sur les documents d'expédition. Si non disponibles ou aucune réponse, COMPOSER le numéro d'urgence approprié indiqué à la fin du livre.** • Isoler immédiatement dans un rayon minimum de 100 à 200 mètres autour du site du déversement. • Éloigner les curieux et le personnel non autorisé. • Demeurer en amont du vent. • Plusieurs gaz sont plus lourds que l'air et se propageront au ras du sol pour s'accumuler dans les dépressions ou les endroits clos (égouts, sous-sols, citernes). • Éviter les dépressions de terrain. • Avant d'y accéder, aérer les endroits clos.

VÊTEMENTS DE PROTECTION

• Porter un Appareil de Protection Respiratoire Autonome (APRA) à pression positive. • Porter un vêtement de protection chimique spécifiquement recommandé par le fabricant. Il peut fournir une protection thermique variant de faible à nulle. • Les vêtements de protection pour feux d'immeubles offrent une protection limitée pour les cas d'incendie SEULEMENT; ils ne sont pas efficaces en cas de déversements. • Toujours porter des vêtements de protection thermique pour manipuler des liquides réfrigérés/cryogéniques.

ÉVACUATION

Déversement

• Voir le Tableau des Distances d'Isolation Initiale et d'Activités de Protection pour les substances surlignées. Pour les autres substances, augmenter, tel que nécessaire, en aval du vent, la distance d'isolation indiquée sous "SÉCURITÉ PUBLIQUE".

Incendie

• Si une citerne (routière ou ferroviaire) ou une remorque est impliquée dans un feu, ISOLER 1600 mètres dans toutes les directions; de plus, envisager une première évacuation pour 1600 mètres dans toutes les directions.

MESURES D'URGENCE

INCENDIE

Incendie mineur

• Poudre chimique sèche, carbonate de sodium, chaux éteinte ou sable.

Incendie majeur

• Eau pulvérisée ou en brouillard (inonder d'eau). • Empêcher l'infiltration d'eau dans les contenants. • Éloigner les contenants de la zone de feu si cela peut se faire sans risque.

Incendie Impliquant des Citernes

• Combattre l'incendie d'une distance maximale ou utiliser des lances ou canons à eau télécommandés. • Refroidir les contenants à grande eau longtemps après l'extinction de l'incendie. • Ne pas appliquer d'eau au point de fuite ou sur les dispositifs de sécurité afin d'éviter l'obstruction par la glace. • Se retirer immédiatement si le sifflement émis par les dispositifs de sécurité augmente ou si la citerne se décolore. • TOUJOURS se tenir éloigné d'une citerne engouffrée par les flammes. • Pour un incendie majeur, utiliser des lances ou des canons à eau télécommandés; lorsqu'impossible, se retirer et laisser brûler.

DÉVERSEMENT OU FUITE

• Ne pas toucher ou marcher sur le produit déversé. • Porter un vêtement de protection spécial approuvé pour la substance, sinon, ne pas s'exposer au risque de contact. • **Ne pas appliquer d'eau sur le déversement ou au point de fuite.** • Un fin brouillard d'eau appliqué à distance à la limite de l'épanchement peut être utilisé afin de maintenir une flamme incandescente qui brûlera la substance d'une manière contrôlée. • Garder les combustibles (bois, papier, huile, etc.) loin de la substance déversée. • Si sans risque, arrêter la fuite. • Utiliser un brouillard d'eau pour détourner ou réduire les émanations. Empêcher les eaux de ruissellement d'entrer en contact avec la substance déversée. • Si possible, retourner le contenant pour laisser fuir le gaz plutôt que le liquide. • Empêcher l'infiltration dans les cours d'eau, les égouts, les sous-sols ou les endroits clos. • Isoler la zone jusqu'à la dispersion des gaz.
• Aérer la zone.

PREMIERS SOINS

• Transporter la victime à l'air frais. • Contacter le 911 ou les services médicaux d'urgence. • En cas d'arrêt respiratoire, appliquer la respiration artificielle. • En cas de gêne respiratoire, donner de l'oxygène. • Tout vêtement gelé sur la peau devrait être dégelé avant d'être enlevé. • Enlever vêtements et souliers contaminés puis les isoler. • En cas de contact avec la substance, laver les yeux ou la peau immédiatement à l'eau courante pendant au moins 20 minutes. • Calmer la victime et la couvrir chaudement. • Les effets liés au contact ou à l'inhalation peuvent être retardés. • Garder la victime sous observation. • Aviser le personnel médical de l'identité du produit afin qu'ils prennent les dispositions nécessaires pour assurer leur sécurité.

168 Monoxyde de Carbone (liquide Réfrigéré)

RISQUES POTENTIELS

SANTÉ

• **TOXIQUE; Extrêmement dangereux.** • L'inhalation est extrêmement dangereuse; elle peut être fatale. • Le contact avec le gaz ou le gaz liquéfié peut causer de graves blessures, des brûlures et/ou des engelures. • Inodore, ne sera pas détecté par le sens de l'odorat.

INCENDIE OU EXPLOSION

• **EXTRÊMEMENT INFLAMMABLE.** • Peut être allumé par la chaleur, par des étincelles ou par des flammes. • Les flammes peuvent être invisibles. • Les contenants peuvent exploser lorsque chauffés. • Les vapeurs posent un risque toxique et explosif à l'intérieur, à l'extérieur ou dans les égouts. • Les vapeurs de gaz liquéfiés sont initialement plus lourdes que l'air et se diffusent au ras du sol. • Les vapeurs peuvent se propager vers une source d'allumage et provoquer un retour de flamme au point de fuite. • Les rejets liquides représentent un risque de feu ou d'explosion.

SÉCURITÉ PUBLIQUE

• **COMPOSER le numéro de téléphone d'urgence indiqué sur les documents d'expédition. Si non disponibles ou aucune réponse, COMPOSER le numéro d'urgence approprié indiqué à la fin du livre.** • Isoler immédiatement dans un rayon minimum de 100 à 200 mètres autour du site du déversement. • Éloigner les curieux et le personnel non autorisé. • Demeurer en amont du vent. • Plusieurs gaz sont plus lourds que l'air et se propageront au ras du sol pour s'accumuler dans les dépressions ou les endroits clos (égouts, sous-sols, citernes). • Éviter les dépressions de terrain. • Avant d'y accéder, aérer les endroits clos.

VÊTEMENTS DE PROTECTION

• Porter un Appareil de Protection Respiratoire Autonome (APRA) à pression positive. • Porter un vêtement de protection chimique spécifiquement recommandé par le fabricant. Il peut fournir une protection thermique variant de faible à nulle. • Les vêtements de protection pour feux d'immeubles offrent une protection limitée pour les cas d'incendie SEULEMENT; ils ne sont pas efficaces en cas de déversements. • Toujours porter des vêtements de protection thermique pour manipuler des liquides réfrigérés/cryogéniques.

ÉVACUATION

Déversement

• Voir le Tableau des Distances d'Isolation Initiale et d'Activités de Protection pour les substances surlignées. Pour les autres substances, augmenter, tel que nécessaire, en aval du vent, la distance d'isolation indiquée sous SÉCURITÉ PUBLIQUE".

Incendie

• Si une citerne (routière ou ferroviaire) ou une remorque est impliquée dans un feu, ISOLER 800 mètres dans toutes les directions; de plus, envisager une première évacuation pour 800 mètres dans toutes les directions.

MESURES D'URGENCE

INCENDIE

• **NE PAS ÉTEINDRE UNE FUITE DE GAZ EN FEU, À MOINS DE POUVOIR STOPPER LA FUITE.**

Incendie mineur

• Poudre chimique sèche, CO2 ou eau pulvérisée.

Incendie majeur

• Eau pulvérisée ou en brouillard, ou mousse. • Éloigner les contenants de la zone de feu si cela peut se faire sans risque.

Incendie Impliquant des Citernes

• Combattre l'incendie d'une distance maximale ou utiliser des lances ou canons à eau télécommandés. • Refroidir les contenants à grande eau longtemps après l'extinction de l'incendie. • Ne pas appliquer d'eau au point de fuite ou sur les dispositifs de sécurité afin d'éviter l'obstruction par la glace. • Se retirer immédiatement si le sifflement émis par les dispositifs de sécurité augmente ou si la citerne se décolore. • TOUJOURS se tenir éloigné d'une citerne engouffrée par les flammes.

DÉVERSEMENT OU FUITE

• Éliminer du site toute source d'allumage (ex: cigarette, fusée routière, étincelles et flammes). • Tout équipement utilisé pour manipuler ce produit doit être mis à la terre. • Une combinaison entièrement étanche aux vapeurs est recommandée pour les fuites et déversements sans feu. • Ne pas toucher ou marcher sur le produit déversé. • Si sans risque, arrêter la fuite. • Utiliser un brouillard d'eau pour détourner ou réduire les émanations. Empêcher les eaux de ruissellement d'entrer en contact avec la substance déversée. • Ne pas appliquer d'eau sur le déversement ou au point de fuite. • Si possible, retourner le contenant pour laisser fuir le gaz plutôt que le liquide. • Empêcher l'infiltration dans les cours d'eau, les égouts, les sous-sols ou les endroits clos. • Isoler la zone jusqu'à la dispersion des gaz.

PREMIERS SOINS

• Transporter la victime à l'air frais. • Contacter le 911 ou les services médicaux d'urgence. • En cas d'arrêt respiratoire, appliquer la respiration artificielle. • En cas de gêne respiratoire, donner de l'oxygène. • Enlever vêtements et souliers contaminés puis les isoler. • En cas de contact avec la substance, laver les yeux ou la peau immédiatement à l'eau courante pendant au moins 20 minutes. • En cas de contact avec le gaz liquéfié, dégeler les engelures en utilisant de l'eau tiède. • Calmer la victime et la couvrir chaudement. • Garder la victime sous observation. • Les effets liés au contact ou à l'inhalation peuvent être retardés. • Aviser le personnel médical de l'identité du produit afin qu'ils prennent les dispositions nécessaires pour assurer leur sécurité.

169 Aluminium (fondu)

RISQUES POTENTIELS

INCENDIE OU EXPLOSION

• La substance est transportée à l'état fondu à une température supérieure à 705°C. • Réaction violente avec l'eau, le contact peut causer une explosion ou produire un gaz inflammable. • Enflammera les matières combustibles (bois, papier, huile, débris, etc.) • Le contact avec des nitrates ou autres oxydants peut causer une explosion. • Le contact avec les contenants ou autres substances, incluant des outils froids, humides ou souillés, peut causer une explosion. • Le contact avec le béton produira des pétillements et des éclaboussures.

SANTÉ

• Le contact causera de graves brûlures à la peau et aux yeux. • Un feu peut produire des gaz irritants et/ou toxiques.

SÉCURITÉ PUBLIQUE

• COMPOSER le numéro de téléphone d'urgence indiqué sur les documents d'expédition. Si non disponibles ou aucune réponse, COMPOSER le numéro d'urgence approprié indiqué à la fin du livre. • Isoler immédiatement dans un rayon minimum de 50 à 100 mètres autour du site du déversement. • Éloigner les curieux et le personnel non autorisé. • Avant d'y accéder, aérer les endroits clos.

VÊTEMENTS DE PROTECTION

• Porter un Appareil de Protection Respiratoire Autonome (APRA) à pression positive. • Porter un vêtement de protection ignifuge pour feu d'immeuble, incluant visière, casque et gants, ceci fournira une protection thermique limitée.

MESURES D'URGENCE

INCENDIE

• Ne pas utiliser d'eau, sauf lorsque des vies sont en danger, à ce moment, utiliser de l'eau pulvérisée ou en brouillard. • Ne pas utiliser d'agents extincteurs halogénés ou de la mousse. • Déplacer les combustibles du trajet de la nappe déversée si cela peut se faire sans risque. • Combattre les feux causés par des substances fondues avec la méthode appropriée au matériel en feu; garder l'eau, les agents extincteurs halogénés ou les mousses hors de contact avec la substance fondue.

DÉVERSEMENT OU FUITE

• Ne pas toucher ou marcher sur le produit déversé. • Ne pas tenter d'arrêter la fuite à cause du risque d'explosion. • Garder les combustibles (bois, papier, huile, etc.) loin de la substance déversée. • La substance est très fluide, elle se répandra rapidement et peut éclabousser. Ne tenter pas de l'arrêter à l'aide de pelles ou d'autres objets. • Endiguer loin en aval du déversement; utiliser du sable sec pour contrôler l'écoulement du produit. • Lorsque possible, laisser la substance fondue se solidifier naturellement. • Éviter de toucher la substance même solidifiée. L'aluminium chaud ou froid possède la même apparence; ne pas toucher sans certitude. • Nettoyer sous la supervision de spécialistes une fois la substance solidifiée.

PREMIERS SOINS

• Transporter la victime à l'air frais. • Contacter le 911 ou les services médicaux d'urgence. • En cas d'arrêt respiratoire, appliquer la respiration artificielle. • En cas de gêne respiratoire, donner de l'oxygène. • En cas de brûlure sévère, une attention médicale immédiate est requise. • L'enlèvement du matériel fondu resolidifié sur la peau requiert une attention médicale. • Enlever vêtements et souliers contaminés puis les isoler. • En cas de contact avec la substance, laver les yeux ou la peau immédiatement à l'eau courante pendant au moins 20 minutes. • Calmer la victime et la couvrir chaudement.

170 MÉTAUX (Poudres, poussières, copeaux, rognures, tournures, ou ébarbures, etc.)

RISQUES POTENTIELS

INCENDIE OU EXPLOSION

• Peut réagir violemment ou explosivement au contact de l'eau. • Certains sont transportés dans des liquides inflammables. • Peut être allumé par la friction, la chaleur, des étincelles ou par des flammes. • Certaines de ces substances vont brûler en dégageant une chaleur intense. • Les poussières ou vapeurs peuvent former des mélanges explosifs avec l'air. • Les contenants peuvent exploser lorsque chauffés. • Peut se rallumer après extinction.

SANTÉ

• Les oxydes produits lors d'un feu de métal présentent un danger très sérieux pour la santé. • Le contact ou l'inhalation de cette substance ou de ses produits de décomposition peut causer de graves blessures ou la mort. • Un feu peut produire des gaz irritants, corrosifs et/ou toxiques. • Les eaux de contrôle d'incendie ou de dilution peuvent polluer.

SÉCURITÉ PUBLIQUE

• **COMPOSER le numéro de téléphone d'urgence indiqué sur les documents d'expédition. Si non disponibles ou aucune réponse, COMPOSER le numéro d'urgence approprié indiqué à la fin du livre.** • Isoler immédiatement dans un rayon minimum de 25 à 50 mètres autour du site du déversement. • Demeurer en amont du vent. • Éloigner les curieux et le personnel non autorisé.

VÊTEMENTS DE PROTECTION

• Porter un Appareil de Protection Respiratoire Autonome (APRA) à pression positive. • Les vêtements de protection pour feux d'immeubles ne fourniront qu'une efficacité limitée.

ÉVACUATION

Déversement majeur

• Envisager une première évacuation d'une distance de 50 mètres sous le vent.

Incendie

• Si une citerne (routière ou ferroviaire) ou une remorque est impliquée dans un feu, ISOLER 800 mètres dans toutes les directions; de plus, envisager une première évacuation pour 800 mètres dans toutes les directions.

MESURES D'URGENCE

INCENDIE

• **NE PAS UTILISER D'EAU, DE MOUSSE OU DE CO2.** • Un feu de métal aspergé d'eau produira de l'hydrogène, un gaz extrêmement explosif, particulièrement à l'intérieur d'un espace clos (bâtiment, cale de navire, etc.). • Utiliser du sable SEC, du graphite en poudre, des extincteurs à base de chlorure de sodium sec, de la poudre G-1® ou Met-L-X®. • Il est préférable de confiner et d'étouffer les feux de métaux plutôt que de leur appliquer de l'eau. • Éloigner les contenants de la zone de feu si cela peut se faire sans risque.

Incendie de Citernes, Remorques ou Wagons

• Lorsqu'impossible d'éteindre le feu, protéger les environs et laisser le s'éteindre par lui-même.

DÉVERSEMENT OU FUITE

• Éliminer du site toute source d'allumage (ex: cigarette, fusée routière, étincelles et flammes). • Ne pas toucher ou marcher sur le produit déversé. • Si sans risque, arrêter la fuite. • Empêcher l'infiltration dans les cours d'eau, les égouts, les sous-sols ou les endroits clos.

PREMIERS SOINS

• Transporter la victime à l'air frais. • Contacter le 911 ou les services médicaux d'urgence. • En cas d'arrêt respiratoire, appliquer la respiration artificielle. • En cas de gêne respiratoire, donner de l'oxygène. • Enlever vêtements et souliers contaminés puis les isoler. • En cas de contact avec la substance, laver les yeux ou la peau immédiatement à l'eau courante pendant au moins 20 minutes. • Calmer la victime et la couvrir chaudement. • Aviser le personnel médical de l'identité du produit afin qu'ils prennent les dispositions nécessaires pour assurer leur sécurité.

171 Substances (risques Faibles à Modérés)

RISQUES POTENTIELS

INCENDIE OU EXPLOSION

• Certains peuvent brûler mais aucun ne s'enflamme facilement. **• Les substances identifiées avec la lettre (P) peuvent polymériser explosivement lorsque chauffées ou impliquées dans un incendie.** • Les contenants peuvent exploser lorsque chauffés. • Certains peuvent être transportés chauds.

SANTÉ

• L'inhalation de la substance peut être nocive. • Le contact peut causer des brûlures à la peau et aux yeux. • L'inhalation de poussières d'amiante peut avoir un effet dommageable sur les poumons. • Un feu peut produire des gaz irritants, corrosifs et/ou toxiques. • Les eaux de contrôle d'incendie peuvent polluer.

SÉCURITÉ PUBLIQUE

• COMPOSER le numéro de téléphone d'urgence indiqué sur les documents d'expédition. Si non disponibles ou aucune réponse, COMPOSER le numéro d'urgence approprié indiqué à la fin du livre. • Isoler immédiatement dans un rayon minimum de 10 à 25 mètres autour du site du déversement. • Éloigner les curieux et le personnel non autorisé. • Demeurer en amont du vent.

VÊTEMENTS DE PROTECTION

• Porter un Appareil de Protection Respiratoire Autonome (APRA) à pression positive. • Les vêtements de protection pour feux d'immeubles ne fourniront qu'une efficacité limitée.

ÉVACUATION

Incendie

• Si une citerne (routière ou ferroviaire) ou une remorque est impliquée dans un feu, ISOLER 800 mètres dans toutes les directions; de plus, envisager une première évacuation pour 800 mètres dans toutes les directions.

MESURES D'URGENCE

INCENDIE

Incendie mineur

• Poudre chimique sèche, CO2, eau pulvérisée ou mousse régulière.

Incendie majeur

• Eau pulvérisée ou en brouillard, ou mousse. • Éloigner les contenants de la zone de feu si cela peut se faire sans risque. • Ne pas disperser la substance avec des jets d'eau à haute pression. • Endiguer l'eau de combat d'incendie afin d'en disposer adéquatement.

Incendie Impliquant des Citernes

• Refroidir les contenants à grande eau longtemps après l'extinction de l'incendie. • Se retirer immédiatement si le sifflement émis par les dispositifs de sécurité augmente ou si la citerne se décolore. • TOUJOURS se tenir éloigné d'une citerne engouffrée par les flammes.

DÉVERSEMENT OU FUITE

• Ne pas toucher ou marcher sur le produit déversé. • Si sans risque, arrêter la fuite. • Prévenir la formation de nuages de poussières. • Éviter d'inhaler la poussière d'amiante.

Petit déversement sec

• A l'aide d'une pelle propre, récupérer dans un récipient propre, sec et non scellé; éloigner les récipients du site.

Petit déversement

• Ramasser avec du sable ou autre matière absorbante non combustible et transférer dans un contenant pour en disposer plus tard.

Déversement majeur

• Endiguer à bonne distance du déversement liquide pour en disposer plus tard. • Couvrir l'épanchement de poudre avec une bâche de plastique pour minimiser la dispersion. • Empêcher l'infiltration dans les cours d'eau, les égouts, les sous-sols ou les endroits clos.

PREMIERS SOINS

• Transporter la victime à l'air frais. • Contacter le 911 ou les services médicaux d'urgence. • En cas d'arrêt respiratoire, appliquer la respiration artificielle. • En cas de gêne respiratoire, donner de l'oxygène. • Enlever vêtements et souliers contaminés puis les isoler. • En cas de contact avec la substance, laver les yeux ou la peau immédiatement à l'eau courante pendant au moins 20 minutes. • Aviser le personnel médical de l'identité du produit afin qu'ils prennent les dispositions nécessaires pour assurer leur sécurité.

172 Gallium et Mercure

RISQUES POTENTIELS

SANTÉ

• L'inhalation de vapeurs ou le contact avec la substance causera une contamination et des effets potentiellement dangereux. • Un feu produira des gaz irritants, corrosifs et/ou toxiques.

INCENDIE OU EXPLOSION

• Non combustible, la substance ne brûle pas mais peut réagir sous l'effet de la chaleur et générer des gaz corrosifs et/ou toxiques. • Les eaux de ruissellement peuvent polluer les cours d'eau.

SÉCURITÉ PUBLIQUE

• COMPOSER le numéro de téléphone d'urgence indiqué sur les documents d'expédition. Si non disponibles ou aucune réponse, COMPOSER le numéro d'urgence approprié indiqué à la fin du livre. • Isoler immédiatement dans un rayon minimum de 10 à 25 mètres autour du site du déversement. • Demeurer en amont du vent. • Éloigner les curieux et le personnel non autorisé.

VÊTEMENTS DE PROTECTION

• Porter un Appareil de Protection Respiratoire Autonome (APRA) à pression positive. • Les vêtements de protection pour feux d'immeubles ne fourniront qu'une efficacité limitée.

ÉVACUATION

Déversement majeur

• Envisager une première évacuation d'une distance de 100 mètres sous le vent.

Incendie

• Lorsqu'un grand contenant est impliqué dans un incendie, envisager une première évacuation dans un périmètre de 500 mètres de rayon.

MESURES D'URGENCE

INCENDIE

• Employer un agent extincteur approprié au type de feu environnant. **• Ne pas appliquer d'eau sur le métal chauffé.**

DÉVERSEMENT OU FUITE

• Ne pas toucher ou marcher sur le produit déversé. • Ne pas toucher aux contenants endommagés ou produits déversés sans porter de vêtements de protection appropriés. • Si sans risque, arrêter la fuite. • Empêcher l'infiltration dans les cours d'eau, les égouts, les sous-sols ou les endroits clos. • Ne pas utiliser d'équipement ou d'outils fabriqués en acier ou en aluminium. • Couvrir de terre, de sable ou tout produit non combustible suivi d'une bâche de plastique pour réduire la dispersion et protéger de la pluie. • Pour le mercure, utiliser une trousse de récupération spécialisée. • Après nettoyage, un site contaminé au mercure peut être repris avec du sulfure de calcium ou du thiosulfate de sodium pour éliminer toute trace de mercure résiduel.

PREMIERS SOINS

• Transporter la victime à l'air frais. • Contacter le 911 ou les services médicaux d'urgence. • En cas d'arrêt respiratoire, appliquer la respiration artificielle. • En cas de gêne respiratoire, donner de l'oxygène. • Enlever vêtements et souliers contaminés puis les isoler. • En cas de contact avec la substance, laver les yeux ou la peau immédiatement à l'eau courante pendant au moins 20 minutes. • Calmer la victime et la couvrir chaudement. • Aviser le personnel médical de l'identité du produit afin qu'ils prennent les dispositions nécessaires pour assurer leur sécurité.

UN #	GMU	UN #	GMU	UN #	GMU	UN #	GMU	UN #	GMU	UN #	GMU
UN0004	112	UN0101	112	UN0195	112	UN0287	112	UN0356	112	UN0393	112
UN0005	112	UN0102	112	UN0196	112	UN0288	112	UN0357	112	UN0394	112
UN0006	112	UN0102	112	UN0197	114	UN0289	114	UN0358	112	UN0394	112
UN0007	112	UN0103	114	UN0204	112	UN0290	112	UN0359	112	UN0395	112
UN0009	112	UN0104	114	UN0207	112	UN0290	112	UN0360	112	UN0396	112
UN0010	112	UN0104	114	UN0208	112	UN0291	112	UN0361	114	UN0397	112
UN0012	114	UN0105	114	UN0208	112	UN0292	112	UN0362	114	UN0398	112
UN0012	114	UN0106	112	UN0209	112	UN0293	112	UN0363	114	UN0399	112
UN0014	114	UN0107	112	UN0209	112	UN0294	112	UN0364	112	UN0400	112
UN0014	114	UN0110	114	UN0212	112	UN0295	112	UN0365	114	UN0401	112
UN0015	112	UN0113	112	UN0213	112	UN0296	112	UN0366	114	UN0401	112
UN0016	112	UN0114	112	UN0214	112	UN0297	114	UN0367	114	UN0402	112
UN0018	112	UN0114	112	UN0215	112	UN0299	112	UN0368	114	UN0403	114
UN0019	112	UN0118	112	UN0216	112	UN0300	114	UN0369	112	UN0404	114
UN0020	112	UN0118	112	UN0217	112	UN0301	114	UN0370	114	UN0405	114
UN0021	112	UN0121	112	UN0218	112	UN0303	114	UN0371	114	UN0406	112
UN0027	112	UN0124	112	UN0219	112	UN0305	112	UN0372	112	UN0407	112
UN0027	112	UN0129	112	UN0219	112	UN0306	114	UN0373	114	UN0408	112
UN0028	112	UN0130	112	UN0220	112	UN0312	114	UN0374	112	UN0409	112
UN0028	112	UN0130	112	UN0221	112	UN0313	112	UN0375	112	UN0410	114
UN0028	112	UN0131	114	UN0222	112	UN0314	112	UN0376	114	UN0411	112
UN0028	112	UN0132	112	UN0223	112	UN0315	112	UN0377	112	UN0411	112
UN0029	112	UN0133	112	UN0224	112	UN0316	112	UN0378	114	UN0411	112
UN0030	112	UN0133	112	UN0225	112	UN0317	114	UN0379	114	UN0412	114
UN0033	112	UN0135	112	UN0226	112	UN0318	112	UN0380	112	UN0413	112
UN0034	112	UN0136	112	UN0226	112	UN0319	112	UN0381	112	UN0414	112
UN0035	112	UN0137	112	UN0226	112	UN0320	114	UN0382	112	UN0415	112
UN0037	112	UN0138	112	UN0234	112	UN0321	112	UN0383	114	UN0417	112
UN0038	112	UN0143	112	UN0235	112	UN0322	112	UN0384	114	UN0417	112
UN0039	112	UN0144	112	UN0236	112	UN0323	114	UN0385	112	UN0418	112
UN0042	112	UN0146	112	UN0237	114	UN0324	112	UN0386	112	UN0419	112
UN0043	112	UN0147	112	UN0238	112	UN0325	114	UN0386	112	UN0420	112
UN0044	114	UN0150	112	UN0240	112	UN0326	112	UN0387	112	UN0421	112
UN0048	112	UN0150	112	UN0241	112	UN0327	112	UN0388	112	UN0424	112
UN0049	112	UN0150	112	UN0242	112	UN0327	112	UN0388	112	UN0425	114
UN0050	112	UN0150	112	UN0243	112	UN0328	112	UN0388	112	UN0426	112
UN0054	112	UN0150	112	UN0244	112	UN0329	112	UN0388	112	UN0427	114
UN0055	114	UN0150	112	UN0245	112	UN0330	112	UN0389	112	UN0428	112
UN0056	112	UN0151	112	UN0246	112	UN0331	112	UN0389	112	UN0429	112
UN0059	112	UN0153	112	UN0247	112	UN0332	112	UN0390	112	UN0430	112
UN0060	112	UN0153	112	UN0248	112	UN0333	112	UN0391	112	UN0431	114
UN0065	112	UN0154	112	UN0249	112	UN0334	112	UN0391	112	UN0432	114
UN0066	114	UN0154	112	UN0250	112	UN0335	112	UN0391	112	UN0433	112
UN0070	114	UN0155	112	UN0254	112	UN0336	114	UN0391	112	UN0433	112
UN0072	112	UN0155	112	UN0255	114	UN0337	114	UN0391	112	UN0434	112
UN0072	112	UN0159	112	UN0257	114	UN0338	114	UN0391	112	UN0435	114
UN0072	112	UN0159	112	UN0266	112	UN0338	114	UN0391	112	UN0436	112
UN0072	112	UN0160	112	UN0266	112	UN0339	114	UN0391	112	UN0437	112
UN0073	112	UN0161	112	UN0267	114	UN0339	114	UN0391	112	UN0438	114
UN0074	112	UN0167	112	UN0268	112	UN0340	112	UN0391	112	UN0439	112
UN0075	112	UN0168	112	UN0271	112	UN0341	112	UN0391	112	UN0440	114
UN0076	112	UN0169	112	UN0272	112	UN0342	112	UN0391	112	UN0441	114
UN0077	112	UN0171	112	UN0275	112	UN0343	112	UN0391	112	UN0442	112
UN0078	112	UN0173	114	UN0276	114	UN0344	114	UN0391	112	UN0443	112
UN0079	112	UN0174	114	UN0277	112	UN0345	114	UN0391	112	UN0444	114
UN0079	112	UN0180	112	UN0278	114	UN0346	112	UN0391	112	UN0445	114
UN0079	112	UN0181	112	UN0279	112	UN0347	114	UN0391	112	UN0446	114
UN0081	112	UN0182	112	UN0280	112	UN0348	114	UN0391	112	UN0447	112
UN0082	112	UN0183	112	UN0281	112	UN0349	114	UN0391	112	UN0448	114
UN0083	112	UN0186	112	UN0282	112	UN0350	114	UN0391	112	UN0449	112
UN0084	112	UN0190	112	UN0282	112	UN0351	114	UN0391	112	UN0450	112
UN0092	112	UN0191	114	UN0283	112	UN0352	114	UN0391	112	UN0451	112
UN0093	112	UN0192	112	UN0284	112	UN0353	114	UN0391	112	UN0452	114
UN0094	112	UN0193	114	UN0285	112	UN0354	112	UN0391	112	UN0453	114
UN0099	112	UN0194	112	UN0286	112	UN0355	112	UN0392	112	UN0454	114

Annexe 4

UN #	GMU
UN0455	114
UN0456	114
UN0457	112
UN0458	112
UN0459	114
UN0460	114
UN0461	112
UN0462	112
UN0463	112
UN0464	112
UN0465	112
UN0466	112
UN0467	112
UN0468	112
UN0469	112
UN0470	112
UN0471	114
UN0472	114
UN0473	112
UN0474	112
UN0475	112
UN0476	112
UN0477	112
UN0478	112
UN0479	114
UN0480	114
UN0481	114
UN0482	112
UN0482	112
UN0483	112
UN0483	112
UN0483	112
UN0483	112
UN0484	112
UN0484	112
UN0484	112
UN0485	114
UN0486	112
UN0486	112
UN0487	112
UN0488	112
UN0489	112
UN0489	112
UN0490	112
UN0490	112
UN0491	114
UN0492	112
UN0493	114
UN0494	114
UN0495	112
UN0496	112
UN0497	112
UN0498	112
UN0499	112
UN0500	114
UN0501	114
UN0502	112
UN0503	114
UN0503	114
UN0503	114
UN0504	112
UN1001	116
UN1002	122
UN1003	122
UN1005	125T
UN1005	125T

UN #	GMU
UN1006	121
UN1008	125T
UN1009	126
UN1009	126
UN1010	116P
UN1011	115
UN1012	115
UN1013	120
UN1014	122
UN1015	126
UN1016	119T
UN1017	124T
UN1018	126
UN1018	126
UN1020	126
UN1020	126
UN1021	126
UN1021	126
UN1022	126
UN1022	126
UN1023	119T
UN1026	119T
UN1027	115
UN1028	126
UN1028	126
UN1029	126
UN1029	126
UN1030	115
UN1030	115
UN1032	118
UN1033	115
UN1035	115
UN1036	118
UN1037	115
UN1038	115
UN1039	115
UN1040	119PT
UN1040	119PT
UN1041	115
UN1043	125
UN1044	126
UN1045	124T
UN1046	121
UN1048	125T
UN1049	115
UN1050	125T
UN1051	117T
UN1052	125T
UN1053	117T
UN1053	117T
UN1055	115
UN1056	121
UN1057	115
UN1057	115
UN1058	121
UN1060	116P
UN1061	118
UN1062	123T
UN1063	115
UN1063	115
UN1064	117T
UN1065	121
UN1066	121
UN1067	124T
UN1067	124T
UN1069	125T

UN #	GMU
UN1070	122
UN1071	119T
UN1072	122
UN1073	122
UN1075	115
UN1075	115
UN1076	125T
UN1077	115
UN1078	126
UN1079	125
UN1079	125
UN1080	126
UN1080	126
UN1081	116P
UN1082	119PT
UN1083	118
UN1085	116P
UN1086	116P
UN1087	116P
UN1088	127
UN1089	129
UN1090	127
UN1091	127
UN1092	131PT
UN1093	131P
UN1098	131T
UN1099	131
UN1100	131
UN1104	129
UN1105	129
UN1106	132
UN1107	129
UN1108	127
UN1108	127
UN1109	129
UN1110	127
UN1111	130
UN1112	140
UN1113	129
UN1114	130
UN1120	129
UN1123	129
UN1125	132
UN1126	129
UN1127	130
UN1128	129
UN1129	129
UN1130	128
UN1131	131
UN1131	131
UN1133	128
UN1134	130
UN1135	131T
UN1136	128
UN1139	127
UN1143	131PT
UN1144	128
UN1145	128
UN1146	128
UN1147	130
UN1148	129
UN1149	127
UN1150	130P
UN1152	130
UN1153	127
UN1154	132

UN #	GMU
UN1155	127
UN1155	127
UN1156	127
UN1157	127
UN1158	132
UN1159	127
UN1160	129
UN1161	129
UN1162	155T
UN1163	131T
UN1164	130
UN1164	130
UN1165	127
UN1166	127
UN1167	131P
UN1169	127
UN1170	127
UN1170	127
UN1170	127
UN1170	127
UN1171	127
UN1172	129
UN1173	129
UN1175	129
UN1176	129
UN1177	129
UN1178	129
UN1179	127
UN1180	129
UN1181	155
UN1182	155T
UN1183	139
UN1184	129
UN1185	131PT
UN1188	127
UN1189	129
UN1190	129
UN1191	129
UN1192	129
UN1193	127
UN1193	127
UN1194	131
UN1195	129
UN1196	155
UN1197	127
UN1198	132
UN1199	132P
UN1201	127
UN1202	128
UN1202	128
UN1202	128
UN1202	128
UN1203	128
UN1203	128
UN1203	128
UN1204	127
UN1206	128
UN1207	129
UN1208	128
UN1210	129
UN1210	129
UN1212	129
UN1212	129
UN1213	129
UN1214	132
UN1216	128

UN #	GMU
UN1218	130P
UN1219	129
UN1219	129
UN1220	129
UN1221	132
UN1222	130
UN1223	128
UN1224	127
UN1228	131
UN1228	131
UN1229	129
UN1230	131
UN1231	129
UN1233	129
UN1234	127
UN1235	132
UN1237	129
UN1238	155T
UN1239	131T
UN1242	139T
UN1243	129
UN1244	131T
UN1245	127
UN1246	127P
UN1247	129P
UN1248	129
UN1249	127
UN1250	155T
UN1251	131PT
UN1259	131T
UN1261	129
UN1262	128
UN1263	128
UN1263	128
UN1264	129
UN1265	128
UN1266	127
UN1267	128
UN1268	128
UN1268	128
UN1272	129
UN1274	129
UN1274	129
UN1275	129
UN1276	129
UN1277	132
UN1278	129
UN1279	130
UN1280	127P
UN1281	129
UN1282	129
UN1286	127
UN1287	127
UN1288	128
UN1289	132
UN1292	132
UN1293	127
UN1294	130
UN1295	139T
UN1296	132
UN1297	132
UN1298	155T
UN1299	128
UN1300	128
UN1301	129P
UN1302	127P

UN #	GMU
UN1303	129P
UN1304	127P
UN1305	155
UN1306	129
UN1307	130
UN1308	170
UN1309	170
UN1310	113
UN1312	133
UN1313	133
UN1314	133
UN1318	133
UN1320	113
UN1321	113
UN1322	113
UN1323	170
UN1324	133
UN1325	133
UN1326	170
UN1327	133
UN1327	133
UN1327	133
UN1328	133
UN1330	133
UN1331	133
UN1332	133
UN1333	170
UN1334	133
UN1334	133
UN1336	113
UN1336	113
UN1337	113
UN1338	133
UN1339	139
UN1339	139
UN1340	139T
UN1340	139T
UN1341	139
UN1341	139
UN1343	139
UN1343	139
UN1344	113
UN1345	133
UN1345	133
UN1346	170
UN1347	113
UN1348	113
UN1349	113
UN1350	133
UN1350	133
UN1352	170
UN1353	133
UN1353	133
UN1354	113
UN1355	13
UN1356	113
UN1357	153
UN1358	170
UN1360	139T
UN1361	133
UN1362	133
UN1363	135
UN1364	133
UN1365	133
UN1366	135
UN1369	135

UN #	GMU	UN #	GMU	UN #	GMU	UN #	GMU	UN #	GMU	UN #	GMU
UN1370	135	UN1422	138	UN1498	140	UN1591	152	UN1653	151	UN1712	151
UN1373	133	UN1423	138	UN1499	140	UN1593	160	UN1654	151	UN1712	151
UN1373	133	UN1426	138	UN1500	140	UN1594	152	UN1655	151	UN1713	151
UN1374	133	UN1427	138	UN1502	140	UN1594	152	UN1655	151	UN1714	139T
UN1374	133	UN1428	138	UN1503	140	UN1595	156T	UN1656	151	UN1715	137
UN1376	135	UN1431	138	UN1504	144	UN1595	156T	UN1656	151	UN1716	156
UN1376	135	UN1432	139T	UN1505	140	UN1596	153	UN1656	151	UN1717	132
UN1378	170	UN1433	139T	UN1505	140	UN1597	152	UN1657	151	UN1718	153
UN1379	133	UN1435	138	UN1506	143	UN1597	152	UN1658	151	UN1719	154
UN1380	135T	UN1436	138	UN1507	140	UN1598	153	UN1658	151	UN1722	155T
UN1381	136	UN1436	138	UN1508	140	UN1598	153	UN1658	151	UN1723	132
UN1381	136	UN1437	138	UN1509	143	UN1598	153	UN1658	151	UN1724	155T
UN1381	136	UN1438	140	UN1510	143T	UN1598	153	UN1659	151	UN1725	137
UN1381	136	UN1439	141	UN1511	140	UN1599	153	UN1660	124T	UN1726	137
UN1381	136	UN1442	143	UN1512	140	UN1600	152	UN1661	153	UN1727	154
UN1381	136	UN1444	140	UN1513	140	UN1601	151	UN1662	152	UN1728	155T
UN1382	135	UN1444	140	UN1514	140	UN1602	151	UN1663	153	UN1729	156
UN1382	135	UN1445	141	UN1515	140	UN1602	151	UN1664	152	UN1730	157
UN1382	135	UN1446	141	UN1516	143	UN1603	155	UN1664	152	UN1731	157
UN1382	135	UN1447	141	UN1517	113	UN1604	132	UN1665	152	UN1732	157T
UN1383	135	UN1448	141	UN1541	155T	UN1605	154T	UN1665	152	UN1733	157
UN1383	135	UN1449	141	UN1544	151	UN1606	151	UN1669	151	UN1733	157
UN1384	135T	UN1450	141	UN1544	151	UN1607	151	UN1670	157T	UN1733	157
UN1384	135T	UN1451	140	UN1545	155	UN1608	151	UN1671	153	UN1733	157
UN1384	135T	UN1452	140	UN1546	151	UN1611	151	UN1672	151	UN1736	137T
UN1385	135	UN1453	140	UN1547	153	UN1612	123T	UN1673	153	UN1737	156
UN1385	135	UN1454	140	UN1548	153	UN1613	154	UN1674	151	UN1738	156
UN1385	135	UN1455	140	UN1549	157	UN1613	154	UN1677	151	UN1739	137
UN1385	135	UN1456	140	UN1550	151	UN1614	131T	UN1678	154	UN1740	154
UN1386	135	UN1457	140	UN1551	151	UN1616	151	UN1679	157	UN1740	154
UN1389	138	UN1458	140	UN1553	154	UN1617	151	UN1680	157T	UN1740	154
UN1389	138	UN1459	140	UN1554	154	UN1618	151	UN1683	151	UN1740	154
UN1389	138	UN1461	140	UN1555	151	UN1620	151	UN1684	151	UN1741	125T
UN1389	138	UN1462	143	UN1556	152	UN1621	151	UN1685	151	UN1742	157
UN1390	139	UN1463	141	UN1557	152	UN1622	151	UN1686	154	UN1743	157
UN1391	138	UN1465	140	UN1558	152	UN1623	151	UN1687	153	UN1744	154T
UN1391	138	UN1466	140	UN1559	151	UN1624	154	UN1688	152	UN1744	154T
UN1391	138	UN1467	143	UN1560	157T	UN1625	141	UN1689	157T	UN1745	124T
UN1391	138	UN1469	141	UN1561	151	UN1626	157	UN1690	154	UN1746	144T
UN1392	138	UN1470	141	UN1562	152	UN1627	141	UN1691	151	UN1747	155T
UN1393	138	UN1471	140	UN1564	154	UN1629	151	UN1692	151	UN1748	140
UN1394	138	UN1471	140	UN1565	157	UN1630	151	UN1692	151	UN1748	140
UN1395	139	UN1472	143	UN1566	154	UN1631	154	UN1693	159	UN1749	124T
UN1396	138	UN1473	140	UN1567	134	UN1634	154	UN1693	159	UN1750	153
UN1397	139T	UN1474	140	UN1569	131T	UN1636	154	UN1694	159	UN1751	153
UN1398	138	UN1475	140	UN1570	152	UN1637	151	UN1694	159	UN1752	156T
UN1400	138	UN1476	140	UN1571	113	UN1638	151	UN1695	153T	UN1753	156
UN1401	138	UN1477	140	UN1572	151	UN1638	151	UN1697	153	UN1754	137T
UN1402	138	UN1479	140	UN1573	151	UN1638	151	UN1697	153	UN1754	137T
UN1403	138	UN1481	140	UN1574	151	UN1638	151	UN1697	153	UN1755	154
UN1404	138	UN1482	140	UN1575	157	UN1639	151	UN1697	153	UN1756	154
UN1405	138	UN1483	140	UN1577	153	UN1640	151	UN1698	154	UN1757	154
UN1407	138	UN1484	140	UN1577	153	UN1641	151	UN1699	151	UN1758	137T
UN1408	139	UN1485	140	UN1578	152	UN1642	151	UN1699	151	UN1759	154
UN1409	138	UN1486	140	UN1579	153	UN1643	151	UN1700	159	UN1760	154
UN1410	138	UN1487	140	UN1580	154T	UN1644	151	UN1701	152	UN1761	154
UN1411	138	UN1488	140	UN1581	123T	UN1645	151	UN1702	151	UN1762	156
UN1413	138	UN1489	140	UN1582	119T	UN1645	151	UN1704	153	UN1763	156
UN1414	138	UN1490	140	UN1583	154T	UN1646	151	UN1707	151	UN1764	153
UN1415	138	UN1491	144	UN1585	151	UN1647	151T	UN1708	153	UN1765	156
UN1417	138	UN1492	140	UN1586	151	UN1648	131	UN1708	153	UN1766	156
UN1418	138	UN1492	140	UN1587	151	UN1649	131	UN1709	151	UN1767	155
UN1418	138	UN1493	140	UN1588	157	UN1649	131	UN1710	160	UN1768	154
UN1419	139T	UN1494	141	UN1589	125T	UN1650	153	UN1711	153	UN1769	156
UN1420	138	UN1495	140	UN1590	153	UN1651	153	UN1711	153	UN1770	153
UN1421	138	UN1496	143	UN1590	153	UN1652	1523	UN1712	151	UN1771	156

UN #	GMU
UN1773	157
UN1774	154
UN1775	154
UN1776	154
UN1777	137T
UN1777	137T
UN1778	154
UN1779	153
UN1780	156
UN1781	156
UN1782	154
UN1783	153
UN1784	156
UN1786	157
UN1786	157
UN1787	154
UN1788	154
UN1789	157
UN1790	157
UN1790	157
UN1791	154
UN1792	157
UN1793	153
UN1794	154
UN1794	154
UN1796	157
UN1796	157
UN1798	157
UN1799	156
UN1800	156
UN1801	156T
UN1802	140
UN1803	153
UN1803	153
UN1804	156
UN1805	154
UN1805	154
UN1806	137T
UN1807	137
UN1808	137
UN1809	137T
UN1810	137T
UN1811	154
UN1811	154
UN1811	154
UN1811	154
UN1811	154
UN1812	154
UN1813	154
UN1814	154
UN1815	132
UN1816	155
UN1817	137
UN1817	137
UN1818	157T
UN1819	154
UN1823	154
UN1824	154
UN1825	157
UN1826	157
UN1826	157
UN1827	137
UN1828	137T
UN1828	137T
UN1829	137T
UN1829	137T

UN #	GMU
UN1830	137
UN1830	137
UN1831	137T
UN1831	137T
UN1832	137
UN1832	137
UN1833	154
UN1833	154
UN1834	137T
UN1834	137T
UN1835	153
UN1836	137T
UN1837	157
UN1838	137T
UN1839	153
UN1840	154
UN1841	171
UN1843	141
UN1845	120
UN1845	120
UN1846	151
UN1847	153
UN1847	153
UN1848	132
UN1849	153
UN1849	153
UN1851	151
UN1854	135
UN1855	135
UN1855	135
UN1858	126
UN1858	126
UN1859	125T
UN1860	116P
UN1862	129
UN1863	128
UN1865	131
UN1866	127
UN1868	134
UN1869	138
UN1869	138
UN1870	138
UN1871	170
UN1872	141
UN1873	143
UN1884	157
UN1885	153
UN1886	156
UN1887	160
UN1888	151
UN1889	157
UN1891	131
UN1892	151T
UN1894	151
UN1895	151
UN1897	160
UN1898	156
UN1902	153
UN1903	153
UN1905	154
UN1906	153
UN1907	154
UN1908	154
UN1910	157
UN1911	119T
UN1912	115

UN #	GMU
UN1913	120
UN1914	130
UN1915	127
UN1916	152
UN1917	129P
UN1918	130
UN1919	129P
UN1920	128
UN1921	131P
UN1922	132
UN1923	135T
UN1923	135T
UN1923	135T
UN1928	135
UN1929	135
UN1929	135
UN1929	135
UN1931	171
UN1931	171
UN1931	171
UN1932	135
UN1935	157
UN1938	156
UN1939	137T
UN1940	153
UN1941	171
UN1942	140
UN1944	133
UN1945	133
UN1950	126
UN1950	126
UN1950	126
UN1950	126
UN1950	126
UN1950	126
UN1950	126
UN1950	126
UN1950	126
UN1950	126
UN1950	126
UN1950	126
UN1950	126
UN1950	126
UN1950	126
UN1951	120
UN1952	126
UN1953	119T
UN1954	115
UN1955	123T
UN1956	126
UN1957	115
UN1958	126
UN1958	126
UN1959	116P
UN1959	116P
UN1961	115
UN1962	116P
UN1963	120
UN1964	115
UN1965	115
UN1966	115
UN1967	123T
UN1968	126
UN1969	115
UN1970	120
UN1971	115

UN #	GMU
UN1971	115
UN1972	115
UN1972	115
UN1973	126
UN1973	126
UN1974	126
UN1974	126
UN1975	124T
UN1975	124T
UN1976	126
UN1976	126
UN1977	120
UN1978	115
UN1979	121
UN1980	122
UN1981	121
UN1982	126
UN1982	126
UN1983	126
UN1983	126
UN1984	126
UN1984	126
UN1986	131
UN1987	127
UN1988	131
UN1989	129
UN1990	129
UN1991	131P
UN1992	131
UN1993	128
UN1994	131T
UN1999	130
UN2000	133
UN2001	133
UN2002	135
UN2003	135
UN2003	135
UN2004	135T
UN2005	135
UN2006	135
UN2008	135
UN2009	135
UN2010	138
UN2011	139T
UN2012	139T
UN2013	139T
UN2014	140
UN2015	143
UN2015	143
UN2016	151
UN2017	159
UN2018	152
UN2019	152
UN2020	153
UN2021	153
UN2022	153
UN2023	131P
UN2024	151
UN2025	151
UN2026	151
UN2027	151
UN2028	153
UN2029	132
UN2030	153
UN2030	153
UN2031	157

UN #	GMU
UN2031	157
UN2032	157T
UN2033	154
UN2034	115
UN2035	115
UN2035	115
UN2036	121
UN2037	115
UN2037	115
UN2037	115
UN2037	115
UN2038	152
UN2038	152
UN2044	115
UN2045	129
UN2045	129
UN2046	130
UN2047	132
UN2048	129
UN2049	130
UN2050	127
UN2051	132
UN2052	128
UN2053	129
UN2054	132
UN2055	128P
UN2056	127
UN2057	128
UN2058	129
UN2059	127
UN2067	140
UN2068	140
UN2069	140
UN2070	143
UN2071	140
UN2072	140
UN2073	125
UN2074	153P
UN2075	153
UN2076	153
UN2076	153
UN2077	153
UN2078	156
UN2079	154
UN2186	125T
UN2187	120
UN2188	119T
UN2189	119T
UN2190	124T
UN2191	123T
UN2191	123T
UN2192	119T
UN2193	126
UN2193	126
UN2194	125T
UN2195	125T
UN2196	125T
UN2197	125T
UN2198	125T
UN2199	119T
UN2200	116P
UN2201	122
UN2202	117T
UN2203	116
UN2204	119T
UN2204	119T

UN #	GMU
UN2205	153
UN2206	155
UN2206	155
UN2208	140
UN2209	132
UN2210	135
UN2210	135
UN2211	133
UN2212	171
UN2212	171
UN2212	171
UN2212	171
UN2213	133
UN2214	156
UN2215	156
UN2215	156
UN2216	171
UN2216	171
UN2217	135
UN2218	132P
UN2219	129
UN2222	127
UN2224	152
UN2225	156
UN2225	156
UN2226	156
UN2227	129P
UN2232	153T
UN2233	152
UN2234	130
UN2235	153
UN2236	156
UN2237	153
UN2238	130
UN2239	153
UN2239	153
UN2239	153
UN2239	153
UN2240	154
UN2240	154
UN2241	128
UN2242	128
UN2243	130
UN2244	129
UN2245	127
UN2246	128
UN2247	128
UN2248	132
UN2249	153
UN2250	156
UN2251	127P
UN2251	127P
UN2252	127
UN2253	153
UN2254	133
UN2256	130
UN2257	138
UN2258	132
UN2259	153
UN2260	132
UN2261	153
UN2262	156
UN2263	128
UN2264	132
UN2265	129
UN2266	132

UN #	GMU
UN2267	156
UN2269	153
UN2270	132
UN2271	127
UN2272	153
UN2273	153
UN2274	153
UN2275	129
UN2276	132
UN2277	129P
UN2278	128
UN2279	151
UN2280	153
UN2281	156
UN2282	129
UN2283	130P
UN2284	131
UN2285	156
UN2286	128
UN2287	128
UN2288	128
UN2289	153
UN2290	156
UN2291	151
UN2293	127
UN2294	153
UN2295	155
UN2296	128
UN2297	127
UN2298	128
UN2299	155
UN2300	153
UN2301	127
UN2302	127
UN2303	128
UN2304	133
UN2305	153
UN2305	153
UN2306	152
UN2307	152
UN2308	157
UN2308	157
UN2308	157
UN2308	157
UN2309	128P
UN2310	131
UN2311	153
UN2312	153
UN2313	130
UN2315	171
UN2315	171
UN2316	157
UN2317	157
UN2318	135
UN2318	135
UN2319	128
UN2320	153
UN2321	153
UN2322	152
UN2323	129
UN2324	128
UN2325	129
UN2326	153
UN2327	153
UN2328	156
UN2329	129

UN #	GMU
UN2330	128
UN2331	154
UN2332	129
UN2333	131
UN2334	131T
UN2335	131
UN2336	131
UN2337	131T
UN2338	131
UN2339	130
UN2340	130
UN2341	130
UN2342	130
UN2343	130
UN2344	130
UN2345	129
UN2346	127
UN2347	130
UN2348	129P
UN2350	127
UN2351	129
UN2352	127P
UN2353	132
UN2354	131
UN2356	129
UN2357	132
UN2358	128P
UN2359	132
UN2360	131P
UN2361	132
UN2362	130
UN2363	130
UN2364	127
UN2366	127
UN2367	130
UN2368	127
UN2370	128
UN2371	128
UN2372	129
UN2373	127
UN2374	127
UN2375	129
UN2375	129
UN2376	127
UN2377	127
UN2378	131
UN2379	132
UN2380	127
UN2381	130
UN2381	130
UN2382	131T
UN2383	132
UN2384	127
UN2385	129
UN2386	132
UN2387	130
UN2388	130
UN2389	127
UN2390	129
UN2391	129
UN2392	129
UN2393	132
UN2394	129
UN2395	132
UN2396	131P
UN2397	127

UN #	GMU
UN2398	127
UN2399	132
UN2400	130
UN2401	132
UN2402	130
UN2403	129P
UN2404	131
UN2405	129
UN2406	131
UN2407	155T
UN2409	129
UN2410	129
UN2411	131
UN2412	129
UN2413	128
UN2414	130
UN2416	129
UN2417	125T
UN2418	125T
UN2418	125T
UN2419	116
UN2420	125T
UN2421	124T
UN2422	126
UN2422	126
UN2424	126
UN2424	126
UN2426	140
UN2427	140
UN2428	140
UN2429	140
UN2430	153
UN2431	153
UN2431	153
UN2431	153
UN2431	153
UN2432	153
UN2433	152
UN2433	152
UN2434	156
UN2435	156
UN2436	129
UN2437	156
UN2438	132T
UN2439	154
UN2439	154
UN2439	154
UN2439	154
UN2440	154
UN2441	135
UN2441	135
UN2442	156T
UN2443	137
UN2444	137
UN2445	135
UN2446	153
UN2447	136
UN2448	133
UN2448	133
UN2448	133
UN2448	133
UN2451	122
UN2452	116P
UN2453	115
UN2453	115
UN2454	115

UN #	GMU
UN2454	115
UN2455	116
UN2456	130P
UN2457	128
UN2458	130
UN2459	127
UN2460	127
UN2461	127
UN2463	138
UN2464	141
UN2465	140
UN2465	140
UN2466	143
UN2468	140
UN2469	140
UN2470	152
UN2471	154
UN2473	154
UN2474	157T
UN2475	157
UN2477	131T
UN2478	155
UN2478	155
UN2480	155T
UN2481	155T
UN2482	155T
UN2483	155T
UN2484	155T
UN2485	155T
UN2486	155T
UN2487	155T
UN2488	155T
UN2490	153
UN2491	153
UN2491	153
UN2493	132
UN2495	144
UN2496	156
UN2498	132
UN2501	152
UN2502	132
UN2503	137
UN2504	159
UN2505	154
UN2506	154
UN2506	154
UN2507	154
UN2508	156
UN2509	154
UN2509	154
UN2511	153
UN2511	153
UN2512	152
UN2513	156
UN2514	129
UN2515	159
UN2516	151
UN2517	115
UN2517	115
UN2518	153
UN2520	130P
UN2521	131PT
UN2522	153P
UN2524	129
UN2525	156
UN2526	132

UN #	GMU
UN2527	130P
UN2528	129
UN2529	132
UN2531	153P
UN2533	156
UN2534	119T
UN2535	132
UN2535	132
UN2536	127
UN2538	133
UN2541	128
UN2542	153
UN2545	135
UN2546	135
UN2547	143
UN2548	124T
UN2552	151
UN2554	129P
UN2555	113
UN2556	113
UN2557	133
UN2557	133
UN2557	133
UN2557	133
UN2558	131
UN2560	129
UN2561	127
UN2564	153
UN2565	153
UN2567	154
UN2570	154
UN2571	156
UN2571	156
UN2572	153
UN2573	141
UN2574	151
UN2576	137T
UN2577	156
UN2578	157
UN2579	153
UN2580	154
UN2581	154
UN2582	154
UN2583	153
UN2583	153
UN2583	153
UN2583	153
UN2584	153
UN2584	153
UN2584	153
UN2584	153
UN2585	153
UN2585	153
UN2585	153
UN2585	153
UN2586	153
UN2586	153
UN2586	153
UN2586	153
UN2587	153
UN2588	151
UN2589	155
UN2590	171
UN2591	120
UN2599	126
UN2599	126

UN #	GMU
UN2600	119T
UN2601	115
UN2602	126
UN2602	126
UN2603	131
UN2604	132
UN2605	155T
UN2606	155T
UN2607	129P
UN2608	129
UN2609	156
UN2610	132
UN2611	131
UN2612	127
UN2614	129
UN2615	127
UN2616	129
UN2617	129
UN2618	130P
UN2619	132
UN2620	130
UN2621	127
UN2622	131P
UN2623	133
UN2624	138
UN2626	140
UN2627	140
UN2628	151
UN2629	151
UN2630	151
UN2630	151
UN2642	154
UN2643	155
UN2644	151T
UN2645	153
UN2646	151T
UN2647	153
UN2648	154
UN2649	153
UN2650	153
UN2651	153
UN2653	156
UN2655	151
UN2656	154
UN2657	153
UN2657	153
UN2659	151
UN2660	153
UN2660	153
UN2661	153
UN2662	153
UN2664	160
UN2667	131
UN2668	131T
UN2669	152
UN2669	152
UN2669	152
UN2669	152
UN2669	152
UN2670	157
UN2671	153
UN2672	154
UN2673	151
UN2674	154
UN2676	119T
UN2677	154

Annexe 4

UN #	GMU
UN2678	154
UN2679	154
UN2680	154
UN2681	154
UN2682	157
UN2683	132
UN2683	132
UN2684	132
UN2685	132
UN2686	132
UN2687	133
UN2688	159
UN2689	153
UN2690	152
UN2691	137T
UN2692	157T
UN2693	154
UN2693	154
UN2698	156
UN2699	154
UN2705	153P
UN2707	128
UN2709	128
UN2710	127
UN2713	153
UN2714	133
UN2715	133
UN2716	153
UN2717	133
UN2719	141
UN2720	141
UN2721	141
UN2722	140
UN2723	140
UN2724	140
UN2725	140
UN2726	140
UN2727	141
UN2728	140
UN2729	152
UN2730	152
UN2730	152
UN2732	152
UN2732	152
UN2733	132
UN2733	132
UN2734	132
UN2734	132
UN2735	153
UN2735	153
UN2738	153
UN2739	156
UN2740	155T
UN2741	141
UN2742	155
UN2743	155T
UN2744	155
UN2745	157
UN2746	156
UN2747	156
UN2748	156
UN2749	130
UN2750	153
UN2751	155
UN2752	127
UN2753	153

UN #	GMU
UN2753	153
UN2754	153
UN2757	151
UN2758	131
UN2759	151
UN2760	131
UN2761	151
UN2762	131
UN2763	151
UN2764	131
UN2771	151
UN2772	131
UN2775	151
UN2776	131
UN2777	151
UN2778	131
UN2779	153
UN2780	131
UN2781	151
UN2782	131
UN2783	152
UN2784	131
UN2785	152
UN2786	153
UN2787	131
UN2788	153
UN2789	132
UN2789	132
UN2790	153
UN2790	153
UN2793	170
UN2794	154
UN2795	154
UN2796	157
UN2796	157
UN2796	157
UN2797	154
UN2798	137
UN2799	137
UN2800	154
UN2801	154
UN2801	154
UN2802	154
UN2803	172
UN2805	138
UN2806	138T
UN2807	171
UN2809	172
UN2810	153T
UN2811	154
UN2812	154
UN2813	138
UN2814	158
UN2815	153
UN2817	154
UN2818	154
UN2818	154
UN2819	153
UN2820	153
UN2821	153
UN2822	153
UN2823	153
UN2823	153
UN2823	153
UN2823	153
UN2826	155T

UN #	GMU
UN2829	153
UN2830	139
UN2831	160
UN2834	154
UN2835	138
UN2837	154
UN2837	154
UN2838	129P
UN2839	153
UN2840	129
UN2841	131
UN2842	129
UN2844	138
UN2845	135
UN2846	135
UN2849	153
UN2850	128
UN2851	157
UN2852	113
UN2852	113
UN2853	151
UN2854	151
UN2855	151
UN2856	151
UN2857	126
UN2858	151
UN2859	154
UN2861	151
UN2862	151
UN2863	154
UN2864	151
UN2865	154
UN2865	154
UN2869	157
UN2870	135
UN2870	135
UN2871	170
UN2872	159
UN2873	153
UN2874	153
UN2875	151
UN2876	153
UN2878	170
UN2878	170
UN2879	157
UN2880	140
UN2880	140
UN2881	135
UN2900	158
UN2901	124T
UN2902	151
UN2903	131
UN2904	154
UN2904	154
UN2905	154
UN2905	154
UN2907	133
UN2908	161
UN2909	161
UN2909	161
UN2909	161
UN2910	161
UN2911	161
UN2911	161
UN2912	162
UN2913	162

UN #	GMU
UN2913	162
UN2915	163
UN2916	163
UN2917	163
UN2919	163
UN2920	132
UN2921	134
UN2922	154
UN2923	154
UN2924	132
UN2925	134
UN2926	134
UN2927	154T
UN2928	154
UN2929	131T
UN2930	134
UN2931	151
UN2931	151
UN2933	132
UN2934	132
UN2935	132
UN2936	153
UN2937	153
UN2940	135
UN2940	135
UN2941	153
UN2942	153
UN2943	129
UN2945	132
UN2946	153
UN2947	155
UN2948	153
UN2949	154
UN2949	154
UN2950	138
UN2956	149
UN2956	149
UN2965	139
UN2966	153
UN2967	154
UN2967	151
UN2968	135
UN2968	135
UN2969	171
UN2969	171
UN2969	171
UN2969	171
UN2977	166T
UN2978	166T
UN2983	129P
UN2984	140
UN2985	155T
UN2986	155T
UN2987	156T
UN2988	139T
UN2989	133
UN2990	171
UN2991	131
UN2992	151
UN2993	131
UN2994	151
UN2995	131
UN2996	151
UN2997	131
UN2998	151
UN3005	131

UN #	GMU
UN3006	151
UN3009	131
UN3010	151
UN3011	131
UN3012	151
UN3013	131
UN3014	153
UN3015	131
UN3016	151
UN3017	131
UN3018	152
UN3019	131
UN3020	153
UN3021	131
UN3022	127P
UN3023	131T
UN3024	131
UN3025	131
UN3026	151
UN3027	151
UN3028	154
UN3048	157T
UN3049	138T
UN3049	138T
UN3050	138
UN3050	138
UN3051	135
UN3052	135T
UN3052	135T
UN3053	135
UN3054	131
UN3055	154
UN3056	129
UN3057	125T
UN3064	127
UN3065	127
UN3065	127
UN3066	153
UN3066	153
UN3070	126
UN3071	131
UN3071	131
UN3072	171
UN3073	131P
UN3076	138
UN3077	171
UN3078	138
UN3079	131PT
UN3080	155
UN3080	155
UN3082	171
UN3083	124T
UN3084	140
UN3085	140
UN3086	141
UN3087	141
UN3088	135
UN3089	170
UN3090	138
UN3091	138
UN3091	138
UN3092	129
UN3093	140
UN3094	138
UN3095	136
UN3096	138

UN #	GMU
UN3097	140
UN3098	140
UN3099	142
UN3100	135
UN3101	146
UN3102	146
UN3103	146
UN3104	146
UN3105	145
UN3106	145
UN3107	145
UN3108	145
UN3109	145
UN3110	145
UN3111	148
UN3112	148
UN3113	148
UN3114	148
UN3115	148
UN3116	148
UN3117	148
UN3118	148
UN3119	148
UN3120	148
UN3121	144
UN3122	142T
UN3123	139T
UN3124	136
UN3125	139
UN3126	136
UN3127	135
UN3128	136
UN3129	138
UN3130	139
UN3131	138
UN3132	138
UN3133	138
UN3134	139
UN3135	138
UN3136	120
UN3137	140
UN3138	116
UN3139	140
UN3140	151
UN3140	151
UN3141	157
UN3142	151
UN3143	151
UN3143	151
UN3144	151
UN3144	151
UN3145	153
UN3146	153
UN3147	154
UN3147	154
UN3148	138
UN3149	140
UN3150	115
UN3150	115
UN3151	171
UN3151	171
UN3152	171
UN3152	171
UN3153	115
UN3154	115
UN3155	154

UN #	GMU
UN3156	122
UN3157	122
UN3158	120
UN3159	126
UN3159	126
UN3160	119T
UN3161	115
UN3162	123T
UN3163	126
UN3164	126
UN3164	126
UN3165	131
UN3166	128
UN3166	128
UN3167	115
UN3168	119
UN3169	123
UN3170	138
UN3170	138
UN3171	154
UN3171	154
UN3172	153
UN3172	153
UN3174	135
UN3174	135
UN3175	133
UN3176	133
UN3178	133
UN3179	134
UN3180	134
UN3181	133
UN3182	170
UN3183	135
UN3184	136
UN3185	136
UN3186	135
UN3187	136
UN3188	136
UN3189	135
UN3190	135
UN3191	136
UN3192	136
UN3194	135
UN3200	135
UN3203	135
UN3203	135
UN3205	135
UN3206	136
UN3207	138
UN3207	138
UN3207	138
UN3208	138
UN3209	138
UN3210	140
UN3211	140
UN3212	140
UN3213	140
UN3214	140
UN3215	140
UN3215	140
UN3216	140
UN3216	140
UN3218	140
UN3219	140
UN3220	126
UN3220	126

UN #	GMU
UN3221	149
UN3222	149
UN3223	149
UN3224	149
UN3225	149
UN3226	149
UN3227	149
UN3228	149
UN3229	149
UN3230	149
UN3231	150
UN3232	150
UN3233	150
UN3234	150
UN3235	150
UN3236	150
UN3237	150
UN3238	150
UN3239	150
UN3240	150
UN3241	133
UN3242	171
UN3243	151
UN3244	154
UN3245	171
UN3246	156T
UN3246	156T
UN3247	140
UN3248	131
UN3249	151
UN3250	153
UN3251	133
UN3252	115
UN3252	115
UN3253	154
UN3254	135
UN3255	135
UN3256	128
UN3257	128
UN3258	171
UN3259	154
UN3259	154
UN3260	154
UN3261	154
UN3262	154
UN3263	154
UN3264	154
UN3265	153
UN3266	154
UN3267	153
UN3268	171
UN3268	171
UN3268	171
UN3269	127
UN3270	133
UN3271	127
UN3272	127
UN3273	131
UN3274	127
UN3275	131T
UN3276	151T
UN3276	151T
UN3276	151T
UN3276	151T
UN3277	154
UN3278	151T

UN #	GMU
UN3278	151T
UN3279	131T
UN3280	151T
UN3280	151T
UN3281	151T
UN3281	151T
UN3282	151
UN3282	151
UN3283	151
UN3284	151
UN3285	151
UN3286	131
UN3287	151T
UN3288	151
UN3289	154T
UN3290	154
UN3292	138
UN3292	138
UN3293	152
UN3294	131T
UN3295	128
UN3296	126
UN3296	126
UN3297	126
UN3298	126
UN3299	126
UN3300	119PT
UN3301	136
UN3302	132
UN3303	124T
UN3304	123T
UN3305	119T
UN3306	124T
UN3307	124T
UN3308	123T
UN3309	119T
UN3310	124T
UN3311	122
UN3312	115
UN3313	135
UN3314	171
UN3315	151
UN3316	171
UN3316	171
UN3317	113
UN3318	125T
UN3319	113
UN3320	157
UN3321	162
UN3322	162
UN3323	163
UN3324	165
UN3325	165
UN3326	165
UN3326	165
UN3327	165
UN3328	165
UN3329	165
UN3330	165
UN3331	165
UN3332	164
UN3333	165
UN3336	130
UN3336	130
UN3337	126
UN3338	126

UN #	GMU
UN3339	126
UN3340	126
UN3341	135
UN3342	135
UN3343	113
UN3344	113
UN3345	153
UN3346	131
UN3347	131
UN3348	153
UN3349	151
UN3350	131
UN3351	131
UN3352	151
UN3353	126
UN3353	126
UN3354	115
UN3355	119T
UN3356	140
UN3357	113
UN3358	115

ANNEXE 5 / SCHEDULE 5

Guide des mesures d'urgence/Hazard Guides

How to determine the correct Hazard Guide

1. Identify the dangerous goods by **UN Number from the Shipping Document** (* See below), the placard or the adjacent orange panel.
2. Identify the **Hazard Guide number from Schedule 3.** (Or use the UN Number/Hazard Guide cross-reference at the end of this Schedule.)
3. **Read the Hazard Guide carefully**.

If a Hazard Guide can not be found and an incident is believed to involve dangerous goods, then Guide No.111 should be used.

If the dangerous goods cannot be identified by means of the Shipping Document and no UN Number is shown on the large MoC, then the following Hazard Guides should be used.

Class shown on placard	Hazard Guide Number
DANGER	111
Explosives, 1.1, 1.2 and 1.3	112
Explosives, 1.4	114
Explosives, 1.5	112
Explosives, 1.6	112
Flammable Gases, 2.1	118
Non flammable and non toxic Gases, 2.2	121
Oxygen, 2.2	122
Toxic Gases, 2.3	123
Flammable Liquids, 3	127
Flammable Solids, 4.1	134
Substances liable to spontaneous combustion, 4.2	136
Water Reactive Substances, 4.2	139
Oxidizing Substances, 5.1	143
Organic Peroxides, 5.2	148
Toxic Substances, 6.1	153
Infectious Substances, 6.2	158
Radioactive Materials, 7	163
Corrosives, 8	153
Miscellaneous Products, Substances and organisms	171

* Note: When using the Shipping Document it is possible that:

- the words describing the dangerous goods on the Shipping Document might not be in the same order as shown in Schedule 3, which is acceptable, *for example Asbestos, White, UN2590 might be described as White Asbestos, UN2590*
- there might be prefixes added to the chemical name of the dangerous goods shown on the Shipping Document, *for example, Ethanolamine, UN2491 may be described as Monoethanolamine, UN2491*
- there might be additional descriptive text with the Shipping Name, *for example Barium Chlorate, UN1445 may be described as Barium Chlorate, wet, UN1445*
- there might be alternative spelling, particularly on consignments originating in the U.S. It should be noted that "poison" and "toxic" are used interchangeably, *for example Compressed Gas, Toxic, Oxidizing, Corrosive, N.O.S., UN3306 may be described as Compressed Gas, Poisonous, Oxidizing, Corrosive, N.O.S., UN3306.* "Stabilised" and "inhibited" are also used interchangeably, *e.g. Butadienes, Stabilized, UN1010 may be described as Butadienes, Inhibited, UN1010*
- there might be specific chemical names used in place of a generic name, *for example the Shipping Document might show Lead Fluoride, UN2811, rather than Toxic Solid, Organic, N.O.S. UN 2811*

A driver should be aware that these differences can occur but in all cases the UN Number shown must be used to identify the correct Hazard Guide Number.

For each UN Number there is a corresponding Hazard Guide Number, *for example, the Hazard Guide Number for Sodium Hydroxide, solution UN1824 is # 154.*

GENERAL SAFETY PRECAUTIONS

Approach cautiously from upwind. Resist the urge to rush in; fully assess the situation before you attempt to assist others.

Secure the scene. Without entering the immediate hazard area, isolate the area and assure the safety of people and the environment, keep people away from the scene. Allow enough room to move and remove your own equipment.

Identify the hazards. Obtain the necessary information from placards, labels, shipping documents, material safety data sheets, and/or knowledgeable persons on the scene. Evaluate all available information and consult the appropriate Hazard Guide to reduce immediate risks.

Assess the situation. Consider the following:

Is there a fire, a spill or a leak?

What are the weather conditions?

What is the terrain like?

Who/what is at risk: people, property or the environment?

What actions should be taken: Is an evacuation necessary? Is diking necessary? What resources (human and equipment) are required and are readily available?

What can be done immediately?

Obtain help. Take action to notify responsible agencies and call for assistance from qualified personnel.

BEFORE TAKING ANY FURTHER ACTION:

Decide on site entry. Any efforts made to rescue persons, protect property or the environment, must be weighed against the possibility of worsening the situation. Enter the area only when wearing appropriate protective gear.

Respond. Respond in an appropriate manner. The first duty is to consider the safety of people in the immediate area, including your own. Do not walk into or touch spilled material. Avoid inhalation of fumes, smoke and vapors, even if no dangerous goods are known to be involved. Do not assume that gases or vapors are harmless because of lack of a smell. Odorless gases or vapors may be harmful.

ADDITIONAL HAZARDS

The letter "**T**" following the Hazard Guide number indicates substances that are toxic by inhalation.

Substances that are "toxic by inhalation", require special precautions. There is an Initial Isolation Zone distance that defines an area surrounding the incident in which persons may be exposed to dangerous concentrations of the substance in an upwind direction and life threatening concentrations in a downwind direction. There is a Protective Action Zone distance that defines an area downwind from the incident in which persons may become incapacitated and unable to take protective action and/or incur serious or irreversible health effects. These distances should be obtained immediately when reporting an accidental release.

The letter "**P**" following the Hazard Guide number indicates substances that may polymerize explosively when heated or involved in a fire.

Guide No. 111 Mixed Load/Unidentified Cargo

POTENTIAL HAZARDS

FIRE OR EXPLOSION

• May explode from heat, shock, friction or contamination. • May react violently or explosively on contact with air, water or foam. • May be ignited by heat, sparks or flames. • Vapors may travel to source of ignition and flash back. • Containers may explode when heated. • Ruptured cylinders may rocket.

HEALTH

• Inhalation, ingestion or contact with substance may cause severe injury, infection, disease or death. • High concentration of gas may cause asphyxiation without warning. • Contact may cause burns to skin and eyes. • Fire or contact with water may produce irritating, toxic and/or corrosive gases. • Runoff from fire control may cause pollution.

PUBLIC SAFETY

• CALL Emergency Response Telephone Number on Shipping Document first. If Shipping Document not available or no answer, refer to appropriate telephone number listed at the end of this book. • Isolate spill or leak area immediately for at least 100 to 200 meters (330 to 660 feet) in all directions. • Keep unauthorized personnel away. • Stay upwind. • Keep out of low areas.

PROTECTIVE CLOTHING

• Wear positive pressure self-contained breathing apparatus (SCBA). • Structural firefighters' protective clothing provides limited protection in fire situations ONLY; it may not be effective in spill situations.

EVACUATION

Fire

• If tank, rail car or tank truck is involved in a fire, ISOLATE for 800 meters (1/2 mile) in all directions; also, consider initial evacuation for 800 meters (1/2 mile) in all directions.

EMERGENCY RESPONSE

FIRE

CAUTION: Material may react with extinguishing agent.

Small Fires

• Dry chemical, CO_2, water spray or regular foam.

Large Fires

• Water spray, fog or regular foam. • Move containers from fire area if you can do it without risk.

Fire involving Tanks

• Cool containers with flooding quantities of water until well after fire is out. • Do not get water inside containers. • Withdraw immediately in case of rising sound from venting safety devices or discoloration of tank. • ALWAYS stay away from tanks engulfed in fire.

SPILL OR LEAK

• Do not touch or walk through spilled material. • ELIMINATE all ignition sources (no smoking, flares, sparks or flames in immediate area). • All equipment used when handling the product must be grounded. • Keep combustibles (wood, paper, oil, etc.) away from spilled material. • Use water spray to reduce vapors or divert vapor cloud drift. Avoid allowing water runoff to contact spilled material. • Prevent entry into waterways, sewers, basements or confined areas.

Small Spills

• Take up with sand or other noncombustible absorbent material and place into containers for later disposal.

Large Spills

• Dike far ahead of liquid spill for later disposal.

FIRST AID

• Move victim to fresh air. • Call 911 or emergency medical service. • Apply artificial respiration if victim is not breathing• **Do not use mouth-to-mouth method if victim ingested or inhaled the substance; induce artificial respiration with the aid of a pocket mask equipped with a one-way valve or other proper respiratory medical device.** • Administer oxygen if breathing is difficult. • Remove and isolate contaminated clothing and shoes. • In case of contact with substance, immediately flush skin or eyes with running water for at least 20 minutes. • Shower and wash with soap and water. • Keep victim warm and quiet. • Effects of exposure (inhalation, ingestion or skin contact) to substance may be delayed. • Ensure that medical personnel are aware of the material(s) involved, and take precautions to protect themselves.

Guide No. 112 Explosives* - Division 1.1, 1.2, 1.3, 1.5 or 1.6

POTENTIAL HAZARDS

FIRE OR EXPLOSION	**• MAY EXPLODE AND THROW FRAGMENTS 1600 meters (1 MILE) OR MORE IF FIRE REACHES CARGO.**
HEALTH	• Fire may produce irritating, corrosive and/or toxic gases.

PUBLIC SAFETY

• CALL Emergency Response Telephone Number on Shipping Document first. If Shipping Document not available or no answer, refer to appropriate telephone number listed at the end of this book. • Isolate spill or leak area immediately for at least 500 meters (1/3 mile) in all directions. • Move people out of line of sight of the scene and away from windows. • Keep unauthorized personnel away. • Stay upwind. • Ventilate closed spaces before entering.

PROTECTIVE CLOTHING • Wear positive pressure self-contained breathing apparatus (SCBA). • Structural firefighters' protective clothing provides limited protection.

EVACUATION

Large Spill

• Consider initial evacuation for 800 meters (1/2 mile) in all directions.

Fire

• If rail car or trailer is involved in a fire and heavily encased explosives such as bombs or artillery projectiles are suspected, ISOLATE for 1600 m (1 mile) in all directions; also, initiate evacuation including emergency responders for 1600 m (1 mile) in all directions. • When heavily encased explosives are not involved, evacuate the area for 800 meters (1/2 mile) in all directions.

EMERGENCY RESPONSE

FIRE

CARGO Fires

• DO NOT fight fire when fire reaches cargo! Cargo may EXPLODE! • Stop all traffic and clear the area for at least 1600 meters (1 mile) in all directions and let burn. • Do not move cargo or vehicle if cargo has been exposed to heat.

TIRE or VEHICLE Fires

• Use plenty of water - FLOOD it! If water is not available, use CO_2, dry chemical or dirt. • If possible, and WITHOUT RISK, use unmanned hose holders or monitor nozzles from maximum distance to prevent fire from spreading to cargo area. • Pay special attention to tire fires as re-ignition may occur. Stand by with extinguisher ready.

SPILL OR LEAK • ELIMINATE all ignition sources (no smoking, flares, sparks or flames in immediate area). • All equipment used when handling the product must be grounded. • Do not touch or walk through spilled material. **• DO NOT OPERATE RADIO TRANSMITTERS WITHIN 100 meters (330 feet) OF ELECTRIC DETONATORS. • DO NOT CLEAN-UP OR DISPOSE OF, EXCEPT UNDER SUPERVISION OF A SPECIALIST.**

FIRST AID • Move victim to fresh air. • Call 911 or emergency medical service. • Apply artificial respiration if victim is not breathing • Administer oxygen if breathing is difficult. • Remove and isolate contaminated clothing and shoes. • In case of contact with substance, immediately flush skin or eyes with running water for at least 20 minutes. • Ensure that medical personnel are aware of the material(s) involved, and take precautions to protect themselves.

Guide No. 113 Flammable Solids - Toxic (Wet/Desensitized Explosive)

POTENTIAL HAZARDS

FIRE OR EXPLOSION	• Flammable/combustible material. • May be ignited by heat, sparks or flames. • **DRIED OUT material may explode if exposed to heat, flame, friction or shock; Treat as an explosive (GUIDE 112). • Keep material wet with water or treat as an explosive (Guide 112).** • Runoff to sewer may create fire or explosion hazard.
HEALTH	• Some are toxic and may be fatal if inhaled, swallowed or absorbed through skin. • Contact may cause burns to skin and eyes. • Fire may produce irritating, corrosive and/or toxic gases. • Runoff from fire control or dilution water may cause pollution.

PUBLIC SAFETY

• **CALL Emergency Response Telephone Number on Shipping Document first. If Shipping Document not available or no answer, refer to appropriate telephone number listed at the end of this book.** • Isolate spill or leak area immediately for at least 100 meters (330 feet) in all directions. • Keep unauthorized personnel away. • Stay upwind. • Ventilate closed spaces before entering.

PROTECTIVE CLOTHING	• Wear positive pressure self-contained breathing apparatus (SCBA). • Structural firefighters' protective clothing provides limited protection.
EVACUATION	**Large Spill** • **Consider initial evacuation for 500 meters (1/3 mile) in all directions.** **Fire** • If tank, rail car or tank truck is involved in a fire, ISOLATE for 800 meters (1/2 mile) in all directions; also, consider initial evacuation for 800 meters (1/2 mile) in all directions.

EMERGENCY RESPONSE

FIRE	**CARGO Fires** • **DO NOT fight fire when fire reaches cargo! Cargo may EXPLODE!** • Stop all traffic and clear the area for at least 800 meters (1/2 mile) in all directions and let burn. • **Do not move cargo or vehicle if cargo has been exposed to heat.** **TIRE or VEHICLE Fires** • **Use plenty of water - FLOOD it! If water is not available, use CO_2, dry chemical or dirt.** • If possible, and WITHOUT RISK, use unmanned hose holders or monitor nozzles from maximum distance to prevent fire from spreading to cargo area. • Pay special attention to tire fires as re-ignition may occur. Stand by with extinguisher ready.
SPILL OR LEAK	• ELIMINATE all ignition sources (no smoking, flares, sparks or flames in immediate area). • All equipment used when handling the product must be grounded. • Do not touch or walk through spilled material. **Small Spills** • Flush area with flooding quantities of water. **Large Spills** • Wet down with water and dike for later disposal. • **KEEP "WETTED" PRODUCT WET BY SLOWLY ADDING FLOODING QUANTITIES OF WATER.**
FIRST AID	• Move victim to fresh air. • Call 911 or emergency medical service. • Apply artificial respiration if victim is not breathing. • Administer oxygen if breathing is difficult. • Remove and isolate contaminated clothing and shoes. • In case of contact with substance, immediately flush skin or eyes with running water for at least 20 minutes. • Ensure that medical personnel are aware of the material(s) involved, and take precautions to protect themselves.

Guide No. 114 Explosives* - Division 1.4

POTENTIAL HAZARDS

FIRE OR EXPLOSION

- **MAY EXPLODE AND THROW FRAGMENTS 500 meters (1/3 MILE) OR MORE IF FIRE REACHES CARGO.**

HEALTH

- Fire may produce irritating, corrosive and/or toxic gases.

PUBLIC SAFETY

• **CALL Emergency Response Telephone Number on Shipping Document first. If Shipping Document not available or no answer, refer to appropriate telephone number listed at the end of this book.** • Isolate spill or leak area immediately for at least 100 meters (330 feet) in all directions. • Move people out of line of sight of the scene and away from windows. • Keep unauthorized personnel away. • Stay upwind. • Ventilate closed spaces before entering.

PROTECTIVE CLOTHING

• Wear positive pressure self-contained breathing apparatus (SCBA). • Structural firefighters' protective clothing will only provide limited protection.

EVACUATION

Large Spill

• **Consider initial evacuation for 250 meters (800 feet) in all directions.**

Fire

• If rail car or trailer is involved in a fire, ISOLATE for 500 meters (1/3 mile) in all directions; also initiate evacuation including emergency responders for 500 meters (1/3 mile) in all directions.

EMERGENCY RESPONSE

FIRE

CARGO Fires

• **DO NOT fight fire when fire reaches cargo! Cargo may EXPLODE!** • Stop all traffic and clear the area for at least 500 meters (1/3 mile) in all directions and let burn. • **Do not move cargo or vehicle if cargo has been exposed to heat.**

TIRE or VEHICLE Fires

• **Use plenty of water - FLOOD it! If water is not available, use CO_2, dry chemical or dirt.** • If possible, and WITHOUT RISK, use unmanned hose holders or monitor nozzles from maximum distance to prevent fire from spreading to cargo area. • Pay special attention to tire fires as re-ignition may occur. • Stand by with extinguisher ready.

SPILL OR LEAK

• ELIMINATE all ignition sources (no smoking, flares, sparks or flames in immediate area). • All equipment used when handling the product must be grounded. • Do not touch or walk through spilled material. • **DO NOT OPERATE RADIO TRANSMITTERS WITHIN 100 meters (330 feet) OF ELECTRIC DETONATORS.** • **DO NOT CLEAN-UP OR DISPOSE OF, EXCEPT UNDER SUPERVISION OF A SPECIALIST.**

FIRST AID

• Move victim to fresh air. • Call 911 or emergency medical service. • Apply artificial respiration if victim is not breathing. **Do not use mouth-to-mouth method if victim ingested or inhaled the substance; induce artificial respiration with the aid of a pocket mask equipped with a one-way valve or other proper respiratory medical device.** • Administer oxygen if breathing is difficult. • Remove and isolate contaminated clothing and shoes. • In case of contact with substance, immediately flush skin or eyes with running water for at least 20 minutes. • Shower and wash with soap and water. • Keep victim warm and quiet. • Effects of exposure (inhalation, ingestion or skin contact) to substance may be delayed. • Ensure that medical personnel are aware of the material(s) involved, and take precautions to protect themselves.

SUPPLEMENTAL INFORMATION

• Packages bearing the 1.4S label or packages containing material classified as 1.4S are designed or packaged in such a manner that when involved in a fire, may burn vigorously with localized detonations and projection of fragments. • Effects are usually confined to immediate vicinity of packages. • If fire threatens cargo area containing packages bearing the 1.4S label or packages containing material classified as 1.4S, consider isolating at least 15 meters (50 feet) in all directions. Fight fire with normal precautions from a reasonable distance

Guide No. 115 Gases - Flammable (Including Refrigerated Liquids)

POTENTIAL HAZARDS

FIRE OR EXPLOSION

- **EXTREMELY FLAMMABLE.** • Will be easily ignited by heat, sparks or flames. • Will form explosive mixtures with air. • Vapors from liquefied gas are initially heavier than air and spread along ground. • Vapors may travel to source of ignition and flash back. • Containers may explode when heated. • Ruptured cylinders may rocket.

HEALTH

- Vapors may cause dizziness or asphyxiation without warning. • Some may be irritating if inhaled at high concentrations. • Contact with gas or liquefied gas may cause burns, severe injury and/or frostbite. • Fire may produce irritating and/or toxic gases.

PUBLIC SAFETY

• **CALL Emergency Response Telephone Number on Shipping Document first. If Shipping Document not available or no answer, refer to appropriate telephone number listed at the end of this book.** • Isolate spill or leak area immediately for at least 50 to 100 meters (160 to 330 feet) in all directions. • Keep unauthorized personnel away. • Stay upwind. • Many gases are heavier than air and will spread along ground and collect in low or confined areas (sewers, basements, tanks). • Keep out of low areas.

PROTECTIVE CLOTHING

- Wear positive pressure self-contained breathing apparatus (SCBA). • Structural firefighters' protective clothing will only provide limited protection. • Always wear thermal protective clothing when handling refrigerated/cryogenic liquids.

EVACUATION

Large Spill

- Consider initial downwind evacuation for at least 800 meters (1/2 mile).

Fire

- If tank, rail car or tank truck is involved in a fire, ISOLATE for 1600 meters (1 mile) in all directions; also, consider initial evacuation for 1600 meters (1 mile) in all directions.

EMERGENCY RESPONSE

FIRE

- **DO NOT EXTINGUISH A LEAKING GAS FIRE UNLESS LEAK CAN BE STOPPED.**

Small Fires

- Dry chemical or CO_2.

Large Fires

- Water spray or fog. • Move containers from fire area if you can do it without risk.

Fire involving Tanks

- Fight fire from maximum distance or use unmanned hose holders or monitor nozzles. • Cool containers with flooding quantities of water until well after fire is out. • Do not direct water at source of leak or safety devices; icing may occur. • Withdraw immediately in case of rising sound from venting safety devices or discoloration of tank. • ALWAYS stay away from tanks engulfed in fire. • For massive fire, use unmanned hose holders or monitor nozzles; if this is impossible, withdraw from area and let fire burn.

SPILL OR LEAK

- ELIMINATE all ignition sources (no smoking, flares, sparks or flames in immediate area). • All equipment used when handling the product must be grounded. • Do not touch or walk through spilled material. • Stop leak if you can do it without risk. • If possible, turn leaking containers so that gas escapes rather than liquid. • Use water spray to reduce vapors or divert vapor cloud drift. Avoid allowing water runoff to contact spilled material. • Do not direct water at spill or source of leak. • Prevent spreading of vapors through sewers, ventilation systems and confined areas. •Isolate area until gas has dispersed.

CAUTION: W hen in contact with refrigerated/cryogenic liquids, many materials become brittle and are likely to break without warning.

FIRST AID

- Move victim to fresh air. • Call 911 or emergency medical service. • Apply artificial respiration if victim is not breathing. • Administer oxygen if breathing is difficult. • Remove and isolate contaminated clothing and shoes. • Clothing frozen to the skin should be thawed before being removed. • In case of contact with liquefied gas, thaw frosted parts with lukewarm water. • Keep victim warm and quiet. • Ensure that medical personnel are aware of the material(s) involved, and take precautions to protect themselves.

Guide No. 116 Gases - Flammable (Unstable)

POTENTIAL HAZARDS

FIRE OR EXPLOSION

• **EXTREMELY FLAMMABLE.** • Will be easily ignited by heat, sparks or flames. • Will form explosive mixtures with air. • Silane will ignite spontaneously in air. • Those substances designated with a **"P"** may polymerize explosively when heated or involved in a fire. • Vapors from liquefied gas are initially heavier than air and spread along ground. • Vapors may travel to source of ignition and flash back. • Containers may explode when heated. • Ruptured cylinders may rocket.

HEALTH

• Vapors may cause dizziness or asphyxiation without warning. • Some may be toxic if inhaled at high concentrations. • Contact with gas or liquefied gas may cause burns, severe injury and/or frostbite. • Fire may produce irritating and/or toxic gases.

PUBLIC SAFETY

• **CALL Emergency Response Telephone Number on Shipping Document first. If Shipping Document not available or no answer, refer to appropriate telephone number listed at the end of this book.** • Isolate spill or leak area immediately for at least 100 meters. • (330 feet) in all directions. •Keep unauthorized personnel away. • Stay upwind. • Many gases are heavier than air and will spread along ground and collect in low or confined areas (sewers, basements, tanks). • Keep out of low areas.

PROTECTIVE CLOTHING

• Wear positive pressure self-contained breathing apparatus (SCBA). • Structural firefighters' protective clothing will only provide limited protection.

EVACUATION

Large Spill

• Consider initial downwind evacuation for at least 800 meters (1/2 mile).

Fire

• If tank, rail car or tank truck is involved in a fire, ISOLATE for 1600 meters (1 mile) in all directions; also, consider initial evacuation for 1600 meters (1 mile) in all directions.

EMERGENCY RESPONSE

FIRE

• **DO NOT EXTINGUISH A LEAKING GAS FIRE UNLESS LEAK CAN BE STOPPED.**

Small Fires

• Dry chemical or CO_2.

Large Fires

Water spray or fog. • Move containers from fire area if you can do it without risk.

Fire involving Tanks

• Fight fire from maximum distance or use unmanned hose holders or monitor nozzles. • Cool containers with flooding quantities of water until well after fire is out. • Do not direct water at source of leak or safety devices; icing may occur. • Withdraw immediately in case of rising sound from venting safety devices or discoloration of tank. • ALWAYS stay away from tanks engulfed in fire. • For massive fire, use unmanned hose holders or monitor nozzles; if this is impossible, withdraw from area and let fire burn.

SPILL OR LEAK

• ELIMINATE all ignition sources (no smoking, flares, sparks or flames in immediate area). • All equipment used when handling the product must be grounded. • Stop leak if you can do it without risk. • Do not touch or walk through spilled material. • Do not direct water at spill or source of leak. • Use water spray to reduce vapors or divert vapor cloud drift. Avoid allowing water runoff to contact spilled material. • If possible, turn leaking containers so that gas escapes rather than liquid. • Prevent entry into waterways, sewers, basements or confined areas. • Isolate area until gas has dispersed.

FIRST AID

• Move victim to fresh air. • Call 911 or emergency medical service. • Apply artificial respiration if victim is not breathing. • Administer oxygen if breathing is difficult. • Remove and isolate contaminated clothing and shoes. • In case of contact with liquefied gas, thaw frosted parts with lukewarm water. • Keep victim warm and quiet. • Ensure that medical personnel are aware of the material(s) involved, and take precautions to protect themselves.

Guide No. 117 Gases - Toxic - Flammable (Extreme Hazard)

POTENTIAL HAZARDS

HEALTH

• **TOXIC; Extremely Hazardous.** • May be fatal if inhaled or absorbed through skin. • Initial odor may be irritating or foul and may deaden your sense of smell. • Contact with gas or liquefied gas may cause burns, severe injury and/or frostbite. • Fire will produce irritating, corrosive and/or toxic gases. • Runoff from fire control may cause pollution.

FIRE OR EXPLOSION

• These materials are extremely flammable. • May form explosive mixtures with air. • May be ignited by heat, sparks or flames. • Vapors from liquefied gas are initially heavier than air and spread along ground. • Vapors may travel to source of ignition and flash back. • Runoff may create fire or explosion hazard. • Containers may explode when heated. • Ruptured cylinders may rocket.

PUBLIC SAFETY

• **CALL Emergency Response Telephone Number on Shipping Document first. If Shipping Document not available or no answer, refer to appropriate telephone number listed at the end of this book.** • Isolate spill or leak area immediately for at least 100 to 200 meters (330 to 660 feet) in all directions. • Keep unauthorized personnel away. • Stay upwind. • Many gases are heavier than air and will spread along ground and collect in low or confined areas (sewers, basements, tanks). • Keep out of low areas. • Ventilate closed spaces before entering.

PROTECTIVE CLOTHING

• Wear positive pressure self-contained breathing apparatus (SCBA). • Wear chemical protective clothing which is specifically recommended by the manufacturer. It may provide little or no thermal protection. • Structural firefighters' protective clothing provides limited protection in fire situations ONLY; it is not effective in spill situations.

EVACUATION

Spill

• *See the Table of Initial Isolation and Protective Action Distances* for highlighted substances. For non-highlighted substances, increase, in the downwind direction, as necessary, the isolation distance shown under "PUBLIC SAFETY".

Fire

• If tank, rail car or tank truck is involved in a fire, ISOLATE for 1600 meters (1 mile) in all directions; also, consider initial evacuation for 1600 meters (1 mile) in all directions.

EMERGENCY RESPONSE

FIRE

• **DO NOT EXTINGUISH A LEAKING GAS FIRE UNLESS LEAK CAN BE STOPPED.**

Small Fires

Dry chemical, CO_2, water spray or regular foam.

Large Fires

• Water spray, fog or regular foam. • Move containers from fire area if you can do it without risk. • Damaged cylinders should be handled only by specialists.

Fire involving Tanks

• Fight fire from maximum distance or use unmanned hose holders or monitor nozzles. • Cool containers with flooding quantities of water until well after fire is out. • Do not direct water at source of leak or safety devices; icing may occur. • Withdraw immediately in case of rising sound from venting safety devices or discoloration of tank. • ALWAYS stay away from tanks engulfed in fire.

SPILL OR LEAK

• ELIMINATE all ignition sources (no smoking, flares, sparks or flames in immediate area). • All equipment used when handling the product must be grounded. • Fully encapsulating, vapor protective clothing should be worn for spills and leaks with no fire. Do not touch or walk through spilled material. • Stop leak if you can do it without risk. • Use water spray to reduce vapors or divert vapor cloud drift. Avoid allowing water runoff to contact spilled material. • Do not direct water at spill or source of leak. • If possible, turn leaking containers so that gas escapes rather than liquid. • Prevent entry into waterways, sewers, basements or confined areas. Isolate area until gas has dispersed. • Consider igniting spill or leak to eliminate toxic gas concerns.

FIRST AID

• Move victim to fresh air. • Call 911 or emergency medical service. • Apply artificial respiration if victim is not breathing. • **Do not use mouth-to-mouth method if victim ingested or inhaled the substance; induce artificial respiration with the aid of a pocket mask equipped with a one-way valve or other proper respiratory medical device.** • Administer oxygen if breathing is difficult. • Remove and isolate contaminated clothing and shoes. • In case of contact with substance, immediately flush skin or eyes with running water for at least 20 minutes. • In case of contact with liquefied gas, thaw frosted parts with lukewarm water. • Keep victim warm and quiet. • Keep victim under observation. • Effects of contact or inhalation may be delayed. • Ensure that medical personnel are aware of the material(s) involved, and take precautions to protect themselves.

Guide No. 118 Gases - Flammable - Corrosive

POTENTIAL HAZARDS

FIRE OR EXPLOSION

• **EXTREMELY FLAMMABLE.** • May be ignited by heat, sparks or flames. • May form explosive mixtures with air. • Vapors from liquefied gas are initially heavier than air and spread along ground. • Vapors may travel to source of ignition and flash back. • Some of these materials may react violently with water. • Containers may explode when heated. • Ruptured cylinders may rocket.

HEALTH

May cause toxic effects if inhaled. • Vapors are extremely irritating. • Contact with gas or liquefied gas may cause burns, severe injury and/or frostbite. • Fire will produce irritating, corrosive and/or toxic gases. • Runoff from fire control may cause pollution.

PUBLIC SAFETY

• CALL Emergency Response Telephone Number on Shipping Document first. If Shipping Document not available or no answer, refer to appropriate telephone number listed at the end of this book. • Isolate spill or leak area immediately for at least 100 to 200 meters (330 to 660 feet) in all directions. • Keep unauthorized personnel away. • Stay upwind. • Many gases are heavier than air and will spread along ground and collect in low or confined areas (sewers, basements, tanks). • Keep out of low areas. • Ventilate closed spaces before entering.

PROTECTIVE CLOTHING

• Wear positive pressure self-contained breathing apparatus (SCBA). • Wear chemical protective clothing which is specifically recommended by the manufacturer. It may provide little or no thermal protection. • Structural firefighters' protective clothing provides limited protection in fire situations ONLY; it is not effective in spill situations.

EVACUATION

Large Spill

• Consider initial downwind evacuation for at least 800 meters (1/2 mile).

Fire

• If tank, rail car or tank truck is involved in a fire, ISOLATE for 1600 meters (1 mile) in all directions; also, consider initial evacuation for 1600 meters (1 mile) in all directions.

EMERGENCY RESPONSE

FIRE

• DO NOT EXTINGUISH A LEAKING GAS FIRE UNLESS LEAK CAN BE STOPPED.

Small Fires

• Dry chemical or CO_2.

Large Fires

• Water spray, fog or regular foam. • Move containers from fire area if you can do it without risk. • Damaged cylinders should be handled only by specialists.

Fire involving Tanks

• Fight fire from maximum distance or use unmanned hose holders or monitor nozzles. • Cool containers with flooding quantities of water until well after fire is out. • Do not direct water at source of leak or safety devices; icing may occur. • Withdraw immediately in case of rising sound from venting safety devices or discoloration of tank. • ALWAYS stay away from tanks engulfed in fire.

SPILL OR LEAK

• ELIMINATE all ignition sources (no smoking, flares, sparks or flames in immediate area). • All equipment used when handling the product must be grounded. • Fully encapsulating, vapor protective clothing should be worn for spills and leaks with no fire. • Do not touch or walk through spilled material. • Stop leak if you can do it without risk. • If possible, turn leaking containers so that gas escapes rather than liquid. • Use water spray to reduce vapors or divert vapor cloud drift. Avoid allowing water runoff to contact spilled material. • Do not direct water at spill or source of leak.

FIRST AID

• Move victim to fresh air. • Call 911 or emergency medical service. • Apply artificial respiration if victim is not breathing. • ***Do not use mouth-to-mouth method if victim ingested or inhaled the substance; induce artificial respiration with the aid of a pocket mask equipped with a one-way valve or other proper respiratory medical device.*** • Administer oxygen if breathing is difficult. • Remove and isolate contaminated clothing and shoes. • In case of contact with liquefied gas, thaw frosted parts with lukewarm water. • Keep victim warm and quiet. • Keep victim under observation. • Effects of contact or inhalation may be delayed. • Ensure that medical personnel are aware of the material(s) involved, and take precautions to protect themselves.

Guide No. 119 Gases - Toxic - Flammable

POTENTIAL HAZARDS

HEALTH

• **TOXIC; may be fatal if inhaled or absorbed through skin.** • Contact with gas or liquefied gas may cause burns, severe injury and/or frostbite. • Fire will produce irritating, corrosive and/or toxic gases. • Runoff from fire control may cause pollution.

FIRE OR EXPLOSION

• Flammable; may be ignited by heat, sparks or flames. • May form explosive mixtures with air. • Those substances designated with a **"P"** may polymerize explosively when heated or involved in a fire. • Vapors from liquefied gas are initially heavier than air and spread along ground. • Vapors may travel to source of ignition and flash back. • Some of these materials may react violently with water. • Containers may explode when heated. • Ruptured cylinders may rocket. • Runoff may create fire or explosion hazard.

PUBLIC SAFETY

• **CALL Emergency Response Telephone Number on Shipping Document first. If Shipping Document not available or no answer, refer to appropriate telephone number listed at the end of this book.** • Isolate spill or leak area immediately for at least 100 to 200 meters (330 to 660 feet) in all directions. • Keep unauthorized personnel away. • Stay upwind. • Many gases are heavier than air and will spread along ground and collect in low or confined areas (sewers, basements, tanks). • Keep out of low areas. • Ventilate closed spaces before entering.

PROTECTIVE CLOTHING

• Wear positive pressure self-contained breathing apparatus (SCBA). • Wear chemical protective clothing which is specifically recommended by the manufacturer. It may provide little or no thermal protection. • Structural firefighters' protective clothing provides limited protection in fire situations ONLY; it may not be effective in spill situations.

EVACUATION

Spill

• Substances that are toxic by inhalation (identified by a letter "T" following the Hazard Guide number in Schedule 3), require special precautions. Different initial isolation and protective action distances are recommended for these substances. These distances should be obtained immediately when reporting an accidental release.

Fire

• If tank, rail car or tank truck is involved in a fire, ISOLATE for 1600 meters (1 mile) in all directions; also, consider initial evacuation for 1600 meters (1 mile) in all directions.

EMERGENCY RESPONSE

FIRE

• **DO NOT EXTINGUISH A LEAKING GAS FIRE UNLESS LEAK CAN BE STOPPED.**

Small Fires

• Dry chemical, CO_2, water spray or alcohol-resistant foam.

Large Fires

• Water spray, fog or alcohol-resistant foam. • **FOR CHLOROSILANES, DO NOT USE WATER;** use AFFF alcohol-resistant medium expansion foam. • Move containers from fire area if you can do it without risk. • Damaged cylinders should be handled only by specialists.

Fire involving Tanks

• Fight fire from maximum distance or use unmanned hose holders or monitor nozzles. • Cool containers with flooding quantities of water until well after fire is out. • Do not direct water at source of leak or safety devices; icing may occur. • Withdraw immediately in case of rising sound from venting safety devices or discoloration of tank. • ALWAYS stay away from tanks engulfed in fire.

SPILL OR LEAK

• ELIMINATE all ignition sources (no smoking, flares, sparks or flames in immediate area). • All equipment used when handling the product must be grounded. • Fully encapsulating, vapor protective clothing should be worn for spills and leaks with no fire. • Do not touch or walk through spilled material. • Stop leak if you can do it without risk. • Do not direct water at spill or source of leak. • Use water spray to reduce vapors or divert vapor cloud drift. Avoid allowing water runoff to contact spilled material. • **FOR CHLOROSILANES**, use AFFF alcohol-resistant medium expansion foam to reduce vapors. • If possible, turn leaking containers so that gas escapes rather than liquid. • Prevent entry into waterways, sewers, basements or confined areas. • Isolate area until gas has dispersed.

FIRST AID

• Move victim to fresh air. • Call 911 or emergency medical service. • Apply artificial respiration if victim is not breathing. • **Do not use mouth-to-mouth method if victim ingested or inhaled the substance; induce artificial respiration with the aid of a pocket mask equipped with a one-way valve or other proper respiratory medical device.** • Administer oxygen if breathing is difficult. • Remove and isolate contaminated clothing and shoes. • In case of contact with substance, immediately flush skin or eyes with running water for at least 20 minutes. • In case of contact with liquefied gas, thaw frosted parts with lukewarm water. • Keep victim warm and quiet. • Keep victim under observation. • Effects of contact or inhalation may be delayed. . • Ensure that medical personnel are aware of the material(s) involved, and take precautions to protect themselves.

Guide No. 120 Gases - Inert (Including Refrigerated Liquids)

POTENTIAL HAZARDS

HEALTH	• Vapors may cause dizziness or asphyxiation without warning. • Vapors from liquefied gas are initially heavier than air and spread along ground. • Contact with gas or liquefied gas may cause burns, severe injury and/or frostbite.
FIRE OR EXPLOSION	• **Non-flammable gases.** • Containers may explode when heated. • Ruptured cylinders may rocket.

PUBLIC SAFETY

• **CALL Emergency Response Telephone Number on Shipping Document first. If Shipping Document not available or no answer, refer to appropriate telephone number listed at the end of this book.** • Isolate spill or leak area immediately for at least 25 meters (80 feet) in all directions. • Keep unauthorized personnel away. • Stay upwind. • Many gases are heavier than air and will spread along ground and collect in low or confined areas (sewers, basements, tanks). • Keep out of low areas. • Ventilate closed spaces before entering.

PROTECTIVE CLOTHING

• Wear positive pressure self-contained breathing apparatus (SCBA). • Structural firefighters' protective clothing will only provide limited protection. • Always wear thermal protective clothing when handling refrigerated/cryogenic liquids or solids.

EVACUATION

Large Spill

• Consider initial downwind evacuation for at least 100 meters (330 feet).

Fire

• If tank, rail car or tank truck is involved in a fire, ISOLATE for 800 meters (1/2 mile) in all directions; also, consider initial evacuation for 800 meters (1/2 mile) in all directions.

EMERGENCY RESPONSE

FIRE

• Use extinguishing agent suitable for type of surrounding fire. • Move containers from fire area if you can do it without risk.
• Damaged cylinders should be handled only by specialists.

Fire involving Tanks

• Fight fire from maximum distance or use unmanned hose holders or monitor nozzles. • Cool containers with flooding quantities of water until well after fire is out. • Do not direct water at source of leak or safety devices; icing may occur. • Withdraw immediately in case of rising sound from venting safety devices or discoloration of tank. • ALWAYS stay away from tanks engulfed in fire.

SPILL OR LEAK

• Do not touch or walk through spilled material. • Stop leak if you can do it without risk. • Use water spray to reduce vapors or divert vapor cloud drift. Avoid allowing water runoff to contact spilled material. • Do not direct water at spill or source of leak. • If possible, turn leaking containers so that gas escapes rather than liquid. • Prevent entry into waterways, sewers, basements or confined areas. • Allow substance to evaporate. • Ventilate the area. **CAUTION: When in contact with refrigerated/cryogenic liquids, many materials become brittle and are likely to break without warning.**

FIRST AID

• Move victim to fresh air. • Call 911 or emergency medical service. • Apply artificial respiration if victim is not breathing. • Administer oxygen if breathing is difficult. • Clothing frozen to the skin should be thawed before being removed. • In case of contact with liquefied gas, thaw frosted parts with lukewarm water • Keep victim warm and quiet. • Ensure that medical personnel are aware of the material(s) involved, and take precautions to protect themselves.

Guide No. 121 Gases - Inert

POTENTIAL HAZARDS

HEALTH	• Vapors may cause dizziness or asphyxiation without warning. • Vapors from liquefied gas are initially heavier than air and spread along ground. • Contact with liquefied gas may cause frostbite.
FIRE OR EXPLOSION	• Non-flammable gases. • Containers may explode when heated. • Ruptured cylinders may rocket.

PUBLIC SAFETY

• CALL Emergency Response Telephone Number on Shipping Document first. If Shipping Document not available or no answer, refer to appropriate telephone number listed at the end of this book. • Isolate spill or leak area immediately for at least 10 to 25 meters (30 to 80 feet) in all directions. • Keep unauthorized personnel away. • Stay upwind. • Many gases are heavier than air and will spread along ground and collect in low or confined areas (sewers, basements, tanks). • Keep out of low areas. • Ventilate closed spaces before entering.

PROTECTIVE CLOTHING	• Wear positive pressure self-contained breathing apparatus (SCBA). • Structural firefighters' protective clothing will only provide limited protection.
EVACUATION	**Large Spill** • Consider initial downwind evacuation for at least 100 meters (330 feet). **Fire** • If tank, rail car or tank truck is involved in a fire, ISOLATE for 800 meters (1/2 mile) in all directions; also, consider initial evacuation for 800 meters (1/2 mile) in all directions.

EMERGENCY RESPONSE

FIRE	• Use extinguishing agent suitable for type of surrounding fire. • Move containers from fire area if you can do it without risk. • Damaged cylinders should be handled only by specialists. **Fire involving Tanks** • Fight fire from maximum distance or use unmanned hose holders or monitor nozzles. • Cool containers with flooding quantities of water until well after fire is out. • Do not direct water at source of leak or safety devices; icing may occur. • Withdraw immediately in case of rising sound from venting safety devices or discoloration of tank. • ALWAYS stay away from tanks engulfed in fire.
SPILL OR LEAK	• Do not touch or walk through spilled material. • Stop leak if you can do it without risk. • Use water spray to reduce vapors or divert vapor cloud drift. Avoid allowing water runoff to contact spilled material. • Do not direct water at spill or source of leak. • If possible, turn leaking containers so that gas escapes rather than liquid. • Prevent entry into waterways, sewers, basements or confined areas. • Allow substance to evaporate. • Ventilate the area.
FIRST AID	• Move victim to fresh air. • Call 911 or emergency medical service. • Apply artificial respiration if victim is not breathing. • Administer oxygen if breathing is difficult. • Clothing frozen to the skin should be thawed before being removed. • In case of contact with liquefied gas, thaw frosted parts with lukewarm water. • Keep victim warm and quiet. • Ensure that medical personnel are aware of the material(s) involved, and take precautions to protect themselves.

Guide No. 122 Gases - Oxidizing (Including Refrigerated Liquids)

POTENTIAL HAZARDS

FIRE OR EXPLOSION

• Substance does not burn but will support combustion. • Some may react explosively with fuels. • May ignite combustibles (wood, paper, oil, clothing, etc.). • Vapors from liquefied gas are initially heavier than air and spread along ground. • Runoff may create fire or explosion hazard. • Containers may explode when heated. • Ruptured cylinders may rocket.

HEALTH

• Vapors may cause dizziness or asphyxiation without warning. • Contact with gas or liquefied gas may cause burns, severe injury and/or frostbite. • Fire may produce irritating and/or toxic gases.

PUBLIC SAFETY

• CALL Emergency Response Telephone Number on Shipping Document first. If Shipping Document not available or no answer, refer to appropriate telephone number listed at the end of this book. • Isolate spill or leak area immediately for at least 25 to 50 meters (80 to 160 feet) in all directions. • Keep unauthorized personnel away. • Stay upwind. • Many gases are heavier than air and will spread along ground and collect in low or confined areas (sewers, basements, tanks). • Keep out of low areas. • Ventilate closed spaces before entering.

PROTECTIVE CLOTHING

• Wear positive pressure self-contained breathing apparatus (SCBA). • Wear chemical protective clothing which is specifically recommended by the manufacturer. It may provide little or no thermal protection. • Structural firefighters' protective clothing provides limited protection in fire situations ONLY; it is not effective in spill situations. • Always wear thermal protective clothing when handling refrigerated/cryogenic liquids.

EVACUATION

Large Spill

• Consider initial downwind evacuation for at least 500 meters (1/3 mile).

Fire

• If tank, rail car or tank truck is involved in a fire, ISOLATE for 800 meters (1/2 mile) in all directions; also, consider initial evacuation for 800 meters (1/2 mile) in all directions.

EMERGENCY RESPONSE

FIRE

• Use extinguishing agent suitable for type of surrounding fire.

Small Fires

• Dry chemical or CO_2.

Large Fires

• Water spray, fog or regular foam. • Move containers from fire area if you can do it without risk. • Damaged cylinders should be handled only by specialists.

Fire involving Tanks

• Fight fire from maximum distance or use unmanned hose holders or monitor nozzles. • Cool containers with flooding quantities of water until well after fire is out. • Do not direct water at source of leak or safety devices; icing may occur. • Withdraw immediately in case of rising sound from venting safety devices or discoloration of tank. • ALWAYS stay away from tanks engulfed in fire. • For massive fire, use unmanned hose holders or monitor nozzles; if this is impossible, withdraw from area and let fire burn.

SPILL OR LEAK

• Keep combustibles (wood, paper, oil, etc.) away from spilled material. • Do not touch or walk through spilled material. • Stop leak if you can do it without risk. • If possible, turn leaking containers so that gas escapes rather than liquid. • Do not direct water at spill or source of leak. • Use water spray to reduce vapors or divert vapor cloud drift. Avoid allowing water runoff to contact spilled material. • Prevent entry into waterways, sewers, basements or confined areas. • Allow substance to evaporate. • Isolate area until gas has dispersed. **CAUTION: When in contact with refrigerated/cryogenic liquids, many materials become brittle and are likely to break without warning.**

FIRST AID

• Move victim to fresh air. • Call 911 or emergency medical service. • Apply artificial respiration if victim is not breathing. • Administer oxygen if breathing is difficult. • Remove and isolate contaminated clothing and shoes. • Clothing frozen to the skin should be thawed before being removed. • In case of contact with liquefied gas, thaw frosted parts with lukewarm water. • Keep victim warm and quiet. • Ensure that medical personnel are aware of the material(s) involved, and take precautions to protect themselves.

Guide No. 123 Gases - Toxic and/or Corrosive

POTENTIAL HAZARDS

HEALTH

• **TOXIC; may be fatal if inhaled or absorbed through skin.** • Vapors may be irritating. • Contact with gas or liquefied gas may cause burns, severe injury and/or frostbite. • Fire will produce irritating, corrosive and/or toxic gases. • Runoff from fire control may cause pollution.

FIRE OR EXPLOSION

• Some may burn, but none ignite readily. • Vapors from liquefied gas are initially heavier than air and spread along ground. • Containers may explode when heated. • Ruptured cylinders may rocket.

PUBLIC SAFETY

• **CALL Emergency Response Telephone Number on Shipping Document first. If Shipping Document not available or no answer, refer to appropriate telephone number listed at the end of this book.** • Isolate spill or leak area immediately for at least 100 to 200 meters (330 to 660 feet) in all directions. • Keep unauthorized personnel away. • Stay upwind. • Many gases are heavier than air and will spread along ground and collect in low or confined areas (sewers, basements, tanks). • Keep out of low areas. • Ventilate closed spaces before entering.

PROTECTIVE CLOTHING

• Wear positive pressure self-contained breathing apparatus (SCBA). • Wear chemical protective clothing which is specifically recommended by the manufacturer. It may provide little or no thermal protection. • Structural firefighters' protective clothing provides limited protection in fire situations ONLY; it is not effective in spill situations.

EVACUATION

Spill

• Substances that are toxic by inhalation (identified by the letter "T" in Schedule 3), require special precautions. Different initial isolation and protective action distances are recommended for these substances. These distances should be obtained immediately when reporting an accidental release.

Fire

• If tank, rail car or tank truck is involved in a fire, ISOLATE for 800 meters (1/2 mile) in all directions; also, consider initial evacuation for 800 meters (1/2 mile) in all directions.

EMERGENCY RESPONSE

FIRE

Small Fires

• Dry chemical or CO_2.

Large Fires

• Water spray, fog or regular foam. • Do not get water inside containers. • Move containers from fire area if you can do it without risk. • Damaged cylinders should be handled only by specialists.

Fire involving Tanks

• Fight fire from maximum distance or use unmanned hose holders or monitor nozzles. • Cool containers with flooding quantities of water until well after fire is out. • Do not direct water at source of leak or safety devices; icing may occur. • Withdraw immediately in case of rising sound from venting safety devices or discoloration of tank. • ALWAYS stay away from tanks engulfed in fire.

SPILL OR LEAK

• Fully encapsulating, vapor protective clothing should be worn for spills and leaks with no fire. • Do not touch or walk through spilled material. • Stop leak if you can do it without risk. • If possible, turn leaking containers so that gas escapes rather than liquid. • Prevent entry into waterways, sewers, basements or confined areas. • Use water spray to reduce vapors or divert vapor cloud drift. Avoid allowing water runoff to contact spilled material. • Do not direct water at spill or source of leak. • Isolate area until gas has dispersed.

FIRST AID

• Move victim to fresh air. • Call 911 or emergency medical service. • Apply artificial respiration if victim is not breathing. • **Do not use mouth-to-mouth method if victim ingested or inhaled the substance; induce artificial respiration with the aid of a pocket mask equipped with a one-way valve or other proper respiratory medical device.** • Administer oxygen if breathing is difficult. • Remove and isolate contaminated clothing and shoes. • In case of contact with liquefied gas, thaw frosted parts with lukewarm water. • In case of contact with substance, immediately flush skin or eyes with running water for at least 20 minutes. • Keep victim warm and quiet. • Keep victim under observation. • Effects of contact or inhalation may be delayed. • Ensure that medical personnel are aware of the material(s) involved, and take precautions to protect themselves.

Guide No. 124 Gases - Toxic and/or Corrosive - Oxidizing

POTENTIAL HAZARDS

HEALTH	• **TOXIC; may be fatal if inhaled or absorbed through skin.** • Fire will produce irritating, corrosive and/or toxic gases. • Contact with gas or liquefied gas may cause burns, severe injury and/or frostbite. • Runoff from fire control may cause pollution.
FIRE OR EXPLOSION	• Substance does not burn but will support combustion. • Vapors from liquefied gas are initially heavier than air and spread along ground. • These are strong oxidizers and will react vigorously or explosively with many materials including fuels. • May ignite combustibles (wood, paper, oil, clothing, etc.). • Some will react violently with air, moist air and/or water. • Containers may explode when heated. • Ruptured cylinders may rocket.

PUBLIC SAFETY

• **CALL Emergency Response Telephone Number on Shipping Document first. If Shipping Document not available or no answer, refer to appropriate telephone number listed at the end of this book.** • Isolate spill or leak area immediately for at least 100 to 200 meters (330 to 660 feet) in all directions. • Keep unauthorized personnel away. • Stay upwind. • Many gases are heavier than air and will spread along ground and collect in low or confined areas (sewers, basements, tanks). • Keep out of low areas. • Ventilate closed spaces before entering.

PROTECTIVE CLOTHING	• Wear positive pressure self-contained breathing apparatus (SCBA). • Wear chemical protective clothing which is specifically recommended by the manufacturer. It may provide little or no thermal protection. • Structural firefighters' protective clothing provides limited protection in fire situations ONLY; it is not effective in spill situations.
EVACUATION	**Spill** • Substances that are toxic by inhalation (identified by the letter "T" in Schedule 3), require special precautions. Different initial isolation and protective action distances are recommended for these substances. These distances should be obtained immediately when reporting an accidental release. **Fire** • If tank, rail car or tank truck is involved in a fire, ISOLATE for 800 meters (1/2 mile) in all directions; also, consider initial evacuation for 800 meters (1/2 mile) in all directions.

EMERGENCY RESPONSE

FIRE	**Small Fires** **Water only; no dry chemical, CO_2 or Halon.** • Contain fire and let burn. If fire must be fought, water spray or fog is recommended. • Do not get water inside containers. • Move containers from fire area if you can do it without risk. • Damaged cylinders should be handled only by specialists. **Fire involving Tanks** • Fight fire from maximum distance or use unmanned hose holders or monitor nozzles. • Cool containers with flooding quantities of water until well after fire is out. • Do not direct water at source of leak or safety devices; icing may occur. • Withdraw immediately in case of rising sound from venting safety devices or discoloration of tank. • ALWAYS stay away from tanks engulfed in fire. • For massive fire, use unmanned hose holders or monitor nozzles; if this is impossible, withdraw from area and let fire burn.
SPILL OR LEAK	• Fully encapsulating, vapor protective clothing should be worn for spills and leaks with no fire. • Do not touch or walk through spilled material. • Keep combustibles (wood, paper, oil, etc.) away from spilled material. • Stop leak if you can do it without risk. • Use water spray to reduce vapors or divert vapor cloud drift. Avoid allowing water runoff to contact spilled material. • Do not direct water at spill or source of leak. • If possible, turn leaking containers so that gas escapes rather than liquid. • Prevent entry into waterways, sewers, basements or confined areas. • Isolate area until gas has dispersed. • Ventilate the area.
FIRST AID	• Move victim to fresh air. • Call 911 or emergency medical service. • Apply artificial respiration if victim is not breathing. • **Do not use mouth-to-mouth method if victim ingested or inhaled the substance; induce artificial respiration with the aid of a pocket mask equipped with a one-way valve or other proper respiratory medical device.** • Administer oxygen if breathing is difficult. • Clothing frozen to the skin should be thawed before being removed. • Remove and isolate contaminated clothing and shoes. • In case of contact with substance, immediately flush skin or eyes with running water for at least 20 minutes. • Keep victim warm and quiet. • Keep victim under observation. • Effects of contact or inhalation may be delayed. • Ensure that medical personnel are aware of the material(s) involved, and take precautions to protect themselves.

Guide No. 125 Gases - Corrosive

POTENTIAL HAZARDS

HEALTH	**• TOXIC; may be fatal if inhaled.** • Vapors are extremely irritating and corrosive. • Contact with gas or liquefied gas may cause burns, severe injury and/or frostbite. • Fire will produce irritating, corrosive and/or toxic gases. • Runoff from fire control may cause pollution.
FIRE OR EXPLOSION	• Some may burn, but none ignite readily. • Vapors from liquefied gas are initially heavier than air and spread along ground. • Some of these materials may react violently with water. • Containers may explode when heated. • Ruptured cylinders may rocket.

PUBLIC SAFETY

• CALL Emergency Response Telephone Number on Shipping Document first. If Shipping Document not available or no answer, refer to appropriate telephone number listed at the end of this book. • Isolate spill or leak area immediately for at least 100 to 200 meters (330 to 660 feet) in all directions. • Keep unauthorized personnel away. • Stay upwind. • Many gases are heavier than air and will spread along ground and collect in low or confined areas (sewers, basements, tanks). • Keep out of low areas. • Ventilate closed spaces before entering.

PROTECTIVE CLOTHING	• Wear positive pressure self-contained breathing apparatus (SCBA). • Wear chemical protective clothing which is specifically recommended by the manufacturer. It may provide little or no thermal protection. • Structural firefighters' protective clothing provides limited protection in fire situations ONLY; it is not effective in spill situations.
EVACUATION	**Spill** • Substances that are toxic by inhalation (identified by the letter "T" in Schedule 3), require special precautions. Different initial isolation and protective action distances are recommended for these substances. These distances should be obtained immediately when reporting an accidental release. **Fire** • If tank, rail car or tank truck is involved in a fire, ISOLATE for 1600 meters (1 mile) in all directions; also, consider initial evacuation for 1600 meters (1 mile) in all directions.

EMERGENCY RESPONSE

FIRE	**Small Fires** • Dry chemical or CO_2. **Large Fires** • Water spray, fog or regular foam. • Move containers from fire area if you can do it without risk. • Do not get water inside containers. • Damaged cylinders should be handled only by specialists. **Fire involving Tanks** • Fight fire from maximum distance or use unmanned hose holders or monitor nozzles. • Cool containers with flooding quantities of water until well after fire is out. • Do not direct water at source of leak or safety devices; icing may occur. • Withdraw immediately in case of rising sound from venting safety devices or discoloration of tank. • ALWAYS stay away from tanks engulfed in fire.
SPILL OR LEAK	• Fully encapsulating, vapor protective clothing should be worn for spills and leaks with no fire. • Do not touch or walk through spilled material. • Stop leak if you can do it without risk. • If possible, turn leaking containers so that gas escapes rather than liquid. • Prevent entry into waterways, sewers, basements or confined areas. • Do not direct water at spill or source of leak. • Use water spray to reduce vapors or divert vapor cloud drift. Avoid allowing water runoff to contact spilled material. • Isolate area until gas has dispersed.
FIRST AID	• Move victim to fresh air. • Call 911 or emergency medical service. • Apply artificial respiration if victim is not breathing. **• Do not use mouth-to-mouth method if victim ingested or inhaled the substance; induce artificial respiration with the aid of a pocket mask equipped with a one-way valve or other proper respiratory medical device.** • Administer oxygen if breathing is difficult. • Remove and isolate contaminated clothing and shoes. • In case of contact with liquefied gas, thaw frosted parts with lukewarm water. • In case of contact with substance, immediately flush skin or eyes with running water for at least 20 minutes. • Keep victim warm and quiet. • Keep victim under observation. • Effects of contact or inhalation may be delayed. • Ensure that medical personnel are aware of the material(s) involved, and take precautions to protect themselves.

Guide No. 126 Gases - Compressed or Liquefied (Including Refrigerant Gases)

POTENTIAL HAZARDS

FIRE OR EXPLOSION	• Some may burn, but none ignite readily. • Containers may explode when heated. • Ruptured cylinders may rocket.
HEALTH	• Vapors may cause dizziness or asphyxiation without warning. • Vapors from liquefied gas are initially heavier than air and spread along ground. • Contact with gas or liquefied gas may cause burns, severe injury and/or frostbite. • Fire may produce irritating, corrosive and/or toxic gases.

PUBLIC SAFETY

• CALL Emergency Response Telephone Number on Shipping Document first. If Shipping Document not available or no answer, refer to appropriate telephone number listed at the end of this book. • Isolate spill or leak area immediately for at least 100 meters (330 feet) in all directions. • Keep unauthorized personnel away. • Stay upwind. • Many gases are heavier than air and will spread along ground and collect in low or confined areas (sewers, basements, tanks). • Keep out of low areas. • Ventilate closed spaces before entering.

PROTECTIVE CLOTHING	• Wear positive pressure self-contained breathing apparatus (SCBA). • Structural firefighters' protective clothing will only provide limited protection.
EVACUATION	**Large Spill** • Consider initial downwind evacuation for at least 500 meters (1/3 mile). **Fire** • If tank, rail car or tank truck is involved in a fire, ISOLATE for 800 meters (1/2 mile) in all directions; also, consider initial evacuation for 800 meters (1/2 mile) in all directions.

EMERGENCY RESPONSE

FIRE	• Use extinguishing agent suitable for type of surrounding fire. **Small Fires** • Dry chemical or CO_2. **Large Fires** • Water spray, fog or regular foam. • Move containers from fire area if you can do it without risk. • Damaged cylinders should be handled only by specialists. **Fire involving Tanks** • Fight fire from maximum distance or use unmanned hose holders or monitor nozzles. • Cool containers with flooding quantities of water until well after fire is out. • Do not direct water at source of leak or safety devices; icing may occur. • Withdraw immediately in case of rising sound from venting safety devices or discoloration of tank. • ALWAYS stay away from tanks engulfed in fire. • Some of these materials, if spilled, may evaporate leaving a flammable residue.
SPILL OR LEAK	• Do not touch or walk through spilled material. • Stop leak if you can do it without risk. • Do not direct water at spill or source of leak. • Use water spray to reduce vapors or divert vapor cloud drift. Avoid allowing water runoff to contact spilled material. • If possible, turn leaking containers so that gas escapes rather than liquid. • Prevent entry into waterways, sewers, basements or confined areas. • Allow substance to evaporate. • Ventilate the area.
FIRST AID	• Move victim to fresh air. • Call 911 or emergency medical service. • Apply artificial respiration if victim is not breathing. • Administer oxygen if breathing is difficult. • Remove and isolate contaminated clothing and shoes. • In case of contact with liquefied gas, thaw frosted parts with Lukewarm water. • Keep victim warm and quiet. • Ensure that medical personnel are aware of the material(s) involved, And take precautions to protect themselves.

Guide No. 127 Flammable Liquids (Polar/Water-Miscible)

POTENTIAL HAZARDS

FIRE OR EXPLOSION

• **HIGHLY FLAMMABLE: Will be easily ignited by heat, sparks or flames.** • Vapors may form explosive mixtures with air. • Vapors may travel to source of ignition and flash back. • Most vapors are heavier than air. They will spread along ground and collect in low or confined areas (sewers, basements, tanks). • Vapor explosion hazard indoors, outdoors or in sewers. • Those substances designated with a **"P"** may polymerize explosively when heated or involved in a fire. • Runoff to sewer may create fire or explosion hazard. • Containers may explode when heated. • Many liquids are lighter than water.

HEALTH

• Inhalation or contact with material may irritate or burn skin and eyes. • Fire may produce irritating, corrosive and/or toxic gases. • Vapors may cause dizziness or suffocation. • Runoff from fire control may cause pollution.

PUBLIC SAFETY

• **CALL Emergency Response Telephone Number on Shipping Document first. If Shipping Document not available or no answer, refer to appropriate telephone number listed at the end of this book.** • Isolate spill or leak area immediately for at least 25 to 50 meters (80 to 160 feet) in all directions. • Keep unauthorized personnel away. • Stay upwind. • Keep out of low areas. • Ventilate closed spaces before entering.

PROTECTIVE CLOTHING

• Wear positive pressure self-contained breathing apparatus (SCBA). • Structural firefighters' protective clothing will only provide limited protection.

EVACUATION

Large Spill

• Consider initial downwind evacuation for at least 300 meters (1000 feet).

Fire

• If tank, rail car or tank truck is involved in a fire, ISOLATE for 800 meters (1/2 mile) in all directions; also, consider initial evacuation for 800 meters (1/2 mile) in all directions.

EMERGENCY RESPONSE

FIRE

CAUTION: All these products have a very low flash point: Use of water spray when fighting fire may be inefficient.

Small Fires

• Dry chemical, CO_2, water spray or alcohol-resistant foam.

Large Fires

• Water spray, fog or alcohol-resistant foam. • Use water spray or fog; do not use straight streams. • Move containers from fire area if you can do it without risk.

Fire involving Tanks or Car/Trailer Loads

• Fight fire from maximum distance or use unmanned hose holders or monitor nozzles. • Cool containers with flooding quantities of water until well after fire is out. • Withdraw immediately in case of rising sound from venting safety devices or discoloration of tank. • ALWAYS stay away from tanks engulfed in fire. • For massive fire, use unmanned hose holders or monitor nozzles; if this is impossible, withdraw from area and let fire burn.

SPILL OR LEAK

• ELIMINATE all ignition sources (no smoking, flares, sparks or flames in immediate area). • All equipment used when handling the product must be grounded. • Do not touch or walk through spilled material. • Stop leak if you can do it without risk. • Prevent entry into waterways, sewers, basements or confined areas. • A vapor suppressing foam may be used to reduce vapors. • Absorb or cover with dry earth, sand or other non-combustible material and transfer to containers. • Use clean non-sparking tools to collect absorbed material.

Large Spills

• Dike far ahead of liquid spill for later disposal. • Water spray may reduce vapor; but may not prevent ignition in closed spaces.

FIRST AID

• Move victim to fresh air. • Call 911 or emergency medical service. • Apply artificial respiration if victim is not breathing. • Administer oxygen if breathing is difficult. • Remove and isolate contaminated clothing and shoes. • In case of contact with substance, immediately flush skin or eyes with running water for at least 20 minutes. • Wash skin with soap and water. • Keep victim warm and quiet. • Ensure that medical personnel are aware of the material(s) involved, and take precautions to protect themselves.

Guide No. 128 Flammable Liquids (Non-Polar/Water-Immiscible)

POTENTIAL HAZARDS

FIRE OR EXPLOSION

• **HIGHLY FLAMMABLE: Will be easily ignited by heat, sparks or flames.** • Vapors may form explosive mixtures with air. • Vapors may travel to source of ignition and flash back. • Most vapors are heavier than air. They will spread along ground and collect in low or confined areas (sewers, basements, tanks). • Vapor explosion hazard indoors, outdoors or in sewers. • Those substances designated with a **"P"** may polymerize explosively when heated or involved in a fire. • Runoff to sewer may create fire or explosion hazard. • Containers may explode when heated. • Many liquids are lighter than water. • Substance may be transported hot.

HEALTH

• Inhalation or contact with material may irritate or burn skin and eyes. • Fire may produce irritating, corrosive and/or toxic gases. • Vapors may cause dizziness or suffocation. • Runoff from fire control or dilution water may cause pollution.

PUBLIC SAFETY

• **CALL Emergency Response Telephone Number on Shipping Document first. If Shipping Document not available or no answer, refer to appropriate telephone number listed at the end of this book.** • Isolate spill or leak area immediately for at least 25 to 50 meters (80 to 160 feet) in all directions. • Keep unauthorized personnel away. • Stay upwind. • Keep out of low areas. • Ventilate closed spaces before entering.

PROTECTIVE CLOTHING

• Wear positive pressure self-contained breathing apparatus (SCBA). • Structural firefighters' protective clothing will only provide limited protection.

EVACUATION

Large Spill

• Consider initial downwind evacuation for at least 300 meters (1000 feet).

Fire

• If tank, rail car or tank truck is involved in a fire, ISOLATE for 800 meters (1/2 mile) in all directions; also, consider initial evacuation for 800 meters (1/2 mile) in all directions.

EMERGENCY RESPONSE

FIRE

CAUTION: All these products have a very low flash point: Use of water spray when fighting fire may be inefficient.

Small Fires

• Dry chemical, CO_2, water spray or regular foam.

Large Fires

• Water spray, fog or regular foam. • Use water spray or fog; do not use straight streams. • Move containers from fire area if you can do it without risk.

Fire involving Tanks or Car/Trailer Loads

• Fight fire from maximum distance or use unmanned hose holders or monitor nozzles. • Cool containers with flooding quantities of water until well after fire is out. • Withdraw immediately in case of rising sound from venting safety devices or discoloration of tank. • ALWAYS stay away from tanks engulfed in fire. • For massive fire, use unmanned hose holders or monitor nozzles; if this is impossible, withdraw from area and let fire burn.

SPILL OR LEAK

• ELIMINATE all ignition sources (no smoking, flares, sparks or flames in immediate area). • All equipment used when handling the product must be grounded. • Do not touch or walk through spilled material. • Stop leak if you can do it without risk. • Prevent entry into waterways, sewers, basements or confined areas. • A vapor suppressing foam may be used to reduce vapors. • Absorb or cover with dry earth, sand or other non-combustible material and transfer to containers. • Use clean non-sparking tools to collect absorbed material.

Large Spills

• Dike far ahead of liquid spill for later disposal. • Water spray may reduce vapor; but may not prevent ignition in closed spaces.

FIRST AID

• Move victim to fresh air. • Call 911 or emergency medical service. • Apply artificial respiration if victim is not breathing. • Administer oxygen if breathing is difficult. • Remove and isolate contaminated clothing and shoes. • In case of contact with substance, immediately flush skin or eyes with running water for at least 20 minutes. • Wash skin with soap and water. • Keep victim warm and quiet. • Ensure that medical personnel are aware of the material(s) involved, and take precautions to protect themselves.

Guide No. 129 Flammable Liquids (Polar/Water-Miscible/Noxious)

POTENTIAL HAZARDS

FIRE OR EXPLOSION

• **HIGHLY FLAMMABLE: Will be easily ignited by heat, sparks or flames.** • Vapors may form explosive mixtures with air. • Vapors may travel to source of ignition and flash back. • Most vapors are heavier than air. They will spread along ground and collect in low or confined areas (sewers, basements, tanks). • Vapor explosion hazard indoors, outdoors or in sewers. • Those substances designated with a **"P"** may polymerize explosively when heated or involved in a fire. • Runoff to sewer may create fire or explosion hazard. • Containers may explode when heated. • Many liquids are lighter than water.

HEALTH

• May cause toxic effects if inhaled or absorbed through skin. • Inhalation or contact with material may irritate or burn skin and eyes. • Fire will produce irritating, corrosive and/or toxic gases. • Vapors may cause dizziness or suffocation. • Runoff from fire control or dilution water may cause pollution.

PUBLIC SAFETY

• **CALL Emergency Response Telephone Number on Shipping Document first. If Shipping Document not available or no answer, refer to appropriate telephone number listed at the end of this book.** • Isolate spill or leak area immediately for at least 50 to 100 meters (160 to 330 feet) in all directions. • Keep unauthorized personnel away. • Stay upwind. • Keep out of low areas. • Ventilate closed spaces before entering.

PROTECTIVE CLOTHING

• Wear positive pressure self-contained breathing apparatus (SCBA). • Structural firefighters' protective clothing will only provide limited protection.

EVACUATION

Large Spill

• Consider initial downwind evacuation for at least 300 meters (1000 feet).

Fire

• If tank, rail car or tank truck is involved in a fire, ISOLATE for 800 meters (1/2 mile) in all directions; also, consider initial evacuation for 800 meters (1/2 mile) in all directions.

EMERGENCY RESPONSE

FIRE

CAUTION: All these products have a very low flash point: Use of water spray when fighting fire may be inefficient.

Small Fires

• Dry chemical, CO_2, water spray or alcohol-resistant foam. • **Do not use dry chemical extinguishers to control fires involving nitromethane or nitroethane.**

Large Fires

• Water spray, fog or alcohol-resistant foam. • **Do not use straight streams.** • Move containers from fire area if you can do it without risk.

Fire involving Tanks or Car/Trailer Loads

• Fight fire from maximum distance or use unmanned hose holders or monitor nozzles. • Cool containers with flooding quantities of water until well after fire is out. • Withdraw immediately in case of rising sound from venting safety devices or discoloration of tank. • ALWAYS stay away from tanks engulfed in fire. • For massive fire, use unmanned hose holders or monitor nozzles; if this is impossible, withdraw from area and let fire burn.

SPILL OR LEAK

• ELIMINATE all ignition sources (no smoking, flares, sparks or flames in immediate area). • All equipment used when handling the product must be grounded. • Do not touch or walk through spilled material. • Stop leak if you can do it without risk. • Prevent entry into waterways, sewers, basements or confined areas. • A vapor suppressing foam may be used to reduce vapors. • Absorb or cover with dry earth, sand or other non-combustible material and transfer to containers. • Use clean non-sparking tools to collect absorbed material.

Large Spills

• Dike far ahead of liquid spill for later disposal. • Water spray may reduce vapor; but may not prevent ignition in closed spaces.

FIRST AID

• Move victim to fresh air. • Call 911 or emergency medical service. • Apply artificial respiration if victim is not breathing. • Administer oxygen if breathing is difficult. • Remove and isolate contaminated clothing and shoes. • In case of contact with substance, immediately flush skin or eyes with running water for at least 20 minutes. • Wash skin with soap and water. • Keep victim warm and quiet. • Effects of exposure (inhalation, ingestion or skin contact) to substance may be delayed. • Ensure that medical personnel are aware of the material(s) involved, and take precautions to protect themselves.

Guide No. 130 Flammable Liquids (Non-Polar/Water-Immiscible/Noxious)

POTENTIAL HAZARDS

FIRE OR EXPLOSION

• **HIGHLY FLAMMABLE: Will be easily ignited by heat, sparks or flames.** • Vapors may form explosive mixtures with air. • Vapors may travel to source of ignition and flash back. • Most vapors are heavier than air. They will spread along ground and collect in low or confined areas (sewers, basements, tanks). • Vapor explosion hazard indoors, outdoors or in sewers. • Those substances designated with a **"P"** may polymerize explosively when heated or involved in a fire. • Runoff to sewer may create fire or explosion hazard. • Containers may explode when heated. • Many liquids are lighter than water.

HEALTH

• May cause toxic effects if inhaled or absorbed through skin. • Inhalation or contact with material may irritate or burn skin and eyes. • Fire will produce irritating, corrosive and/or toxic gases. • Vapors may cause dizziness or suffocation. • Runoff from fire control or dilution water may cause pollution.

PUBLIC SAFETY

• **CALL Emergency Response Telephone Number on Shipping Document first. If Shipping Document not available or no answer, refer to appropriate telephone number listed at the end of this book.** • Isolate spill or leak area immediately for at least 50 to 100 meters (160 to 330 feet) in all directions. • Keep unauthorized personnel away. • Stay upwind. • Keep out of low areas. • Ventilate closed spaces before entering.

PROTECTIVE CLOTHING

• Wear positive pressure self-contained breathing apparatus (SCBA). • Structural firefighters' protective clothing will only provide limited protection.

EVACUATION

Large Spill

• Consider initial downwind evacuation for at least 300 meters (1000 feet).

Fire

• If tank, rail car or tank truck is involved in a fire, ISOLATE for 800 meters (1/2 mile) in all directions; also, consider initial evacuation for 800 meters (1/2 mile) in all directions.

EMERGENCY RESPONSE

FIRE

CAUTION: All these products have a very low flash point: Use of water spray when fighting fire may be inefficient.

Small Fires

• Dry chemical, CO_2, water spray or regular foam.

Large Fires

• Water spray, fog or regular foam. • **Do not use straight streams**. • Move containers from fire area if you can do it without risk.

Fire involving Tanks or Car/Trailer Loads

• Fight fire from maximum distance or use unmanned hose holders or Monitor nozzles. • Cool containers with flooding quantities of water until well after fire is out. • Withdraw immediately in case of rising sound from venting safety devices or discoloration of tank. • ALWAYS stay away from tanks engulfed in fire. • For massive fire, use unmanned hose holders or monitor nozzles; if this is impossible, withdraw from area and let fire burn.

SPILL OR LEAK

• ELIMINATE all ignition sources (no smoking, flares, sparks or flames in immediate area). • All equipment used when handling the product must be grounded. • Do not touch or walk through spilled material. • Stop leak if you can do it without risk. • Prevent entry into waterways, sewers, basements or confined areas. • A vapor suppressing foam may be used to reduce vapors. • Absorb or cover with dry earth, sand or other non-combustible material and transfer to containers. • Use clean non-sparking tools to collect absorbed material.

Large Spills

• Dike far ahead of liquid spill for later disposal. • Water spray may reduce vapor; but may not prevent ignition in closed spaces.

FIRST AID

• Move victim to fresh air. • Call 911 or emergency medical service. • Apply artificial respiration if victim is not breathing. • Administer oxygen if breathing is difficult. • Remove and isolate contaminated clothing and shoes. • In case of contact with substance, immediately flush skin or eyes with running water for at least 20 minutes. • Wash skin with soap and water. • Keep victim warm and quiet. • Effects of exposure (inhalation, ingestion or skin contact) to substance may be delayed. • Ensure that medical personnel are aware of the material(s) involved, and take precautions to protect themselves.

Guide No. 131 Flammable Liquids – Toxic

POTENTIAL HAZARDS

HEALTH

• **TOXIC; may be fatal if inhaled, ingested or absorbed through skin.** • Inhalation or contact with some of these materials will irritate or burn skin and eyes. • Fire will produce irritating, corrosive and/or toxic gases. • Vapors may cause dizziness or suffocation. • Runoff from fire control or dilution water may cause pollution.

FIRE OR EXPLOSION

• **HIGHLY FLAMMABLE: Will be easily ignited by heat, sparks or flames.** • Vapors may form explosive mixtures with air. • Vapors may travel to source of ignition and flash back. • Most vapors are heavier than air. They will spread along ground and collect in low or confined areas (sewers, basements, tanks). • Vapor explosion and poison hazard indoors, outdoors or in sewers. • Those substances designated with a **"P"** may polymerize explosively when heated or involved in a fire. • Runoff to sewer may create fire or explosion hazard. • Containers may explode when heated. • Many liquids are lighter than water.

PUBLIC SAFETY

• **CALL Emergency Response Telephone Number on Shipping Document first. If Shipping Document not available or no answer, refer to appropriate telephone number listed at the end of this book.** • Isolate spill or leak area immediately for at least 100 to 200 meters (330 to 660 feet) in all directions. • Keep unauthorized personnel away. • Stay upwind. • Keep out of low areas. • Ventilate closed spaces before entering.

PROTECTIVE CLOTHING

• Wear positive pressure self-contained breathing apparatus (SCBA). • Wear chemical protective clothing which is specifically recommended by the manufacturer. It may provide little or no thermal protection. • Structural firefighters' protective clothing provides limited protection in fire situations ONLY; it is not effective in spill situations.

EVACUATION

Spill

• Substances that are toxic by inhalation (identified by the letter "T" in Schedule 3), require special precautions. Different initial isolation and protective action distances are recommended for these substances. These distances should be obtained immediately when reporting an accidental release.

Fire

• If tank, rail car or tank truck is involved in a fire, ISOLATE for 800 meters (1/2 mile) in all directions; also, consider initial evacuation for 800 meters (1/2 mile) in all directions.

EMERGENCY RESPONSE

FIRE

CAUTION: All these products have a very low flash point: Use of water spray when fighting fire may be inefficient.

Small Fires

• Dry chemical, CO_2, water spray or alcohol-resistant foam.

Large Fires

• Water spray, fog or alcohol-resistant foam. • Move containers from fire area if you can do it without risk. • Dike fire control water for later disposal; do not scatter the material. • Use water spray or fog; do not use straight streams.

Fire involving Tanks or Car/Trailer Loads

• Fight fire from maximum distance or use unmanned hose holders or monitor nozzles. • Cool containers with flooding quantities of water until well after fire is out. • Withdraw immediately in case of rising sound from venting safety devices or discoloration of tank. • ALWAYS stay away from tanks engulfed in fire. • For massive fire, use unmanned hose holders or monitor nozzles; if this is impossible, withdraw from area and let fire burn.

SPILL OR LEAK

• Fully encapsulating, vapor protective clothing should be worn for spills and leaks with no fire. • ELIMINATE all ignition sources (no smoking, flares, sparks or flames in immediate area). • All equipment used when handling the product must be grounded. • Do not touch or walk through spilled material. • Stop leak if you can do it without risk. • Prevent entry into waterways, sewers, basements or confined areas. • A vapor suppressing foam may be used to reduce vapors.

Small Spills

• Absorb with earth, sand or other non-combustible material and transfer to containers for later disposal. • Use clean non-sparking tools to collect absorbed material.

Large Spills

• Dike far ahead of liquid spill for later disposal. • Water spray may reduce vapor; but may not prevent ignition in closed spaces.

FIRST AID

• Move victim to fresh air. • Call 911 or emergency medical service. • Apply artificial respiration if victim is not breathing. • **Do not use mouth-to-mouth method if victim ingested or inhaled the substance; induce artificial respiration with the aid of a pocket mask equipped with a one-way valve or other proper respiratory medical device.** • Administer oxygen if breathing is difficult. • Remove and isolate contaminated clothing and shoes. • In case of contact with substance, immediately flush skin or eyes with running water for at least 20 minutes. • Wash skin with soap and water. • Keep victim warm and quiet. • Effects of exposure (inhalation, ingestion or skin contact) to substance may be delayed. • Ensure that medical personnel are aware of the material(s) involved, and take precautions to protect themselves.

Guide No. 132 Flammable Liquids - Corrosive

POTENTIAL HAZARDS

FIRE OR EXPLOSION

• **Flammable/combustible material.** • May be ignited by heat, sparks or flames. • Vapors may form explosive mixtures with air. • Vapors may travel to source of ignition and flash back. • Most vapors are heavier than air. They will spread along ground and collect in low or confined areas (sewers, basements, tanks). • Vapor explosion hazard indoors, outdoors or in sewers. • Those substances designated with a **"P"** may polymerize explosively when heated or involved in a fire. • Runoff to sewer may create fire or explosion hazard. • Containers may explode when heated. • Many liquids are lighter than water.

HEALTH

• May cause toxic effects if inhaled or ingested/swallowed. • Contact with substance may cause severe burns to skin and eyes. • Fire will produce irritating, corrosive and/or toxic gases. • Vapors may cause dizziness or suffocation. • Runoff from fire control or dilution water may cause pollution.

PUBLIC SAFETY

• **CALL Emergency Response Telephone Number on Shipping Document first. If Shipping Document not available or no answer, refer to appropriate telephone number listed at the end of this book.** • Isolate spill or leak area immediately for at least 50 to 100 meters (160 to 330 feet) in all directions. • Keep unauthorized personnel away. • Stay upwind. • Keep out of low areas. • Ventilate closed spaces before entering.

PROTECTIVE CLOTHING

• Wear positive pressure self-contained breathing apparatus (SCBA). • Wear chemical protective clothing which is specifically recommended by the manufacturer. It may provide little or no thermal protection. • Structural firefighters' protective clothing provides limited protection in fire situations ONLY; it is not effective in spill situations.

EVACUATION

Large Spill

• Substances that are toxic by inhalation (identified by the letter "T" in Schedule 3), require special precautions. Different initial isolation and protective action distances are recommended for these substances. These distances should be obtained immediately when reporting an accidental release.

Fire

• If tank, rail car or tank truck is involved in a fire, ISOLATE for 800 meters (1/2 mile) in all directions; also, consider initial evacuation for 800 meters (1/2 mile) in all directions.

EMERGENCY RESPONSE

FIRE

• **Some of these materials may react violently with water.**

Small Fires

• Dry chemical, CO_2, water spray or alcohol-resistant foam.

Large Fires

• Water spray, fog or alcohol-resistant foam. • Move containers from fire area if you can do it without risk. • Dike fire control water for later disposal; do not scatter the material. • Do not get water inside containers.

Fire involving Tanks or Car/Trailer Loads

• Fight fire from maximum distance or use unmanned hose holders or monitor nozzles. • Cool containers with flooding quantities of water until well after fire is out. • Withdraw immediately in case of rising sound from venting safety devices or discoloration of tank. • ALWAYS stay away from tanks engulfed in fire. • For massive fire, use unmanned hose holders or monitor nozzles; if this is impossible, withdraw from area and let fire burn.

SPILL OR LEAK

• Fully encapsulating, vapor protective clothing should be worn for spills and leaks with no fire. • ELIMINATE all ignition sources (no smoking, flares, sparks or flames in immediate area). • All equipment used when handling the product must be grounded. • Do not touch or walk through spilled material. • Stop leak if you can do it without risk. • Prevent entry into waterways, sewers, basements or confined areas. • A vapor suppressing foam may be used to reduce vapors. • Absorb with earth, sand or other non-combustible material and transfer to containers (except for Hydrazine). • Use clean non-sparking tools to collect absorbed material.

Large Spills

• Dike far ahead of liquid spill for later disposal. • Water spray may reduce vapor; but may not prevent ignition in closed spaces.

FIRST AID

• Move victim to fresh air. • Call 911 or emergency medical service. • Apply artificial respiration if victim is not breathing. • **Do not use mouth-to-mouth method if victim ingested or inhaled the substance; induce artificial respiration with the aid of a pocket mask equipped with a one-way valve or other proper respiratory medical device.** • Administer oxygen if breathing is difficult. • Remove and isolate contaminated clothing and shoes. • In case of contact with substance, immediately flush skin or eyes with running water for at least 20 minutes. • Keep victim warm and quiet. • Effects of exposure (inhalation, ingestion or skin contact) to substance may be delayed. • Ensure that medical personnel are aware of the material(s) involved, and take precautions to protect themselves.

Guide No. 133 Flammable Solids

POTENTIAL HAZARDS

FIRE OR EXPLOSION	• Flammable/combustible material. • May be ignited by friction, heat, sparks or flames. • Some may burn rapidly with flare burning effect. • Powders, dusts, shavings, borings, turnings or cuttings may explode or burn with explosive violence. • Substance may be transported in a molten form. • May re-ignite after fire is extinguished.
HEALTH	• Fire may produce irritating and/or toxic gases. • Contact may cause burns to skin and eyes. • Contact with molten substance may cause severe burns to skin and eyes. • Runoff from fire control may cause pollution.

PUBLIC SAFETY

• **CALL Emergency Response Telephone Number on Shipping Document first. If Shipping Document not available or no answer, refer to appropriate telephone number listed at the end of this book.** • Isolate spill or leak area immediately for at least 10 to 25 meters (30 to 80 feet) in all directions. • Keep unauthorized personnel away. • Stay upwind. • Keep out of low areas.

PROTECTIVE CLOTHING	• Wear positive pressure self-contained breathing apparatus (SCBA). • Structural firefighters' protective clothing will only provide limited protection.
EVACUATION	**Large Spill** • Consider initial downwind evacuation for at least 100 meters (330 feet). **Fire** • If tank, rail car or tank truck is involved in a fire, ISOLATE for 800 meters (1/2 mile) in all directions; also, consider initial evacuation for 800 meters (1/2 mile) in all directions.

EMERGENCY RESPONSE

FIRE	**Small Fires** • Dry chemical, CO_2, sand, earth, water spray or regular foam. **Large Fires** • Water spray, fog or regular foam. • Move containers from fire area if you can do it without risk. **Fire involving Tanks or Car/Trailer Loads** • Cool containers with flooding quantities of water until well after fire is out. • For massive fire, use unmanned hose holders or monitor nozzles; if this is impossible, withdraw from area and let fire burn. • Withdraw immediately in case of rising sound from venting safety devices or discoloration of tank. • ALWAYS stay away from tanks engulfed in fire.
SPILL OR LEAK	• ELIMINATE all ignition sources (no smoking, flares, sparks or flames in immediate area). • Do not touch or walk through spilled material. **Small Dry Spills** • With clean shovel place material into clean, dry container and cover loosely; move containers from spill area. **Large Spills** • Wet down with water and dike for later disposal. • Prevent entry into waterways, sewers, basements or confined areas.
FIRST AID	• Move victim to fresh air. • Call 911 or emergency medical service. • Apply artificial respiration if victim is not breathing. • Administer oxygen if breathing is difficult. • Remove and isolate contaminated clothing and shoes. • In case of contact with substance, immediately flush skin or eyes with running water for at least 20 minutes. • Removal of solidified molten material from skin requires medical assistance. • Keep victim warm and quiet. • Ensure that medical personnel are aware of the material(s) involved, and take precautions to protect themselves.

Guide No. 134 Flammable Solids - Toxic and/or Corrosive

POTENTIAL HAZARDS

FIRE OR EXPLOSION
• Flammable/combustible material. • May be ignited by heat, sparks or flames. • When heated, vapors may form explosive mixtures with air: indoors, outdoors, and sewers explosion hazards. • Contact with metals may evolve flammable hydrogen gas. • Containers may explode when heated.

HEALTH
• **TOXIC; inhalation, ingestion, or skin contact with material may cause severe injury or death.** • Fire will produce irritating, corrosive and/or toxic gases. • Runoff from fire control or dilution water may be corrosive and/or toxic and cause pollution.

PUBLIC SAFETY

• **CALL Emergency Response Telephone Number on Shipping Document first. If Shipping Document not available or no answer, refer to appropriate telephone number listed at the end of this book.** • Isolate spill or leak area immediately for at least 25 to 50 meters (80 to 160 feet) in all directions. • Stay upwind. • Keep unauthorized personnel away. • Keep out of low areas. • Ventilate enclosed areas.

PROTECTIVE CLOTHING
• Wear positive pressure self-contained breathing apparatus (SCBA). • Wear chemical protective clothing which is specifically recommended by the manufacturer. It may provide little or no thermal protection. • Structural firefighters' protective clothing provides limited protection in fire situations ONLY; it is not effective in spill situations.

EVACUATION

Large Spill
• Consider initial downwind evacuation for at least 100 meters (330 feet).

Fire
• If tank, rail car or tank truck is involved in a fire, ISOLATE for 800 meters (1/2 mile) in all directions; also, consider initial evacuation for 800 meters (1/2 mile) in all directions.

EMERGENCY RESPONSE

FIRE

Small Fires
• Dry chemical, CO_2, water spray or alcohol-resistant foam.

Large Fires
• Water spray, fog or alcohol-resistant foam. • Move containers from fire area if you can do it without risk. • Use water spray or fog; do not use straight streams. • Do not get water inside containers. • Dike fire control water for later disposal; do not scatter the material.

Fire involving Tanks or Car/Trailer Loads
• Fight fire from maximum distance or use unmanned hose holders or monitor nozzles. • Cool containers with flooding quantities of water until well after fire is out. • Withdraw immediately in case of rising sound from venting safety devices or discoloration of tank. • ALWAYS stay away from tanks engulfed in fire.

SPILL OR LEAK
• Fully encapsulating, vapor protective clothing should be worn for spills and leaks with no fire. • ELIMINATE all ignition sources (no smoking, flares, sparks or flames in immediate area). • Stop leak if you can do it without risk. • Do not touch damaged containers or spilled material unless wearing appropriate protective clothing. • Prevent entry into waterways, sewers, basements or confined areas. • Use clean non-sparking tools to collect material and place it into loosely covered plastic containers for later disposal.

FIRST AID
• Move victim to fresh air. • Call 911 or emergency medical service. • Apply artificial respiration if victim is not breathing. • **Do not use mouth-to-mouth method if victim ingested or inhaled the substance; induce artificial respiration with the aid of a pocket mask equipped with a one-way valve or other proper respiratory medical device.** • Administer oxygen if breathing is difficult. • Remove and isolate contaminated clothing and shoes. • In case of contact with substance, immediately flush skin or eyes with running water for at least 20 minutes. • For minor skin contact, avoid spreading material on unaffected skin. • Keep victim warm and quiet. • Effects of exposure (inhalation, ingestion or skin contact) to substance may be delayed. • Ensure that medical personnel are aware of the material(s) involved, and take precautions to protect themselves.

Guide No. 135 Substances - Spontaneously Combustible

POTENTIAL HAZARDS

FIRE OR EXPLOSION

• Flammable/combustible material. • May ignite on contact with moist air or moisture. • May burn rapidly with flare-burning effect. • Some react vigorously or explosively on contact with water. • Some may decompose explosively when heated or involved in a fire. • May re-ignite after fire is extinguished. • Runoff may create fire or explosion hazard.

HEALTH

• Fire will produce irritating, corrosive and/or toxic gases. • Inhalation of decomposition products may cause severe injury or death. • Contact with substance may cause severe burns to skin and eyes. • Runoff from fire control may cause pollution.

PUBLIC SAFETY

• **CALL Emergency Response Telephone Number on Shipping Document first. If Shipping Document not available or no answer, refer to appropriate telephone number listed at the end of this book.** • Isolate spill or leak area immediately for at least 100 to 150 meters (330 to 490 feet) in all directions. • Stay upwind. • Keep unauthorized personnel away. • Keep out of low areas.

PROTECTIVE CLOTHING

• Wear positive pressure self-contained breathing apparatus (SCBA). • Wear chemical protective clothing which is specifically recommended by the manufacturer. It may provide little or no thermal protection. • Structural firefighters' protective clothing will only provide limited protection.

EVACUATION

Spill

• Substances that are toxic by inhalation (identified by the letter "T" in Schedule 3), require special precautions. Different initial isolation and protective action distances are recommended for these substances. These distances should be obtained immediately when reporting an accidental release.

Fire

• If tank, rail car or tank truck is involved in a fire, ISOLATE for 800 meters (1/2 mile) in all directions; also, consider initial evacuation for 800 meters (1/2 mile) in all directions.

EMERGENCY RESPONSE

FIRE

• DO NOT USE WATER, CO_2 OR FOAM ON MATERIAL ITSELF. • Some of these materials may react violently with water.

EXCEPTION: For Dithionite (Hydrosulfite/Hydrosulphite) UN1384, UN1923 and UN1929, USE FLOODING AMOUNTS OF WATER for SMALL AND LARGE fires to stop the reaction. Smothering will not work for these materials. They do not need air to burn.

Small Fires

• Dry chemical, soda ash, lime or DRY sand, EXCEPT for UN1384, UN1923 and UN1929.

Large Fires

• DRY sand, dry chemical, soda ash or lime, EXCEPT for UN1384, UN1923 and UN1929, or withdraw from area and let fire burn.
• Move containers from fire area if you can do it without risk.

Fire involving Tanks or Car/Trailer Loads

• Fight fire from maximum distance or use unmanned hose holders or monitor nozzles. • Do not get water inside containers or in contact with substance. • Cool containers with flooding quantities of water until well after fire is out. • Withdraw immediately in case of rising sound from venting safety devices or discoloration of tank. • ALWAYS stay away from tanks engulfed in fire.

SPILL OR LEAK

• Fully encapsulating, vapor protective clothing should be worn for spills and leaks with no fire. • ELIMINATE all ignition sources (no smoking, flares, sparks or flames in immediate area). • Do not touch or walk through spilled material. • Stop leak if you can do it without risk.

Small Spills

EXCEPTION: For Dithionite (Hydrosulfite/Hydrosulphite) spills, UN1384, UN1923 and UN1929, dissolve with 5 parts water and collect for proper disposal.

• Cover with DRY earth, DRY sand, or other non-combustible material followed with plastic sheet to minimize spreading or contact with rain. • Use clean non-sparking tools to collect material and place It into loosley covered plastic containers for later disposal.
• Prevent entry into waterways, sewers, basements or confined areas.

FIRST AID

• Move victim to fresh air. • Call 911 or emergency medical service. • Apply artificial respiration if victim is not breathing.
• Administer oxygen if breathing is difficult. • Remove and isolate contaminated clothing and shoes. • In case of contact with substance, immediately flush skin or eyes with running water for at least 20 minutes. • Keep victim warm and quiet. • Ensure that medical personnel are aware of the material(s) involved, and take precautions to protect themselves.

Guide No. 136 Substances - Spontaneously Combustible - Toxic (Air-Reactive)

POTENTIAL HAZARDS

FIRE OR EXPLOSION
• Extremely flammable; will ignite itself if exposed to air. • Burns rapidly, releasing dense, white, irritating fumes. • Substance may be transported in a molten form. • May re-ignite after fire is extinguished.

HEALTH
• Fire will produce irritating, corrosive and/or toxic gases. • **TOXIC; ingestion of substance or inhalation of decomposition products will cause severe injury or death.** • Contact with substance may cause severe burns to skin and eyes. • Some effects may be experienced due to skin absorption. • Runoff from fire control may be corrosive and/or toxic and cause pollution.

PUBLIC SAFETY

• **CALL Emergency Response Telephone Number on Shipping Document first. If Shipping Document not available or no answer, refer to appropriate telephone number listed at the end of this book.** • Isolate spill or leak area immediately for at least 100 to 150 meters (330 to 490 feet) in all directions. • Stay upwind. • Keep unauthorized personnel away. • Keep out of low areas.

PROTECTIVE CLOTHING
• Wear positive pressure self-contained breathing apparatus (SCBA). • Wear chemical protective clothing which is specifically recommended by the manufacturer. It may provide little or no thermal protection. • Structural firefighters' protective clothing provides limited protection in fire situations ONLY; it is not effective in spill situations.

EVACUATION

Spill
• Consider initial downwind evacuation for at least 300 meters (1000 feet).

Fire
• If tank, rail car or tank truck is involved in a fire, ISOLATE for 800 meters (1/2 mile) in all directions; also, consider initial evacuation for 800 meters (1/2 mile) in all directions.

EMERGENCY RESPONSE

FIRE

Small Fires
• Water spray, wet sand or wet earth.

Large Fires
• Water spray or fog. • **Do not scatter spilled material with high pressure water streams.** • Move containers from fire area if you can do it without risk.

Fire involving Tanks or Car/Trailer Loads
• Fight fire from maximum distance or use unmanned hose holders or monitor nozzles. • Cool containers with flooding quantities of water until well after fire is out. • Withdraw immediately in case of rising sound from venting safety devices or discoloration of tank. • ALWAYS stay away from tanks engulfed in fire.

SPILL OR LEAK
• Fully encapsulating, vapor protective clothing should be worn for spills and leaks with no fire. • ELIMINATE all ignition sources (no smoking, flares, sparks or flames in immediate area). • Do not touch or walk through spilled material. • Do not touch damaged containers or spilled material unless wearing appropriate protective clothing. • Stop leak if you can do it without risk.

Small Spills
• Cover with water, sand or earth. Shovel into metal container and keep material under water.

Large Spills
• Dike for later disposal and cover with wet sand or earth. • Prevent entry into waterways, sewers, basements or confined areas.

FIRST AID
• Move victim to fresh air. • Call 911 or emergency medical service. • Apply artificial respiration if victim is not breathing.
• Administer oxygen if breathing is difficult. • In case of contact with substance, keep exposed skin areas immersed in water or covered with wet bandages until medical attention is received. • Removal of solidified molten material from skin requires medical assistance. • Remove and isolate contaminated clothing and shoes at the site and place in metal container filled with water. Fire hazard if allowed to dry. • Effects of exposure (inhalation, ingestion or skin contact) to substance may be delayed. • Keep victim warm and quiet. • Ensure that medical personnel are aware of the material(s) involved, and take precautions to protect themselves.

Guide No. 137 Substances - Water-Reactive - Corrosive

POTENTIAL HAZARDS

HEALTH

• **TOXIC; inhalation, ingestion or contact (skin, eyes) with vapors, dusts or substance may cause severe injury, burns, or death.** • Fire will produce irritating, corrosive and/or toxic gases. • Reaction with water may generate much heat which will increase the concentration of fumes in the air. • Contact with molten substance may cause severe burns to skin and eyes. • Runoff from fire control or dilution water may cause pollution.

FIRE OR EXPLOSION

• Some of these materials may burn, but none ignite readily. • May ignite combustibles (wood, paper, oil, clothing, etc.). • Substance will react with water (some violently), releasing corrosive and/or toxic gases. • Flammable/toxic gases may accumulate in confined areas (basement, tanks, hopper/tank cars, etc.) • Contact with metals may evolve flammable hydrogen gas. • Containers may explode when heated or if contaminated with water. • Substance may be transported in a molten form.

PUBLIC SAFETY

• **CALL Emergency Response Telephone Number on Shipping Document first. If Shipping Document not available or no answer, refer to appropriate telephone number listed at the end of this book.** • Isolate spill or leak area immediately for at least 50 to 100 meters (160 to 330 feet) in all directions. • Keep unauthorized personnel away. • Stay upwind. • Keep out of low areas. • Ventilate enclosed areas.

PROTECTIVE CLOTHING

• Wear positive pressure self-contained breathing apparatus (SCBA). • Wear chemical protective clothing which is specifically recommended by the manufacturer. It may provide little or no thermal protection. • Structural firefighters' protective clothing provides limited protection in fire situations ONLY; it is not effective in spill situations.

EVACUATION

Spill

• Substances that are toxic by inhalation (identified by the letter "T" in Schedule 3), require special precautions. Different initial isolation and protective action distances are recommended for these substances. These distances should be obtained immediately when reporting an accidental release.

Fire

• If tank, rail car or tank truck is involved in a fire, ISOLATE for 800 meters (1/2 mile) in all directions; also, consider initial evacuation for 800 meters (1/2 mile) in all directions.

EMERGENCY RESPONSE

FIRE

• **When material is not involved in fire: do not use water on material itself.**

Small Fires

• Dry chemical or CO_2. • Move containers from fire area if you can do it without risk.

Large Fires

• Flood fire area with large quantities of water, while knocking down vapors with water fog. If insufficient water supply: knock down vapors only.

Fire involving Tanks or Car/Trailer Loads

• Cool containers with flooding quantities of water until well after fire is out. • Do not get water inside containers. • Withdraw immediately in case of rising sound from venting safety devices or discoloration of tank. • ALWAYS stay away from tanks engulfed in fire.

SPILL OR LEAK

• Fully encapsulating, vapor protective clothing should be worn for spills and leaks with no fire. • Do not touch damaged containers or spilled material unless wearing appropriate protective clothing. • Stop leak if you can do it without risk. • Use water spray to reduce vapors; do not put water directly on leak, spill area or inside container. • Keep combustibles (wood, paper, oil, etc.) away from spilled material.

Small Spills

• Cover with DRY earth, DRY sand, or other non-combustible material followed with plastic sheet to minimize spreading or contact with rain. • Use clean non-sparking tools to collect material and place it into loosley covered plastic containers for later disposal. • Prevent entry into waterways, sewers, basements or confined areas.

FIRST AID

• Move victim to fresh air. • Call 911 or emergency medical service. • Apply artificial respiration if victim is not breathing. • **Do not use mouth-to-mouth method if victim ingested or inhaled the substance; induce artificial respiration with the aid of a pocket mask equipped with a one-way valve or other proper respiratory medical device.** • Administer oxygen if breathing is difficult. • Remove and isolate contaminated clothing and shoes. • In case of contact with substance, immediately flush skin or eyes with running water for at least 20 minutes. • For minor skin contact, avoid spreading material on unaffected skin. • Removal of solidified molten material from skin requires medical assistance. • Keep victim warm and quiet. • Effects of exposure (inhalation, ingestion or skin contact) to substance may be delayed. • Ensure that medical personnel are aware of the material(s) involved, and take precautions to protect themselves.

Guide No. 138 Substances - Water-Reactive (Emitting Flammable Gases)

POTENTIAL HAZARDS

FIRE OR EXPLOSION	• Produce flammable gases on contact with water. • May ignite on contact with water or moist air. • Some react vigorously or explosively on contact with water. • May be ignited by heat, sparks or flames. • May re-ignite after fire is extinguished. • Some are transported in highly flammable liquids. • Runoff may create fire or explosion hazard.
HEALTH	• Inhalation or contact with vapors, substance, or decomposition products may cause severe injury or death. • May produce corrosive solutions on contact with water. • Fire will produce irritating, corrosive and/or toxic gases. • Runoff from fire control may cause pollution.

PUBLIC SAFETY

• CALL Emergency Response Telephone Number on Shipping Document first. If Shipping Document not available or no answer, refer to appropriate telephone number listed at the end of this book. • Isolate spill or leak area immediately for at least 50 to 100 meters (160 to 330 feet) in all directions. • Keep unauthorized personnel away. • Stay upwind. • Keep out of low areas. • Ventilate the area before entry.

PROTECTIVE CLOTHING

• Wear positive pressure self-contained breathing apparatus (SCBA). • Structural firefighters' protective clothing will only provide limited protection.

EVACUATION

Large Spill

• Consider initial downwind evacuation for at least 250 meters (800 feet).

Fire

• If tank, rail car or tank truck is involved in a fire, ISOLATE for 800 meters (1/2 mile) in all directions; also, consider initial evacuation for 800 meters (1/2 mile) in all directions.

EMERGENCY RESPONSE

FIRE

• DO NOT USE WATER OR FOAM.

Small Fires

• Dry chemical, soda ash, lime or sand.

Large Fires

• DRY sand, dry chemical, soda ash or lime or withdraw from area and let fire burn. • Move containers from fire area if you can do it without risk.

Magnesium Fires

• DRY sand, sodium chloride powder, graphite powder or Met-L-X powder.

Lithium Fires

• DRY sand, sodium chloride powder, graphite powder, copper powder or Lith-X powder.

Fire involving Tanks or Car/Trailer Loads

• Fight fire from maximum distance or use unmanned hose holders or monitor nozzles. • Do not get water inside containers.
• Cool containers with flooding quantities of water until well after fire is out. • Withdraw immediately in case of rising sound from venting safety devices or discoloration of tank. • ALWAYS stay away from tanks engulfed in fire.

SPILL OR LEAK

• ELIMINATE all ignition sources (no smoking, flares, sparks or flames in immediate area). • Do not touch or walk through spilled material. • Stop leak if you can do it without risk. • Use water spray to reduce vapors or divert vapor cloud drift. Avoid allowing water runoff to contact spilled material. **• DO NOT GET WATER on spilled substance or inside containers.**

Small Spills

• Cover with DRY earth, DRY sand, or other non-combustible material followed with plastic sheet to minimize spreading or contact with rain. • Dike for later disposal; do not apply water unless directed to do so.

Powder Spills

• Cover powder spill with plastic sheet or tarp to minimize spreading and keep powder dry. **• DO NOT CLEAN-UP OR DISPOSE OF, EXCEPT UNDER SUPERVISION OF A SPECIALIST.**

FIRST AID

• Move victim to fresh air. • Call 911 or emergency medical service. • Apply artificial respiration if victim is not breathing.
• Administer oxygen if breathing is difficult. • Remove and isolate contaminated clothing and shoes. • In case of contact with substance, wipe from skin immediately; flush skin or eyes with running water for at least 20 minutes. • Keep victim warm and quiet. • Ensure that medical personnel are aware of the material(s) involved, and take precautions to protect themselves.

Guide No. 139 Substances - Water-Reactive (Emitting Flammable And Toxic Gases)

POTENTIAL HAZARDS

FIRE OR EXPLOSION	• Produce flammable and toxic gases on contact with water. • May ignite on contact with water or moist air. • Some react vigorously or explosively on contact with water. • May be ignited by heat, sparks or flames. • May re-ignite after fire is extinguished. • Some are transported in highly flammable liquids. • Runoff may create fire or explosion hazard.
HEALTH	• Highly toxic: contact with water produces toxic gas, may be fatal if inhaled. • Inhalation or contact with vapors, substance, or decomposition products may cause severe injury or death. • May produce corrosive solutions on contact with water. • Fire will produce irritating, corrosive and/or toxic gases. • Runoff from fire control may cause pollution.

PUBLIC SAFETY

• CALL Emergency Response Telephone Number on Shipping Document first. If Shipping Document not available or no answer, refer to appropriate telephone number listed at the end of this book. • Isolate spill or leak area immediately for at least 100 to 150 meters (330 to 490 feet) in all directions. • Keep unauthorized personnel away. • Stay upwind. • Keep out of low areas. • Ventilate the area before entry.

PROTECTIVE CLOTHING	• Wear positive pressure self-contained breathing apparatus (SCBA). • Wear chemical protective clothing which is specifically recommended by the manufacturer. It may provide little or no thermal protection. • Structural firefighters' protective clothing provides limited protection in fire situations ONLY; it is not effective in spill situations.
EVACUATION	**Large Spill** • Substances that are toxic by inhalation (identified by the letter "T" in Schedule 3), require special precautions. Different initial isolation and protective action distances are recommended for these substances. These distances should be obtained immediately when reporting an accidental release. **Fire** • If tank, rail car or tank truck is involved in a fire, ISOLATE for 800 meters (1/2 mile) in all directions; also, consider initial evacuation for 800 meters (1/2 mile) in all directions.

EMERGENCY RESPONSE

FIRE	**• DO NOT USE WATER OR FOAM. (FOAM MAY BE USED FOR CHLOROSILANES, SEE BELOW)** **Small Fires** • Dry chemical, soda ash, lime or sand. **Large Fires** • DRY sand, dry chemical, soda ash or lime or withdraw from area and let fire burn. **• FOR CHLOROSILANES, DO NOT USE WATER; use AFFF alcohol-resistant medium expansion foam; DO NOT USE dry chemicals, soda ash or lime on chlorosilane fires (large or small) as they may release large quantities of hydrogen gas which may explode.** • Move containers from fire area if you can do it without risk. **Fire involving Tanks or Car/Trailer Loads** • Fight fire from maximum distance or use unmanned hose holders or monitor nozzles. • Cool containers with flooding quantities of water until well after fire is out. • Do not get water inside containers. • Withdraw immediately in case of rising sound from venting safety devices or discoloration of tank. • ALWAYS stay away from tanks engulfed in fire.
SPILL OR LEAK	• Fully encapsulating, vapor protective clothing should be worn for spills and leaks with no fire. • ELIMINATE all ignition sources (no smoking, flares, sparks or flames in immediate area). • Do not touch or walk through spilled material. • Stop leak if you can do it without risk. **• DO NOT GET WATER on spilled substance or inside containers.** • Use water spray to reduce vapors or divert vapor cloud drift. Avoid allowing water runoff to contact spilled material. **• FOR CHLOROSILANES, use AFFF alcohol-resistant medium expansion foam to reduce vapors.** **Small Spills** • Cover with DRY earth, DRY sand, or other non-combustible material followed with plastic sheet to minimize spreading or contact with rain. • Dike for later disposal; do not apply water unless directed to do so. **Powder Spills** • Cover powder spill with plastic sheet or tarp to minimize spreading and keep powder dry. **• DO NOT CLEAN-UP OR DISPOSE OF, EXCEPT UNDER SUPERVISION OF A SPECIALIST.**
FIRST AID	• Move victim to fresh air. • Call 911 or emergency medical service. • Apply artificial respiration if victim is not breathing. **• Do not use mouth-to-mouth method if victim ingested or inhaled the substance; induce artificial respiration with the aid of a pocket mask equipped with a one-way valve or other proper respiratory medical device.** • Administer oxygen if breathing is difficult. • Remove and isolate contaminated clothing and shoes. • In case of contact with substance, wipe from skin immediately; flush skin or eyes with running water for at least 20 minutes. • Keep victim warm and quiet. • Ensure that medical personnel are aware of the material(s) involved, and take precautions to protect themselves.

Guide No. 140 Oxidizers

POTENTIAL HAZARDS

FIRE OR EXPLOSION	• These substances will accelerate burning when involved in a fire. • Some may decompose explosively when heated or involved in a fire. • May explode from heat or contamination. • Some will react explosively with hydrocarbons (fuels). • May ignite combustibles (wood, paper, oil, clothing, etc.). • Containers may explode when heated. • Runoff may create fire or explosion hazard.
HEALTH	• Inhalation, ingestion or contact (skin, eyes) with vapors or substance may cause severe injury, burns, or death. • Fire may produce irritating, corrosive and/or toxic gases. • Runoff from fire control or dilution water may cause pollution.

PUBLIC SAFETY

• CALL Emergency Response Telephone Number on Shipping Document first. If Shipping Document not available or no answer, refer to appropriate telephone number listed at the end of this book. • Isolate spill or leak area immediately for at least 10 to 25 meters (30 to 80 feet) in all directions. • Keep unauthorized personnel away. • Stay upwind. • Keep out of low areas. • Ventilate closed spaces before entering.

PROTECTIVE CLOTHING	• Wear positive pressure self-contained breathing apparatus (SCBA). • Structural firefighters' protective clothing will only provide limited protection.
EVACUATION	**Large Spill** • Consider initial downwind evacuation for at least 100 meters (330 feet). **Fire** • If tank, rail car or tank truck is involved in a fire, ISOLATE for 800 meters (1/2 mile) in all directions; also, consider initial evacuation for 800 meters (1/2 mile) in all directions.

EMERGENCY RESPONSE

FIRE	**Small Fires** • Use water. Do not use dry chemicals or foams. CO_2 or Halon may provide limited control. **Large Fires** • Flood fire area with water from a distance. • Move containers from fire area if you can do it without risk. • Do not move cargo or vehicle if cargo has been exposed to heat. • Fight fire from maximum distance or use unmanned hose holders or monitor nozzles. • Cool containers with flooding quantities of water until well after fire is out. • ALWAYS stay away from tanks engulfed in fire. • For massive fire, use unmanned hose holders or monitor nozzles; if this is impossible, withdraw from area and let fire burn.
SPILL OR LEAK	• Keep combustibles (wood, paper, oil, etc.) away from spilled material. • Do not touch damaged containers or spilled material unless wearing appropriate protective clothing. • Stop leak if you can do it without risk. • Do not get water inside containers. **Small Dry Spills** • With clean shovel place material into clean, dry container and cover loosely; move containers from spill area. **Small Liquid Spills** • Use a non-combustible material like vermiculite, sand or earth to soak up the product and place into a container for later disposal. **Large Spills** • Dike far ahead of liquid spill for later disposal. **• Following product recovery, flush area with water.**
FIRST AID	• Move victim to fresh air. • Call 911 or emergency medical service. • Apply artificial respiration if victim is not breathing. • Administer oxygen if breathing is difficult. • Remove and isolate contaminated clothing and shoes. • In case of contact with substance, immediately flush skin or eyes with running water for at least 20 minutes. • Keep victim warm and quiet. • Ensure that medical personnel are aware of the material(s) involved, and take precautions to protect themselves.

Guide No. 141 Oxidizers - Toxic (Solid)

POTENTIAL HAZARDS

FIRE OR EXPLOSION
• These substances will accelerate burning when involved in a fire. • May explode from heat or contamination. • Some may burn rapidly. • Some will react explosively with hydrocarbons (fuels). • May ignite combustibles (wood, paper, oil, clothing, etc.). • Containers may explode when heated. • Runoff may create fire or explosion hazard.

HEALTH
• Toxic by ingestion. • Inhalation of dust is toxic. • Fire may produce irritating, corrosive and/or toxic gases. • Contact with substance may cause severe burns to skin and eyes. • Runoff from fire control or dilution water may cause pollution.

PUBLIC SAFETY

• CALL Emergency Response Telephone Number on Shipping Document first. If Shipping Document not available or no answer, refer to appropriate telephone number listed at the end of this book. • Isolate spill or leak area immediately for at least 10 to 25 meters (30 to 80 feet) in all directions. • Keep unauthorized personnel away. • Stay upwind. • Keep out of low areas. • Ventilate closed spaces before entering.

PROTECTIVE CLOTHING
• Wear positive pressure self-contained breathing apparatus (SCBA). • Wear chemical protective clothing which is specifically recommended by the manufacturer. It may provide little or no thermal protection. • Structural firefighters' protective clothing will only provide limited protection.

EVACUATION

Large Spill
• Consider initial downwind evacuation for at least 100 meters (330 feet).

Fire
• If tank, rail car or tank truck is involved in a fire, ISOLATE for 800 meters (1/2 mile) in all directions; also, consider initial evacuation for 800 meters (1/2 mile) in all directions.

EMERGENCY RESPONSE

FIRE

Small Fires
• Use water. Do not use dry chemicals or foams. CO_2 or Halon may provide limited control.

Large Fires
• Flood fire area with water from a distance. • Move containers from fire area if you can do it without risk. • Do not move cargo or vehicle if cargo has been exposed to heat. • Fight fire from maximum distance or use unmanned hose holders or monitor nozzles. • Cool containers with flooding quantities of water until well after fire is out. • ALWAYS stay away from tanks engulfed in fire. • For massive fire, use unmanned hose holders or monitor nozzles; if this is impossible, withdraw from area and let fire burn.

SPILL OR LEAK
• Keep combustibles (wood, paper, oil, etc.) away from spilled material. • Do not touch damaged containers or spilled material unless wearing appropriate protective clothing. • Stop leak if you can do it without risk.

Small Dry Spills
• With clean shovel place material into clean, dry container and cover loosely; move containers from spill area.

Large Spills
• Dike far ahead of spill for later disposal.

FIRST AID
• Move victim to fresh air. • Call 911 or emergency medical service. • Apply artificial respiration if victim is not breathing. • Administer oxygen if breathing is difficult. • Remove and isolate contaminated clothing and shoes. • In case of contact with substance, immediately flush skin or eyes with running water for at least 20 minutes. • Keep victim warm and quiet. • Ensure that medical personnel are aware of the material(s) involved, and take precautions to protect themselves.

Guide No. 142 Oxidizers - Toxic (Liquid)

POTENTIAL HAZARDS

FIRE OR EXPLOSION

• These substances will accelerate burning when involved in a fire. • May explode from heat or contamination. • Some will react explosively with hydrocarbons (fuels). • May ignite combustibles (wood, paper, oil, clothing, etc.). • Containers may explode when heated. • Runoff may create fire or explosion hazard.

HEALTH

• TOXIC; inhalation, ingestion or contact (skin, eyes) with vapors or substance may cause severe injury, burns or death. • Fire may produce irritating, corrosive and/or toxic gases. • Toxic/flammable fumes may accumulate in confined areas (basement, tanks, hopper/tank cars, etc.). • Runoff from fire control or dilution water may cause pollution.

PUBLIC SAFETY

• **CALL Emergency Response Telephone Number on Shipping Document first. If Shipping Document not available or no answer, refer to appropriate telephone number listed at the end of this book.** • Isolate spill or leak area immediately for at least 50 to 100 meters (160 to 330 feet) in all directions. • Keep unauthorized personnel away. • Stay upwind. • Keep out of low areas. • Ventilate closed spaces before entering.

PROTECTIVE CLOTHING

• Wear positive pressure self-contained breathing apparatus (SCBA). • Wear chemical protective clothing which is specifically recommended by the manufacturer. It may provide little or no thermal protection. • Structural firefighters' protective clothing provides limited protection in fire situations ONLY; it is not effective in spill situations.

EVACUATION

Spill

• Substances that are toxic by inhalation (identified by the letter "T" in Schedule 3), require special precautions. Different initial isolation and protective action distances are recommended for these substances. These distances should be obtained immediately when reporting an accidental release.

Fire

• If tank, rail car or tank truck is involved in a fire, ISOLATE for 800 meters (1/2 mile) in all directions; also, consider initial evacuation for 800 meters (1/2 mile) in all directions.

EMERGENCY RESPONSE

FIRE

Small Fires

• Use water. Do not use dry chemicals or foams. CO_2 or Halon may provide limited control.

Large Fires

• Flood fire area with water from a distance. • Move containers from fire area if you can do it without risk. • Do not move cargo or vehicle if cargo has been exposed to heat. • Fight fire from maximum distance or use unmanned hose holders or monitor nozzles.
• Cool containers with flooding quantities of water until well after fire is out. • ALWAYS stay away from tanks engulfed in fire.
• For massive fire, use unmanned hose holders or monitor nozzles; if this is impossible, withdraw from area and let fire burn.

SPILL OR LEAK

• Keep combustibles (wood, paper, oil, etc.) away from spilled material. • Fully encapsulating, vapor protective clothing should be worn for spills and leaks with no fire. • Do not touch damaged containers or spilled material unless wearing appropriate protective clothing. • Stop leak if you can do it without risk. • Use water spray to reduce vapors or divert vapor cloud drift. • Do not get water inside containers.

Small Liquid Spills

• Use a non-combustible material like vermiculite, sand or earth to soak up the product and place into a container for later disposal.

Large Spills

• Dike far ahead of liquid spill for later disposal.

FIRST AID

• Move victim to fresh air. • Call 911 or emergency medical service. • Apply artificial respiration if victim is not breathing. • **Do not use mouth-to-mouth method if victim ingested or inhaled the substance; induce artificial respiration with the aid of a pocket mask equipped with a one-way valve or other proper respiratory medical device.** • Administer oxygen if breathing is difficult. • Remove and isolate contaminated clothing and shoes. • In case of contact with substance, immediately flush skin or eyes with running water for at least 20 minutes. • Keep victim warm and quiet. • Ensure that medical personnel are aware of the material(s) involved, and take precautions to protect themselves.

Guide No. 143 Oxidizers (Unstable)

POTENTIAL HAZARDS

FIRE OR EXPLOSION	• May explode from friction, heat or contamination. • These substances will accelerate burning when involved in a fire. • May ignite combustibles (wood, paper, oil, clothing, etc.). • Some will react explosively with hydrocarbons (fuels). • Containers may explode when heated. • Runoff may create fire or explosion hazard.
HEALTH	• TOXIC; inhalation, ingestion or contact (skin, eyes) with vapors, dusts or substance may cause severe injury, burns or death. Fire may produce irritating and/or toxic gases. • Toxic fumes or dust may accumulate in confined areas (basement, tanks, hopper/tank cars, etc.). • Runoff from fire control or dilution water may cause pollution.

PUBLIC SAFETY

• CALL Emergency Response Telephone Number on Shipping Document first. If Shipping Document not available or no answer, refer to appropriate telephone number listed at the end of this book. • Isolate spill or leak area immediately for at least 50 to 100 meters (160 to 330 feet) in all directions. • Keep unauthorized personnel away. • Stay upwind. • Keep out of low areas. • Ventilate closed spaces before entering.

PROTECTIVE CLOTHING	• Wear positive pressure self-contained breathing apparatus (SCBA). • Wear chemical protective clothing which is specifically recommended by the manufacturer. It may provide little or no thermal protection. • Structural firefighters' protective clothing provides limited protection in fire situations ONLY; it is not effective in spill situations.
EVACUATION	**Spill** • Substances that are toxic by inhalation (identified by the letter "T" in Schedule 3), require special precautions. Different initial isolation and protective action distances are recommended for these substances. These distances should be obtained immediately when reporting an accidental release. **Fire** • If tank, rail car or tank truck is involved in a fire, ISOLATE for 800 meters (1/2 mile) in all directions; also, consider initial evacuation for 800 meters (1/2 mile) in all directions.

EMERGENCY RESPONSE

FIRE	**Small Fires** • Use water. Do not use dry chemicals or foams. CO_2 or Halon may provide limited control. **Large Fires** • Flood fire area with water from a distance. • Do not move cargo or vehicle if cargo has been exposed to heat. • Move containers from fire area if you can do it without risk. • Do not get water inside containers: a violent reaction may occur. • Cool containers with flooding quantities of water until well after fire is out. • Dike fire-control water for later disposal. • ALWAYS stay away from tanks engulfed in fire. • For massive fire, use unmanned hose holders or monitor nozzles; if this is impossible, withdraw from area and let fire burn.
SPILL OR LEAK	• Keep combustibles (wood, paper, oil, etc.) away from spilled material. • Do not touch damaged containers or spilled material unless wearing appropriate protective clothing. • Use water spray to reduce vapors or divert vapor cloud drift. • Prevent entry into waterways, sewers, basements or confined areas. **Small Spills** • Flush area with flooding quantities of water. **Large Spills** **• DO NOT CLEAN-UP OR DISPOSE OF, EXCEPT UNDER SUPERVISION OF A SPECIALIST.**
FIRST AID	• Move victim to fresh air. • Call 911 or emergency medical service. • Apply artificial respiration if victim is not breathing. • Administer oxygen if breathing is difficult. • Remove and isolate contaminated clothing and shoes. • In case of contact with substance, immediately flush skin or eyes with running water for at least 20 minutes. • Keep victim warm and quiet. • Ensure that medical personnel are aware of the material(s) involved, and take precautions to protect themselves.

Guide No. 144 Oxidizers (Water-Reactive)

POTENTIAL HAZARDS

FIRE OR EXPLOSION

• May ignite combustibles (wood, paper, oil, clothing, etc.). • React vigorously and/or explosively with water. • Produce toxic and/or corrosive substances on contact with water. • Flammable/toxic gases may accumulate in tanks and hopper cars. • Containers may explode when heated. • Runoff may create fire or explosion hazard.

HEALTH

• TOXIC; inhalation or contact with vapor, substance, or decomposition products may cause severe injury or death. • Fire will produce irritating, corrosive and/or toxic gases. • Runoff from fire control or dilution water may cause pollution.

PUBLIC SAFETY

• CALL Emergency Response Telephone Number on Shipping Document first. If Shipping Document not available or no answer, refer to appropriate telephone number listed at the end of this book. • Isolate spill or leak area immediately for at least 50 to 100 meters (160 to 330 feet) in all directions. • Keep unauthorized personnel away. • Stay upwind. • Keep out of low areas. • Ventilate closed spaces before entering.

PROTECTIVE CLOTHING

• Wear positive pressure self-contained breathing apparatus (SCBA). • Wear chemical protective clothing which is specifically recommended by the manufacturer. It may provide little or no thermal protection. • Structural firefighters' protective clothing provides limited protection in fire situations ONLY; it is not effective in spill situations.

EVACUATION

Spill

• Substances that are toxic by inhalation (identified by the letter "T" in Schedule 3), require special precautions. Different initial isolation and protective action distances are recommended for these substances. These distances should be obtained immediately when reporting an accidental release.

Fire

• If tank, rail car or tank truck is involved in a fire, ISOLATE for 800 meters (1/2 mile) in all directions; also, consider initial evacuation for 800 meters (1/2 mile) in all directions

EMERGENCY RESPONSE

FIRE

• DO NOT USE WATER OR FOAM.

Small Fires

• Dry chemical, soda ash or lime.

Large Fires

• DRY sand, dry chemical, soda ash or lime or withdraw from area and let fire burn. • Move containers from fire area if you can do it without risk.

Fire involving Tanks or Car/Trailer Loads

• Fight fire from maximum distance or use unmanned hose holders or monitor nozzles. • Cool containers with flooding quantities of water until well after fire is out. • Withdraw immediately in case of rising sound from venting safety devices or discoloration of tank. ALWAYS stay away from tanks engulfed in fire.

SPILL OR LEAK

• ELIMINATE all ignition sources (no smoking, flares, sparks or flames in immediate area). • Do not touch damaged containers or spilled material unless wearing appropriate protective clothing. • Stop leak if you can do it without risk. • Use water spray to reduce vapors or divert vapor cloud drift. Avoid allowing water runoff to contact spilled material. **• DO NOT GET WATER on spilled substance or inside containers.**

Small Spills

• Cover with DRY earth, DRY sand, or other non-combustible material followed with plastic sheet to minimize spreading or contact with rain.

Large Spills

• DO NOT CLEAN-UP OR DISPOSE OF, EXCEPT UNDER SUPERVISION OF A SPECIALIST.

FIRST AID

• Move victim to fresh air. • Call 911 or emergency medical service. • Apply artificial respiration if victim is not breathing. **• Do not use mouth-to-mouth method if victim ingested or inhaled the substance; induce artificial respiration with the aid of a pocket mask equipped with a one-way valve or other proper respiratory medical device.** • Administer oxygen if breathing is difficult. • Remove and isolate contaminated clothing and shoes. • In case of contact with substance, immediately flush skin or eyes with running water for at least 20 minutes. • Keep victim warm and quiet. • Keep victim under observation. • Effects of contact or inhalation may be delayed. • Ensure that medical personnel are aware of the material(s) involved, and take precautions to protect themselves.

Guide No. 145 Organic Peroxides (Heat and Contamination Sensitive)

POTENTIAL HAZARDS

FIRE OR EXPLOSION	• May explode from heat or contamination. • May ignite combustibles (wood, paper, oil, clothing, etc.). • May be ignited by heat, sparks or flames. • May burn rapidly with flare-burning effect. • Containers may explode when heated. • Runoff may create fire or explosion hazard.
HEALTH	• Fire may produce irritating, corrosive and/or toxic gases. • Ingestion or contact (skin, eyes) with substance may cause severe injury or burns. • Runoff from fire control or dilution water may cause pollution.

PUBLIC SAFETY

• CALL Emergency Response Telephone Number on Shipping Document first. If Shipping Document not available or no answer, refer to appropriate telephone number listed at the end of this book. • Isolate spill or leak area immediately for at least 25 to 50 meters (80 to 160 feet) in all directions. • Keep unauthorized personnel away. • Stay upwind. • Keep out of low areas.

PROTECTIVE CLOTHING

• Wear positive pressure self-contained breathing apparatus (SCBA). • Wear chemical protective clothing which is specifically recommended by the manufacturer. It may provide little or no thermal protection. • Structural firefighters' protective clothing will only provide limited protection.

EVACUATION

Large Spill

• Consider initial evacuation for at least 250 meters (800 feet).

Fire

• If tank, rail car or tank truck is involved in a fire, ISOLATE for 800 meters (1/2 mile) in all directions; also, consider initial evacuation for 800 meters (1/2 mile) in all directions.

EMERGENCY RESPONSE

FIRE

Small Fires

• Water spray or fog is preferred; if water not available use dry chemical, CO_2 or regular foam.

Large Fires

• Flood fire area with water from a distance. • Use water spray or fog; do not use straight streams. • Move containers from fire area if you can do it without risk. • Do not move cargo or vehicle if cargo has been exposed to heat. • Fight fire from maximum distance or use unmanned hose holders or monitor nozzles. • Cool containers with flooding quantities of water until well after fire is out. • ALWAYS stay away from tanks engulfed in fire. • For massive fire, use unmanned hose holders or monitor nozzles; if this is impossible, withdraw from area and let fire burn.

SPILL OR LEAK

• ELIMINATE all ignition sources (no smoking, flares, sparks or flames in immediate area). • Keep combustibles (wood, paper, oil, etc.) away from spilled material. • Do not touch damaged containers or spilled material unless wearing appropriate protective clothing. • Keep substance wet using water spray. • Stop leak if you can do it without risk.

Small Spills

• Take up with inert, damp, non-combustible material using clean non-sparking tools and place into loosely covered plastic containers for later disposal.

Large Spills

• Wet down with water and dike for later disposal. • Prevent entry into waterways, sewers, basements or confined areas. **• DO NOT CLEAN-UP OR DISPOSE OF, EXCEPT UNDER SUPERVISION OF A SPECIALIST.**

FIRST AID

• Move victim to fresh air. • Call 911 or emergency medical service. • Apply artificial respiration if victim is not breathing. • Administer oxygen if breathing is difficult. • Remove and isolate contaminated clothing and shoes. • Remove material from skin immediately. • In case of contact with substance, immediately flush skin or eyes with running water for at least 20 minutes. • Keep victim warm and quiet. • Ensure that medical personnel are aware of the material(s) involved, and take precautions to protect themselves.

Guide No. 146 Organic Peroxides (Heat, Contamination and Friction Sensitive)

POTENTIAL HAZARDS

FIRE OR EXPLOSION

• May explode from heat, shock, friction or contamination. • May ignite combustibles (wood, paper, oil, clothing, etc.). • May be ignited by heat, sparks or flames. • May burn rapidly with flare-burning effect. • Containers may explode when heated. • Runoff may create fire or explosion hazard.

HEALTH

• Fire may produce irritating, corrosive and/or toxic gases. • Ingestion or contact (skin, eyes) with substance may cause severe injury or burns. • Runoff from fire control or dilution water may cause pollution.

PUBLIC SAFETY

• CALL Emergency Response Telephone Number on Shipping Document first. If Shipping Document not available or no answer, refer to appropriate telephone number listed at the end of this book. • Isolate spill or leak area immediately for at least 25 to 50 meters (80 to 160 feet) in all directions. • Keep unauthorized personnel away. • Stay upwind. • Keep out of low areas.

PROTECTIVE CLOTHING

• Wear positive pressure self-contained breathing apparatus (SCBA). • Wear chemical protective clothing which is specifically recommended by the manufacturer. It may provide little or no thermal protection. • Structural firefighters' protective clothing will only provide limited protection.

EVACUATION

Large Spill

• Consider initial evacuation for at least 250 meters (800 feet).

Fire

• If tank, rail car or tank truck is involved in a fire, ISOLATE for 800 meters (1/2 mile) in all directions; also, consider initial evacuation for 800 meters (1/2 mile) in all directions.

EMERGENCY RESPONSE

FIRE

Small Fires

• Water spray or fog is preferred; if water not available use dry chemical, CO_2 or regular foam.

Large Fires

• Flood fire area with water from a distance. • Use water spray or fog; do not use straight streams. • Move containers from fire area if you can do it without risk. • Do not move cargo or vehicle if cargo has been exposed to heat. • Fight fire from maximum distance or use unmanned hose holders or monitor nozzles. • Cool containers with flooding quantities of water until well after fire is out. • ALWAYS stay away from tanks engulfed in fire. • For massive fire, use unmanned hose holders or monitor nozzles; if this is impossible, withdraw from area and let fire burn.

SPILL OR LEAK

• ELIMINATE all ignition sources (no smoking, flares, sparks or flames in immediate area). • Keep combustibles (wood, paper, oil, etc.) away from spilled material. • Do not touch damaged containers or spilled material unless wearing appropriate protective clothing. • Keep substance wet using water spray. • Stop leak if you can do it without risk.

Small Spills

• Take up with inert, damp, non-combustible material using clean non-sparking tools and place into loosely covered plastic containers for later disposal.

Large Spills

• Wet down with water and dike for later disposal. • Prevent entry into waterways, sewers, basements or confined areas. • **DO NOT CLEAN-UP OR DISPOSE OF, EXCEPT UNDER SUPERVISION OF A SPECIALIST.**

FIRST AID

• Move victim to fresh air. • Call 911 or emergency medical service. • Apply artificial respiration if victim is not breathing. • Administer oxygen if breathing is difficult. • Remove and isolate contaminated clothing and shoes. • Remove material from skin immediately. • In case of contact with substance, immediately flush skin or eyes with running water for at least 20 minutes. • Keep victim warm and quiet. • Ensure that medical personnel are aware of the material(s) involved, and take precautions to protect themselves.

Guide No. 147 Organic Peroxides (Heat and Contamination Sensitive/Severe Irritants)

POTENTIAL HAZARDS

FIRE OR EXPLOSION

• May explode from heat or contamination. • May ignite combustibles (wood, paper, oil, clothing, etc.). • May be ignited by heat, sparks or flames. • May burn rapidly with flare-burning effect. • Containers may explode when heated. • Runoff may create fire or explosion hazard.

HEALTH

• TOXIC; inhalation, ingestion or contact (skin, eyes) with vapors, dusts or substance may cause severe injury, burns or death.
• Contact of vapor or substance with eyes may cause blindness within minutes. • Fire may produce irritating, corrosive and/or toxic gases. • Toxic fumes or dust may accumulate in confined areas (basement, tanks, hopper/tank cars, etc.). • Runoff from fire control or dilution water may cause pollution.

PUBLIC SAFETY

• CALL Emergency Response Telephone Number on Shipping Document first. If Shipping Document not available or no answer, refer to appropriate telephone number listed at the end of this book. • Isolate spill or leak area immediately for at least 25 to 50 meters (80 to 160 feet) in all directions. • Keep unauthorized personnel away. • Stay upwind. • Keep out of low areas.

PROTECTIVE CLOTHING

• Wear positive pressure self-contained breathing apparatus (SCBA). • Wear chemical protective clothing which is specifically recommended by the manufacturer. It may provide little or no thermal protection. • Structural firefighters' protective clothing provides limited protection in fire situations ONLY; it is not effective in spill situations.

EVACUATION

Large Spill
• Consider initial evacuation for at least 250 meters (800 feet).

Fire
• If tank, rail car or tank truck is involved in a fire, ISOLATE for 800 meters (1/2 mile) in all directions; also, consider initial evacuation for 800 meters (1/2 mile) in all directions.

EMERGENCY RESPONSE

FIRE

Small Fires
• Water spray or fog is preferred; if water not available use dry chemical, CO_2 or regular foam.

Large Fires
• Flood fire area with water from a distance. • Use water spray or fog; do not use straight streams. • Move containers from fire area if you can do it without risk. • Do not move cargo or vehicle if cargo has been exposed to heat. • Fight fire from maximum distance or use unmanned hose holders or Monitor nozzles. • Cool containers with flooding quantities of water until well after fire is out. • ALWAYS stay away from tanks engulfed in fire. • For massive fire, use unmanned hose holders or monitor nozzles; if this Is impossible, withdraw from area and let fire burn.

SPILL OR LEAK

• ELIMINATE all ignition sources (no smoking, flares, sparks or flames in immediate area). • Keep combustibles (wood, paper, oil, etc.) away from spilled material. • Do not touch damaged containers or spilled material unless wearing appropriate protective clothing. • Keep substance wet using water spray. • Stop leak if you can do it without risk.

Small Spills
• Take up with inert, damp, non-combustible material using clean non-sparking tools and place into loosely covered plastic containers for later disposal.

Large Spills
• Wet down with water and dike for later disposal. • Prevent entry into waterways, sewers, basements or confined areas. **• DO NOT CLEAN-UP OR DISPOSE OF, EXCEPT UNDER SUPERVISION OF A SPECIALIST.**

FIRST AID

• Move victim to fresh air. • Call 911 or emergency medical service. • Apply artificial respiration if victim is not breathing.
• Administer oxygen if breathing is difficult. • Remove and isolate contaminated clothing and shoes. • Remove material from skin immediately. • In case of contact with substance, immediately flush skin or eyes with running water for at least 20 minutes.
• Keep victim warm and quiet. • Ensure that medical personnel are aware of the material(s) involved, And take precautions to protect themselves.

Guide No. 148 Organic Peroxides (Heat and Contamination Sensitive/Temperature Controlled)

POTENTIAL HAZARDS

FIRE OR EXPLOSION	• May explode from heat, contamination or loss of temperature control. • These materials are particularly sensitive to temperature rises. • Above a given "Control Temperature" they decompose violently and catch fire. • May ignite combustibles (wood, paper, oil, clothing, etc.). • May ignite spontaneously if exposed to air. • May be ignited by heat, sparks or flames. • May burn rapidly with flare-burning effect. • Containers may explode when heated. • Runoff may create fire or explosion hazard.
HEALTH	• Fire may produce irritating, corrosive and/or toxic gases. • Ingestion or contact (skin, eyes) with substance may cause severe injury or burns. • Runoff from fire control or dilution water may cause pollution.

PUBLIC SAFETY

• CALL Emergency Response Telephone Number on Shipping Document first. If Shipping Document not available or no answer, refer to appropriate telephone number listed at the end of this book. • Isolate spill or leak area immediately for at least 50 to 100 meters (160 to 330 feet) in all directions. • Keep unauthorized personnel away. • Stay upwind. • Keep out of low areas. **• DO NOT allow the substance to warm up. Obtain liquid nitrogen, dry ice or ice for cooling. If none can be obtained, evacuate the area immediately.**

PROTECTIVE CLOTHING	• Wear positive pressure self-contained breathing apparatus (SCBA). • Wear chemical protective clothing which is specifically recommended by the manufacturer. It may provide little or no thermal protection. • Structural firefighters' protective clothing will only provide limited protection.
EVACUATION	**Large Spill** • Consider initial evacuation for at least 250 meters (800 feet). **Fire** • If tank, rail car or tank truck is involved in a fire, ISOLATE for 800 meters (1/2 mile) in all directions; also, consider initial evacuation for 800 meters (1/2 mile) in all directions.

EMERGENCY RESPONSE

FIRE	**• The temperature of the substance must be maintained at or below the "Control Temperature" at all times.** **Small Fires** • Water spray or fog is preferred; if water not available use dry chemical, CO_2 or regular foam. **Large Fires** • Flood fire area with water from a distance. • Use water spray or fog; do not use straight streams. • Move containers from fire area if you can do it without risk. • Do not move cargo or vehicle if cargo has been exposed to heat. • Fight fire from maximum distance or use unmanned hose holders or monitor nozzles. • Cool containers with flooding quantities of water until well after fire is out. **• BEWARE OF POSSIBLE CONTAINER EXPLOSION.** • ALWAYS stay away from tanks engulfed in fire. • For massive fire, use unmanned hose holders or monitor nozzles; if this is impossible, withdraw from area and let fire burn.
SPILL OR LEAK	• ELIMINATE all ignition sources (no smoking, flares, sparks or flames in immediate area). • Keep combustibles (wood, paper, oil, etc.) away from spilled material. • Do not touch or walk through spilled material. • Stop leak if you can do it without risk. **Small Spills** • Take up with inert, damp, non-combustible material using clean non-sparking tools and place into loosely covered plastic containers for later disposal. **Large Spills** • Dike far ahead of liquid spill for later disposal. • Prevent entry into waterways, sewers, basements or confined areas. **• DO NOT CLEAN-UP OR DISPOSE OF, EXCEPT UNDER SUPERVISION OF A SPECIALIST.**
FIRST AID	• Move victim to fresh air. • Call 911 or emergency medical service. • Apply artificial respiration if victim is not breathing. • Administer oxygen if breathing is difficult. • Remove and isolate contaminated clothing and shoes. • Remove material from skin immediately. • In case of contact with substance, immediately flush skin or eyes with running water for at least 20 minutes. • Keep victim warm and quiet. • Ensure that medical personnel are aware of the material(s) involved, and take precautions to protect themselves.

Guide No. 149 Substances (Self-Reactive)

POTENTIAL HAZARDS

FIRE OR EXPLOSION

• Self-decomposition or self-ignition may be triggered by heat, chemical reaction, friction or impact. • May be ignited by heat, sparks or flames. • Some may decompose explosively when heated or involved in a fire. • May burn violently. Decomposition may be self-accelerating and produce large amounts of gases. • Vapors or dust may form explosive mixtures with air.

HEALTH

• Inhalation or contact with vapors, substance, or decomposition products may cause severe injury or death. • May produce irritating, toxic and/or corrosive gases. • Runoff from fire control may cause pollution.

PUBLIC SAFETY

• CALL Emergency Response Telephone Number on Shipping Document first. If Shipping Document not available or no answer, refer to appropriate telephone number listed at the end of this book. • Isolate spill or leak area immediately for at least 25 to 50 meters (80 to 160 feet) in all directions. • Keep unauthorized personnel away. • Stay upwind. • Keep out of low areas.

PROTECTIVE CLOTHING

• Wear positive pressure self-contained breathing apparatus (SCBA). • Wear chemical protective clothing which is specifically recommended by the manufacturer. It may provide little or no thermal protection. • Structural firefighters' protective clothing will only provide limited protection.

EVACUATION

Large Spill

• Consider initial downwind evacuation for at least 250 meters (800 feet).

Fire

• If tank, rail car or tank truck is involved in a fire, ISOLATE for 800 meters (1/2 mile) in all directions; also, consider initial evacuation for 800 meters (1/2 mile) in all directions.

EMERGENCY RESPONSE

FIRE

Small Fires

• Dry chemical, CO_2, water spray or regular foam.

Large Fires

• Flood fire area with water from a distance. • Move containers from fire area if you can do it without risk.

Fire involving Tanks or Car/Trailer Loads

• BEWARE OF POSSIBLE CONTAINER EXPLOSION. • Fight fire from maximum distance or use unmanned hose holders or monitor nozzles. • Cool containers with flooding quantities of water until well after fire is out. • Withdraw immediately in case of rising sound from venting safety devices or discoloration of tank. • ALWAYS stay away from tanks engulfed in fire.

SPILL OR LEAK

• ELIMINATE all ignition sources (no smoking, flares, sparks or flames in immediate area). • Do not touch or walk through spilled material. • Stop leak if you can do it without risk.

Small Spills

• Take up with inert, damp, non-combustible material using clean non-sparking tools and place into loosely covered plastic containers for later disposal. • Prevent entry into waterways, sewers, basements or confined areas.

FIRST AID

• Move victim to fresh air. • Call 911 or emergency medical service. • Apply artificial respiration if victim is not breathing. • Administer oxygen if breathing is difficult. • Remove and isolate contaminated clothing and shoes. • In case of contact with substance, immediately flush skin or eyes with running water for at least 20 minutes. • Keep victim warm and quiet. • Ensure that medical personnel are aware of the material(s) involved, and take precautions to protect themselves.

Guide No. 150 Substances (Self-Reactive/Temperature Controlled)

POTENTIAL HAZARDS

FIRE OR EXPLOSION

- **Self-decomposition or self-ignition may be triggered by heat, chemical reaction, friction or impact.** • Self-accelerating decomposition may occur if the specific control temperature is not maintained. • These materials are particularly sensitive to temperature rises. • Above a given "Control Temperature" they decompose violently and catch fire. • May be ignited by heat, sparks or flames. • Some may decompose explosively when heated or involved in a fire. • May burn violently. Decomposition may be self-accelerating and produce large amounts of gases. • Vapors or dust may form explosive mixtures with air.

HEALTH

- Inhalation or contact with vapors, substance, or decomposition products may cause severe injury or death. • May produce irritating, toxic and/or corrosive gases. • Runoff from fire control may cause pollution.

PUBLIC SAFETY

• **CALL Emergency Response Telephone Number on Shipping Document first. If Shipping Document not available or no answer, refer to appropriate telephone number listed at the end of this book.** • Isolate spill or leak area immediately for at least 50 to 100 meters (160 to 330 feet) in all directions. • Keep unauthorized personnel away. • Stay upwind. • Keep out of low areas. • **DO NOT allow the substance to warm up. Obtain liquid nitrogen, dry ice or ice for cooling. If none can be obtained, evacuate the area immediately.**

PROTECTIVE CLOTHING

- Wear positive pressure self-contained breathing apparatus (SCBA). • Wear chemical protective clothing which is specifically recommended by the manufacturer. It may provide little or no thermal protection. • Structural firefighters' protective clothing will only provide limited protection.

EVACUATION

Large Spill

- Consider initial downwind evacuation for at least 250 meters (800 feet).

Fire

- If tank, rail car or tank truck is involved in a fire, ISOLATE for 800 meters (1/2 mile) in all directions; also, consider initial evacuation for 800 meters (1/2 mile) in all directions.

EMERGENCY RESPONSE

FIRE

- The temperature of the substance must be maintained at or below the "Control Temperature" at all times.

Small Fires

- Dry chemical, CO_2, water spray or regular foam.

Large Fires

- Flood fire area with water from a distance. • Move containers from fire area if you can do it without risk.

Fire involving Tanks or Car/Trailer Loads

- **BEWARE OF POSSIBLE CONTAINER EXPLOSION.** • Fight fire from maximum distance or use unmanned hose holders or monitor nozzles. • Cool containers with flooding quantities of water until well after fire is out. • Withdraw immediately in case of rising sound from venting safety devices or discoloration of tank. • ALWAYS stay away from tanks engulfed in fire.

SPILL OR LEAK

- ELIMINATE all ignition sources (no smoking, flares, sparks or flames in immediate area). • Do not touch or walk through spilled material. • Stop leak if you can do it without risk.

Small Spills

- Take up with inert, damp, non-combustible material using clean non-sparking tools and place into loosely covered plastic containers for later disposal. • Prevent entry into waterways, sewers, basements or confined areas. • **DO NOT CLEAN-UP OR DISPOSE OF, EXCEPT UNDER SUPERVISION OF A SPECIALIST.**

FIRST AID

- Move victim to fresh air. • Call 911 or emergency medical service. • Apply artificial respiration if victim is not breathing.
- Administer oxygen if breathing is difficult. • Remove and isolate contaminated clothing and shoes. • In case of contact with substance, immediately flush skin or eyes with running water for at least 20 minutes. • Keep victim warm and quiet. • Ensure that medical personnel are aware of the material(s) involved, and take precautions to protect themselves.

Guide No. 151 Substances - Toxic (Non-Combustible)

POTENTIAL HAZARDS

HEALTH	• **Highly toxic**, may be fatal if inhaled, swallowed or absorbed through skin. • Avoid any skin contact. • Effects of contact or inhalation may be delayed. • Fire may produce irritating, corrosive and/or toxic gases. • Runoff from fire control or dilution water may be corrosive and/or toxic and cause pollution.
FIRE OR EXPLOSION	• Non-combustible, substance itself does not burn but may decompose upon heating to produce corrosive and/or toxic fumes. • Containers may explode when heated. • Runoff may pollute waterways.

PUBLIC SAFETY

• CALL Emergency Response Telephone Number on Shipping Document first. If Shipping Document not available or no answer, refer to appropriate telephone number listed at the end of this book. • Isolate spill or leak area immediately for at least 25 to 50 meters (80 to 160 feet) in all directions. • Keep unauthorized personnel away. • Stay upwind. • Keep out of low areas.

PROTECTIVE CLOTHING	• Wear positive pressure self-contained breathing apparatus (SCBA). • Wear chemical protective clothing which is specifically recommended by the manufacturer. It may provide little or no thermal protection. • Structural firefighters' protective clothing provides limited protection in fire situations ONLY; it is not effective in spill situations.
EVACUATION	**Spill** • Substances that are toxic by inhalation (identified by the letter "T" in Schedule 3), require special precautions. Different initial isolation and protective action distances are recommended for these substances. These distances should be obtained immediately when reporting an accidental release. **Fire** • If tank, rail car or tank truck is involved in a fire, ISOLATE for 800 meters (1/2 mile) in all directions; also, consider initial evacuation for 800 meters (1/2 mile) in all directions.

EMERGENCY RESPONSE

FIRE	**Small Fires** • Dry chemical, CO_2 or water spray. **Large Fires** • Water spray, fog or regular foam. • Move containers from fire area if you can do it without risk. • Dike fire control water for later disposal; do not scatter the material. • Use water spray or fog; do not use straight streams. **Fire involving Tanks or Car/Trailer Loads** • Fight fire from maximum distance or use unmanned hose holders or monitor nozzles. • Do not get water inside containers. • Cool containers with flooding quantities of water until well after fire is out. • Withdraw immediately in case of rising sound from venting safety devices or discoloration of tank. • ALWAYS stay away from tanks engulfed in fire. • For massive fire, use unmanned hose holders or monitor nozzles; if this is impossible, withdraw from area and let fire burn.
SPILL OR LEAK	• Do not touch damaged containers or spilled material unless wearing appropriate protective clothing. • Stop leak if you can do it without risk. • Prevent entry into waterways, sewers, basements or confined areas. • Cover with plastic sheet to prevent spreading. • Absorb or cover with dry earth, sand or other non-combustible material and transfer to containers. **• DO NOT GET WATER INSIDE CONTAINERS.**
FIRST AID	• Move victim to fresh air. • Call 911 or emergency medical service. • Apply artificial respiration if victim is not breathing. **• Do not use mouth-to-mouth method if victim ingested or inhaled the substance; induce artificial respiration with the aid of a pocket mask equipped with a one-way valve or other proper respiratory medical device.** • Administer oxygen if breathing is difficult. • Remove and isolate contaminated clothing and shoes. • In case of contact with substance, immediately flush skin or eyes with running water for at least 20 minutes. • For minor skin contact, avoid spreading material on unaffected skin. • Keep victim warm and quiet. • Effects of exposure (inhalation, ingestion or skin contact) to substance may be delayed. • Ensure that medical personnel are aware of the material(s) involved, and take precautions to protect themselves.

Guide No. 152 Substances - Toxic (Combustible)

POTENTIAL HAZARDS

HEALTH

• Highly toxic, may be fatal if inhaled, swallowed or absorbed through skin. • Contact with molten substance may cause severe burns to skin and eyes. • Avoid any skin contact. • Effects of contact or inhalation may be delayed. • Fire may produce irritating, corrosive and/or toxic gases. • Runoff from fire control or dilution water may be corrosive and/or toxic and cause pollution.

FIRE OR EXPLOSION

• Combustible material: may burn but does not ignite readily. • Containers may explode when heated. • Runoff may pollute waterways. • Substance may be transported in a molten form.

PUBLIC SAFETY

• CALL Emergency Response Telephone Number on Shipping Document first. If Shipping Document not available or no answer, refer to appropriate telephone number listed at the end of this book. • Isolate spill or leak area immediately for at least 25 to 50 meters (80 to 160 feet) in all directions. • Keep unauthorized personnel away. • Stay upwind. • Keep out of low areas.

PROTECTIVE CLOTHING

• Wear positive pressure self-contained breathing apparatus (SCBA). • Wear chemical protective clothing which is specifically recommended by the manufacturer. It may provide little or no thermal protection. • Structural firefighters' protective clothing provides limited protection in fire situations ONLY; it is not effective in spill situations.

EVACUATION

Spill

• Substances that are toxic by inhalation (identified by the letter "T" in Schedule 3), require special precautions. Different initial isolation and protective action distances are recommended for these substances. These distances should be obtained immediately when reporting an accidental release.

Fire

• If tank, rail car or tank truck is involved in a fire, ISOLATE for 800 meters (1/2 mile) in all directions; also, consider initial evacuation for 800 meters (1/2 mile) in all directions.

EMERGENCY RESPONSE

FIRE

Small Fires

• Dry chemical, CO_2 or water spray.

Large Fires

• Water spray, fog or regular foam. • Move containers from fire area if you can do it without risk. • Dike fire control water for later disposal; do not scatter the material. • Use water spray or fog; do not use straight streams.

Fire involving Tanks or Car/Trailer Loads

• Fight fire from maximum distance or use unmanned hose holders or monitor nozzles. • Do not get water inside containers.
• Cool containers with flooding quantities of water until well after fire is out. • Withdraw immediately in case of rising sound from venting safety devices or discoloration of tank. • ALWAYS stay away from tanks engulfed in fire. • For massive fire, use unmanned hose holders or monitor nozzles; if this is impossible, withdraw from area and let fire burn.

SPILL OR LEAK

• Do not touch damaged containers or spilled material unless wearing appropriate protective clothing. • Stop leak if you can do it without risk. • Prevent entry into waterways, sewers, basements or confined areas. • Cover with plastic sheet to prevent spreading. • Absorb or cover with dry earth, sand or other non-combustible material and transfer to containers. **• DO NOT GET WATER INSIDE CONTAINERS.**

FIRST AID

• Move victim to fresh air. • Call 911 or emergency medical service. • Apply artificial respiration if victim is not breathing. **• Do not use mouth-to-mouth method if victim ingested or inhaled the substance; induce artificial respiration with the aid of a pocket mask equipped with a one-way valve or other proper respiratory medical device.** • Administer oxygen if breathing is difficult. • Remove and isolate contaminated clothing and shoes. • In case of contact with substance, immediately flush skin or eyes with running water for at least 20 minutes. • For minor skin contact, avoid spreading material on unaffected skin. • Keep victim warm and quiet. • Effects of exposure (inhalation, ingestion or skin contact) to substance may be delayed. • Ensure that medical personnel are aware of the material(s) involved, and take precautions to protect themselves.

Guide No. 153 Substances - Toxic and/or Corrosive (Combustible)

POTENTIAL HAZARDS

HEALTH	• **TOXIC**; inhalation, ingestion, or skin contact with material may cause severe injury or death. • Contact with molten substance may cause severe burns to skin and eyes. • Avoid any skin contact. • Effects of contact or inhalation may be delayed. • Fire may produce irritating, corrosive and/or toxic gases. • Runoff from fire control or dilution water may be corrosive and/or toxic and cause pollution.
FIRE OR EXPLOSION	Combustible material: may burn but does not ignite readily. • When heated, vapors may form explosive mixtures with air: indoors, outdoors, and sewers explosion hazards. • Those substances designated with a **"P"** may polymerize explosively when heated or involved in a fire. • Contact with metals may evolve flammable hydrogen gas. • Containers may explode when heated. • Runoff may pollute waterways. • Substance may be transported in a molten form.

PUBLIC SAFETY

• **CALL Emergency Response Telephone Number on Shipping Document first. If Shipping Document not available or no answer, refer to appropriate telephone number listed at the end of this book.** • Isolate spill or leak area immediately for at least 25 to 50 meters (80 to 160 feet) in all directions. • Keep unauthorized personnel away. • Stay upwind. • Keep out of low areas. • Ventilate enclosed areas.

PROTECTIVE CLOTHING	• Wear positive pressure self-contained breathing apparatus (SCBA). • Wear chemical protective clothing which is specifically recommended by the manufacturer. It may provide little or no thermal protection. • Structural firefighters' protective clothing provides limited protection in fire situations ONLY; it is not effective in spill situations.
EVACUATION	**Spill** • Substances that are toxic by inhalation (identified by the letter "T" in Schedule 3), require special precautions. Different initial isolation and protective action distances are recommended for these substances. These distances should be obtained immediately when reporting an accidental release. **Fire** • If tank, rail car or tank truck is involved in a fire, ISOLATE for 800 meters (1/2 mile) in all directions; also, consider initial evacuation for 800 meters (1/2 mile) in all directions.

EMERGENCY RESPONSE

FIRE	**Small Fires** • Dry chemical, CO_2 or water spray. **Large Fires** • Dry chemical, CO_2, alcohol-resistant foam or water spray. • Move containers from fire area if you can do it without risk. • Dike fire control water for later disposal; do not scatter the material. **Fire involving Tanks or Car/Trailer Loads** • Fight fire from maximum distance or use unmanned hose holders or monitor nozzles. • Do not get water inside containers. • Cool containers with flooding quantities of water until well after fire is out. • Withdraw immediately in case of rising sound from venting safety devices or discoloration of tank. • ALWAYS stay away from tanks engulfed in fire.
SPILL OR LEAK	• ELIMINATE all ignition sources (no smoking, flares, sparks or flames in immediate area). • Do not touch damaged containers or spilled material unless wearing appropriate protective clothing. • Stop leak if you can do it without risk. • Prevent entry into waterways, sewers, basements or confined areas. • Absorb or cover with dry earth, sand or other non-combustible material and transfer to containers. • **DO NOT GET WATER INSIDE CONTAINERS.**
FIRST AID	• Move victim to fresh air. • Call 911 or emergency medical service. • Apply artificial respiration if victim is not breathing. • **Do not use mouth-to-mouth method if victim ingested or inhaled the substance; induce artificial respiration with the aid of a pocket mask equipped with a one-way valve or other proper respiratory medical device.** • Administer oxygen if breathing is difficult. • Remove and isolate contaminated clothing and shoes. • In case of contact with substance, immediately flush skin or eyes with running water for at least 20 minutes. • For minor skin contact, avoid spreading material on unaffected skin. • Keep victim warm and quiet. • Effects of exposure (inhalation, ingestion or skin contact) to substance may be delayed. • Ensure that medical personnel are aware of the material(s) involved, and take precautions to protect themselves.

Guide No. 154 Substances - Toxic and/or Corrosive (Non-Combustible)

POTENTIAL HAZARDS

HEALTH

• **TOXIC**; inhalation, ingestion, or skin contact with material may cause severe injury or death. • Contact with molten substance may cause severe burns to skin and eyes. • Avoid any skin contact. • Effects of contact or inhalation may be delayed. • Fire may produce irritating, corrosive and/or toxic gases. • Runoff from fire control or dilution water may be corrosive and/or toxic and cause pollution.

FIRE OR EXPLOSION

• Non-combustible, substance itself does not burn but may decompose upon heating to produce corrosive and/or toxic fumes. • Some are oxidizers and may ignite combustibles (wood, paper, oil, clothing, etc.). • Contact with metals may evolve flammable hydrogen gas. • Containers may explode when heated.

PUBLIC SAFETY

• **CALL Emergency Response Telephone Number on Shipping Document first. If Shipping Document not available or no answer, refer to appropriate telephone number listed at the end of this book.** • Isolate spill or leak area immediately for at least 25 to 50 meters (80 to 160 feet) in all directions. • Keep unauthorized personnel away. • Stay upwind. • Keep out of low areas. • Ventilate enclosed areas.

PROTECTIVE CLOTHING

• Wear positive pressure self-contained breathing apparatus (SCBA). • Wear chemical protective clothing which is specifically recommended by the manufacturer. It may provide little or no thermal protection. • Structural firefighters' protective clothing provides limited protection in fire situations ONLY; it is not effective in spill situations.

EVACUATION

Spill

• Substances that are toxic by inhalation (identified by the letter "T" in Schedule 3), require special precautions. Different initial isolation and protective action distances are recommended for these substances. These distances should be obtained immediately when reporting an accidental release.

Fire

• If tank, rail car or tank truck is involved in a fire, ISOLATE for 800 meters (1/2 mile) in all directions; also, consider initial evacuation for 800 meters (1/2 mile) in all directions.

EMERGENCY RESPONSE

FIRE

Small Fires

• Dry chemical, CO_2 or water spray.

Large Fires

• Dry chemical, CO_2, alcohol-resistant foam or water spray. • Move containers from fire area if you can do it without risk. • Dike fire control water for later disposal; do not scatter the material.

Fire involving Tanks or Car/Trailer Loads

• Fight fire from maximum distance or use unmanned hose holders or monitor nozzles. • Do not get water inside containers.
• Cool containers with flooding quantities of water until well after fire is out. • Withdraw immediately in case of rising sound from venting safety devices or discoloration of tank. • ALWAYS stay away from tanks engulfed in fire.

SPILL OR LEAK

• ELIMINATE all ignition sources (no smoking, flares, sparks or flames in immediate area). • Do not touch damaged containers or spilled material unless wearing appropriate protective clothing. • Stop leak if you can do it without risk. • Prevent entry into waterways, sewers, basements or confined areas. • Absorb or cover with dry earth, sand or other non-combustible material and transfer to containers. • **DO NOT GET WATER INSIDE CONTAINERS.**

FIRST AID

• Move victim to fresh air. • Call 911 or emergency medical service. • Apply artificial respiration if victim is not breathing. • **Do not use mouth-to-mouth method if victim ingested or inhaled the substance; induce artificial respiration with the aid of a pocket mask equipped with a one-way valve or other proper respiratory medical device.** • Administer oxygen if breathing is difficult. • Remove and isolate contaminated clothing and shoes. • In case of contact with substance, immediately flush skin or eyes with running water for at least 20 minutes. • For minor skin contact, avoid spreading material on unaffected skin. • Keep victim warm and quiet. • Effects of exposure (inhalation, ingestion or skin contact) to substance may be delayed. • Ensure that medical personnel are aware of the material(s) involved, and take precautions to protect themselves.

Guide No. 155 Substances - Toxic and/or Corrosive (Flammable/Water-Sensitive)

POTENTIAL HAZARDS

FIRE OR EXPLOSION

• **HIGHLY FLAMMABLE: Will be easily ignited by heat, sparks or flames.** • Vapors form explosive mixtures with air: indoors, outdoors, and sewers explosion hazards. • Most vapors are heavier than air. They will spread along ground and collect in low or confined areas (sewers, basements, tanks). • Vapors may travel to source of ignition and flash back. • Substance will react with water (some violently) releasing flammable, toxic or corrosive gases and runoff. • Contact with metals may evolve flammable hydrogen gas. • Containers may explode when heated or if contaminated with water.

HEALTH

• TOXIC; inhalation, ingestion or contact (skin, eyes) with vapors, dusts or substance may cause severe injury, burns or death. • **Bromoacetates and chloroacetates are extremely irritating/lachrymators.** • Reaction with water or moist air will release toxic, corrosive or flammable gases. • Reaction with water may generate much heat which will increase the concentration of fumes in the air. • Fire will produce irritating, corrosive and/or toxic gases. • Runoff from fire control or dilution water may be corrosive and/or toxic and cause pollution.

PUBLIC SAFETY

• **CALL Emergency Response Telephone Number on Shipping Document first. If Shipping Document not available or no answer, refer to appropriate telephone number listed at the end of this book.** • Isolate spill or leak area immediately for at least 50 to 100 meters (160 to 330 feet) in all directions. • Keep unauthorized personnel away. • Stay upwind. • Keep out of low areas. • Ventilate enclosed areas.

PROTECTIVE CLOTHING

• Wear positive pressure self-contained breathing apparatus (SCBA). • Wear chemical protective clothing which is specifically recommended by the manufacturer. It may provide little or no thermal protection. • Structural firefighters' protective clothing provides limited protection in fire situations ONLY; it is not effective in spill situations.

EVACUATION

Spill

• Substances that are toxic by inhalation (identified by the letter "T" in Schedule 3), require special precautions. Different initial isolation and protective action distances are recommended for these substances. These distances should be obtained immediately when reporting an accidental release.

Fire

• If tank, rail car or tank truck is involved in a fire, ISOLATE for 800 meters (1/2 mile) in all directions; also, consider initial evacuation for 800 meters (1/2 mile) in all directions.

EMERGENCY RESPONSE

FIRE

• Note: Most foams will react with the material and release corrosive/toxic gases.

Small Fires

• CO_2, dry chemical, dry sand, alcohol-resistant foam.

Large Fires

• Water spray, fog or alcohol-resistant foam. • **FOR CHLOROSILANES, DO NOT USE WATER;** use AFFF alcohol-resistant medium expansion foam. • Move containers from fire area if you can do it without risk. • Use water spray or fog; do not use straight streams.

Fire involving Tanks or Car/Trailer Loads

• Fight fire from maximum distance or use unmanned hose holders or monitor nozzles. • Do not get water inside containers.
• Cool containers with flooding quantities of water until well after fire is out. • Withdraw immediately in case of rising sound from venting safety devices or discoloration of tank. • ALWAYS stay away from tanks engulfed in fire.

SPILL OR LEAK

• ELIMINATE all ignition sources (no smoking, flares, sparks or flames in immediate area). • All equipment used when handling the product must be grounded. • Do not touch damaged containers or spilled material unless wearing appropriate protective clothing. • Stop leak if you can do it without risk. • A vapor suppressing foam may be used to reduce vapors. • **FOR CHLOROSILANES,** use AFFF alcohol-resistant medium expansion foam to reduce vapors. • **DO NOT GET WATER on spilled substance or inside containers.** • Use water spray to reduce vapors or divert vapor cloud drift. Avoid allowing water runoff to contact spilled material. • Prevent entry into waterways, sewers, basements or confined areas.

Small Spills

• Cover with DRY earth, DRY sand, or other non-combustible material followed with plastic sheet to minimize spreading or contact with rain. • Use clean non-sparking tools to collect material and place it into loosely covered plastic containers for later disposal.

FIRST AID

• Move victim to fresh air. • Call 911 or emergency medical service. • Apply artificial respiration if victim is not breathing. • **Do not use mouth-to-mouth method if victim ingested or inhaled the substance; induce artificial respiration with the aid of a pocket mask equipped with a one-way valve or other proper respiratory medical device.** • Administer oxygen if breathing is difficult. • Remove and isolate contaminated clothing and shoes. • In case of contact with substance, immediately flush skin or eyes with running water for at least 20 minutes. • For minor skin contact, avoid spreading material on unaffected skin. • Keep victim warm and quiet. • Effects of exposure (inhalation, ingestion or skin contact) to substance may be delayed. • Ensure that medical personnel are aware of the material(s) involved, and take precautions to protect themselves.

Guide No. 156 Substances - Toxic and/or Corrosive (Combustible/Water-Sensitive)

POTENTIAL HAZARDS

FIRE OR EXPLOSION

• Combustible material: may burn but does not ignite readily. • Substance will react with water (some violently) releasing flammable, toxic or corrosive gases and runoff. • When heated, vapors may form explosive mixtures with air: indoors, outdoors, and sewers explosion hazards. • Most vapors are heavier than air. They will spread along ground and collect in low or confined areas (sewers, basements, tanks). • Vapors may travel to source of ignition and flash back. • Contact with metals may evolve flammable hydrogen gas. • Containers may explode when heated or if contaminated with water.

HEALTH

• TOXIC; inhalation, ingestion or contact (skin, eyes) with vapors, dusts or substance may cause severe injury, burns or death. • Reaction with water or moist air will release toxic, corrosive or flammable gases. • Reaction with water may generate much heat which will increase the concentration of fumes in the air. • Fire will produce irritating, corrosive and/or toxic gases. • Runoff from fire control or dilution water may be corrosive and/or toxic and cause pollution.

PUBLIC SAFETY

• CALL Emergency Response Telephone Number on Shipping Document first. If Shipping Document not available or no answer, refer to appropriate telephone number listed at the end of this book. • Isolate spill or leak area immediately for at least 50 to 100 meters (160 to 330 feet) in all directions. • Keep unauthorized personnel away. • Stay upwind. • Keep out of low areas. • Ventilate enclosed areas.

PROTECTIVE CLOTHING

• Wear positive pressure self-contained breathing apparatus (SCBA). • Wear chemical protective clothing which is specifically recommended by the manufacturer. It may provide little or no thermal protection. • Structural firefighters' protective clothing provides limited protection in fire situations ONLY; it is not effective in spill situations.

EVACUATION

Spill

• Substances that are toxic by inhalation (identified by the letter "T" in Schedule 3), require special precautions. Different initial isolation and protective action distances are recommended for these substances. These distances should be obtained immediately when reporting an accidental release.

Fire

• If tank, rail car or tank truck is involved in a fire, ISOLATE for 800 meters (1/2 mile) in all directions; also, consider initial evacuation for 800 meters (1/2 mile) in all directions.

EMERGENCY RESPONSE

FIRE

• Note: Most foams will react with the material and release corrosive/toxic gases.

Small Fires

• CO_2, dry chemical, dry sand, alcohol-resistant foam.

Large Fires

• Water spray, fog or alcohol-resistant foam. • **FOR CHLOROSILANES, DO NOT USE WATER;** use AFFF alcohol-resistant medium expansion foam. • Move containers from fire area if you can do it without risk. • Use water spray or fog; do not use straight streams.

Fire involving Tanks or Car/Trailer Loads

• Fight fire from maximum distance or use unmanned hose holders or monitor nozzles. • Do not get water inside containers. • Cool containers with flooding quantities of water until well after fire is out. • Withdraw immediately in case of rising sound from venting safety devices or discoloration of tank. • ALWAYS stay away from tanks engulfed in fire.

SPILL OR LEAK

• ELIMINATE all ignition sources (no smoking, flares, sparks or flames in immediate area). • All equipment used when handling the product must be grounded. • Do not touch damaged containers or spilled material unless wearing appropriate protective clothing. • Stop leak if you can do it without risk. • A vapor suppressing foam may be used to reduce vapors. • **FOR CHLOROSILANES,** use AFFF alcohol-resistant medium expansion foam to reduce vapors. • **DO NOT GET WATER on spilled substance or inside containers.** • Use water spray to reduce vapors or divert vapor cloud drift. Avoid allowing water runoff to contact spilled material. • Prevent entry into waterways, sewers, basements or confined areas.

Small Spills

• Cover with DRY earth, DRY sand, or other non-combustible material followed with plastic sheet to minimize spreading or contact with rain. • Use clean non-sparking tools to collect material and place it into loosley covered plastic containers for later disposal.

FIRST AID

• Move victim to fresh air. • Call 911 or emergency medical service. • Apply artificial respiration if victim is not breathing. • **Do not use mouth-to-mouth method if victim ingested or inhaled the substance; induce artificial respiration with the aid of a pocket mask equipped with a one-way valve or other proper respiratory medical device.** • Administer oxygen if breathing is difficult. • Remove and isolate contaminated clothing and shoes. • In case of contact with substance, immediately flush skin or eyes with running water for at least 20 minutes. • For minor skin contact, avoid spreading material on unaffected skin. • Keep victim warm and quiet. • Effects of exposure (inhalation, ingestion or skin contact) to substance may be delayed. • Ensure that medical personnel are aware of the material(s) involved, and take precautions to protect themselves.

Guide No. 157 Substances - Toxic and/or Corrosive (Non-Combustible/Water-Sensitive)

POTENTIAL HAZARDS

HEALTH

• **TOXIC**; inhalation, ingestion or contact (skin, eyes) with vapors, dusts or substance may cause severe injury, burns or death. • Reaction with water or moist air will release toxic, corrosive or flammable gases. • Reaction with water may generate much heat which will increase the concentration of fumes in the air. • Fire will produce irritating, corrosive and/or toxic gases. • Runoff from fire control or dilution water may be corrosive and/or toxic and cause pollution.

FIRE OR EXPLOSION

• Non-combustible, substance itself does not burn but may decompose upon heating to produce corrosive and/or toxic fumes. • Vapors may accumulate in confined areas (basement, tanks, hopper/tank cars, etc.). • Substance will react with water (some violently), releasing corrosive and/or toxic gases. • Reaction with water may generate much heat which will increase the concentration of fumes in the air. • Contact with metals may evolve flammable hydrogen gas. • Containers may explode when heated or if contaminated with water.

PUBLIC SAFETY

• **CALL Emergency Response Telephone Number on Shipping Document first. If Shipping Document not available or no answer, refer to appropriate telephone number listed at the end of this book.** • Isolate spill or leak area immediately for at least 50 to 100 meters (160 to 330 feet) in all directions. • Keep unauthorized personnel away. • Stay upwind. • Keep out of low areas. • Ventilate enclosed areas.

PROTECTIVE CLOTHING

• Wear positive pressure self-contained breathing apparatus (SCBA). • Wear chemical protective clothing which is specifically recommended by the manufacturer. It may provide little or no thermal protection. • Structural firefighters' protective clothing provides limited protection in fire situations ONLY; it is not effective in spill situations.

EVACUATION

Spill

• Substances that are toxic by inhalation (identified by the letter "T" in Schedule 3), require special precautions. Different initial isolation and protective action distances are recommended for these substances. These distances should be obtained immediately when reporting an accidental release.

Fire

• If tank, rail car or tank truck is involved in a fire, ISOLATE for 800 meters (1/2 mile) in all directions; also, consider initial evacuation for 800 meters (1/2 mile) in all directions.

EMERGENCY RESPONSE

FIRE

• Note: Most foams will react with the material and release corrosive/toxic gases.

Small Fires

• CO_2 (except for Cyanides), dry chemical, dry sand, alcohol-resistant foam.

Large Fires

• Water spray, fog or alcohol-resistant foam. • Move containers from fire area if you can do it without risk. • Use water spray or fog; do not use straight streams. • Dike fire control water for later disposal; do not scatter the material.

Fire involving Tanks or Car/Trailer Loads

• Fight fire from maximum distance or use unmanned hose holders or monitor nozzles. • Do not get water inside containers. • Cool containers with flooding quantities of water until well after fire is out. • Withdraw immediately in case of rising sound from venting safety devices or discoloration of tank. • ALWAYS stay away from tanks engulfed in fire.

SPILL OR LEAK

• ELIMINATE all ignition sources (no smoking, flares, sparks or flames in immediate area). • All equipment used when handling the product must be grounded. • Do not touch damaged containers or spilled material unless wearing appropriate protective clothing. • Stop leak if you can do it without risk. • A vapor suppressing foam may be used to reduce vapors. • **DO NOT GET WATER INSIDE CONTAINERS.** • Use water spray to reduce vapors or divert vapor cloud drift. Avoid allowing water runoff to contact spilled material. • Prevent entry into waterways, sewers, basements or confined areas.

Small Spills

• Cover with DRY earth, DRY sand, or other non-combustible material followed with plastic sheet to minimize spreading or contact with rain. • Use clean non-sparking tools to collect material and place it into loosley covered plastic containers for later disposal.

FIRST AID

• Move victim to fresh air. • Call 911 or emergency medical service. • Apply artificial respiration if victim is not breathing. • **Do not use mouth-to-mouth method if victim ingested or inhaled the substance; induce artificial respiration with the aid of a pocket mask equipped with a one-way valve or other proper respiratory medical device.** • Administer oxygen if breathing is difficult. • Remove and isolate contaminated clothing and shoes. • In case of contact with substance, immediately flush skin or eyes with running water for at least 20 minutes. • For minor skin contact, avoid spreading material on unaffected skin. • Keep victim warm and quiet. • Effects of exposure (inhalation, ingestion or skin contact) to substance may be delayed. • Ensure that medical personnel are aware of the material(s) involved, and take precautions to protect themselves.

Guide No. 158 Infectious Substances

POTENTIAL HAZARDS

HEALTH	• Inhalation or contact with substance may cause infection, disease, or death. • Runoff from fire control may cause pollution. **• Note: Damaged packages containing solid CO_2 as a refrigerant may produce water or frost from condensation of air. Do not touch this liquid as it could be contaminated by the contents of the parcel.**
FIRE OR EXPLOSION	• Some of these materials may burn, but none ignite readily. • Some may be transported in flammable liquids.

PUBLIC SAFETY

• CALL Emergency Response Telephone Number on Shipping Document first. If Shipping Document not available or no answer, refer to appropriate telephone number listed at the end of this book. • Isolate spill or leak area immediately for at least 10 to 25 meters (30 to 80 feet) in all directions. • Keep unauthorized personnel away. • Stay upwind. • Obtain identity of substance involved.

PROTECTIVE CLOTHING	• Wear positive pressure self-contained breathing apparatus (SCBA). • Structural firefighters' protective clothing will only provide limited protection.

EMERGENCY RESPONSE

FIRE	**Small Fires** • Dry chemical, soda ash, lime or sand. **Large Fires** • Use extinguishing agent suitable for type of surrounding fire. • Move containers from fire area if you can do it without risk. • Do not scatter spilled material with high pressure water streams.
SPILL OR LEAK	• Do not touch or walk through spilled material. • Do not touch damaged containers or spilled material unless wearing appropriate protective clothing. • Absorb with earth, sand or other non-combustible material. • Cover damaged package or spilled material with damp towel or rag and keep wet with liquid bleach or other disinfectant. **• DO NOT CLEAN-UP OR DISPOSE OF, EXCEPT UNDER SUPERVISION OF A SPECIALIST.**
FIRST AID	• Move victim to a safe isolated area. **• CAUTION: Victim may be a source of contamination.** • Call 911 or emergency medical service. • Remove and isolate contaminated clothing and shoes. • In case of contact with substance, immediately flush skin or eyes with running water for at least 20 minutes. • Effects of exposure (inhalation, ingestion or skin contact) to substance may be delayed. **• For further assistance, contact your local Poison Control Center.** • Ensure that medical personnel are aware of the material(s) involved, and take precautions to protect themselves.

Guide No. 159 Substances (Irritating)

POTENTIAL HAZARDS

HEALTH

• Inhalation of vapors or dust is extremely irritating. • May cause burning of eyes and flow of tears. • May cause coughing, difficult breathing and nausea. • Brief exposure effects last only a few minutes. • Exposure in an enclosed area may be very harmful. • Fire will produce irritating, corrosive and/or toxic gases. • Runoff from fire control or dilution water may cause pollution.

FIRE OR EXPLOSION

• Some of these materials may burn, but none ignite readily. • Containers may explode when heated.

PUBLIC SAFETY

• CALL Emergency Response Telephone Number on Shipping Document first. If Shipping Document not available or no answer, refer to appropriate telephone number listed at the end of this book. • Isolate spill or leak area immediately for at least 25 to 50 meters (80 to 160 feet) in all directions. • Keep unauthorized personnel away. • Stay upwind. • Keep out of low areas. • Ventilate closed spaces before entering.

PROTECTIVE CLOTHING

• Wear positive pressure self-contained breathing apparatus (SCBA). • Wear chemical protective clothing which is specifically recommended by the manufacturer. It may provide little or no thermal protection. • Structural firefighters' protective clothing provides limited protection in fire situations ONLY; it is not effective in spill situations.

EVACUATION

Large Spill

• Consider initial downwind evacuation for at least 100 meters (330 feet).

Fire

• If tank, rail car or tank truck is involved in a fire, ISOLATE for 800 meters (1/2 mile) in all directions; also, consider initial evacuation for 800 meters (1/2 mile) in all directions.

EMERGENCY RESPONSE

FIRE

Small Fires

• Dry chemical, CO_2, water spray or regular foam.

Large Fires

• Water spray, fog or regular foam. • Move containers from fire area if you can do it without risk. • Dike fire control water for later disposal; do not scatter the material.

Fire involving Tanks or Car/Trailer Loads

• Fight fire from maximum distance or use unmanned hose holders or monitor nozzles. • Do not get water inside containers. • Cool containers with flooding quantities of water until well after fire is out. • Withdraw immediately in case of rising sound from venting safety devices or discoloration of tank. • ALWAYS stay away from tanks engulfed in fire. • For massive fire, use unmanned hose holders or monitor nozzles; if this is impossible, withdraw from area and let fire burn.

SPILL OR LEAK

• Do not touch or walk through spilled material. • Stop leak if you can do it without risk. • Fully encapsulating, vapor protective clothing should be worn for spills and leaks with no fire.

Small Spills

• Take up with sand or other non-combustible absorbent material and place into containers for later disposal.

Large Spills

• Dike far ahead of liquid spill for later disposal. • Prevent entry into waterways, sewers, basements or confined areas.

FIRST AID

• Move victim to fresh air. • Call 911 or emergency medical service. • Apply artificial respiration if victim is not breathing. **• Do not use mouth-to-mouth method if victim ingested or inhaled the substance; induce artificial respiration with the aid of a pocket mask equipped with a one-way valve or other proper respiratory medical device.** • Administer oxygen if breathing is difficult. • Remove and isolate contaminated clothing and shoes. • In case of contact with substance, immediately flush skin or eyes with running water for at least 20 minutes. • For minor skin contact, avoid spreading material on unaffected skin. • Keep victim warm and quiet. • Effects should disappear after individual has been exposed to fresh air for approximately 10 minutes. • Ensure that medical personnel are aware of the material(s) involved, and take precautions to protect themselves.

Guide No. 160 Halogenated Solvents

POTENTIAL HAZARDS

HEALTH
• Vapors may cause dizziness or suffocation. • Exposure in an enclosed area may be very harmful. • Contact may irritate or burn skin and eyes. • Fire may produce irritating and/or toxic gases. • Runoff from fire control or dilution water may cause pollution.

FIRE OR EXPLOSION
• Some of these materials may burn, but none ignite readily. • Most vapors are heavier than air. • Air/vapor mixtures may explode when ignited. • Container may explode in heat of fire.

PUBLIC SAFETY

• CALL Emergency Response Telephone Number on Shipping Document first. If Shipping Document not available or no answer, refer to appropriate telephone number listed at the end of this book. • Isolate spill or leak area immediately for at least 25 to 50 meters (80 to 160 feet) in all directions. • Keep unauthorized personnel away. • Stay upwind. • Many gases are heavier than air and will spread along ground and collect in low or confined areas (sewers, basements, tanks). • Keep out of low areas. • Ventilate closed spaces before entering.

PROTECTIVE CLOTHING
• Wear positive pressure self-contained breathing apparatus (SCBA). • Structural firefighters' protective clothing will only provide limited protection.

EVACUATION

Large Spill
• Consider initial downwind evacuation for at least 100 meters (330 feet).

Fire
• If tank, rail car or tank truck is involved in a fire, ISOLATE for 800 meters (1/2 mile) in all directions; also, consider initial evacuation for 800 meters (1/2 mile) in all directions.

EMERGENCY RESPONSE

FIRE

Small Fires
• Dry chemical, CO_2 or water spray.

Large Fires
• Dry chemical, CO_2, alcohol-resistant foam or water spray. • Move containers from fire area if you can do it without risk. • Dike fire control water for later disposal; do not scatter the material. • Fire involving Tanks or Car/Trailer Loads • Fight fire from maximum distance or use unmanned hose holders or monitor nozzles. • Cool containers with flooding quantities of water until well after fire is out. • Withdraw immediately in case of rising sound from venting safety devices or discoloration of tank. • ALWAYS stay away from tanks engulfed in fire.

SPILL OR LEAK
• ELIMINATE all ignition sources (no smoking, flares, sparks or flames in immediate area). • Stop leak if you can do it without risk.

Small Liquid Spills
• Take up with sand, earth or other non-combustible absorbent material.

Large Spills
• Dike far ahead of liquid spill for later disposal. • Prevent entry into waterways, sewers, basements or confined areas.

FIRST AID
• Move victim to fresh air. • Call 911 or emergency medical service. • Apply artificial respiration if victim is not breathing.
• Administer oxygen if breathing is difficult. • Remove and isolate contaminated clothing and shoes. • In case of contact with substance, immediately flush skin or eyes with running water for at least 20 minutes. • For minor skin contact, avoid spreading material on unaffected skin. • Wash skin with soap and water. • Keep victim warm and quiet. • Ensure that medical personnel are aware of the material(s) involved, and take precautions to protect themselves.

Guide No. 161 Radioactive Materials (Low Level Radiation)

POTENTIAL HAZARDS

HEALTH	• Radiation presents minimal risk to transport workers, emergency response personnel, and the public during transportation accidents. • Packaging durability increases as potential hazard of radioactive content increases. • Very low levels of contained radioactive materials and low radiation levels outside packages result in low risks to people. Damaged packages may release measurable amounts of radioactive material, but the resulting risks are expected to be low. • Some radioactive materials cannot be detected by commonly available instruments. • Packages do not have RADIOACTIVE I, II, or III labels. Some may have EMPTY labels or may have the word "Radioactive" in the package marking.
FIRE OR EXPLOSION	• Some of these materials may burn, but most do not ignite readily. • Many have cardboard outer packaging; content (physically large or small) can be of many different physical forms. • Radioactivity does not change flammability or other properties of materials.

PUBLIC SAFETY

• CALL Emergency Response Telephone Number on Shipping Document first. If Shipping Document not available or no answer, refer to appropriate telephone number listed at the end of this book. • Priorities for rescue, life-saving, first aid, and control of fire and other hazards are higher than the priority for measuring radiation levels. • Radiation Authority must be notified of accident conditions. Radiation Authority is usually responsible for decisions about radiological consequences and closure of emergencies. • Isolate spill or leak area immediately for at least 25 to 50 meters (80 to 160 feet) in all directions. • Stay upwind. • Keep unauthorized personnel away. • Detain or isolate uninjured persons or equipment suspected to be contaminated; delay decontamination and cleanup until instructions are received from Radiation Authority.

PROTECTIVE CLOTHING	• Positive pressure self-contained breathing apparatus (SCBA) and structural firefighters' protective clothing will provide adequate protection.
EVACUATION	**Large Spill** • Consider initial downwind evacuation for at least 100 meters (330 feet). **Fire** • When a large quantity of this material is involved in a major fire, consider an initial evacuation distance of 300 meters (1000 feet) in all directions.

EMERGENCY RESPONSE

FIRE	• Presence of radioactive material will not influence the fire control processes and should not influence selection of techniques. • Move containers from fire area if you can do it without risk. • Do not move damaged packages; move undamaged packages out of fire zone. **Small Fires** • Dry chemical, CO_2, water spray or regular foam. **Large Fires** • Water spray, fog (flooding amounts).
SPILL OR LEAK	• Do not touch damaged packages or spilled material. • Cover liquid spill with sand, earth or other non-combustible absorbent material. • Cover powder spill with plastic sheet or tarp to minimize spreading.
FIRST AID	• Medical problems take priority over radiological concerns. • Use first aid treatment according to the nature of the injury. • Do not delay care and transport of a seriously injured person. • Apply artificial respiration if victim is not breathing. • Administer oxygen if breathing is difficult. • In case of contact with substance, immediately flush skin or eyes with running water for at least 20 minutes. • Injured persons contaminated by contact with released material are not a serious hazard to health care personnel, equipment or facilities. • Ensure that medical personnel are aware of the material(s) involved, take precautions to protect themselves and prevent spread of contamination.

Guide No. 162 Radioactive Materials (Low to Moderate Level Radiation)

POTENTIAL HAZARDS

HEALTH	• Radiation presents minimal risk to transport workers, emergency response personnel, and the public during transportation accidents. • Packaging durability increases as potential hazard of radioactive content increases. • Undamaged packages are safe. Contents of damaged packages may cause higher external radiation exposure, or both external and internal radiation exposure if contents are released. • Low radiation hazard when material is inside container. If material is released from package or bulk container, hazard will vary from low to moderate. Level of hazard will depend on the type and amount of radioactivity, the kind of material it is in, and/or the surfaces it is on. • Some material may be released from packages during accidents of moderate severity but risks to people are not great. • Released radioactive materials or contaminated objects usually will be visible if packaging fails. • Some exclusive use shipments of bulk and packaged materials will not have "RADIOACTIVE" labels. • Placards, markings, and Shipping Documents provide identification. • Some packages may have a "RADIOACTIVE" label and a second hazard label. The second hazard is usually greater than the radiation hazard; so follow this Guide as well as the response Guide for the second hazard class label. • Some radioactive materials cannot be detected by commonly available instruments. • Runoff from control of cargo fire may cause low-level pollution.
FIRE OR EXPLOSION	• Some of these materials may burn, but most do not ignite readily. • Uranium and Thorium metal cuttings may ignite spontaneously if exposed to air (see Guide 136). • Nitrates are oxidizers and may ignite other combustibles (see Guide 141).

PUBLIC SAFETY

• CALL Emergency Response Telephone Number on Shipping Document first. If Shipping Document not available or no answer, refer to appropriate telephone number listed at the end of this book. • Priorities for rescue, life-saving, first aid, and control of fire and other hazards are higher than the priority for measuring radiation levels. • Radiation Authority must be notified of accident conditions. Radiation Authority is usually responsible for decisions about radiological consequences and closure of emergencies. • Isolate spill or leak area immediately for at least 25 to 50 meters (80 to 160 feet) in all directions. • Stay upwind. • Keep unauthorized personnel away. • Detain or isolate uninjured persons or equipment suspected to be contaminated; delay decontamination and cleanup until instructions are received from Radiation Authority.

PROTECTIVE CLOTHING	• Positive pressure self-contained breathing apparatus (SCBA) and structural firefighters' protective clothing will provide adequate protection.
EVACUATION	**Large Spill** • Consider initial downwind evacuation for at least 100 meters (330 feet). **Fire** • When a large quantity of this material is involved in a major fire, consider an initial evacuation distance of 300 meters (1000 feet) in all directions.

EMERGENCY RESPONSE

FIRE	• Presence of radioactive material will not influence the fire control processes and should not influence selection of techniques. • Move containers from fire area if you can do it without risk. • Do not move damaged packages; move undamaged packages out of fire zone. **Small Fires** • Dry chemical, CO_2, water spray or regular foam. **Large Fires** • Water spray, fog (flooding amounts). • Dike fire-control water for later disposal.
SPILL OR LEAK	• Do not touch damaged packages or spilled material. • Cover liquid spill with sand, earth or other non-combustible absorbent material. • Dike to collect large liquid spills. • Cover powder spill with plastic sheet or tarp to minimize spreading.
FIRST AID	• Medical problems take priority over radiological concerns. • Use first aid treatment according to the nature of the injury. • Do not delay care and transport of a seriously injured person. • Apply artificial respiration if victim is not breathing. • Administer oxygen if breathing is difficult. • In case of contact with substance, wipe from skin immediately; flush skin or eyes with running water for at least 20 minutes. • Injured persons contaminated by contact with released material are not a serious hazard to health care personnel, equipment or facilities. • Ensure that medical personnel are aware of the material(s) involved, take precautions to protect themselves and prevent spread of contamination.

Guide No. 163 Radioactive Materials (Low to High Level Radiation)

POTENTIAL HAZARDS

HEALTH	• Radiation presents minimal risk to transport workers, emergency response personnel, and the public during transportation accidents. • Packaging durability increases as potential hazard of radioactive content increases. • Undamaged packages are safe. Contents of damaged packages may cause higher external radiation exposure, or both external and internal radiation exposure if contents are released. • Type A packages (cartons, boxes, drums, articles, etc.) identified as "Type A" by marking on packages or by Shipping Documents contain non-life endangering amounts. Partial releases might be expected if "Type A" packages are damaged in moderately severe accidents. • Type B packages, and the rarely occurring Type C packages, (large and small, usually metal) contain the most hazardous amounts. They can be identified by package markings or by Shipping Documents. Life threatening conditions may exist only if contents are released or package shielding fails. Because of design, evaluation, and testing of packages, these conditions would be expected only for accidents of utmost severity. • The rarely occurring "Special Arrangement" shipments may be of Type A, Type B or Type C packages. Package type will be marked on packages, and shipment details will be on Shipping Documents. • Radioactive White-I labels indicate radiation levels outside single, isolated, undamaged packages are very low (less than 0.005 mSv/h (0.5 mrem/h)). • Radioactive Yellow-II and Yellow-III labeled packages have higher radiation levels. The transport index (TI) on the label identifies the maximum radiation level in mrem/h one meter from a single, isolated, undamaged package. • Some radioactive materials cannot be detected by commonly available instruments. • Water from cargo fire control may cause pollution.
FIRE OR EXPLOSION	• Some of these materials may burn, but most do not ignite readily. • Radioactivity does not change flammability or other properties of materials. • Type B packages are designed and evaluated to withstand total engulfment in flames at temperatures of 800 degrees C (1475 degrees F) for a period of 30 minutes.

PUBLIC SAFETY

• CALL Emergency Response Telephone Number on Shipping Document first. If Shipping Document not available or no answer, refer to appropriate telephone number listed at the end of this book. • Priorities for rescue, life-saving, first aid, and control of fire and other hazards are higher than the priority for measuring radiation levels. • Radiation Authority must be notified of accident conditions. Radiation Authority is usually responsible for decisions about radiological consequences and closure of emergencies. • Isolate spill or leak area immediately for at least 25 to 50 meters (80 to 160 feet) in all directions. • Stay upwind. • Keep unauthorized personnel away. • Detain or isolate uninjured persons or equipment suspected to be contaminated; delay decontamination and cleanup until instructions are received from Radiation Authority.

PROTECTIVE CLOTHING	• Positive pressure self-contained breathing apparatus (SCBA) and structural firefighters' protective clothing will provide adequate protection against internal radiation exposure, but not external radiation exposure.
EVACUATION	**Large Spill** • Consider initial downwind evacuation for at least 100 meters (330 feet). **Fire** • When a large quantity of this material is involved in a major fire, consider an initial evacuation distance of 300 meters (1000 feet) in all directions.

EMERGENCY RESPONSE

FIRE	• Presence of radioactive material will not influence the fire control processes and should not influence selection of techniques. • Move containers from fire area if you can do it without risk. • Do not move damaged packages; move undamaged packages out of fire zone. **Small Fires** • Dry chemical, CO_2, water spray or regular foam. **Large Fires** • Water spray, fog (flooding amounts). • Dike fire-control water for later disposal.
SPILL OR LEAK	• Do not touch damaged packages or spilled material. • Damp surfaces on undamaged or slightly damaged packages are seldom an indication of packaging failure. Most packaging for liquid content have inner containers and/or inner absorbent materials. • Cover liquid spill with sand, earth or other non-combustible absorbent material.
FIRST AID	• Medical problems take priority over radiological concerns. • Use first aid treatment according to the nature of the injury. • Do not delay care and transport of a seriously injured person. • Apply artificial respiration if victim is not breathing. • Administer oxygen if breathing is difficult. • In case of contact with substance, immediately flush skin or eyes with running water for at least 20 minutes. • Injured persons contaminated by contact with released material are not a serious hazard to health care personnel, equipment or facilities. • Ensure that medical personnel are aware of the material(s) involved, take precautions to protect themselves and prevent spread of contamination.

Guide No. 164 Radioactive Materials (Special Form / Low to High Level External Radiation)

POTENTIAL HAZARDS

HEALTH

• Radiation presents minimal risk to transport workers, emergency response personnel, and the public during transportation accidents. • Packaging durability increases as potential hazard of radioactive content increases. • Undamaged packages are safe. Contents of damaged packages may cause external radiation exposure, and much higher external exposure if contents (source capsules) are released. • Contamination and internal radiation hazards are not expected, but not impossible. • Type A packages (cartons, boxes, drums, articles, etc.) identified as "Type A" by marking on packages or by Shipping Documents contain non-life endangering amounts. Radioactive sources may be released if "Type A" packages are damaged in moderately severe accidents. • Type B packages, and the rarely occurring Type C packages, (large and small, usually metal) contain the most hazardous amounts. They can be identified by package markings or by Shipping Documents. Life threatening conditions may exist only if contents are released or package shielding fails. Because of design, evaluation, and testing of packages, these conditions would be expected only for accidents of utmost severity. • Radioactive White-I labels indicate radiation levels outside single, isolated, undamaged packages are very low (less than 0.005 mSv/h (0.5 mrem/h)). • Radioactive Yellow-II and Yellow-III labeled packages have higher radiation levels. The transport index (TI) on the label identifies the maximum radiation level in mrem/h one meter from a single, isolated, undamaged package. • Radiation from the package contents, usually in durable metal capsules, can be detected by most radiation instruments. • Water from cargo fire control is not expected to cause pollution.

FIRE OR EXPLOSION

• Packagings can burn completely without risk of content loss from sealed source capsule. • Radioactivity does not change flammability or other properties of materials. • Radioactive source capsules and Type B packages are designed and evaluated to withstand total engulfment in flames at temperatures of 800 degrees C (1475 degrees F).

PUBLIC SAFETY

• CALL Emergency Response Telephone Number on Shipping Document first. If Shipping Document not available or no answer, refer to appropriate telephone number listed at the end of this book. • Priorities for rescue, life-saving, first aid, and control of fire and other hazards are higher than the priority for measuring radiation levels. • Radiation Authority must be notified of accident conditions. Radiation Authority is usually responsible for decisions about radiological consequences and closure of emergencies. • Isolate spill or leak area immediately for at least 25 to 50 meters (80 to 160 feet) in all directions. • Stay upwind. • Keep unauthorized personnel away. • Delay final cleanup until instructions or advice is received from Radiation Authority.

PROTECTIVE CLOTHING

• Positive pressure self-contained breathing apparatus (SCBA) and structural firefighters' protective clothing will provide adequate protection against internal radiation exposure, but not external radiation exposure.

EVACUATION

Large Spill

• Consider initial downwind evacuation for at least 100 meters (330 feet).

Fire

• When a large quantity of this material is involved in a major fire, consider an initial evacuation distance of 300 meters (1000 feet) in all directions.

EMERGENCY RESPONSE

FIRE

• Presence of radioactive material will not influence the fire control processes and should not influence selection of techniques.
• Move containers from fire area if you can do it without risk. • Do not move damaged packages; move undamaged packages out of fire zone.

Small Fires

• Dry chemical, CO_2, water spray or regular foam.

Large Fires

• Water spray, fog (flooding amounts).

SPILL OR LEAK

• Do not touch damaged packages or spilled material. • Damp surfaces on undamaged or slightly damaged packages are seldom an indication of packaging failure. Contents are seldom liquid. Content is usually a metal capsule, easily seen if released from package. • If source capsule is identified as being out of package, **DO NOT TOUCH**. Stay away and await advice from Radiation Authority.

FIRST AID

• Medical problems take priority over radiological concerns. • Use first aid treatment according to the nature of the injury. • Do not delay care and transport of a seriously injured person. • Persons exposed to special form sources are not likely to be contaminated with radioactive material. • Apply artificial respiration if victim is not breathing. • Administer oxygen if breathing is difficult. • Injured persons contaminated by contact with released material are not a serious hazard to health care personnel, equipment or facilities. • Ensure that medical personnel are aware of the material(s) involved, take precautions to protect themselves and prevent spread of contamination.

Guide No. 165 Radioactive Materials (Fissile/Low to High Level Radiation)

POTENTIAL HAZARDS

HEALTH

• Radiation presents minimal risk to transport workers, emergency response personnel, and the public during transportation accidents. • Packaging durability increases as potential radiation and criticality hazards of the content increase. • Undamaged packages are safe. Contents of damaged packages may cause higher external radiation exposure, or both external and internal radiation exposure if contents are released. • Type AF or IF packages, identified by package markings, do not contain life-threatening amounts of material. External radiation levels are low and packages are designed, evaluated, and tested to control releases and to prevent a fission chain reaction under severe transport conditions. • Type B(U)F, B(M)F and CF packages (identified by markings on packages or Shipping Documents) contain potentially life endangering amounts. Because of design, evaluation, and testing of packages, fission chain reactions are prevented and releases are not expected to be life endangering for all accidents except those of utmost severity. • The rarely occurring "Special Arrangement" shipments may be of Type AF, BF or CF packages. Package type will be marked on packages, and shipment details will be on Shipping Documents. • The transport index (TI) shown on labels or a Shipping Document might not indicate the radiation level at one meter from a single, isolated, undamaged package; instead, it might relate to controls needed during transport because of the fissile properties of the materials. • Some radioactive materials cannot be detected by commonly available instruments. • Water from cargo fire control is not expected to cause pollution.

FIRE OR EXPLOSION

• These materials are seldom flammable. Packages are designed to withstand fires without damage to contents. • Radioactivity does not change flammability or other properties of materials. • Type AF, IF, B(U)F, B(M)F and CF packages are designed and evaluated to withstand total engulfment in flames at temperatures of 800 degrees C (1475 degrees F) for a period of 30 minutes.

PUBLIC SAFETY

• CALL Emergency Response Telephone Number on Shipping Document first. If Shipping Document not available or no answer, refer to appropriate telephone number listed at the end of this book. • Priorities for rescue, life-saving, first aid, and control of fire and other hazards are higher than the priority for measuring radiation levels. • Radiation Authority must be notified of accident conditions. Radiation Authority is usually responsible for decisions about radiological consequences and closure of emergencies. • Isolate spill or leak area immediately for at least 25 to 50 meters (80 to 160 feet) in all directions. • Stay upwind. • Keep unauthorized personnel away. • Detain or isolate uninjured persons or equipment suspected to be contaminated; delay decontamination and cleanup until instructions are received from Radiation Authority.

PROTECTIVE CLOTHING

• Positive pressure self-contained breathing apparatus (SCBA) and structural firefighters' protective clothing will provide adequate protection against internal radiation exposure, but not external radiation exposure.

EVACUATION

Large Spill

• Consider initial downwind evacuation for at least 100 meters (330 feet).

Fire

• When a large quantity of this material is involved in a major fire, consider an initial evacuation distance of 300 meters (1000 feet) in all directions.

EMERGENCY RESPONSE

FIRE

• Presence of radioactive material will not influence the fire control processes and should not influence selection of techniques. • Move containers from fire area if you can do it without risk. • Do not move damaged packages; move undamaged packages out of fire zone.

Small Fires

• Dry chemical, CO_2, water spray or regular foam.

Large Fires

• Water spray, fog (flooding amounts).

SPILL OR LEAK

• Do not touch damaged packages or spilled material. • Damp surfaces on undamaged or slightly damaged packages are seldom an indication of packaging failure. Most packaging for liquid content have inner containers and/or inner absorbent materials.

Liquid Spills

• Package contents are seldom liquid. If any radioactive contamination resulting from a liquid release is present, it probably will be low-level.

FIRST AID

• Medical problems take priority over radiological concerns. • Use first aid treatment according to the nature of the injury. • Do not delay care and transport of a seriously injured person. • Apply artificial respiration if victim is not breathing. • Administer oxygen if breathing is difficult. • In case of contact with substance, immediately flush skin or eyes with running water for at least 20 minutes. • Injured persons contaminated by contact with released material are not a serious hazard to health care personnel, equipment or facilities. • Ensure that medical personnel are aware of the material(s) involved, take precautions to protect themselves and prevent spread of contamination.

Guide No. 166 Radioactive Materials - Corrosive (Uranium Hexafluoride/Water-Sensitive)

POTENTIAL HAZARDS

HEALTH

• Radiation presents minimal risk to transport workers, emergency response personnel, and the public during transportation accidents. • Packaging durability increases as potential radiation and criticality hazards of the content increase. • Chemical hazard greatly exceeds radiation hazard. • Substance reacts with water and water vapor in air to form toxic and corrosive hydrogen fluoride gas and an extremely irritating and corrosive, white-colored, water-soluble residue. • If inhaled, may be fatal. • Direct contact causes burns to skin, eyes, and respiratory tract. • Low-level radioactive material; very low radiation hazard to people. • Runoff from control of cargo fire may cause low-level pollution.

FIRE OR EXPLOSION

• Substance does not burn. • Containers in protective overpacks (horizontal cylindrical shape with short legs for tie-downs), are identified with "AF" or "B(U)F" on Shipping Documents or by markings on the overpacks. They are designed and evaluated to withstand severe conditions including total engulfment in flames at temperatures of 800 degrees C (1475 degrees F). • Bare filled cylinders, identified with UN2978 as part of the marking, may rupture in heat of engulfing fire; bare empty (except for residue) cylinders will not rupture in fires. • The material may react violently with fuels. • Radioactivity does not change flammability or other properties of materials.

PUBLIC SAFETY

• CALL Emergency Response Telephone Number on Shipping Document first. If Shipping Document not available or no answer, refer to appropriate telephone number listed at the end of this book. • Priorities for rescue, life-saving, first aid, and control of fire and other hazards are higher than the priority for measuring radiation levels. • Radiation Authority must be notified of accident conditions. Radiation Authority is usually responsible for decisions about radiological consequences and closure of emergencies. • Isolate spill or leak area immediately for at least 25 to 50 meters (80 to 160 feet) in all directions. • Stay upwind. • Keep unauthorized personnel away. • Detain or isolate uninjured persons or equipment suspected to be contaminated; delay decontamination and cleanup until instructions are received from Radiation Authority.

PROTECTIVE CLOTHING

• Wear positive pressure self-contained breathing apparatus (SCBA). • Wear chemical protective clothing which is specifically recommended by the manufacturer. It may provide little or no thermal protection. • Structural firefighters' protective clothing provides limited protection in fire situations ONLY; it is not effective in spill situations.

EVACUATION

Large Spill

• Consider initial downwind evacuation for at least 100 meters (330 feet).

Fire

• When a large quantity of this material is involved in a major fire, consider an initial evacuation distance of 300 meters (1000 feet) in all directions.

EMERGENCY RESPONSE

FIRE

• DO NOT USE WATER OR FOAM ON MATERIAL ITSELF. • Move containers from fire area if you can do it without risk.

Small Fires

• Dry chemical or CO_2.

Large Fires

• Water spray, fog or regular foam. • Cool containers with flooding quantities of water until well after fire is out. • If this is impossible, withdraw from area and let fire burn. • ALWAYS stay away from tanks engulfed in fire.

SPILL OR LEAK

• Do not touch damaged packages or spilled material. • Without fire or smoke, leak will be evident by visible and irritating vapors and residue forming at the point of release. • Use fine water spray to reduce vapors; do not put water directly on point of material release from container. • Residue buildup may self-seal small leaks. • Dike far ahead of spill to collect runoff water.

FIRST AID

• Medical problems take priority over radiological concerns. • Use first aid treatment according to the nature of the injury. • Do not delay care and transport of a seriously injured person. • Apply artificial respiration if victim is not breathing. • Administer oxygen if breathing is difficult. • In case of contact with substance, immediately flush skin or eyes with running water for at least 20 minutes. Effects of exposure (inhalation, ingestion or skin contact) to substance may be delayed. • Injured persons contaminated by contact with released material are not a serious hazard to health care personnel, equipment or facilities. • Ensure that medical personnel are aware of the material(s) involved, take precautions to protect themselves and prevent spread of contamination.

Guide No. 167 Fluorine (Refrigerated Liquid)

POTENTIAL HAZARDS

HEALTH	• **TOXIC; may be fatal if inhaled.** • Vapors are extremely irritating. • Contact with gas or liquefied gas will cause burns, severe injury and/or frostbite. • Vapors from liquefied gas are initially heavier than air and spread along ground. • Runoff from fire control may cause pollution.
FIRE OR EXPLOSION	• Substance does not burn but will support combustion. • This is a strong oxidizer and will react vigorously or explosively with many materials including fuels. • May ignite combustibles (wood, paper, oil, clothing, etc.). • Vapor explosion and poison hazard indoors, outdoors or in sewers. • Containers may explode when heated. • Ruptured cylinders may rocket.

PUBLIC SAFETY

• **CALL Emergency Response Telephone Number on Shipping Document first. If Shipping Document not available or no answer, refer to appropriate telephone number listed at the end of this book.** • Isolate spill or leak area immediately for at least 100 to 200 meters (330 to 660 feet) in all directions. • Keep unauthorized personnel away. • Stay upwind. • Many gases are heavier than air and will spread along ground and collect in low or confined areas (sewers, basements, tanks). • Keep out of low areas. • Ventilate closed spaces before entering.

PROTECTIVE CLOTHING	• Wear positive pressure self-contained breathing apparatus (SCBA). • Wear chemical protective clothing which is specifically recommended by the manufacturer. It may provide little or no thermal protection. • Structural firefighters' protective clothing provides limited protection in fire situations ONLY; it is not effective in spill situations. • Always wear thermal protective clothing when handling refrigerated/cryogenic liquids.
EVACUATION	**Spill** • *See the Table of Initial Isolation and Protective Action Distances* for highlighted substances. For non-highlighted substances, increase, in the downwind direction, as necessary, the isolation distance shown under "PUBLIC SAFETY". **Fire** • If tank, rail car or tank truck is involved in a fire, ISOLATE for 1600 meters (1 mile) in all directions; also, consider initial evacuation for 1600 meters (1 mile) in all directions.

EMERGENCY RESPONSE

FIRE	**Small Fires** • Dry chemical, soda ash, lime or sand. **Large Fires** • Water spray, fog (flooding amounts). • Do not get water inside containers. • Move containers from fire area if you can do it without risk. **Fire involving Tanks** • Fight fire from maximum distance or use unmanned hose holders or monitor nozzles. • Cool containers with flooding quantities of water until well after fire is out. • Do not direct water at source of leak or safety devices; icing may occur. • Withdraw immediately in case of rising sound from venting safety devices or discoloration of tank. • ALWAYS stay away from tanks engulfed in fire. • For massive fire, use unmanned hose holders or monitor nozzles; if this is impossible, withdraw from area and let fire burn.
SPILL OR LEAK	• Do not touch or walk through spilled material. • If you have not donned special protective clothing approved for this material, do not expose yourself to any risk of this material touching you. • **Do not direct water at spill or source of leak.** • A fine water spray remotely directed to the edge of the spill pool can be used to direct and maintain a hot flare fire which will burn the spilled material in a controlled manner. • Keep combustibles (wood, paper, oil, etc.) away from spilled material. • Stop leak if you can do it without risk. • Use water spray to reduce vapors or divert vapor cloud drift. Avoid allowing water runoff to contact spilled material. • If possible, turn leaking containers so that gas escapes rather than liquid. • Prevent entry into waterways, sewers, basements or confined areas. • Isolate area until gas has dispersed. • Ventilate the area.
FIRST AID	• Move victim to fresh air. • Call 911 or emergency medical service. • Apply artificial respiration if victim is not breathing. • Administer oxygen if breathing is difficult. • Clothing frozen to the skin should be thawed before being removed. • Remove and isolate contaminated clothing and shoes. • In case of contact with substance, immediately flush skin or eyes with running water for at least 20 minutes. • Keep victim warm and quiet. • Keep victim under observation. • Effects of contact or inhalation may be delayed. • Ensure that medical personnel are aware of the material(s) involved, and take precautions to protect themselves.

Guide No. 168 Carbon Monoxide (Refrigerated Liquid)

POTENTIAL HAZARDS

HEALTH	• **TOXIC; Extremely Hazardous.** • Inhalation extremely dangerous; may be fatal. • Contact with gas or liquefied gas may cause burns, severe injury and/or frostbite. • Odorless, will not be detected by sense of smell.
FIRE OR EXPLOSION	• **EXTREMELY FLAMMABLE.** • May be ignited by heat, sparks or flames. • Flame may be invisible. • Containers may explode when heated. • Vapor explosion and poison hazard indoors, outdoors or in sewers. • Vapors from liquefied gas are initially heavier than air and spread along ground. • Vapors may travel to source of ignition and flash back. • Runoff may create fire or explosion hazard.

PUBLIC SAFETY

• **CALL Emergency Response Telephone Number on Shipping Document first. If Shipping Document not available or no answer, refer to appropriate telephone number listed at the end of this book.** • Isolate spill or leak area immediately for at least 100 to 200 meters (330 to 660 feet) in all directions. • Keep unauthorized personnel away. • Stay upwind. • Many gases are heavier than air and will spread along ground and collect in low or confined areas (sewers, basements, tanks). • Keep out of low areas. • Ventilate closed spaces before entering.

PROTECTIVE CLOTHING	• Wear positive pressure self-contained breathing apparatus (SCBA). • Wear chemical protective clothing which is specifically recommended by the manufacturer. It may provide little or no thermal protection. • Structural firefighters' protective clothing provides limited protection in fire situations ONLY; it is not effective in spill situations. • Always wear thermal protective clothing when handling refrigerated/cryogenic liquids.
EVACUATION	**Spill** • *See the Table of Initial Isolation and Protective Action Distances* for highlighted substances. For non-highlighted substances, increase, in the downwind direction, as necessary, the isolation distance shown under "PUBLIC SAFETY". **Fire** • If tank, rail car or tank truck is involved in a fire, ISOLATE for 800 meters (1/2 mile) in all directions; also, consider initial evacuation for 800 meters (1/2 mile) in all directions.

EMERGENCY RESPONSE

FIRE	• **DO NOT EXTINGUISH A LEAKING GAS FIRE UNLESS LEAK CAN BE STOPPED.** **Small Fires** • Dry chemical, CO_2 or water spray. **Large Fires** • Water spray, fog or regular foam. • Move containers from fire area if you can do it without risk. **Fire involving Tanks** • Fight fire from maximum distance or use unmanned hose holders or monitor nozzles. • Cool containers with flooding quantities of water until well after fire is out. • Do not direct water at source of leak or safety devices; icing may occur. • Withdraw immediately in case of rising sound from venting safety devices or discoloration of tank. • ALWAYS stay away from tanks engulfed in fire.
SPILL OR LEAK	• ELIMINATE all ignition sources (no smoking, flares, sparks or flames in immediate area). • All equipment used when handling the product must be grounded. • Fully encapsulating, vapor protective clothing should be worn for spills and leaks with no fire. • Do not touch or walk through spilled material. • Stop leak if you can do it without risk. • Use water spray to reduce vapors or divert vapor cloud drift. Avoid allowing water runoff to contact spilled material. • Do not direct water at spill or source of leak. • If possible, turn leaking containers so that gas escapes rather than liquid. • Prevent entry into waterways, sewers, basements or confined areas. • Isolate area until gas has dispersed.
FIRST AID	• Move victim to fresh air. • Call 911 or emergency medical service. • Apply artificial respiration if victim is not breathing. • Administer oxygen if breathing is difficult. • Remove and isolate contaminated clothing and shoes. • In case of contact with substance, immediately flush skin or eyes with running water for at least 20 minutes. • In case of contact with liquefied gas, thaw frosted parts with lukewarm water. • Keep victim warm and quiet. • Keep victim under observation. • Effects of contact or inhalation may be delayed. • Ensure that medical personnel are aware of the material(s) involved, and take precautions to protect themselves.

Guide No. 169 Aluminum (Molten)

POTENTIAL HAZARDS

FIRE OR EXPLOSION	• Substance is transported in molten form at a temperature above 705°C (1300°F). • Violent reaction with water; contact may cause an explosion or may produce a flammable gas. • Will ignite combustible materials (wood, paper, oil, debris, etc.). • Contact with nitrates or other oxidizers may cause an explosion. • Contact with containers or other materials, including cold, wet or dirty tools, may cause an explosion. • Contact with concrete will cause spalling and small pops.
HEALTH	• Contact causes severe burns to skin and eyes. • Fire may produce irritating and/or toxic gases.

PUBLIC SAFETY

• CALL Emergency Response Telephone Number on Shipping Document first. If Shipping Document not available or no answer, refer to appropriate telephone number listed at the end of this book. • Isolate spill or leak area immediately for at least 50 to 100 meters (160 to 330 feet) in all directions. • Keep unauthorized personnel away. • Ventilate closed spaces before entering.

PROTECTIVE CLOTHING	• Wear positive pressure self-contained breathing apparatus (SCBA). • Wear flame retardant structural firefighters' protective clothing, including faceshield, helmet and gloves, this will provide limited thermal protection.

EMERGENCY RESPONSE

FIRE	**• Do Not Use Water, except in life threatening situations and then only in a fine spray. • Do not use halogenated extinguishing agents or foam.** • Move combustibles out of path of advancing pool if you can do so without risk. • Extinguish fires started by molten material by using appropriate method for the burning material; keep water, halogenated extinguishing agents and foam away from the molten material.
SPILL OR LEAK	• Do not touch or walk through spilled material. • Do not attempt to stop leak, due to danger of explosion. • Keep combustibles (wood, paper, oil, etc.) away from spilled material. • Substance is very fluid, spreads quickly, and may splash. Do not try to stop it with shovels or other objects. • Dike far ahead of spill; use dry sand to contain the flow of material. • Where possible allow molten material to solidify naturally. • Avoid contact even after material solidifies. Molten, heated and cold aluminum look alike; do not touch unless you know it is cold. • Clean up under the supervision of an expert after material has solidified.
FIRST AID	• Move victim to fresh air. • Call 911 or emergency medical service. • Apply artificial respiration if victim is not breathing. • Administer oxygen if breathing is difficult. • For severe burns, immediate medical attention is required. • Removal of solidified molten material from skin requires medical assistance. • Remove and isolate contaminated clothing and shoes. • In case of contact with substance, immediately flush skin or eyes with running water for at least 20 minutes. • Keep victim warm and quiet.

Guide No. 170 Metals (Powders, Dusts, Shavings, Borings, Turnings, or Cuttings, etc.)

POTENTIAL HAZARDS

FIRE OR EXPLOSION	• May react violently or explosively on contact with water. • Some are transported in flammable liquids. • May be ignited by friction, heat, sparks or flames. • Some of these materials will burn with intense heat. • Dusts or fumes may form explosive mixtures in air. • Containers may explode when heated. • May re-ignite after fire is extinguished.
HEALTH	• Oxides from metallic fires are a severe health hazard. • Inhalation or contact with substance or decomposition products may cause severe injury or death. • Fire may produce irritating, corrosive and/or toxic gases. • Runoff from fire control or dilution water may cause pollution.

PUBLIC SAFETY

• CALL Emergency Response Telephone Number on Shipping Document first. If Shipping Document not available or no answer, refer to appropriate telephone number listed at the end of this book. • Isolate spill or leak area immediately for at least 25 to 50 meters (80 to 160 feet) in all directions. • Stay upwind. • Keep unauthorized personnel away.

PROTECTIVE CLOTHING	• Wear positive pressure self-contained breathing apparatus (SCBA). • Structural firefighters' protective clothing will only provide limited protection.
EVACUATION	**Large Spill** • Consider initial downwind evacuation for at least 50 meters (160 feet). **Fire** • If tank, rail car or tank truck is involved in a fire, ISOLATE for 800 meters (1/2 mile) in all directions; also, consider initial evacuation for 800 meters (1/2 mile) in all directions.

EMERGENCY RESPONSE

FIRE	**• DO NOT USE WATER, FOAM OR CO_2.** • Dousing metallic fires with water may generate hydrogen gas, an extremely dangerous explosion hazard, particularly if fire is in a confined environment (i.e., building, cargo hold, etc.). • Use DRY sand, graphite powder, dry sodium chloride based extinguishers, G-1 or Met-L-X powder. • Confining and smothering metal fires is preferable rather than applying water. • Move containers from fire area if you can do it without risk. **Fire involving Tanks or Car/Trailer Loads** • If impossible to extinguish, protect surroundings and allow fire to burn itself out.
SPILL OR LEAK	• ELIMINATE all ignition sources (no smoking, flares, sparks or flames in immediate area). • Do not touch or walk through spilled material. • Stop leak if you can do it without risk. • Prevent entry into waterways, sewers, basements or confined areas.
FIRST AID	• Move victim to fresh air. • Call 911 or emergency medical service. • Apply artificial respiration if victim is not breathing. • Administer oxygen if breathing is difficult. • Remove and isolate contaminated clothing and shoes. • In case of contact with substance, immediately flush skin or eyes with running water for at least 20 minutes. • Keep victim warm and quiet. • Ensure that medical personnel are aware of the material(s) involved, and take precautions to protect themselves.

Guide No. 171 Substances (Low to Moderate Hazard)

POTENTIAL HAZARDS

FIRE OR EXPLOSION

• Some may burn but none ignite readily. • Those substances designated with a **"P"** may polymerize explosively when heated or involved in a fire. • Containers may explode when heated. • Some may be transported hot.

HEALTH

• Inhalation of material may be harmful. • Contact may cause burns to skin and eyes. • Inhalation of Asbestos dust may have a damaging effect on the lungs. • Fire may produce irritating, corrosive and/or toxic gases. • Runoff from fire control may cause pollution.

PUBLIC SAFETY

• CALL Emergency Response Telephone Number on Shipping Document first. If Shipping Document not available or no answer, refer to appropriate telephone number listed at the end of this book. • Isolate spill or leak area immediately for at least 10 to 25 meters (30 to 80 feet) in all directions. • Keep unauthorized personnel away. • Stay upwind.

PROTECTIVE CLOTHING

• Wear positive pressure self-contained breathing apparatus (SCBA). • Structural firefighters' protective clothing will only provide limited protection.

EVACUATION

Fire

• If tank, rail car or tank truck is involved in a fire, ISOLATE for 800 meters (1/2 mile) in all directions; also, consider initial evacuation for 800 meters (1/2 mile) in all directions.

EMERGENCY RESPONSE

FIRE

Small Fires

• Dry chemical, CO_2, water spray or regular foam.

Large Fires

• Water spray, fog or regular foam. • Move containers from fire area if you can do it without risk. • Do not scatter spilled material with high pressure water streams. • Dike fire-control water for later disposal.

Fire involving Tanks

• Cool containers with flooding quantities of water until well after fire is out. • Withdraw immediately in case of rising sound from venting safety devices or discoloration of tank. • ALWAYS stay away from tanks engulfed in fire.

SPILL OR LEAK

• Do not touch or walk through spilled material. • Stop leak if you can do it without risk. • Prevent dust cloud. • Avoid inhalation of asbestos dust.

Small Dry Spills

• With clean shovel place material into clean, dry container and cover loosely; move containers from spill area.

Small Spills

• Take up with sand or other non-combustible absorbent material and place into containers for later disposal.

Large Spills

• Dike far ahead of liquid spill for later disposal. • Cover powder spill with plastic sheet or tarp to minimize spreading. • Prevent entry into waterways, sewers, basements or confined areas.

FIRST AID

• Move victim to fresh air. • Call 911 or emergency medical service. • Apply artificial respiration if victim is not breathing.
• Administer oxygen if breathing is difficult. • Remove and isolate contaminated clothing and shoes. • In case of contact with substance, immediately flush skin or eyes with running water for at least 20 minutes. • Ensure that medical personnel are aware of the material(s) involved, and take precautions to protect themselves.

Guide No. 172 Gallium and Mercury

POTENTIAL HAZARDS

HEALTH	• Inhalation of vapors or contact with substance will result in contamination and potential harmful effects. • Fire will produce irritating, corrosive and/or toxic gases.
FIRE OR EXPLOSION	• Non-combustible, substance itself does not burn but may react upon heating to produce corrosive and/or toxic fumes. • Runoff may pollute waterways.

PUBLIC SAFETY

• CALL Emergency Response Telephone Number on Shipping Document first. If Shipping Document not available or no answer, refer to appropriate telephone number listed at the end of this book. • Isolate spill or leak area immediately for at least 10 to 25 meters (30 to 80 feet) in all directions. • Stay upwind. • Keep unauthorized personnel away.

PROTECTIVE CLOTHING	• Wear positive pressure self-contained breathing apparatus (SCBA). • Structural firefighters' protective clothing will only provide limited protection.
EVACUATION	**Large Spill** • Consider initial downwind evacuation for at least 100 meters (330 feet). **Fire** • When any large container is involved in a fire, consider initial evacuation for 500 meters (1/3 mile) in all directions.

EMERGENCY RESPONSE

FIRE	• Use extinguishing agent suitable for type of surrounding fire. **• Do not direct water at the heated metal.**
SPILL OR LEAK	• Do not touch or walk through spilled material. • Do not touch damaged containers or spilled material unless wearing appropriate protective clothing. • Stop leak if you can do it without risk. • Prevent entry into waterways, sewers, basements or confined areas. • Do not use steel or aluminum tools or equipment. • Cover with earth, sand, or other non-combustible material followed with plastic sheet to minimize spreading or contact with rain. • For mercury, use a mercury spill kit. • Mercury spill areas may be subsequently treated with calcium sulphide/calcium sulfide or with sodium thiosulphate/sodium thiosulfate wash to neutralize any residual mercury.
FIRST AID	• Move victim to fresh air. • Call 911 or emergency medical service. • Apply artificial respiration if victim is not breathing. • Administer oxygen if breathing is difficult. • Remove and isolate contaminated clothing and shoes. • In case of contact with substance, immediately flush skin or eyes with running water for at least 20 minutes. • Keep victim warm and quiet. • Ensure that medical personnel are aware of the material(s) involved, and take precautions to protect themselves.

Annexe 5

Annexe 5

EXIGENCES CANADIENNES RELATIVES AUX MESURES D'URGENCE

En cas de déversement ou de fuite de marchandises dangereuses, ou si un transfert de la marchandise dangereuse dans un autre grand contenant s'avérait nécessaire, le chauffeur doit immédiatement prévenir :

- La police locale et/ ou toute autre autorité locale (voir la liste des numéro d'urgence ci-dessous);
- Son employeur;
- L'expéditeur des marchandises dangereuses;
- Le propriétaire ou le locateur du véhicule routier.

Dans le cas de la classe 6.2, Matières infectieuses, on doit aussi communiquer avec CANUTEC au (613) 996-6666.

	NUMÉRO D'URGENCE
Alberta	800-272-9600 **et** la police locale
British Columbia	800-663-3456 **et** la police locale
Île-du-Prince-Édouard	800-565-1633 **ou** la police locale
Manitoba	204-945-4888 **et** la police locale ou le service des incendies local
Nouveau-Brunswick	800-565-1633 **ou** la police locale
Nouvelle-Écosse	800-565-1633 **et** le 902-426-6030
Ontario	La police locale
Québec	La police locale
Saskatchewan	800-667-7525 **ou** la police locale
Terre-Neuve	709-772-2083 **et** la police locale
Territoire du Nunavut	800-693-1666 **et** la police locale
Territoire du Yukon	867-667-7244
Territoire du Nord-Ouest	867-920-8130

RENSEIGNEMENT SUR LES MESURES D'URGENCE

La Direction générale du transport de marchandises dangereuses du ministère des Transports gère CANUTEC (le Centre canadien d'urgence transport). **CANUTEC** offre un service de renseignement bilingue à travers le pays et compte parmi ses employés des chimistes professionnels expérimentés et formés dans l'interprétation d'information technique en plus d'offrir des conseils pour les situations d'urgence. En cas d'urgence, CANUTEC peut être rejoint, à frais virés, au 613-996-6666 (24 heures). Pour des informations autres que lors des situations d'urgence, le numéro de téléphone 24 heures pour des renseignements est le 613-992-4624.